成長の臨界

「飽和資本主義」はどこへ向かうのか

Kono Ryutaro
河野龍太郎［著］

慶應義塾大学出版会

はじめに

カエルと牛

イソップ童話の中に「カエルと牛」という話がある。
ある牧場で、子ガエルの兄弟の一匹が牛に踏みつぶされた。カエルの子はオタマジャクシだが、この際、細かな詮索は置いておこう。要は、小さなカエルということである。生まれて初めて牛を見た子ガエルたちは、母ガエルに「弟ガエルを踏みつぶしたのは、とても大きな動物だった」と報告する。母ガエルは自分のおなかをふくらませ、「こんな大きさだったかい？」と尋ねる。「いいや、もっともっと大きかった」と子ガエルが答えると、母ガエルはさらに大きくふくらませた。「これくらいかい？」「まだまだ（大きさが）足りない」。何回か繰り返したあげく、とうとう母ガエルのおなかは破裂してしまった……。

この寓話は、まさに今のわたしたちの姿を投影してはいないだろうか。日本の公的債務残高しかり。日銀のバランスシートしかり。そして、地球温暖化問題しかりである。母ガエルの破裂寸前のおなかは、せめてギリギリのところで止めておけばよかったのに、もう一息吸い込んだがために、あわれにも破裂した。

この「ギリギリの線」という状態を表すことばの一つに「臨界」がある。物理学では、物理的性質が異なる境界を指す用語として使われる。特に原子炉や核燃料などでは、核分裂反応が時間とともに増大し始める境目の状態を臨界状態と呼ぶ。別の使い方として、「限界」や「境界」を表すことばでもある。

成長の臨界

本書のタイトルは、この「ギリギリの線」を示す用法としての「臨界」であり、激変する地球環境の下で存亡の縁（臨界）を綱渡りする人類が、どのような経済活動を行うべきかを考察しようとするものである。現在の社会システムのまま、同じような経済活動を続けていけば、いずれ限界（＝臨界）が訪れる。一方で、たとえばわたしたちが脱物質化社会に移行するのであれば、これまでとは別のかたちで、経済成長を含め、豊かさを追求できる。いずれにせよ、これまでとはまったく異なる領域に入る。それゆえ、タイトルを「成長の臨界」とした。

１９７２年、「ローマクラブ」が第1回目の報告書『成長の限界』を公表した。ローマクラブとは１９６８年に、オリベッティ社副会長だったA・ペッチェイが元国家元首や経営者、科学者、経済学者ら世界の有識者に呼びかけ、70年に発足したグローバルな民間の研究機関である。人間の際限なき欲望の妄想を脱し、「持続可能な成長」というソフトランディングの実現を考えていくという、新たな次元の発想を提唱した。本書が刊行される２０２２年は、ちょうどこの『成長の限界』の報告書から50周年を迎える。この50年の間に、グローバル経済はどのように変貌したのだろうか。

本書の扱うテーマ

念のために言っておくと、本書は、地球環境問題だけを扱ったものではない。グローバル金融・経済の中での日本経済の過去、現在、そして未来を論じたものである。筆者としては、本書は日本経済論という位置づけであり、カーボンニュートラルにも紙幅を割いているが、それは本書のテーマである日本経済の長期停滞からの脱却との関連で論じている。

これまでも日本の長期停滞を論じた著作は多数あり、その中には優れたものも少なくない。それでも今回、本書で日本経済論を新たに展開しようと考えたのは、経済・金融からのアプローチのみならず、グローバルな視点、歴史的な視点、政治的な視点など多角的な視点から描きたかった、という理由からである。その点を、本書の内容の紹介がてら、もう少し説明しよう。

まず、グローバルな視点というのは、単にグローバル金融危機などの日本経済への波及経路を分析した、といった話ではない。日本経済の過去30年に及ぶ停滞は、たとえば１９９０年代後半以降に始まった第二次グローバリゼーション時代や第二次機械時代から甚大な影響を受けている。すなわち、ＩＴデジタル技術の発展で、サプライチェーンの細分化と生産工程の海外移転が可能になり、収益性の高い大企業・製造業の事業所が国内から消え去ったが、それを穴埋めし、高い賃金を支払う仕事が国内では生み出されなかった。

そのことは、労働市場の二極化構造をもたらし、十分なセーフティネット（安全網）を持たない非正規雇用を増大させ、日本の長期停滞をより強固にした。その過程で、２０００年代には、高齢化で膨張する社会保障給付の原資を、被用者の社会保険料の引上げで賄ったため、正規雇用の人件費がさらに割高になり、企業が非正規雇用への依存を強めた。意図せざる政策効果も働いたのである。

また、日本経済は、長年、基軸通貨であるドルの変動に翻弄されてきた。少なくとも２０１０年代までは、ドル安・円高を回避することが日本銀行の隠れた責務だった。多くの人は、中国人民元やユーロの擡頭で、基軸通貨としてのドルの地位が揺らいでいると考えているが、豊かになっても安全資産をいつまでも供給できない新興国のドル国債への需要は旺盛で、ドルの基軸通貨性はむしろ増している。ただ、中国との新冷戦開始やウクライナ危機に伴うロシアへの金融制裁の発動などによって、もはや中国はドルシステムに安住することはない。新たな国際金融システムと円の未来を探るために、ドル基軸通貨体制をその誕生から歴史的に掘り下げる。

このように、本書は、グローバルな視点だけでなく、歴史的な視点も重視している。そもそも「経済成長の時代」が19世紀初頭に訪れたのは、18世紀後半の第一次機械時代の開始や、続く19世紀初頭の第一次グローバリゼーション時代の開始が背景にあった。そのとき、グローバル経済の重心は、一気に中国から欧米にシフトした。１９９０年代後半以降に、第二次機械時代と第二次グローバリゼーションが訪れ、１９８０年代に製造業の黄金時代を迎えていた日本が転落すると同時に、中国の大復活劇が始まった。

加えて、２０１０年代後半からＡＩやロボティクスによって無人工場が技術的に可能となっていたところに米中新冷戦が始まり、テレワークなどリモート・インテリジェンス（遠隔知能）技術が普及し始めていたところにコロナ禍が訪れた。これらは、製造業のリショアリングを容易にするとともに、先進国のホワイトカラー業務を人件費の安い新興国のホワイトカラーで代替する第三次グローバリゼーションをもたらす可能性がある。同時に、現代は、２５０年前に始まった化石燃料文明社会が臨界に達し、脱物質化社会に向かう助走期でもある。

これらの問題を分析する際、本書では、政治的な視点も重視している。すでに古代ギリシャのアテナイの時代から、経済格差問題は、貧者の過剰債務問題を引き起こすと同時に、市民の債務奴隷転落によって民主主義の存続を危うくした。アテナイの政治改革は、経済格差対策でもあったが、それは現代の先進国だけでなく、権威主義的資本主義体制の中国でも最重要課題となりつつある。これが習近平の不動産市場や教育産業への介入の背景である。

さらに、現在のリベラル民主主義体制は、19世紀の成長の時代に整い始め、20世紀の戦間期に完成した。これまでは、成長の時代であったがゆえに、政治がその果実を再分配することで社会の安定が保たれた。低成長時代への移行は、分配する果実の縮小を意味し、費用の分担を決めなければならないため、必然的に政治体制は脆弱化する。世代を跨《また》ぐ問題の解決は、経済学が最も苦手とする分野であるため、政治学や社会学、認知心理学、生物進化学などからの知見も援用しつつ、解決策を探っていく。

以上のように、第二次機械時代と第二次グローバリゼーションは、先進国では中間層の崩壊を助長し、国内政治を不安定化させたが、同時に、それは中国の躍進をもたらし、国際政治も不安定化させた。覇権国である米国への中国の挑戦が始まり、ロシアのウクライナ侵攻もあって、すでにリベラルな国際秩序は瓦解している。極東に位置するわが国にとって、米中の確執は決定的に重要な問題だが、覇権国と擡頭国の軋轢がどのような帰結をもたらすのか、歴史的観点から論じるとともに、日本への影響についても展望する。

筆者が専門とする財政政策や金融政策についても、グローバルな視点、歴史的な視点、政治的視点を交えながら分析している。そもそも中央銀行制度は成長の時代につくられたものであり、低成長の時代にはうまく機能しなくなる。達成困難な目標を掲げ超低金利政策を固定化することが、財政規律の弛緩を含め、資源配分や所得分配を歪め、実質賃金の回復を遅らせるとともに、潜在成長率を低迷させているというのが筆者の長年の仮説である。一方で、日本銀行の金融政策は、事実上、公的債務管理に組み込まれてしまった。マクロ経済と物価の安定のためにも、長期金利の安定が不可欠となっており、本書はこの厳しい制約の中での出口戦略についても論じている。

公的債務問題については、最新の経済理論をもとに、日本のデフレ均衡の崩壊の可能性や米国債の持続可能性などについても分析しているが、これらはいずれも極力数式を使わず、言葉でのわかりやすい説明に努めた。初学者も理解可能だろう。

このように、本書では筆者の主戦場である経済学だけでなく、歴史学、政治学、社会学、認知心理学、文化人類学など多岐にわたる分野からの貢献を援用している。もともと人間、そして人間の集まりである社会を研究する学問として、19世紀末までは、文化人類学、法学、歴史学、哲学、経済学、心理学、政治学、社会学は一つのまとまった学問であった。経済学者のジャン・ティロールは『良き社会のための経済学』（村井章子訳、日本経済新聞出版社、２０１８年）で、再びこれらの学問は一つにまとまるべきであり、多くの学問分野が他分野の知識や技術に対して開かれた姿勢で臨む必要があることを論じている。本書も幅広い視野から、グローバル経済、そして日本経済の今後を見定めていきたいと思っている。

目　次

目　次

ブックデザイン・坂田 政則
カバーイラスト・岩橋 香月
（デザインフォリオ）

第1章　第三次グローバリゼーションの光と影

1990年代後半以降、長きにわたる（第二次）グローバリゼーションが先進国の賃金上昇やインフレを抑えてきた。そのことは、多くの人が認識する通りだろう。21世紀もすでに20年を過ぎた現在、米中対立や新型コロナウイルスの世界的流行（パンデミック）などをきっかけに、行き過ぎたグローバリゼーションの修正が始まり、賃金やインフレの低下トレンドが是正局面を迎えつつある、と考える人も少なくない。40年あまり続いた新自由主義的な政策思想の巻き戻しが始まり、また、ゼロ金利政策の常態化によって、財政政策が主力のマクロ安定化政策になると見なされるようになったことからも、そうした見方が強まっている。事実、本書執筆時点で、2022年2月の米国消費者物価指数は、前年同月比7・9％と、1982年1月以来、40年ぶりの高水準に達した。

一方、筆者はパンデミック危機の直後から、それらの点に加えて、異なる点にも着目してきた。すなわち、コロナ禍を契機に、デジタル化が進む米欧の大企業は、一斉にテレワークの導入を加速した。リモート技術の進展は、非製造業のホワイトカラー業務のオフショアリング（業務の一部または全部を海外に移転すること）を促すのではないか。だとすると、第二次グローバリゼーションの中断どころか、第三次グローバリゼーションへの移行が進み、長い目で見れば、先進国では賃金やインフレを抑える新たな強い力が働くのではないか、という点である。コロナ禍による賃金上昇やインフレ圧力の高まりが、そうした動きを見えづらくしているのではないか。

1　ホワイトカラーのオフショアリングが始まったのか

(1)　新しいシステムの擡頭と伝統的システムの瓦解

リモート・インテリジェンスの広がり

パンデミック危機をきっかけに明らかになったのは、急速に発展したテレワークなどリモート・インテリジェンス（遠隔知能）を使って、多くのビジネスが対面でなくても比較的スムーズに執行できる、ということである。

人間の無意識の情動がもたらすわずかな表情の変化も、ブロードバンド環境さえ整っていれば、市販のデジタル・ギアでも画面に映し出すことが可能になりつつある。人間の無意識の情動変化が伝わるのなら、少なくとも親しい間柄において、早晩、腹を割った真剣な対話もリモートで可能となるのかもしれない。もちろん、イノベーションには、気づきやアイデアとアイデアの交配が必要であり、face to face の対話が不要になる、ということではない。

リモートワークを導入した欧米の大企業では、出社しなくても、思った以上に生産性の発揮が可能であることが明らかになった。もともと、優れたグローバル企業は、ＩＣＴ技術を使って、顧客情報をリアルタイムで自らのオペレーションに組み込むことが可能となっていた。高度なセキュリティが要求される金融部門は、監督官庁からの要請もあって、例外なのだが、多くの非金融部門では、スタッフ間のコミュニケーション・ツールの導入とともに、スムーズにリモートワークに移行した。従

図１－１　中国との競争に対する露出度

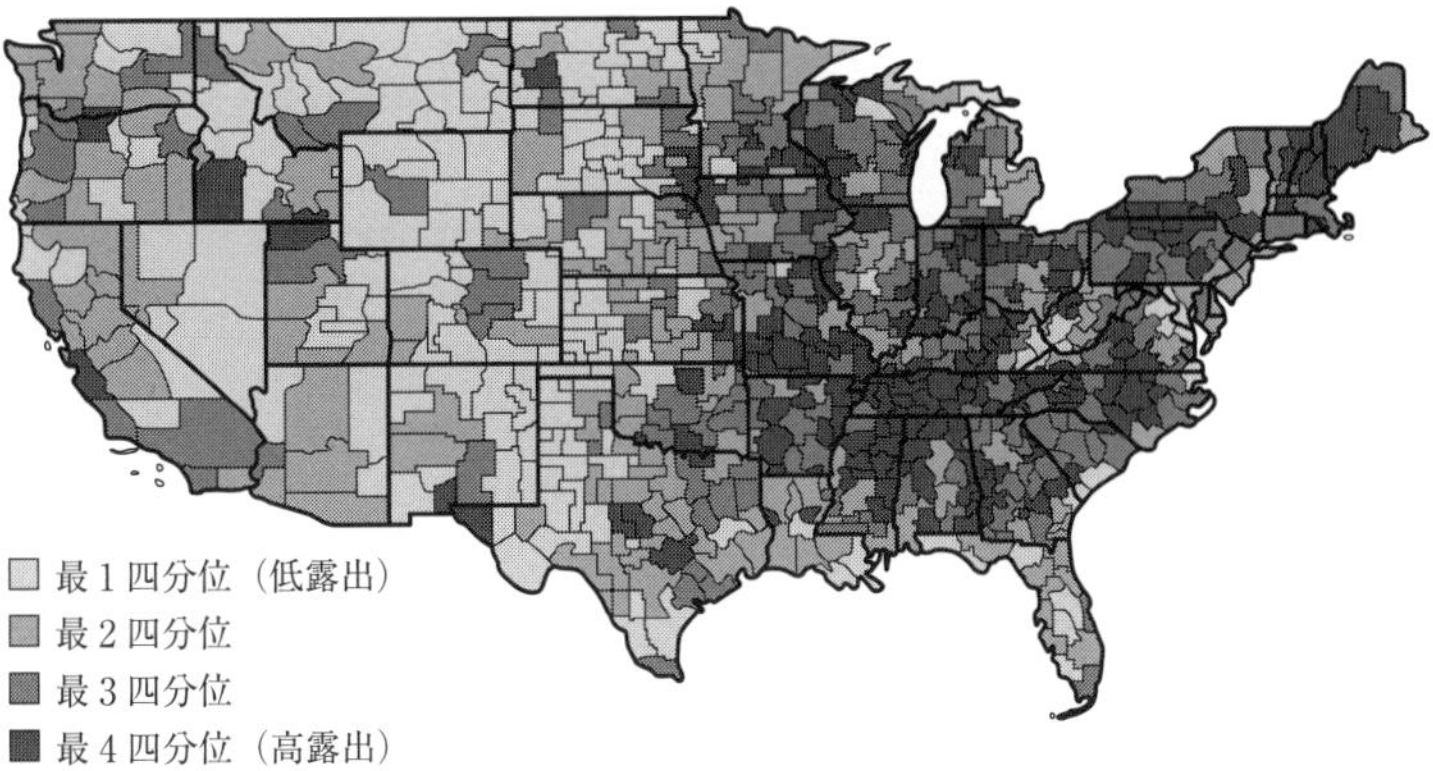

（出所）　David H. Autor, David Dorn, and Gordon H. Hanson *The Geography of Trade and Technology Shocks in the United States,*（p. 6）より、BNP パリバ証券作成

業員も慌ただしい通勤から解放され、ワーク・ライフ・バランスが改善した人も少なくない。

そこで米国の企業経営者がまず気づいたのは、割高な賃料を払ってまで、都市の中心部にオフィスを構える必要がないということだ。そして従業員もオフィスに通う必要がないから、環境のよい郊外の広い住居を選択するようになった。大都市においては、比較的高所得の勤労者が郊外に転居した結果、パンデミック危機が収束しても、都市中心部のかつての賑わいが簡単には元に戻らない可能性があるだろう。海外から観光客が完全に戻ってくるにも、まだ時間を要する。パンデミック危機は、都市集積のメリットとデメリットの均衡点を大きく変えた可能性がある[1]。

現在の議論はここまでだが、わたしたちは、よきにつけ、悪しきにつけ、より高い資本収益率を追求する熾烈な資本主義社会の競争に晒されている。残念ながら、今後、資本主義の強欲が持つダークサイドが現れてくる可能性がある。リモートワークで皆がオフィスに集まる必要がないのなら、人件費が高いアメリカ在住のホワイトカラーを、安い新興国のホワイトカラーで代替できるのではないか。このように先を見通す企業経営者は、次の一手を探り始めているだろう。学歴の高いホワイトカラーがリモートワークによって、柔軟性のある働き方に移行したというだけでは終わりそうにない。

1990年代後半以降のICT革命がもたらしたのは、製造業のオフショアリングだった。先進国では、製造現場の中間的な賃金の仕事が失われ、高い賃金の仕事と低い賃金の仕事への二極化が進んだ。それが中間層の瓦解をもたらしたことは、ラストベルト（米国の中西部と大西洋岸中部などの衰退した製造業が多い、錆びついた地帯）の人々の強い支持によって、ドナルド・トランプが2016年の大統領選挙で勝利したことでも明らかになった。図1-1にあるように、中国との競争に強く晒された産業を抱える地域で、トランプが多くの票を獲得していたのである。[2]

非製造業のホワイトカラー業務のオフショアリングが始まる

これから始まるのは、非製造業のホワイトカラー業務のオフショアリングである。[3]非製造業の経済に占めるウエートは相当に大きいため、経済社会へのインパクトも同じく相当に大きなものとなるのだろう。

かつて、製造業のオフショアリングが始まった際、「今や大競争時代が始まり、われわれは、新興国の労働者と競争しなければならない」と繰り返しアナウンスされた。国内で完結していたはずの生産工程（サプライチェーン）の細分化（フラグメンテーション）が行われ、その一部が、新興国の工場に委託されるようになった。[4]

非製造業でも、ICT革命の影響で、自動化が進み、補助的な業務の多くはすでに失われていた。また、コールセンターやIT部門など、比較的、定型的な業務については、早い段階から人件費の安い新興国にシフトしていた。製造工程のオフショアリングは、工場閉鎖として大々的に喧伝される。非製造業の自動化は、静かにゆっくりと進行しているため目立たなかったが、経済全体ではより大きなインパクトをもたらしてきた。

これから始まる非製造業のホワイトカラー業務のオフショアリングは、さらに静かに進行する。部署の仕事がすべて丸ごと新興国に移行するわけではない。米国人ホワイトカラーが就いていたある一つのポストの仕事が、新興国のある一人のホワイトカラーに代替される、ということである。オフィスは今まで通りだから、変化は目立たずに進むことになるのだろう。

また、「代替される」というのも不適切な表現かもしれない。従来も、わたしたちはあるポストを巡って、同じ国内の労働者と競争してきた。今後は、競争の際、居住地が関係なくなるということである。

ICT革命によって、誰が企業業績に貢献しているのか、パフォーマンスの測定は以前に比べて、より正確に行われるようになっている。大勢の場での雰囲気によるごまかしは、リモートワークでは通用しない。業績への貢献度が低いのなら、アグレッシブで能力が高い人材に取って代わられる。それがたまたま、さほど高い賃金を要求しない新興国のホワイトカラーというだけであろう。

企業経営者は「公平性を重んじただけだ」とわたしたちに説明するのだろうか。いずれにせよ、十分なスキルがなければ、先進国に居住していることのプレミアムがまた一つ失われることになる。

現実には、情報の機密性など法的な問題もあるため、代替される非製造業のホワイトカラー業務

図1－2　米国の所得分布（2019年）

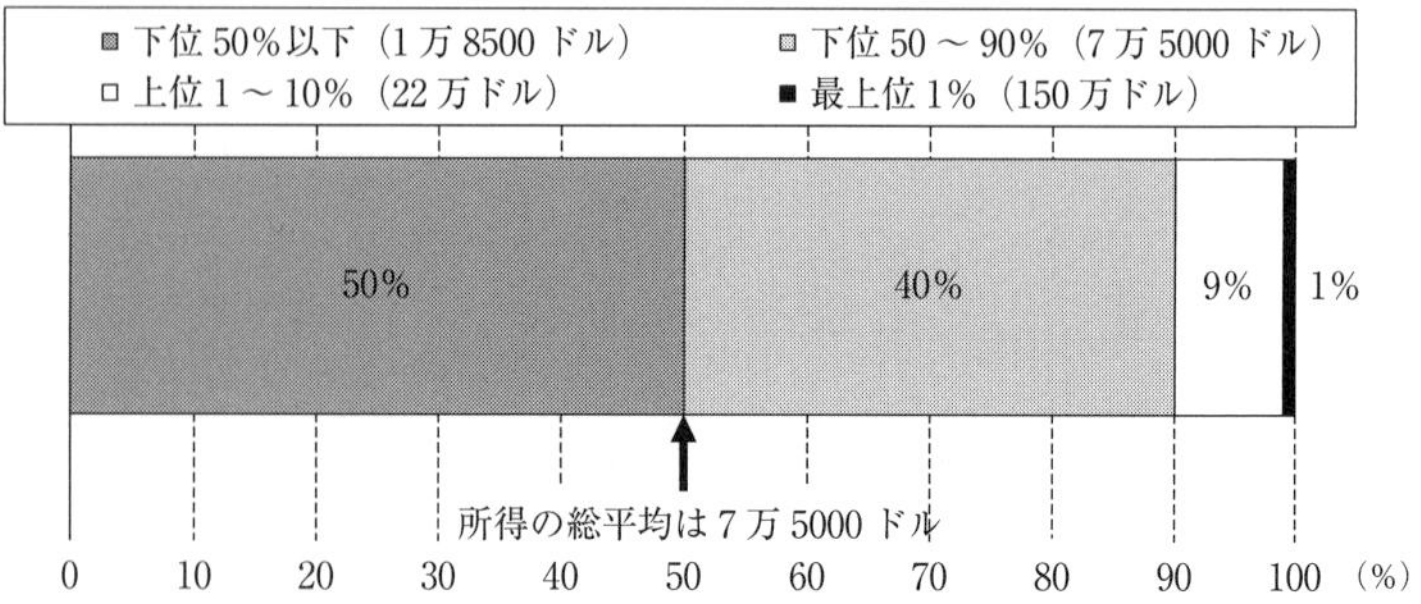

（注）　括弧内は各階層の平均所得。
（出所）　サエズ、ズックマン『つくられた格差』より、BNPパリバ証券作成

は、当初は限られたものから始まるはずだ。コンテンツの作成のように、国内でも外部に委託しているようなタイプの業務からまず、オフショアリングが進む。いわゆるフリーランスのような仕事が国境の外で行われるようになり、その領域が徐々に広がっていくのだろう。

転げ落ちる大卒ホワイトカラー

経済学者のエマニュエル・サエズとガブリエル・ズックマンらの分析によると、2019年における米国の労働者一人あたりの国民所得は7万5000ドルだったが、所得階層の下位50％の所得は平均で1万8500ドルにすぎない[5]。次の50～90％の階層の平均所得は7万5000ドルであり、上位10％からトップ1％を除いた富裕層の平均所得は22万ドル、他方、トップ1％の超富裕層の平均所得は150万ドルに達している（図1－2）。

ICT革命によって製造業の現場での良好な仕事が失われ、また非製造業でも自動化によって補助的な業務の仕事が失われた。高い賃金の仕事は、高いスキルを要する。このため、中間的な賃金の仕事を失った人々の多くは、低い

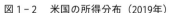

図１－３　グローバルな所得水準で見た一人あたり実質所得の相対的な伸び（1988–2008年）

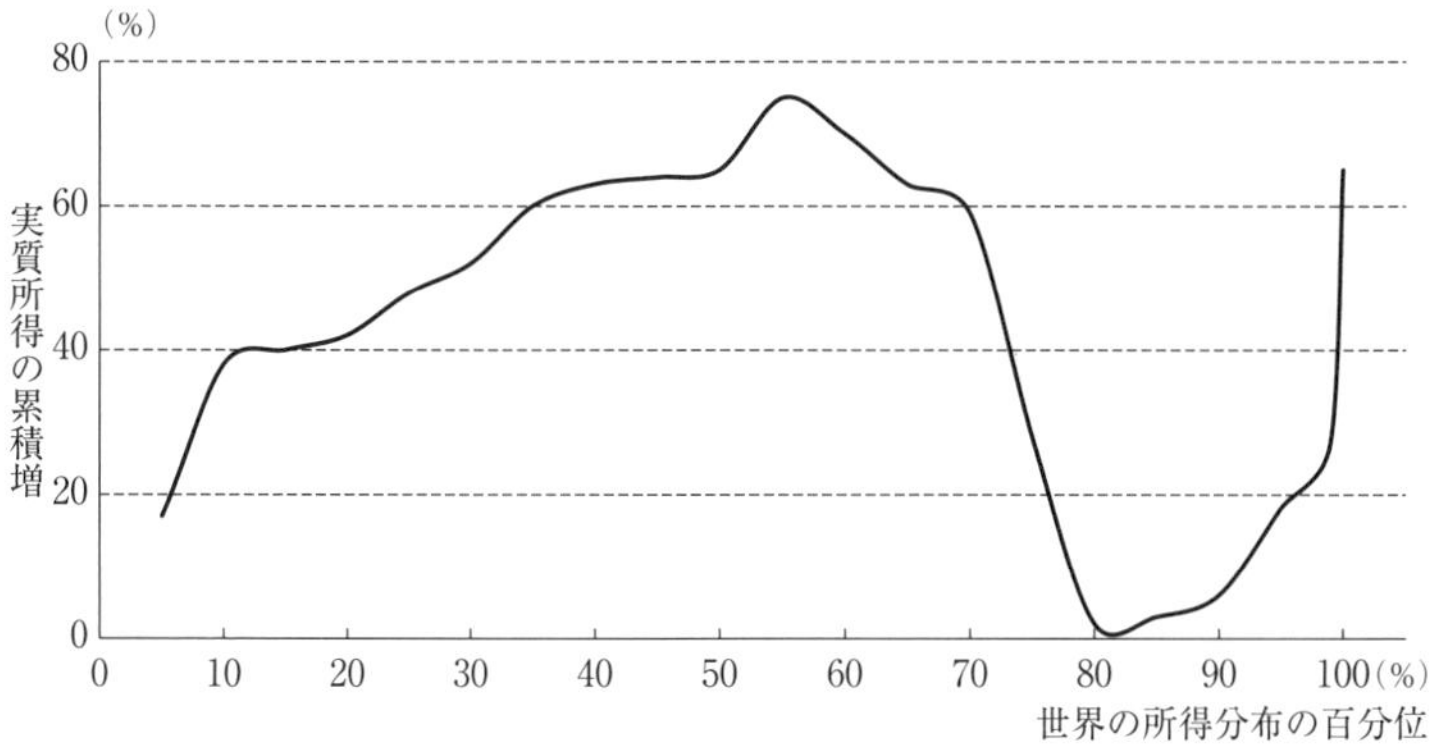

（出所）『大不平等』より、BNP パリバ証券作成

賃金の仕事に殺到する。中間的な賃金の仕事が失われ、高い賃金の仕事と低い賃金の仕事に二極化する。これが、ＩＣＴ革命、あるいは第二次グローバリゼーションが労働市場にもたらした帰結である。

今後、リモートワーク技術がもたらす第三次グローバリゼーションによって、ダメージを被るのは、現在、７万５０００ドルの比較的高い所得を獲得している大卒・ホワイトカラーの50～90％の階層だろう。ホワイトカラー業務のオフショアリングが進めば、仮に運よく仕事を失わなくても、賃金には低下圧力がかかる可能性がある。仕事を失えば、高いスキルを持っていない多くの人は、低い賃金の階層に転落する。

そうなると、再び低い賃金の仕事も奪い合いが起こるため、現在はコロナ禍がもたらした人手不足で賃金水準が切り上がっているが、下位階層の賃金には再び低下圧力がかかる。コロナ禍で膨らんだ人件費を削減することができた企業は、業績を大きく改善することができるが、労働分配率の低下は、株式を保有するトップ1％の人たちの所得をさらに押し上げる。

第二次グローバリゼーションにおいては、所得分配面で、意図せずして結託した先進国の富裕層と新興国の中間層が最大の勝者となり、製造業のオフショアリングなどで良好な賃金の仕事を失った先進国の中間層が最大の敗者となった。このことは、経済学者のブランコ・ミラノヴィッチのエレファントカーブで示された(6)。

ミラノビッチがエレファントカーブと呼ぶのは、2008年までの20年間で、アフリカの最貧層から米国の超富裕層まで順に並べて分析すると、図1－3にある通り、象の形状をしているためである。まず、先進国を中心にトップ1％の所得は20年間で65％も増加したが、最大の負け組は先進国の中間下位層で所得はほとんど伸びていなかった。最大の勝ち組は、中国などアジアの高成長国の中間層で75％も所得が増加していた。ちなみに先進国では、超富裕層の勝者総取りと中間層没落で不平等が拡大したが、中国など人口の多いアジアで所得が増えた結果、グローバル全体で見ると、不平等の拡大は止まり、縮小の兆しすら観測されていた。

ホワイトカラー業務のオフショアリングの広がりがもたらす第三次グローバリゼーションでも、先進国の富裕層と新興国の中間層の意図せざる結託と、先進国の中間層の没落といった二つのトレンドが続くのではないか。

だとすると、現在は、コロナ禍による供給制約と経済再開がもたらす強い需要の組み合わせによって、高めの賃金上昇やインフレ加速が見られているが、いずれはお馴染みの光景が米国で繰り返される可能性がある。景気回復局面が続いても、圧倒的多数の人々の賃金はなかなか上昇しなくなるため、インフレ率も再び伸びを鈍化させる。消費性向が低い富裕層にばかり所得増加が集中するため、一国全体では貯蓄が積み上がり、貯蓄と投資のバランスが崩れて、自然利子率は低迷を続ける。景気回復局面においても、米国の実質金利の上昇は限定的なものとなるのだろう。分配の歪みが低成長や低インフレ、低金利をもたらしてきたことは、第2章で詳しく論じる。

(2)　グローバリゼーションの歩み

19世紀初頭に始まった第一次グローバリゼーション

筆者は、リモートワーク技術がもたらすインパクトは、第一次グローバリゼーションや第二次グローバリゼーションに匹敵する可能性があると考えている。理論と歴史の観点から、もう少し深掘りしよう。

資本主義は、より高い収益を目指す資本の自己拡張運動であるが、新たな技術が加わることで、歴史的にグローバルな展開が広がってきた。まず、19世紀初頭に国境を越えて「モノ」の大量移動が可能になった際、第一次グローバリゼーションが始まった。そして、1990年代後半に、ICT革命によって、国境を越えて「情報」のスムーズな移動が可能になったとき、第二次グローバリゼーションが始まった。残る生産要素の内、最も移動が困難である「ヒト」が、リモートワーク技術によってバーチャルな移動が可能になるとき、第三次グローバリゼーションが始まる(7)。

まず、19世紀初頭に訪れた第一次グローバリゼーション。それは4000年にわたるアジア優位を覆すきっかけとなり、経済史家のケネス・ポメランツの言う「大いなる分岐」をもたらした(8)。英国、フランス、ドイツ、米国など西洋諸国は、農業社会から工業社会にいち早く移行した。明治維新後に、やや遅れて加わった日本を含めG7諸国は、その後長い間、世界の工業生産の中心となった。

18世紀後半から産業革命が始まっていたが、蒸気機関の実用化によって、大量生産が可能になっただけでなく、モノを運ぶコストが大幅に低下し、大量輸送が可能となった。それ以前は、輸送が困難であったため、基本的に生産は消費地で行うしかなかった。人類には長い間、「地産地消」の選択肢しか、存在しなかったのである。

大量輸送が可能となり、生産と消費の切り離し、すなわち経済学者のリチャード・ボールドウィンの言う「第一のアンバンドリング」が行われた結果、集積の進展でイノベーションが加速する。その結果、生産が一段と拡大し、「世界の工場」としての西洋諸国の繁栄が180年あまり続いたのである(9)。以下、ボールドウィンや経済学者の猪俣哲史らの論考を参考に、グローバリゼーションの実相を探っていく(10)。

第二次グローバリゼーションによって比較優位は無国籍化した

次なる大変化が始まったのは1990年代後半であり、それが第二次グローバリゼーションである。中国を含めアジアを中心にいくつかの新興国が20年足らずで「世界の工場」となり、成長の中心に躍り出た。これが「大いなる収斂」であり、中国の復活劇の始まりでもある。

図1－4にある通り、今では中国の製造業の世界シェアは、米国と日本の合計を上回る。近代以降に限ってみれば、後進国であった中国の大躍進である。しかし、中国4000年の歴史からすれば、トップの座を明け渡していたのは、清朝が衰退し、アヘン戦争の敗北から20世紀末までのわずか160年あまりの短い期間にすぎない。

何が再逆転をもたらしたのか。グローバル企業が労働集約的な生産工程を新興国に移し、研究開発

図１－４　世界の製造業に占めるシェア

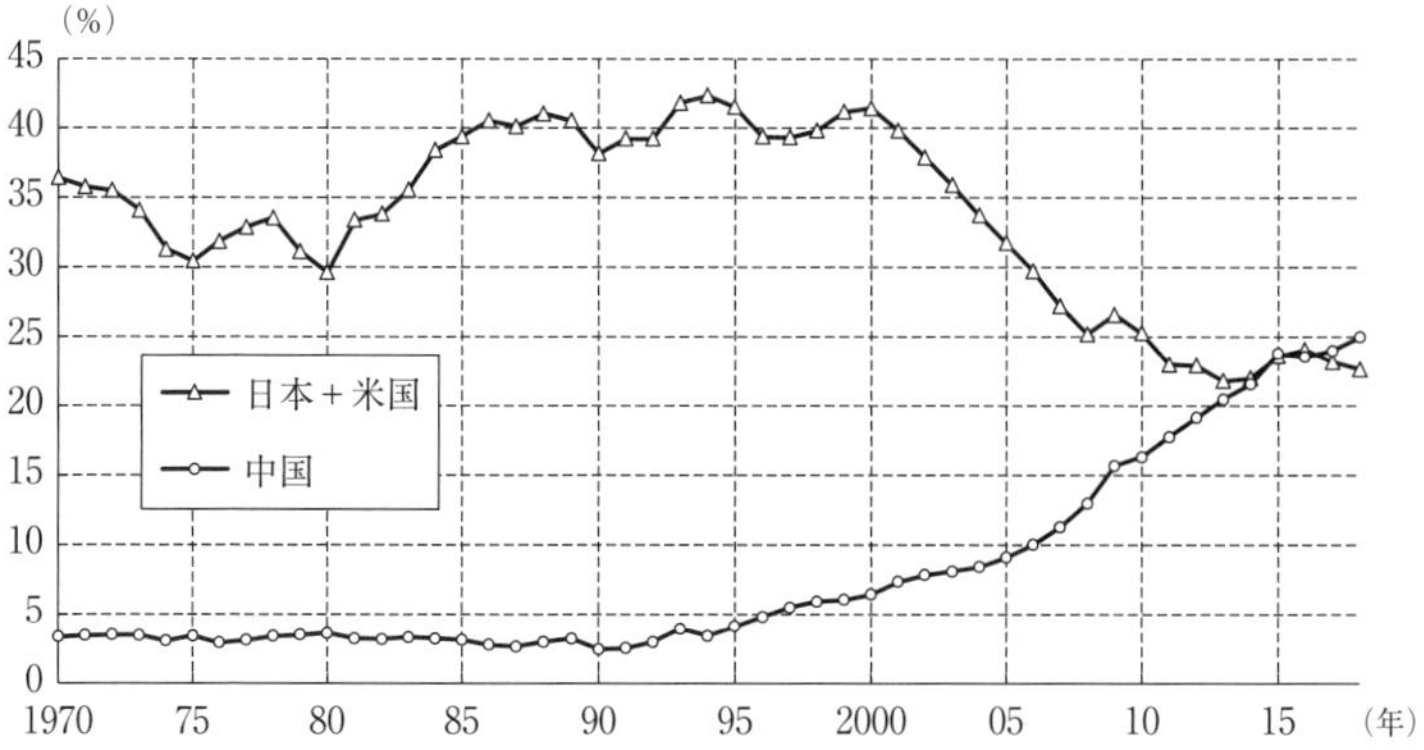

（出所）　UNSTAT.org より、BNP パリバ証券作成

など収益性の高い生産工程を自国に残すグローバル・バリューチェーンが構築された。前述した通り、それを可能にしたのがＩＣＴ革命であり、国境を跨《また》いでリアルタイムで生産を管理できるようになった。国境を越えて「情報」の瞬時の移動が可能になったため、グローバル企業は、自らが持つ生産のためのノウハウと新興国の低賃金労働を組み合わせることが可能になったのである。

　このようにＩＣＴ革命によって、サプライチェーンのうち、それぞれの生産工程を切り離し、最適地へのシフトが可能となった。つまり、情報の瞬時移動によって、最適地に生産工程を切り離すことができるようになったのが「第二のアンバンドリング」であり、その結果、第二次グローバリゼーションが始まったのである。

　第二次グローバリゼーションが訪れるまでは、生産工程の切り離しはまったく想定されていなかったから、高度な工業製品の製造には一国の総合力を要し、先進国のみそれが可能と長く考えられていた。工業化を目指すには、川下産業から川上産業までフルセットで整える必要があり、イノベーションもサプライチェーンも一国ですべて完結していた。多くの新興国が野心を持って目指しはするものの、ほとんどが挫折してきた。

しかし、生産工程のフラグメンテーション（細分化）とそのオフショアリングによって、個別化が急激に進み、比較優位がすっかり無国籍化した。新興国の受託企業は、グローバル・サプライチェーンの生産工程の一部について、比較優位を持つようになったということである。かつて経済学は、比較優位を一国経済に当てはまる概念と教えていたが、今では個別企業に当てはまる概念になったのである。比較優位という概念がなくなったわけではない。

日本においても、企業の間で、収益率や賃金に大きな格差が広がっている。[11] かつては、同じ産業で同じ規模の企業であれば、収益率や賃金にさほど大きなちがいはなかった。ばらつきを生んでいるのは、比較優位が一国経済に当てはまる概念ではなくなり、個別企業に当てはまる概念になったことが大きく影響していると筆者は考えている。同じ年に同じ大学の同じ学部を卒業し、同じ規模の業種に勤め、同じようなキャリアを歩んでいたはずなのに、所得がまったく異なるという状況が起こり始めているのである。

グローバル化に翻弄された日本の顛末

日本の長期停滞は、第二次グローバリゼーションと大きく関係している。停滞の原因の一つは、オフショアリングで空洞化が生じ、それを穴埋めする収益性の高い投資機会が国内で生まれなかったことにある。

かつて主流派経済学は、先進国から新興国へ生産拠点がシフトするのを望ましい現象と捉えてきた。研究開発や販売後のアフターサービスなど収益性の高い工程を国内に残し、労働集約的で収益性の低い生産工程を人件費の安い途上国にシフトさせるのだから、企業経営の観点からだけでなく、経済学的な資源配分の効率性の観点からも望ましいと考えられてきた。

しかし、経済学者の深尾京司らの分析によると、国内から消えたのは生産性の高い大企業の事業所であり、同時にそのことによって、中小企業の事業所へのイノベーションの波及も滞ったため、製造業全体のTFP（全要素生産性）上昇率に悪影響が生じたとしている。(12) さらに、第3章で詳しく述べるように、これまで中間的な賃金が支払われていた製造現場での良好な仕事に代わって現れたのは、教育訓練の機会が乏しく、セーフティネットに欠ける非正規雇用だった。

かつて空洞化問題を論ずることは、比較優位論を理解しない主張と見なされていたが、比較優位の無国籍化、あるいは比較優位の個別企業化が起きることで、空洞化が大きな経済問題になっていたということである。現実の変化に理論が追いつかず、経済学が大きな問題を見過ごしていたということではないか。

このように日本の長期停滞は、ICT革命や第二次グローバリゼーションがもろに日本経済を直撃したことが大きく影響していた。中国発の輸入デフレが引き起こした問題であるなら、貨幣的な現象として、積極的な金融緩和による円安によって吸収可能だったのかもしれないが、そのような単純な話ではなかったのである。

経済学では、近年の所得格差が技術（イノベーション）によるものか、グローバリゼーションによるものか、長らく論争が続けられてきた。筆者自身は、より根源的な要因は技術にあると考えているが、実装された新たな技術を最も効果的に利用すべく、経営者がグローバルに応用していること考えれば、両者を識別するのは難しいとも考える。ちなみに、「新しい財貨の販売」や「新しい生産方法の導入」だけでなく、「新しい販路の開拓」や「原料あるいは半製品の新しい供給源の獲得」、「新しい組織の実現」もシュムペーターのいうイノベーション（新結合）の遂行である。[13]

知的財産権の整備

第二のアンバンドリングが可能になったのは、ICT革命という技術変化だけでなく、新興国における所有権保護などの制度変化も大きく影響している。産出物（モノ）の所有権の保護については、国際的に明確な取り決めが存在するが、デジタル情報など知的財産権が適切に保護されなければ、サプライチェーンやバリューチェーン全体が棄損される。

モノについての国際ルールができあがる前の第一次グローバリゼーション初期においては、盗難や資本の棄損を回避するため、武力で威嚇する帝国主義が取られていた。ルールがないからといって、そうした手段はもはや取り得ない。それゆえ、先進国と同様の知的財産権の保護制度を整える国へのオフショアリングが進んだ。

中国など権威主義国家は先進国と異なる体制だが、当初は、経済特区において、先進国の商慣習を受け入れ、オフショアリングが進んだ。今後、非製造業のホワイトカラー業務のオフショアリングが進む場合も、言語リテラシーやネット環境だけでなく、知的財産権などの法制度が整備されている国の労働者が選ばれることになるのだろうか。

日本のホワイトカラーに関しては、日本語にしばらくは守られ（いずれは自動翻訳が高度に発達するであろうから、永久にではないが）、ダメージは小さいのかもしれない。ただ、そのことは日本企業の成長が抑えられることにもなりかねず、結局、労働者に跳ね返ってくる可能性がある。いや、すでに先進国の中で、実質賃金が最も低いグループに入った日本人は、欧米のホワイトカラー業務のオフショアリングの対象に選ばれるべく、もっと言語能力やプレゼン能力を高めなければ、所得増加は期待できないのかもしれない。

(3) グローバリゼーションの〝先祖返り〟？

グローバリゼーションの中断は訪れないのか

第7章で詳しく論じるが、第一次グローバリゼーションは第一次世界大戦と第二次世界大戦によって、一時的に中断された。今回の第二次グローバリゼーションも、そのピークにおいて米中対立が始まり、さらにパンデミック危機が始まったことで、中断が起こると考える人も少なくなかった。第二次グローバリゼーションが助長した経済格差の拡大が、反グローバリゼーションの大きな潮流を引き起こすと考える人も少なくない。ウクライナ危機がそうした見方をますます強めるのだろう。

筆者自身も、先進各国の政治が不安定化し、第二次グローバリゼーションは一時的に滞り、第三次グローバリゼーションが始まるまでには、多少の猶予が与えられると、当初は考えていた。現に、パンデミック危機によって、物理的な人の移動である「移民」は一時的に中断した。

米中対立は、仮に双方が歩み寄りをみせても、それはあくまで一時的な緊張緩和、デタントであって、20年、30年といった長期にわたって継続すると筆者は考えている。対立構造は単に２０２０年の米国大統領選挙に向けた政治キャンペーンとしてトランプ大統領によって仕掛けられただけではない。権威主義的資本主義として膨張を続ける中国の技術覇権、経済覇権を封じ込めるために、今後も米国は執拗な攻撃を続けると見られる。事実、米中の対立は、バイデン大統領に代わっても、まったく変わらないことがすでに確認されている。将来、米国がリベラル主義的な現在の覇権主義から決別し、東アジアから軍事的に撤退する可能性はゼロではないが、それには数世代の年月を要するだろう。だとすると、中国で生産を行うグローバル企業は、中国での生産継続を躊躇するようになるのだろうか。その場合、グローバル企業は生産拠点をどこにシフトさせるのか。

多くの人が考えたのは、中国で生産を行うグローバル企業が東南アジアやインドなど比較的、賃金の安い国に生産拠点をシフトさせることだった。ただ、すでに2008年前後に中国において農村の余剰労働が都市部の商工業部門で吸収され賃金高騰が始まる「ルイスの転換点」を迎えた頃から、安い労働力を求め、グローバル企業の東南アジアへの生産拠点のシフトが始まっていた。その結果、東南アジアでも、人件費の高騰が始まり、生産拠点のシフトは早々に一巡していた。

東南アジアへの生産拠点シフトだけでは対応策にならない

ならば、今後、東南アジアの中でも、人件費のさらに安い低開発国への生産拠点のシフトが進むのだろうか。農村の余剰労働が吸収され、すぐに賃金が高騰するだけのようにも思われる。それでは、再び賃金の安い国を探さなければならなくなる。

もし、米中対立の背景が、国家体制の相違だけなら、そうしたシナリオで十分かもしれない。権威主義的体制をとる中国から輸入が拡大していることが問題なのであって、米国の安全保障上、脅威とはならない途上国からの輸入が増えるのは政治的に問題とはならないはずである。

図１－５　米国の実質所得（所得階層別、1970年＝100）

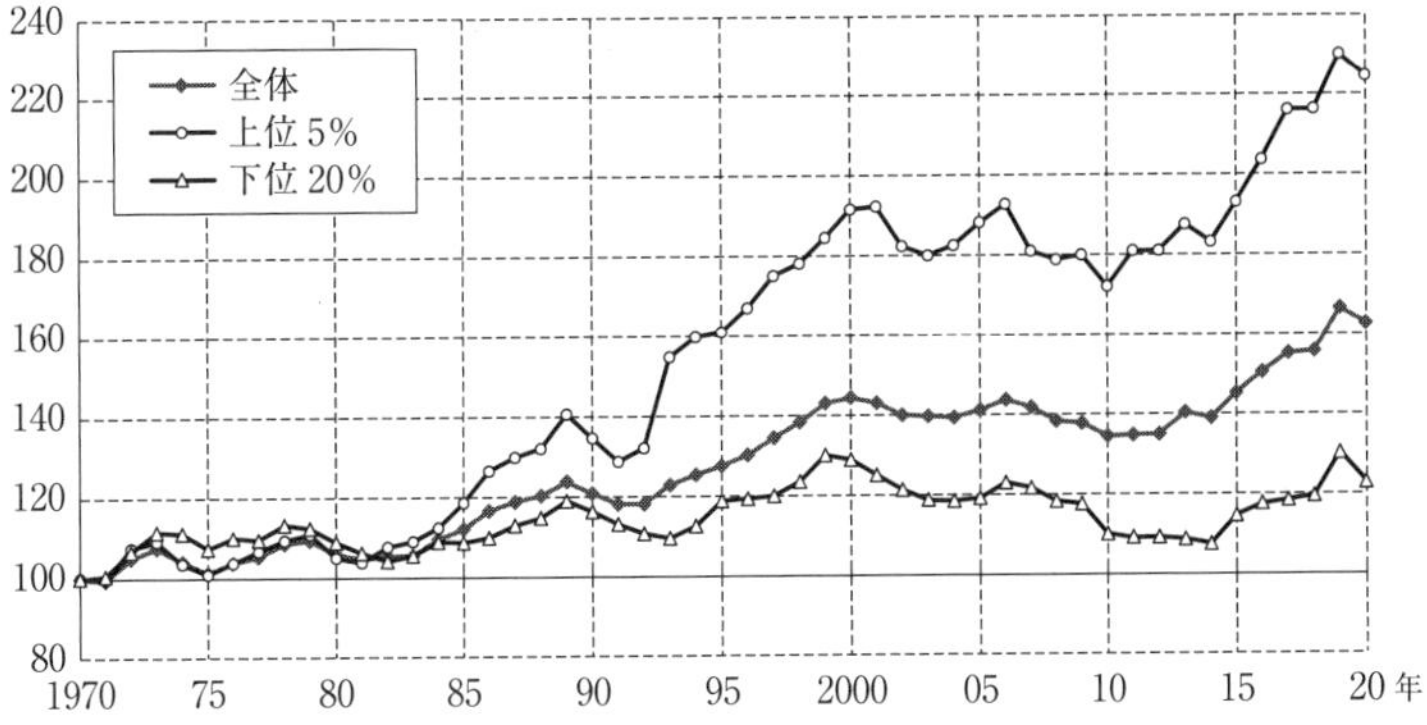

（出所）　Macrobond より、BNP パリバ証券作成

しかし、２０１６年にトランプ大統領が誕生した背景には、情報通信革命の進展によって、オフショアリングなど労働節約的なイノベーションが進み、米国において、中間的な賃金を提供する仕事が減り、高い賃金の仕事と低い賃金の仕事に二極化していることがあった（図１－５）。レトリックは上品だが、「中間層のための外交」を掲げるバイデン大統領も、国内の雇用に配慮する保護主義的な姿勢はさほど変わらない。

中間層の瓦解によって、中道左派、中道右派などの政治勢力が弱体化し、その間隙を縫って、転げ落ちた中間層からの強い支持を受けたのがトランプ大統領であり、その支持を取り返そうとしたのがバイデン大統領である。製造業の国内回帰を欲するのなら、東南アジアで組み立てられた製品の輸入が増えれば、そこに再び高関税が課されるリスクが高まるのではないのか。パンデミック危機では、医療体制など、新興国の脆弱性も露わになった。人件費が安いというだけで、グローバル企業が低賃金の東南アジアに生産拠点を積極的にシフトさせる可能性は小さいと思われる。

新・「地産地消」戦略が採用されるのか

それではグローバリゼーションはどこに向かうのか。多くのグローバル企業は、「地産地消」的な戦略をとるのではないだろうか。米国で売るものは、米国で生産する。欧州で売るものは、欧州で生産する。日本で売るものは、日本で生産する。そして中国で売るものは、中国で生産する。多くの人には、政治的な制約、あるいは、地政学的リスクへの対応によって、グローバル企業が最適地生産の放棄を余儀なくされるように見えるであろう。だとすると、効率性が損なわれ、収益性が大きく低下する。

しかし、筆者の考えでは、2010年代半ばにすでに始まっていたイノベーションが「地産地消」を最適戦略とする。ロボティクスやAIによって、各国で無人工場が増えるのではないか。もちろん、集積の問題もあるため、小さなマーケットで無人工場が大々的に建設されるわけではない。米国や欧州、中国などの大きなマーケットに関しては、消費地や利用地で、生産や研究開発が進められる。もう少し詳しく論じよう。

米中対立によって、グローバル企業が自国や先進国に生産拠点をシフトさせるとなると、多くの人の目には、ICT技術が導入される前の第一次グローバリゼーションの時代、いや輸送できなかったために地産地消を余儀なくされた第一次グローバリゼーション以前の時代に先祖返りするように見えるだろう。しかし、内実は大きく異なる。2010年代後半に入って、ロボティクスやアルゴリズム、ソフトウエアを駆使することで、多くの生産工程では、労働力そのものが不要となり始めているのである。このため、製造業は、人件費のさらに安い途上国に生産工程をシフトするのではなく、先進国で無人工場を建設する動きが始まる。

労働集約的な生産工程そのものが存在しなくなるのだから、もはや人件費の安い途上国を追い求める必要もないはずである。それでも人件費の安い国に向かうのは、マシンより人手を使ったほうが安上がりな分野である。そうした分野の一部は、すでに2008年前後に中国の人件費が高騰した際、東南アジアにシフトが始まっている。

製造業において、人件費を要するのは、非製造業と同様、本社のオフィス業務である。しかし、アルゴリズムやソフトウエアは、生産工程だけでなく、計画立案や報告書作成、管理などの定型的な本社業務も早晩代替する。むしろ生産工程に付随するオフィス業務のコスト低下が、新興国から先進国への生産拠点の回帰（リショアリング）を促すのかもしれない。こうした新たなイノベーションが胎動し始めたところに、折悪しく今回の米中対立やパンデミック危機が始まった。

自国だけに生産拠点を回帰させ、米国に輸出を増やせば、日米間、欧米間で貿易摩擦が深刻化する。マシンやアルゴリズム、ソフトウエアによる代替で、人手を使わなくて済むのなら、工場を日本に置いても、米国に置いても、欧州に置いても、さして変わりはないはずである。むしろ最終消費地で研究開発を行うことが、プロダクト・イノベーションには効果的であろう。今後、地産地消の動きが先進各国の製造業で広がってくると思われる。

これが第三次グローバリゼーションのもう一つの側面である。新興国における既存工場の大きなサンクコスト（埋没費用）が存在するため、筆者は当初、変化はゆっくり進むのだと考えていた。しかし、トランプ大統領やバイデン大統領によって、グローバル企業は強く背中を押され、米国や本国に生産拠点をシフトし、リショアリングが加速するのではないか。さらにパンデミック危機が新興国の経済社会の脆弱性を炙り出した。

新興国の時代は黄昏を迎えるのか

筆者はもともと、第二次グローバリゼーションの下、オフショアリングで大きなメリットを受けていた新興国が、いずれメリットを受けられなくなる時代が到来すると考えていた。それは次のようなメカニズムが働くと考えていたためである。グローバル企業は、生産拠点の賃金が上がれば、さらなる賃金の安い途上国へ生産拠点をシフトさせ、新興国には早すぎる脱工業化が訪れる。かつて日本や韓国や台湾では、工業部門のシェアが高まり、一国の生産性が十分に高まるまで、脱工業化は始まらなかった。

しかし、現代のグローバル企業は資本市場からの強いプレッシャーで、熾烈な収益競争を強いられ、賃金のより低い場所での生産工程を探し求める。それゆえ、経済学者のダニ・ロドリックが論じるように、一国で工業部門のウエートが十分に高まり、生産性の水準が十分高まる前に、新興国では脱工業化が始まり、一国全体の生産性の改善が早い段階で滞るようになる。(14) 農業や在来産業など、伝統的な産業のウエートが高いままでは、当然であろう。しかも、新たなイノベーションによって、今度は、先進国への生産拠点の回帰が進む。

1990年代以降、続いてきた「新興国の時代」はついに黄昏を迎えるのだろうか。もちろん、前述したようにリモートワーク技術などの新技術の発展によって、ホワイトカラー業務でもオフショアリングが広範囲に進み、すでにテイクオフした一部の新興国は大きなメリットを享受する可能性はあり得る。この場合、大きなダメージを被るのは、前述した通り、先進国のホワイトカラーということになる。

結論はやはり変わらない。今回の米中対立やパンデミック危機、ウクライナ危機などをきっかけに、トランプ大統領やバイデン大統領が望んだ通り、中国など新興国からの回帰で、米国で工場が増える可能性はある。しかし、増えるのは無人の工場であって、良好な賃金を提供する生産工程は戻らず、中間層の復活につながるわけではない。

それどころかグローバル企業の本社では、管理部門などでの頭脳労働も定型的な業務はアルゴリズムやソフトウエアに代替されていく。さらにアルゴリズムやソフトウエアで代替が難しい非定型的な業務は、新興国のホワイトカラーに代替される。米国で生産が増えるとしても、所得が増えるのは、やはり資本の出し手やアイデアの出し手であって、高い賃金の仕事と低い賃金の仕事への二極化がますます進行する。コロナ禍がもたらした労働力不足による賃金高騰もアルゴリズムやソフトウエアによる労働力の代替を助長することになると見られる。

結局、所得の二極化を引き起こしている主因は、貿易ではなく、テクノロジー（科学技術）ということなのだろう。

2　権威主義的資本主義VSリベラル能力資本主義

中国共産党が「先豊論」から「共同富裕論」にシフトし、アントグループなど巨大テック企業（巨大ＩＴ企業）や教育産業への規制を強化した。なぜ、イノベーションを生み出す金の卵を葬り去るようなことをするのか。経済成長の源泉は高スキル労働にあり、高い教育こそ必要なのではないか。毛沢東時代に逆戻りするのか――など、さまざまな批判の声が上がっている。

だが実は、中国の抱える問題は先進国にも共通であるのだ。

図１－６　米国の法定最高限界税率

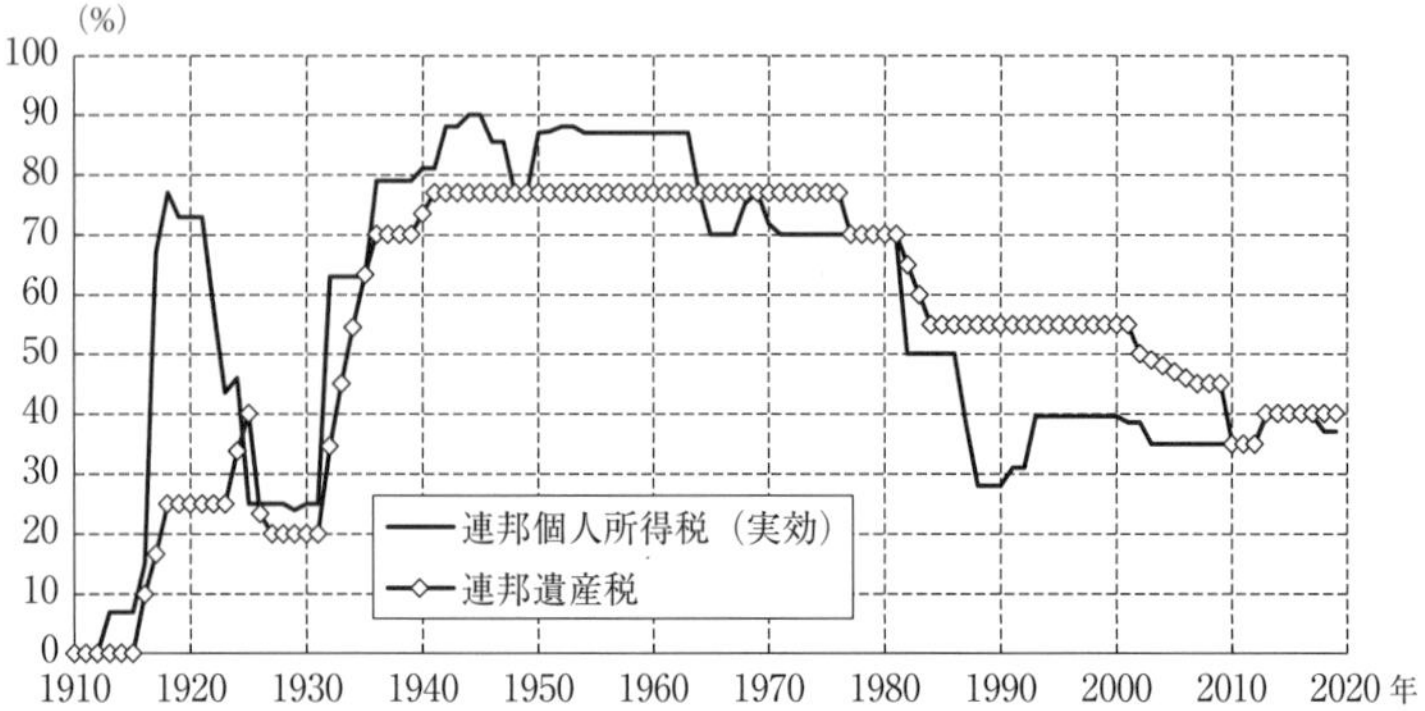

（出所）「The Triumph of Injustice」より、BNPパリバ証券作成

(1)　社会民主主義的資本主義とリベラル能力資本主義

資本主義の変容

資本主義は変容を続けている。社会保障制度などが導入される前の第一次世界大戦以前は、英国に代表される古典的資本主義の時代だった。そこでは、資本家階級と労働者階級に明確に分かれ、経済学者のトマ・ピケティが『21世紀の資本』でも示した通り、生産に占める資本所得の水準（資本分配率）は極めて高く、資本の所有は一部の世襲の富裕層に著しく集中していた[15]。

第二次世界大戦で高率の法人税率や所得税率が導入され、それを原資に社会保障制度が整えられたため、戦後は米国を中心に社会民主主義的な資本主義体制に移行し、労働分配率は１９７０年代まで高い水準が続いた。社会民主主義的資本主義に移行しても、資本の所有は高度な集中が続き、富裕層といえば戦後もそれは資本家のことを意味したが、高率の累進税制が続けられたため、高い成長の下で、経済格差も縮小傾向が続いていた（図

1－6)。

社会民主主義的資本主義の変質が始まったのは1980年代からである。サッチャー＝レーガンの「小さな政府」路線の下で、高い累進税率が修正され始めたが、それだけではない。90年代には、グローバリゼーションとICT革命の進展によって高い教育を受け、高いスキルを持つ人々に所得が集中するようになった。

労働分配率が低下したのは、大戦前の古典的資本主義の時代とまったく同じだが、お金持ちのタイプがそれ以前とは異なるようになった。かつての富裕層（資本家）は働かなかったが、現代は、大企業CEOやヘッジファンドの花形トレーダーなど、自らの労働の対価として巨額の所得を稼ぐお金持ちが相当に増えている。また、GAFAに代表される巨大テック企業群が誕生したのはこの20年あまりだが、その創設者たちはいずれも巨万の富を一代で築いた人々である。

振り返ると、1990年代初頭に、まず米国の資本主義の変容に人々が気づき始め、当時は、ICT革命やグローバリゼーションなどの変化に即応するアングロサクソン型の資本主義と、従業員などステークホルダーを重視するドイツなどのライン型資本主義や日本などの調整型資本主義に分けられることが多かった[16]。

しかしその後、米国以外の先進各国の企業もグローバル資本市場からの規律に強く晒されるようになり、欧州でも日本でも程度の差はあれ、ICT革命やグローバリゼーションに適応するかたちで米国型の資本主義に近づいていった。日本は、今でもうまく対応できているとは思われないが、少なくともかつての大企業の系列を中心とした調整型の資本主義とは大きく姿が異なっている[17]。

社会民主主義的資本主義から変容したものを、最近は、リベラル能力資本主義と呼ぶことがある。

それは、自由主義の下で、より能力の高い人により多くの報酬が向かう体制だからである。わたしたちは、縁故主義ではなく、高い能力を持った人が抜擢され、高く処遇されることこそが望ましいと考えてきたし、今もそれが望ましいと考える。

ただ、グローバリゼーションもICT革命などのイノベーションも、高い教育を受け、高いスキルを持つ人をより有利にする傾向がある。それらは、単に全体のパイを膨らませるだけでなく、オフショアリングや自動化によって、中間的なスキルの労働を代替し、所得分配構造を大きく変えた。

同時に、グローバリゼーションやICT革命は、1992年の鄧小平の南巡講話をきっかけに、開放政策を開始したばかりの中国において、権威主義的資本主義を生み出す原動力となった。前述した通り、グローバル企業は、生産工程の細分化が可能になったため、労働集約的な生産工程を、当時、労働賃金の安かった中国などの新興国にオフショアリングしたのである。

今では、米国政府は中国をモンスター呼ばわりする。しかし、米国などのリベラル能力資本主義と中国の権威主義的資本主義は、ミラノヴィッチが指摘する通り、グローバリゼーションやICT革命が生み出した双子の兄弟ともいえるのではないか(18)。

巨大テック企業がイノベーションを阻害する

問題は、モンスター性を示しているのが、権威主義的資本主義だけではない点である。「強欲」は資本主義につきものだが、リベラル能力資本主義のほうにも大きな問題が起こり始めていた。これを少し詳しく見ていこう。

まず、多くの人が認識し始めている通り、近年、イノベーションの象徴だったはずの巨大テック企業が、イノベーションを阻害している。

パンデミック危機前まで、米国の新規上場数が減っていたのは、さまざまな要因があるが、一つには、自らがつくり上げたドミナント・デザイン（標準的・支配的なデザイン、仕様）の脅威となる新興企業を大企業が買収していることが影響している。つまり、新技術の出現が抑え込まれているのである。IT企業、非IT企業にかかわらず、大企業のマークアップ比率や資本収益率は上昇傾向にあるが、それはイノベーションが頻発しているからではなく、ICT技術の駆使によって、逆に市場集中が進んでいるからである。

しかし、それでもビッグビジネスは賞賛の的である。ビッグビジネスを政策的にサポートすることが経済の活性化に寄与すると誤解する人が多く、日本でもその傾向は強いのだが、実はそれは新規企業の参入を陰に陽に阻害する。ところが、新規企業の誕生が阻害されたことを確認するのが難しいため、大企業がより巨大になったことを見て、経済政策の成功の証であると政府も機関投資家もつい喜んでしまうのだ。

経済が金融化する時代において厄介なのは、経済学者のラグラム・ラジャンらが指摘する通り、独占的利益が見込まれる企業の株価が押し上げられると、競争相手を買収する力が得られ、自己成就的により強い独占力が発揮されるようになることである。[19] 大企業と資産市場は共犯関係にある。

経済学の父アダム・スミスは、国家と既存企業の癒着や既存企業同士の共謀で競争環境が損なわれ、消費者の利益が奪われることで、経済発展が阻害されることを『国富論』で強く警告していた。[20]皆が歓迎するプロビジネス政策は、必ずしも経済成長を促すわけではない点に注意が必要である。

もう一つ露わになった問題は、市場集中が進んだ結果、巨大になった企業が労働市場などでも独占

図１－７　米国の労働分配率（季節調整値）

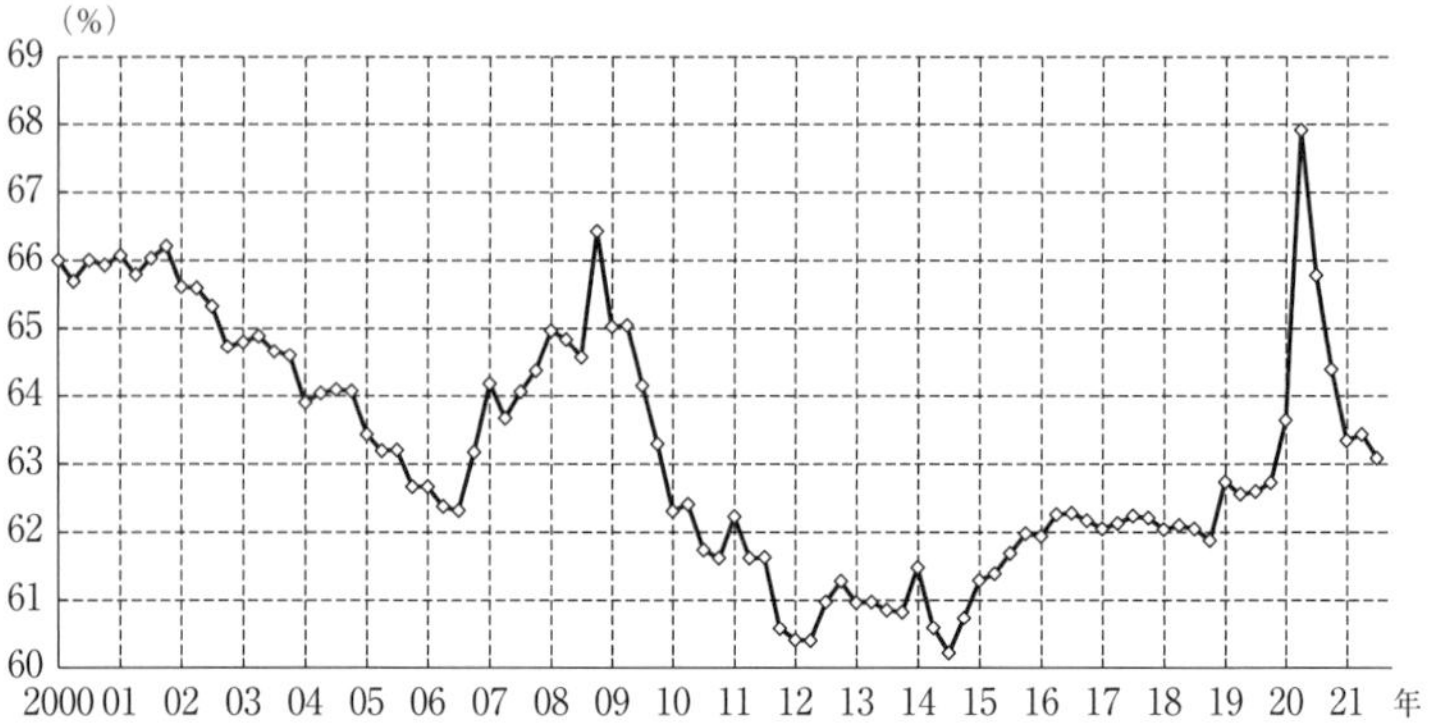

（出所）　Macrobond より、BNP パリバ証券作成

力を発揮し始めていることである。つまり、儲かっても従業員に対し、賃金を増やさない、ということである。これが労働分配率の低下傾向を強めると同時に、企業の貯蓄の増大につながる。コロナ禍による労働力不足で賃金はたしかに上昇しているが、企業は価格に転嫁しているため、業績改善が維持されている（図１－７）。

今や無形資産の時代であるから、大企業、特に巨大テック企業が投資を行うにも、以前の有形資産の時代のようには資金を必要としない。また、企業の保有者は富裕層であり、支出性向が低いため、彼らに所得が集中することは、自然利子率を低下させ、経済成長の阻害要因となる可能性が高い。

筆者は、これらのことをイノベーションのダークサイドと呼んでいるが、イノベーションそのものが問題なのではなく、独占や市場集中の弊害が現れているということである。前述した通り、イノベーションそのものも巨大テック企業の独占力によって抑えられている。

巨大テック企業と闘う新ブランダイス派

こうした問題を認識したバイデン政権は、競争政策を担当するＦＴＣ（連邦取引委員会）委員長に新ブランダイス派のリナ・カーンを起用し、巨大企業の独占力を抑え込もうとしている。新ブランダイス派と称されるのは、20世紀初頭に巨大独占企業の解体など反トラスト政策を進めた法律家のルイス・ブランダイスに因んだものである。

しかし、米国は、民主主義国家であるがゆえに、独占の弊害を抑制するのも容易ではない。まず、これまでの競争政策の主流派の考え方は、「一見、競争市場を侵すリスクがあるように見えても、潜在的な参入者が常に存在するため、市場に安易に介入すべきではない」というシカゴ学派のコンテスタブル理論だった。１９８０年代以降、競争政策の基本的な考え方としてコンテスタブル理論が採用された後に、ＩＣＴ革命が始まり、それが皮肉なことに大企業に独占力を付与することになったのである。

さらに現在の米国では、企業献金は事実上の青天井である。民主主義国家であるがゆえに、独占企業に対する規制も容易には導入できない。巨大テック企業が反トラスト法の適用を避けることが可能となっているのは、積極的なロビイング活動のおかげである。第2章で述べる通り、知財権が過剰なまでに保護されているのも、既得権者である大企業が金にモノを言わせ、政治力を発揮しているからである。第2章での議論を予告しておくと、モノが生み出す付加価値はその所有者に帰属するが、知財権などアイデアが生み出す付加価値の帰属先は、必ずしも明確ではない。

巨万の富を持つ人々が強力な政治力を発揮して、競争政策を蔑《ないがし》ろにしているというのも、リベラル能力資本主義のダークサイドということができるだろう。

中国が巨大テック企業に対して、規制を強化し始めたことも同じ理由からだろう。中国は、従来、どちらかというと消費者保護はそっちのけで、ビジネスの拡大をより重視していた。重商主義的傾向が強かったとも言えるのだが、今回の方策は、それが転換され、ケインズの言うアニマル・スピリッツ（企業家の血気）が中国から失われると批判する人も少なくない。しかし、これまで論じたように、巨大テック企業が独占力を発揮し始めれば、むしろイノベーションは阻害される。長い目で見れば、そのほうが確実に経済成長の足枷になるのではないか。

リベラル能力資本主義の米国では、金権政治の蔓延で、巨大テック企業を規制することも容易ではない。法の支配ではなく、官僚支配の中国には常に危うさがつきまとうのは事実だが、一方で中国は、権威主義的資本主義体制であるがゆえに、大きな弊害を生みかねない経済問題に早い段階で手をつけることができたということではないか。

中国共産党には、人民の情報を、党ではなく巨大テック企業が握るのは許し難いという視点もあるのだろう。個人情報を民が持つことも、国が持つことも、いずれも問題だと考えられるが、リベラル能力資本主義においても、十分な規制を受けない民間企業が、膨大な個人情報を持つことのほうがより大きな問題であろう。

(2) 教育格差が経済格差を固定化する

世界中で「孟母三遷」

もう一つの論点に移ろう。縁故主義ではなく、激しい競争の中で、高い人的資本を持つ人が高い報酬を得るのは公平であり、それがリベラル能力資本主義の良いところ、とわたしたちは長く信じてきたと述べた。

問題は、高い教育を受け高い所得を稼ぐ人々の間で同類婚が増え、そうしたパワー・カップルに富が集中するようになっていることである。もちろん、ジェンダーにかかわらず、高い能力を持つ人が高い地位に就き、より多く稼ぐ社会になったこと自体は賞賛すべきことであろう。筆者がここで問題にしたいのは、パワー・カップルが増える中で、子弟の教育を通じて、経済格差が固定化されることである。

１９８０年代以降、先進各国では、高い所得を獲得し、比較的高い税金を納める家庭が、公的教育の質に強い不満を持つようになった。ただ、公的教育には普遍性も必要だから、簡単には期待に応えられない。高い教育を受けたから自らが高い所得を獲得していることを痛感している家庭は、何とか高い教育を子供に与えようとする。

起こるのは「孟母三遷」である。自分たちと同じような優れた教育を受けた高い所得を稼得する家族が多く住む地域への転居が進む。教育は外部効果が大きいから、そうした家庭が抜け出すと、地域の教育レベルは低下していく。大金持ちは別にして、かつては豊かな家庭も貧しい家庭も同じ地域で混住していたから、教育に大きな格差はなかった。しかし、いったん逆選択が始まると、公共サービスの質は低下し、悪循環が始まる[21]。新自由主義的な政策の弊害として、世界各国で最も早くから指摘されていたのが、公教育の問題であった[22]。

教育格差は二世代にわたって続いている

この話には、前節で論じた、ＩＣＴ革命やグローバリゼーションも影響している。オフショアリングによって、製造業の生産拠点が失われた地域では、製造現場での良好な賃金の仕事が消失し、中間層が瓦解した。高いスキルを持ったホワイトカラーは、その地域から抜け出し、高い賃金の仕事を見つけ出したが、コミュニティに残るのは、スキルが乏しく、低い賃金を甘受せざるを得ない人ばかりである。生活にゆとりがなくなると、子供の教育も疎かになる。コミュニティの根幹をなす学校のレベルが低下すると、ゆとりがあり教育を重んじる家計は、そのコミュニティから徐々に抜け出していく。

こうした動きが80年代以降、すでに二世代にわたって続いている。質の高い教育を受けることができるのは高所得者の子弟ばかりとなり、教育を通じて、経済格差が固定化される。開かれた社会だったはずのリベラル能力資本主義は、そうではなくなりつつある[23]。

この話は、実は日本にもそのまま当てはまる。子弟の教育水準が親の教育水準や所得水準に依存するだけではない。教育社会学者の松岡亮二によると、地域によって親の教育水準や所得水準が大きく異なるため、進学機会の格差の拡大・固定化が、高校進学時ではなく、小学校や中学校の段階で観測されるようになっている[24]。大卒者が多く所得の高いエリアの小中学校では、勉強することはあたり前であり、将来、大学へ進学することも、またそのために塾に通うことも普通のことと無意識のうちに捉えられるが、大卒者が少なく豊かではないエリアの小中学校ではそうではない。

質の高い教育を欲する豊かな家庭は、転居が難しい場合、義務教育段階から、子弟を私学に通わせる。評価の高い私学が優れているのは、学校の教育が優れているというよりも、集まる生徒が優秀なためである。優秀な児童・生徒が抜け出した学校の教育レベルは低下する傾向にある。そうした問題を棚上げして、教育方法や内容を変えるだけで無理に教育レベルを底上げしようとするから、事態はますます悪化するのだ。日本でも教育格差が拡大し、今や東京をはじめとする主要都市のトップ大学は、裕福な家庭の子弟のための学校となっている。

なぜ「寝そべり族」が出現したのか

中国人民も子弟の教育に血眼になっている。新たにテイクオフした新興国は、先進国に比べて、よりいっそうメリトクラシー（能力主義）が重んじられるから、家庭は教育にいよいよ力を注ぐようになる。大学受験だけでなく、小学受験、就学前教育と競争はますます低年齢化していく。その結果、住居費の高騰と並んで、教育費の高騰が出生数の低迷に拍車をかけている。自分の能力では出世も高い所得も得られそうになく、住宅取得や子育ての費用が負担できそうにないと考える若者は、恋愛も婚活も諦め、最低限の生活で生きていく「寝そべり族」を選択し始めている。

巨大テック企業への介入だけでなく、中国政府が教育産業への介入を開始したのも、それが功を奏するかどうかはともかくとして、不動産価格の高騰と同様に、教育費の膨張が、社会の再生産を困難にするリスクがあると考えたからだろう。

中国型の権威主義的資本主義は、人民に対して、多少の政治的自由の犠牲を要請しても、高い経済成長を約束することで補償してきた。それが困難になれば、体制は危うくなるため、リベラル能力資本主義国家以上に、経済成長には敏感である。一見、一連の施策は、成長を否定し始めたようにも見える。しかし、目先の成長だけを目指そうとすれば、経済格差や教育格差を深刻化させ、ひいては長期の成長の桎梏ともなるため、経済成長の質を問い始めたのだろう。

株価が下がる政策は悪い政策と考えるリベラル能力資本主義に住むわたしたちからすれば、今回の中国の政策は、とんでもない政策に映る。ただ、長期的な視点で見れば、どちらがまだましな政策なのだろうか。権威主義的体制を擁護するつもりは毛頭ないが、少し心配になってきた。

3　ICT革命と際限のない人類の欲望の行方

(1)「労働塊の誤謬」は誤りか

碩学からの警鐘

かつては異端とされていた経済学者のダニ・ロドリックの主張が近年、注目されている。ロドリックは、2011年の著作『グローバリゼーション・パラドクス』において、民主主義と国家主権とグローバリゼーションの鼎立が容易ではないと論じ、民主主義と国家主権を守るのなら、これまでのようにグローバリゼーションの進展を放置すべきではない、と主張していた[25]。2010年代後半以降、先進各国でポピュリズムが蔓延、グローバリゼーションが民主主義や国家主権に大きな制約や変質をもたらしていることが明らかになり、ロドリックの予測が的中したことが明らかになった。

主流派経済学でも変化が見られる。第1節でも登場した経済学者のリチャード・ボールドウィンといえば、貿易論の世界的大家として知られ、主流派経済学の代表格として、これまで自由貿易やイノベーションの重要性を主張してきた。しかし、2019年の著作『グロボティクス』においては、失業による社会の不安定化を避けるため、場合によっては、グローバリゼーションの進展、あるいはAIやロボティクスなどICT革命の進展を政策的に遅らせる必要があるかもしれない、とまで論じるようになった[26]。

筆者は、ロドリックの主張にもボールドウィンの主張にもシンパシーを感じる。コロナ禍の混乱が収束すれば、人手不足も落ち着き、失職のリスクに直面する人はたしかに増えるだろう。同じように高騰が懸念されている賃金にも再び低下圧力が生じるだろう。ただ、筆者が懸念するのは、人間の欲望が技術に追いつかず失業が増えることではなく、むしろ際限のない人間の欲望を抑え込むことができるのか、という点である。

現代版ラッダイト運動なのか

機械化や自由貿易で失業が増えるという主張は、産業革命、あるいは第一次グローバリゼーション以降、繰り返し論じられてきた。19世紀初頭には、ラッダイト運動として知られる機械打ち壊し運動も見られた。一定の決まった量の仕事しか存在しないのなら、失業はたしかに増大するかもしれない。しかし、現実には、これまでのところ、常に新たな仕事が生まれ、失業は吸収されてきた。

たとえば、自動車が誕生した頃、部品は均質ではなかったため、その組立には、部品を補正・調整する能力を持つ機械工の役割が大きかった。部品が均質になることでベルトコンベヤを使った大量生産が可能になり、同時に機械工は失職するかに見えた。当時は、機械化によってスキルを持つ人が失職リスクに直面したのである。しかし、自動車が普及すると、点検・補修など修理工のニーズが広がり、ガソリンスタンドなどの新たなニーズが膨らむとともに、機械工・修理工全体の雇用は拡大が続いた。

経済学では、一定の決まった量の仕事を前提に、新技術が失業の増加をもたらすという主張を「労働塊の誤謬」と呼んできた。経済学的には誤った考えとされてきたのである。ＡＩやロボティクスに

図１−８　EU16カ国における低・中・高賃金の職業別にみた雇用のシェアの変化（1993–2010年）

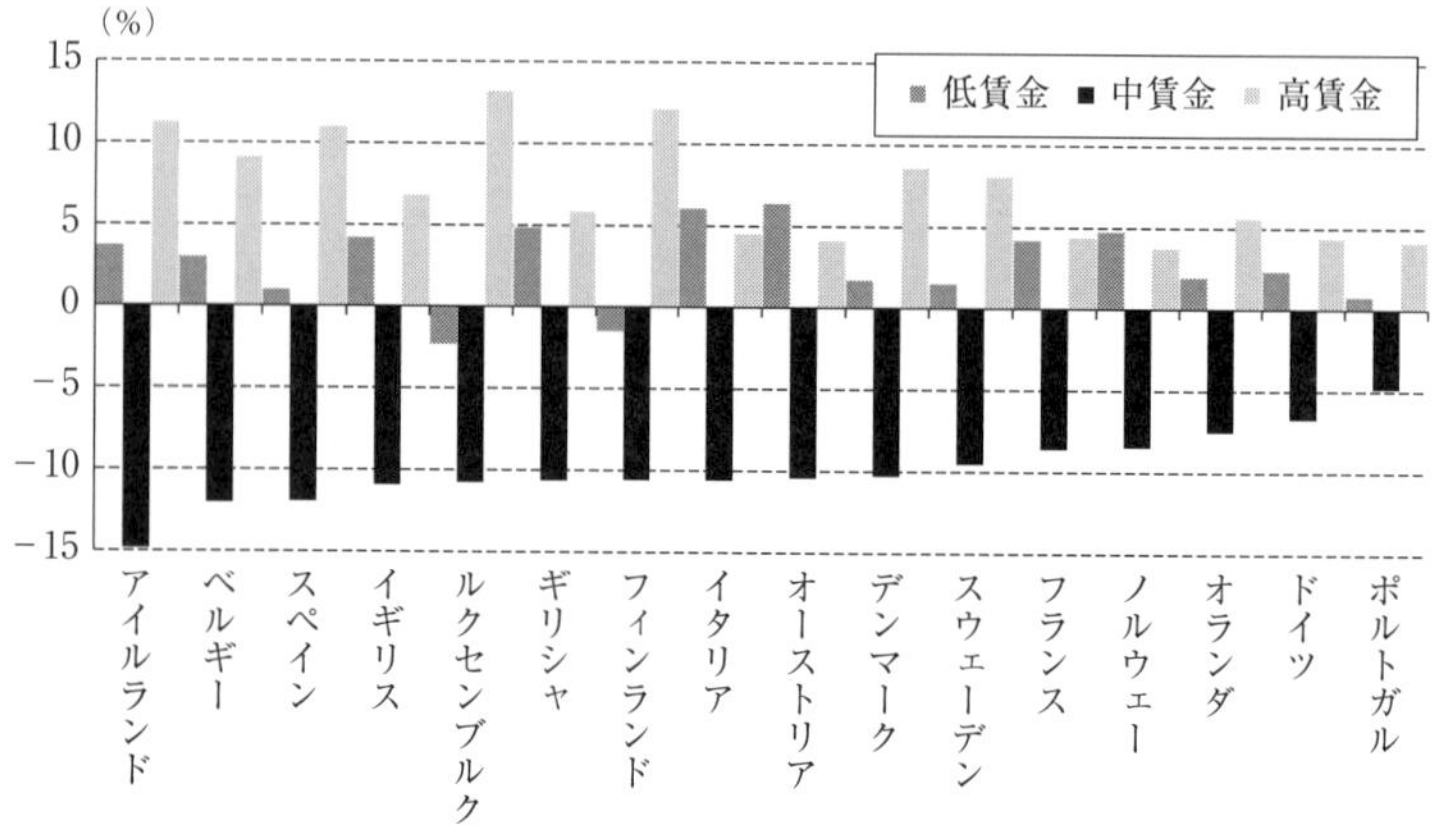

（出所）　Goos, Maarten, Alan Manning and Anna Salomons (2014) より、BNP パリバ証券作成

よる自動化も同じであり、仮に局所的、一時的に失業が発生することがあっても、人間の果てしない欲望が新たな需要を生み、経済全体では雇用が失われることはないのではないか。問題となるのは、むしろ所得の分配だ、と筆者は考えてきた。前述した通り、新しい技術によって、中間的な賃金の仕事が失われ、新たに増えるのは高い賃金の仕事と低い賃金の仕事であり二極化が進むのだろう。経済全体で所得が増えても、ＡＩの開発者やＡＩを所有する資本の出し手に所得増加が偏るという問題なのではないのか（図１−８）。

「ザ・セカンド・マシン・エイジ」のとてつもないインパクト

しかし、「労働塊の誤謬」など先刻承知のはずのボールドウィンが、なぜ今回だけはちがうと考えるのだろう。彼は、今回は、自動化やグローバル化のペースがあまりに早すぎて、人間の欲望（総需要）が規定する雇用の創出が追いつかなくなる、と主張するのである。

これは、『ザ・セカンド・マシン・エイジ』で、経済学者のエリック・ブリニョルフソンとアンドリュー・マカフィーが論じた問題にほかならない(27)。ムーアの法則の継続によって、デジタル技術の指数関数的な高性能化が変曲点を超え、自動化による労働の代替が加速的に進むが、人間の欲望がそれに追いつかないために、雇用創出もままならない、ということである。

周知の通り、ムーアの法則とは、18カ月ごとに集積回路の演算能力が倍になるというものである。その社会的インパクトのわかりやすい逸話は、かつて未来学者のレイ・カーツワイルが語ったとして、『ザ・セカンド・マシン・エイジ』では以下のような話が紹介されている（同書の83～84ページをもとに筆者が要約）。

6世紀にインドでチェスを発明した男に対して、喜んだ王が何でも褒美を渡すと約束した。男はトリッキーな申し出をする。チェスの1升目に1粒のお米、2升目に2粒のお米、3升目に4粒のお米、4升目に8粒……と、64（8×8＝64）の升目がいっぱいになるお米を所望した。男が欲したのは、つまり2の（n−1）乗の合計の米粒だが、最後の64升目には何が起こるか。当初、王は謙虚な申し出と感心する。しかし、升目の真ん中の32番目に到達した時には約20億粒に達していた。和やかだった褒賞の場は、険悪な雰囲気となり、その後、男が生きて帰ったかは書かれていなかった。

ちなみに2の（64−1）乗は922京である。指数関数的急増が始まる変曲点（32升目あたり）をI

Ｔデジタル技術が近年、通過したというのが、ブリニョルフソンとマカフィーの２０１４年時点の分析だった。その直後の２０１０年代後半には、ＡＩ技術の急激な発展が明らかになったが、それは、正確にはＡＩ技術の理論が急激に発展したという話ではない。

理論自体はすでに整えられていた。ムーアの法則に沿って、集積回路の高い演算能力が安価なコストで入手できるようになり、２０１０年代半ばからＡＩ技術の社会実装が爆発的に広まったのである。筆者のスマホのＡＩはここ数年でとても賢くなった。スマートテレビでもＡＩが、ニュースや映画からオペラ、クラシックまで即座に提供してくれる。

この勢いでＩＣＴ化やグローバリゼーションが進めば、人々の労働力は急激に代替され、新たな雇用を生み出すのは容易ではないようにも見える。しかし、筆者は、これまでと同様、人々の欲望に限りはなく、代替された労働力を吸収する以上の新たな雇用が生まれ続けるため、経済格差の拡大が続くとしても、構造的な失業問題は生じないと考える。

むしろＡＩやリモートワーク技術が駆使されることによって、これまで供給できなかった新たな領域で需要の掘り起こしが進み、それとともに、新たな雇用が生まれるのではないか。

新技術は、わたしたちの個人的な領域に入り込み、あらゆるものを商品化する。かつてコミュニティや家庭で提供されていたものが市場によって供給されるというのが、近代、そして現代の資本主義の風景である。

商品化が加速し、コミュニティを切り崩す現代の資本主義に対し、マイケル・サンデルは『それをお金で買いますか』と疑問を呈した。[28] しかし、ビッグデータを利用して需要が掘り起こされ、ミクロのリアルタイムデータをもとに、オーダーメードのサービスが新たに供給される。それは、医療や介

図1－9　世界の一人あたりGDPの推移（USドル）

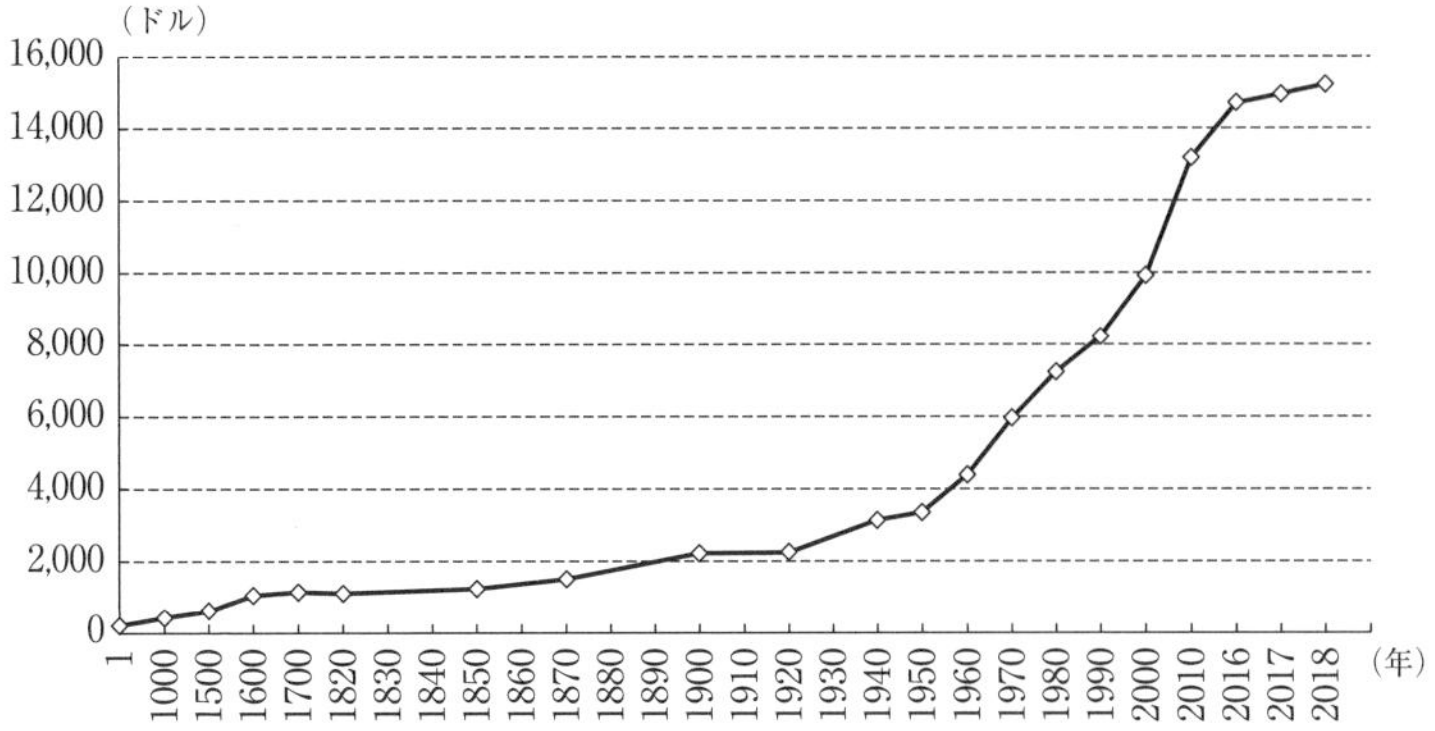

（出所）　Maddison Project Database より、BNPパリバ証券作成

護など健康の領域にまで広がり始め、早晩、歴史学者のユヴァル・ノア・ハラリが『ホモ・デウス』で描いたように、身体や頭脳のアップグレードサービスが供給されるようになるのではないか[29]。コミュニティの再生については、第6章と終章で改めて取り上げる。

(2)　経済成長の軌跡を繙く

なぜ人類に経済成長の時代が訪れたのか

人々の欲望に限りはない、ということを理解するには、そもそもなぜ経済成長が始まったのかを歴史的に振り返る必要があるだろう。一人あたりの経済成長が始まったのは、欧州で産業革命が起こった18世紀後半であり、それ以降をわたしたちは「近代」と呼ぶが、成長の時代の種が蒔かれたのは産業革命以前の15～18世紀前半の長い「近世」においてである（図1－9）。以下、経済史家の小野塚知二らの論考をもとに考察することにしよう[30]。

まず、「近世」以前において、人類は持続的な経済成長を経験しなかった。人々が欲望を強めても、農業生産力はまったく追いつかず、誤って種苗まで食べてしまうと、翌年の生産量は減り、飢えで人口が調整され、その結果、人々の欲望は強制的に抑え込まれていた。

数百年に一度、経済成長らしき現象が生じるが、それは農業技術においてイノベーションが生じ、農業生産高の水準が切り上がった時だけである。しかし、エネルギー摂取が増え、健康状態が改善すると、結局はそれに合わせて人口が増えてくるため、一人あたり所得（食料）はほとんど増えることがなかった。収穫逓減の法則が支配する農耕社会においては、こうした生産増加が人口圧をもたらすマルサス的制約が働くため、一人あたり所得を増やすことができなかったのである。

近世以前の共同体は経済成長を否定してきた

むしろ「近世」以前は、共同体の安定を図るために、人類に経済的進歩はまったく起こらないし、起きてはならないという社会規範が、宗教や道徳を通じて人々に広く刷り込まれていた。今日は昨日と同じであり、明日も今日と同じである。そして１００年後も２００年後も同じはずである。

この規範を破ろうとする者は、共同体を破滅に導く悪魔的な人物と見なされ、仮にそれが君主であれば、共同体が密かに抹殺した。日本流にいえば、「殿ご乱心」であり、穏当な対応の場合は、座敷牢での幽閉だったのだろう。

生産力を増やすための資本蓄積は否定され、時折の農業技術の革新がもたらす剰余は、巨大な王の墓や壮麗な宮殿などの歴史的建造物の構築、豪華な工芸品や格調高い音楽の創造、あるいは兵士や神官、僧侶といった非生産階級を養うことに費やされた。支配者は資本蓄積によって生産力を増加させたのではなく、自らの権威を示すために剰余を費消したのである。

基本的にこうした動きは、人類が農耕を開始した1万年ほど前からずっと継続されてきた。現在も先住民の文化において、婚礼などの際、富裕層は自らの富を皆の眼前で破壊し、あるいは客人に贈与することで、剰余を費消する「ポトラッチ」の儀式が行われる。経済成長に不可欠なはずの資本蓄積は、そもそも許されない行為だったのである。

資本蓄積が許されない行為であったのは、経済格差が広がり、社会が不安定化することを回避するという視点もあったのだろう。誰かの富が膨らむということは、既存の支配階層への新たな挑戦者が現れるというだけではない。さらなる収益を求めて富者の貯蓄が貸出に回されるため、第2章で論じる通り、ある経済主体への富の集中は、閉鎖空間においては、同時に負債を抱える経済主体の出現を意味する。返済できない人は債務奴隷になるのが常である。それゆえ、多くの宗教が利子を取る貸付を禁止していた。

ちなみに、『貨幣の「新」世界史』を論じたカビール・セガールによると、世界最古の硬貨は紀元前7世紀頃の小アジアに遡るが、その後、硬貨の利用が広がった時期と主要宗教の誕生時期がほぼ重なるという[31]。社会の安定のために、「多いほどよい」という考えを否定し、お金に翻弄されない生き方を提供するのが宗教出現の大きな理由の一つだったのだろう。

ハラリが『サピエンス全史』で論じた通り、人類が発展したのは、他の動物と異なり、抽象概念を理解する能力を獲得し、想像力で社会を構築したお陰だが、正に宗教やお金という虚構の物語を共有することで、地球最強の動物となったのである[32]。

情報革命が長い中世を終わらせた

さて、ゼロ成長の時代からの大転換が始まったのは、近世（15～18世紀）である。この大転換では、宗教などの社会規範によって永らく抑えつけられていた人間の欲望が解き放たれ、反対に富の蓄積や拡大再生産を是とする新たな社会規範が生まれ始めた。まず、ルネッサンスによって、美の追求や知識欲だけでなく、食欲や利殖欲なども人の自然の姿として是認されるようになり、人間の欲望は徐々に解放されていく。

この議論になると、14世紀にモンゴルから西欧にもたらされ、猛威を振るったペストによる人口の激減の影響が語られることが多い。皮肉なことに、ペストによる大量死でマルサス的制約が和らぎ、一人あたり所得が増え、それが科学や芸術に回されたから、ルネッサンスの原動力になり、その後の成長につながった、というのである(33)。

それもたしかに大変化の要因の一つなのだろうが、筆者がより決定的だと考えるのは、印刷技術の発明という情報革命である。人々が膨大な情報を入手するようになったことが、より大きな影響を持ったのではないか。

それ以前、主な情報源といえば、わずかな旅人が伝えるものを除くと、すべて手写しによるラテン語の書物のみであり、情報を入手できるのは、ラテン語を読める一部の支配階級だけだった。しかし、印刷技術の発明によって、母国語による情報伝達が可能になると、人々の現状認識が大きく変わるようになる。人々が感じる矛盾や疑問を放置することができなくなり、何百年も安定していた既存の社会秩序、政治秩序が揺らぎ始める。これが「中世」の終焉をもたらした。

印刷技術の発展で、自国語に聖書が翻訳され、普及が進むと、それまでとは異なる解釈や意見表明がなされるようになり、もはや伝統的規範で人々の考えを制御することは難しくなる。さらに所得を稼ぐことが神の意志に沿うという新教（プロテスタント）が誕生し、歴史の歩みが加速し始める。こうして既存秩序の崩壊が始まった。

近代への移行になぜ、４世紀もの長い準備期間を要したのかは、明らかだろう。ゼロ成長の時代が農耕開始以来、１万年にもわたって続いていたためである。いや、わたしたちの祖先がアフリカから移動を始めた時期から数えると７万年もの永い間、ゼロ成長の時代が続いていた。それを考えると、「わずか」４世紀という「短い近世」で近代に移行したと考えるべきかもしれない。

(3)　問題の本質は人類の欲望の抑制

ＩＣＴ革命が歴史の歩みを加速させる

筆者自身は、１９９０年代後半以降、現在も続くＩＣＴ革命によって、世界中の人々がリアルタイムで同時に膨大な量の情報を入手できるようになったことで、人類の欲望の最後の軛《くびき》が解き放たれたのではないかと考えている。今日ではインターネットを通じ、地球上のほとんどの人が同時につながり、膨大な情報の入手と蓄積が可能となっている。

人類にとって、世界はあまりに複雑で、わたしたちはすべてを理解し、把握することはできない。それゆえ、外部環境から意思決定に役立つ情報だけを抽出するように人類は進化してきた。脳内にはわずかな情報のみを保持し、必要に応じて自らの身体や外部環境、特にコミュニティに蓄えられた知識を利用して思考する。

認知科学者のスティーブン・スローマンとフィリップ・ファーンバックによると、人の主たる記憶装置は脳ではなく、コミュニティにあり、知的分業によって人類は進歩してきた[34]。今やその知識コミュニティがすべての人類の間でネットワークを通じて統合されつつある。中世の終焉をもたらしたルネッサンスよりも大きなインパクトを人類社会にもたらすのは明らかだろう。既存の秩序は揺らぎ、歴史の歩みは一段と加速する。

わたしたちがお金儲けにばかり血眼になることに多少の恥じらいを感じていたのは、近世、あるいはそれ以前のゼロ成長時代の思想の残滓だが、米国や中国ではすでにそれが失われ、日本を含め多くの先進国でも近年、急速に失われつつある。

今やあらゆる国がグローバル資本主義に巻き込まれ、欲望を抑え込んでいた道徳や宗教、イデオロギーは取り払われつつある。米国と中国との対立は、リベラル能力資本主義と権威主義的資本主義の競争なのであって、所詮、資本主義の枠内での闘争にすぎないようにも見える。

中東においても、反米勢力は米国型の拝金主義的な資本主義を否定するものの、彼らが採用しているのも、現実にはイスラム型の権威主義的な資本主義体制である[35]。イノベーションが欲望の軛を取り払ったからこそ、急激な社会の変化が心の平穏を脅かすことを恐れて人々はイデオロギーや宗教を欲し、時として原理主義的な宗教勢力が出現するのだろう。経済史家の寺西重郎が論じるように、西洋型の資本主義の制度を表面的にはベースにしつつも、西洋型に普遍性はなく、独自の精神を持つ異種の資本主義が互いに競い合うのだと思われる。

そこでも、やはり問題は人間の欲望の不足ではなく、際限のない欲望を抑えることができるかという点である。人類の歴史を振り返ると、欲望を抑えることができず、森林資源を費消し、エネルギーを過剰に費消してきた文明は滅んできた。

神なき社会で欲望を抑える新たなレジームを創れるか

人類にとり、18世紀まで木材は基幹エネルギーであると同時に、基幹資源でもあった。古代文明が滅びたのも、天変地異などが原因ではなく、森林資源の過剰な伐採によって、エネルギー源と主要資材を失ったためである。

小野塚によると、18世紀以降も森林資源を主力に使い続けていれば、西欧文明はエネルギー源と主要資材を失って限界に達していたという。18世紀後半の産業革命は、単に化石燃料による動力革命だけではなく、同時に原料革命でもあり、人類は木材に代わるプラスチックなどの資材を確保したのである（プラスチックは、最初は石炭からつくられていた）。

そして、現在は、化石燃料を燃やし続けることやプラスチックを生産し続けることが、地球規模での成長の限界、いや破壊をもたらすことが明白になっている。カーボンニュートラルは２５０年続いた化石燃料文明の終焉でもある。

現段階では、資本主義以外の選択肢は見当たらないが、従来のままの財やサービスの生産、あるいは従来のままのエネルギーの消費を通じたものなら、人類の繁栄は続かない。神なき社会で、わたしたちは欲望を抑えるための新たなレジームを創り出すことができるだろうか。終章で論じる通り、筆者は、ボランタリー・エコノミーの深化によって脱物質化が進み、人間の欲望の向かう先が変わってくることが解の一つになると考えている。

自然との調和を図る近世以前のようなゼロ成長社会が選択肢と考える人もいるのだろうが、逆に脱物質化を進めることで、持続的な成長が可能となるのではないか。あまり気がつかれていないが、２０１４年以降、地球温暖化への対応が遅れている日本においても、エネルギー使用量や温暖化ガスの排出量の減少が始まり、ＧＤＰとのデカップリングは緩やかながらも始まっている。これは単に、東日本大震災後の火力発電急増の反動だけではないだろう。わたしたちの気づかぬところで、脱物質化がすでに始まっているのではないか。グリーン成長戦略については、改めて第4章で取り上げる。

第1章　注

（1）日本の話だが、東京の2022年1月1日時点の推計人口は、1398万8129人と、昨年同期から4万8592人減ったが、通年で減少したのは1996年以来、26年ぶりである。
（2）Autor, David H., David Dorn, and Gordon H. Hanson (2013) "The Geography of Trade and Technology Shocks in the United States," *IZA Discussion Paper* No. 7326, April.
（3）リチャード・ボールドウィン『世界経済　大いなる収斂——ＩＴがもたらす新次元のグローバリゼーション』遠藤真美訳、日本経済新聞出版社、2018年。
（4）猪俣哲史『グローバル・バリューチェーン——新・南北問題へのまなざし』日本経済新聞出版社、2019年。
（5）エマニュエル・サエズ、ガブリエル・ズックマン『つくられた格差——不公平税制が生んだ所得の不平等』山田美明訳、光文社、2020年。
（6）ブランコ・ミラノヴィッチ『大不平等——エレファントカーブが予測する未来』立木勝訳、みすず書房、2017年。
（7）ボールドウィン前掲書。
（8）ケネス・ポメランツ『大分岐——中国、ヨーロッパ、そして近代世界経済の形成』川北稔訳、名古屋大学出版会、2015年。
（9）ボールドウィン前掲書。
（10）猪俣哲史前掲書。
（11）神林龍『正規の世界　非正規の世界——現代日本労働経済学の基本問題』慶應義塾大学出版会、2017年。
（12）深尾京司・中村尚史・中林真幸編『岩波講座　日本経済の歴史6　現代2　安定成長期から構造改革期（1973-2010）』岩波書店、2018年。

⒀　ヨーゼフ・シュムペーター『経済発展の理論　上・下』塩野谷祐一・中山伊知郎・東畑精一訳、岩波文庫、１９７７年。
⒁　ダニ・ロドリック『貿易戦争の政治経済学――資本主義を再構築する』岩本正明訳、白水社、２０１９年。
⒂　トマ・ピケティ『21世紀の資本』山形浩生・守岡桜・森本正史訳、みすず書房、２０１４年。
⒃　ミシェル・アルベール『資本主義対資本主義――フランスから世界に広がる21世紀への大論争』小池はるひ訳、竹内書店新社、１９９６年。
⒄　セバスチャン・ルシュヴァリエ『日本資本主義の大転換』新川敏光訳、岩波書店、２０１５年。
⒅　ブランコ・ミラノヴィッチ『資本主義だけ残った――世界を制するシステムの未来』西川美樹訳、みすず書房、２０２１年。
⒆　ラグラム・ラジャン『第三の支柱――コミュニティ再生の経済学』月谷真紀訳、みすず書房、２０２１年。
⒇　アダム・スミス『国富論――国の豊かさの本質と原因についての研究　上・下』山岡洋一訳、日本経済新聞出版社、２００７年。
(21)　ラジャン前掲書。
(22)　中澤渉『日本の公教育――学力・コスト・民主主義』中公新書、２０１８年。
(23)　ミラノヴィッチ前掲『資本主義だけ残った』。
(24)　松岡亮二『教育格差』ちくま新書、２０１９年。
(25)　ダニ・ロドリック『グローバリゼーション・パラドクス――世界経済の未来を決める三つの道』柴山桂太・大川良文訳、白水社、２０１３年。
(26)　リチャード・ボールドウィン『ＧＬＯＢＯＴＩＣＳ――グローバル化＋ロボット化がもたらす大激変』高遠裕子訳、日本経済新聞出版社、２０１９年。
(27)　エリック・ブリニョルフソン、アンドリュー・マカフィー『ザ・セカンド・マシン・エイジ』村井章子訳、日経ＢＰ社、２０１５年。
(28)　マイケル・サンデル『それをお金で買いますか――市場の限界』鬼澤忍訳、早川書房、２０１２年。
(29)　ユヴァル・ノア・ハラリ『サピエンス全史（上）（下）――文明の構造と人類の幸福』柴田裕之訳、河出書房新社、２０１６年。
(30)　小野塚知二『経済史――いまを知り、未来を生きるために』有斐閣、２０１８年。
(31)　カビール・セガール『貨幣の「新」世界史――ハンムラビ法典からビットコインまで』小坂恵理訳、早川書房、２０１６年。

(32) ユヴァル・ノア・ハラリ前掲書。
(33) ダニエル・コーエン『経済と人類の1万年史から、21世紀世界を考える』林昌宏訳、作品社、2013年。
(34) スティーブン・スローマン、フィリップ・ファーンバック『知ってるつもり　無知の科学』土方奈美訳、早川書房、2018年。
(35) 寺西重郎『日本型資本主義——その精神の源』中公新書、2018年。

第2章　分配の歪みがもたらす低成長と低金利

1　債務頼みの景気回復が招く自然利子率の低下

豊かな社会を築くには、潜在成長率や自然利子率を高める必要があり、そのためにはイノベーションを追求しなければならない。わたしたちは長くそう考えてきた。だからこそ、日本の歴代政権も、繰り返し成長戦略を掲げてきた。

しかし、イノベーションの乏しい日本と異なり、米国では1990年代後半以降もイノベーションが続いている。それが潜在成長率や自然利子率を押し上げるはずだったが、むしろITデジタル分野でイノベーションが活発化するようになった2000年代以降、潜在成長率や自然利子率は低迷している。その結果、コロナ禍で供給制約が生じるまで、インフレ率も低下傾向が見られた。第1章でも論じてきた通り、これらのことは、所得分配の大きな歪みが影響していると筆者は常々考えてきた。本章では、所得分配の歪みが低成長と低金利をもたらすメカニズムを探る。

図２－１　米国・上位１％と下位50％の階層が国民所得に占める割合

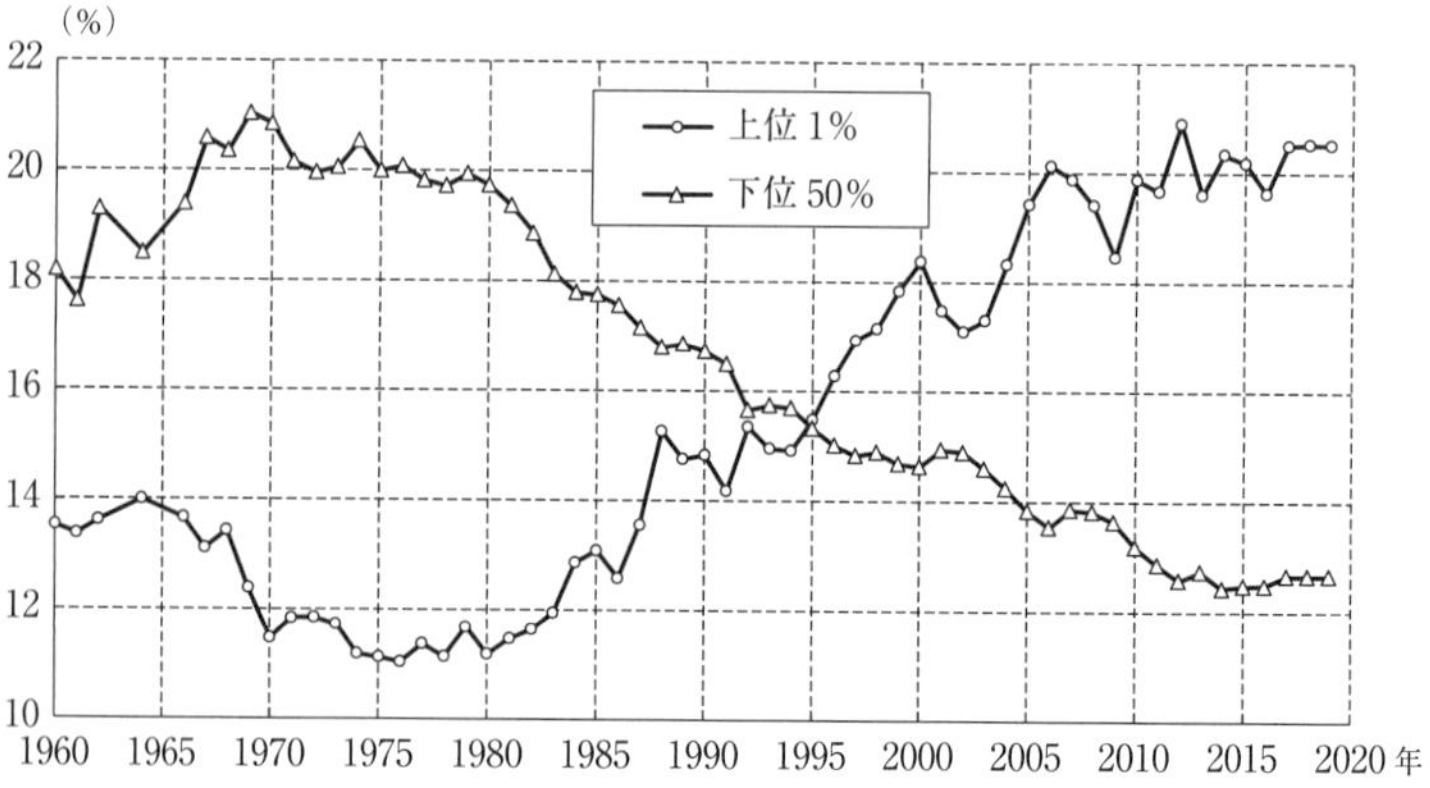

（出所）　世界所得不平等データベースより、BNP パリバ証券作成

(1)　分配の歪みが自然利子率を低下させる

倍増したトップ１％の所得

まず、グローバリゼーションや自動化などの労働節約的なイノベーションが進んだが、その果実は、アイデアや資本の出し手である富裕層に集中した。図２－１にあるように、１９８０年頃には、トップ１％の所得は全体の所得の１割強を占めるにすぎなかったが、今では２割を超える。一方で、下位５割の人々の所得は１９８０年頃に全体の２割程度を占めていたが、それが今では１割強にとどまる。

中間的な賃金の仕事が消滅し、高い賃金と低い賃金の仕事への二極化が進んだだけではない。人件費が抑制され、企業の利益率は大きく高まったが、その結果、さまざまな企業の株主である富裕層の所得が拡大した。この傾向がマクロ経済的に問題となるのは、富裕層は支出性向が低いため、所得が増えてもその多くが貯蓄に回るからである。一国全体で見ると、貯蓄ばかりが増え、貯蓄と投資のバランスが崩れ、自然利子率や潜在成長率が低迷する。一言でいえば、経済に好循環が訪れないということである。コロナ危機をきっかけに、不足する低スキル労働の賃金は、多少は切り上がるのだろうが、第1章で論じたように、中間的な賃金の仕事はデジタル化によって失われ、浮いた人件費は企業利益の増大を通じて、富裕層の懐に入る、という構造が変わるとは思われない。

コロナ禍のインフレ上昇は「協調の失敗」が原因

第5章で詳しく論じる通り、金融緩和の効果は、経済を均衡させる中立的な水準である自然利子率（中立金利）よりも実質金利を低くすることによって得られる。だが、自然利子率自体が低迷すると、実質金利をそれよりも大きく引き下げることが困難になり、金融政策の有効性は低下し、景気刺激効果が乏しくなる。

この結果もたらされる経済停滞により、多くの人々の賃金上昇も限られるため、インフレ率も低下気味で、金融緩和を続けても、資産価格ばかりが上昇する――それが過去20年間の米国で観測されてきたことだった。

コロナ禍で労働市場への復帰が遅れ、同時に経済再開で需要が急回復したため、需給逼迫からインフレ率が高まったが、それはいわば「協調の失敗」が原因である。米国では、2020年春にロックダウンが行われた際、企業が一斉にレイオフを実施したため、経済が再開すると、混乱なく元のように人員を揃えるのが可能か、当初から心配されていた。短期のインフレ期待は高まったと見られるが、協調の失敗がもたらした経済混乱で、自然利子率はむしろ一段と低下した可能性もある。

ただ、現在、米国はコロナ禍がもたらした「大離職時代」を迎えている。低い賃金しか支払えない

図２－２　米国の家計と政府の債務のGDP比と上位１％の階層が国民所得に占める割合

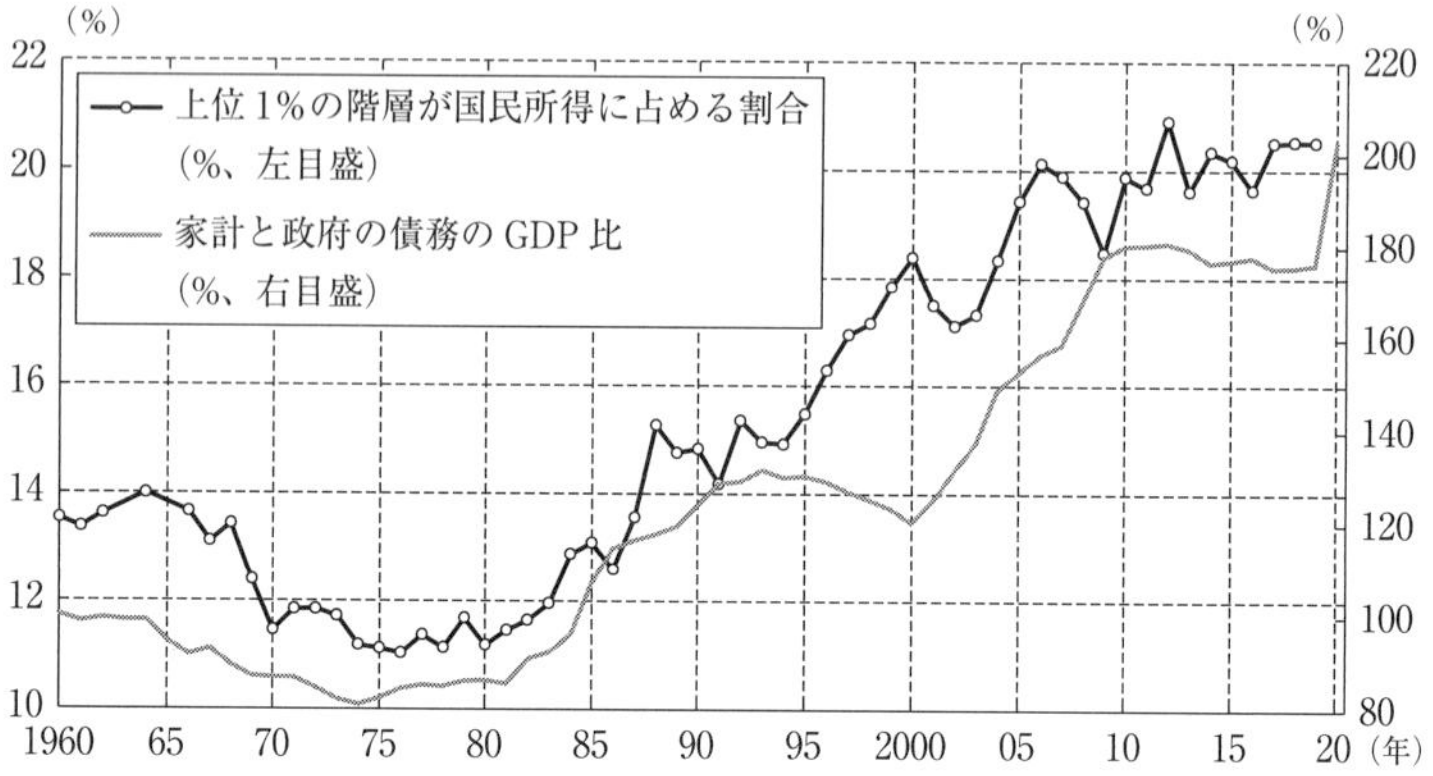

（出所）　Macrobond、世界所得不平等データベースより、BNPパリバ証券作成

衰退企業から高い賃金を支払う成長企業に労働力がシフトするのなら、経済混乱が終息した後に、一国全体の生産性上昇率が思いのほか改善し、自然利子率の回復要因になるのだろうか。

(2)「借金頼みの需要」創出の持続可能性

富裕層の貯蓄は低中所得層の借入に向かう

所得分配の歪みがマクロ経済に影響をもたらす、もう一つ重要な論点がある。それは、富裕層の貯蓄が一体どこに向かっているのか、という点である。

先ほど見た「トップ１％の富裕層の所得の全体における割合」と、政府と家計の債務の合計のＧＤＰ比を並べると、おおむねパラレルに動いている。実は、これは偶然ではない。富裕層が使わなかった所得（＝貯蓄）は、金融市場を通じて、低中所得者層や政府の支出のための債務のファイナンスに向かっているのである（図２－２）。

経済全体で見ると、富裕層の貯蓄が低中所得者や政府の支出のファイナンスで吸収されているのなら、マクロ経済的に問題はないと思われる方も多いかもしれない。たしかに、短期的には投資と貯蓄がバランスし、景気回復がもたらされるため、自然利子率も一時的には回復し、問題がないように見える。しかし、債務の増加に支えられた支出回復は、長期的に大きな問題を孕む。

筆者は、支出性向の低い富裕層の所得ばかりが増えることは、別の経済主体の過剰債務問題を引き起こし、それがマクロ経済の成長の足枷になるのではないか、と長く疑問に思ってきた。主流派経済学は、所得分配の歪みがもたらす過剰債務や自然利子率の低下の問題を長く放置してきたが、近年、経済学者のアティフ・ミアンやアミール・サフィらが、この問題に焦点を当てた。それが「借金頼みの需要（indebted demand）」理論である(1)。

かいつまんでいうと、過大な債務を抱えた借り手が、当初は支出を増やして、景気が回復し、自然利子率が短期的に上昇することがあっても、その後、元利払いのために支出を抑制せざるを得なくなり、長期的に見ると自然利子率は元の水準よりも低下する、というものである。つまり、家計や企業、あるいは政府の過剰債務が自然利子率を低下させるのである。さらに借り手からの利払いを所得とする富裕層は、増えた所得を再び貯蓄に回すが、そのことも貯蓄投資バランスを崩し、自然利子率を押し下げる要因となる。

以下、論じるように、金融緩和であろうと、追加財政であろうと、借金に依存した需要増加は同じ帰結をもたらす。まず、所得が一向に増えない低中所得者層は、低金利を背景に、借入を増やして消費に充ててきた。金利の低い間は、借入を増やすことで消費水準を維持できるが、当然、借入を永久に増やし続けることはできない。

近年、ＦＲＢが利上げを始めると、金利水準がさほど大きく高まらないうちに米国経済が失速することが多いのは、単に運が悪く、想定外の大きなショックが訪れるからではないだろう。過大な債務を抱えた経済主体が利払い負担に耐えられず、支出を抑制せざるを得なくなっていたのである。もし、金融緩和によって増えていたのが無形資産投資や有形資産投資、人的資本投資のためのファイナンスであったのなら、自然利子率も上昇し、多少の利上げで経済が変調を来すことはなかったはずである。コロナ危機の前から、米国では、金融緩和を背景に、企業は社債発行などで借入を増やしているが、それが向かう先は自社株買いやM&Aなど既存資産の購入であって、実物投資が大きく増えていたわけではない。

金融危機は原因というより結果だった

２０００年代後半には、サブプライム・ローンで低中所得層が過大な債務を抱え、マクロ経済が大きく悪化した。通説は、バブル崩壊による金融機関の自己資本の毀損で、金融システムが機能不全に陥ったため、マクロ経済が大きく悪化したというものだった。しかし、ミアンとサフィらの初期の分析によれば、金融危機が起こる前から米国経済は悪化しており、金融危機は原因というより、むしろ結果だった。(2)

低中所得層を中心に家計の負債は２０００年から２００６年の間に倍増していた。06年にサブプライム・ローンの担保だった住宅の価格が暴落すると、消費は急激に落ち込み、雇用も大きく悪化した。個々の家計の詳細なマイクロデータを使った彼らの研究によると、家計の債務比率が高く、住宅価格の下落が大きい地域ほど、住宅所有者の純資産価値が激減し、支出が大きく落ち込んでいたことが確認されている。

金融システムの機能不全の影響を軽視するわけではないが、不況深刻化の主因は、家計が過大な債務を抱えたことだった。だとすると、最優先すべき政策は、金融機関の救済、あるいは金融緩和や追加財政などのマクロ安定化政策ではなく、過大な住宅ローンを抱えた家計の負担軽減だったはずである。

しかし、現実に行われたのは金融機関からの不良債権の買い取りであり、それは結果として富裕層の貯蓄を守ることだった。一方で、過大な債務を抱えた低中所得層の家計の負担軽減はほとんど行われなかった。それゆえ、家計部門は長い期間にわたって、債務削減のため支出抑制を続けた。もし重債務を抱える家計の負担軽減策が選択されていたのなら、もう少し支出行動も活性化し、２０１０年代の景気回復があれほど遅れることはなかっただろう。また、２０１０年代以降、米国政治がこれほど不安定化することも避けられたであろう。

グローバル金融危機には、これ以外にも、あまり一般に知られていないさまざまな要因が複雑に絡み合っている。このことは、国際金融を論じる第7章で改めて取り上げる。

低迷する自然利子率

グローバル金融危機で２００８年12月に開始されたゼロ金利政策をＦＲＢが解除したのは7年後の２０１５年12月だった。金融市場の混乱で1年間の中断を挟んだ後、極めて緩やかな利上げが続いたが、18年12月に２・25～２・50％まで政策金利を引き上げた後、利上げは中断され、19年7月には利下げが開始された。利上げが中断された際の実質金利の水準を見ると、ようやくマイナスの領域を脱したばかりだった（図２－３）。

図２－３　米国の実質 FF 金利（FF 金利－コア PCE デフレーター前年比）

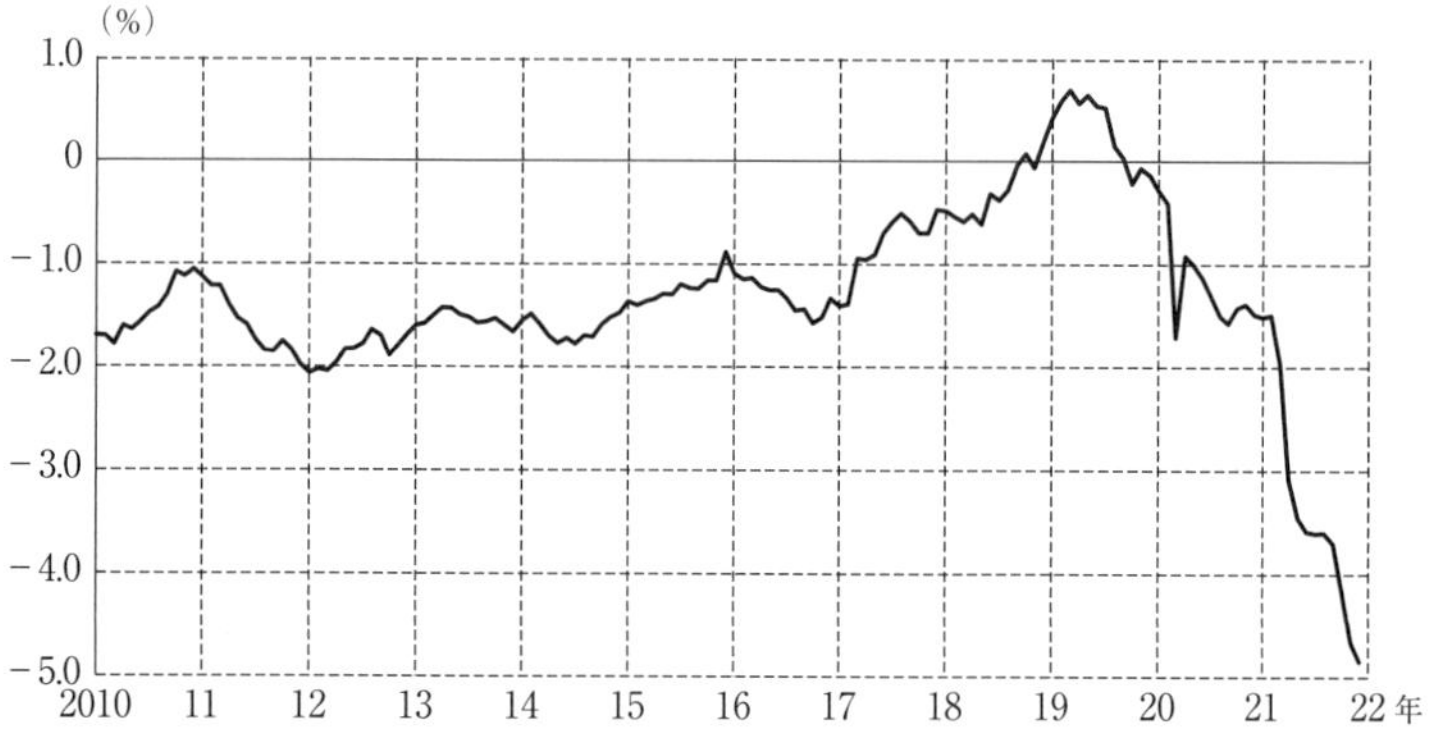

（出所）　Macrobond より、BNP パリバ証券作成

利上げ中断と19年7月以降の利下げは、米中貿易戦争を背景に、当時のトランプ政権からの金融緩和プレッシャーが強まったことだけが理由ではないだろう。むしろＦＲＢが自然利子率を過大に評価していたから、経済が失速した可能性も否定できない。

15年末にゼロ金利政策が解除された際、政策当局者の中には、景気回復とともに自然利子率も回復したと考える人が少なくなかった。しかし、18年に長期金利がわずか３％強に上昇すると、それが景気減速の引き金を引いた。結局、自然利子率はゼロ近傍のままで、実のところ、ほとんど回復していなかったのではないか。

グローバル金融危機後、２０１０年代末の段階においても、家計は債務削減を続けていた。18年までの金利上昇が家計の利払い負担を高めたのは間違いないが、この利上げに、より強く影響を受けたのは、企業部門であり、資産市場である。企業部門は、２０１０年代の超金融緩和傾向を背景に、大量に社債を発行し、それを原資にＭ＆Ａ、あるいは自社株買いや配当などの株主還元を行っていた。企業部門は多大な債務を抱えていたのである。金利上昇が続けば、債務を抱えた企業部門が利払い負担で立ち行かなくなると懸念され、グローバル資本市場が動揺したのだと思われる。

その後、米中対立やコロナ危機が訪れ、FRBは再びゼロ金利政策を開始した。コロナ危機の当初こそ、売上が大幅に減少し、過大な債務を抱えた企業はリスキーとの見方が広まり、債務圧縮の兆しも見られた。しかし、FRBが社債買取を開始したことや、ゼロ金利政策の長期化を打ち出したことから、企業部門の債務拡大が再開した。

経済再開と供給制約によるインフレ加速に伴い、2022年3月にFRBは利上げを開始したが、利上げが進むと、再び過大な債務を抱える経済主体は、利払い費の増大で支出抑制を余儀なくされる恐れがある。

まず、家計部門は2020年のゼロ金利政策の再開で、債務を多少増やしたとはいえ、コロナ禍に伴う巣籠りや政府からの給付金で、むしろ貯蓄が積み上がっている。それゆえ、今回は家計が混乱の震源地になる可能性は低い。

一方、2019年の段階で過大な債務を抱えていた企業部門は債務をほとんど圧縮させることなく、コロナ危機の下、超金融緩和の再開とともに債務を再び増加させている。とりわけ懸念されるのは、世界的に発行体格付の顕著な低下傾向が観察されることである。

まず、投資適格債の中で最低ランクのトリプルB債の発行割合が全体の半分を占めるに至っている(3)。より格付の低い投資非適格債の発行も増えている。社債で調達された資金が人的資本投資や無形資産投資、有形資産投資に向かっているのなら、金利上昇に対する耐性は高まっているだろう。しかし、現実には、M&Aによって高値で企業を買収し、あるいは自社株買いや配当というかたちで株主

図２－４　米国非金融法人の債務残高と株式ネット発行額の推移

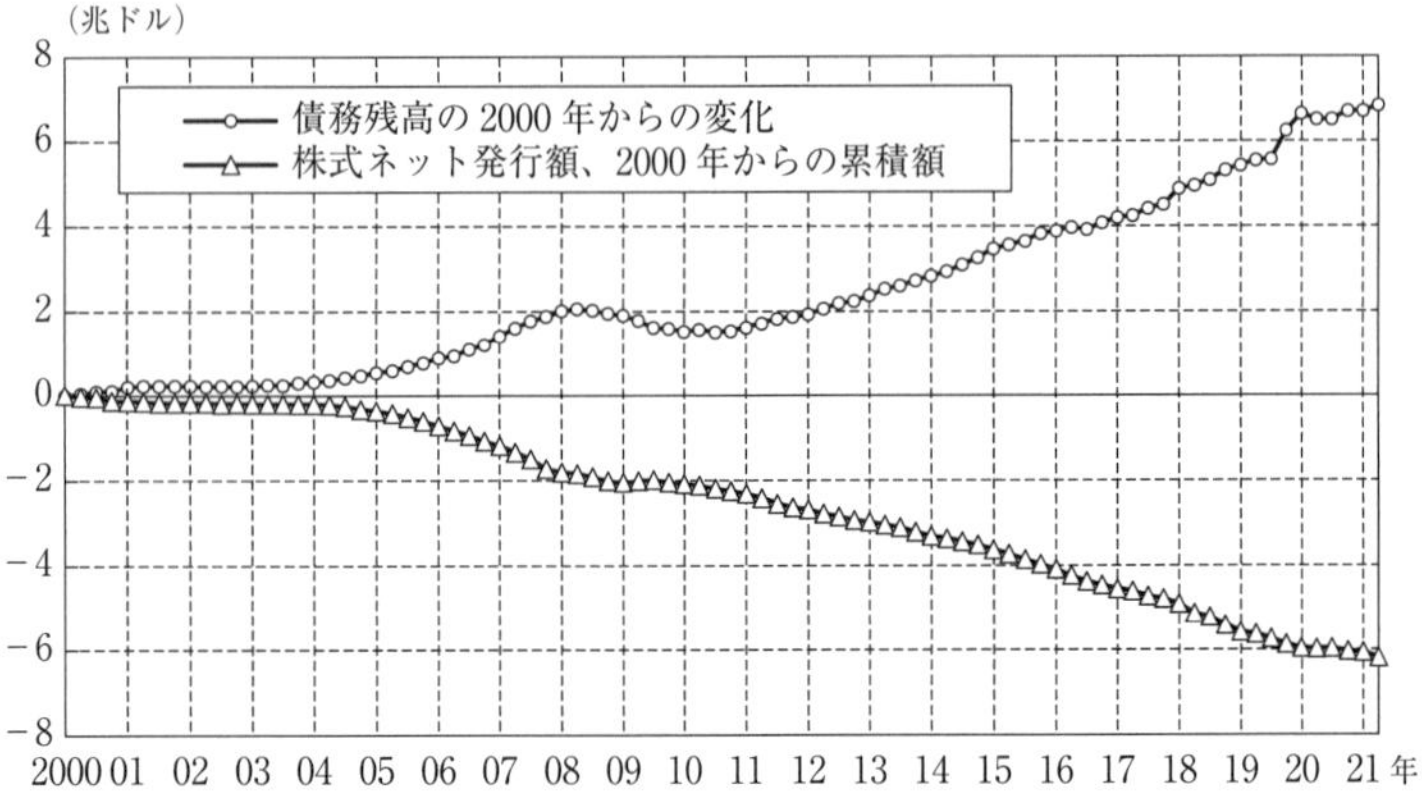

（出所）　Macrobondより、BNPパリバ証券作成

還元に用いられている（図２－４）。

非投資適格債の発行を梃に、株主還元で株高を演出していた企業が多いとすれば、金融システムの安定にも関わる問題となる。

コロナ禍によってインフレ期待が高まっているため、FRBは２０１０年代のように、金融引締めの際、資産市場に配慮するゆとりは失われている可能性が高いが、金融システムが脆弱化している場合、厄介な問題が引き起こされる。

コロナ禍終息後、景気が安定的に回復し、自然利子率が改善しているように見えても、実際には企業が抱える過大な債務が自然利子率を押し下げ、利上げとともに経済の脆弱性が明らかになる恐れがある。

富裕層の富の増殖は止まらない

さて、富裕層の貯蓄が低中所得層の借入に向かう過程では、これまで金融仲介が重要な役割を担ってきた。低中所得者向けに利便性の高いさまざまなローンを開発し、その金融負債をもとに新たな金融商品を組成することで、富裕層の貯蓄を吸収してきた。低中所得者向けローンがサブプライム・ローンであり、富裕層の貯蓄を吸収したのが、それをもとにした証券化商品で、その焦げつきがグローバル金融危機の引き金を引いたのである。近年は、多くの米国の若者が学生ローンの返済に苦しんでいるが、基本的にはこれも同じ構図である（日本では、金融監督が厳格なため、収奪的なローンが許されず、幸いにも低中所得者層の過剰債務問題は限定的である）。また、企業買収の資金調達のために、ファンドを通じて、ＬＢＯローンに富裕層の資金が集まっている。

富裕層の所得は、利子収入の分だけ膨らんでいるから、現在も彼らの貯蓄は増え続けている。一般に、経済理論が教えるのは、金利が低下すれば信用供与が減少するということである。しかし、ミアンとサフィの研究によれば、むしろ一定の資産収入を得るために、富裕層は市場金利が低下すると、信用供与を増やしてきた。つまり、右肩下がりの供給曲線となっている可能性が高い。さらに、金融イノベーションと称して、新たなタイプの収奪的なローンが開発されると、低中所得層の借入需要が増すから、右肩下がりの（富裕層の）信用供与曲線の下で、金利低下と債務増大が観察されてきたということである。

将来、不況が訪れると、企業が債務を圧縮し、また、雇用を削減するため、経済の落ち込みは大きくなる。利下げ余地も限られるため、米国でもマクロ安定化政策は財政政策が主体とならざるを得ない。不況局面では、低中所得者層も借入を増やすことは困難になり、したがって富裕層の貯蓄吸収へと結びつかない。しかし、その際は、今回のコロナ危機と同様、政府が公的債務を大きく増やすため、それが富裕層の貯蓄を吸収するという構造になる。

債務増は将来の支出を抑制する

追加財政もまた、それが実行されている時は景気回復につながり、自然利子率を一時的に上昇させるが、効果が剥落し「財政の崖」が生じると、自然利子率は元の水準まで低下する。さらに、公的債務の返済時には、増税や歳出削減が行われるため、自然利子率は元の水準よりもさらに低くなる。結局、金融緩和による支出増であっても、追加財政による支出増であっても、借金に依存した需要増加は将来の支出を抑制するため、自然利子率を低下させる。

問題の本質が、支出性向の低い経済主体への所得集中にあるのなら、最も有効な政策は、金融政策でも追加財政でもなく、所得再分配である。すなわち、支出性向の低い富裕層に課税し、社会保障等などを通じて、支出性向の高い低中所得層に継続的に所得移転を行うことである。ミアンとサフィの経済モデルもそれを示す。

理論上は、富裕層増税を原資とした財政支出がうまく機能する。しかし、バイデン大統領は富裕層課税を原資とした歳出拡大にチャレンジはしたが、ハードルは高かったようである。民主党内からの反発もあり、2021年10月末に上院で否決された。富裕層課税成立の条件については、本章第4節で改めて論じる。

(3) 古代ギリシャの経済格差問題との共通点

アテナイの政治危機は過剰債務が原因だった

新たなテクノロジーは、中スキルの労働力が行ってきた定型的な業務を代替し、高いスキルを持つ人々に恩恵を与える。欧米に比べて日本の経済格差が小さいのは、イノベーションが乏しいからだともいえるが、さりとてイノベーションを否定して、皆が貧しくなるという選択を行うわけにもいかない。ただ、米国のように経済格差が大きく広がると、経済成長の桎梏となると同時に、民主主義そのものへの大きな脅威ともなる。歴史を振り返ると、古代ギリシャのアテナイにおいても、それは大きな問題となっていた。

デモクラシーの起源とされるアテナイでは、所得の多寡にかかわらず、父親がアテナイ市民である成人男性は、民会に参加して、政治に携わる資格が与えられた。直接民主制として知られるアテナイだが、高位の特殊な役職を除いて、役職の多くは籤引きで決められていた。現代においては、民主主義の条件の一つとして、秘密選挙制度の存在が掲げられることが多い。しかし、選挙は有力者が当選しやすく世襲となりかねないため、古代ギリシャの時代だけでなく、比較的、最近まで、貴族的な制度と見なされることが多かった(4)。事実、日本でも有力政治家には2代目どころか、3代目、4代目という世襲議員が存在する。

当時、アテナイの成人男性は、奴隷を使って自らが所有する農地を耕作し、生計を立てていた。繰り返し訪れた内政上の危機は、経済格差が広がって、農地を失い債務奴隷となる市民が増えたことである。富裕層からの借入が嵩み、返済不能となるのである。

市民が債務奴隷に転落し、国防が維持できなくなる

そもそもアテナイで成人男性に対し平等に政治参加の資格が付与されたのは、戦時においては、彼らは兵士として国防を担うことが義務づけられていたからである。アテナイは民主制国家であると同時に、軍事国家でもあった。それゆえ借金が嵩み、債務奴隷となる市民が増えることは、国防力を損

ない、ポリスの存続が危ぶまれることを意味していた。経済格差が引き起こす過剰債務問題は、国家存続にかかわる喫緊の課題だったのである。

有名なソロンの改革では、債務の帳消しや債務奴隷の解放、身体を抵当とした債務の禁止が打ち出された。[5]また、貧困に喘ぐ中小農民の支持を背景に、権力を簒奪したポピュリスト政治の元祖とも呼ぶべき僭主ペイシストラトスが行った改革では、貴族の土地や公有地を貧しい支持層に与えるという、かなり大胆な再分配政策が採用されていた。アテナイの政治改革が行き着いた先は「徳政令」を越えていた。

こう見ていくと、昨今の米国経済で好循環が観測されなくなった理由と重なる部分が炙り出されてきたのではないだろうか。単に経済格差が広がったためだけではない。アテナイのような閉鎖経済で考えるとわかりやすいが、富裕層に所得が集中することは、富裕層が消費しなかった貯蓄が、低中所得層などの消費のファイナンスに向かうことを意味し、それが続けば、過剰債務問題が不可避になる、ということである。それがミアンやサフィらの「借金頼みの需要（indebted demand）」の理論の核心でもあった。

古代ギリシャは、経済成長が存在しなかった時代だから、わずかな債務の蓄積が事態を深刻化させた。いや、現代も低成長の時代となってきたからこそ、過剰債務問題が深刻化し、それがさらなる成長の足枷となっているのではないか。

エリートによる経済支配は、政治の寡頭支配にもつながりかねない。経済の安定性が損なわれると同時に、政治的安定性も損なわれ、いずれも不確実性を高めるから、自然利子率を低下させる。しかし、人々は目先の景気回復を求める。現在と同様、低中所得者層が借入を増やし、消費を増やす段階においては、当時のアテナイにおいても経済のブームが観測されたのは想像に難くない。だが、借入主導による経済ブームは続かない。債務の返済負担が高まったときに、経済と政治の危機が訪れる。歴史は繰り返さないが、韻は踏む。

ピケティが掲げた問題

アテナイで観測されたこの問題は、トマ・ピケティが『21世紀の資本』で取り上げた問題にほかならない。[6] 富裕層の投下資本の利回りが、経済成長率（潜在成長率）を上回る状況が続き（「r（資本収益率）＞g（潜在成長率、自然利子率）」）、資本主義の本質として、経済格差が広がるということである。

ピケティは、近年のグローバリゼーションやイノベーションによって、経済格差の再拡大が1980年代以降に始まった、と論じたわけではない。グローバリゼーションやイノベーションを含め、そもそも資本主義は経済格差のメカニズムを内包している、というのがピケティの議論の出発点だった。その上で、第二次世界大戦中に資本が破壊され、その後の資本の再蓄積の過程において戦後の高成長が実現したこと、また、総力戦を遂行するために行われた富裕層への課税強化や法人税率の引上げが戦後も維持された結果、1970年代までは、あくまで歴史の例外として、経済格差が相当に抑えられた、と分析したのである。戦後の高い成長も例外だったが、その下での経済格差の縮小も例外だった、というのである。

しかし、先進各国とも1970年代以降、高い成長が終焉すると、その後は、所得税の最高税率の引下げや法人税率の大幅な引下げが行われたため、1980年代以降は再び経済格差の拡大が進ん

図２－５　長期金利－名目成長率

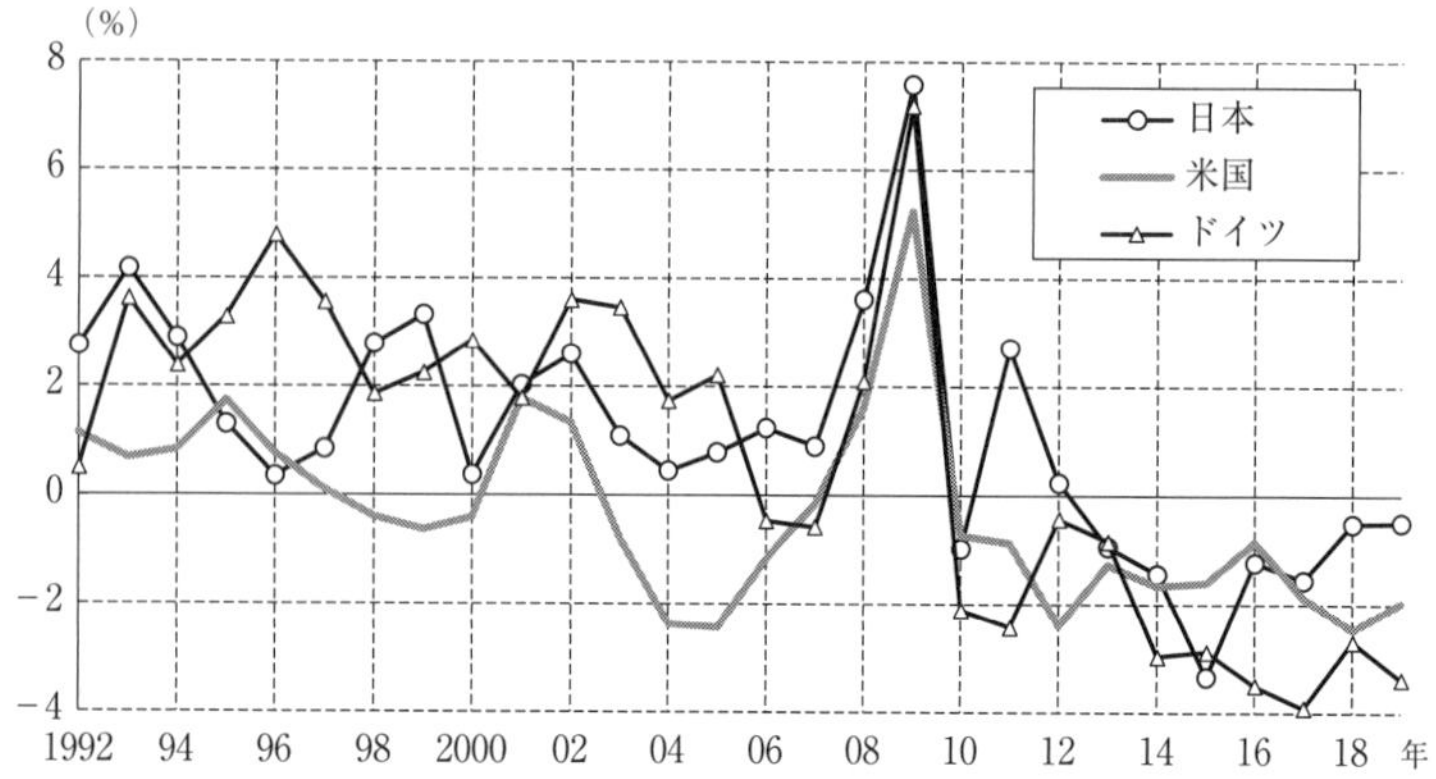

（出所）　Macrobond より、BNP パリバ証券作成

だ。さらに付け加えれば、１９９０年代後半以降のＩＴデジタル革命（第二次機械時代）や第二次グローバリゼーションが経済格差の拡大を助長した。19世紀初頭に起点を持つクズネッツの逆Ｕ字カーブは一回限りの出来事ではなく、再び反転が始まっていたということである。

2　常態化する「資本収益率＞成長率＞市場金利」の帰結

２０１０年代以降、先進各国において、成長率と市場金利の逆転が続いている。本来は、市場金利のほうが高いはずだが、「成長率（g）＞市場金利（i）」が常態化しているのだ。単に成長率より短期金利が低いということにとどまらない。図２－５にあるように、10年金利においても、「成長率（g）＞長期金利（i）」が日米欧で定着していることが見て取れる。

この「成長率＞市場金利」は、後述する通り、理論的にはバブル生成の条件である[7]。また、プライマリー

図２－６　長期金利が名目成長率を下回る先進国の割合（OECD23カ国）

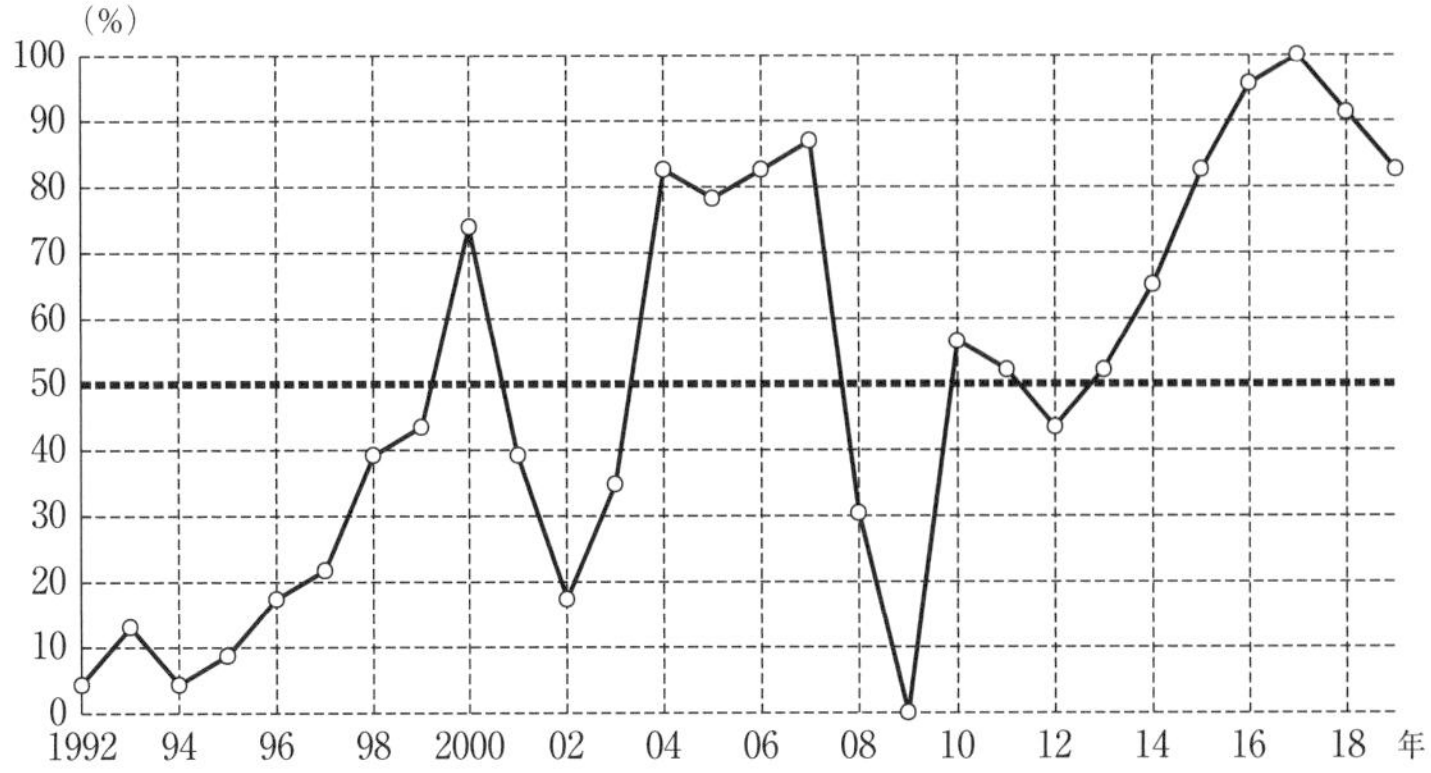

（出所）　Macrobondより、BNPパリバ証券作成

バランスの均衡が維持されている場合においては、公的債務の持続性を示す「ドーマー条件」であることも知られる。このように、これらの変数は、資産価格や公的債務などと大きく関係する。本節では、前節の最後に触れたトマ・ピケティの不等式「資本収益率（r）＞成長率（g）」に登場する変数を含め、資本収益率、成長率、市場金利、資産価格の関係について整理する。

(1)　逆転が続く成長率と市場金利

金利と成長率の逆転がバブルを生む

まず、主流派の経済理論である新古典派の成長理論における最も重要な前提は、利子率は成長率を上回るというものである。つまり、主流派経済学の前提は、「成長率（g）＜市場金利（i）」である。しかし、もしその関係が崩れて、「成長率（g）＞市場金利（i）」が継続すると、理論的にはあり得ないはずの事態であるバブルが生じる。非合理的なバブルは、そうした条件とは関係なしに発生するが、成長率と市場金利が逆転すると、以下、論じるように、人々が合理的な行動を取っていても、バブルが発生する。

ＯＥＣＤ23カ国において、長期金利が名目成長率を下回る国の割合を見ると、この数値が大きく上昇したのは２０００年、２００４～08年、そして２０１０年代以降である（図２－６）。２０００年前後といえば、世界的にドットコム・バブルが訪れた時期である。２０００年代半ばは、サブプライム・バブルなどクレジット・バブルが訪れた。

２０１０年代は、実体経済の回復が精彩を欠く一方で、特に２０１０年代後半以降は、世界的な株高傾向が観測されている。バブル研究の第一人者である経済学者のロバート・シラーが株式バブルの判定に用いるシラー式ＰＥＲを見ると、現在の水準は、２０００年前後のドットコム・バブルに近づく水準まで上昇している。ちなみに近年の先進各国のバブルの先駆けとなったのは、１９８０年代末の日本の株式・不動産バブルだが、その際も長期金利と名目成長率の逆転が観測されていた。

バブル生成時にはポンジーゲームが横行

それでは、どのようなメカニズムでバブルが生じるのか。たとえば「成長率（g）＞市場金利（i）」が定着すると、値上がり益を期待して、低金利で借入を行い、不動産や株式などのリスク資産を購入する投資家が増えてくる。利払いより速いペースで不動産価格や株価が上昇するから、「濡れ手に粟」で大儲けできる。借入金利が低ければ、元手がなくても、利払いを含め、すべて借換えで対応するポンジー・ゲーム（ポンジー・ファイナンス）が横行するようになる。

ポンジー・ゲームとは、ねずみ講（無限連鎖講）のスキームのことで、１９２０年代に実在した出資詐欺師チャールズ・ポンジーの名前に由来する。株価上昇に引き寄せられ、低い金利を背景に、次から次へと元手なしで、借入によって投機を行う参加者が増えることで、資産価格は実体経済から乖離して、上昇が続く。

しかし、多くの人がこのポンジー・ゲームに参入し、資金需要が拡大を続けると、市場金利が跳ね上がって、成長率を上回るようになる。そうなると、利払い負担もままならなくなり、借入の返済のために、不動産や株式の投げ売りが続出し、バブルは崩壊する。いや、ほとんどの人がポンジー・ゲームに参入し、もはや新たに参加する人がいなくなって、株式市場や不動産市場への新たな資金流入が止まることで、不動産価格や株価の上昇エンジンが失われ、バブルの崩壊が始まるというべきかもしれない。資産価格の上昇が止まれば、今度は、われ先に高値で売り抜けようとする人が増えてくるため、逆回転が始まるのである。

(2)　低金利を生み出すさまざまな構造要因

バブルは永久には続かない。ただ、主要先進国では、すでに10年にもわたって、バブル生成の条件である「成長率＞長期金利」が定着し、資産価格の上昇が続いている。後述する通り、先進各国の中央銀行が金融政策を駆使して、市場金利を低く抑え込んできたことも大きく影響しているが、原因はそれだけではないだろう。本章第1節では、米国において、支出性向の低い富裕層への所得集中の結果、貯蓄ばかりが積み上がり、貯蓄投資バランスが崩れて、自然利子率が低迷していることを論じた。自然利子率を低下させる構造要因はほかにもある。

図2-7　米国商業銀行の貸出と預金

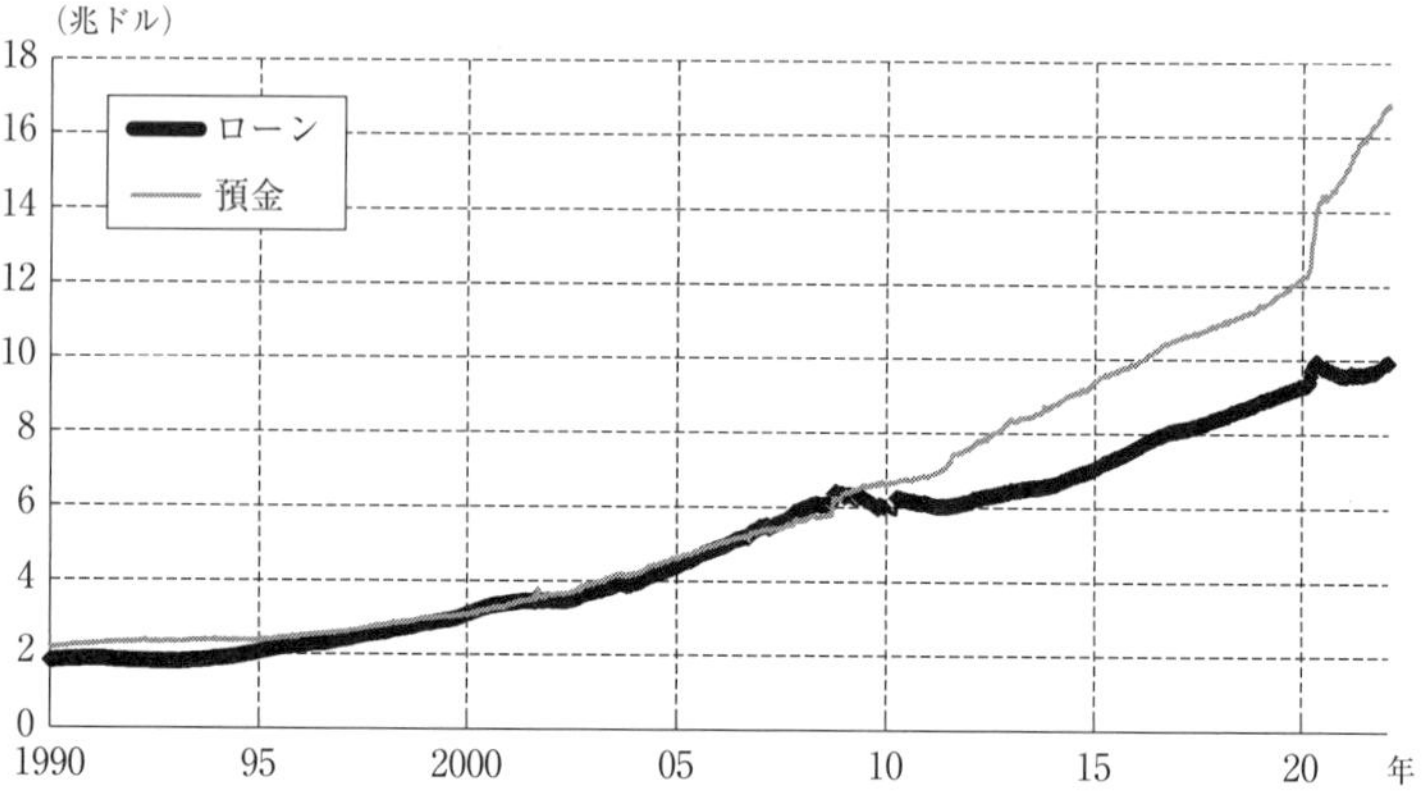

（出所）　Macrobond より、BNP パリバ証券作成

無形資産時代には企業は外部資金を必要としなくなる

コロナ危機では、自動化など、デジタル技術の導入がさらに広がり、経済の脱物質化が加速した。本章の第4節で詳しく論じるが、脱物質化の進展の結果、設備投資の主流は無形資産投資となりつつある。無形資産投資は有形資産投資に比べると、外部資金をさほど必要としない。つまり、金融機関からの借入を必要としない。そもそもGAFAなど巨大テック企業は潤沢な内部資金を抱えており、無形資産投資の財源はそれで十分である。

一方で、繰り返す経済危機に対し、政府は大規模財政で対応し、民間の経済主体に所得移転を行っている。その結果、先進各国では民間金融機関に大量の預金が積み上がっている。無形資産投資には民間の金融機関からの借入を必要としないだけでなく、後述する通り、そもそも伝統的な金融機関は無形資産投資のファイナンスのノウハウを十分に持ち合わせていない[8]。このため民間金融機関は、貸出で吸収できない大量の預金を国債や社債に振り向けるしかない。これが、国債や社債が大量に発行されても、長期金利の上昇が限られる要因になってきた（図２－７）。国債をいくら発行しても金利は上がらないと主張するＭＭＴ（Modem Monetary Theory）が予測する世界になっているように表面的には見えるが、ＭＭＴについては、第6章で詳しく取り上げる。

ドルの基軸通貨性が増している

このほか、第7章で詳しく論じる通り、近年、ドルの基軸通貨性が高まっていることも、米国の長期金利を低く抑え込む要因となっている。通説では、ユーロや人民元の台頭によって、基軸通貨としての米ドルのプレゼンスが低下していると考えられている。たしかに中国をはじめとする新興国経済の躍進によって、米国経済の世界経済に占める割合が低下しているのは事実である。欧州では、中東欧がユーロ経済圏に取り込まれている。しかし、国際金融の現場においては、米ドルの利用がますます増えている。

まず、過去20年間で、グローバル経済に参入する新興国がますます増えたが、新興国は依然として流動性が高く、厚みのある金融市場を持つことが難しく、安全資産を供給することができない。当初は、世界貿易の規模が拡大し参加国が増えるに従って、たとえば貿易決済には輸出国通貨が使われ、新興国を含めた多様な通貨が利用されるようになると考えられていた。現実には、基軸通貨である米ドルを中心に、ごく少数の限られた通貨が選択されている(9)。

特に金融取引において米ドルは別格であり、２０１０年代も国際的な大手の民間金融機関が拡大したのは、新興国の事業法人向けの米ドル建て融資である。新興国の人々は、価値の保蔵手段として、安全資産である米国債を、利回りが低くても進んで購入する。

世界的に貯蓄は過剰で安全資産は不足

かつて2000年代半ばに、FRB議長だったアラン・グリーンスパンが、政策金利の引上げを継続しても長期金利が上昇しないことを「大いなる謎（conundrum）」と呼んだ。その回答として、当時、FRBの理事だった経済学者のベン・バーナンキは、新興国を中心とした「世界的な過剰貯蓄説（global saving glut）」を唱えた[10]。1997年のアジア通貨危機で、海外からの借入が困難となり、極度の資金繰り難に直面したアジア企業は、その後、予備的動機で貯蓄を行うようになり、それを米ドル（ドル国債）で保蔵するようになった。

同じ頃、経済学者のリカルド・カバレロが唱えたのが「グローバルな安全資産不足説」だった[11]。グローバル経済に参入し、豊かになった新興国が増えているが、トリプルA資産を自らが供給することができないため、安全資産としてドル国債を欲するというのである。

そうした問答から15年以上が経過した現在、新興国の経済規模は著しく拡大したが、安全資産（トリプルA）をいまだに供給できないままである。高い成長を続けつつも、ネットで対外借入を増やすことなく、逆に安全資産であるドルの保有を増やすかたちで、資本輸出を続けている。米国政府が発行する負債を喜んで最良の安全資産として保有するのである。現在でもバーナンキやカバレロの説明が有効だと筆者は考える。

今回のコロナ危機では、FRBは先進国だけでなく、新興国の中央銀行に対しても、米ドル資金の大量供給を行った。このこと自体が、グローバル経済のドル化の進展を示す現象であろう。手厚い

「最後の貸し手機能」がFRBによって提供されることで、ドルシステムへの信認はますます強まったと見られる。

実物経済面において米国のプレゼンスが低下する一方で、国際金融面においては、慣性の法則や制度的補完性がより強く働き、ドルの基軸通貨性は一段と強まっているように見える。そのことも、コロナ危機で米国が大量の国債を発行しても、米金利の上昇が限られていた理由の一つなのだろう。

ここにきて、欧州の中央銀行であるＥＣＢや日本銀行がデジタル通貨（ＣＢＤＣ）発行の検討を急ぐのは、デジタル通貨の発行で先行する、人民元に取って代わられるのを懸念しているからではないだろう。最大の脅威は米国のＣＢＤＣである。いずれ米国がトークン型のデジタルドルを発行するようになれば、先進国であっても、自国内でドル取引が進む恐れがある。なお、ウクライナ危機に伴うロシアへの金融制裁がドル覇権にもたらす影響については、国際金融を論じる第7章で取り上げる。

(3)　意図せざる金融政策の分配への影響

金融市場の不完全性が成長率と金利の関係を歪める

成長率と金利の関係に再び戻ろう。新古典派の成長理論がフォーカスするのは、成長率（ｇ）と市場金利（ｉ）の関係ではなく、厳密には、成長率（ｇ）と資本収益率（ｒ）の関係である。もし金融市場が競争性を保ち、情報の非対称性は存在せず、効率的に機能しているのなら、「資本収益率（r）＝市場金利（i）」が成立するため、資本収益率と市場金利を区別する必要はない。

しかし現実には、金融市場は不完全であり、資本収益率に比べて、市場金利はかなり低い。それゆえ「資本収益率（r）＞成長率（g）」が成り立つと同時に、「成長率（g）＞市場金利（i）」が成り立つことがある。そして、以下論じるように、まさに「資本収益率（r）＞成長率（i）＞市場金利（i）」となることが、厄介な問題を引き起こすのである。

ピケティの「r＞g」は「資本収益率＞成長率」のことであり、新古典派の成長理論に立脚した議論である。第1節で論じた通り、この不等式が資本主義の歴史の中で、常に成り立ち、経済格差をもたらしてきたこと、またそれは金融市場の不完全性の問題とは関係なく成立してきたことが『21世紀の資本』では論じられていた。さらに金融市場の不完全性の問題が加わることで、所得分配問題が悪化する。

新古典派の世界では本来バブルは存在しない

新古典派の経済理論においては、企業価値や投資水準は、自己資本や負債などの資金調達の方法とは関係なく決まるというMM命題（モディリアーニ＝ミラー命題）が暗に前提とされている。エクイティ・ファイナンスでも、社債発行でも、ローンでも資本コストはいずれも同じで、資金調達方法によって企業行動に影響を及ぼさない、というのである。

しかし、現実問題として、それらの資本コストはすべて異なり、資金調達のちがいが企業価値、あるいは投資水準に大きく影響を与えており、わたしたちは、MM命題が成立しないことを知っている。

新古典派の世界においては、本来、バブルは存在しない。[12] 新古典派が前提とする金融市場の完全性を示すMM命題は、そもそも現実には成立しておらず、現実の金融市場が不完全であるからこそ、新古典派の世界では存在しないはずのバブルが現実には頻発するのである。

中央銀行の経済モデルには金融市場は存在しなかった

戯言を述べていないで、現実に当てはまらないのなら、新古典派の経済理論を無視すればよいと思われる方も多いだろう。しかし、無視し得ない理由がある。それは、中央銀行が新古典派の経済理論と親和性の極めて高いニュー・ケインジアンモデルを前提に、金融政策を運営していることである。

もともと、価格の硬直性が不況の原因という古典派を批判するためにケインズが創始したのがマクロ経済学だった。しかし現在のマクロ経済学は、新古典派理論に価格の硬直性を取り入れたニュー・ケインジアンモデルが主流となっている。長期のマクロ経済理論は、新古典派の理論そのものである。そこでは「金融市場の混乱や人々の不安が流動性選好を高め、あるいは予想資本収益率を押し下げ、総需要の低迷をもたらす」というケインズその人の理論のエッセンスは、もはや微塵のかけらもない。

ケインズは不況の原因が労働市場の硬直性にではなく、金融市場の不安定性にあると考えていた[13]。さらに読者を混乱させて申し訳ないのだが、そもそも新古典派理論とニュー・ケインジアンモデルにおいては、金融市場は明示的に存在せず、生産設備など資本ストックのレンタル市場が存在するだけである。ニュー・ケインジアンモデルが金融市場を明示的に取り入れるようになったのは、グローバル金融危機後のことである。

金融市場の不完全性が経済格差を拡大させる

それでは、所得分配と金融政策がどのように関係しているのか。以下は、経済学者の櫻川昌哉の論考を基にしている[14]。まず、経済全体において、資本収益率（r）と市場金利（i）の関係は、次のように示すことができる。「資本収益率（r）＝株主資本収益率（ROE）×自己資本シェア＋市場金利（i）×他人資本のシェア」。もし、資本収益率が6％、市場金利は1％、自己資本と他人資本のシェアがそれぞれ50％だとすれば、株主資本収益率は11％となる。MM命題が正しいなら、資本収益率も、株主資本収益率も市場金利もすべて均等化するはずだが、ここで挙げた数値例のほうが現実に近いだろう。

つまり、株式を多数保有する富裕層は、高い株主資本収益率を得ることで、資本収益率を高め、保有資産を大きく増やし続けることができる。企業家は、自らが供給する自己資本から6％の資本収益率を稼ぐだけでなく、資本収益率と市場金利の差額を銀行など外部資金提供者から収奪することができる。一方で、選択肢の少ない労働者は、国債を裏づけとする銀行預金などの安全資産に投資するしかない。それゆえ、資本家と労働者の間の経済格差がますます拡大するということである。

金融市場の不完全性とは関係なしに「資本収益率＞成長率」が成立し、経済格差が拡大するというのがピケティの主張だったが、金融市場の不完全性が加わることで、さらに経済格差が広がる。

意図せざる金融政策の所得分配への影響

かつては、第二次世界大戦などの総力戦が訪れ、所得分配構造が見直されたり、階級闘争で体制が転覆したり、あるいは疫病が広がって社会が動揺し、経済格差が縮小した。ただ、今回のコロナ危機では、むしろ持つものと持たざる者の間で、経済格差はさらに広がった。いろいろな要因があるが、そこには、中央銀行の行動も大きく影響している。

ピケティの論考には、中央銀行はわずかにしか登場しない。しかし、「資本収益率＞成長率」だけでなく、「成長率（g）＞市場金利（i）」が常態化する2010年代以降においては、金融政策を駆使して、市場金利（i）に強く働きかけようとする中央銀行の存在抜きに、この議論を完結することはできないと筆者は考える。

グローバル金融危機後、世界的に停滞気味の経済情勢が続き、景気刺激のために、あらゆる手段を駆使して、先進国の中央銀行は市場金利（i）を低く抑え込もうと奮闘してきた。2010年代には、将来の政策金利の経路を示すフォワード・ガイダンスを導入し、将来の金融政策について一種の約束を示すのが常識となっていた。

ゼロ金利制約に直面した後は、QE（Quantitative Easing：量的緩和策）によって長期国債などの需給に直接働きかけることでタームプレミアム（債券の期間の長さに伴う上乗せ利回り）を抑え込むことも常套手段となった。日本銀行は、QEの究極系であるイールドカーブ・コントロールを導入し、10年金利を直接、ゼロ％程度に誘導するほどである。

もちろん、実質成長率とインフレ率、つまり名目成長率が低いために市場金利が低下しているのであって、中央銀行の行動が実体経済に与える影響は限定的と考えることもできる。長期金利を抑え込むさまざまな構造的要因については、前述した通りである。ただ、実体経済全体のパイを膨らませる効果は限定的であっても、所得分配には少なからぬ影響を与える。

たとえば中央銀行の能力が高く、先ほどの数値例で1％だった市場金利を0％に引き下げることに成功すると仮定しよう。すると一体何が起こるだろう。経済全体の資本収益率が変わらず、自己資本と他人資本のシェアも変わらなければ、株主資本収益率は1ポイント上昇し12％となる。さらにレバレッジを効かせ、他人資本のウエートをたとえば70％に引き上げれば、株主資本収益率を一気に20％

まで引き上げることができる。経済全体の付加価値が変わらないのだから、全体の資本収益率には変化はない。しかし、企業家は低下した金利の下で借入を増やすことにより、株主資本収益率を大きく引き上げることができる[15]。

しかし、そこでは、またもや国債を裏づけとする銀行預金などの安全資産しか選択できない労働者が一段と低い市場金利を甘受しなければならなくなる。経済学者の岩村充も論じる通り、景気を刺激し、インフレ率を高めたい一心で、市場金利を低く抑えようとする中央銀行の行動が経済格差を助長する[16]。これは金融政策のやむを得ないコストと捉えるべきだろうか。

なお、日本では、経済格差の問題がさほど大きいとはいえないが、中央銀行の行動が弊害をまったく生んでいないわけでもない。企業の金利負担を抑え、また円高を回避するために、景気循環を越えてゼロ金利政策が固定化されてきた。そのことは、景気回復の長期化に役立ったとはいえ、家計の利子所得を抑え込み、また金利上昇がもたらすはずの円高による実質購買力の改善を阻害してきた。家計を大きく犠牲にする政策を固定化しているから、個人消費が回復しないのはあたり前のように思われるが、この点は第5章で詳しく論じる。

(4) ジレンマに直面するＦＲＢ

フォワード・ガイダンス時代の終焉?

コロナ危機に揺れる２０２０年８月、ＦＲＢは金融政策の戦略を見直し、２%平均インフレーション・ターゲットを導入した。賃金上昇率や物価上昇率が遅々として上昇しないため、インフレ率が平均で２%に達するまで、ゼロ金利政策の継続を約束することで、インフレ予想を高めるという戦略に切り替えたのである。どの期間の平均を取るかは明確にはしなかったが、一時的に2％に達しただけではゼロ金利政策を終了しない、という強い約束である。

前述した通り、近年、先進各国の中央銀行は、将来の金融緩和を約束するフォワード・ガイダンスを駆使してきた。ゼロ金利政策となった後も政策の有効性を確保するための手段だったが、今となって考えると、2％平均インフレーション・ターゲットを導入していなければ、かなり早い段階での対応が可能となり、これほどの高インフレは避けられたのではないか。単にFRBがインフレ見通しを誤ったという話ではない。政策思想に関わる大きな問題である。第5章で論じるように、日本のようにインフレ予想がインフレ目標に比べてあまりにも低い場合は、そもそもフォワード・ガイダンスの有効性は限られるが、コロナ危機のように、供給ショックも併発する場合は、先行きの経済や物価について、不確実性が大きく高まるため、フォワード・ガイダンスは政策発動の機動性を損ない、適切な政策運営を困難にするリスクがある。コロナ危機に続き訪れた、ウクライナ危機も需要ショックだけでなく供給ショックの性質を持つ。今回、40年ぶりの高いインフレに直面したことから、将来の政策運営の手足を強く縛るフォワード・ガイダンスに対する反省の機運が広がるのではないか。まだ断定はできないが、コロナ危機はフォワード・ガイダンス時代の終焉をもたらす可能性がある。以下、詳しく述べよう。

フィリップスカーブの形状変化

かつて米国では、5％割れの失業率は、賃金上昇や物価上昇につながる完全雇用の水準と考えられていた。しかし、近年は失業率が4％を割り込んでも、賃金上昇率やインフレ率は高まらなくなって

図2－8　米国のフィリップスカーブ（暦年）

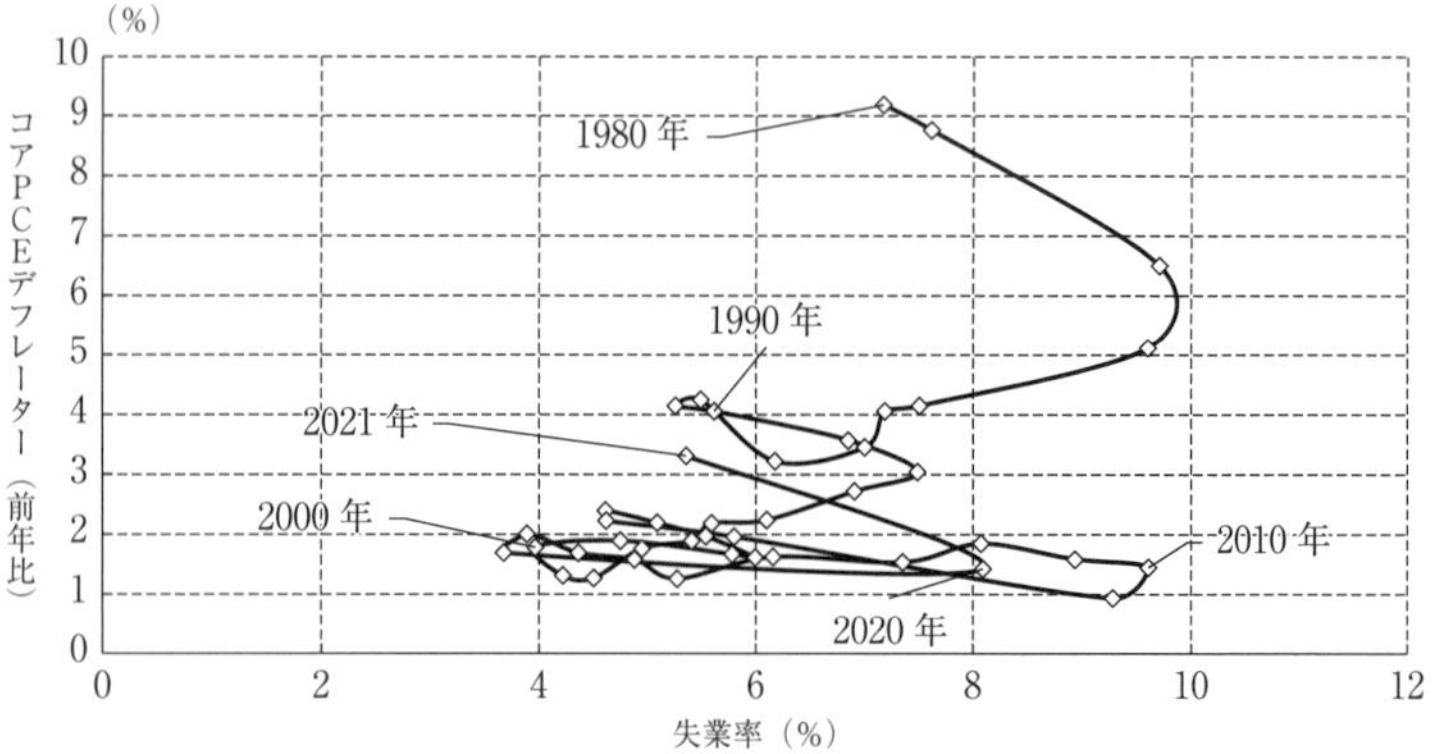

（出所）　Macrobondより、BNPパリバ証券作成

いた。物価上昇率と失業率には負の相関があり、その関係性を示すフィリップスカーブは右肩下がりと考えられていたが、図2－8にある通り、1990年代半ば以降、過去四半世紀にわたって、水平になっていた。しかし、2021年のデータをインプットすると、右型下がりのフィリップスカーブが復活したように見える。

過去四半世紀、失業率が4%を割っても、フィリップスカーブが水平のままでインフレが上昇しなかったのはさまざまな要因があるが、構造的なものとしては、これまで論じたように、新たな技術がもたらした恩恵が、一部の経済主体に集中していたこともあるだろう。また、全体の失業率が低い水準まで低下しても、ヒスパニックや黒人、あるいは白人でもスキルの低い労働者の失業率は比較的高止まりしていた。さらに、こうしたスキルの低い労働者は、フルタイムの仕事を望んでも、短時間の仕事にしかありつけないケースも多い。それゆえ、就業者としてカウントされても、現実には、半分失業しているようなものであり、

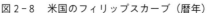

図２－９　米国の労働参加率の推移

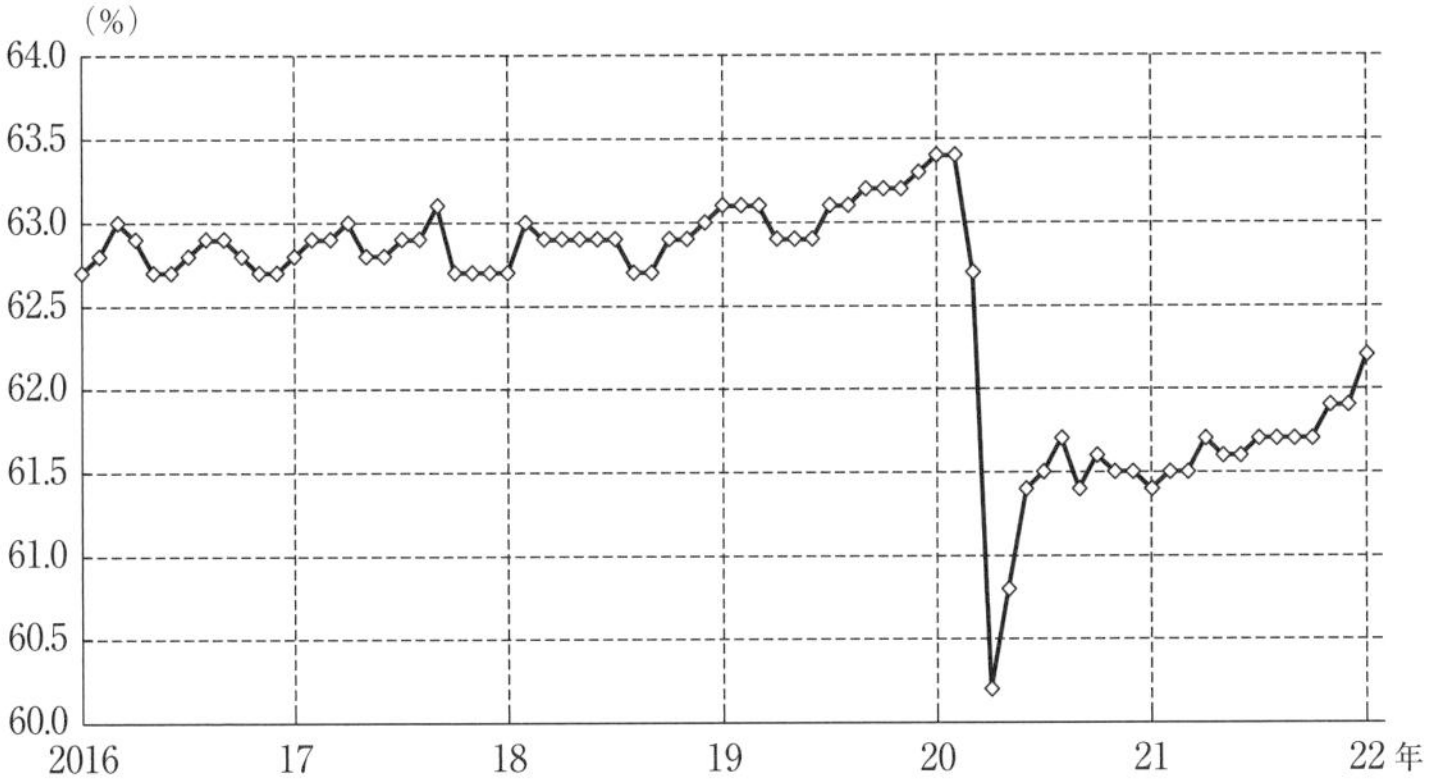

（出所）　Macrobond より、BNP パリバ証券作成

生活のためには常に副業を探さなければならない状態にあった。

こうした社会包摂上の問題が存在するため、失業率が４％を割っても、過去四半世紀にわたって賃金やインフレ率の上昇が覚束なかったのである。ＦＲＢは、２０２０年８月に打ち出した新しい戦略において、社会包摂問題にも配慮し、文字通り「最大限の雇用」を目指した政策運営を行うと表明していた。

労働参加の滞りとＦＲＢの誤算

しかし、大きな誤算が生じた。２０２１年夏になっても、コロナ禍の影響で労働市場から退出した人は戻らず、労働供給の回復が遅れる一方で、経済の再開によって需要回復が先行し、労働需給は逼迫、賃金上昇とインフレの加速が始まったのである（図２－９）。

もともと、移民労働への依存が強いため、移民の流入が滞ると、飲食や宿泊関連だけでなく、運送や建設の現場において、エッセンシャルワーカーの確保が困難となり、供給制約が強まった。港湾での荷揚げや、輸送を担う人が不足したために、商品が消費者の手元に届かず、財価格の上昇が広がった。

近年は、健康な高齢者が引退時期を先送りすることが、労働供給の伸びを支えていた。感染力の高い変異種の蔓延が繰り返され、健康リスクが高い高齢者は職場復帰を躊躇し、事実上の引退も増えている。戻るつもりでも、労働市場への復帰が遅れると、スキルの劣化でそれも困難となり、労働参加の回復が遅れる。

また、年齢にかかわらず、対面サービスの業務が敬遠される状況は変わっていない。

前述した通り、2020年春にロックダウンが行われた際、一斉にレイオフが広がった米国では、ペントアップ（繰越）需要が現れてくると、人手を元の水準まで確保するのに苦労することが予想されていた。現実には、需要が大きく回復する一方で労働供給の回復が遅れ、想定した以上の混乱がもたらされている。また、コロナ危機が終息に近づき、不確実性が低下してきたために、人々の留保賃金が上昇し、高い賃金を狙った自発的失業が増えた可能性もある。このように労働力の供給構造が変わり、賃金上昇やインフレ加速をもたらす失業率は一時的に切り上がった可能性があるが、一方で、需要回復が先行し、現実の失業率はすでに4％を割り込み「最大限の雇用」に達している。

本書執筆段階で、景気が過熱しているのは、巣籠りの下で抑えられていたペントアップ需要の発現や供給制約だけでなく、コロナ対応の大規模な財政政策と超金融緩和で総需要が過剰に刺激されていることも影響していると思われる。

マクロ経済環境は、FRBが新しい金融政策の戦略を打ち出した2020年8月とまったく異なるものになっていた。本来なら、そのことが明らかになり始めた2021年半ばには、政策変更を開始すべきだったと思われる。しかし、2020年8月に導入した平均2％インフレーション・ターゲットは、ビハインド・ザ・カーブ（意図的に政策変更を遅らせる政策）を強制するメカニズムが組み入れられ、機動的な政策対応を困難にしていた。以上が、フォワード・ガイダンス時代が終焉に向かうのではないかと、筆者が考える理由である。

グリーンフレーションかコモディティ・バブルか

さらに2021年秋以降、コモディティ価格の急騰が始まったことで、さらに幅広い分野に価格上昇が波及するリスクが高まっている。人々のインフレ予想は、ガソリン価格や食料品価格など日々目にする商品の価格変動に影響されやすい。すでに人手不足による賃金上昇を伴ったインフレ上昇が始まっているのなら、なおさらである。

このコモディティ価格急騰にも、さまざまな要因が働いている。まず、カーボンニュートラルの影響で、金融市場から強い規律が働き、座礁資産（不採算資産）となることを懸念し、化石燃料関連の更新投資が十分に行われないために、供給制約が生じるという見方がもともと強まっていた。そこに、世界的な経済再開が始まり、需要が一気に高まったために、コモディティ価格の高騰が始まったというのが、グリーンフレーション（グリーン＋インフレーション）仮説である。

また、FRBの超金融緩和がもたらした過剰流動性が、コモディティ市場に流入し、コモディティ価格を押し上げている可能性もある。コモディティ・バブル仮説である。「成長率（g）＞市場金利（i）」の常態化がリスク資産価格だけでなく、金融資産と化したコモディティの価格にも影響を及ぼしているということにほかならない。

2000年代半ば以降、コモディティはグローバル金融市場に組み込まれ、金融商品化した。それ以降、ＦＲＢが超金融緩和を行うと、２００７〜08年や２０１１〜14年のように、原油価格の大幅な上昇が観測されている。当時のコモディティ価格上昇の一般物価への影響は一時的で、コモディティ・バブルが崩壊すると、インフレは沈静化した。

今回もそうなる可能性は排除できない。また、冷静に考えれば、化石燃料価格が高騰を続ければ、再生可能エネルギーがさらに有利になり、投資も増えるため、長期的には、化石燃料への需要はむしろ抑制され、価格上昇も続かないはずである。

今回、厄介なのは、「カーボンニュートラル対応によって更新投資が十分に行われず、化石燃料価格の上昇が続く」という物語（ナラティブ）が金融市場で広く共有され、それが自己成就されることである。ロバート・シラーが論じるように、バブルは金融資産に対する興奮が、人から人へ伝播する、いわば「社会的な伝染病」であり、金融市場では、投機マネーの流入が増え、価格が上がることで、さらなる投機マネーの流入を呼び込むポジティブ・フィードバック効果がみられる(17)。

カーボンニュートラルの達成は容易ではなく、たとえば日本やアジア諸国では、今後も化石燃料に頼らざるを得ない企業が少なくない、といった観測が強まれば、息の長い物語として、化石燃料バブルが長期化する可能性もある。ウクライナ危機などの地政学リスクがそうした観測をさらに強める恐れもある。

あるいは、何のことはない、ＦＲＢの利上げが加速することによって、コモディティ・バブルは終焉に向かうのだろうか。

パウエル・プットは期待し難い

供給制約による価格上昇だけでなく、賃金上昇が価格に転嫁される二次的波及も観測されるため、現在の超金融緩和を修正すべく、今後、ＦＲＢは金利正常化を急ぐと見られる。利上げを行うと、雇用面で限界的に最も大きなダメージを被るのは低スキルの低所得者層であるため、社会包摂問題に配慮した金融政策運営との齟齬が生じる可能性がある。

とはいえ、物価上昇のダメージを最も被るのもまた、低スキルの低所得者層である。ＦＲＢは物価安定が確保されなければ、社会包摂問題にも対応できない、という考え方を強調するのだと見られる。何より、現在、米国民が最も望んでいる経済課題が物価の安定であり、低い失業率が示す通り、失業に苦しむ人はそうとうに減っている。有権者からの金利正常化への反発は小さいと見られる。

気になるのは、資産市場への影響である。近年、金融引締めの際、景気を悪化させることだけでなく、資産価格が急落することも、中央銀行には容認されていないという風潮があった。資産価格の過度な上昇は経済格差の拡大につながるから問題であることは広く認識され始めていたが、一方で、資産価格が急落することは、将来のマクロ経済の安定を損なうと受け止められていたのである。

ただ、資産価格に配慮した金融政策運営が可能だったのは、２０１０年代はインフレ予想が２%を割り込み、さらに下振れするリスクを抱えていたことが背景にある（図２－10）。そこでは、インフレが低いことが問題だった。しかし、すでに現実のインフレは大きく上昇し、インフレ予想も２%の水準を超えている。このため、従来のように資産市場に配慮した金融政策運営となるかは、大いに疑問である。資産価格が大きく崩れれば、ＦＲＢが金融緩和で助けてくれるというパウエル・プットは期待し難い。

図2-10　米国の共通インフレ期待（CIE）指数（四半期）

（出所）　FRBより、BNPパリバ証券作成

ご存じの方も多いとは思うが、パウエル・プットとは、資産市場が大きく崩れた際、景気への悪影響を恐れて、一段の株価下落を避けるため、ＦＲＢが将来の金融緩和をほのめかすなど口先介入を通じ、市場のサポートに乗り出すことを意味する。株式相場が値下がりした際、損失を限定する「プット・オプション」になぞらえた造語である。インフレが落ち着いていた１９９０年代後半以降、グリーンスパン・プットに始まり、バーナンキ・プット、イエレン・プットと歴代のＦＲＢ議長がマーケット・フレンドリーな政策運営を行うと強く信じられてきた。

ＦＲＢが金融市場参加者に事実上のプット・オプションを提供し、株価を支えてくれるという強い期待があるから、資産価格の上昇が長く続いてきた。今回も同じように、資産市場に配慮して、極めてグラジュアルなペースで政策変更を行うと、インフレ予想が大きく切り上がるリスクがある。金融商品化したコモディティの市場に投機資金が流れ込み、資源高がインフレ懸念をさらに強めるという悪循環をもたらすことになりかねない。

かつて、地政学的リスクによって不確実性が高まると、ＦＲＢは将来の金融緩和を示唆していたが、ウクライナ危機においては、むしろ金融引締めスタンスを強めている。中央銀行プットの時代もまた終焉したのではないか。

中央銀行の「市場からの独立」

金融政策は金融市場を通じて波及するため、ある程度はやむを得ないのだが、近年の中央銀行を巡る独立性の問題においては、従来から問われてきた「政治からの独立性」以上に、「市場からの独立性」が新たな論点として、真剣に問われるべき段階に入ってきたと筆者は考えている。

元ＦＲＢ副議長で経済学者のアラン・ブラインダーが早い段階から的確に見抜いていた通り、金融マーケットは、中央銀行のパフォーマンスを監視し、リアルタイムで政策に対して評価を下す一種の巨大なバイオ・フィードバック・メカニズムを有する。[18] 金融市場は往々にして近視眼的なふるまいを見せるため、本来重要なのはリアルタイムの市場の反応ではなく、歴史の審判のはずである。しかし、中央銀行は市場からの評価に抗えず、マーケット・フレンドリーな政策運営を進めてきた。マーケットに迎合した政策になるほど資産価格はファンダメンタルズから乖離し、金融不均衡が蓄積される。今回、金融市場と中央銀行がともに、インフレ予想の上昇を過小評価してはいないだろうか。

いずれにせよ、「成長率（g）＞市場金利（i）」が常態化しているため、その継続を前提に行動する経済主体が増えている。近い将来、成長率と市場金利の再逆転が起こることがないとしても、金利水準が切り上がれば、経済社会に大きな軋みが生じるであろう。

米国で悲鳴が上がる前に、ドル経済化が進む新興国が大規模な資本流出に見舞われて大きなダメージを被り、グローバル資本市場が動揺する可能性も排除できない。いずれにせよ、FRBは極めて難しい舵取りを迫られる。これらの点は、MMTに関連して、第6章で詳しく論じる。

3 経済成長と社会包摂の両立

(1) 規制緩和と社会包摂の組み合わせ

1980年代のサッチャー＝レーガン革命以降、わたしたちは、経済成長にはイノベーションが不可欠であり、そのためには自由貿易や規制撤廃が望ましいと考えてきた。それは、今でも適切な考えであり、保護主義や規制強化は経済全体のパイの拡大を阻害するため、問題の解決策になることはあり得ない。それでは、望まれる「新しい資本主義のかたち」とはどのようなものなのだろうか。

人によって生産性が異なる理由

「行き過ぎた競争」を問題視する人がいる。しかし、そもそも日本では規制緩和が十分ではないのが現実であり、それを棚上げすることは、新たな企業の参入を阻害し、既存の大企業を利することにもなりかねない。割高であったり、陳腐であったりする財・サービスの購入を余儀なくされれば、消費者の利益も大きく損なう。「行き過ぎた競争」を問題視する人も、そのような帰結を望んでいるわけではないだろう。規制緩和や、規制緩和の塊である自由貿易が望ましいことに変わりはない。

ただし、自由貿易や規制緩和によって経済活動がより自由になれば、経済がより競争的になるため、その結果として、勝ち組と負け組の格差がより大きくなるのも事実であろう。人々の間で所得に格差があるのは、所得（付加価値）の源泉である生産性に個人差が存在するからである。同じように仕事をしているように見えても、生み出される付加価値は人によって大きく異なる。

人によって生産性にばらつきが生じるのは、生まれつきの才能や教育、努力、それらに大きく影響を与える環境、そして運・不運が人によって大きく異なるからである。生産性の高い人に追いつく施策を社会が工夫することは大切だが、生産性の低い人に合わせる施策をとれば、社会全体が貧しくなってしまう。必要とされるのは、所得分配の見直しや就業能力の向上などにより、社会包摂を広げることであろう。ただ、社会包摂を広げる対象は、あくまで個人、家計であって、企業ではないことも付け加えておこう。

１９７０年代後半以降は所得再分配が弱体化されてきた

しかし、１９７０年代後半以降、実際にわたしたちが行ってきたのは、所得再分配の弱体化だった。もちろん、戦時中のあまりにも高すぎる最高税率は間違いなく是正が必要であった。ただ、その後も、インセンティブに働きかけることが成長につながるとして、図２－11にあるように、所得再分配の弱体化を推進してきた。よく稼ぐ人がさらに稼ぐように促せば、一国全体の生産性上昇率が改善し、潜在成長率の向上に資すると考えたのである。だが、実効税率が現状ほど低くならなければ、果たしてＧＡＦＡは誕生しなかったのだろうか。

報酬は必要だが、起業家は途方もない報酬を欲しているのではない。たとえば、重要なのは起業の際の初期費用の引下げで、成功後の低い所得税率ではないだろう。スタートアップへの資金供給に裕

図2-11　日米英の最高税率の推移

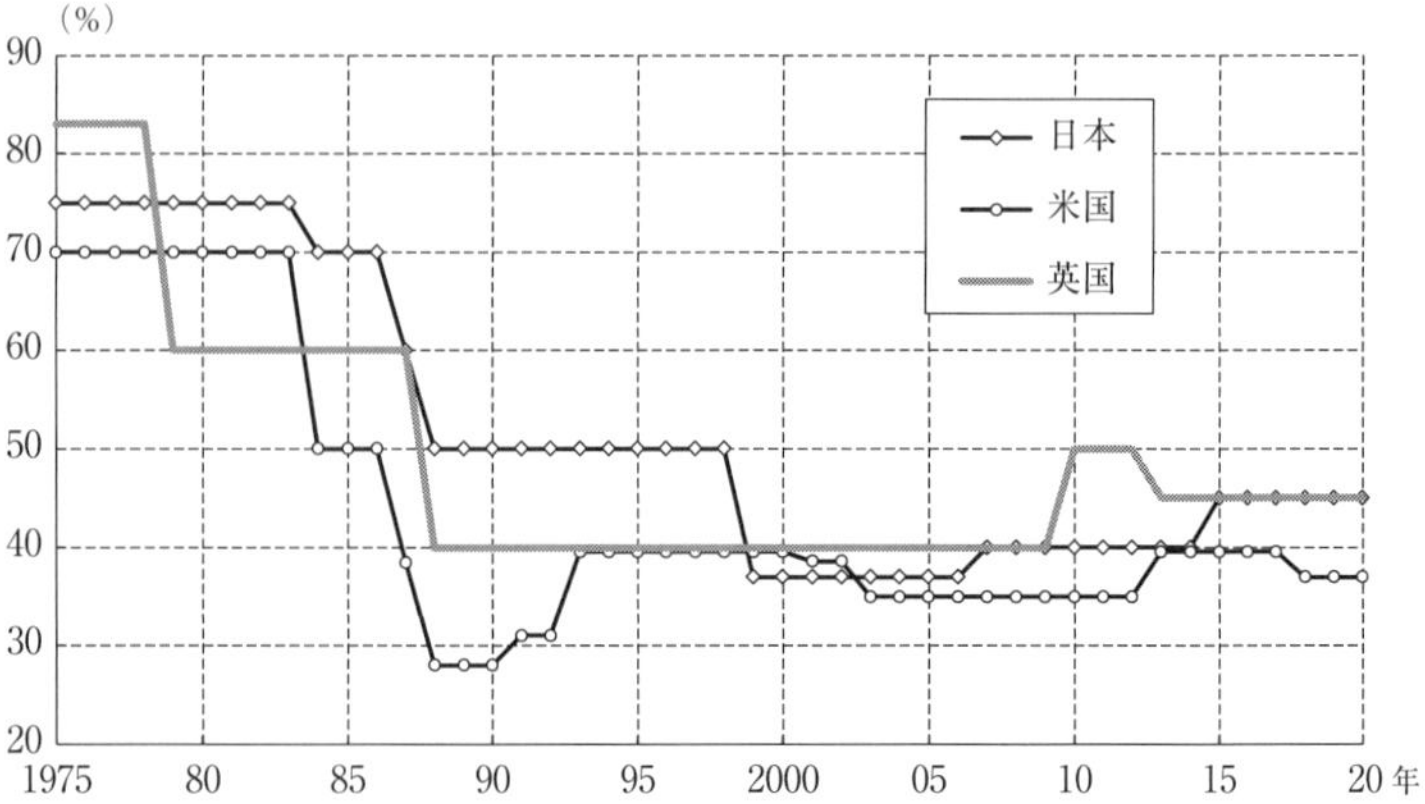

（出所）財務省資料より、BNPパリバ証券作成

福な資本家の存在が必須というが、エンジェル投資家の存在が貴重なのは、有益な助言を行うからである[19]。

サッチャー＝レーガン革命が意図したのは、1970年代前半に下方屈折した潜在成長率を戦後の高い成長経路に戻そうとしたことだった。ただ、これまでも触れたように、後から考えれば、戦後の高い成長が一時的であって、元の成長経路に戻っただけともいえる。戦争で破壊された資本の再蓄積、低生産性部門から高生産性部門への労働移動、大戦下で実用化された軍事技術の民生移転、ベビーブームによる人口増などさまざまな要因が重なり、戦後が例外的な高成長の時代だったのである。20年以上も続いたため、皆それが常態と考え、元に戻そうと四苦八苦した[20]。

フランスやスペインは国有化を進め、明白な失敗に終わった。サッチャー＝レーガン革命を進めた米英は、潜在成長率を高めることができなかったとはいえ、規制緩和で資源配分の効率化を高める努力が

図2－12　米国の GDP 成長率（年率）

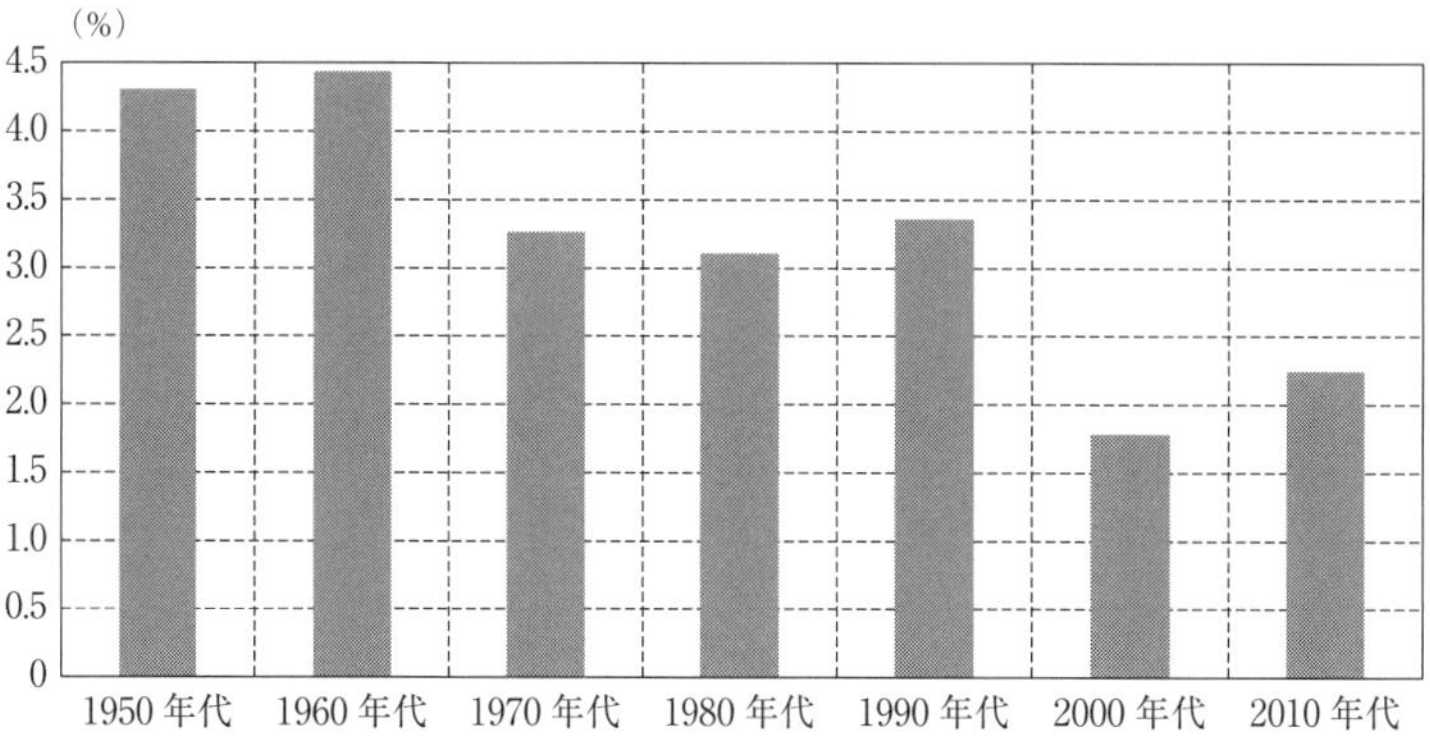

（出所）　FRB より、BNP パリバ証券作成

なければ、潜在成長率はさらに低下していたのかもしれない。潜在成長率を維持するには、多大な努力を必要とする（図2－12）。最高税率の引下げなど所得再分配の弱体化と潜在成長率を高めることのマクロ経済的な因果関係は明らかではないが、サッチャー＝レーガン税制による大幅減税が経済格差を助長したこと、財政赤字の拡大をもたらしたのは明白だろう。

わたしたちに必要なのは、イノベーションを促すと同時に、社会包摂も進めることである。それでは、どのように社会包摂を進めていくべきか。その回答を論じる前に、資本主義以外の選択肢について、その不在を確認しておく必要があるだろう。

(2)　資本主義の代替案の不在

プラトン独裁という選択肢

一般に資本主義は、「生産手段の私有制」と「市場システム」の組み合わせと定義される。ベルリンの壁が崩れ落ちた1989年11月に、共産圏の瓦解を前にして、資本主義こそが唯一の経済システムだと、わたしたちは考えるようになった。問題は、資本主義のかつての代替案とされていた共産主義が瓦解し始めた頃を転機に、経済格差問題もまた世界的に広がり始めたことである。ライバルが不在となった途端に資本主義への過信が始まった、というわけである。以下は、経済学者のジャコモ・コルネオの論考をもとにしている[21]。

まず、資本主義ではなく、民主主義をやめるという選択肢はないのか。もともと市場経済における経済格差や寡頭支配の問題は、政治権力との癒着の中で生まれてきた。それゆえ、古代ギリシャの時代において、その問題を回避するために賢人プラトンが打ち出したのが、民主制ではなく、哲人政治の下での公正な商業資本主義だった。経済格差がアテナイの政治不安定性の原因であったことは、本章で論じた通りである。権威主義的資本主義体制を掲げる中国は、共産党独裁による資本主義運営の理想の姿として、プラトン流の哲人政治の下での経済運営を念頭に置いているのかもしれない。

もちろん、わたしたちは民主主義体制と決別するわけにはいかない。仮に「真の哲人」が存在するのだとしても、世の中には多様な意見が存在し、正義についてすら合意するのは容易ではない。それゆえ、民主主義をやめるというのは、選択肢とはなり得ない。

市場メカニズムをやめる

それでは、市場システムをやめて、トマス・モアの「ユートピア論」やクロポトキンの「無政府主義」で語られたような、共有財産制を目指すのはどうだろう。やはり市場システムなしでは、膨大で複雑な経済の資源配分問題を解くのは不可能である。価格メカニズムが働くからこそ、人々が必要とする財・サービスが見出され、必要とする人のもとに届けることができる。市場メカニズムが存在しなければ、必要とされる財・サービスとは異なるものが生産され、人々が必要とするものが手に入らないため、経済は機能しない。そのことが理解されたから、中国でも市場システムの導入を容認したのである。

旧ユーゴスラビアで採用されたような自己管理型の市場経済を導入し、株式市場を停止するのはどうか。株式市場が存在しなければ、経済格差が抑えられると期待する人も多いだろう。しかし、株式市場が存在しなければ、経営者への規律づけが働かなくなる。労働者にとっては都合のよい経営であっても、それは縁故主義の一種にすぎず、資本が食い潰されるだけである。

(3)　ステークホルダー資本主義

株主至上主義の修正

経済格差の元凶とされても、市場システムや株式市場をやめるわけにはいかない。それはつまり、資本主義しか選択肢はなく、その中で、社会包摂を広げるべく、新しいかたちに変えていくしかない、ということである。

すでにその方向性は、明らかになっているのではないか。２０１９年には米国の主要企業の経営者団体であるビジネス・ラウンドテーブルが、また２０２０年には世界経済フォーラム（ＷＥＦ）のダボス会議が「株主至上主義」を見直し、従業員や地域社会など、すべてのステークホルダーの利益を尊重した事業運営に取り組むことの重要性を説いている。

一般にコーポレート・ガバナンスの目的は、株主利益のために、経営者を規律づけることだと考えられてきた。冷徹な「資本の論理」からすれば、企業経営者が株主利益を最大化すべく、雇用コスト

図２-13　日本の労働分配率（季節調整値）

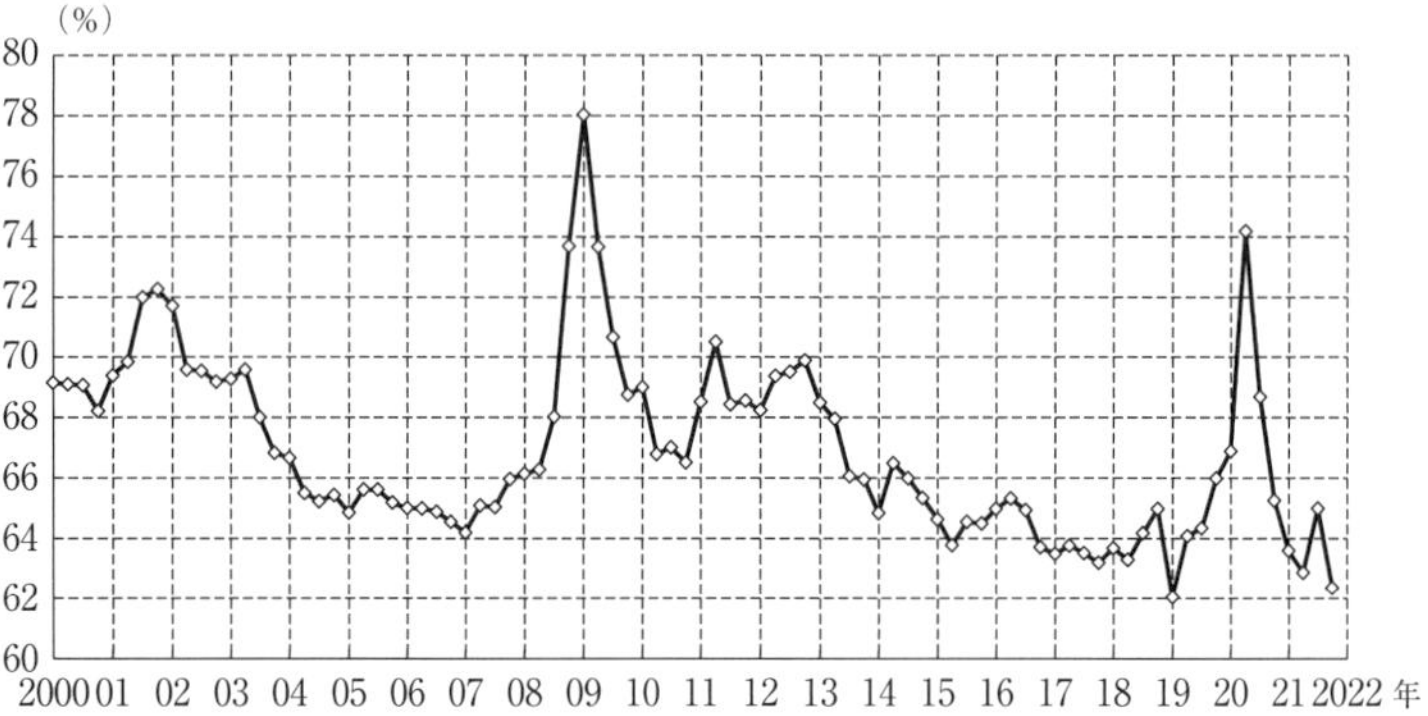

（出所）　財務省資料より、BNP パリバ証券作成

の削減を進めるのは当然だ、ということになるのだろう。

　近年、先進各国では労働分配率の低下傾向が続いてきた（前出図１－７および図２－13）。日米とも２０２０年に上昇しているのは、コロナ危機の影響だが、その収束とともに、元の低下トレンドに回帰しつつある。日本経済が低迷を続ける理由の一つは、第3章で詳しく論じる通り、グローバル資本市場のプレッシャーなどから、腰の定まらない企業経営者が短期的な利益ばかりを重視し、従業員の人的資本の蓄積を疎かにしてきたから、というのが筆者の認識である。

　それは、教育訓練の機会の乏しい非正規雇用が増えたためだけではない。正規雇用についても、コストカットでＯＦＦＪＴが抑えられているだけでなく、職場のゆとりがなくなってＯＪＴが滞り、付加価値の源泉である人的資本の蓄積がままならなくなっているためでもある。その結果、消費者を惹きつける新たな財・サービスが一向に供給されない。経営者も利益が上がっているのは主にコストカットによるもので、従業員の生み出した付加価値が増えているわけではないことを強く認識しているから、賃金をなかなか増やさない。悪循環から抜け出せないのである。

何がおかしいのか。筆者自身は、コーポレート・ガバナンスの真の目的は、株主利益の増進のためだけにあるのではない、と常々考えてきた。株主はたしかに重要であるけれども、従業員、債権者、取引業者、地域社会など企業と利害関係を持つステークホルダーの一構成員にすぎない[22]。

コーポレート・ガバナンスは株主のためだけにあらず

株式公開企業なら、株主は株式市場で株式を売却すれば、その企業との関係を絶つことができる。しかし、従業員や債権者、取引先企業は、企業とさまざまな長期的関係を結んでおり、簡単に関係を絶つことはできない。株主は不確実性に直面しているというが、それは従業員とて同じであろう。株主は分散投資によってリスクを低減できるが、多くの場合、労働者はリスク分散できない。

特に現在の日本のように、転職市場が未発達な国では、その企業でしか役立たない人的資本の蓄積が要請される。失職すると、企業特殊的な人的資本がまったく通用しなくなるホールドアップ問題がつきまとう[23]。それゆえに日本では、副業の活性化を含め、雇用の流動化やそれに対応した社会制度の構築が求められているのだが、そうした点では、株主至上主義が反省され始めた米英とは、これまでは真逆の議論がなされてきた。ここにきて、岸田文雄政権から所得分配だの「新しい資本主義」だのと言われても、議論が噛み合わない、と受け止める人が多いのはこのためであろう。

日本や大陸ヨーロッパ諸国も、徐々には米英に近づいているが、それでも日本企業の「持ち合い」など、米英と異なる株式所有構造となっていたのは、企業と利害関係を持つステークホルダーの利害を調整し、株主だけでなく、その他のステークホルダーの利益を重視していたからである。その結果、従業員や債権者が強い決定権を持つ社会システムとなっているのなら、株主の最低限の利益は保護されなければならない。逆に、株主が絶対的な決定権を持つ社会システムであれば、従業員の最低限の利益が保護されなければならない、とも言えまいか。

結局、バランスが重要なのである。「組織論」の大家でもある経済学者のジャン・ティロールが唱えるように、コーポレート・ガバナンスを、ステークホルダー全体の経済厚生の増進を図るために、経営者を規律づける制度的な仕組みをデザインすることだと定義するのが妥当な考え方のように思われる。(24)

それでも株価は重要だ

とはいえ、ベンチマークとして、株価を重視することは、やはり望ましい。これは、企業組織が生み出す長期的な経済的価値を最も反映しやすいのが株価だからである。近年は、中央銀行の超金融緩和の常態化（あるいは「名目成長率＜長期金利」の常態化）で心許ないのだが、株式市場が正常に機能していれば、株価は中長期的な企業の経済的価値を反映した水準に落ち着くはずである。しかも株価は誰にでも観察可能な、最もわかりやすい指標でもある。(25) それゆえに、株価に大きな歪みをもたらす日銀のＥＴＦ購入は早期の出口が求められるのである。その出口の方策については、本節の最後で論じる。

また、株主以外のステークホルダーは、企業と何らかの取引関係にあるため、あるステークホルダーの利益を優先すると、もたれ合いのような不透明な関係（クローニー・キャピタリズム）に陥り、多くの場合、その他のステークホルダーの利益が損なわれる。

長期的に株価（≒企業価値）を最大化させるように経営者に規律づけることが、すべてのステークホルダーの利益を重視することにつながる経営となる、ということである。そしてすべてのステークホルダーの利益に配慮しながら経営を行うことが、長期的に株式価値を引き上げる近道ともなる。やはりバランスが重要ということだが、何やら禅問答のようになってきた。

外部不経済を取り込むためのシステム・デザイン

価値創造の観点だけでなく、説明責任という視点も重要だが、経営者は自らが下す決定に伴う影響（コスト）について、株主だけでなく、さまざまなステークホルダーに対しても責任を負わなければならない。環境問題しかり、人権問題しかり、雇用問題しかりである。それゆえ、意思決定に関与できないステークホルダーを保護し、株主や経営者が外部不経済につながる選択を回避する仕組みをデザインしなければならない。

たとえば、カーボンプライシングを導入することで、企業が外部不経済を取り込むシステムをつくれば、市場を梃に、地球温暖化対応を進めることができる。ただ、カーボンニュートラルが一大潮流となった現在、議論は一歩進んだ局面に入りつつあるのかもしれない。グローバル企業はグローバル・サプライチェーンに参加するサプライヤーに対して、カーボンゼロを要請し、そのサプライヤーもカーボンフリーの技術を構築し、カーボンフリー電源を選択し始めている。カーボンプライシングだけでなく、グローバル・サプライチェーン上のステークホルダーからのプレッシャーを梃に、地球温暖化対応が進む機運も出てきている。

もう一つは、地球温暖化がもたらす異常気象が経済活動に現実の悪影響をもたらし始め、その問題を抑えることが大きな便益を生み出すことが明らかになり始めたことである。それゆえ、外部不経済を内部化するという視点だけでなく、地球温暖化対応がもたらす外部経済のフリーライドを許さないという視点も必要である。地球温暖化対応については、第4章と終章で改めて取り上げる。

また、日本において、衰退分野から成長分野への労働移動を促すことは、経済成長を高める上で、喫緊の課題である。わたしたちが解雇について比較的自由な社会を望むのであれば、ティロールの提案が有用かもしれない。企業に対し、解雇の多寡に応じて失業保険の割引や割増を行うことで、解雇がもたらす外部不経済を内部化するのである。[26] 失業対策のコストを、解雇を実際に行う企業に負担してもらうと同時に、成長分野への労働移動も可能となるだろう。

ただし、その前に日本で何より必要なことは、被用者の社会保険の適用範囲を拡大することである。日本の非正規雇用は十分なセーフティネットを持っていない。欧州では、パートタイム労働者は就業時間が短いだけであって、企業は責任をもって社会保険の費用を負担している。同一労働同一賃金の原則である。たしかに最近の欧州では、それを逃れるために、被用者の形態を避ける動きがあるのも事実ではある。第4章で詳しく論じる通り、非正規雇用のセーフティネットが十分でないことが、日本経済の長期停滞の原因の一つとなっている。

自明ではない「株主＝所有者」

さて、経済学では、伝統的に株主が会社の所有者であることを前提に議論を進めるが、あまり知られていないものの、そのことは経済学的に自明なことではない。[27] 実は、ほとんどの国の法律が、株主に会社の所有権を与えているため、経済学はそれを前提としているだけである。

ただ、法的に権利が与えられなければ、資金提供者としての株主は、資金をいったん提供した後の交渉において経営者や従業員、債権者に比べて相当に弱い立場に立たされる。従業員はたしかに弱いが、前述した通り、それゆえに、多くの国では労働関係法規によって守られている。上場企業の株主は、資金を提供するだけで、会社経営の実態について、最も情報劣位に立たされる。

おまけに破綻すると最初に出資金を失うのは株主であり、そうした状況のままでは、当然にして資本提供者が現れず、企業活動は停滞する。その結果、経済全体でも過少投資といった好ましくない事態となる。こうした問題を避けるために、資本提供者に法的権利を与える必要があり、実際にそうした法制度が採用されてきたともいえる。経済学は現実を描写しただけだが、株式会社制度は、まさに人類の大発明の一つと呼ぶべきだろう。

知識社会における資本の役割

しかし、資本の出し手が極めて大事だったのは、フォード型の大量生産の古き良き時代の話にすぎないのではないのか。たしかに当時は、大規模な設備を導入するための資金が不足していた。一方で、21世紀における知識社会の時代においては、付加価値の源泉は有形資産ではなく無形資産にあり、投資資金はさほど必要がない。おまけに、その無形資産を生み出すのは人である。そうした点で、すでに早い段階から、知識社会においては、従業員など人的資本がより重視されるようになっていたはずである。現実に投資のための資金があり余っているからこそ、世界中の先進国において、金利がゼロまで低下していたのである。不足しているのはアイデアや人的資本であって、資本ではない。経済の知識化で一歩先を行く米英で、いまさら株主至上主義を反省しなければならないのは、どうしてか。

大企業については、前述したように、経営者が長期的な株式価値を損なってでも、自身のボーナス目当ての近視眼的な経営を行っているからであろうか。自社株買いや配当など、株主還元のために社債発行などの負債を増やす経営が、長期的な成長を狙ったものとは思われない。あるいは、市場集中の結果、独占力を持った巨大企業が増え、一国の経済厚生を阻害し始めたからだろうか。自らのドミナントデザイン（標準的・支配的なデザイン、仕様）の脅威となる新興企業を事前に買収して、新たな技術を自らの手中に収めたり、闇に葬ったりする。労働市場でも独占力を発揮し、儲かっても従業員の賃金を十分に上げない等々、ダークサイドは多岐にわたる。

なお、人的資本とファイナンスという点から考えると、かつて日本において、長期的視点で人的資本投資を可能にしていたのは、株の「持ち合い」だった。金融機関の政策投資株は、昭和の時代の遺物と見られているが、知識社会において、新たな役割を見出すことができるのではないか。次節で論じる通り、無形資産の時代に適合するのは、エクイティ・ファイナンスである。

(4) 株式公有制と日銀ETFの出口

ベーシック・インカムは財源問題で困難

ここで、「新しい資本主義のかたち」として、株式の一部公有制について検討したい。[28]「公有制」というと、何やら社会主義のようで、身構える人がいるだろう。しかし、以下論じるように、この考え方は日本型の社会包摂のためのツールになると同時に、21世紀の知識社会における成長戦略の有効な

図２−14　日銀の ETF の保有額（簿価）

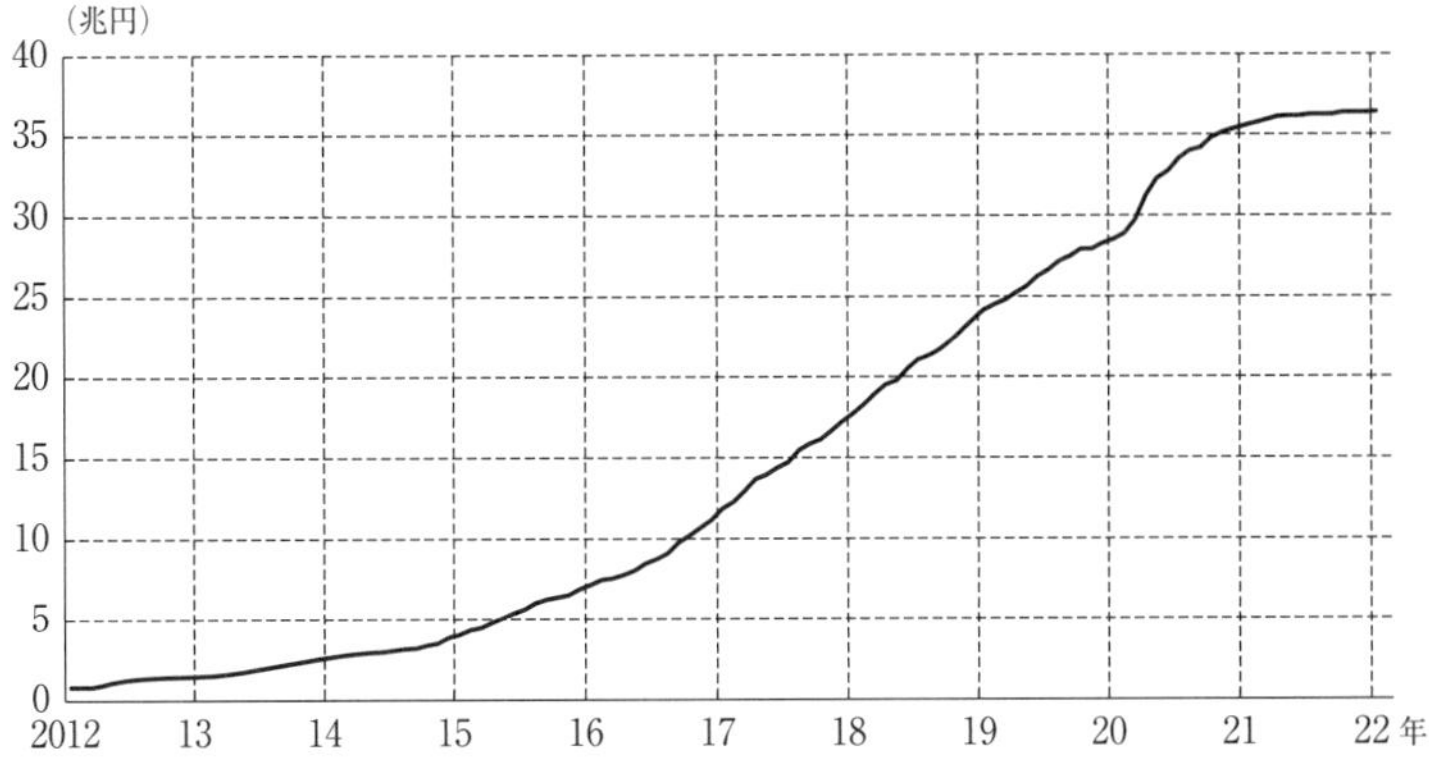

（出所）　日本銀行資料より、BNP パリバ証券作成

ツールとなり得る。

また、日本の場合、すでに準備の半分は、日本銀行が意図せずして、開始している（図２－14）。日銀のＥＴＦ保有額は40兆円弱まで膨らんでいるのである。日銀の株式公有制などといわず、日銀のＥＴＦ購入策の出口戦略の有効打といえば話がわかりやすいのかもしれない。専門家によるガバナンスを整えたソブリン・ウエルス・ファンドを構築し、日銀から買い取ったＥＴＦや株式を組み入れて、政治から切り離すのである。

以下、順に説明していこう。まず、デジタル時代の経済格差への対応策として、近年、注目されるのがベーシック・インカムの導入である。筆者も検討したが、やはり財政的な制約から、現実的とはいえないのではないか。日本で導入する場合、たとえば一人月10万円、年１２０万円を1億２３３３万人のすべての日本国民に配るには、年間でも１４８兆円を要する。実にコロナ禍前の年間の国家予算の１００兆円の１・5倍に達する。２０１９年度の社会保障関係費の34兆円の4倍以上である。ベーシック・インカムがうたう最低限の文化的な生活に十分な所得を無条件で支給するとなると、莫大な財源を必要とし、そのことは大幅な増税を意味する。それが政治的、経済的に可能とは思われない。

さらに、働くことが可能な人が働かなくてもよい社会というのは、人間の創造性に悪影響をもたらしはしないか。いや、それ以前の大きな問題として、低スキル労働を活用したビジネスを立ち上げようとする起業家は、ベーシック・インカムよりも十分に高い賃金を支払わなければ人手が集まらないという事態に直面する。低スキル労働の中には非定型的で、AIやロボティクスでは代替できないものも存在する。新たなビジネスの一部が創出困難になり、新たな財・サービスが供給されないことは、社会を貧しくすることにつながりはしないか[29]。

日本ではソブリン・ウエルス・ファンドの有用性が認識されていない

次に、日銀保有のETFの受入れ主体となるソブリン・ウエルス・ファンドについて、実務家のダグ・デッターと経済学者のステファン・フォルスターの論考をもとに説明しよう[30]。そもそも、政府が商業的価値を持つ資産を保有する場合、どのような形態が望ましいのか。

豊かな天然資源に恵まれても、経済が停滞する国が少なくない。むしろ、豊かな資源に恵まれるほど強権的な政治制度に陥り、経済が停滞気味というケースも多くある。それは、恩顧主義が幅を利かせ、政治的支持への見返りとして、資源開発などの特権が利益集団に提供されるからである。犯罪とまでいかなくても、政府保有の公共資産を巡る腐敗は、不動産の売却を含め、先進国でも日常茶飯事であろう。

問題の根源は、政府が商業的価値を持つ資産を保有することにある。だとすると、保有する公的資産をすべて売却すべきなのだろうか。かつては、民営化の手法が注目されたが、実は逆効果であることがわかってきた。政治的には、民営化こそが手軽に富を膨らませる機会を既得権益集団へ提供する手段となり、これまた縁故主義や汚職の原因となる場合が少なくないのである。その解決策となるのが、ソブリン・ウエルス・ファンドなのである。

問題の本質はガバナンスであり、民営化の是非は不毛な論争

ひと昔前の民営化の是非は不毛な論争であり、問題の本質は、公的資産のガバナンスである。商業価値を持つ公的資産を政治から切り離すべく、透明性の高いソブリン・ウエルス・ファンドなどの持ち株会社に移管して、独立した専門家に運営を任せる。政治的腐敗が回避され、民主主義が前進するだけではなく、既得権者が非効率に利用してきた公的資産を有効に活用することが可能となる。付加価値が増え、資産価値も向上するというメリットもある。ちなみにソブリン・ウエルス・ファンドで最先端を行くのは、ノルウェーやスウェーデンである。

政府は規制当局者としてだけでなく、公的企業の株主としての役割を持つが、ときとして、それらが利益相反をもたらし、誤った政策運営が行われてきた。独立した専門家が運営する持ち株会社の下に移管すれば、政府は規制者としての役割を徹底することが可能となる一方で、公的企業は、政治の気紛れに惑わされることなく、ソブリン・ウエルス・ファンドの下で、価値最大化を目指すべく、消費者や利用者を向いた企業経営や資産運用に専念できる。

近年、公的企業の完全民営化の途上で、海外企業の買収など、経営判断に誤りが多いのは、経営者を選任した政権中枢に配慮し、適切な規制やガバナンスが働かないから、というのが筆者の認識であ

図2-15　日本の18歳人口の推移

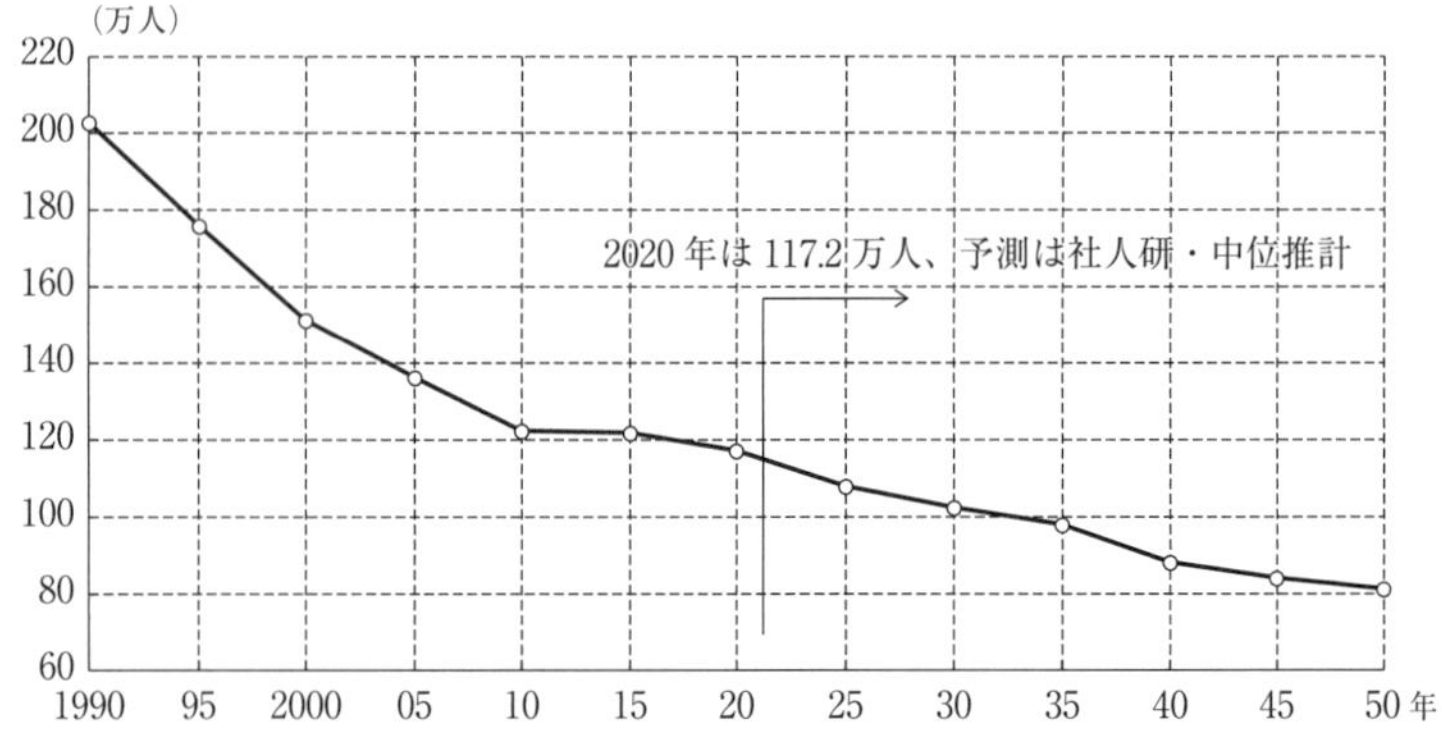

（出所）　総務省、国立社会保障・人口問題研究所資料より、BNPパリバ証券作成

る。官僚組織と同様、組織拡大が自己目的化されているのだ。大企業の元カリスマ経営者などに任せるのではなく、持ち株会社にぶら下げ、経営にガバナンスを効かせることが必要だった。小泉純一郎政権時代に行われた郵政民営化も、そもそも民営化かどうかが真の問題ではなく、いかにガバナンスを効かせるかという問題だったのである。

政府が国債を発行して日銀からＥＴＦを買い取る

さて、現実問題として、多くの国では、株式公有制に踏み出すのは容易ではない。しかし、中央銀行が巨額のＥＴＦを保有する日本では、出口の際の有力なオプションになるのではないか、と筆者は近年主張してきた。政府が国債発行を原資に日銀からＥＴＦを買い取り、ソブリン・ウエルス・ファンドにぶら下げ、日本型社会包摂のためのツールとするのである。

たとえば成人となる国民に２００万円相当の持ち分を支給する。学問に使ってもよし、夢を追いかけるために使ってもよし。２０２２年に18歳となる１１２万人の若者に総額２・３兆円程度を支給するのなら、年１５０兆円ものベーシック・インカムのような巨額の財源も不要である。支給のためにソブリン・ウエルス・ファンドがＥＴＦの購入を始めれば、日銀の出口もより容易になるだろう（図２－15）。

グローバル化や経済のデジタル化で、ますます税の捕捉も難しくなる。その対応策の一つは、政府が研究開発に関与し、ロイヤリティを受け取ることであり、もう一つは政府がソブリン・ウエルス・ファンドなどを通じて、株主としてデジタル・エコノミーの恩恵を配当やキャピタルゲインとして得ることであろう。こうした株式公有制であれば、市場競争の下で、企業は自由に設立され、資源配分への悪影響も回避され、経営者への規律づけや経済の寡頭支配の阻止も可能となるだろう。

４　テクノロジー封建主義の打破

今回のコロナ危機では、あらゆる所得階層が危機に直面した。このため、１９３０年代の大恐慌時と同じように、人々が共同体的な紐帯意識に強く目覚め、フランクリン・Ｄ・ルーズベルト大統領が進めたニューディール政策のように、所得再分配が広範囲に見直されるのではないかと、一時的に期待が高まった。

２０２１年10月に富裕層課税の法案は米上院で否決され、改めてそのハードルが高いことが明らかになったが、経済格差の是正は単に富裕層の税金を増やし、社会保障等などを通じて低所得者層に移転する、という対応だけが解決策ではない。前節ではソブリン・ウエルス・ファンドの創設などを通じ、国が株主としてデジタル・エコノミーの恩恵を配当やキャピタルゲインとして取り込む方策を考いて再検討する。

えた。知識経済社会における付加価値の源泉はアイデアにあるが、本節では、アイデアの帰属先につ

(1) 知識経済化と齟齬を来す古い社会制度

付加価値の源泉は無形資産にあり

過去四半世紀、知識経済化が著しく進んだ。知識経済化が始まったのは1970年代からだが、第1章で述べた通り、それが加速したのはICT革命がスタートした90年代後半以降である。かつて付加価値の源泉は、物的資本だったが、知識経済の下でそれが無形資産に移行したのである。第4章で詳しく論じるが、そうした構造変化にうまく対応できていないことが、日本の過去30年あまりの停滞の原因の一つでもある。一言でいえば、80年代に全盛を迎えたモノづくりに重きを置くフォーディズム、すなわちフォード型の大量生産システムから、日本はいまだに抜け出せていないのである。

ただ、知識経済化は、世界的にもさまざまな不適合を生み出している。それは、わたしたちの経済制度や社会制度が、物的資本が中心だった時代に構築されているからにほかならない。第1章で論じた通り、持続的な経済成長の時代が始まったのは、農業社会から工業社会への移行が始まった18世紀後半だったが、社会保障制度をはじめ、多くの社会制度の基本設計は19世紀後半に整えられた。それゆえ、知識経済化で脱工業化の加速が始まった途端に、齟齬が現れ始めたのである。

伝統的な銀行業のままでは無形資産時代に対応できない

金融にも激震が訪れている。近年、日本だけでなく、先進各国の銀行業が伝統的な貸出を増やすこ

とができていない。金融業の本来の役割は、家計貯蓄を設備投資や住宅投資など新規の実物投資に仲介することである。しかし、現在はそうした融資はわずかで、大半は不動産や金融資産など既存資産の購入に充てられている。さらに大手金融機関の主力業務はもはや融資ではなく、証券化された金融債権やデリバティブなどのトレーディングに移行している。

グローバル金融危機後、さまざまな規制が導入されたが、「よそ様のお金（預金）」を使って荒稼ぎするトレーディング中心の根源的問題は現在も是正されていないという経済学者のジョン・ケイの批判に反論するのは難しいだろう。(31) トレーディングに注力するのは、高収益と高ボーナスが可能になるからであって、必ずしも顧客にメリットがあるからではない。

ただ、金融市場で多大なリスクテイクが行われているのは、本章の第３節でも触れたように、伝統的な銀行業がアイデアの時代に適合できなくなっていることも大きく影響している。18世紀後半の産業革命以来、付加価値を生み出すには機械設備や工場などの物的資本（有形資産）が不可欠であり、その購入には大量の資金が必要とされていた。しかし、アイデアなど無形資産の蓄積には、有形資産投資ほどの大量の資金は必要とされない。

今や企業にとり、卓越したアイデアを生み出す高いスキルの労働者など人的資本の確保、蓄積がすべてである。そして、会計上、無形資産とされるものは、突き詰めると、研究開発などに必要な優れたスキルを持つ人の人件費である。高収益企業であれば内部資金で十分賄うことができるため、外部資金への需要は増えず、金利は上がらない。ちなみに日本の経済成長が冴えないのは、第３章でも詳しく論じる通り、有形資産投資のみならず、無形資産投資が極めて乏しいからにほかならない。

有形資産の時代においては、有形資産を担保にとって、貸出を行うのが金融機関の役割だった。無形資産はノウハウやシステムといったビジネスにサンク（埋没）されたものであり、スピルオーバー（拡散）効果やシナジー（相乗）効果も大きく、担保に取ることは難しい。また、不要になったからといって売却はできないし、企業が倒産すれば回収もできない。経済学者のジョナサン・ハスケルらが分析する通り、無形資産にはデット（負債）によるファイナンスではなくエクイティ（自己資金）によるファイナンスが適合する。[32]

エクイティ・ファイナンスにうまく対応できない伝統的な金融機関は、無形資産の時代に大きく躓《つまず》いてしまった。経済危機とともに、大規模な財政政策が繰り返され、預金保険制度で守られた銀行預金は膨張を続けているが、図2－7で見たように、貸出を増やすことができないため、国債購入や社債購入に充てることしかできていない。国債や社債が大量に発行されても、金融劣化（ミスマッチ）ゆえに、市場金利が低く抑えられてきたのである。この傾向は、コロナ危機でますます強まったように見える。それゆえ、高いインフレ率が必ずしも高い金利に結びついていないのであろう。

資本は余剰だがアイデアは稀少

大量の資金（資本）が存在する一方、アイデアは引き続き稀少である。それゆえ、大量の資金が株式市場に流れ込み、リスク資産価格は途方もない水準まで嵩上げされている。かつては、スタートアップのファイナンスのための手段であったはずのＩＰＯ（新規公開株式）も、今では起業家のマネタイズ（資金化）の定番手段と化している。それは、ビジネス化できるアイデアは相変わらず稀少である一方、過剰な投資資金が存在しているからでもある。

日本銀行はＥＴＦの大量購入を行ってきた。無形資産の時代において不足しているのは、ビジネス化できるアイデアなのであって、資本コストの高さや資金不足の問題ではないことを改めて考えるべきだろう。前述した通り、先進各国では、近年、中央銀行の超金融緩和を背景に、企業部門が低格付の社債発行を増やしているが、それを原資に人的資本投資や無形資産投資、有形資産投資が増えているのではなく、自社株買いやM＆Aで、株価など資産価格ばかりが嵩上げされている。

(2)　アイデアは誰のものか

物的資本はアトムの世界、アイデアはビットの世界

金融政策については改めて取り上げるとして、ここで筆者が再検討したいのは、アイデアが生み出す付加価値の帰属である。

まず、物的資本が生み出す付加価値の帰属先は明白であろう。物的資本は、所有権が法律で守られているだけでなく、厳格な占有が可能であるため、外部経済や外部不経済の問題は存在するとしても、他者の利用を基本的には排除できる。

しかし、アイデアについては、占有は難しい。確実に占有するためには、そのアイデアを秘密にしておくことがその手立てとなるが、それでは法的な保護が得られない。また、特許や知的財産権が認められるといっても、どこの国でもそうだが、永遠ではない。アイデアの法的保護は、その性質上、社会制度や社会慣行に大きく依存し、それが生み出す付加価値の帰属先は物的資本のように明白とはいえないのである。

経済の中で、アイデアなどイノベーションがいかにして生まれ、経済の持続的成長にいかにつながるかを解明したのが経済学者のポール・ローマーであり、その理論は「内生的成長理論」と呼ばれ

る。それまでの新古典派の成長理論では、アイデアなどのイノベーションが経済とは別のところで外生的に決まるとされていた。イノベーションが経済と関わりなしに生まれると経済学者が単純に考えていたのではない。ただ、ローマー以前は、イノベーションが経済の中で、内生的に生まれるメカニズムをモデルにうまく取り込むことができなかったのである。1990年代後半以降のICT革命が始まる前に、何とか経済学は知識の重要性をモデルに取り込んだのである[33]。

ローマーが解明した通り、アイデアが特殊であるのは、その「非競合性」にある。アイデアは物的資本と異なり、ある人が利用しても消費されず、同時に複数の人が利用可能である。複製は簡単である。いわば、物的資本はアトムの世界だが、アイデアはビットの世界なのだ。アイデアのそうした特性ゆえに、規模の経済が強く働き、たとえばGAFAは巨万の富を築いているのである。もちろんアイデアを生み出すには、それ相応の大きなコストを要する。

アイデアの過剰な保護が独占利潤を生む

しかし、あるアイデアは過去の他の人のアイデアをもとに発展したものが少なくない。もちろん、新たなアイデアの創出を促し、イノベーションを可能とすべく、わたしたちは、特許権や知財権でそれを保護してきた。経済史家のダグラス・ノースが論じる通り、英国で最も早く産業革命が可能になったのは、所有権が早くから確立し、権力者に財産を奪われなくなったこともさることながら、発明などに対して、最も早く特許権を認めたことがある[34]。私的な利益を社会的な便益に近づけることで、アイデアを生み出すインセンティブが高まったのである。

ただ、一方であまりに強く保護しすぎると、アイデアの利用が制限され、経済厚生が損なわれる。

図2-16　マークアップと株式数加重平均時価総額

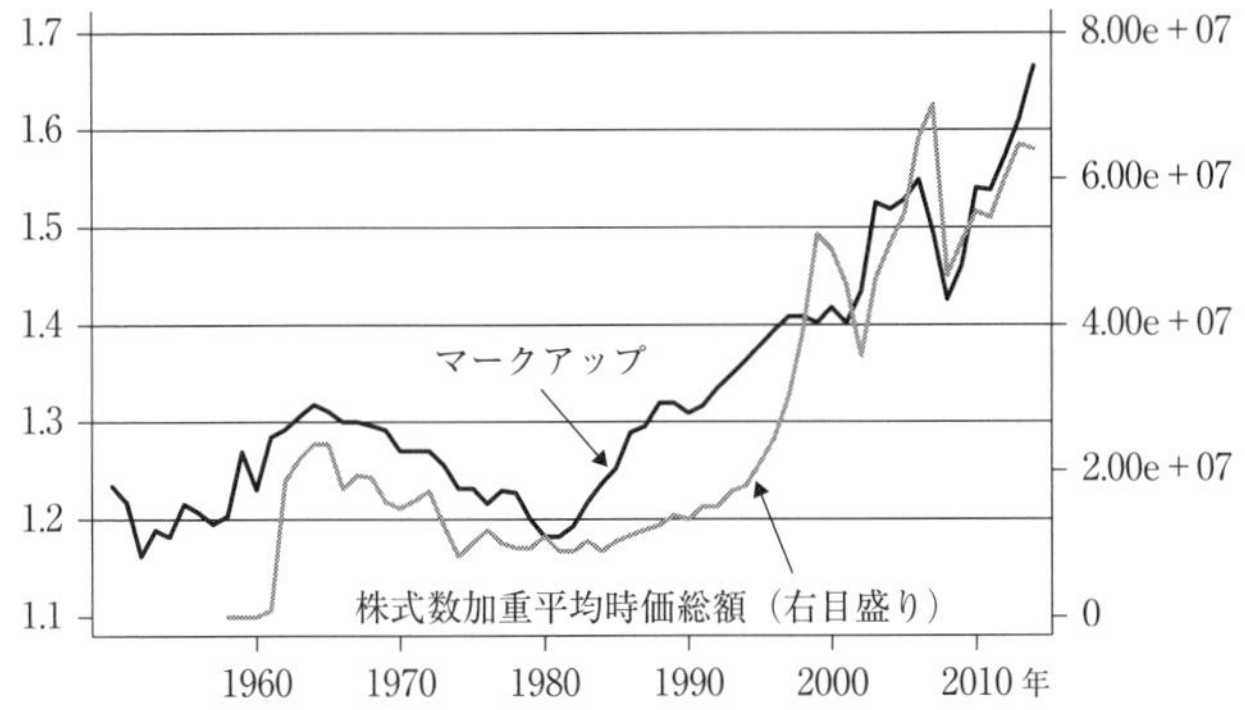

（出所） Jan De Loecker, Jan Eeckhout, "THE RISE OF MARKET POWER AND THE MACROECONOMIC IMPLICATIONS," *NBER WORKING PAPER SERIES, Working Paper* 23687, August 2017より、BNPパリバ証券作成

アイデアの過剰な保護で独占力を得た企業は、財力にモノを言わせ、競争を阻害するようになる。第1章でも触れたように、今度は潜在的な競争相手のイノベーションのインセンティブを削ぐことになる。

ICT革命の初期においては、OSの独占者だったマイクロソフトがネットスケープやJAVAなどの成長を抑えたことは記憶に新しい。近年も、プラットフォーマーたるGAFAらは、自らが創り上げたドミナントデザインを新興企業の新たなビジネスモデルに脅かされるのを避けるため、潤沢なキャッシュフローにモノを言わせ、当該企業を買収して、新たなビジネスモデルを葬り去ったことも露見している。

近年、米国企業のマークアップ比率は上昇傾向が続き、超過利潤も趨勢的に改善している（図2-16）。企業が儲けるようになったのはまことに喜ばしい限りだが、これまで見たように、潜在成長率が高まっているわけでもない。単に分配構造が変わっただけ、とも言える。むしろ寡占や独占の弊害で、本来なら新たなアイデアの出現で可能になっていたはずの経済成長が失われていた可能性も排除できない。株高は経済全体の活況を示すわけではなかったということである。

現代社会はテクノロジー封建主義に陥ったのか

さらに、プラットフォーマーが利益の源泉とするビッグデータは、利用者であるわたしたち一人ひとりがインプットした個人情報をもとにしたものである。たしかに、グーグルやフェイスブック（現社名「メタ」）が提供するサービスを世界中の何十億人もの人々が無料で楽しんでいる。しかし、プラットフォーマーはわたしたちユーザーがつくり出したデータの対価を一切支払わず、データが生み出す利益を独り占めにしてきた。わたしたちは娯楽のつもりだったが、実はプラットフォーマーのためにせっせと働いていたことになる。

筆者は、2010年代半ばに、IoT（モノのインターネット）の登場などで、デジタル革命の再加速が始まった際、利用者が同時に生産者となる「プロシューマーの時代」が訪れるのだと楽観的に考えていた。当時のテクノロジー文明論は理想的なデジタル民主主義社会の到来の可能性を強調し、そのダークサイドはほとんど語られていなかった。

しかし、デジタル民主主義には程遠いどころか、法学者のエリック・A・ポズナーと経済学者のE・グレン・ワイルらが「テクノロジー封建主義」と呼ぶ状況に陥っている。(35) 中世ヨーロッパでは、封建領主が農奴の安全を守り、その庇護の下で農奴は土地を耕した。領主は、農奴が生活するために最低限必要な分の穀物を渡し、安全保障の見返りとして、それ以外の農産物を収奪した。わたしたちがせっせとデータのインプットを行い、SNSで楽しむのを許される代わりに、利益の大半は現代の封建領主たるプラットフォーマーが全部持ち去るというイメージだろうか。

データは水か、ダイヤモンドか

早い段階で、経済学者であり、グーグルのチーフ・エコノミストでもあるハル・ヴァリアンは、稀少性の観点から、ビッグデータへの対価の支払いは不要だと論じていた。これは、アダム・スミスの「水とダイヤモンドの問題」のアナロジーで説明できる。

水は大いに役立つがタダ同然で、ダイヤモンドは役に立たないが高価である。稀少性の概念が十分確立していなかったアダム・スミスの時代には、その問題への説得的な回答は提示できなかった。後に明らかになったのは、水は大いに役立つが、稀少性に欠けるため限界的な効用はゼロに近く、ダイヤモンドは役には立たないが、稀少性が大きいために限界的な効用は極めて高いということである。

ヴァリアンのロジックは、ビックデータは前者に当てはまり、それゆえ、データの供給者である利用者に対価を支払わなくてもよい、というものである。[36] ただ、その後もビックデータは巨大化し続け、AIもディープラーニングで進化を続けている。その結果、たとえばかつては不可能とされていた画像認識はすでに容易になり、音声認識も自動翻訳も高度な発展を遂げつつある。ビックデータはある閾値を超えると、質的転換が起こり、リターンの水準が大幅に切り上がる。

これは、まさにアイデアが収穫逓増をもたらすというローマーの内生的成長論が予想した通りの展開である。わたしたちが法律を書き換え、プラットフォーマーがわたしたちにビッグデータの適切な対価を支払うことになれば、より公正な資本主義の実現の一助になるのではないか。巨大プラットフォーマーの利益率が現在より減ると、イノベーションが生まれなくなる、ということはないはずで

図２−17　米国の所得階層の上位0.1%と下位90%の平均税率

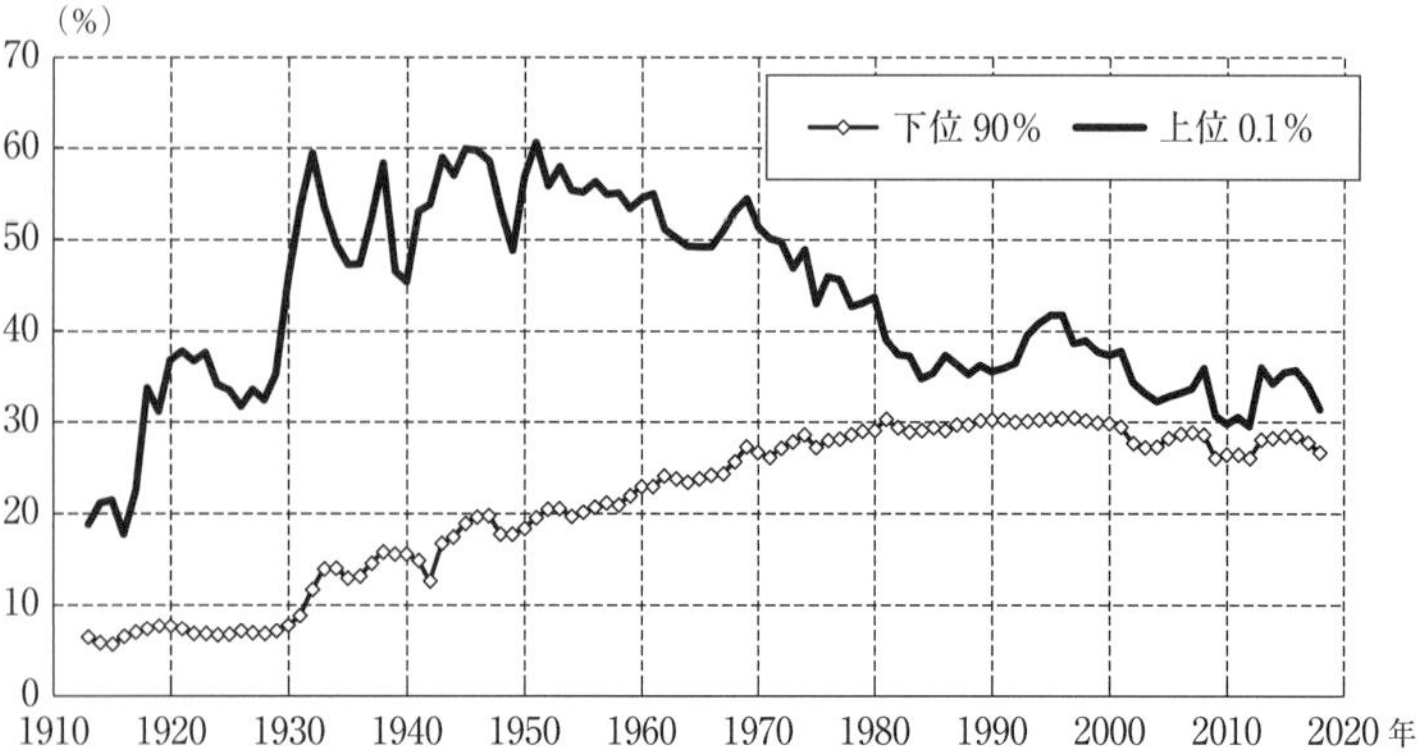

（出所）　サエズ、ズックマン『つくられた格差』より、BNP パリバ証券作成

ある。むしろ独占力が軛《くびき》となって抑えられていたイノベーションが群発する可能性がある。

(3)　ルーズベルト時代の富裕層課税の真実

とうの昔に累進課税構造は骨抜きにされていた

バイデン大統領の執務室には、５人の大統領の肖像画が飾ってある。最も大きい１枚は、富裕層課税を進めたフランクリン・D・ルーズベルトの肖像画である。バイデン大統領は経済格差の是正を重視し、トランプ減税を廃止すると主張していた。

仮に所得格差が大きくても、累進課税による所得の再分配政策で、経済格差を是正することは可能なはずである。ただ、米国の所得トップの０・１％の実効税率を見ると、近年は、普通の人々（下位90％の人々）とさほど変わらない水準まで低下している（図２−17）。

実は、この数字には金融資産価格の上昇の影響は含まれていない。それを踏まえると、株式を大量に保有する富裕層の実効税率はさらに低いものとなる。近年、大富豪投資家のウォーレン・バフェットが自らの実効税率が彼の秘書よりも低いことを告白していた。先進各国では、2010年代に入っても「資本の逃げ足は早い」というスローガンが繰り返され、特に法人税については、「底辺への競争」がつい最近まで繰り広げられてきた。他国が法人税率を引き下げれば、資本が逃げ出すのを避けるために自国も追随し、そうすると資本流入を狙った他国が再び引き下げ、それに自国も追随せざるを得ない。それゆえ「底辺への競争」と呼ばれたのである。

筆者からすれば、予想した通りだったが、日本で現実に2010年代に法人税率を引き下げても、設備投資や企業の立地が増えることはなかった。結局、先進各国とも税収基盤が侵食され、企業の税負担が軽くなったと同時に、それを補うために税収全体に占める個人所得課税のウエートや消費課税のウエートが高まっただけである（増税のハードルが高かった日本では、被用者の社会保険料負担が高まった）。

それらの結果、特に米国では、株式を保有する超富裕層の実効税率は大きく低下し、大多数の人々の実効税率との差が消滅し、事実上のフラットタックス化が進んだのである。米国では、とうの昔に累進構造は完全に骨抜きにされていた。

ただ、米国だけでなく、先進各国でも経済格差の是正が大きな課題となっており、英国では、コロナ危機で要した費用を法人税増税で賄う方針が示されている。また、米国もバイデン政権になって、グローバル・ミニマムタックスの導入に合意した。少なくとも法人税については、レーガン＝サッチャー革命以降続いてきた「底辺への競争」はようやく終結したと考えてもよいのだろう。それでは、将来、富裕層課税を含め課税強化が進み、米国では累進課税が復活するのだろうか。現在、先進各国の所得税の最高税率は40％前後だが、１９７０年代頃までは70－90％が普通だった。

１９３０年代の累進課税強化は総力戦が主因

歴史を振り返ると、19世紀を通じて、富裕層への課税はほとんど行われておらず、累進課税が導入されたのは第一次世界大戦からである（前出図１－６）。当時も現在と同様、経済格差は大きく、累進課税が強化された１９３０年代には、大恐慌の世界的な波及による経済崩壊もあり、西側諸国では共産主義や全体主義の台頭が強く懸念されていた。

しかし、過去２００年の主要20カ国の所得税を丁寧に分析した政治経済学者のケネス・シーヴとデイヴィッド・スタサヴェージの研究によると、当時、累進課税が強化されたのは、経済格差が主因とはいえない(37)。主因はあくまで戦争であり、それも単なる戦争ではなく、総力戦が原因だった。

第一次世界大戦と第二次世界大戦の二度の総力戦は、徴兵を通じて、多大な犠牲を各国の国民に強いた。多くの若者は徴兵され、戦争に駆り出された。徴兵されない場合においても、戦時下でのインフレを抑えるため、労働者は賃金を低く抑え込まれ、スト権も制限された。しかし、相対的に年齢の高い富裕層は、徴兵を回避しただけでなく、軍事需要の増大によって、保有する資産、物資の価格が高騰し、多大な戦時利得を享受した。そこで、戦時インフレによる利得を相殺するため、各国で高率の富裕層課税が容認されたのである。

20世紀初頭は、先進各国で男子普通選挙が普及した時期とも重なるが、選挙権拡大は必ずしも富裕層課税には直結していない。当時の最高税率の引上げによって、経済格差が縮小したのは事実だが、経済格差が拡大したから、最高税率が引き上げられたという因果関係は、シーヴとスタサヴェージのデータ分析からは確認されていない。

一般に課税には、人々が納得する「公正さ」が求められる。「平等な扱い」や「応能負担」といったロジックは極めて重要なのだが、それだけでは当時の富裕層への70～90%もの高税率は説明できない。一般国民が兵役という「現物納税」を迫られる一方で、富裕層は多大な「戦時利得」を獲得したため、それを相殺する「補償の論理」によって高い税率が可能になったのである。大幅な累進課税をもたらしたのは総力戦であって、民主主義の必然ではなかった。経済格差が拡大したというだけで、富裕層課税が容認されるわけでもない。

第二次世界大戦の後、1980年代末まで東西冷戦が続いたが、大国間の熱い戦争は回避され、軍事技術の進展もあって、70年代にはすでに大規模動員の時代は終わっていた。70年代末に富裕層への高税率が維持不能となったのは、もはや「補償の論理」が通用しなくなったからであろう。レーガン＝サッチャー時代に最高税率の大幅な引下げが開始されたが、低成長を打破するためという前述した通説は、実は、理由の一つでしかなかったわけである。総力戦の可能性が大きく低下したために、政治経済的に高い税率の根拠がなくなったのである。

滞るバイデンの富裕層課税プラン

それでは、バイデン大統領が掲げた富裕層増税の最終的な行方はどうなるだろうか。コロナとの戦争であったがゆえに、トランプ、バイデンの両大統領の下で、大規模な追加財政が正当化されたのは、誰しもが認めるところだろう。

米国では、すでに第二次世界大戦を含め、過去のいかなる戦乱よりも、コロナによる死者数のほう

図2－18　米国の資産階級別の株式・投信資産の保有額

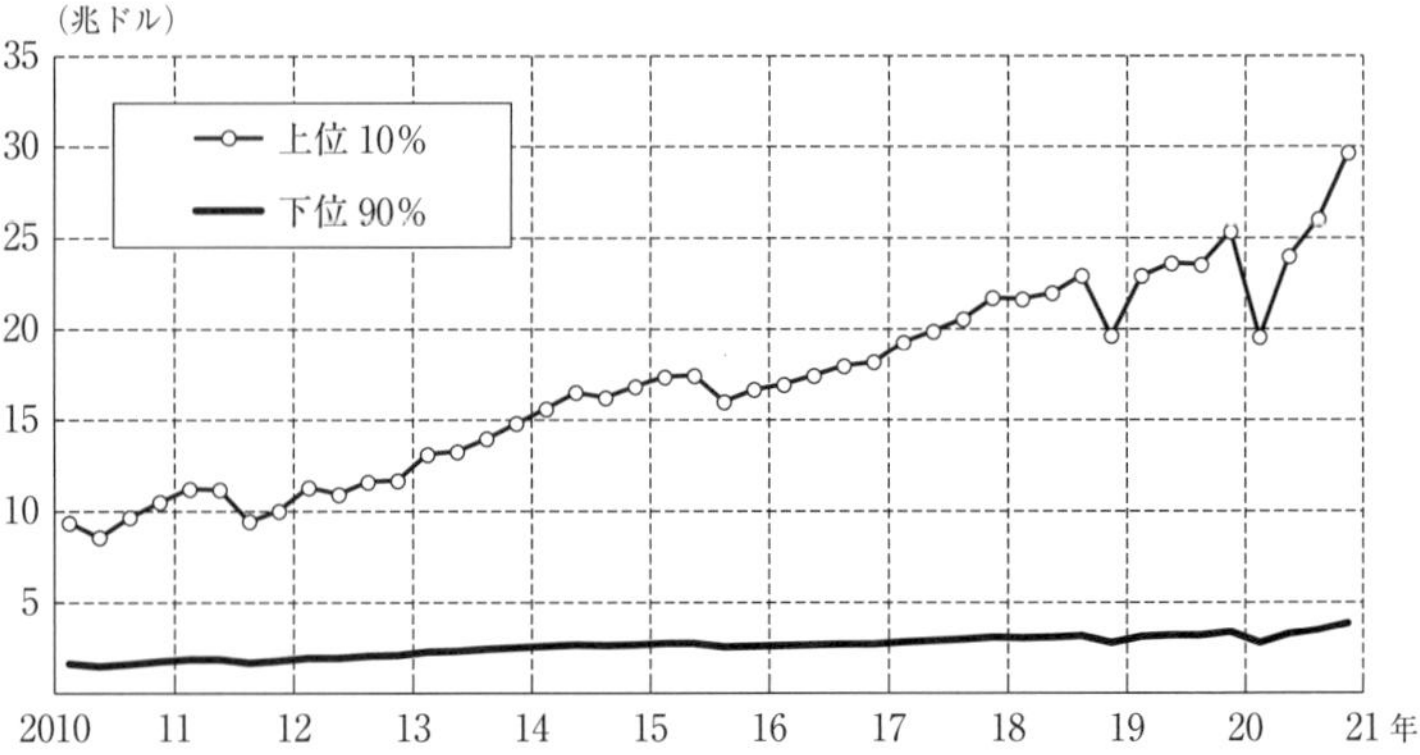

（出所）　FRB資料より、BNPパリバ証券作成

が多い。南北戦争よりも、である。さらに、もともと経済格差が大きく広がっていた中で、コロナ危機によって、デジタル化の加速や株価の大幅上昇も相まって、超富裕層がますます裕福になった（図2－18）。自動化が進んだことによって、低いスキルしか持ち合わせていない困窮していた世帯は、コロナ危機によって、いっそう追い詰められた。さらに戦時インフレならぬコロナインフレも観測される。

それゆえ、レーガン以来の「小さな政府」の流れが反転したのは間違いないのだろう。民主党左派が掲げていたはずのフランクリン・ルーズベルト流の「大きな政府」の政策が中道派だったバイデン大統領によって採用されたのも、コロナとの戦いが続いていたからこそである。フラット化した実効税率に、今後、多少の累進性が復活する可能性は否定できないだろう。

コロナが終息すれば累進制強化は難しくなる

それでは、経済格差そのものは大きく是正されるのだろうか。今後もイノベーションが続くとすれば、逆にそのダークサイドである所得格差の拡大は避けられないのではないか。イノベーションは、定型的な業務に携わる中スキルの労働力を不要とし、高スキルや卓越したアイデアを持つ人々を経済的により有利にする。一方で、コロナが終息に向かえば、一段の累進性の強化を進めるのは政治的には難しくなる。

前述した通り、単に経済格差が広がったから、1930年代に累進課税が強化されたわけではなかった。もちろん、人類の歴史を振り返れば、富の極端な集中が続けば、体制の維持そのものが難しくなるとはいえ、まだその臨界点には達していないと思われる。

バイデン大統領は、「中国との戦い」をスローガンに掲げることはできるものの、第7章で論じる通り、両国とも致命的な「熱い戦争」は何としても回避しようとするだろうから、コロナ終息後に、戦時継続を理由に、分配構造に切り込むのは容易ではない。ウクライナ危機の勃発もあり、可能性はゼロとは言えないが、フランクリン・ルーズベルトほどの分配構造の見直しに踏み込むのは、たやすくはないだろう。繰り返すが、ルーズベルトがニューディールに成功したのは、政治的には総力戦だったからである。

実は、経済格差是正の方策として、第3節でソブリン・ウエルス・ファンドを利用した株式公有制、本節でアイデアが生み出す利益の帰属先の再検討などを筆者が提案したのは、富裕層への大幅な課税強化が歴史的に見て容易ではないと考えたからでもある。

ブーム・アンド・バーストが繰り返されるのか

最後に簡単に頭の体操をしよう。筆者の想定と異なり、仮に分配構造の大きな見直しが進展した場合、何が起きるだろうか。支出性向の高い低所得者への所得移転が進む結果、潜在成長率が切り上がり、自然利子率も上昇する。市場金利も切り上がるだろうから、マネーは資産市場に向かうのではなく、人的資本や無形資産や有形資産などの投資に向かい、実体経済は大きく改善するものの、株価は逆に水準を切り下げる可能性がある。

一方で、分配構造の見直しがさほど進まない場合は、コロナ終息後のペントアップ需要の一巡後、支出性向の低い経済主体に所得が積み上がるため、実体経済はこれまでと同様、冴えない状況が続く。その場合、コロナ禍がもたらしたインフレ上昇も続かず、低金利政策が再開される結果、マネーは資産市場に再び流入するであろうから、逆説的に資産価格はむしろ上昇する。ただ、実体経済からはすでに大きく乖離しているため、結局はブーム・アンド・バーストが繰り返されるだけということだろうか。

第2章 注

（1） Mian, Atif R., Ludwig Straub, and Amir Sufi（2020）"INDEBTED DEMAND," *NBER Working Paper* 26940. http://www.nber.org/papers/w26940

（2） アティフ・ミアン、アミール・サフィ『ハウス・オブ・デット』岩本千晴訳、東洋経済新報社、２０１５年。

（3） 神田真人『企業統治と資本市場　市場機能再生へ改革急げ』『日本経済新聞』２０２１年8月6日付「経済教室」。

（4） 宇野重規『民主主義とは何か』講談社現代新書、２０２０年。

（5） ダロン・アセモグル、ジェームズ・A・ロビンソン『自由の命運――国家、社会、そして狭い回廊　上・下』櫻井祐子訳、早川書房、２０２０年。

（6） トマ・ピケティ『21世紀の資本』山形浩生・守岡桜・森本正史訳、みすず書房、２０１４年。

（7）櫻川昌哉『バブルの経済理論──低金利、長期停滞、金融劣化』日本経済新聞出版、２０２１年。
（8）ジョナサン・ハスケル、スティァン・ウェストレイク『無形資産が経済を支配する──資本のない資本主義の正体』山形浩生訳、東洋経済新報社、２０２０年。
（9）清水順子、伊藤隆敏、鯉渕賢、佐藤清隆『日本企業の為替リスク管理──通貨選択の合理性・戦略・パズル』日本経済新聞出版、２０２１年。
（10）Bernanke, Ben S. (2005) "The Global Saving Glut and the U.S. Current Account Deficit," Lecture presented at the Sandridge Lecture, Virginia Association of Economists, Richmond, Virginia, March 10.
（11）Caballero, Richardo J. (2006) "On the Macroeconomics of Asset Shortages," in Andreas Bayer and Lucrezia Reichlin (eds.), *The Role of Money–Money and Monetary Policy in the Twenty-First Century*, pp. 272-283, Frankfurt: European Central Bank.
（12）厳密には、新古典派の世界においても資本が過剰に蓄積され、資本収益率（r）が成長率（g）を下回る動学的に非効率な状況であれば、合理的バブルは発生し得る。しかし、現実には、先進各国とも「資本収益率（r）＞成長率（g）」の状況が維持されており、動学的な効率性が保たれているため、新古典派の世界においては、合理的バブルが発生しないのである。
（13）ジョン・メイナード・ケインズ『雇用、金利、通貨の一般理論』大野一訳、日経ＢＰ社、２０２１年。
（14）櫻川前掲書。
（15）「資本収益率（6％）＝株主資本収益率（11％）×自己資本シェア（50％）＋市場金利（1％）×他人資本のシェア（50％）」。「資本収益率（6％）＝株主資本収益率（18％）×自己資本シェア（30％）＋市場金利（1％）×他人資本のシェア（70％）」。
（16）岩村充『国家・企業・通貨──グローバリズムの不都合な未来』新潮社、２０２０年。
（17）ロバート・J・シラー『ナラティブ経済学──経済予測の全く新しい考え方』山形浩生訳、東洋経済新報社、２０２１年。
（18）アラン・ブラインダー『金融政策の理論と実践』河野龍太郎・前田栄治訳、東洋経済新報社、１９９９年。
（19）ジョシュア・ガンズ、アンドリュー・リー『格差のない未来は創れるか？──今よりもイノベーティブで今よりも公平な未来』神月謙一訳、ビジネス教育出版社、２０２１年。
（20）マルク・レヴィンソン『例外時代──高度成長はいかに特殊であったのか』松本裕訳、みすず書房、２０１８年。
（21）ジャコモ・コルネオ『よりよき世界へ──資本主義に代わりうる経済システムをめぐる旅』水野忠尚・隠岐－須賀麻衣・隠岐理貴・須賀晃一訳、岩波書店、２０１８年。

(22) 小佐野広『コーポレート・ガバナンスと人的資本——雇用関係からみた企業戦略』日本経済新聞社、2005年。
(23) 広田真一『株主主権を超えて——ステークホルダー型企業の理論と実証』東洋経済新報社、2012年。
(24) ジャン・ティロール『良き社会のための経済学』村井章子訳、日本経済新聞出版社、2018年。
(25) 実務家で金融史に通じる平山賢一は、契約型投信であるETFは資産運用会社に多額の手数料が支払われているため、日銀は保有形態を「投資一任契約」に転換し、コストの圧縮を図るべきと提案している。手数料は5分の1程度に圧縮できるという。また、ETFは他の保有者も存在するため、日本最大の株主であるにもかかわらず、日銀は議決権行使などスチュワードシップ活動が発揮できていない。投資一任契約にすれば、それも可能になるとしている。平山賢一『日銀ETF問題《最大株主化》の実態とその出口戦略』中央経済社、2021年。
(26) ティロール前掲書。
(27) 柳川範之『法と企業行動の経済分析』日本経済新聞社、2006年。
(28) 本節に登場したジャコモ・コルネオは、株式の過半を公有とする株式市場社会主義への移行を理論的に検討している。市場競争の下で、企業が自由に設立され、資源配分の問題も解決し、経営者への規律づけや経済の寡頭支配の阻止も可能という。ただ、福祉制度を伴う現行の資本主義と比べて明確に優れた制度とはいえないため、制度移行の際の多大な費用や不確実性を考慮すると、安易に移行すべきではないと結論している。一方で、質の高い福祉制度の再構築だけでなく、ソブリン・ウエルス・ファンドなどによる漸進的な株式公有制導入も有用としている。日銀のETF購入の出口にこのアイデアが適用できるのではないか、というのが筆者の考えである。
(29) ラグラム・ラジャン『第三の支柱——コミュニティ再生の経済学』月谷真紀訳、みすず書房、2021年。
(30) ダグ・デッター、ステファン・フォルスター『政府の隠れ資産』小坂恵理訳、東洋経済新報社、2017年。
(31) ジョン・ケイ『金融に未来はあるか——ウォール街、シティが認めたくなかった意外な真実』薮井真澄訳、ダイヤモンド社、2017年。
(32) ハスケル&ウェストレイク前掲書。
(33) ジャーナリストのデヴィッド・ウォルシュが論じる通り、ローマーの内生的成長理論は、経済学がスタート時から抱えていた矛盾を解くことにもつながった。アダム・スミスは『国富論』で、「見えざる手」を用いて競争市場のメカニズムを説明するが、一方で「ピン工場での分業」は、市場規模と専門化の関係を象徴する。もし分業で作れば作るほど安価な供給が可能なら、最初の参入者が有利となり、やがて独占が生じて競争市場は失われる。デヴィッド・ウォルシュ『ポール・ローマーと経済成長の謎』小坂恵理訳、日経BP社、2020年。
(34) ダグラス・C・ノース『経済史の構造と変化』大野一訳、日経BPクラシックス、2013年。

(35) エリック・A・ポズナー、E・グレン・ワイル『ラディカル・マーケット――脱・私有財産の世紀：公正な社会への資本主義と民主主義改革』安田洋祐・遠藤真美訳、東洋経済新報社、2019年。
(36) ポズナー、ワイル同前。
(37) ケネス・シーヴ、デイヴィッド・スタサヴェージ『金持ち課税――税の公正をめぐる経済史』立木勝訳、みすず書房、2018年。

第3章　日本の長期停滞の真因

1　「失われたX年」はいつまで続くのか

(1)　バブル破裂後の経済停滞の〝真因〟

1989年12月29日、日経平均株価は史上最高値の38915・87円（終値ベース）をつけたあと、90年に入り急落。90年代は、いわゆる「バブルの崩壊（破裂）」でスタートした。以後、経済低迷のトンネルはなかなか抜け出せなかった。住専問題に始まる、バブル期に蓄積した不良債権問題が露出、株価は下がる一方で、景気は回復の兆しを一向に見せなかった。さらに超円高、阪神・淡路大震災、アジア通貨危機とさまざまなショックが続き、ついに97～98年には大手・中堅の銀行・証券・保険会社が次々と倒産する「金融不倒神話の崩壊」が起こった。失業率はわが国としては異例の、5％水準を超え、中高年の広範囲のリストラや若年層を襲った就職氷河期の到来など、これまでの日本型経済・経営システムが根本から見直される事態となった。

2000年代に入り、小泉純一郎政権の「痛みを伴う改革」という荒療治で、一時期のどん底状態からは脱したように見えたが、数字の上だけの「実感なき景気回復」がしばらく続いたのちに、米国発のサブプライム危機、リーマン・ショックによって再び経済は大きく落ち込んだ。

図３－１　トレンド成長率（前期比年率）

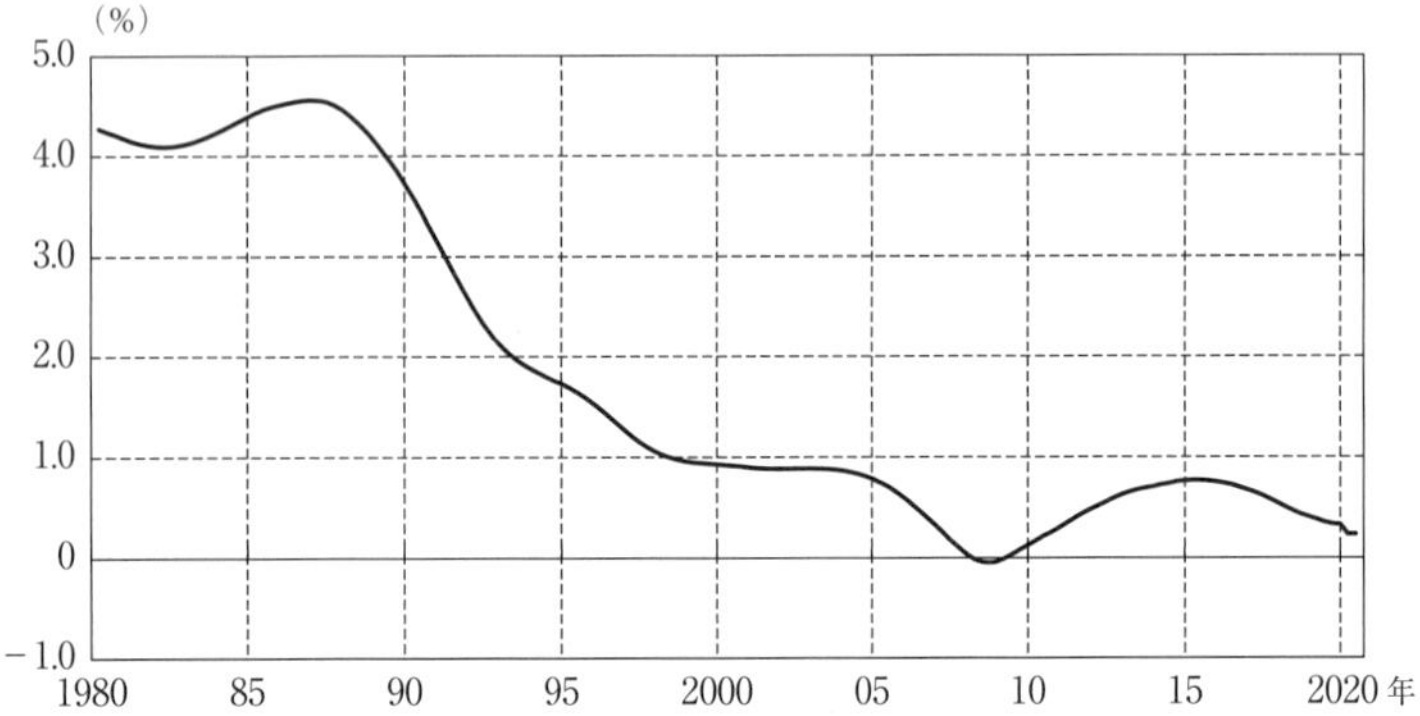

（出所）　内閣府、経済産業省、厚生労働省、総務省より、BNP パリバ証券作成

２０００年代初頭は、その前の10年間の**不良債権問題**こそが「日本の失われた10年」の原因とされた。ただ、不良債権問題が解決された後の２０００年代半ば以降も、企業部門の貯蓄超過傾向は変わらず、低成長は解消されなかった。

２０１０年代初頭には、**消極的な日銀の金融政策**こそが「日本の失われた20年」の真因とする見方もあったが、２０１３年からの黒田東彦による異次元金融緩和の大実験を経ても、やはり低い成長は変わらず、インフレ率も高まらなかった。潜在成長率は今も０・５％弱と、１％を大きく下回ったままである（図３－１）。

現在、わたしたちを含め、世界中の人々がコロナ危機と闘っている。コロナ危機が終息に向かえば、ペントアップ需要が顕在化し、一時的には高めの成長も訪れるのだろう。しかし、それが一巡すれば、再び元の低い成長に舞い戻るだけではないのか。まずは、日本の長期停滞の原因を特定することが先決である。

図３－２　短期失業率の推移（失業期間１年未満の失業者÷労働力人口）

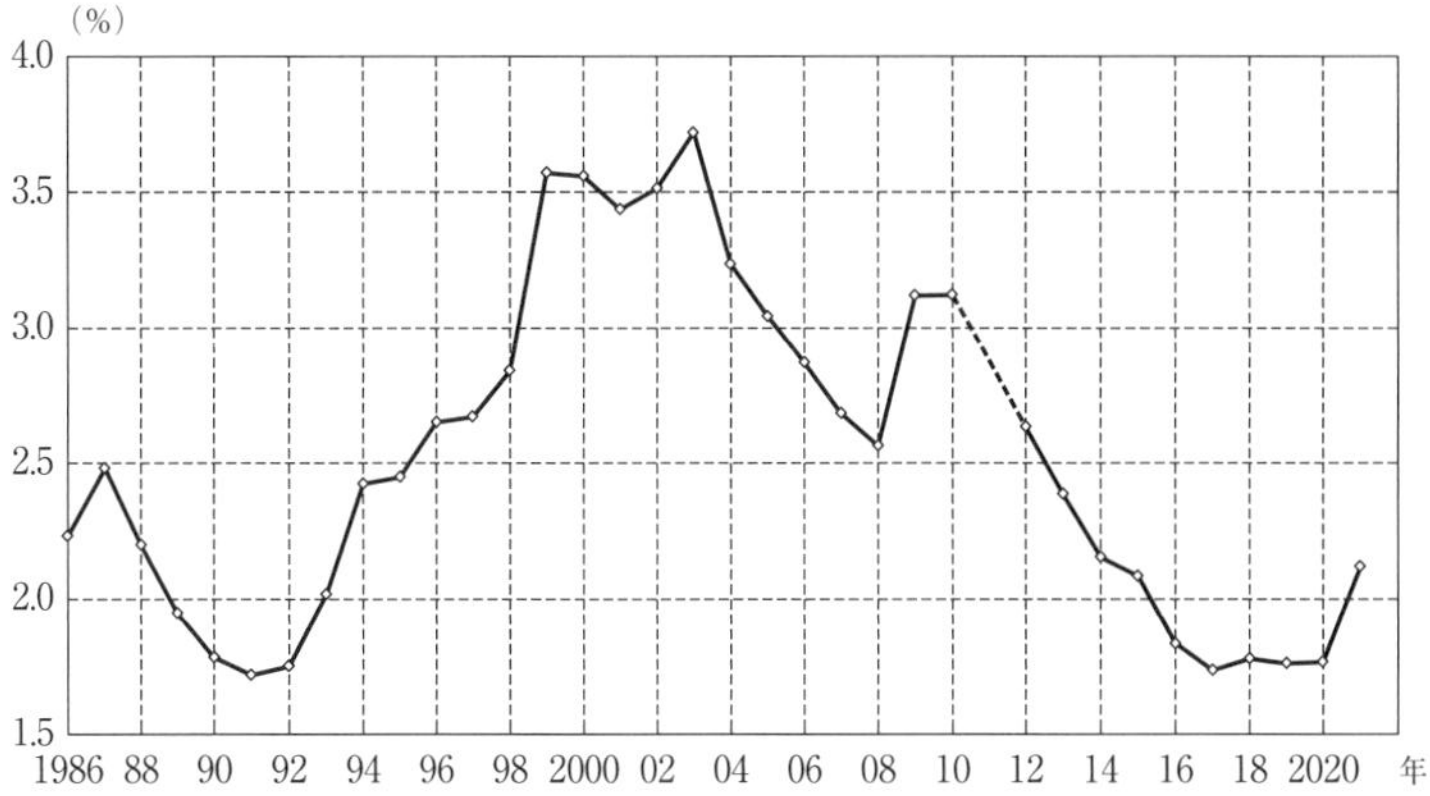

（注）　2001年以前は２月時点、2002年以降は第１四半期時点の調査。
（出所）　総務省資料より、BNP パリバ証券作成

プライマリーバランス赤字なしでは完全雇用に到達できない

２０１０年代後半、１９９０年代初頭のバブル期以来の超人手不足社会が日本に訪れた。失業者の中には、人的資本が乏しく、長期間にわたって失業している人が含まれる。このため、労働需給の限界的な逼迫度合いを確認するには、長期の失業者を除いた短期失業率をみるのが常道だ。短期失業率は90年代初頭のバブル期と同じ水準まで低下し、働く意思と能力のある人は、ほとんどが採用されていた（図３－２）。多くのマクロ経済問題は、完全雇用に到達することで解決可能である。ただ、それでも生産性上昇率の低迷は変わらず、賃金もさほど上昇しなかった。

第４章で詳しく論じる通り、政府は完全雇用の維持にばかり血眼になって、景気刺激的な財政・金融政策を繰り返し、生産性上昇率や潜在成長率を高めるための成長戦略を怠っていたという誹《そし》りを免れないだろう。完全雇用に到達した後は、資源配分の効

図３−３　国と地方のプライマリーバランスと長期債務残高（対 GDP 比）

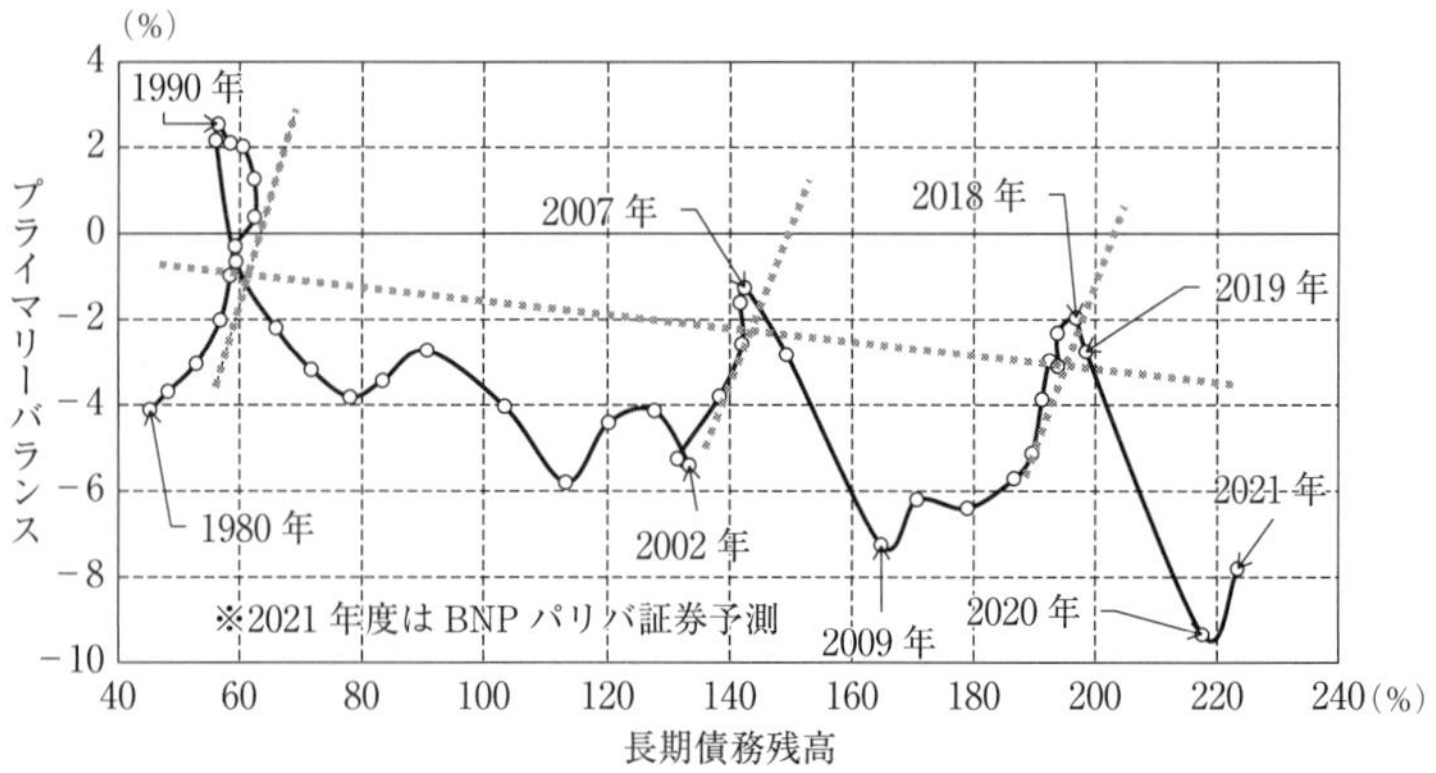

（出所）　内閣府、財務省資料より、BNP パリバ証券作成

率性を高める構造政策に舵を切らなければ、生産性も賃金も高まらず、わたしたちは豊かさを得られない。

ただ、政策がスムーズに移行できなかったことと関係する重大な問題がある。それは、完全雇用下においても、大幅なＰＢ赤字を抱えていたという点である。ＰＢとはプライマリーバランス（primary balance：基礎的財政収支）の略表記で、一国の財政状態がどれくらい健全かを測る指標の一つである。[1] 完全雇用になっても、景気への悪影響を恐れて、マクロ安定化政策の手仕舞いに踏み切れなかったと言ってしまえばそれまでだが、貯蓄・投資バランスの観点から考えると、そこには無視し得ない大きな論点がある（図３−３）。

それは、日本経済がＰＢ赤字抜きには、もはや完全雇用には到達できないという問題である。これが、２０１０年代に完全雇用に達しても、日本経済が長期停滞から抜け出せていないと筆者が考えていた理由である。筆者の分析では、完全雇用ＰＢ収支は対ＧＤＰ比でマイナス３％台半ばと推計される。

図3－4　大規模財政による総需要の嵩上げ

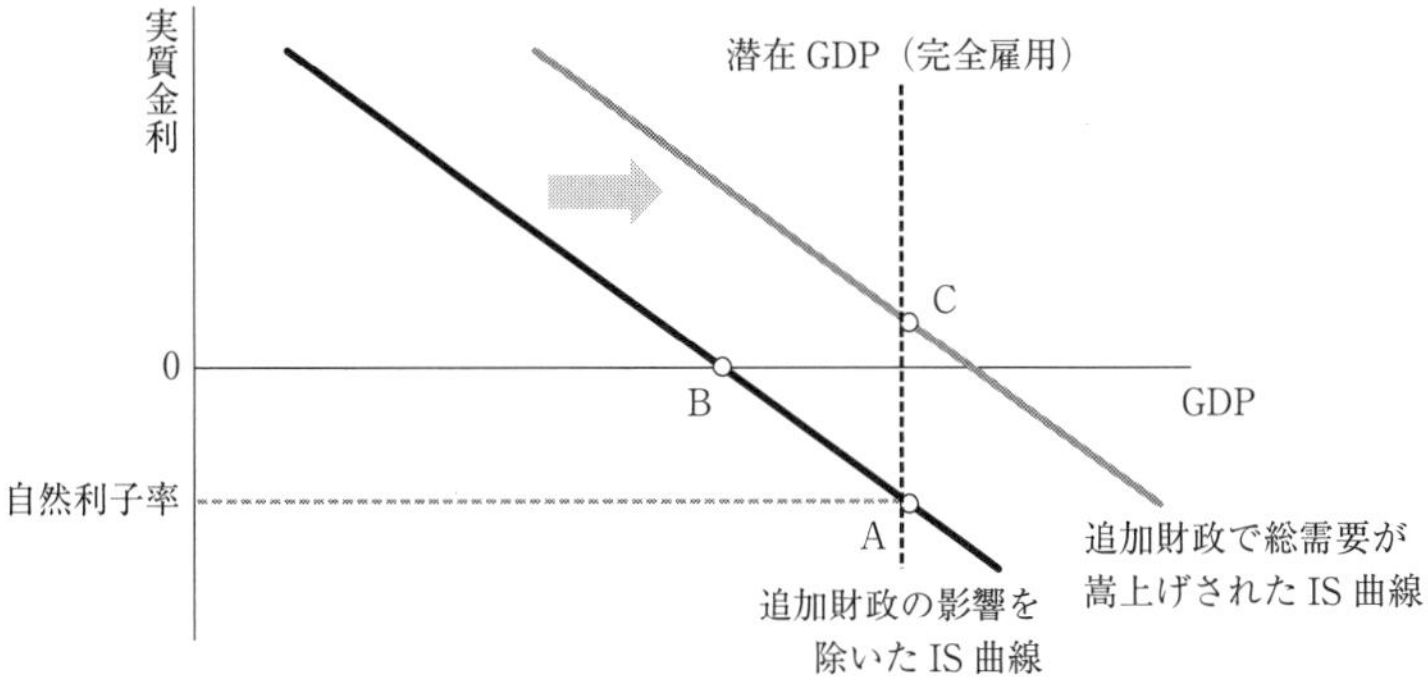

（出所）　BNPパリバ証券作成

通常、実質金利が変化することで、貯蓄と投資が均衡し、経済は完全雇用を可能とする産出量に達する。仮にショックが訪れ、民間消費や民間投資の減少によって貯蓄が投資を上回ると、産出量が減少し、完全雇用から外れる。完全雇用を可能とする産出量に対応する実質金利の水準を自然利子率と呼ぶが、金融緩和によって実質金利を自然利子率よりも低く抑えることで、民間投資や民間消費を刺激すると、投資と貯蓄がバランスし、再び産出量は完全雇用に対応した水準まで回復する。

問題は、何らかのショックによって、図3－4のように、自然利子率が大幅に低下し、実効下限制約を下回る場合である。貯蓄と投資をバランスさせるレベル（A点）まで実質金利を引き下げることができないため、産出量を完全雇用に対応した水準まで回復させることが不可能となる。すなわち金融政策は有効性を失い、民間投資や民間消費を十分刺激できず、B点にとどまってしまうということだ。これが長期停滞にほかならない。

ただし、民間投資では吸収できない民間貯蓄を、たとえば大幅なPB赤字や大規模な経常黒字によって吸収できれば、産出量を完全雇用の水準（C点）まで回復させるのは不可能ではない。つまり、長期停滞に陥っても、完全雇用の到達は可能である。

とはいえ、第6章で詳しく論じる通り、大幅なPB赤字を継続し公的債務の膨張を続けることは持続可能とは言い難い。大幅な経常黒字を続けることも、円高リスクの惹起や国際政治の観点から、持続可能とはいえないだろう。それゆえ、自然利子率を持続的に回復させるための手立てが必要となるが、実際にはそれは容易には見つからない。そもそも自然利子率を低下させた要因、つまり長期停滞の要因を特定できていないのが現実である。

日本で事実上のゼロ金利政策が始まったのは1995年だが、それ以降、完全雇用ないしはそれに近い状況に達したのは、追加財政によるPB赤字の拡大や海外経済の回復による経常黒字の拡大が見られた局面だけだった。

そして、緊縮財政や海外経済の減速が始まった途端に景気減速が始まり、完全雇用を維持できなくなった。90年代半ば以降、長期停滞に入った日本経済は、PB赤字や経常黒字なしには完全雇用に達することができなくなり、今もその状況は変わらない。政府・日銀はもはやデフレではない状況になったとはいうものの、完全雇用に到達できたからといって、長期停滞から脱却できたわけではないのである。

なぜ過剰貯蓄が発生するのか

それではなぜ、民間投資で吸収できないほどの民間貯蓄が恒常的に発生するのだろうか。最大の理由は、企業部門が高水準の貯蓄を維持していることだと思われる。儲かっても利益を溜め込み、支出

図３－５　部門別の貯蓄投資バランス（GDP比）

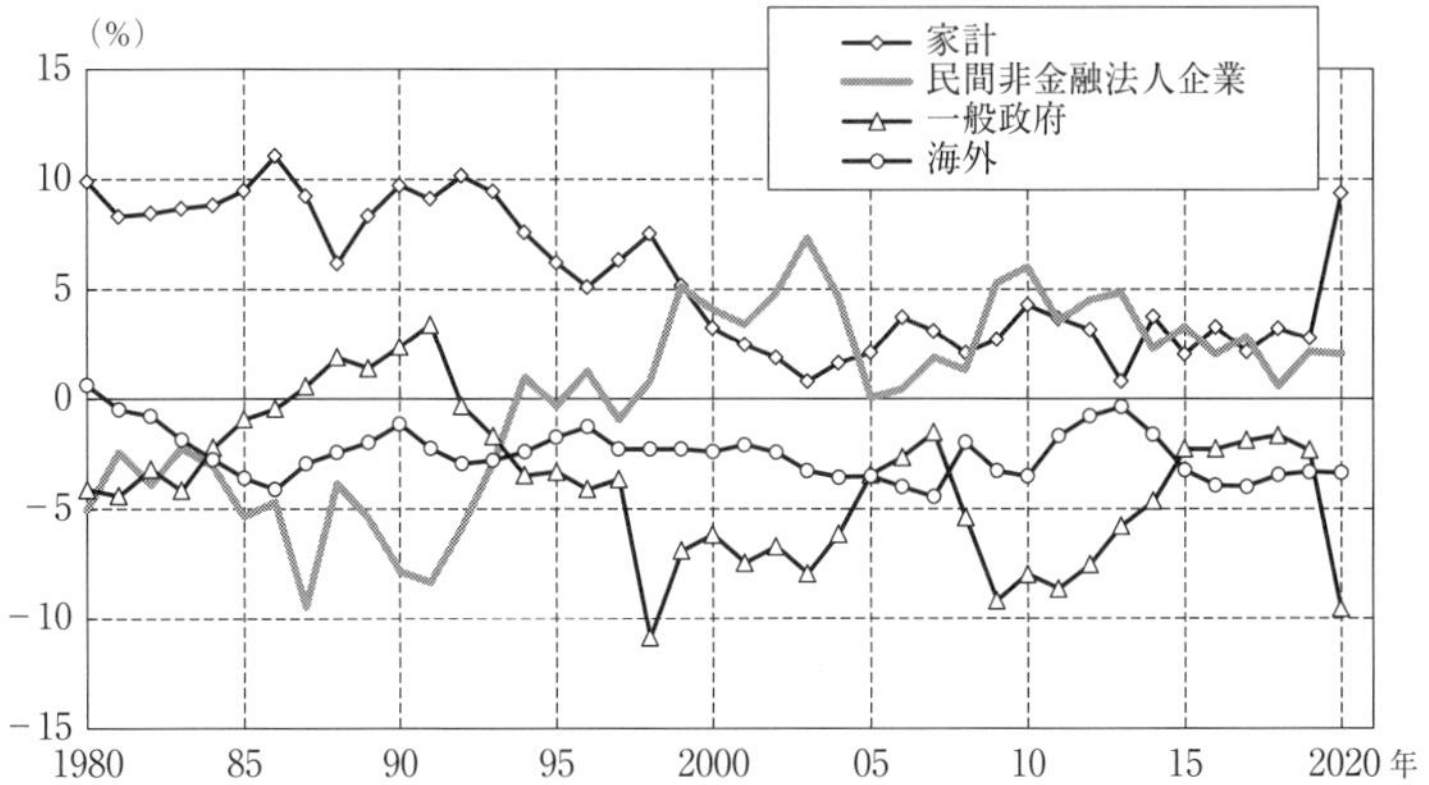

（出所）　日本銀行、内閣府資料より、BNPパリバ証券作成

を抑え込んでいるのである。人的資本投資も十分に行われないし、賃金も引き上げられない。また、設備投資も研究開発もキャッシュフローの範囲内に抑え込まれたままである。

部門別の貯蓄投資バランスを見ると、高齢化によって家計部門の貯蓄超過が縮小を続ける一方、企業部門は１９９０年代半ば以降、貯蓄超過が続いている。いや、後述する通り、支出性向が低くなった企業部門が溜め込むから、相対的に支出性向が高くなった家計部門の所得が増えず、貯蓄と投資のバランスが失われ、自然利子率や潜在成長が低迷する構造になっているのだ（図３－５）。

かつての常識は、企業部門は借入をして投資を行う主体というものだったが、長期にわたって債務の返済が続き、フローベースでは貯蓄主体であることが常態化している。日本の金融機関が苦しいのも、企業部門が貯蓄超過にあり、なかなか借入を増やさないためである。

２０１６年のマイナス金利政策の導入後、低金利が

図３－６　企業による実質成長率の今後５年間の見通し

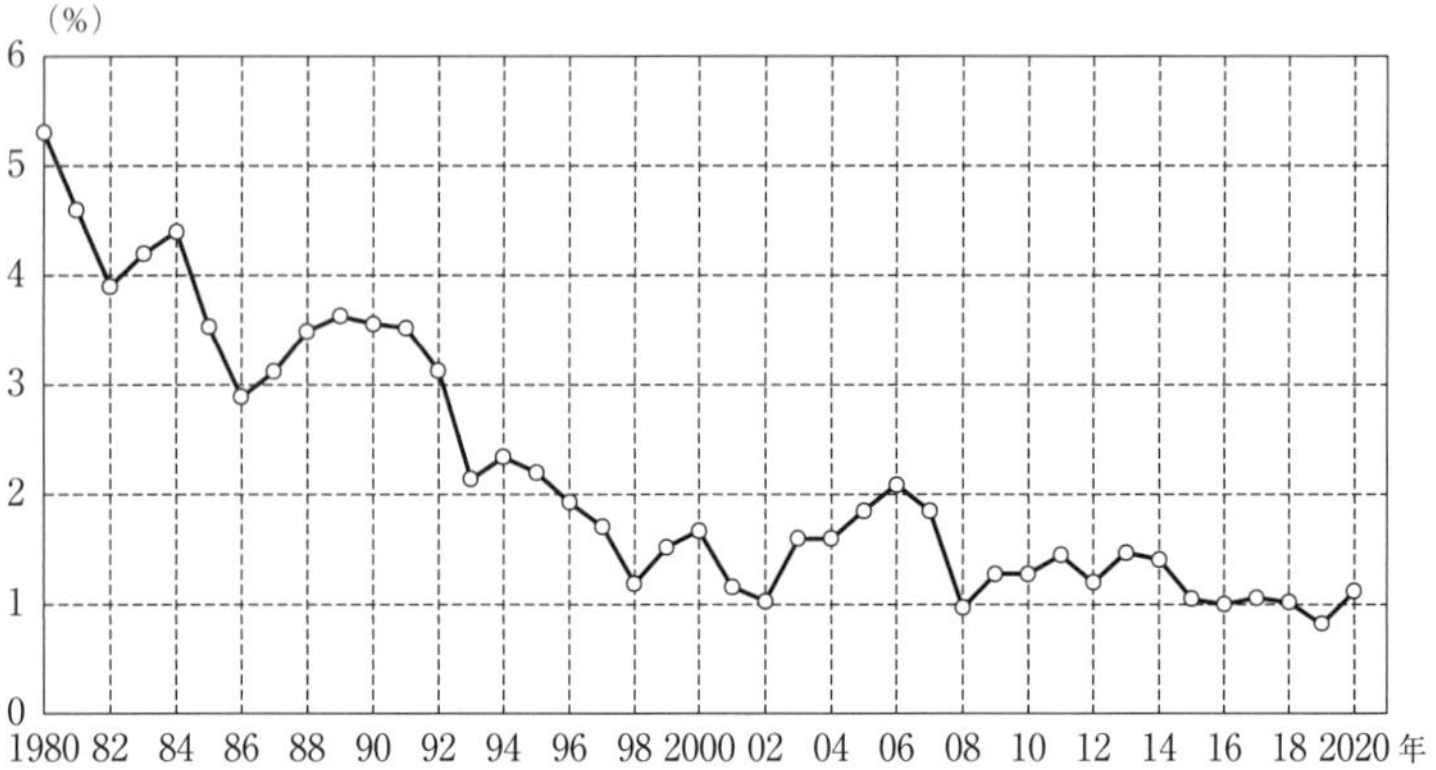

（出所）　内閣府資料より、BNP パリバ証券作成

続くから金融機関が苦しいという議論になりがちだが、正確には、借金を返済する企業が増え（借金返済は企業部門の貯蓄にほかならない）、借入によって投資を行う経済主体が減っているから、金融機関が苦しいのである。

貯蓄と投資をバランスさせる自然利子率が低いままであるのに、もし政策金利を引き上げれば、そのバランスはさらに崩れ、借入が減るから、金融機関は一段と苦しくなる恐れがある。長短金利ともに実効下限制約に到達した現在、もはや金融緩和の強化が問題解決にならないのは事実だが、さりとて政策金利の引上げも解決にはならないように見える。

ではなぜ、企業は人件費や設備投資などの支出を抑えたままなのか。それは、企業の日本経済に対する成長期待が乏しいからにほかならない。90年代に企業による日本の成長率見通しは大きく低下し、90年代後半以降は１％台まで低下、２０００年代末以降はさらに水準が切り下がった。企業による実質成長率の今後５年間の見通しが内閣府によって調査されているが、

図３－７　景気回復期における主要需要項目の成長率（年率）

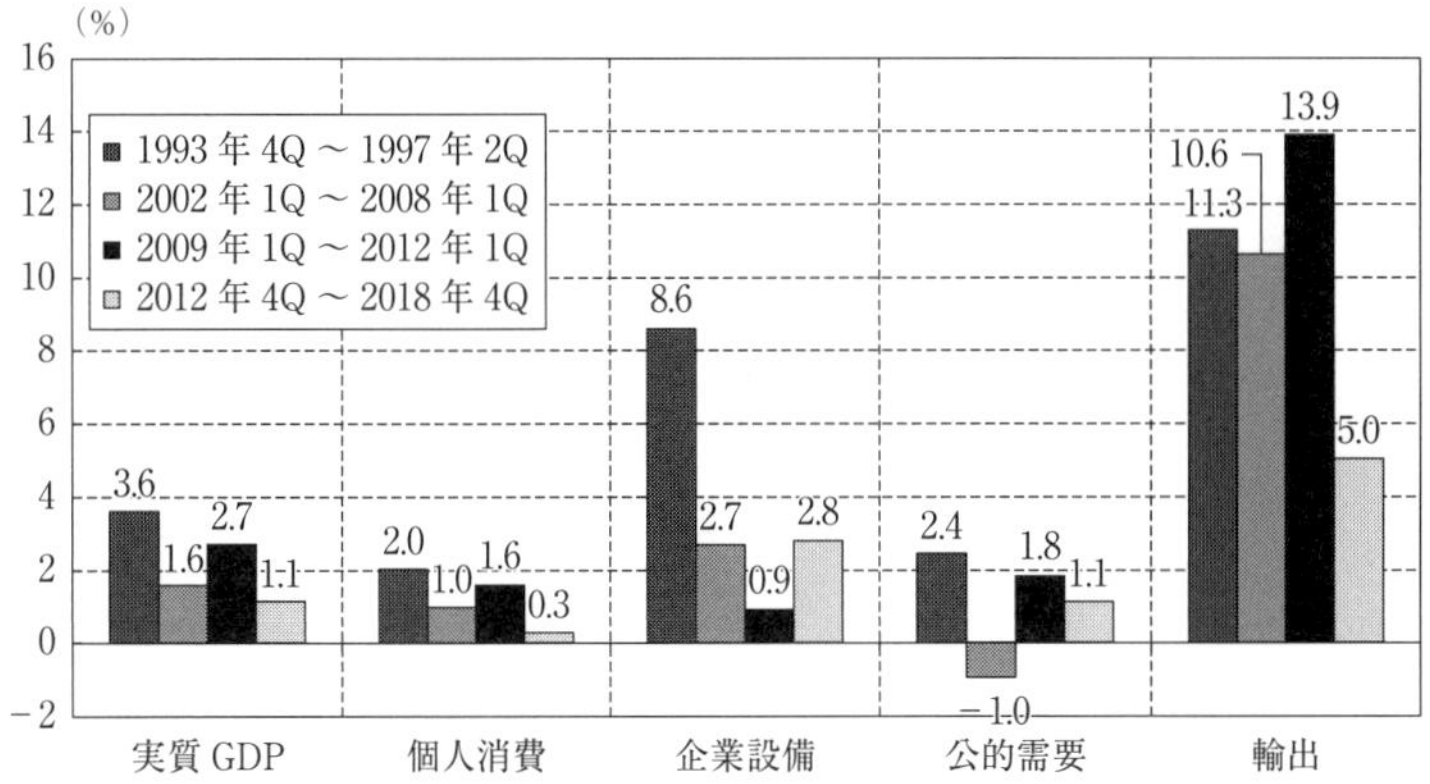

（出所）　内閣府資料より、BNP パリバ作成

２０１０年代も低迷が続いたままであった（図３－６）。

それでは企業の成長見通しが低迷しているのは、なぜなのか。それは、経済の６割を占める個人消費が低迷を続けるからであろう。景気循環を経るたびに、個人消費の伸びは鈍化する傾向にある。２０１０年代の安倍晋三政権の経済政策（いわゆるアベノミクス）の下で、日本経済は二度の消費増税の影響があったとはいえ、平均年率１・１％のＧＤＰ成長率が維持された。これに対し、個人消費はわずか０・３％にとどまったままであった（図３－７）。

この結果、大手企業が生産能力を増やすことがあっても、それは常に海外需要の拡大を意識したものとなり、近年の能力増強はもっぱら海外の生産拠点において行われている。日本企業は国内市場の成長に見切りをつけているわけだが、少子高齢化によって、消費の拡大がもはや期待できない、と主張する企業経営者も少なくない。

たしかに労働力の減少は、理論上、一人あたりの資

図3－8　非正規雇用比率

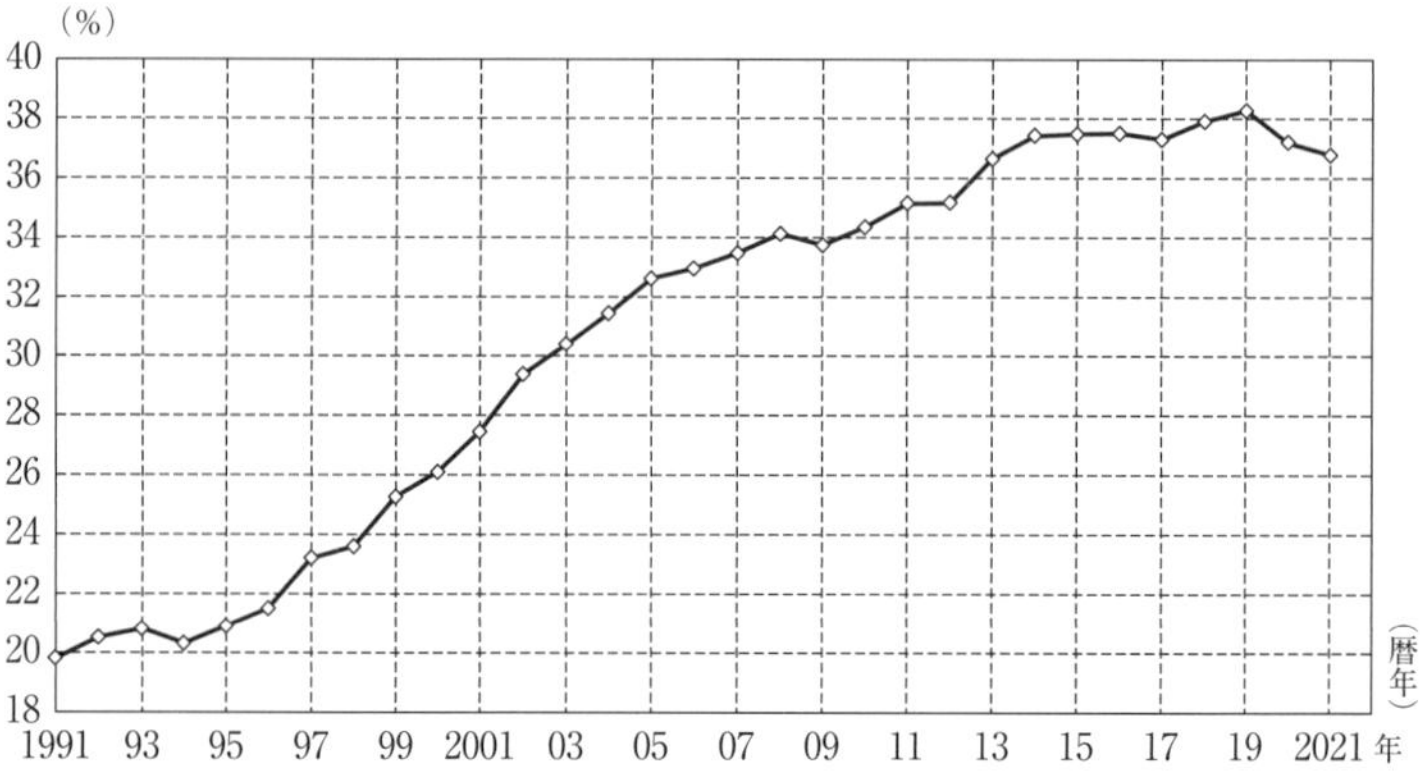

（出所）　総務省資料より、BNP パリバ証券作成

本ストックを過剰にするため、資本蓄積を滞らせる要因となる。とはいえ、後述する通り、国内にはもはや大きな過剰問題は残っていない。一方で、人口減少は深刻な問題ではあるが、マクロレベルで市場の縮小をもたらすほどのペースで進んでいるわけでもない。高齢化によって需要構造は大きく変化しているが、その変化に対応できていないだけのようにも見える。筆者自身は、経済学者の小川一夫が主張するように、少子高齢化が主因というより、企業の慎重な行動そのものが自己成就的に消費低迷をもたらしていると考える[2]。

増大した非正規雇用が長期停滞をより強固にする

まず、２０００年代以降、企業はコスト削減のために、非正規雇用を増やしてきた。教育訓練の機会に恵まれず、人的資本が乏しい非正規雇用が雇用全体の４割近くにも達することを考えれば、生産性上昇率が低迷するのは当然ともいえるが、問題はそれだけではない（図３－８）。

非正規雇用の人件費が低いのは、単に賃金が低いだけではなく、企業が社会保険料を負担しなくて済むためである。言い換えると、非正規雇用の増加は、十分なセーフティネットを持たない労働者が増えたことを意味する。彼らは、不況期において、調整弁とされるだけではなく、失職すると自らが保険料を払えなくなり、国民年金や国民健康保険などのセーフティネットを失うリスクに直面する。

それゆえ彼らは、景気拡大局面で所得が増えても、不況期に備えて、予備的動機で貯蓄を続け、消費を積極化させないのである。２０１０年代後半に超人手不足社会が訪れ、多少は非正規雇用の処遇が改善されたのだが、消費回復が遅れたのはこれが一因であろう。実際、パンデミック危機で削減されたのも非正規雇用であり、彼らの懸念は的中したともいえる。そんなこともあり、今後の景気回復局面で所得が増えても、彼らは簡単には消費を増やそうとはしないだろう。

さらに企業のコストカットは、今や正規雇用のＯＪＴやＯＦＦＪＴの抑制にも及んでいる。いくらコストを抑えられるからといっても、ＯＪＴやＯＦＦＪＴまで抑制すると、人的資本の蓄積が滞り、生産性の上昇にも悪影響をもたらす。先進各国に比べて、日本企業の能力開発費の対ＧＤＰ比は驚くほど低い。日本企業はＯＪＴが中心だったから、もともとＯＦＦＪＴは少なかったが、それがさらに低下し、おまけに現場のゆとりが失われたことでＯＪＴも乏しくなってきた。近年、日本企業から、顧客が欲する新たな財サービスの創出がほとんどなされなくなったのは、人的資本投資が抑制されたことが一因であろう。

ただ、そうなると、企業はますますコストカットでの利益捻出に注力せざるを得なくなる。企業経営者からすれば、儲かってもその儲けの内実はコストカットによるものであって、従業員の生産性上昇によるものではないことがわかっている。だから賃金を引き上げない、という悪循環に陥る。正規

図３－９　賃金版のフィリップスカーブ（暦年）

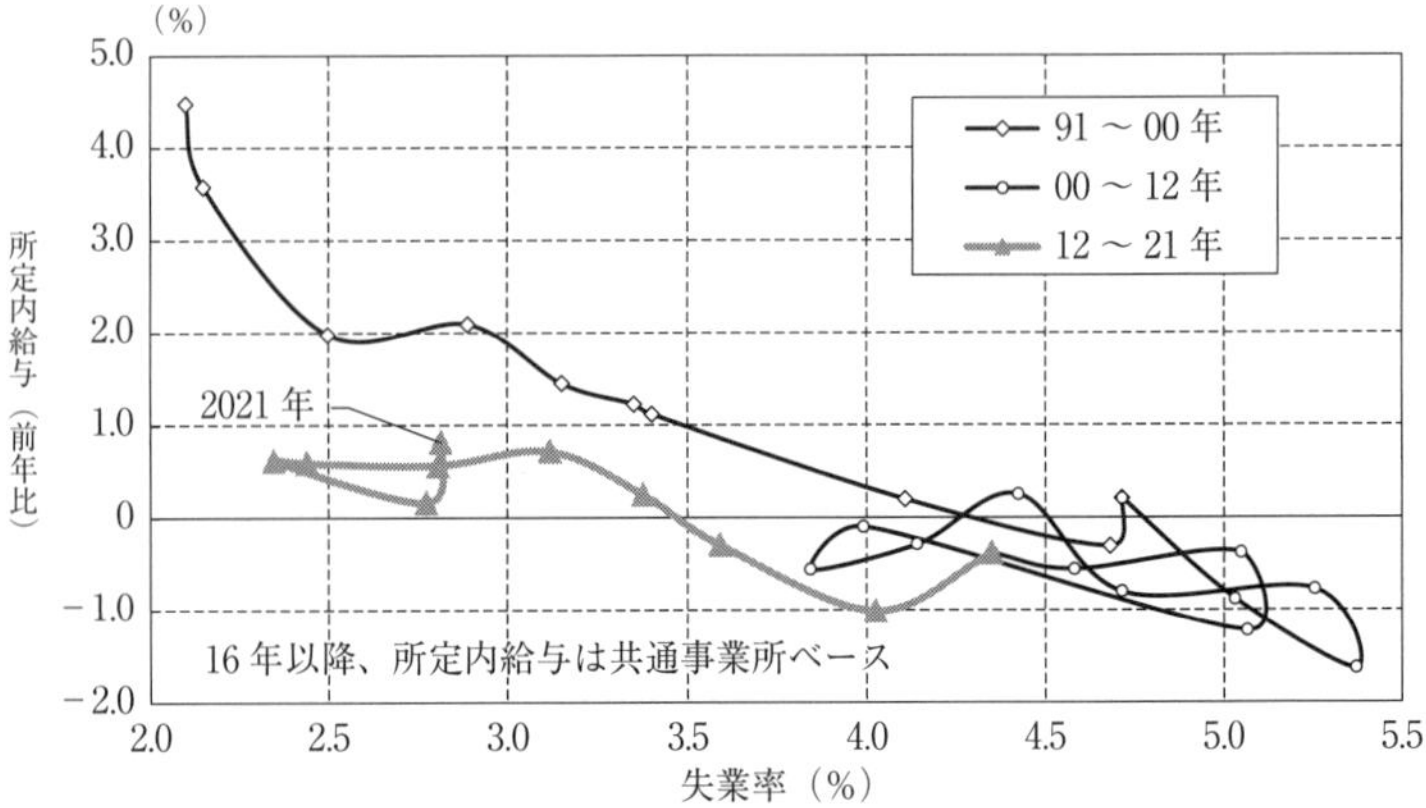

（出所）　厚生労働省、総務省資料より、BNPパリバ証券作成

雇用も職が守られるのなら、それでよし、となってくる。正規雇用のＯＪＴやＯＦＦＪＴの問題については、次節で改めて論じる。

これらの結果、経済全体で見ると、失業率が低下しても、賃金は低いままとなる。賃金と失業率の関係を示すフィリップスカーブを描くと、失業率が低下しているにもかかわらず、賃金上昇率は精彩を欠いたままである。賃金水準が低いままだから、雇用が増えているともいえる（図３－９）。ちなみに日本では、２０００年代以降のほとんどの期間において、雇用者所得が増加する際、その主因は雇用者数の増加なのであって、平均賃金はあまり上がっていない。一方で、雇用者所得が減少する際には、主に平均賃金で調整され、雇用者数はさほど減少しているわけではない。

(2)　三つのｂａｄ

ここまでの議論をまとめよう。個人消費の回復ペースがあまりに鈍いため、国内では売上が増え

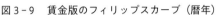

ず、利益を捻出するには人件費などのコストカットしかないと企業が考え、そのことが自己成就的に消費低迷（＝国内売上の低迷）をもたらす。設備投資も極力抑え込まれるから、貯蓄と投資のバランスが崩れ、自然利子率が実効下限制約を下回るため、金融政策が有効性を持たず、ＰＢ赤字や大幅な経常黒字なしには、完全雇用を維持できない。これが日本の長期停滞のメカニズムである。

最初の「失われた10年」の原因

しかし、何がきっかけで日本経済は長期停滞の罠に陥ったのか。１９９０年代初頭のバブル崩壊後、企業部門は、過剰ストック、過剰債務、過剰雇用を抱えていた。この過剰を処理するために、企業は支出を抑えたのであり、その結果、前述したように、90年代半ばから企業部門は貯蓄超過となった。この過剰の解消が最初の「失われた10年」の原因だったことは、今日、専門家の間でもコンセンサスが得られている。しかし、２００３年には不良債権問題は終息し、過剰問題は解消されたはずではなかったのか。

わたしたちは不良債権問題が終結すると、企業部門が再び借入を増やし、設備投資を積極化させ、企業部門全体で見ると再び投資超過に転じると期待していた。しかし、実際にはそうならなかった。それはなぜだったのか。そこには bad luck（不運）、bad management（悪い企業経営）、bad policy（悪い政策）の三つが影響したと思われる。

リスクを取らない経営者が生き残ってきた

bad luck は、経済危機が繰り返し起こったことである。１９９０年代末に始まった金融危機が終結する直前の2000年末には、ドットコム・バブルが崩壊した。不良債権問題が解消されていなかったから、金融市場は脆弱で、わずかなマクロ・ショックが訪れると、1990年代と同様、資本市場は動揺した。資本市場がショックを増幅し、企業は支出を抑制、総需要は低迷を続ける。ITブームの下で、果敢にリスクを取った一部の企業は痛手を被ったのである。

その後、しばらくして、グローバル経済は活況に沸き始める。第2章でみたように、米国はサブプライム・バブルに沸いた。一方、欧州では通貨統合によるブームが訪れ、ドイツやフランスなどの中心国だけでなく、イタリア、スペインなどの主要国やポルトガル、ギリシャなどの周辺国も好景気に沸いた。2000年にスタートした統一通貨ユーロの下で、財政が最も健全なドイツと同じ水準まで各国の長期金利が低下したため、個人消費や設備投資が大きく拡大したのである。本来、財政の健全度合が異なれば、同じ通貨であっても、各国の長期金利の水準は異なるはずである。しかし、異例の好景気で税収が増え財政が健全化したように人々の目には映った。通貨統合の成功で長期金利が均等化するという楽観論が優勢となり、いわば通貨統合バブルに欧州は酔いしれた。

好景気が訪れると、米欧とも需要が増えたのは、高級車やデジタル家電、設備投資に用いられる資本財である。それらの生産に比較優位を持っていた日本に、空前の輸出ブームが訪れ、能力増強投資に踏み切る企業も増えた。しかし、米国のサブプライム・バブルが崩壊し、2008年には米大手投資銀行リーマン・ブラザーズの破綻（リーマン・ショック）に端を発するグローバル金融危機が日本経済を直撃する。当時、金融部門が一切問題を抱えていなかったにもかかわらず、多大なダメージを日本経済が被ったのは、日本の産業界が比較優位を持つ資本財や輸送用機械、電気機器がグローバル経済の振幅に大きく左右されたためである。危機前に生産能力を拡大していた電機セクター大手の一

図３-10　日本企業における利益剰余金と現預金の推移

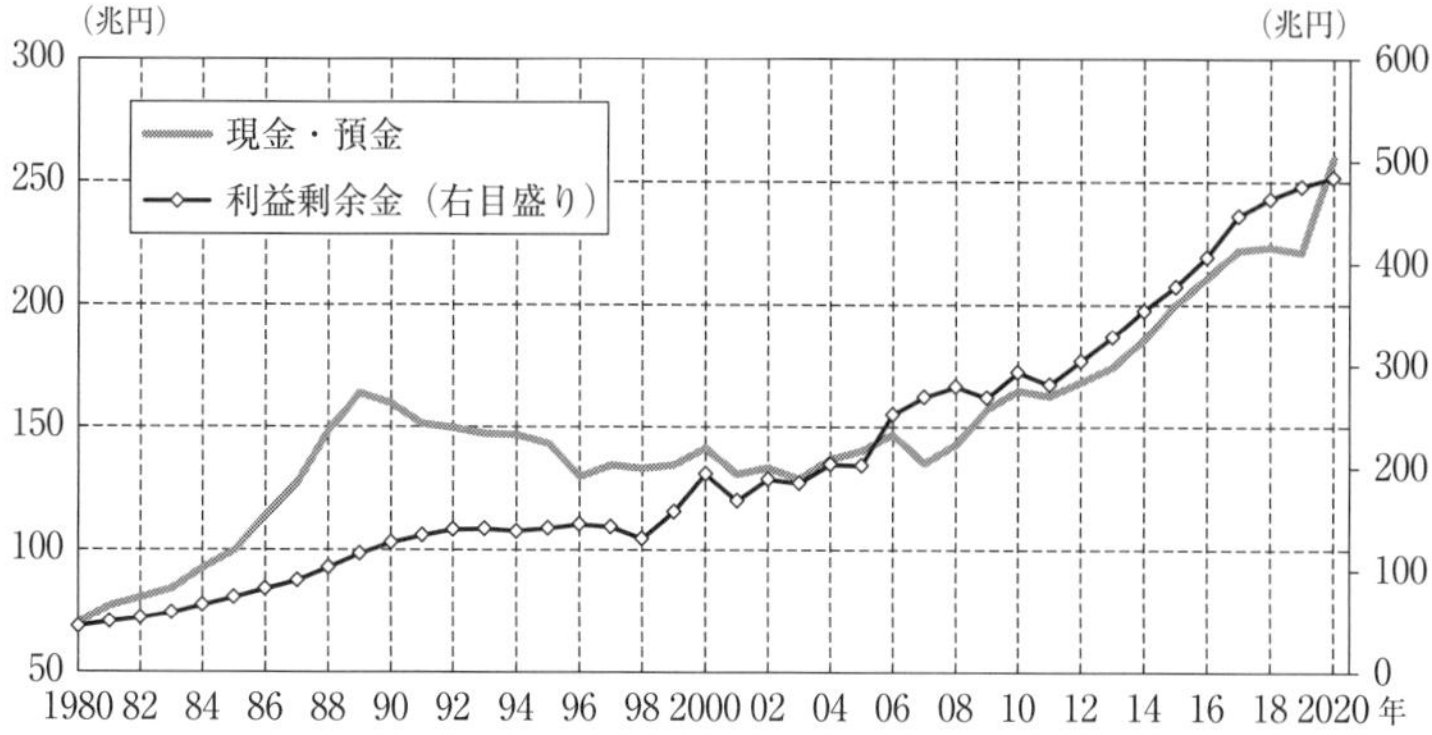

（出所）　財務省資料より、BNP パリバ証券作成

角は存続の危機に直面した。そして、グローバル金融危機の影響が収束した直後の２０１１年には、東日本大震災が襲った。

過去四半世紀における景気拡大局面で、強気の設備投資計画を実行した企業は経営問題に発展し、雇用リストラを余儀なくされ、経営者は責任を取らざるを得なくなった。一方で、リスクを取らなかった経営者ばかりが危機をうまく乗り越え、任期を全《まっと》うした。そうなると、多くの大企業のサラリーマン経営者が企業存続と正規雇用維持ばかりに注力するようになるのも理解できなくはない。攻めの経営は、アニマルスピリットを持った一握りのアントレプレナーだけになってしまった。第４章で詳しく論じるが、大企業の経営者が正規雇用維持の責任を負わされていることは、日本のイノベーションが乏しい理由の一つである。

そして極め付きは、今回のコロナ危機であろう。儲かっても従業員に還元せず溜め込むだけ、という批判にも耳を傾けず、支出を抑え込んでいたからこそ、倒産も正規雇用のリストラも避けられたと安堵するサラリーマン経営者は少なくない。

筆者は、従来から、図3－10をもとに、日本経済が長期停滞にあるのは、儲かっても溜め込むだけの企業行動、つまりbad managementに原因があると主張していた。だが逆に、2020年春にパンデミック危機が訪れた時には、複数の大企業経営者から、筆者の言うことを聞かなくて本当によかったと言われたものだ。儲かっても支出せず、現金を溜め込んでいたから、コロナで売上げが激減しても、倒産と雇用リストラを避けられたのだ、と真顔で言われたのである。

今回を成功体験と捉える経営者は少なくないと見られ、次の景気回復局面においても、企業部門の慎重な支出行動は変わりそうにない。

こうして、危機から立ち上がるたびに、バランスシートはスリム化され、収益率も高まり、サプライサイド問題は改善されてきた。マクロ経済の回復が訪れても、人員採用も投資も絞られ支出は抑え込まれている。

だが、それらの結果、決して勢いのある景気回復とはならず、過剰な蓄積もなされないから、緩慢な景気回復が長期化するようになる。第4章で論じる通り、時の政権は景気拡大期間の長さばかりを強調してきたが、誰も回復の実感が湧かないのはこのためであろう。

グローバル資本市場からのプレッシャー

日本企業がリスクを取らなくなったのは、1990年代末以降、グローバル資本市場からのプレッシャーに直面するようになったことも大きく影響している。

ガバナンスの強化とポジティブに捉える人も少なくないが、そう単純な話ではないだろう。筆者

図３-11　製造業の自己資本比率（年度）

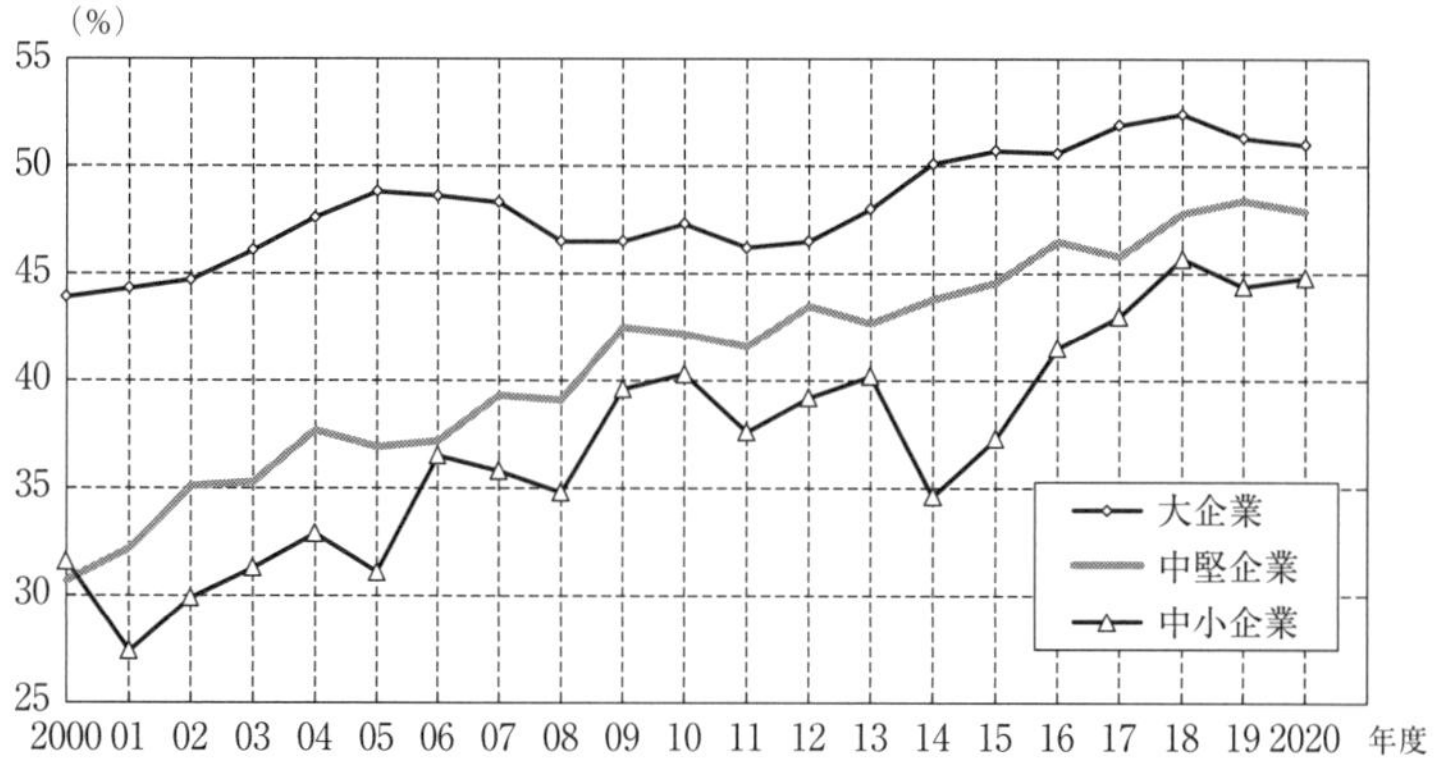

（出所）財務省資料より、BNP パリバ証券作成

は、少なからぬ企業経営者が目先の利益確保を重視し、前述したようにＯＪＴやＯＦＦＪＴを抑え、人的資本投資や無形資産投資を怠たるなど、長期的な視点で行動しなくなったと考えている。それが bad management の本質であり、マクロ経済的に見ると、合成の誤謬をもたらす要因の一つである。儲かっても以前のように企業経営者が簡単には賃金を引き上げなくなったのも、資本市場からの強いプレッシャーが影響しているのだろう。２０００年代は、まだ日本の人件費は高いと思われていたから、賃金抑制を図ろうとする企業経営者を称賛する風潮すら見られた。

また、収益性の高い大企業が収益性をさらに高めるべく、生産拠点の一部を海外にシフトするという現象も始まった。高収益の研究開発やアフターサービスを国内に残し、低収益の労働集約的な生産工程を海外に移転したのだから、皆、望ましいと考えていた。筆者も当初はそう受け止めた。しかし、グローバル展開できるのは、生産性の高い一部の限られた大企業だけである。大企業の事業所が閉鎖されると、中小企業へのイノベーションの波及が滞り、製造業全体の全要素生産性に悪影響を及ぼした。経済学者の深尾京司が論じる通り、一国全体で見ると、収益性の高い事業所が海外に移転し、収益性の低い事業所が国内に残存するという空洞化問題が発生したのである[3]。

これは、第1章で論じたように、サプライチェーンが細分化され、生産工程の一部のオフショアリングが可能となったことが背景にある。2000年当時、経済学は、サプライチェーンが国内で完結するという前提で考え、空洞化問題は理論的にあり得ないと見なしていた。国内に残るしか選択肢のない企業は、いっそうのコストカットを進めることで利益捻出に走り、企業のバランスシートはますますスリム化していった。特に製造業の自己資本比率は、規模を問わず、改善傾向が続いている（図3－11）。

合成の誤謬を助長する bad policy が今も繰り返されている

こうした企業行動に対し、政策当局は、適切な対応を取ってきたのだろうか。むしろ合成の誤謬を助長したようにも見える。bad policy が繰り返されたのである。

まず、2000年代に、政府は高齢化で膨張する社会保障給付への対応として、被用者の社会保険料の引上げで対処した。政治的反発が最も少ないところから財源を確保したともいえるのだが、前述した通り、グローバル競争が強まる中で、企業部門では人件費負担の重い正規雇用を非正規雇用に代替する動きが始まっていた。被用者の社会保険料が増えることは、企業にとっては、正規雇用の人件費負担が一段と重くなることを意味する。

そのことが生産拠点の海外シフトを促し、国内では正規雇用を非正規雇用で代替するインセンティブをさらに強め、結果として、個人消費を抑制させる要因になったと見られる。家計を痛めつける政策を採っていたのでは、個人消費の回復が遅れるのは当然である。

また、正規雇用でも、社会保障制度に懸念を持つ家計は、社会保険料が増えたことで、制度存続への懸念をさらに強め、予備的動機で貯蓄を増やし、それも消費回復の大きな足枷となっている。社会保障制度の存続に対する懸念には、第6章で論じる通り、膨張する公的債務の問題が大きく影響している。

2010年代の安倍政権の諸政策（以下「アベ政策」と記す）では、慎重な企業行動に変化をもたらそうと、さまざまな施策が試みられた。ただ、企業が慎重な行動を取るのは、そもそも家計が消費を増やさないから、という認識を持ち合わせていなかったため、逆効果をもたらす政策も少なくなかった。近年まで成功と見なされていた円安政策も、第5章で論じる通り、個人消費への影響を考えると、むしろ逆効果だった可能性がある。企業は生産拠点の海外移転をすでに進めていたため、円安進展は財輸出の増加にはほとんどつながらなかったが、海外収益の押上げと株高にはつながった。

とはいえ、円安進展は、なかなか増えない家計の実質購買力を輸入物価の上昇を通じて一段と抑制し、個人消費をむしろ萎縮させてきた可能性がある。本来、企業部門の回復が続けば、雇用拡大を通じたものだけでなく、金利上昇を通じて金利所得が増え、金利上昇による円高を通じて実質購買力の拡大が起り、家計にその恩恵がもたらされる。しかし、輸出部門への悪影響を恐れ、景気拡大局面が終わるまで、円高回避のために超低金利政策が続けられ、家計にはそうした恩恵が向かわない。

家計の犠牲で企業を潤しても、個人消費が抑制されたままなら、好循環は生まれず、企業も支出を拡大させないのは当然だろう。とりわけ2010年代は、海外生産が膨らみ、円安が進んでも輸出や

図3-12　法人税率の推移

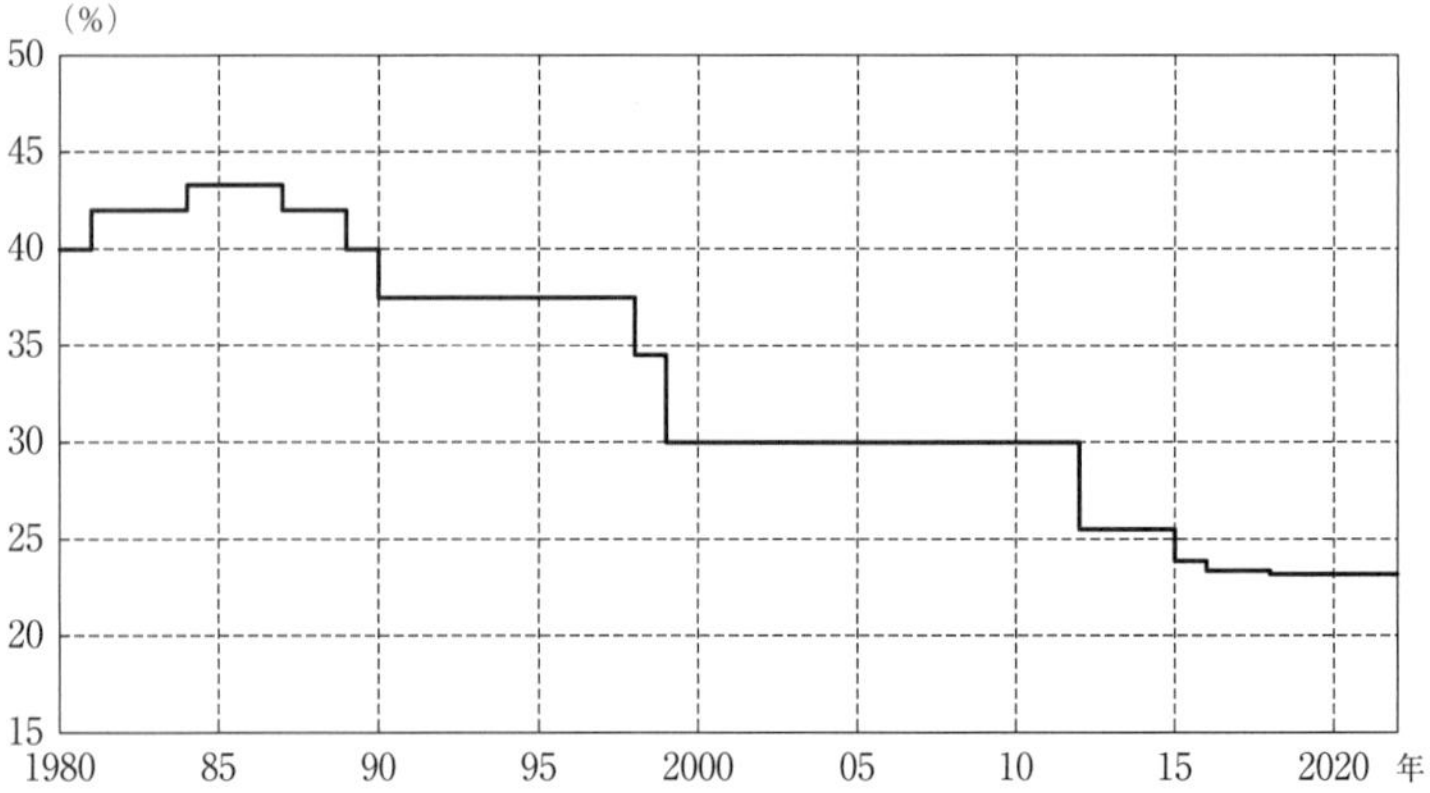

(出所)　財務省資料より、BNPパリバ証券作成

それに伴う国内生産は増えなくなった。製造業の海外利益が膨らんでも、現地で再投資が行われているだけなら、円安には株高効果くらいしか残らない。

もちろん、円安政策はインバウンド需要を喚起し、非製造業部門にもメリットをもたらして、雇用の改善につながったのは事実である。ただ、増えたのは結局、低い賃金の雇用ばかりである。その低賃金の雇用の担い手が不足し、第4章で論じる通り、結局は外国人労働に頼ることにもなった。そもそもすでに完全雇用にある中で、円安によって自国民の実質購買力を抑制し、外国人にサービスを安く供給することが、果たして一国の経済厚生の改善をもたらすのだろうか。全体のパイがほとんど変わらない中で、個人消費を犠牲にし、サービス輸出を拡大させただけではないのか。そのインバウンド消費もコロナ禍で蒸発した。

グローバルな潮流として必要だったという見方も少なくないが、アベ政策では法人税減税を繰り返した(図3-12)。企業の立地や設備投資を促すことが期待されたが、予想された通り、各国と同様、そうした効果はほとんど得られなかった。法人税率の低い国での企業立地もあまり観測されない。生産拠点も海外営業拠点も皆無に近いほど移動は起こらず、節税のために、法人税率の低い国で、法人の登記だけが行われた。わたしたちは、先進各国に安易に追随するのではなく、法人税減税合戦を繰り返しても税収基盤が損なわれるだけだと各国を説得すべきだったのではないか。

さらに、アベ政策で、法人税減税と消費増税のタックスミックスが行われたことは、分配上の大きな問題を孕んでいる。付加価値は資本所得と労働所得に分けられるため、消費増税は資本所得課税と労働所得課税の側面を持つ。その消費増税と法人税減税の組み合わせは、経済学者の岩村充が論じるように、事実上の労働所得課税の強化となる(4)。税の帰着は複雑だが、労働所得が伸びず、個人消費が回復しないことが大きな問題となっている中で、日本は、資本に有利で、労働力に不利な課税を強化してきたのである。企業は儲かっても溜め込むばかりなのだとすれば、本来、強化すべきだったのは、資本への課税だったのではないか。

これらの反省を踏まえると、今後の税制改革において必要なのは資本課税であろう。これらの点については、第6章で詳しく論じる。

「失われた40年」になりかねない

筆者は、2012年末のアベ政策のスタート段階から、日本経済の長期停滞の原因には、分配問題が大きく絡んでおり、円安政策や法人減税で企業部門を利しても問題解決にはならず、むしろそうした家計を犠牲にする政策が問題なのだと主張してきた。しかし、少なくともアベ政策の前半までは、家計を軽視してでも、企業部門の利益率を高めることが長期停滞の解決につながると考える人が少なくなかったように思われる。

この先も家計を犠牲にした政策が継続されるようでは、個人消費は低迷が続き、企業は儲かっても溜め込むだけに終わるだろう。そのことは同時に、PB赤字なしでは完全雇用に到達できない状況が続くことを意味する。このままでは2020年代も長期停滞が継続し、「失われた40年」となりかねないだろう。

2 過度な海外経済依存が招く内需停滞

前節では、すっかり成長期待を失った企業部門がコスト削減で利益を追求すべく、儲かっても国内投資を抑制気味にし、また正規雇用を非正規雇用に代替したままであるから、個人消費も低迷したままで、「悪い均衡」が日本経済に定着したことを論じた。不良債権問題に苦しんだ2000年代初頭までは、たしかに企業が抱える最大の問題は過剰ストックや過剰債務だったが、それらが解決された後も、数年に一度、経済危機が繰り返されるため、企業部門は過度なスリム化志向を続け、それが「長期停滞」の原因となる。一言でいうなら、儲かっても溜め込む企業部門が元凶である。

こうした筆者の主張に対して、「たしかに国内投資は抑えられているものの、今や大手企業は、製造業、非製造業を問わず、M&Aを含めて、海外で積極的に投資を増やし、グローバル展開を進めている。企業行動に特段大きな問題はない」という反論を頂戴する。有力大企業のトップからも、「潤沢な現預金を抱えているのは、単に次なる危機に備えたものではない。海外で魅力的なM&A案件が

図3-13　対外直接投資（ネット、12カ月移動和）

（出所）　日本銀行資料より、BNPパリバ証券作成

舞い込んできた時に、機動的に対応するための準備だ」という反論を受ける。

たしかに近年、対外直接投資は大幅に増加していた（図3－13）。2020、2021年はパンデミック危機の影響で減少したとはいえ、増加基調が終焉したわけではないだろう。コロナ禍が終息すれば、いずれ拡大に転じると見られる。成長の見込めない国内市場に固執するのではなく、高い成長が期待できる海外市場に広く目を向けるのが企業の成長により適切というのは、妥当な主張のような気もするが、この問題をマクロ経済的にはどう解釈すればよいのかを、本節で論じる。

(1)　少子化で国内売上が増えないというのは経営者の言い訳

海外市場頼みが悪循環を生む

企業行動に問題はない、と反論する人が多いのもわからなくはない。国内企業は、危機のたびに、リストラに次ぐリストラを続け、もはやこれ以上に筋肉質となるのは容易ではないほど、財務内容に無駄な要素はほとんどなくなっている。ただ、繰り返すが、景気回復局面でも、そうした支出抑制行動をとることで貯蓄と投資のバランスが失調し、マクロ経済の好循環を阻害しているというのが筆者の認識である。

前節でみた通り、完全雇用においてすら、消費回復が緩慢であるのは、企業部門が非正規雇用依存を続け、賃金を十分に増やさないなど、従業員の処遇を改善させないためである。その結果、成長率は低迷し、国内の売上は回復しない。それを受け、企業はますますコストカットに励む、という悪循環が続く。それゆえ日本経済は、PB赤字なしでは完全雇用に到達できないという問題を抱える。

今回のコロナ危機では、期せずして交際費や出張費が大きく抑えられたことが、企業業績の少なからぬサポート要因となっていた。コロナ危機が終息した後も、相当期間、抑制されたままとなるのだろう。これも内需の回復を遅らせる要因となる。

こうしたリストラ継続の裏返しとして、特に製造業では、たとえば2005〜07年や2015〜17年のように、グローバル経済が回復すると、コストカットで損益分岐点が大きく低下しているから、海外の売上増で企業業績は大きく改善する。景気回復局面であっても、国内では売上があまり増えず、さっぱり儲からないが、海外では売上が大きく増えて、大幅な利益の改善をもたらす。それゆえ、日本企業はますます海外経済依存となり、設備投資を増やすのもM&Aを行うのも海外ばかり、ということになる。

図3-14にあるように、特に2000年代末のグローバル金融危機の後、企業の成長の要であるはずの研究開発投資において、日本の劣後が大きく目立つ。慎重な企業行動が続いているといっても、グローバル金融危機以前はまだ、回復傾向が見られていた。しかし、知識経済化が加速した2010

図3-14　研究開発投資（2008年＝100）

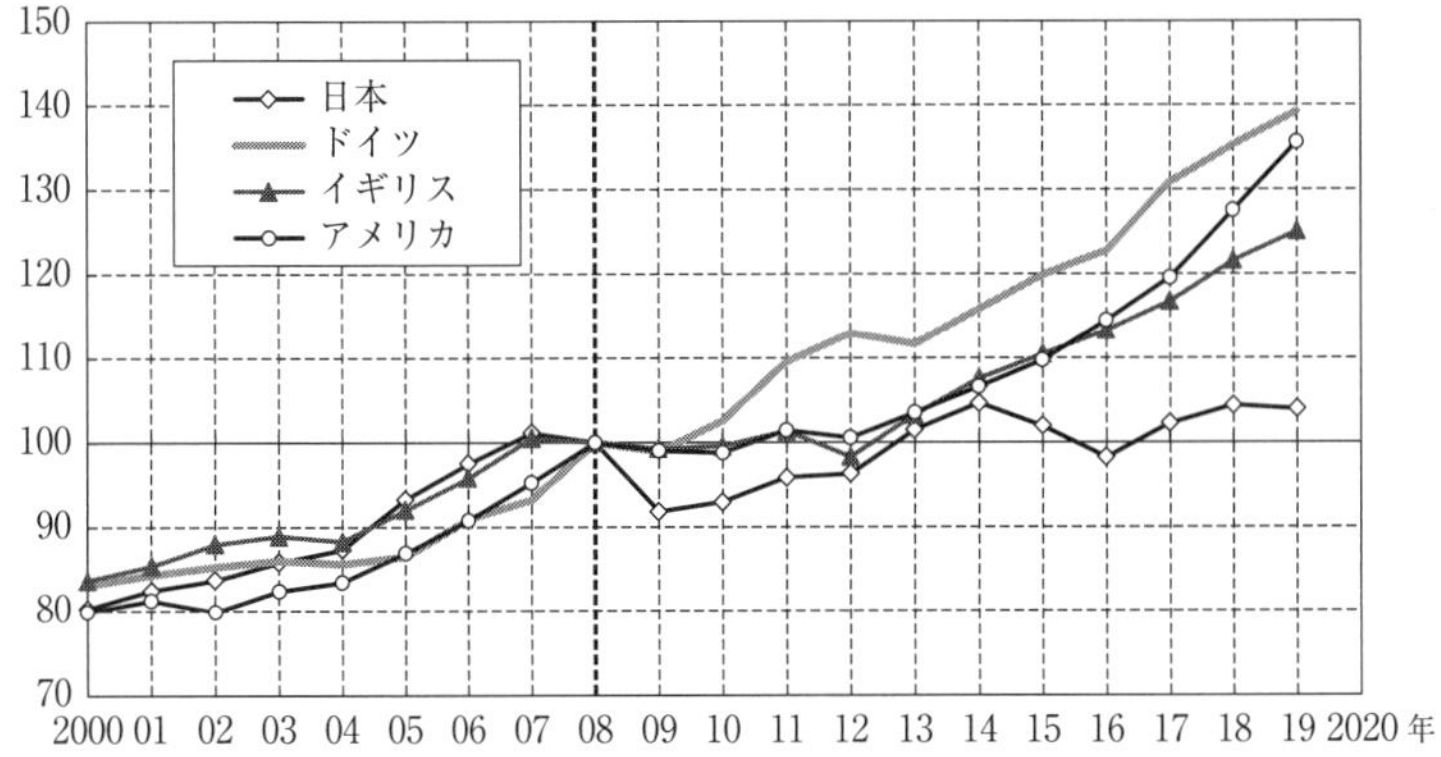

（出所）　OECD 資料より、BNP パリバ証券作成

年代に研究開発投資が滞ったのは、致命的だったと思われる。

もちろん、グローバル経済が回復した際、国内経済への波及がまったくないわけではない。しかし、企業が国内で支出を増やさないのだから、広がりは乏しく、現実にはリストラの手が多少緩む程度にとどまる。企業の国内での支出抑制行動が、国内市場をますます儲からないものにし、海外市場への依存をいっそう高めるという悪循環をもたらす。

こうした現象は、長期停滞を考える上で重要な自然利子率との関係で考えると、どのように解釈されるのだろうか。

まず、表面的に起こっていることは、かなりシンプルであろう。国内経済の自然利子率が低いため、企業は自然利子率の高い海外経済でビジネスを活発化しているということである。裁定によって利鞘を稼ぐというのがビジネスの鉄則、資本主義の鉄則である。

部門別の貯蓄投資バランスを見ると（前出図3－5）、日本では、一貫して国内の過剰貯蓄が海外部門

（外需）で吸収されてきた。これは、国内より海外の自然利子率が高いことの表れにほかならない。民間部門の過剰貯蓄の存在で自然利子率は低迷が続き、閉鎖経済ではないから、過剰貯蓄の一部は自然利子率の高い海外部門に吸収され、それでもなお吸収が難しい部分は、政府のPB赤字によって吸収されてきたということである。

日本経済は、このまま海外経済依存とPB赤字依存を続けざるを得ないのだろうか。それは、極めてマクロ経済的な問題ではあるものの、今後の企業部門の行動にも大きく左右される。企業がビジネスモデルの変革を怠っているから、海外経済依存となっているのではないか。以下、詳しく論じよう。

止まったままのビジネスモデルの変革

以前ほどではなくなったが、少なからぬ大企業経営者が、少子高齢化の進展で、国内の売上拡大はあまり期待できないと説明する。しかし、それは、ビジネスモデルの変革を怠っていることの言い訳ではないかと、筆者は常々疑ってきた。

たしかに日本は、2008年をピークに人口減少が始まっている。長期的には、相当に深刻な問題であると筆者も考える。人口問題は経済社会に極めて大きな影響をもたらすため、それを論じるだけでさらに一冊の紙幅を要するだろう。ただ、そうはいっても、経済学者の吉川洋が論じるように、現在の人口減少ペースは、マクロ経済的に大打撃をもたらすほどの激震とはいえない(5)。現段階では、ソフトで緩やかなものである。もちろん高齢化によって需要構造が著しく変容しているのも事実であるから、それに対応するかたちで、新たな財・サービスを生み出さなければ、売上は増えていかない。

図3-15　OECD主要国のIT関連投資（名目、ソフト＋ハード、2000年＝100）

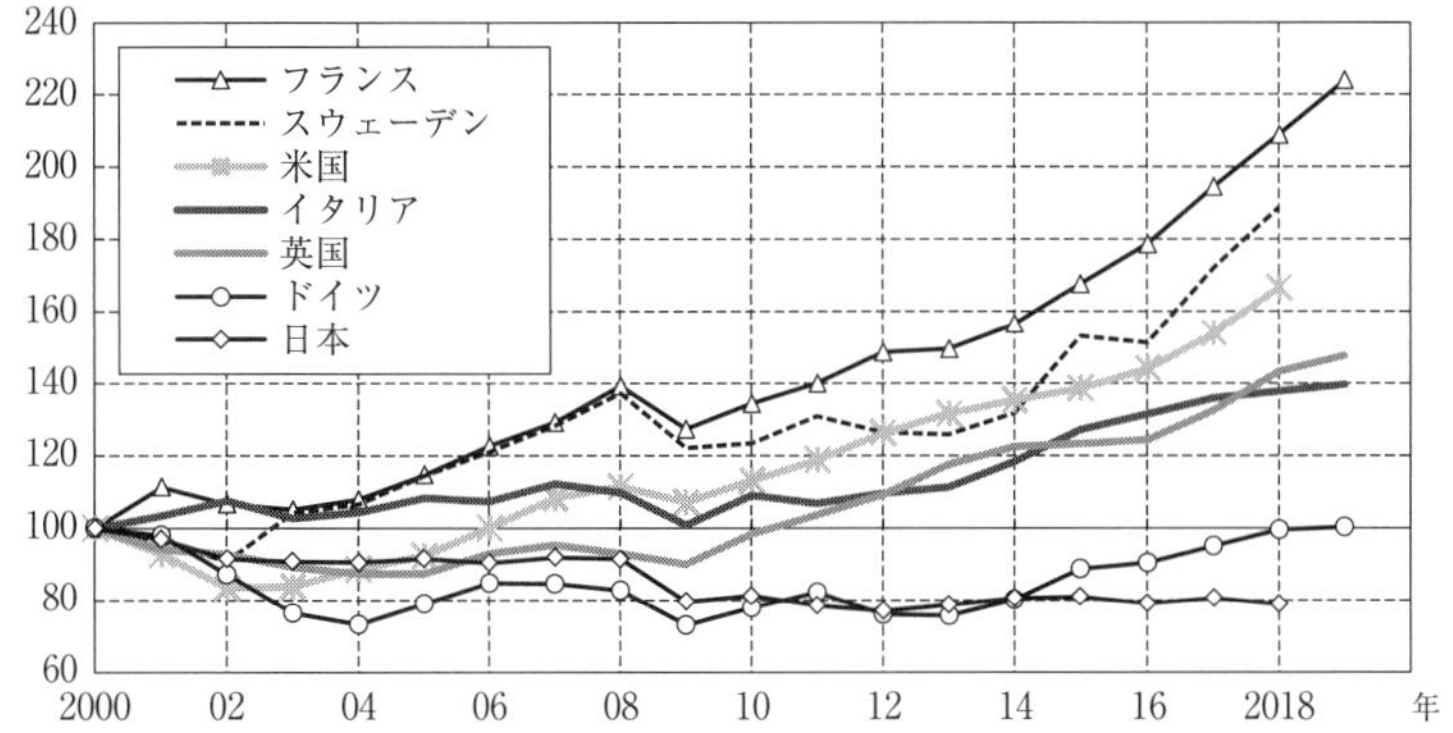

（出所）　OECD資料より、BNPパリバ証券作成

問題は、そうした努力を十分行う前に、国内での売上拡大を諦め、自然利子率が高い海外経済に、従来のビジネスモデルをそのままのかたちで持ち込んでいるのではないか、ということである。成長の源泉がアイデア（＝無形資産）となった2010年代において、日本国内で無形資産投資はほとんど増えていない。日本では無形資産投資関連のデータそのものが貧弱だが、固定資本形成のうち、知的財産生産物も足踏みが続いたままである。図3－15にあるように、OECD主要国のソフトとハードの両方を含むIT関連投資を見ると、2000年代以降、日本の停滞が際立っていることがわかる。一時、最下位を争っていたドイツにも、近年、水を開けられている。

もちろん、巨額の固定費を要する業種では、わずか1億2500万人の限られたマーケットではあまりに小さすぎるから、当初からグローバル・マーケットを相手にせざるを得ないという企業も存在するだろう。とりわけCASE（Connected, Autonomous, Shared/ Service, Electric）革命の真っ只中にある自動車セクターが当てはまるのかもしれない。

サービスセクターにおいても、超富裕層のみを相手にするというのなら、超富裕層の少ない日本市場だけで展開するのは窮屈すぎるのかもしれない。ただ、そうした企業は日本経済全体で見れば、一握りではなかろうか。それにもかかわらず、大企業経営者がこぞって、少子高齢化で国内市場の拡大は厳しいという。単に、需要の掘り起こしを怠っているだけなのを、ごまかす言い訳ではないのか。

(2) よき時代のよき手法を見失ってしまった日本企業

内実は古いビジネスモデルの使い回し

近年、製造業のみならず、非製造業、そして金融業がアジアを中心とする新興国に進出している。多くの場合、海外展開を広げることは望ましいことだと評価されている。筆者も、グローバル展開は一般には望ましいことであると考える。ただ、進出したそれらの国々は、潜在成長率や自然利子率が高いこと、さらに日本企業にとって、ビジネス慣行の親和性が極めて高いことなどから、これまでのビジネスモデルでも十分通用する地域である。いや、率直にいえば、日本国内で通用しなくなった昭和時代や平成前期の古いビジネスモデルでも、今のところは何とか適用できる地域である。

それで利益を獲得するのも、一つのビジネス戦略ではある。最先端技術だけが勝負の場ではない。豊かさを増す中国市場をターゲットにする多くの日系企業も、もともとこうした発想の上に立ったものだった。中国が豊かになってきたから、われわれ日本人が生み出す財・サービスのターゲットになってきたのである。

とはいえ、中国を含め、多くの新興国も豊かになって成熟化してくれば、今後、自然利子率は確実に低下していくことになるだろう。では、一国が豊かになって既存のビジネスモデルがうまく回らなくなれば、ターゲットをシフトダウンさせていかざるを得なくなるのだろうか。同じビジネスモデルを使い回していれば、いずれジリ貧となる。成長期待の著しい新興国市場での展開を目指すといえば、聞こえはよいのだが、内実は、古いビジネスモデルの使い回しではないか。

高齢化で需要構造が変容した国内市場での売上を増やすべく、ビジネスモデルを革新することが、国内においても、そして海外においても、より大きな利益の獲得につながるはずである。それに手をつけず、国内では売上が伸びないことを前提に、主にリストラによって、利益を追求しようとするから、内需の回復が遅れ、自然利子率が低迷するというのは、冒頭で述べた通りである。

人的投資を怠るから顧客が欲する新たな財・サービスが生まれない

かつて、1980年代の日本企業は従業員の人的資本の蓄積に、陰に陽に、相当の費用をかけていた。それが日本企業の強みの源泉とされ、従業員の教育・訓練を軽視するアングロサクソン企業に眉をひそめていた。しかし、90年代以降の長い停滞の間に立場は逆転し、日本企業が従業員の能力開発にかける費用は、先進国の中でも最も少ないものになっているというのも、前節で述べた通りである。

日本の場合、業務遂行の中で、OJTを通じて教育・訓練を進めていたため、OFFJTなど明示的な能力開発にかける費用は元から大きくはなかったが、コストカットによって、さらに少なくなっている。図3－16を見る限り、目を覆うばかりの少なさと言わざるを得ない。それでもOJTが維持されていれば問題は小さかったが、1990年代後半以降、人員削減の影響で、さらに職場のゆとり

図 3-16　企業の能力開発費の対 GDP 比

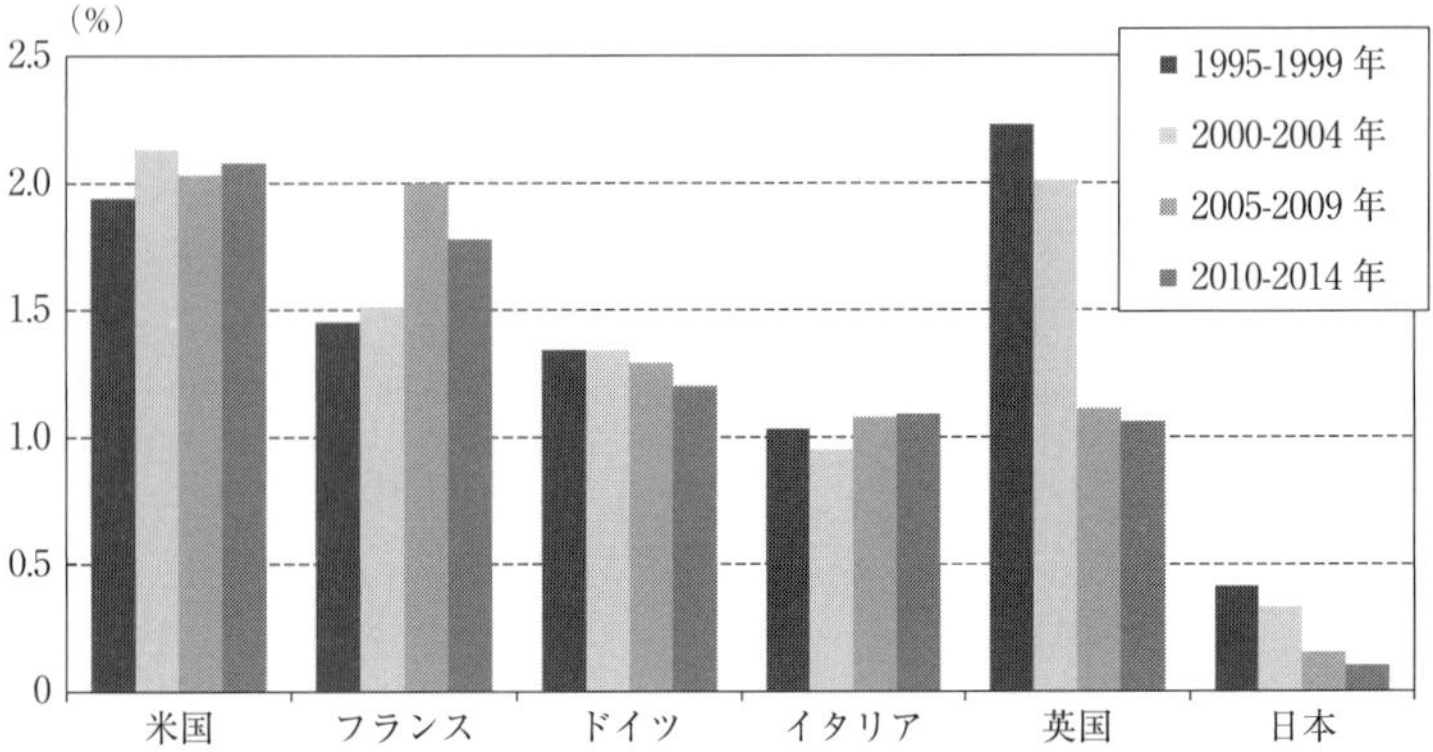

(出所)　厚生労働省資料より、BNP パリバ証券作成

図 3-17　新製品・サービスを投入した企業の割合（2012-2014年）

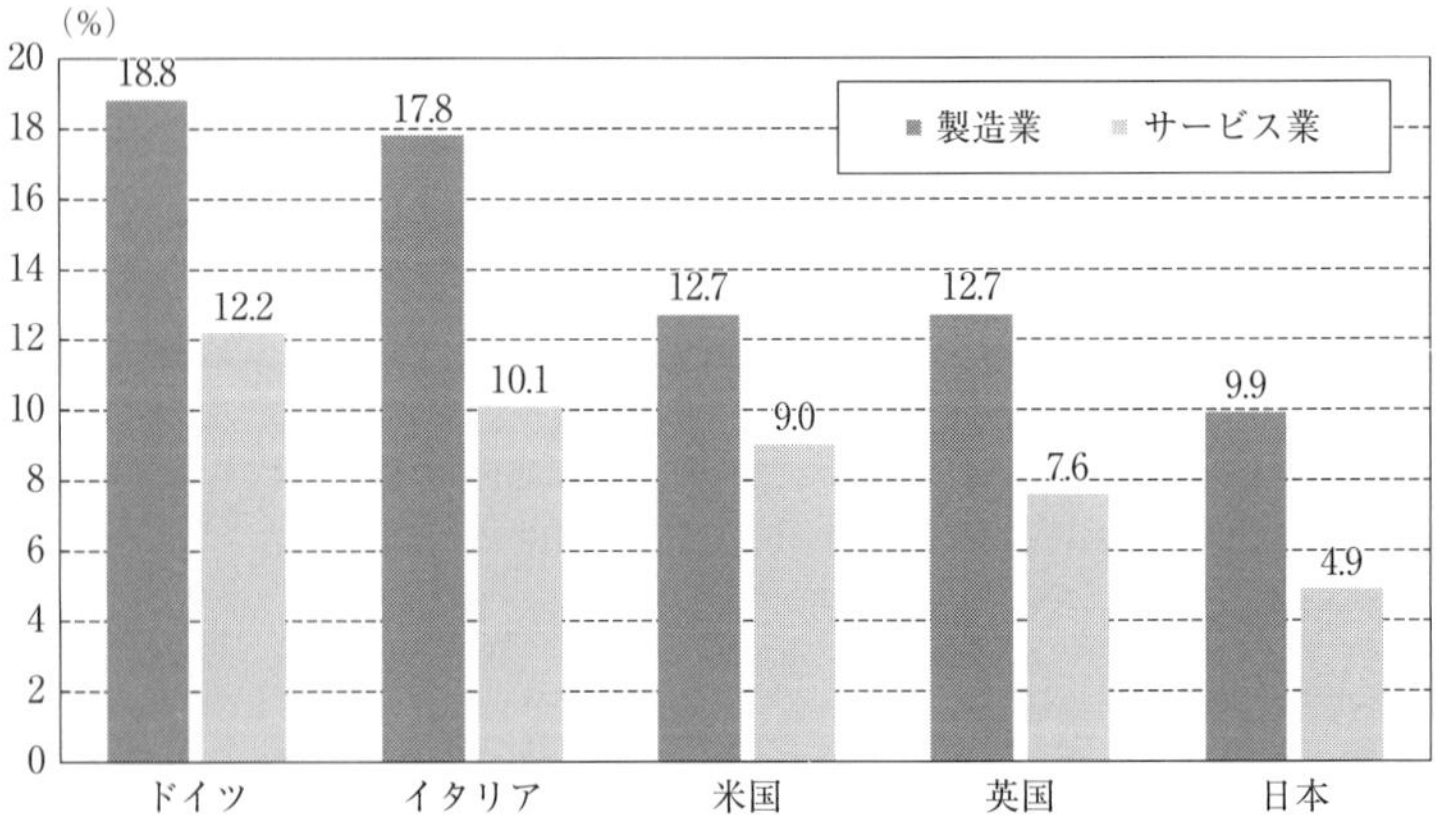

(出所)　経済産業省資料より、BNP パリバ証券作成

図３－18　OECD 主要国平均賃金の推移（1991年 =100、実質）

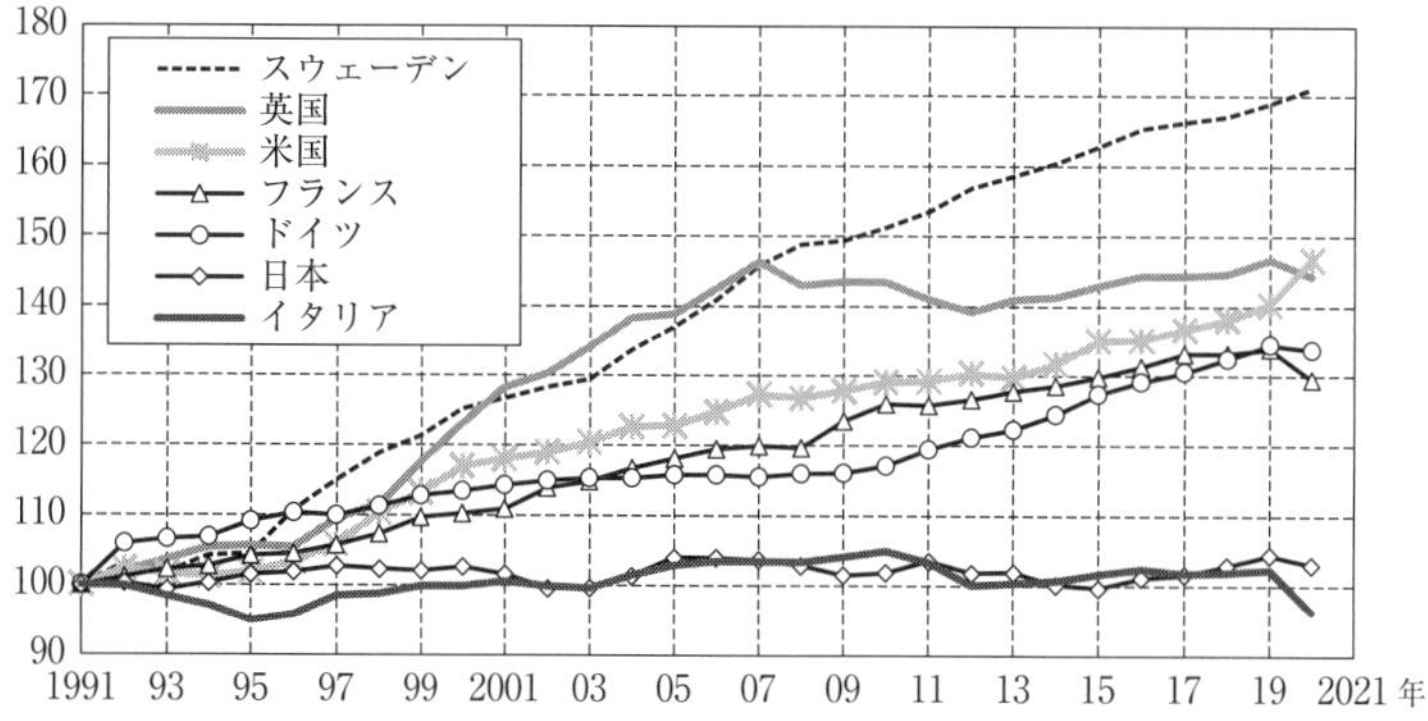

（出所）　Macrobond, OECD より、BNP パリバ証券作成

がなくなってしまったから、人的資本の蓄積はますます滞っていると思われる。

単に人的資本の蓄積の機会が乏しい非正規雇用の比率が大きく増えただけでなく、正規雇用についても、コスト削減の観点からＯＪＴやＯＦＦＪＴが抑制され、人的資本の蓄積が滞っているため、顧客が欲する新たな財サービスを生み出すことが極めて困難になっているのである。それゆえ、高齢化で変容する国内市場に十分対応できず、売上を増やすことができない。新製品・サービスを投入した企業の割合も、製造業、非製造業ともに、日本が劣後している（図３－17）。

こうして国内では売上が増えないから、企業経営者は、古いビジネスモデルが通用する海外市場ばかりに目を向ける。国内で行うことといえば、コストカットの追求であり、それが内需の低迷をもたらす。やはり、儲かっても溜め込むばかりの企業経営が元凶である。

本章第４節で示すように、実質賃金をマクロ変数で要因分解すると明らかだが、その低迷の主因は、一貫して生産性の伸びの低下にある。人的資本の蓄積が乏しいのだから、生産性が発揮できないのも当然であろう。

先進各国においても、近年、賃金がなかなか増えなくなっているといわれているが、それでも過去30年の間に実質賃金は、米国、フランス、ドイツで30〜40%は増加している。スウェーデンは7割もの上昇である（図3-18）。

一方、日本はといえば、クローニー・キャピタリズム（仲間内資本主義）が問題視されるイタリアと並んで、ほとんど横ばいである。この30年間、わたしたちは、まったくのところ豊かになっていない。このままでは、日本の産業界の未来も暗い。高い生産性によって競争力を維持するのではなく、安い人件費で勝負しなければならなくなる。いや、すでにそうなりかかっている。

3 日本型雇用システムの隘路

前節では、国内市場が人口減少で拡大しないから海外展開で補うというのは、実は、高齢化による需要構造の変容にうまく対応できない企業経営者の言い訳であると論じた。変革を怠り、古いビジネスモデルでも何とか通用する新興国でビジネスを続けているというのが、少なからぬ企業の海外市場展開の実相であろう。現実に、日本国内を含め先進国で新たな需要の掘り起こしに成功しているのは、ごく限られた企業だけである。

問題は、国内市場の拡大を諦めた企業が、人材開発費の抑制など、人的資本の蓄積を怠り、その結果、生産性上昇率の低迷とともに、実質賃金が増えず、消費停滞を引き起こしていることだろう。また、消費が低迷を続ける要因として、働き手にさまざまなセーフティネットを提供していた日本型雇用システムが１９９０年代以降、大きく変容したにもかかわらず、旧来型の社会保障制度が続き、包摂されない人々が増えていることがある。そのことも長期停滞から抜け出せない大きな要因である。本節では隘路に陥った日本型の雇用制度について論じる。

(1)　動揺する日本型「メンバーシップ」体制

日本の労働市場は二極化している

過去30年、日本型雇用システムは大きく変容した。もちろん、長期雇用や年功的賃金、企業内組合、新卒一括採用など日本型雇用の特徴とされていたものが失われたわけではない。ただ、少なからぬ企業において、成果主義的な色彩の強い賃金制度が導入され、あるいは若年の賃金が引き上げられ、年功的な賃金の色彩は多少薄れている。

とはいえ、日本型雇用システムの根幹部分はほとんど変わってはいないと考える人のほうが多いかもしれない。それは、特に、読者の多くが、日本型雇用システムのメンバーである正規雇用、つまりメンバーシップ型雇用であるからだろう。近年、日本の大企業を中心とする雇用制をメンバーシップ型、日本以外の雇用制をジョブ型と呼ぶことが多いが、その名付け親で、学問的に定式化したのが労働法の研究者である濱口桂一郎である(6)。

日本型雇用システムのより大きな変化は、メンバーシップ型雇用の対象が狭まり、対象から外れた人との間で経済格差が広がったことであろう。日本の雇用システムは文字通り、正規雇用と非正規雇用の二極化構造となった(7)。わたしたちは、正規雇用を守るために、非正規雇用を増やしたともいえる。問題となるのは、セーフティネットをはじめとするさまざまな社会制度が、正規雇用を中心に設

図 3-19　高等教育機関への支出（公的・民間、対 GDP 比、2018年）

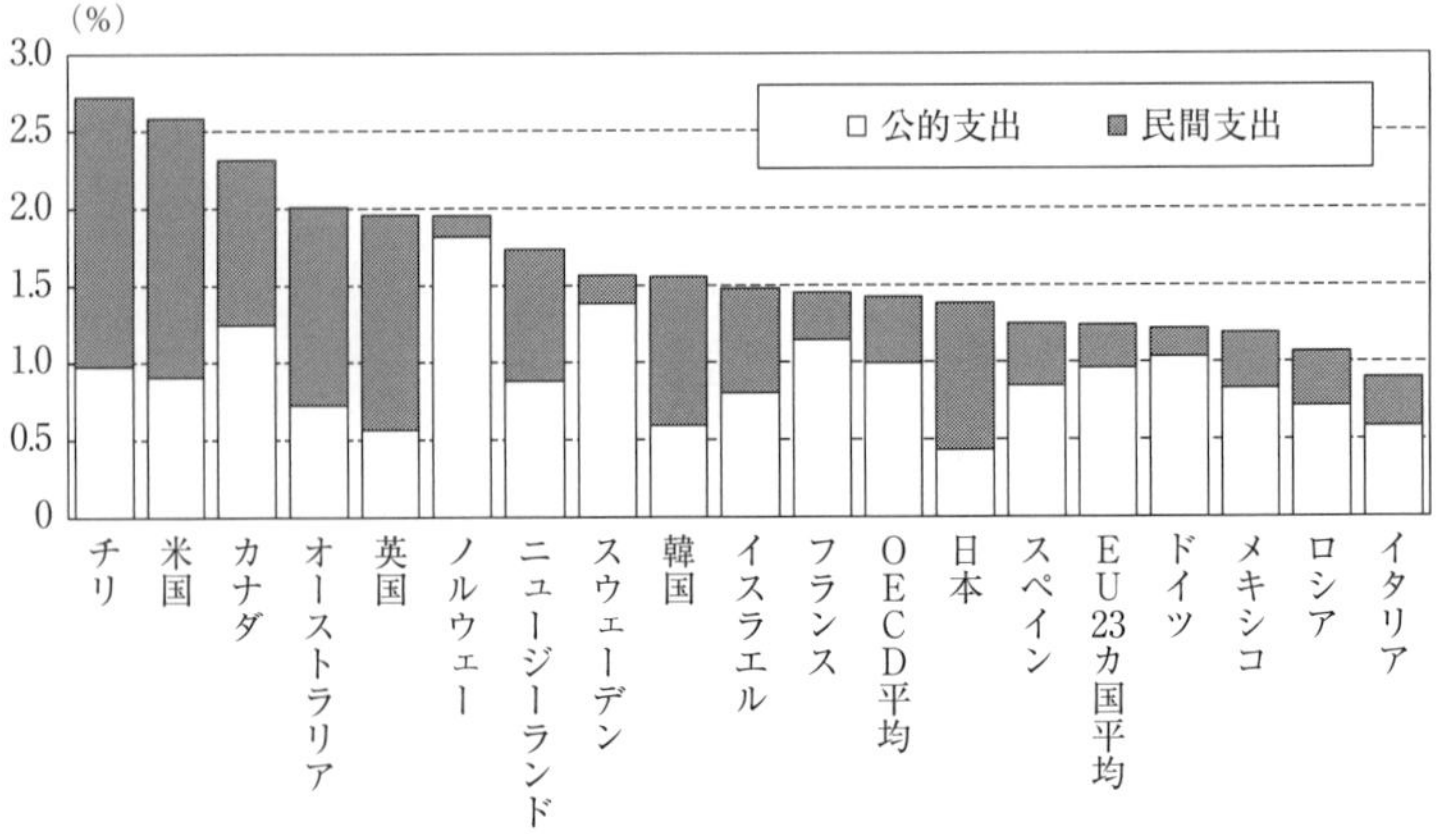

（出所）　OECD 資料より、BNP パリバ証券作成

図 3-20　男性の賃金カーブ（6 月の所定内給与、2020年）

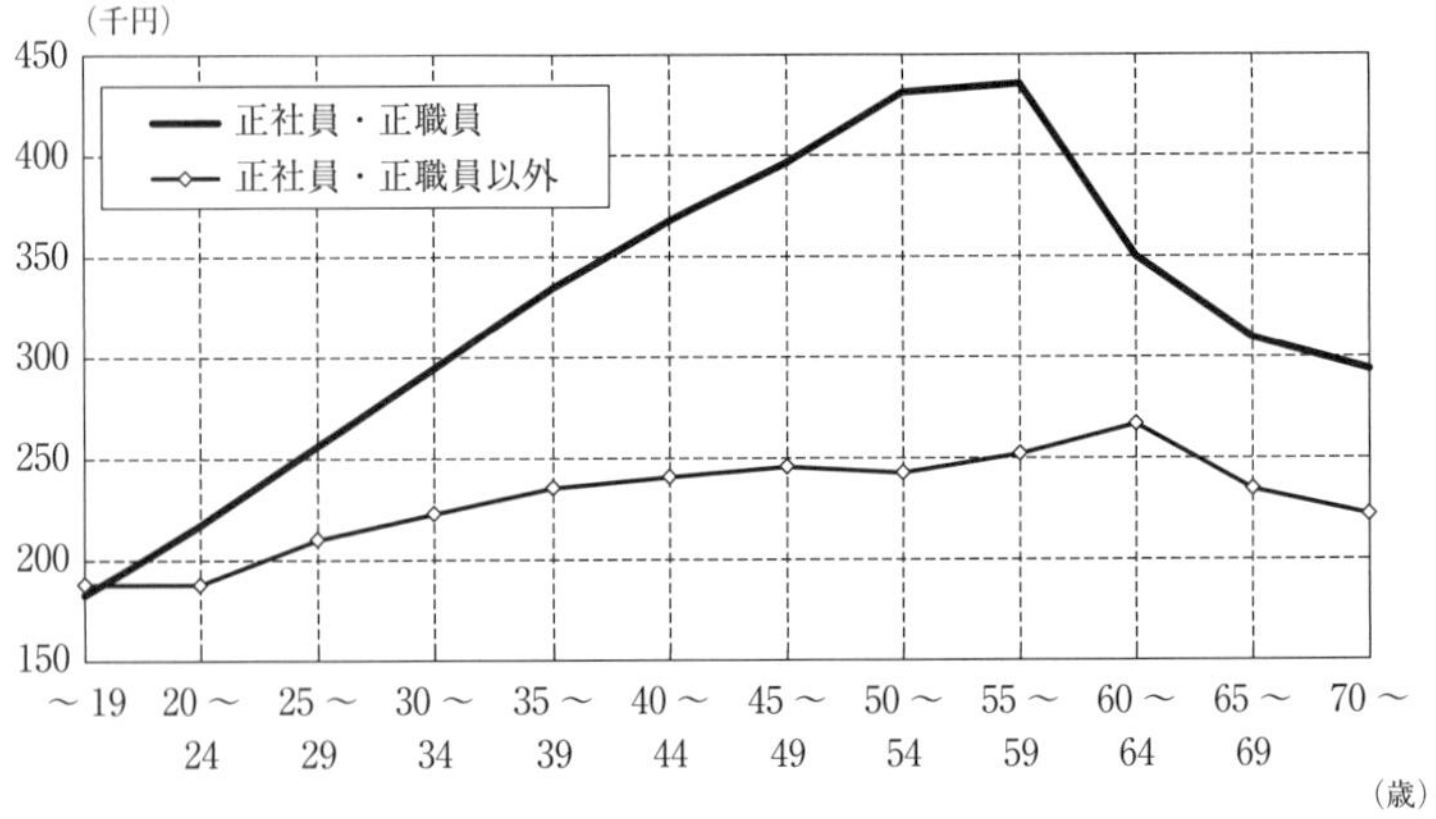

（出所）　厚生労働省資料より、BNP パリバ証券作成

計されていることである。

たとえば、出産や子育てだけでなく、高等教育の学費についても、欧州に比べると日本の公的助成が圧倒的に少ないのは、それなりに理由があった（図3－19）。年功的賃金の下で、正規雇用であれば、それを家計が支払うことができたからである。若い頃は生産性に比べて賃金が控えめである代わりに、子弟の学費が嵩む中高年になって、生産性以上の所得を獲得することで、それらを支払うことが可能であった。

それぞれの仕事に賃金が対応するジョブ型雇用の海外では、年功的な賃金ではないため、必ずしも家計は学費を賄うことができない。それゆえ欧州では、教育は高等教育を含めて、国が面倒を見てきた。日本では企業が生活給（年功的賃金）で面倒を見ていたわけだが、日本型雇用システムから外れると、賄うのは容易ではなくなる。正規雇用に比べて、非正規雇用の賃金カーブはほとんどフラットに近いためである（図3－20）。日本と同様、公的助成の低い米国では、学生が借金漬けとなり、韓国では親が借金漬けである。

もちろん日本には、以前から非正規雇用が存在していた。しかし、1990年代以前に非正規雇用といえば、それは主婦のパートや学生のアルバイトを意味していた。低待遇であっても、主たる生計維持者がメンバーシップ型雇用であったため、企業の提供する多様なセーフティネットで多くの人が守られていたのである。

欧米では存在しない中高年問題

1990年代半ばまでは、日本での雇用問題といえば、それは主に中高年男性問題を意味していた。長期雇用だといっても、不況が続くと、生産性に比べて高い賃金の中高年の雇用を維持するのは、企業の存続問題にもつながりかねない。技術変化に対応できなくなった中高年のベテラン社員たちは、不況が長引くと、次々とリストラの対象とされたのである。

欧米では、年功的賃金制がなく、生産性と賃金が一致するため、基本的に、中高年問題は生じない。むしろスキルを有する中高年は大事にされ、同じポストにとどまる。ジョブ型雇用の下では、ポストが空かなければ、新規参入者にチャンスは巡ってこない。このため、世界のほとんどの国で問題となるのは、不況期だけでなく平時においても、経験が乏しい若者が就業できないことである。経験がないから就職できず、就職できないからいつまでも経験に乏しい。

一方、日本では、高校や大学を3月に卒業すると、切れ目なく4月に一括採用されてきた。日本社会の安定の理由の一つは、本来、スキルや経験がなく就業が難しいはずの若者が、新卒一括採用を通じて、不況期においてもスムーズに吸収されてきたことであろう。スキルは長期雇用の中で、さまざまなポストに就く過程において、OJTを通じて身につけていけばよい。それがメンバーシップ型雇用の特徴である。

割を食った氷河期世代

ただ、1990年代半ば以降、日本型雇用システムの対象者が絞られるようになり、あぶれる人が出てきた。まず、長期不況の到来で、企業が採用を大きく絞り込んだ。これは、第1章で論じた通り、ICT革命で比較優位構造が無国籍化し、製造業の生産拠点が海外にシフトしたことも大きく影響している。日本でも製造業の生産現場は、それまで地域社会における雇用の吸収で大きな役割を果

図３-21　大学進学率

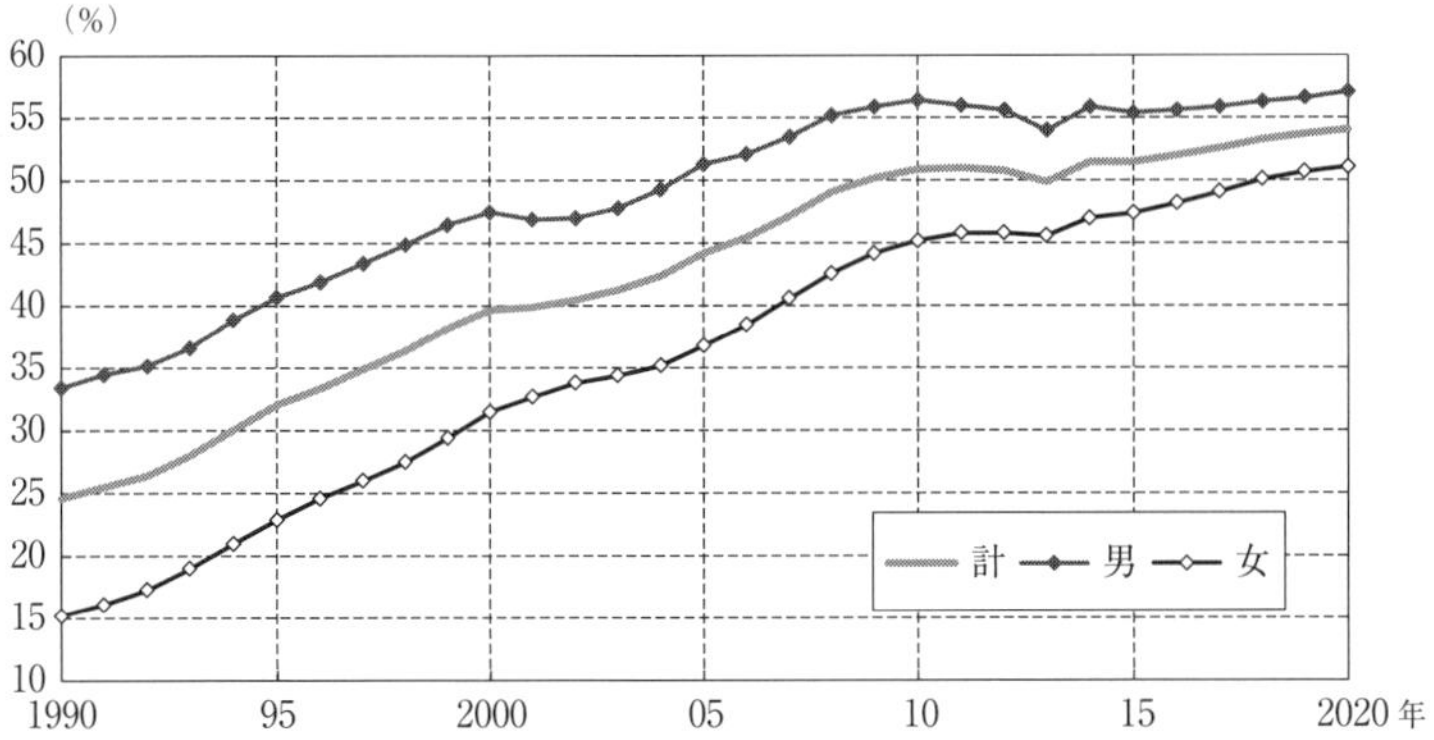

（出所）　文部科学省資料より、BNPパリバ証券作成

たしていたが、それが失われたのである。

非製造業においても、ＩＣＴ革命で省力化、自動化が進み、事務作業の補佐的な人手は不要とされるようになった。かつてオフィスガール、ＯＬ（オフィスレディ）なる言葉が存在したが、今やすっかり死語となっている。

同時に、労働供給側でも大きな変化が生じた。１９９０年代以降、大学進学率が上昇したが、そのタイミングで、団塊ジュニアの大卒者が急増し、すべてをホワイトカラーとして吸収できなくなった。それ以前、高卒はブルーカラー、大卒はホワイトカラーという慣行があったが、そうした処遇が難しくなり、大きなミスマッチが生じたのである（図３-21）。

実は、戦後、高校進学率が急上昇し、１９６０年代半ばに団塊世代の高卒が急増した時も同じ問題が生じた。それまでの中卒はブルーカラー、高卒がホワイトカラーという図式が崩れたのだが、当時は、高度成長のおかげでミスマッチ問題は何とか解消された(8)。今回は、逆に潜在成長率の下方屈折が加わり、ミスマッチが深刻化したのである。

さらに1990年代後半以降、グローバル競争も激化した。企業は新興国との競争に対応すべく、コストの安い非正規雇用にさらに頼るようになった。前節で論じたのは、2000年代に、日本政府が膨張する高齢者への社会保障給付の財源を被用者の社会保険料の引上げで対応したことが人件費の増大につながり、企業が正規雇用を非正規雇用に代替するインセンティブになったことだった。非正規雇用の増大は、教育訓練や生活保障の乏しい労働者の増大を意味したが、当時、割を食ったのが団塊ジュニアとその後の世代だ。いわゆる「就職氷河期世代」である。

第三次ベビーブームは幻に終わった

影響は、その後の彼/彼女らの結婚や出産にも及んだ。十分な賃金を得ることができないから、婚姻時期や出産時期が遅れたのである。技能を身につけ、必要な賃金が得られるようになっても、今度は、生物学的な制約に直面するようになる。生物学的観点から見ると、たとえば女性が妊娠に最も適しているのは25～29歳であり、許容幅を広げて、一般に妊娠適齢期は25～35歳前後とされているが、30歳半ば以降は、困難さが高まってくる。

完結出生児数は15～19年目の夫婦の子供数を示し、夫婦の最終的な平均出生数と見なされる。以前は全体の出生率が低下傾向にあっても、完結出生児数は何とか2人が維持されていた。しかし、2010年以降、ついに2人を割り込んでいる。晩婚化、晩産化を余儀なくされ、生物学的な制約から、望んだ数の子供を持つことができなくなっているのである。

2005～16年にかけて、出生率がわずかだが反転した。本格回復への兆しと期待する見方もあっ

図3-22　出生率、婚姻率の推移（暦年）

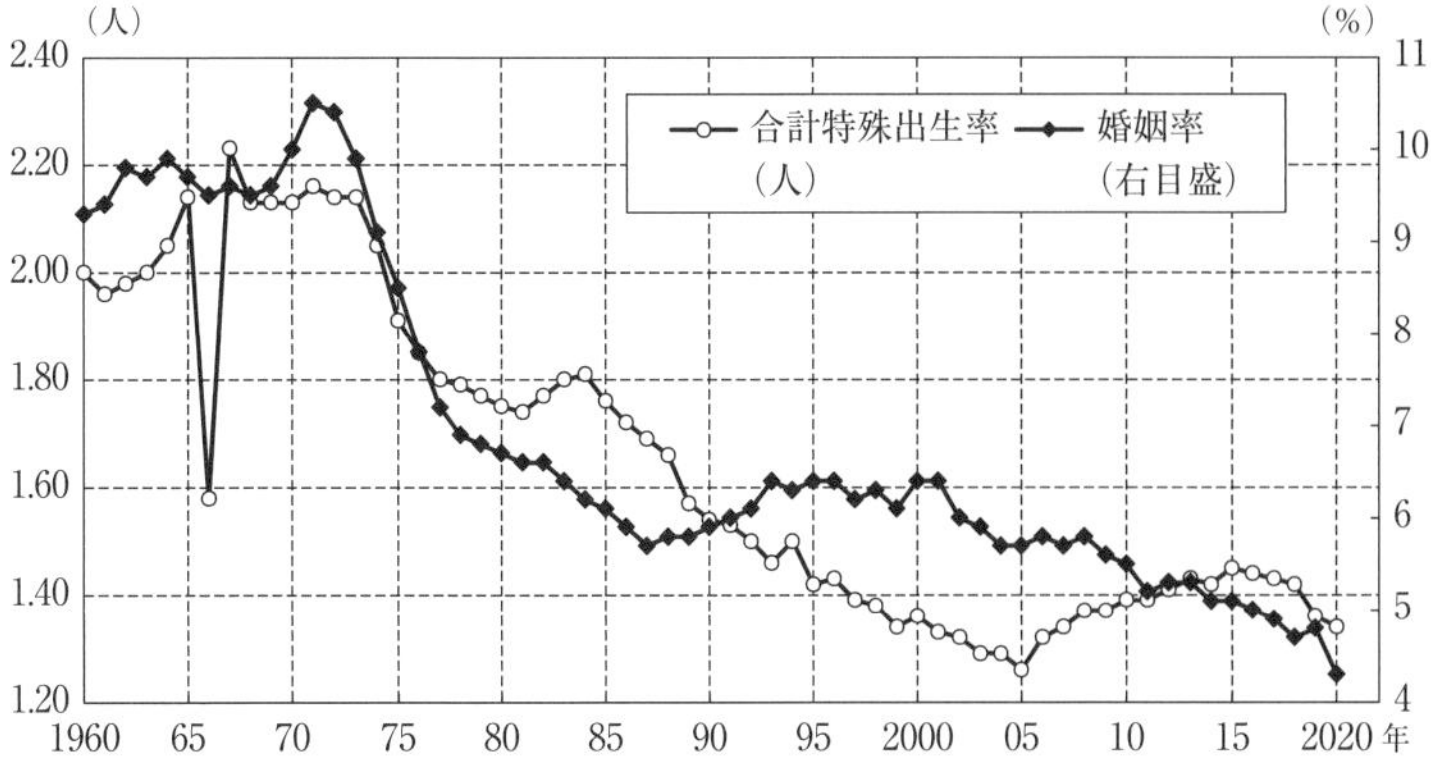

（出所）　厚生労働省資料より、BNPパリバ証券作成

たが、結局、30代半ばになった団塊ジュニアが先送ってきた出産を開始したために生じた一過性の現象で、その後は再び低下傾向に戻った。団塊ジュニアに期待されていたはずの第三次ベビーブームは、結局、幻に終わった。

図3－22にあるように、婚姻率と出生率の急激な低下が始まったのは1970年代前半だが、その段階においては、現在想定されているような将来の急激な人口減少の到来が不可避だったわけではない。90年代後半以降の経済社会の変化に、社会制度が対応できず、包摂されなかった人々が増えたことが、少子化を助長したのである。

今のところ1980年代生まれの世代は、70年代生まれの世代と同程度の出生率を維持している。しかし、90年代生まれの世代の出生率は、現段階では最低水準を続けている。コロナ禍で婚姻率、出生率はさらに低下しており、コロナ禍の終息後、日本の出生率が一段と水準を切り下げたことが露になるのではないかと懸念される(9)。

失われたリスクシェアリング機能

少子化の進展もあって2010年代前半には、新卒の絶対数が大きく減少し、若年の雇用問題は、マクロ的にはいったんは解決したと言える。2010年代半ば以降は、人手不足下の人材奪い合いの様相である。

ただ、就職氷河期に就業できなかった人たちの問題は残されたままだ。スキルを身につけることができなかったから、前述した通り、家庭を持つための十分な賃金を得られる職に就くこともままならない。親と同居し、親の年金に頼って生活している人も少なくないが、親の死後、困窮する人が増える恐れがある[10]。

また、2010年代後半には、超人手不足社会が訪れたにもかかわらず、数年に一度訪れる危機に対応し、人的資本投資を絞り込む企業も少なくない。正規雇用に対してすら、十分なOJTやOFF JTを行わない企業が増えている、というのは、すでに述べた通りである。

非正規雇用の増加の裏側で生じたのは自営業者の減少であって、就業者全体で見れば、正規雇用の比率はさほど低下しているわけではない、という見方も存在する[11]。たしかに、かつては自営業中心だった飲食業や小売業が、この30年あまりの間に大手チェーン店に置き換わり、自営業者の減少とともに非正規雇用が増えた、というのも事実だろう。

ただ、わたしたちが正規雇用としてカウントしている人の中には、名ばかりで、ボーナスも有給休暇もない「周辺正規雇用」も含まれる。メンバーシップ型雇用としての正規雇用の比率は、やはり低下したと考えるべきだろう。

そして現在。2010年代後半には、超人手不足社会の再到来もあり、非正規雇用の待遇改善も観察された。それにもかかわらず消費が回復しなかったのは、不況が訪れると、調整弁にされることを恐れ、多くの非正規雇用が予備的動機で貯蓄を行っているからだ。彼らが抱えるのは、決して曖昧な不安とはいえない。自らが国民年金保険や国民健康保険の保険料を直接負担しなければならない。不況が訪れ、職と所得を失うと、納付が困難となり、セーフティネットが失われる。

コロナ危機において、大企業は儲かっても溜め込んでいたから、倒産を逃れ、正規雇用の削減を避けられたことを成功体験として感じていると論じた。非正規雇用もまた、コロナ危機において、真っ先に削減される現実を目の当たりにし、景気回復期における貯蓄が誤りではなかったと改めて感じているのだろう。

非正規雇用の導入によって、企業は雇用コストの一部を固定費用から変動費用に変え、不況が訪れた際には、それがショックアブソーバーの役割を果たす。たしかに企業部門はショックに対して頑健になったといえる。

しかし、ショックは、最も弱い人々にしわ寄せされる。社会全体のリスクシェアリング機能が失われ、ショックが無防備で最も弱い人たちに集中するから、マクロ経済は大きく落ち込む[12]。さらに景気回復局面が訪れても、リスクシェアリングできないから、前述した通り、不況期に備え、本来、支出性向が高いはずの非正規雇用もより多くの貯蓄を続ける。これでは、完全雇用となっても、景気回復が精彩を欠くのは当然だろう。最適化を図ったはずが、協調の失敗によって、悪い均衡から抜け出せないのである。

協調の失敗を是正すべく、セーフティネットを拡充し、社会全体のリスクシェアリング機能を回復しなければならない。失業保険にせよ、雇用調整助成金にせよ、被用者向けの厚生年金や健康保険にせよ、いずれも正規雇用を念頭につくられた制度である。まず、すべての非正規雇用に対し、被用者の社会保険を適用しなければならない。また、不況期において、職を失った非正規雇用に対して、手厚い失業手当を提供するとともに、次なる就業を可能とするための就業訓練を拡充する必要があるだろう。

ちなみに、これらの議論は育休にも当てはまる。育休取得率は女性が80％台まで高まったと称賛されることが多いが、ここでも適用範囲の問題がある。数字はあくまで現行の雇用保険の対象者内での比率であって、多くの非正規雇用は含まれていない。さらに日本では出産退職がいまだに多いが、そうした人々は除かれている。高い育休取得率といっても、就業継続予定の人の数字であって、そもそも多くの女性は対象外である。少なからぬ女性には、出産を選択することは低い所得となることを意味する。究極の選択の帰結として、経済社会全体では、低い出生率と低い所得がもたらされているのである[13]。

(2) 労働者を支える社会保障という安全弁

弱者救済の歴史

歴史的かつグローバルな視点から社会保障の姿を眺めると、近代以前から、共同体には困窮者支援の機能が組み込まれ、それが統治に不可欠であることを、ときの権力者は常に認識していた。都市化、工業化、市場化が始まる近代に移行すると、その当時に有力な教義であったレッセフェール（自由放任）に対抗するかたちで、労働者を保護する仕組みが徐々に形成された[14]。

国家単位の社会保障が整い始めるのは、19世紀末と20世紀初頭の世界的大不況の後だが、20世紀の二度の総力戦を経て、無保障、雇用不安、貧困化の解消を目的とした福祉国家が誕生した。フォーディズムの時代（大量生産時代）に適応し、男性を一家の大黒柱と想定した中間層を支援するための枠組みが先進各国で完成したのである。

しかし、戦後の高度成長の終焉で、１９７０年代末以降、高福祉こそが成長の足枷とされ、新自由主義の荒波が先進各国を襲った。90年代後半以降に、第二次グローバリゼーションやＩＣＴ革命が始まり、再び社会構造の大変貌が始まったのは、これまで見た通りである。法社会学者のディヴィッド・ガーランドが論じる通り、脱工業化だけでなく、非正規雇用化など働き方の変化、一人親世帯の増加など、家族形態の変化などに対して、本来、社会保障のアップグレードが必要だった時に、先進各国でダウングレードに政治資本が費やされたというのが実態であろう。

こうした中で、スウェーデンなど北欧諸国が比較的うまく対応できたのは、元来、女性の独立を強く意識した制度設計であったことや、国民の就業能力向上に国が責任を持つべき、と考えられていたためである。たとえば、介護制度をつくらなければ、家族の中で女性にしわ寄せが行くことが懸念され、それを避けることを意識した制度が当初から組み込まれた。一方で、伝統的な家族の価値を重視するドイツなどでは躓《つまず》きが目立ったが、日本はどちらかというとそれに近いだろう。ただ、ドイツは近年、スウェーデンなどに倣った家族政策へと舵を切り、出生率の回復など、一定の成果が現れ始めていることも付け加えておくべきだろう。

また、当初から制度が脆弱だった米国では、底辺の人たちへの社会扶助が大きく削られた。中間層向けの制度縮減は避けられたが、第１章で見た通り、中間層から転げ落ちる人が増えたのは致命的だった。

近年、大陸欧州では、日本の非正規雇用とは異なるものの、新たな二極化構造が生まれつつある。意図的に請負のような被用者ではない形態を取り、社会保険料負担を免れるというものである。ただ、日本では被用者であっても、いまだに少なからぬ非正規雇用は、被用者の健康保険や厚生年金に入れないため、日本問題が欧州で生じ始めたと言うべきかもしれない。非正規雇用に被用者の社会保険がすべて適用されると、それを逃れるため、請負といった形態が増える可能性がある。

変質するメンバーシップ型雇用社会

日本企業の中にも、メンバーシップ型雇用を中心としつつも、職務内容が明確で専門的な仕事については、ジョブ型雇用の導入を掲げるところが現れている。もともと、研究開発部門のような、高い教育による人的資本が必要とされる職務はジョブ型雇用と親和的と見られていたが、ITデジタル経済化によって、そうした領域が広がってきたと受け止められているのだろう。一方で、職務転換や転勤など無限定な働き方を要請されるメンバーシップ型雇用とは異なり、ジョブ型雇用は、ワーク・ライフ・バランスも保たれ、望ましい働き方だと考える人も多い。メンバーシップ型雇用の無限定さが働き過ぎの温床であるのは事実であり、その反省から、今後もジョブ型雇用を目指すべき、という意見が増えるのだと思われる。

とはいえ、雇用制度は社会システムの根幹でもあり、一部の職種に適用できるとしても、異なる制度への全面的な移行ということになれば、教育制度や社会保障制度、財政制度など他の制度も同時に変える必要がある。仮にそれが望ましいとしても、一気呵成に移行するのは、混乱を招くだけであろう。前述した通り、公費で高等教育を賄わないのは、年功的賃金で教育費を支払うことが可能だったからである。また、後述する通り、就業に直接役立つ技能教育を高校や大学が敬遠してきたのは、企業がＯＪＴで独自訓練を施してきたからでもある。徐々には変わっていくのであろうが、制度的補完性の問題もあり、一気に変えられるものではない。

ジョブ型雇用は理想か

多くの人が理想として語ることの多いジョブ型雇用もさまざまな問題を抱えるのが現実である。現在の日本とは異なる雇用制度であるため、新しい働き方と見られているが、要は産業革命後に確立した働き方であって、工業社会時代の古臭い働き方ともいえる。当然にして、ジョブ型雇用は、産業構造が変化し、仕事がなくなった際に、失職するリスクに曝《さら》される。メンバーシップ型雇用なら、雇用調整助成金も活用し、企業が社内で、あるいは出向先で何らかの仕事を見つけてくれるが、ジョブ型雇用の場合、担当の仕事がなくなれば、米国のようにドラスティックではないにしても、職が失われる可能性は高いのである。もちろん、それゆえに、メンバーシップ型のままなら、需要構造の変化にうまく対応できないともいえる。

ジョブ型雇用は、すべての労働者にジョブ・ディスクリプションが準備され、こと細かに仕事の内容が規定され、明確な労務管理が行われると解説されることがある。たしかに業務内容の範囲は明確に定められてはいるが、ルーティーン的な仕事に対しては、厳格な人事査定が行われるわけではない。賃金がそれほど高いわけではないため、重要なのは、仕事がうまく回っているかどうかだけである。人的資本の時代というのであれば、下位の職種に対しても、人事査定を丁寧に行うメンバーシップ型雇用のほうが適切に見えることもある。

もちろん、メンバーシップ型雇用をこのままのかたちで維持するのは、ますます難しい環境となっている。メンバーシップ型雇用が維持できているのは、正規雇用と非正規雇用の二極化構造が存在し、非正規雇用が犠牲になっているから、ともいえる。しかし、同様に、ジョブ型雇用もグローバリゼーションやＩＣＴ革命の下で変容を迫られており、いずれもが異なる雇用形態に徐々に移行する可能性が高い。ジョブ型雇用、あるいはメンバーシップ型雇用のいずれかに収束するという話ではないのだろう。

仮に日本でも労働移動があたり前の社会となれば、失業そのものを避けるのではなく、失業期間を短くすることが重要になってくる。それには、新たな職に就くための就業訓練の拡充とその参加を前提とした手厚い失業給付が必要であるように思われる。まず、十分なセーフティネットを持たない非正規雇用を対象に、北欧型の積極的労働市場政策に舵を切るのなら、齟齬は小さいと考える。

現在は過渡期なのだろうが、年功的賃金の要素がさらに薄れ、生産性に賃金が対応するのがより一般的になれば、子弟の学費を賄えない家計がさらに増えてくる。米国や韓国のように、家計が借金漬けになるのを避けたいのなら、欧州のように学費を国が面倒を見る必要があるだろう。

近年、アルバイトで学費を稼ぐのを前提に就学する若者が増えている。保護者がフラットな賃金カーブの非正規雇用であったり、あるいは、正規雇用であっても以前に比べて、賃金カーブがフラットになっていることなどが背景にある。所得にかかわらず、望む人が高等教育を受けられるよう、欧州型の全世代型の社会保障制度を徐々に整える必要もあるのだろう。

(3) 現代日本の間尺に合わなくなった教育制度

メンバーシップ型雇用が変質していくのなら、教育のあり方も大きく変わらざるを得ないだろう。日本の高校システムが特殊とされるのは、普通高校の割合が圧倒的に多いためである。それは企業の新卒一括採用に対応していたからともいえるのだが、他国では、大学進学をしない場合、普通コースではなく、就業のためのスキルの取得に結びついた専門的なコースが提供されている。日本のような大学進学を頂点とした垂直的な序列型のシステムではなく、多様な選択が可能である複線型のシステムとなっているのである。社会学者の本田由紀が論じるように、メンバーシップ型雇用がその姿を変えていくのなら、新卒一括採用も崩れてくるため、就学時に就業能力を高めておく必要があり、高校教育に求められるものは大きく変わってくる(15)。

この議論は、大学教育にも当てはまるだろう。特に社会科学系の学部で、かつて学生が十分に学ぶことなしに済まされていたのは、新卒一括採用後、スキルを一から取得する段取りを企業がすべて提供してくれていたからである。採用時に企業にとって必要な情報は、スキルの有無ではなく、スキル獲得の潜在能力の代理変数となる大学のブランドであり、もう一つは自社の組織になじめるかといった人柄のようなものだった。そのことは、多くの読者が自らの実感として感じることでもあろう。

それゆえ、大学側も必ずしも就業能力を高める訓練を提供する必要はなかったのである。メンバーシップ型雇用の変容が続けば、実務に関連したカリキュラムを増やすことで、就業能力を強化する必要も出てくるだろう。

日本の成長が滞っているのは、就学の段階から、人材の流動化が滞っていることも影響している。

第1章でも触れたように、たとえばトップクラスの国立・私立大学は、近年、首都圏の比較的豊かな家庭の子弟が通う、限られた階層向けの教育機関となっている。もちろん常に例外は存在するのだが、親の学歴や所得、さらに居住地域による教育格差で、まず高校入学時までに明確に選別がなされる。20歳代前半までには学歴が確定し、大卒・非大卒という大きな括りで分断され、その後の人生は大きく制約される。社会学者の橋本健二や松岡亮二らの分析では、日本でも地理的空間における学歴、職業、所得の格差が拡大し、階級が世代を超えて継承されているという(16)。

幼少期の頃から、無意識のうちに異なる規範や価値、期待が内在化されていき、同じ日本の中で、生きる社会が分断される。経済格差と教育格差の再生産で、階層が固定化され、日本全体で見ると、政治家にせよ、官僚にせよ、財界人にせよ、極めて限られた人々の中からしか、社会のリーダーが生まれてこない。そのことも日本経済が成長できなくなっていることの理由の一つであろう。

司馬遼太郎の『坂の上の雲』を持ち出すまでもなく、明治期や終戦後に高い成長が可能になったのは、指導層が大きくリシャッフルされ、埋もれていた有能な人材が日本全国から広く見出されたからではあるまいか。安定を追求することばかりに血眼になるのではなく、多少の混乱があっても、リシャッフルから成長が生まれるという視点も必要だろう。

4　日本人は2010年代に豊かになったのか

前節では、第二次グローバリゼーションやICT革命で、メンバーシップ型雇用の対象となる労働が減り、日本の労働市場は、非正規雇用との二極化構造が進んでいることを確認した。人々の働き方、家族のかたちが大きく変わったにもかかわらず、社会保障制度が従来のままで、包摂されない人々が増えているから、消費が低迷するだけでなく、結婚や出産が困難になり、少子化につながっているのである。日本型雇用システムと表裏一体関係にある社会保障システムや教育システムも見直す必要性がある。

しかし、２０１０年代に採用された政策は、こうした問題意識とは大きくかけ離れたものであった。「デフレが続いたため、２０００年代に日本人はすっかり貧しくなった」と考えた人が増え、それが２０１２年末以降のアベ政策の採用につながったのだ。

筆者自身は、２０００年代に日本人が貧しくなったのは、デフレが原因とは考えていなかったため（デフレは「原因」ではなく、「結果」である！）、誤った診断によって、誤った政策が立案されたのではないかと、ずっと懸念していた。その後、コロナ危機が訪れるまで、政策当局者は、「デフレ脱却とまではいかないが、『デフレとは言えない状況』まで改善した」と説明していた。デフレとは言えない状況になったのなら、２０１０年代に果たしてわたしたちは豊かになったのだろうか。

(1) 「デフレ」のパズル

２０１０年代に下げ止まった時間あたり実質賃金

まず、事実確認である。豊かになったかどうかは、実質賃金を見なければならない。名目賃金が上がっても、それ以上に物価が上昇すれば、豊かになったとはいえないからである。特に２０１０年代は二度の消費増税が行われている。一方で、悪影響を相殺すべく、それに匹敵する規模の追加財政支

図３－23　実質賃金（年率、％）

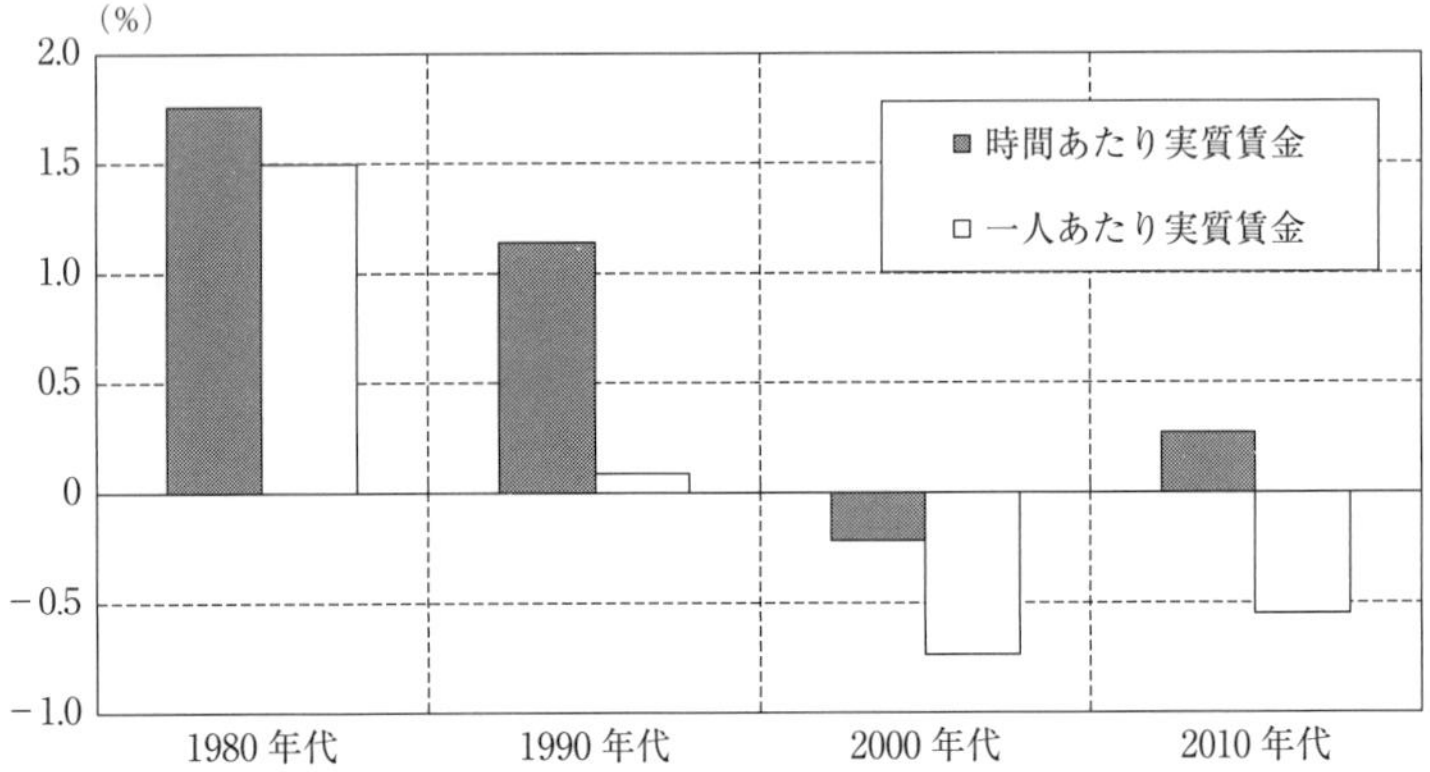

（出所）　日本銀行、内閣府、財務省、INDBより、BNPパリバ証券作成

出も行われた。

一人あたりの実質賃金は、１９８０年代に年率１・５％増えていたが、90年代は年率０・１％と、ほとんど増えなかった。さらに２０００年代は年率マイナス０・７％と大きく減少した。やはり２０００年代の日本人は貧しくなっていた。

それでは２０１０年代はどうだったか。年率マイナス０・５％と減少している。減少率は和らいだとはいえ、２０１０年代は２０００年代に比べて、さらに貧しくなったように見える（図３－23）。

ただ、これまで見たように、過去30年間、日本では人口動態の大きな変化やそれに伴い人々の働き方など、大きな社会変化が生じたため、実質賃金を一人あたりベースで見るのは、必ずしも適切とはいえない。

まず、第5章で詳しく論じる通り、80年代後半から90年代半ばにかけて、週48時間労働から週40時間労働に移行した。労働時間が大きく減ったのなら、実質賃金が伸びなくても、豊かにならなかったとは必ずしもいえないだろう。

また、過去四半世紀、労働時間の短い労働者が相当に増えたため、一人あたりベースで見ると、実質賃金を過小評価する恐れがある。特に、2010年代は、超人手不足社会が訪れ、これまで採用されていなかった高齢者や主婦、外国人が広範囲に採用された。これほどの人手不足にもかかわらず、賃金が上がらないのは不思議だというコメントを聞くことも少なくなかったが、通常、日本の賃金は月次ベースの所得で語られる。高齢者や主婦、外国人は労働時間が短いケースが多く、月次ベースの賃金水準が低い労働者の割合が増えると、経済全体では月次ベースの賃金に低下圧力がかかる。それゆえ、時間あたり実質賃金で語る必要があるのだ。

それでは、時間あたりの実質賃金はどう推移したのか。80年代は年率1・8%上昇していた。90年代も鈍化していたとはいえ、年率1・1%も伸びた。しかし、2000年代は年率マイナス0・2%と下落した。やはり2000年代にわたしたちは貧しくなっていた。そして、2010年代は年率0・3%と、わずかだが上昇した。

生産性上昇率の低下が実質賃金低迷の主因

2010年代にわずかではあるが時間あたり実質賃金が上昇したのは、何が原因なのか。今後の政策運営のためにも、その分析が必要であろう。まず、定義式をもとに、時間あたり実質賃金を、三つの要因に分解する。時間あたり実質賃金の変化率は、①時間あたり労働生産性上昇率、②労働分配率の変化率、③交易条件の変化率、の三つに分解できる。

時間あたり実質賃金（時間あたり名目賃金÷CPI）＝（実質GDP÷総労働投入時間）×（GDPデ

図３−24　時間あたり実質賃金の要因分解（年率）

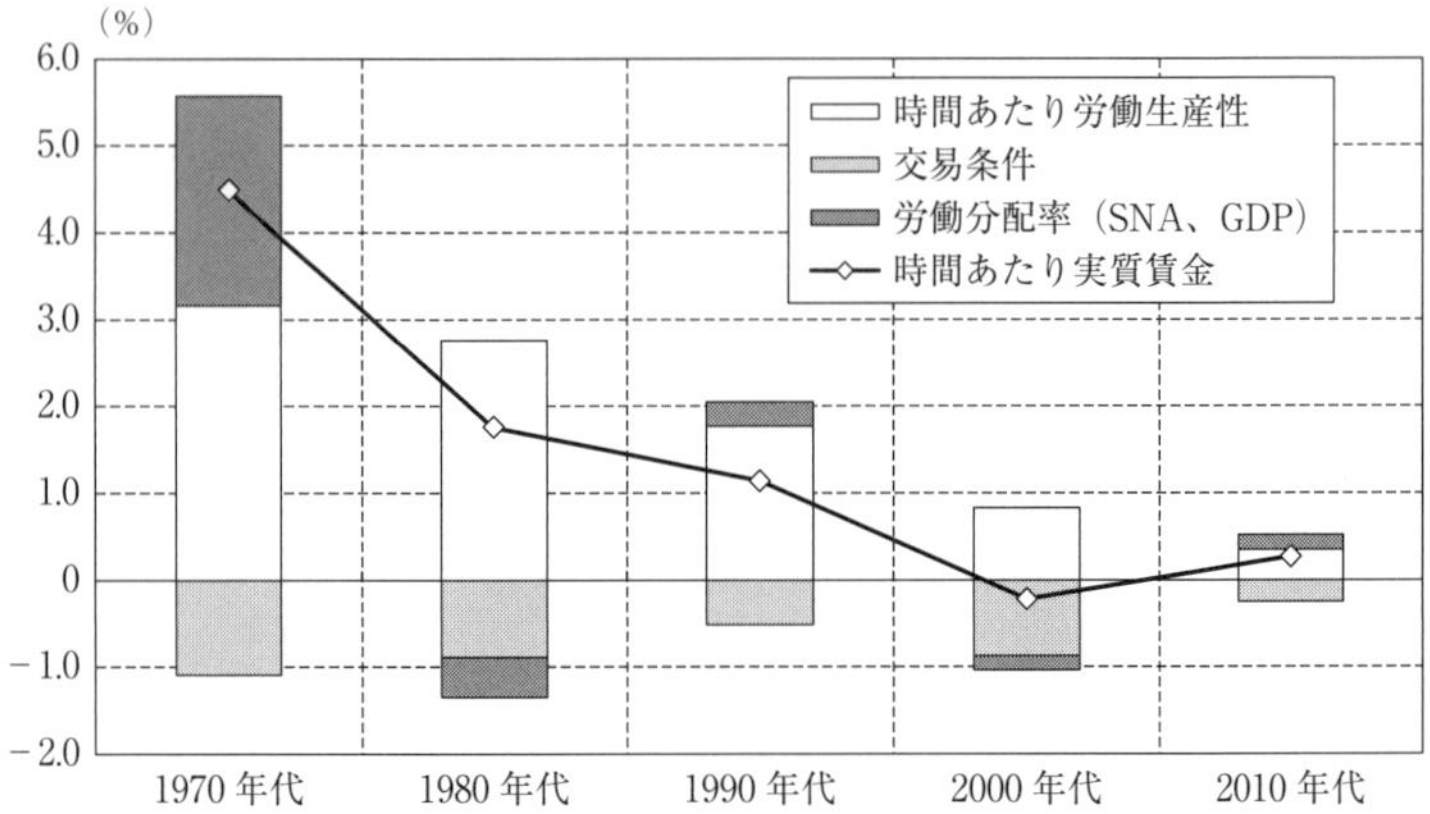

（出所）　内閣府、経済産業省、厚生労働省、総務省より、BNPパリバ証券作成

フレーター÷CPI）×（時間あたり名目賃金×総労働投入時間÷名目GDP）であり、右辺の第一項が時間あたり労働生産性、第二項が交易条件、第三項が労働分配率に対応する。後述する通り、ＧＤＰデフレーターとＣＰＩの変化率の差は、交易条件の変化を反映したものである。

　まず、時間あたり労働生産性上昇率である。多くの人が認識する通り、実質賃金を引き上げるには、労働生産性が改善しなければならない。時間あたり労働生産性上昇率は１９８０年代に年率２・８％と高かったが、90年代には１・８％まで低下し、２０００年代は０・８％まで低下、２０１０年代はさらに低下して０・３％となった。80年代の９分の１、90年代の６分の１の上昇率にすぎない。時間あたり実質賃金を左右する最大の要因である時間あたり労働生産性上昇率は２０１０年代も低迷を続けていたのである（図３−24）。

　当初、アベ政策には「三本の矢」が用意されていた。第一の矢が「大胆な金融政策」、第二の矢が

「機動的な財政政策」、第三の矢が「民間投資を喚起する成長戦略」である。結局、金融緩和や追加財政出動などのマクロ安定化政策にばかり頼ってしまい、最も大事な成長戦略が遅々として進まなかった――そう多くの人は評価していると思われる。筆者も基本的にはそう考えるのだが、成長戦略がなかなか進まなかったとはいえ、少なくとも２０１０年代は、２０００年代と同様、反・成長戦略が取られたわけではない。にもかかわらず、２０００年代も２０１０年代も時間あたり労働生産性上昇率の低下が続いたのはなぜか。もちろん、成長戦略に注力しても、労働生産性上昇率を維持するのが精一杯だったという解釈もある。わたしたちはさらに成長戦略に邁進しなければならなかったのである。

完全雇用下での追加財政と金融緩和が生産性低迷の原因

ただ、筆者は、理由はそれだけではないと考えている。第4章で詳しく分析するが、追加財政や金融緩和を完全雇用の下でも続けたことが、資源配分を大きく歪め、時間あたり労働生産性上昇率を低下させたのではないだろうか。

２０００年代は景気の先行きが心配だからといって、完全雇用になっても円高回避のために超低金利政策を続けた。さらに２０１０年代は、デフレ脱却こそがすべてだといって、超人手不足社会が訪れた後も、超金融緩和だけでなく、追加財政を繰り返した。完全雇用になった暁には、効率的な資源配分を追求しなければ、労働生産性上昇率が損なわれる。追加財政や超金融緩和というサポートがなければ採算の取れない企業や投資プロジェクトばかりが増えたのは、当然だろう。

成長戦略のせっかくの効果を追加財政や超金融緩和のもたらす資源配分の歪みによって相殺したの

ではないか。マクロ安定化政策は景気の下支えとはなるが、それを固定化させると生産性上昇率を悪化させ、その結果、実質賃金の回復も滞る。

雇用調整助成金がもたらす生産性の低迷

この関連で現在、筆者が懸念しているのは、コロナ禍において、雇用調整助成金の特例措置を、本書の執筆段階においても、いまだに継続していることである。コロナ危機による失業を回避するため、従来一人一日8330円としていた休業手当の助成を1万5000円に引き上げ、助成率の上限も大企業が二分の一を四分の三に、中小企業については三分の二を100%とした。コロナ危機の当初は、不確実性があまりに高かったため、労働生産性への悪影響をある程度は甘受せざるを得なかった。

しかし、人々の行動が大きく変容し、需要構造の変貌が明らかになった今日も手厚い雇用調整助成金の支給を継続すると、衰退分野に雇用を滞留させることになりかねない。パンデミック下でも新たな成長分野の萌芽は見られる。長い目で見ると、生産性上昇率を阻害し、実質賃金の回復を遅らせかねないのである。

筆者は雇用調整助成金そのものも問題含みと考えるが、特例措置の維持は、「雇用の崖」が訪れるタイミングを単に先送りするだけで、結局、誰の為にもならない。徐々に引き下げられ始めたとはいえ、重点措置の適用地域や経営が厳しいとされる企業向けは1万5000円の助成が続けられている。仮に同じ財源を使うとしても、成長分野への雇用のシフトを促し、その過程で生じる痛みを緩和するための歳出とすべきではないだろうか。

これまで日本では、不況が訪れた際、雇用を守るために企業を守ってきた。今回のコロナ危機でも、まず企業を守って、その雇用を守るという戦略を取っている。しかし、今後も財政的サポートを続けるのなら、軸足を企業から家計そのものにシフトすべきであろう。

実は、筆者は２０００年代末のグローバル金融危機後から、同様の主張を行ってきたのだが、政策思想が変わる兆しは今のところ見られない。第４章で論じる通り、日本型の雇用保蔵政策はイノベーションの足枷になるだけでなく、カーボンニュートラル２０５０の桎梏となるリスクがある。

(2) 下げ止まった労働分配率

話を元に戻そう。それでは、２０１０年代に時間あたり労働生産性上昇率の低下が続いたにもかかわらず、時間あたり実質賃金が悪化しなかったのはなぜか。労働分配率と交易条件の動きを見ていこう。まず、労働分配率から確認する。

１９９０年代以降、米欧では、労働分配率が大きく低下した。イノベーションで生産性上昇率が上がって、経済全体のパイが拡大しても、無形資産時代の現代においては、アイデアの出し手に所得増加が集中するため、平均的な労働者の所得はなかなか上昇しなかったのは第1章で見た通りである。

それでは、日本の労働分配率はどうだったか。１９８０年代に年率マイナス０・５％の下落、90年代は年率０・３％の上昇となった後、２０００年代は年率マイナス０・２％と下落した。２０００年代は時間あたり実質賃金上昇率を押し下げる要因となっていたのである。金融グローバリゼーションの影響が広がり、資本市場のプレッシャーから儲かっても企業がなかなか賃金を引き上げることができない状況が続いていた。

しかし、その後、労働分配率は2010年代に年率0・2%と、わずかながら上昇した。コロナ危機の影響で企業業績が大きく落ち込んだ2020年を除くと横這いだが、いずれにせよ、労働分配率の低下が2010年代に止まったことは、時間あたり実質賃金の押し上げに多少は寄与したといえる。アベ政策の賃上げ政策が多少は効果を発揮したのかもしれない。また、日本では、欧米のようにイノベーションが進まなかったこともあって、労働生産性上昇率は低迷を続けたが、それゆえ、米国のようにアイデアの出し手など一部の人に所得集中が生じるということも起こらなかった。そのことも関係しているのだろう。痛し痒しである。

(3) 交易条件悪化の誤った解釈がアベ政策を生み出した

2000年代の交易条件の悪化は石油ショック並み

残る交易条件はどうだったのか。交易条件は1980年代に年率マイナス0・5%と悪化した後、90年代は年率マイナス0・9%、2000年代も年率マイナス0・9%と、石油ショックに襲われた70年代の年率マイナス1・1%に次ぐ大幅な悪化となった。その後、2010年代には年率マイナス0・2%まで悪化が和らいだ。交易条件の悪化も2000年代に時間あたり実質賃金上昇率を押し下げる大きな要因となっていたことがわかる。一方、2010年代は悪化が大きく和らいだものの、その恩恵は労働生産性上昇率の低下によって減殺されてしまった。これを詳しく論じよう。

2000年代に交易条件の悪化が続いたのは、中国など新興国の旺盛な需要によって、原油などコモディティ価格の水準が大幅に切り上がったためである。資源価格が上昇すると、資源国に所得移転が生じるため、輸出価格に転嫁できなければ、交易条件が悪化する。つまり、交易損失が発生する。

２０００年代初頭に１バレル30ドルだった原油価格は、ピークの２００８年には１４０ドル台まで上昇し、これが２０００年代の時間あたり賃金を悪化させた。その後、２０１０年代に入っても１００ドル前後で推移していたが、２０１４年秋に急落した。つまり、２０００年代は産油国への大幅な所得移転が生じ、それが実質賃金を押し下げていたが、２０１４年秋以降、これが大きく修正されたのである。

ちなみに、コモディティ高が実質賃金を抑制するルートは主に二つある。一つは、ガソリンなどのエネルギーや食料品は、小売価格に転嫁されやすいため、それらの価格が上昇すると、実質賃金が目減りするという経路である。もう一つは、コモディティ価格の上昇によって原材料価格が上昇しても、日本では、エネルギーや食料品を除くと小売価格に転嫁しづらく、そのことが企業業績の悪化などを通じて名目賃金を抑制するという経路である。価格転嫁が難しいから、コスト高を吸収するために名目賃金を抑制するというのは、超人手不足が訪れた２０１０年代半ばより前にはよく見られた現象である。

日本のように、技術進歩の早い加工組立セクターに比較優位を持つ場合、技術進歩によって輸出財の相対価格が低下し、交易条件が悪化するのは、ある程度はやむを得ないことだといえる。ただ、２０００年代の日本の交易条件の悪化は相当に大きく、前述した通り、二度の石油ショックが襲った１９７０年代に匹敵した。

誤った診断と誤った処方箋

ここで筆者が強調したいのは、２０００年代に多くの人が貧しくなった本当の原因である。多くの

図 3-25　2000年代の CPI 総合、GDP デフレーター（季節調整値、2000年 1Q ＝100）

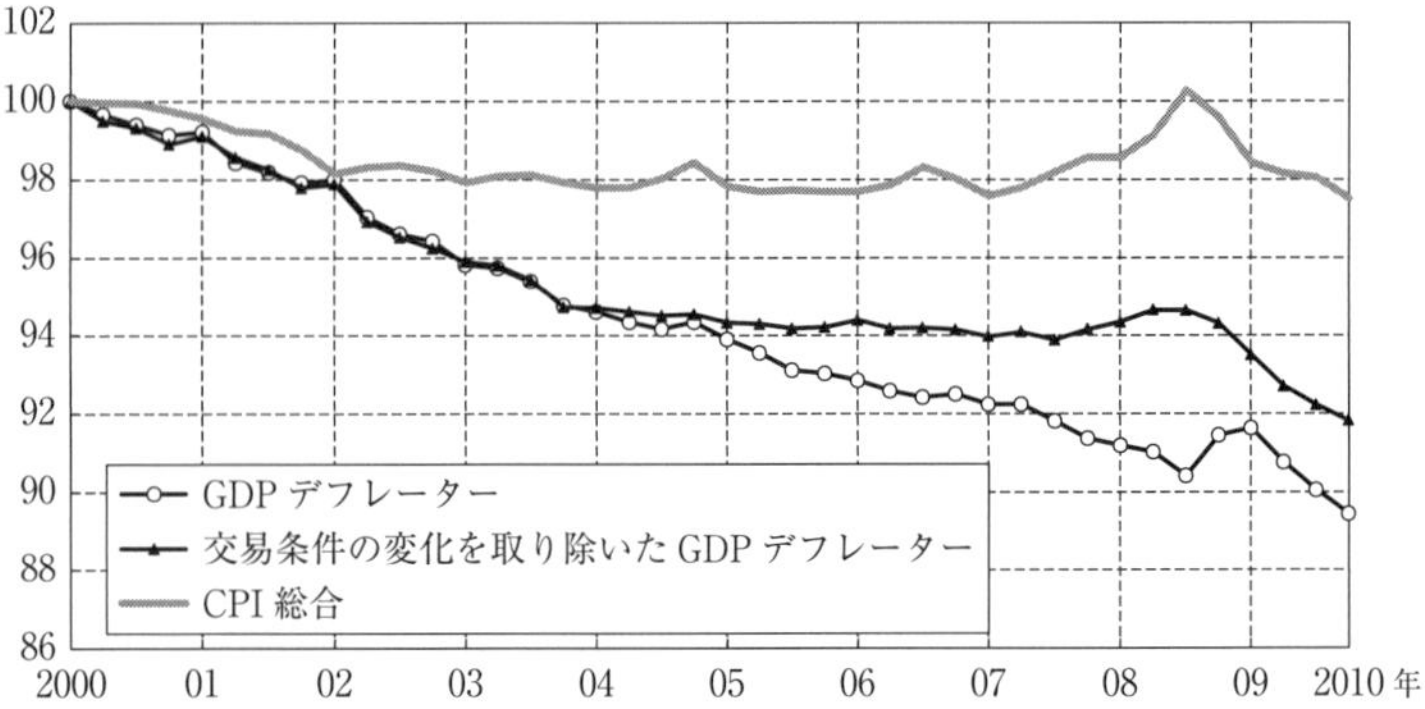

（出所）　内閣府、総務省資料より、BNP パリバ証券作成

人はデフレによって、貧しくなったと考えてきた。だから２０１２年末からのアベ政策では、リフレ政策が採用された。しかし、これまで見たように、実際には、①労働生産性上昇率の低下と、②労働分配率の比較的大きな低下、そして、③石油ショック期に次ぐ交易条件の大幅悪化が実質賃金の減少をもたらしていた。特に交易条件の悪化に関しては、前述した通り、原因は原油高によるインフレ現象であって、デフレ現象ではない。

そして、２０１０年代には、原油価格の大幅下落によって交易条件の悪化が和らぎ、さらに労働分配率の低下も止まったが、それらの恩恵は労働生産性上昇率の低下によって相殺された。恩恵が得られなかったのは、２０００年代の実質賃金の下落に関して、誤った診断が行われ、リフレ政策という誤った処方箋が選択されたからではないのだろうか。

興味深いことに、２０００年代のデフレの象徴とされたのは、ＧＤＰデフレーターの大幅な低下だった。しかし、そのＧＤＰデフレーターの下落をもたらしたのは、原油高による輸入物価の上昇であって、物価下落が原因ではない。２０００年代は、グローバル金融危機（リーマン・ショック）が訪れるまでは、国内物価の下落はむしろ止まっていた。図３－25を見ると明らかな通り、２０００年代半ばにはＧＤＰデフレーター以外の物価統計は、わずかだが上昇していたほどである。

ここで改めて確認しておくが、ＧＤＰデフレーターは他の物価統計とは異なり、物価動向だけを示しているわけではない。ＧＤＰ統計上、輸入は控除項目になるため、輸入物価の上昇はＧＤＰデフレーターを低下させる。しかし、「ＧＤＰデフレーターの下落＝デフレ」と誤認され、輸入物価上昇による実質所得の低迷をデフレによるものと誤って解釈された。それが２０１２年末からのアベ政策によるリフレ政策の発動につながった可能性がある。

もちろん、リフレ政策の直接の契機になったのは、輸出セクターにダメージをもたらした２０１０年代初頭の円高だが、第5章で論じる通り、それについても、むしろ２０００年代後半の超円安の下で蓄積された過剰の調整が大きく影響していたと考えられる。

細かな話で恐縮だが、ＧＤＰデフレーターは「名目 GDI ÷ 実質 GDP」で計算される。閉鎖経済では、ＧＤＰデフレーターの低下は、即、物価下落を意味するが、開放経済においては、ＧＤＰデフレーターの低下は、物価下落だけでなく、交易条件の悪化によっても生じる。分母は「実質 GDP ＝実質 GDI －交易利得」であり、交易条件の影響が取り除かれているが、分子は「名目 GDP ＝名目 GDI」であり交易条件によって変動する。つまり、物価下落が生じなくても、輸入物価上昇によって交易条件が悪化すれば、ＧＤＰデフレーターは下落する。

２０００年代半ばに生じたＧＤＰデフレーターの低下は、１９７０年代の石油ショック並みの原油価格高騰による交易条件の大幅悪化によってもたらされたものだった。経済学者の齊藤誠は、輸出主導の景気回復が続いたにもかかわらず、原油高によって実質賃金が低迷し一向に豊かにならないため、GDPデフレーターの低下をして、デフレによって貧しくなったと誤って解釈されたのだろうと推測している(17)。

原油高によるGDPデフレーターの下落を見て、「貧しくなったのは、デフレが元凶」という言説が支持を得て、それが政治リーダーにも受け入れられ、政策が転換されたのである。2012年末のリフレ政策への転換は、政治学者のジョン・W・キングダンが提唱した「政策の窓（Window of opportunity）」理論がうまく当てはまる(18)。もちろん、政策形成過程において、リフレ政策が選択される契機となるのは、2010年代初頭の円高問題であり、それが「政策の窓」を開ける最後のひと押しとなったのは間違いないだろう。ただ、仮に2010年代もコモディティ高で輸入物価上昇が継続していたのなら、円安がそれを増幅し、少なくとも家計部門の実質所得をさらに抑制する要因になっていた可能性がある。

交易条件改善の恩恵を活かせなかった2010年代

第4章で詳しく見る通り、2012年末以降、デフレからの脱却を目的に、追加財政と超金融緩和が繰り返され、完全雇用になってもそれを続けた結果、資源配分の効率性が大きく損なわれたこともあって、労働生産性上昇率は低下した。2010年代後半は原油価格が下落し、交易条件の改善の恩恵を得られるはずだったが、労働生産性上昇率の低下で相殺された可能性がある。これが「誤った診断」による「誤った処方箋」がもたらした帰結であろう。

もちろん、わたしたちは原油価格や交易条件をコントロールすることはできない。それらはあくまで与件である。それゆえ、２０００年代は労働生産性上昇率と労働分配率が悪化した上に、不運にも交易条件も大幅に悪化したと考えるべきかもしれない。一方、２０１０年代後半は、労働生産性上昇率の低下を、幸いにも交易条件の改善が相殺したから実質賃金が多少なりとも改善したと解釈すべきかもしれない。

いずれにせよ、「コロナ危機の前までは、アグレッシブな追加財政と金融緩和ですべてがうまくいっていたが、コロナ危機で再びデフレとなって貧しくなった」という誤った分析が今後登場し、「豊かになるためには、２０１０年代と同様にアグレッシブな追加財政と金融緩和を繰り返さなければならない」という主張が現れるかもしれないが、そうした主張は疑わしい、ということである。２０１０年代のような原油安という幸運が再び訪れるとは限らないから、誤った診断による誤った政策を繰り返すことは何としても避けたいところである。ちなみに、日本銀行は２０１４年10月の原油急落時に、追加金融緩和を行って円安を促し、せっかくの原油安の家計部門への恩恵を相殺している。２０１４年といえば、消費増税によって、家計の実質所得が抑制された年でもある。

コロナ禍や地政学リスクによるコモディティ高が再び交易条件を悪化させている

さて、本書執筆の終盤になって、再びコモディティ価格の上昇が目立ってきた。２０２１年半ば以降、コロナ禍によって供給の回復が遅れる一方で、米欧では経済再開で需要回復が先行していた。供給の回復の遅れには、コロナ禍がもたらした制約だけでなく、カーボンニュートラル２０５０に絡んだ中長期的要因もあると見られる。

図3－26　交易利得（実質GDP比、季節調整値、2011年基準）

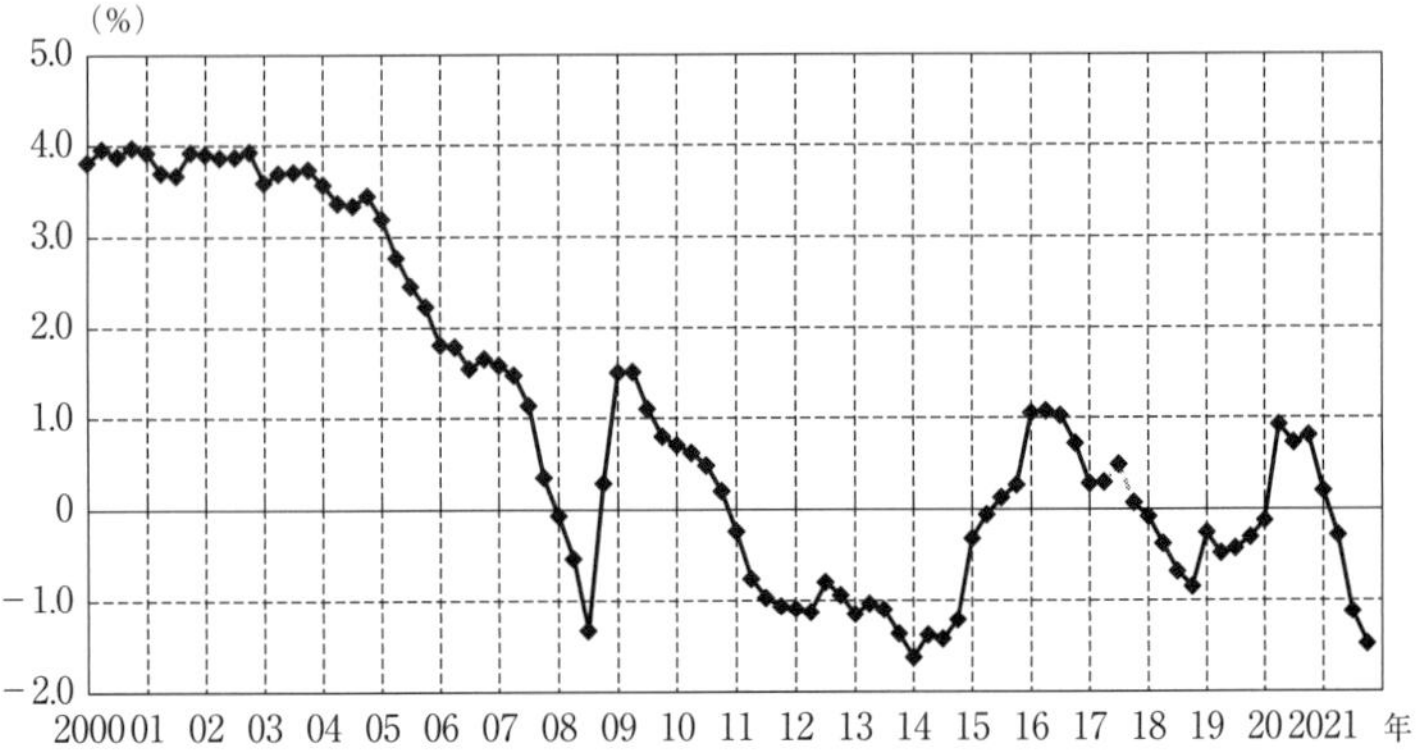

（出所）　内閣府資料より、BNPパリバ証券作成

化石燃料関連の設備は将来、収益を生まないどころか、除却するためのコストも負担せざるを得ない。マイナスの投資収益率になりかねない、という意味で「座礁資産化」が懸念されている。その結果、化石燃料関連の更新投資が滞り、現段階で必要なエネルギーの供給が十分に行われない、ということである。価格が割高になれば化石燃料への需要が減り、一方で再生可能エネルギーへの投資がさらに増えると思われるが、移行過程においては、こうしたちぐはぐな動きが長引くのかもしれない。また、ウクライナ危機の勃発など地政学的リスクの高まりも、エネルギー価格の上昇に拍車をかけている。以上は、第2章で論じた通りだ。

これらの結果、すでに2021年10～12月までの1年間で、日本の交易損失は、2008年7～9月までの1年間と同程度、悪化している（図3－26）。つまり、2000年代半ばと同様に、資源高による海外への所得移転（交易条件の悪化）で家計の実質購買力が圧迫され始めているのである。今回は、コモディティ高による輸入物価上昇を円安が増幅しているため、デフレではなく、インフレ的現象として、受け止められる可能性が高い。資源高や円安が続けば、人々の関心が再び日銀の金融政策に向かう可能性があるが、今回は少なくともリフレ政策を求めることにはならないはずである。「政策の窓」が開くとすれば、それは逆方向となるだろう。

もちろん、前述した通り、コモディティ高による輸入物価上昇に対応する手立てを中央銀行は持ち合わせてはいない。利上げを行っても、原油価格を押し下げることができないのは明らかである。また、何より、コモディティ高によって企業や家計の実質所得が抑制されている中で、二次的波及が生じていない以上、景気に悪影響をもたらす利上げを中央銀行としては選択できない。ただし、問題となるのは、コモディティ高による輸入物価上昇を円安が増幅することであり、家計部門がより大きなダメージを被ることだが、円安進展は日銀の金融政策と無縁とはいえない。

円安のメリットがデメリットを上回っているのか

為替の問題は、第5章で詳しく取り上げるが、円安は、海外の経済主体に対して、日本で産出される財サービスを割安にし、輸出拡大を促すため、インフレが問題にならない範囲において、一国全体では望ましいとは言える。輸入物価を押し上げるとはいえ、所得流出をもたらすコモディティ高とは異なり、景気刺激効果を持つ。家計部門がダメージを被るとしても、輸出セクターが享受するメリットを含め、当面の景気刺激という観点だけからいえば、低減しているといっても、ネットではプラスといえるだろう。

また、日銀が採用するイールドカーブ・コントロール（ＹＣＣ）には、グローバル経済の回復で海外金利が上昇しても、日銀は我慢して金利上昇を抑え込み、内外金利差が拡大することで、円安を促し、それが景気刺激やインフレ醸成を促すというメカニズムが組み込まれている。日銀からすれば、その期待された効果がようやく発揮され始めたということかもしれない。

しかし、インフレが安定的に目標の2％に達していないという理由だけで、現在の超金融緩和を固定化するのは本当に適切なのか。当面の景気刺激という観点だけで政策を判断するのは、視野狭窄ではないか、というのが筆者の長年の問題意識である。

まず、名目賃金の上昇が限られる中で、円安が輸入物価の上昇を増幅すれば、家計部門の実質購買力は抑制され、消費回復の足枷となる。輸出セクターに恩恵が及び経済全体ではプラスだとはいっても、本章でも見た通り、企業は儲かっても溜め込むだけで、賃金も増やさないし、人的資本や無形資産、有形資産への投資も活発化させない。家計の実質購買力を犠牲にする政策を固定化しているのだから、消費が一向に回復しないのは当然だろう。一体、何のために経済が存在するのか。

また、景気刺激の観点からは望ましいとしても、超低金利政策を長期化・固定化させることは、ゼロ金利や超円安なしでは存続できない、生産性の低い企業ばかりを増やすことになる。つまり、所得分配だけでなく、資源配分にも悪影響を与えているということである。そのことは、実質賃金を引き上げることができない企業を増やすとともに、潜在成長率の回復を阻害する。これが次章で論じるテーマである。

2012年末は、日銀の金融政策が社会の関心を強く惹きつけたことで、「政策の窓」が開き、リフレ政策が発動された。ただ、その際、コモディティ高による実質所得の抑制が本質的な問題であったにもかかわらず、GDPデフレーターの下落をデフレ問題と社会が誤認した。デフレが問題なのではなく、資源高による交易条件の悪化が真の問題だった。今回は、資源高による輸入物価上昇を円安が増幅しており、誰の目から見ても、インフレ的現象であり、それが家計の実質所得を抑制していると認識されるだろう。

超金融緩和の固定化は、財政規律の弛緩も助長している。人々の関心が輸入インフレ上昇を増幅する円安に向かうことをきっかけに、短期の景気刺激効果だけでなく、超金融緩和を固定化することの弊害を含め、長期的観点からメリット、デメリットを改めて比較衡量する必要があるだろう。

第3章　注

(1) 税収・税外収入と、国債費（国債の元本返済や利子の支払いに充てられる費用）を除く歳出との差（収支）を表し、その時点で必要とされる政策的経費を、その時点の税収等でどれだけ賄えているかを示す指標である。
(2) 小川一夫『日本経済の長期停滞——実証分析が明らかにするメカニズム』日本経済新聞出版、2020年。
(3) 深尾京司『世界経済史から見た日本の成長と停滞　1868-2018（一橋大学経済研究叢書67）』岩波書店、2020年。
(4) 岩村充『国家・企業・通貨——グローバリズムの不都合な未来』新潮社、2020年。
(5) 吉川洋『人口と日本経済——長寿、イノベーション、経済成長』中公新書、2016年。
(6) 濱口桂一郎『新しい労働社会——雇用システムの再構築へ』岩波新書、2009年。『ジョブ型雇用社会とは何か——正社員体制の矛盾と転機』岩波新書、2021年。
(7) セバスチャン・ルシュヴァリエ『日本資本主義の大転換』新川敏光訳、岩波書店、2015年。
(8) 濱口桂一郎『若者と労働——「入社」の仕組みから解きほぐす』中公新書ラクレ、2013年。
(9) 山崎史郎『人口戦略法案——人口減少を止める方策はあるのか』日本経済新聞出版、2021年。
(10) 山崎史郎『人口減少と社会保障——孤立と縮小を乗り越える』中公新書、2017年。
(11) 神林龍『正規の世界・非正規の世界——現代日本労働経済学の基本問題』慶應義塾大学出版会、2017年。

(12) セバスチャン・ルシュヴァリエ（2015）前掲書。
(13) 山崎史郎（2021）前掲書。
(14) デイヴィッド・ガーランド『福祉国家――救貧の時代からポスト工業社会へ』小田透訳、白水社、2021年。
(15) 本田由紀『教育は何を評価してきたのか』岩波書店、2020年。
(16) 橋本健二『東京23区×格差と階級』中公新書ラクレ、2021年。松岡亮二『教育格差』ちくま新書、2019年。
(17) 齊藤誠『父が息子に語るマクロ経済学』勁草書房、2014年。
(18) 上川龍之進『日本銀行と政治――金融政策決定の軌跡』中公新書、2014年。

第４章　イノベーションと生産性のジレンマ

1　景気回復の長期化と生産性上昇の相剋

２０２１年９月に首相の座についた菅義偉首相は、わずか1年で退陣した。ただ、菅政権は７年８カ月続いた安倍晋三政権の政策継承を掲げていたわけだから、多少の変化があったとはいえ、アベ政策は９年近く続いたことになる。

この間、政策スローガンとして「経済を最優先する」ことが掲げられてきたが、本当に適切な政策運営は行われたのか。本章ではこの問題について検討していく。

(1)　２０１０年代の日本経済——安倍・菅政権の成果と課題

アベ政策の成果

安倍政権の最大の成果は、景気回復を長期化させたことである。戦後最長だった２００２年２月〜08年２月の「いざなみ景気」の73カ月にはわずかに届かなかったが、いわゆる「アベノミクス景気」は２０１２年12月〜18年10月までの71カ月と、高度成長期のいざなぎ景気（１９６５年11月〜70年７月までの57カ月間）を超えて、戦後第二位の長さを誇る。

家計にとって、景気の振幅が抑えられ、失職の恐れもなく、安定的な消費が可能となることは、それ自体が経済厚生を高める要因となる。企業経営者にとっても、マクロ経済の振幅が抑えられることで、不確実性が低減され、事業活動が容易になる。

安倍政権は、経済運営において、まず目指すべきマクロ経済の安定化にはおおむね成功した、といえるだろう。その間、グローバル経済の回復継続という好運にも恵まれた。ただ、過去を振り返ると、グローバル経済が拡大を続ける中で、マクロ安定化政策の失敗によって、日本だけが不況に陥ったというケースもあった。このため、景気回復の長期化は好運だけ、といって成果を軽んじるのも適切ではないだろう。

第二の成果は、これと大きく関連するのだが、景気拡大の長期化で、完全雇用に到達し、それが維持されたことである。理論的にも、マクロ安定化政策の最終的な目標は、完全雇用の維持だと考えられている。第3章でも論じた通り、とりわけ短期失業率は、1990年代初頭のバブル期並みの水準まで低下していた。つまり、働く意思と能力を持つ人はほぼすべてが採用され、失業しているのは、よりよい就業機会を求める自発的な失業者のみ、という状況に達していた。

2010年代は世界的に政治が不安定化したが、その中で、少なくともコロナ禍が訪れるまで、日本の政治は安定し長期政権が可能となっていた。景気回復が長期化し、完全雇用が維持されたことも寄与したのだろう。コロナ禍で、感染拡大回避のために経済活動を抑制するのはやむを得なかったが、そこでも失業の増大を抑え込んだ。

インフレ目標の未達は問題ではない

それでは、アベ政策の課題は何か。最大の問題は、生産性上昇率が低下傾向を続け、潜在成長率も低迷を続けたことだろう。

一般に、景気回復が長期化すれば、生産性上昇率や潜在成長率の改善が期待される。しかし、景気回復の持続にあまりにこだわりすぎ、完全雇用に到達した後も過度なマクロ安定化政策を繰り返したことが、資源配分を歪め、生産性上昇率と潜在成長率の低下の一因になった。第3章でも触れたが、それが筆者の仮説である。

この問題を論じる前に、インフレ目標の達成について簡単に触れておこう。安倍政権が目指したデフレ脱却目標は、2%インフレ目標が達成されておらず、道半ばで潰えた。コロナ禍が訪れる前に、政府・日本銀行はデフレではない状態になったと説明していたが、現実には、ゼロインフレを脱することはできなかった。

菅政権でも同じだったが、安倍政権も後半になると、2%インフレ目標の達成に重きを置いてはいなかった。筆者自身もそのことが、特に問題だとは考えていない。

実質金利の引下げ余地が狭まるという金融政策の運営上の問題は残るものの、そもそもゼロインフレやスモール・マイナスのインフレが経済に多大なダメージを与える、ということがあるのだろうか。デフレは原因というより、むしろ景気低迷の結果であろう。事実、2017〜19年は低インフレの下で、完全雇用が維持されていた。超人手不足の下でも賃金は上がらなかったが、それをもたらした構造的要因を解決することが重要ではないだろうか。

たしかに、経済学者の渡辺努が論じるように、消費者が値上げを許さないために、日本企業は容量削減や包装を変えただけの新商品発売で、ステルス値上げを繰り返し、それに経営資源が割かれイノベーションに向かわず、多大な浪費が生じているのは大きな問題である(1)。ただ、イノベーションの不足もゼロインフレだけが原因とはいえない。本章を通じて探っていくが、むしろゼロインフレは原因というより、イノベーションを生み出すことができない経済構造の結果のように思われる。

また、次の第5章で詳しく論じるが、国ごとに経済構造は異なり、自然利子率も異なるのだから、そもそも望ましいインフレ率の水準も国ごとに異なる、というのが筆者の考えである。無理に高めようとして過大な政策を続けることが資源配分や所得分配を歪め、自然利子率の一段の低迷を招いているのではないか。インフレ目標そのものが時代にそぐわないものになっている可能性もあり、その位置づけを再検討する必要がある。

さらに、すでに日本では、安倍・菅政権の下で、マクロ安定化政策の主力は財政政策が担っており、だとすると金融政策が要請する一定程度のインフレの糊代《のりしろ》の必要性は大きく低下しているようにも思われる。2%インフレ目標をより長期の目標に位置づけた上で、完全雇用が達成されていれば、目標に到達していなくても、多少の政策変更を可能とすべきだろう。せめて金融システムに大きな負荷のかかる政策は見直しが必要ではないか。もちろん、低成長、低インフレから抜け出せない以上、低金利政策そのものは維持せざるを得ない。

全要素生産性上昇率の低下が継続

閑話休題、本題に入ろう。本来、完全雇用に到達すれば、次のステップでは、経済厚生を高めるべく生産性を引き上げ、所得水準を高めることが目指されなければならない。あるいは余暇を増やすこ

図4－1　潜在成長率の寄与度分解（年率）

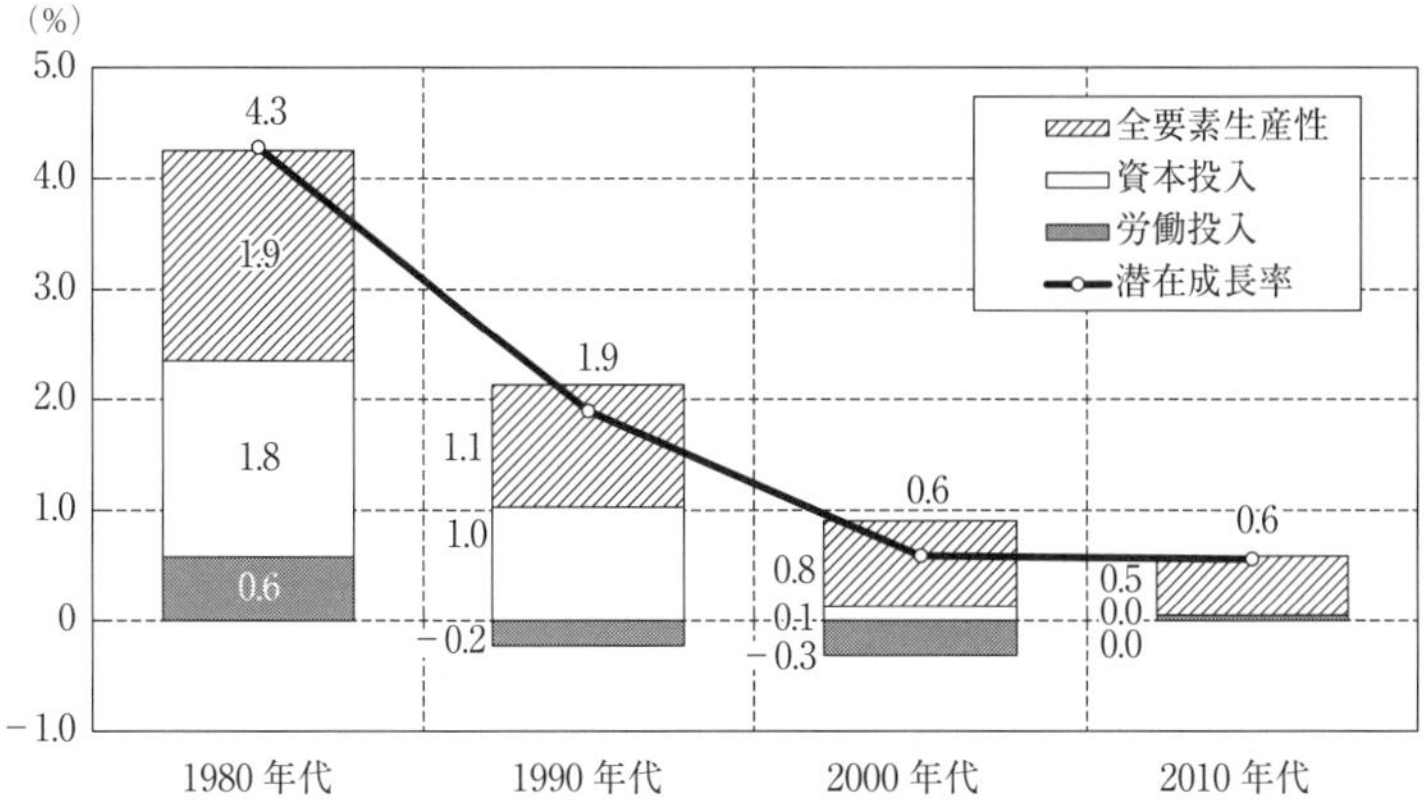

（出所）　内閣府、経済産業省、厚生労働省、総務省資料より、BNPパリバ証券作成

とを目指さなければならない。前者を選択すれば、マクロ経済的には、潜在成長率を高めることが次なる目標となる。

しかし現実には、潜在成長率は1％を大きく下回ったままである。第3章の図3－1が示す通り、ゼロ近傍まで低下した2000年代終盤に比べると多少は改善したが、それはグローバル金融危機の悪影響が消失したためで、2000年代前半に比べても依然として潜在成長率は低い水準のままである。コロナ禍の影響もあり、現在は0・5％を割り込んでいる。10年間の平均で見ると、潜在成長率は1980年代が4・3％、1990年代が1・9％、2000年代が0・6％、2010年代も0・6％と、低迷を脱していない（図4－1）。

潜在成長率は、供給サイドから考えると、労働投入、資本投入、全要素生産性の三つの要因に寄与度分解できる。全要素生産性は、労働や資本などの生産要素の増大以外の部分であり、いわばわたしたちの創意工夫などイノベーションによってもたらされ

図４－２　労働投入（トレンド、前期比年率）

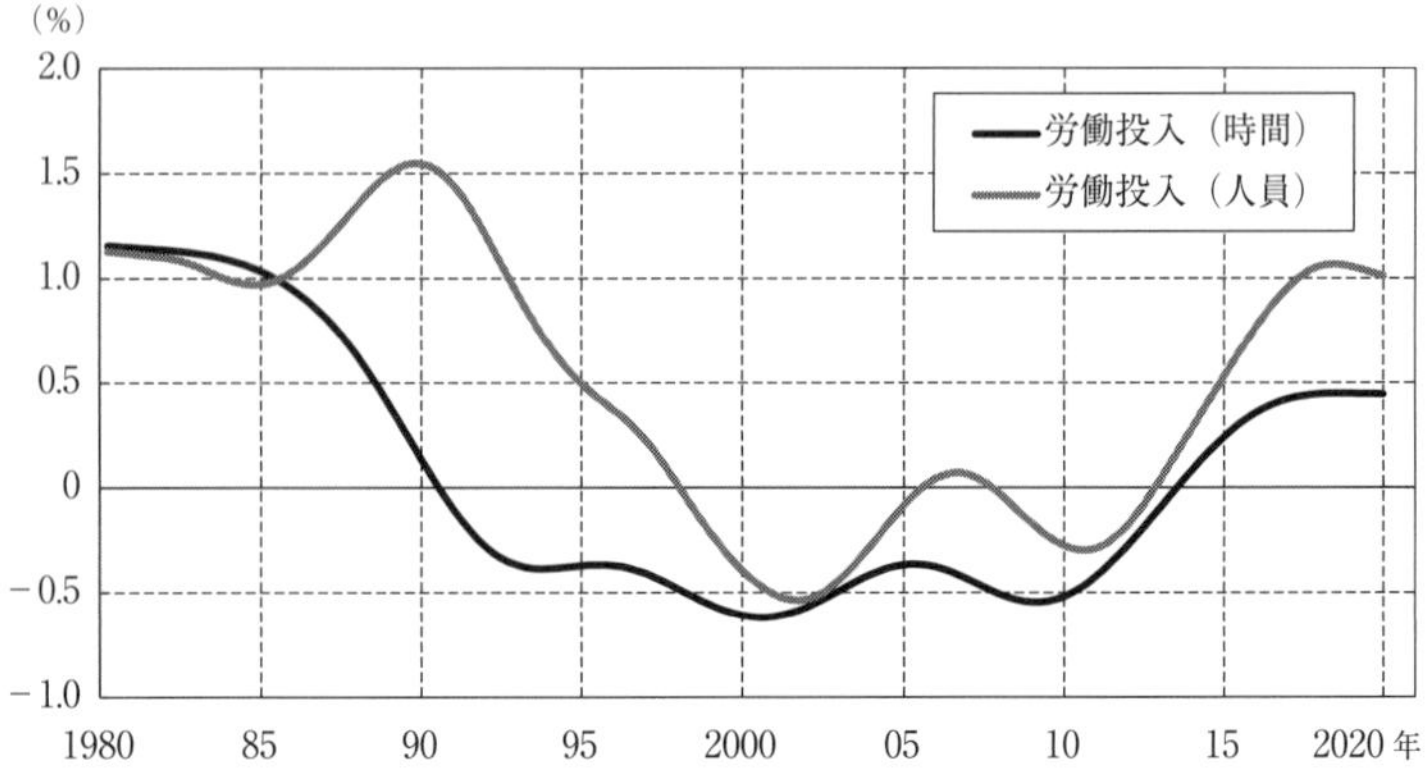

（出所）　内閣府、経済産業省、厚生労働省、総務省資料より、BNP パリバ証券作成

図４－３　生産性（トレンド、前期比年率）

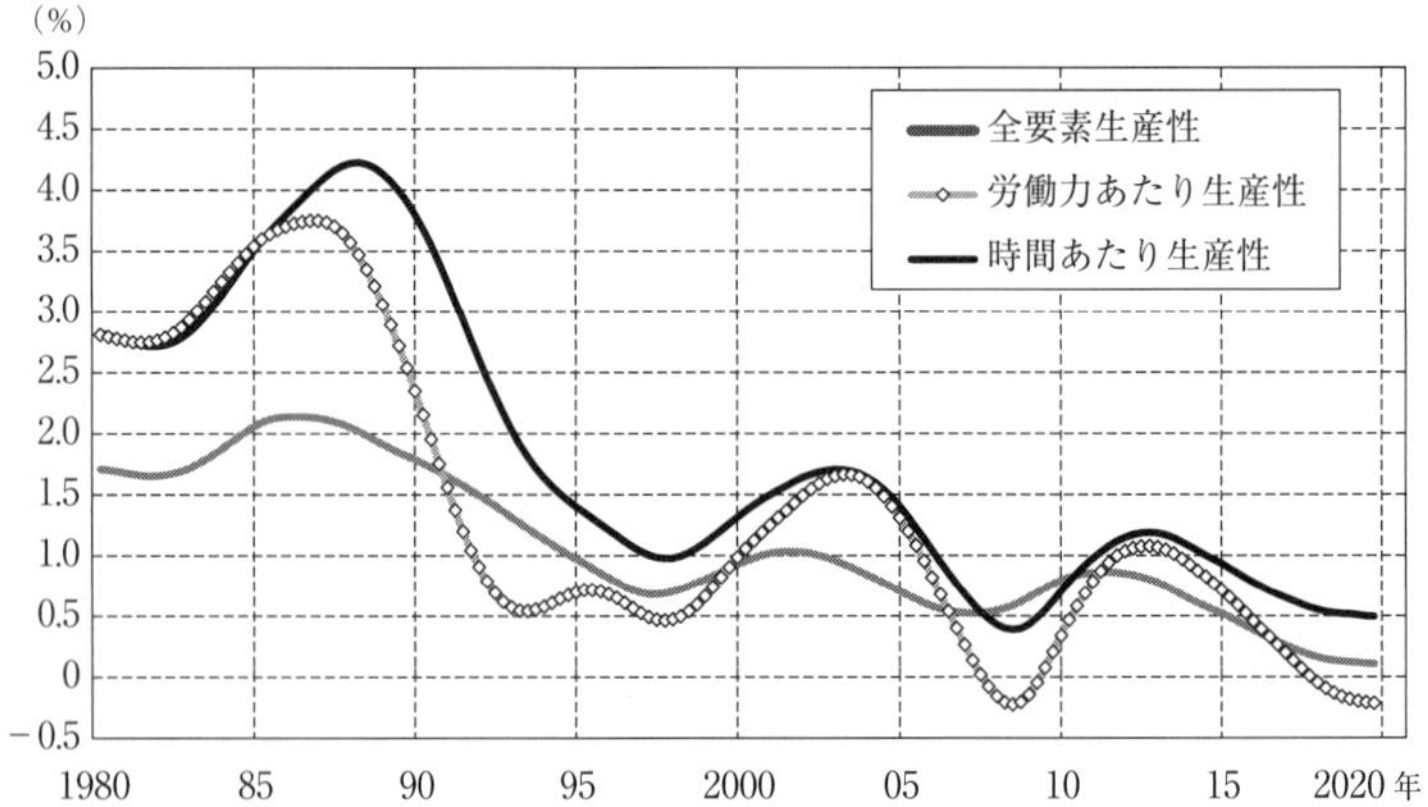

（出所）　内閣府、経済産業省、厚生労働省、総務省より、BNP パリバ証券作成

図4-4　資本投入（トレンド、前期比年率）

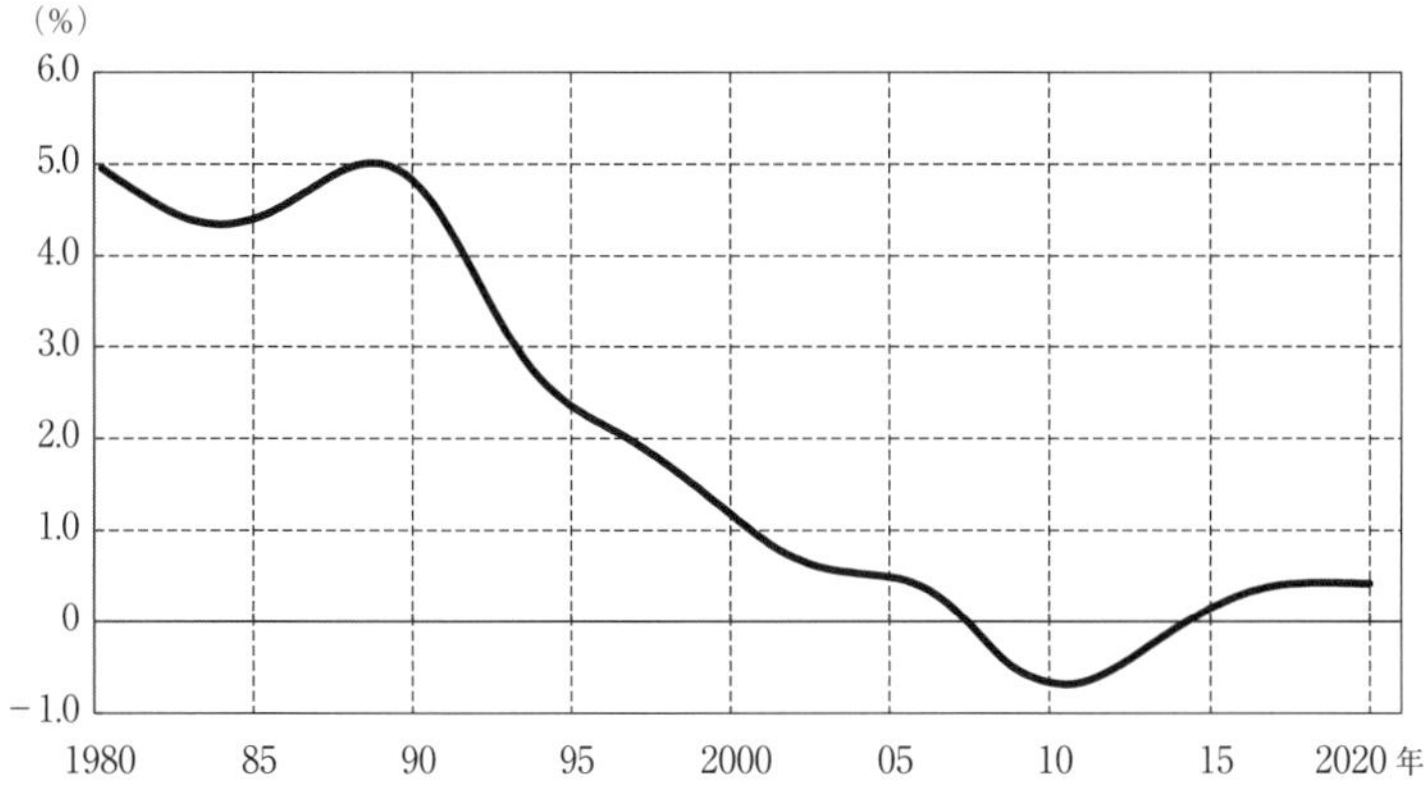

（出所）内閣府、経済産業省、厚生労働省、総務省資料より、BNPパリバ証券作成

るものである。

１９９０年代、２０００年代に大きな押下げ要因となった労働投入は、２０１０年代にはわずかだが押上げ要因へと変わっている。労働投入の寄与度は、90年代がマイナス０・２ポイント、２０００年代がマイナス０・３ポイント、２０１０年代が０・０ポイントである。２０１０年代の労働投入の寄与度は平均するとゼロだが、前半のマイナスから後半はプラスに転じている。２０１０年代後半にプラスとなったのは、コロナ禍直前まで超人手不足経済が続いた結果、これまで採用されなかった高齢者や主婦の就業が増加したことが背景にある。このことも安倍政権の成果に加えることができるだろう（図４－２）。

しかし、最も重要な全要素生産性上昇率は、低下傾向が続いたままである。90年代が１・１％、２０００年代は０・８％、２０１０年代は０・５％と、実にこの20年間で半減した（図４－３）。第3章でみたように、このことは、生産性上昇率の低下で、時間あたり実質賃金上昇率が低下を続けたことと対応している。

大企業の資本収益率は改善しているが、一国全体で見ると改善は乏しく、その結果、資本投入は滞り、もはや潜在成長率を押し上げる要因ではなくなっている（図４－４）。いや、儲かっても投資（資本投入）が抑えられているのは、第3章で詳しくみた通りである。資本投入の寄与度は、90年代が１・０ポイント、２０００年代は０・１ポイント、２０１０年代が０・０ポイントにとどまる。

まとめると、２０１０年代は、労働投入はわずかに増えたものの、全要素生産性上昇率の低下が続き、資本投入の拡大が止まったため、潜在成長率は２０００年代からまったく改善しなかった、ということだ。

高齢者や主婦の労働力の増加にも限りがあるため、それらが限界に達すれば、近い将来、労働投入が減り、潜在成長率が再び水準を切り下げる可能性がある。あるいは、人手が確保できなくなれば、デジタル技術を導入し、自動化（資本投入）で生産性を高めようとでもいうのだろうか。安倍首相も菅首相も財界に対し、賃上げを強く働きかけてきたが、生産性上昇率が改善していないから実質賃金もほとんど増えず、消費水準も高まらないため、経済厚生を高めることができなかったのである。

(2) マクロ安定化政策への過度なこだわり

マクロ安定化政策を過度に追求することが弊害を生む

なぜ、全要素生産性上昇率の低迷が続いたのか。安倍政権でも菅政権でも成長戦略への取り組みが十分ではなかった、といってしまえばそれまでだが、両政権において反・成長戦略が取られたわけではない。筆者の仮説は、前述した通り、マクロ安定化を過度に追求したことが弊害を生み、それが潜在成長率の回復を妨げた、というものである。

政治的に景気回復の長期化を万全にしたい、という気持ちはわからないわけではない。それがポリティカル・キャピタル（政治資本）を高め、長期政権をもたらしたのは事実である。ポリティカル・キャピタルとは政策遂行のために使い得る政治的な貯金のようなものであり、支持率と言い換えてもよいだろう。

しかし、いったん完全雇用になれば、政策目標の優先順位は見直さなければならない。あらゆる経済政策が景気回復の長期化ばかりを意識して運営されると、経済効率性やダイナミズムが損なわれ、生産性上昇率や潜在成長率の回復の大きな足枷となる。

まず、完全雇用に達しても、超金融緩和が固定化され、財政についても拡張的な政策運営が続けられてきた。これらの意味するところは、ゼロ金利政策や拡張財政を伴わなければ存続が難しい低採算企業が増えたということである。設備投資が増えるのは望ましいが、質の悪い投資プロジェクトばかりが増えれば潜在成長率はむしろ低下するのではないか。労働市場は完全雇用状態にあるのだから、経済の新陳代謝が進み、低採算の企業が退出したとしても、労働者は仕事を容易に見つけられるはずである。

一般的には、「市場の失敗」のケースを除き、政府の経済介入は効率性やダイナミズムを損なうため、慎重に行うべきだが、それでもわたしたちがマクロ安定化政策の発動を容認するのは、不況期における失業のコストが経済的にも社会的にも相当に大きいと考えるためである。一方で、完全雇用に達すれば、マクロ安定化政策がもたらすメリットは小さくなり、資源配分の歪みがもたらすデメリットのほうが相対的に大きくなる。マクロ経済環境に応じ、政策のメリットとデメリットの比較衡量が不可欠である。

図４－５　企業倒産件数

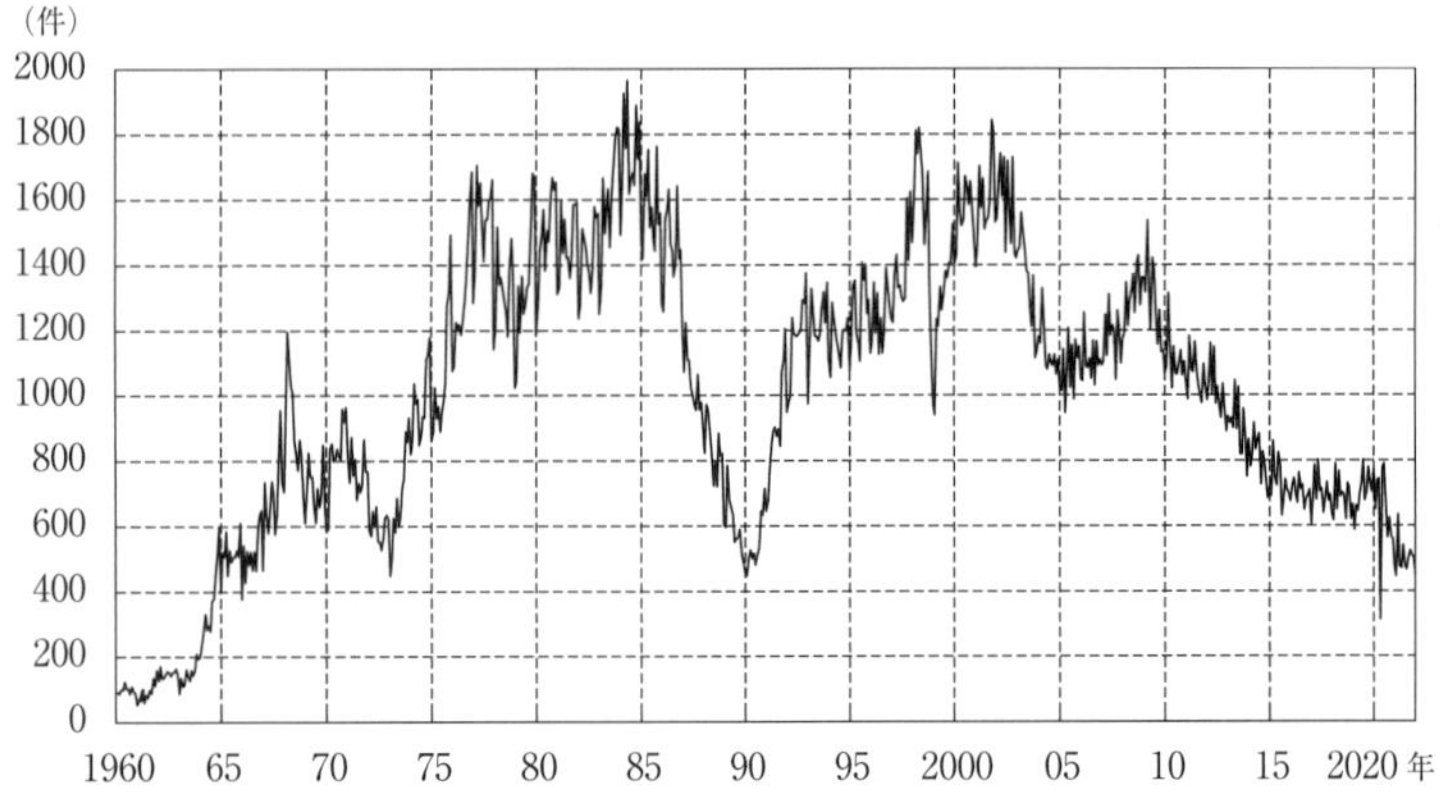

（出所）　東京商工リサーチ資料より、BNP パリバ証券作成

いや、景気刺激的なマクロ安定化政策を粘り強く続けてきたおかげで、超人手不足社会が到来し、これまで採用されなかった高齢者や主婦の就業機会が増えた、と反論する人も多いだろう。今後も超人手不足社会が続くことを考えると、新たな労働力の供給源を掘り起こした点は、筆者も高く評価する。しかし、労働時間が短いだけでなく、生産性も低いがゆえに、賃金水準が低い労働力を増やしたことも厳然たる事実である。

本来、省力化投資で対応すべきところを、安価な労働力で代替した可能性は否定できない。完全雇用になった後も、弊害が小さいとはいえないマクロ安定化政策を推進し続け、生産性の低い労働力を増やすことで、どれほどの経済厚生の改善が得られるのか、冷静な判断が必要であろう。

ゾンビ企業に退出を迫ることができるか

低生産性企業の問題は、コロナ終息後、ゾンビ企業問題（ゾンビフィケーション）として顕在化するリスクもある。コロナ禍では、企業の資金繰りをサポートするため、無利子・無担保の融資が積極活用された。その結果、２０２０年、21年の倒産件数は、バブル期並みの水準まで低下している（図４－５）。コロナ禍がもたらす倒産や失業を最小限に食い止めることは、広く社会で合意されたことである。コロナ対応では、政策が小さすぎることで存続すべき企業が淘汰されることを避けるという政策スタンスで臨み、それは成功したといえる。ただ、大規模かつ無差別な資金繰り支援を行ったため、本来なら退出すべき企業まで救済したということである。

コロナ対応の政策が終息すれば、返済が滞り、本来退出すべきだった企業が倒産し、場合によっては一時的に失業が増える可能性がある。ただ、そのとき、完全雇用にあるのなら、発生した失業は成長分野で吸収されるはずである。

もちろん、吸収されるまでの間、失業者をサポートする必要はあるだろう。また、収益性には大きな問題がなく、過大な債務の存在がビジネスの足枷になる企業については、債務減免等の措置も考慮すべきだろう。

しかし、コロナ禍で人為的に抑えられた倒産の反動増を恐れて、いつまでも危機対応として始めた政策を継続する、あるいは打ち切った後に生じる一時的な倒産の増加を政策的失敗として捉え、資金繰り支援等を再導入するという事態となれば、どうなるか。資源配分の歪みが継続し、生産性上昇率は、さらに下押しされる。政治経済学的に考えれば、安定を求める民主主義的統治体制の下で、こうした「誤った」政策決定が下される可能性は無視できない。警戒が必要である。

需要構造の変化に対応できない労働保蔵策

第3章でも論じた通り、労働保蔵による低生産性問題は、コロナ禍での労働政策のあり方とも大きく関係している。これまでも日本は、雇用保険を原資に休業補償の助成を行い、企業に雇用を保蔵させるかたちで失業増を回避する戦略を取ってきた。安倍政権と菅政権は、これまで以上に手厚い雇用調整助成金の特例措置を設け、コロナ禍を乗り越えようとした。この政策の恩恵によって、失業の急増を抑え込むことができたのは事実であり、その成功を評価すべきではある。

ただ、弊害が小さくないことも認識する必要がある。コロナ禍でも余剰人員を抱える産業が存在する一方で、深刻な人手不足が続く産業も少なくなかった。いや、コロナ禍であるからこそ、需要が増え、人手不足に直面した産業も存在する。経済のデジタル化、脱物質化の加速によって、この数年の間にも需要構造は大きく変容している。

手厚い雇用調整助成金の特例措置を続けることは、成長分野への雇用の移動を阻害する。日本の大企業のイノベーションが乏しい理由の一つは、経営者に雇用維持の責任を負わせていることが大きく関係しているが、そのことは菅政権が掲げたカーボンニュートラル2050の達成のためのグリーン成長戦略の成否にも大きく関わってくる問題であり、本章の後半で詳しく取り上げる。

(3) 外国人労働の光と影

低スキル外国人労働への依存

安倍政権、菅政権で進めた外国人労働についても再検討の必要がある。完全雇用に達しても、アグレッシブなマクロ安定化政策を続けたのは、もともとは労働需給を逼迫させて、賃金上昇を狙い、イ

図４－６　外国人労働者数

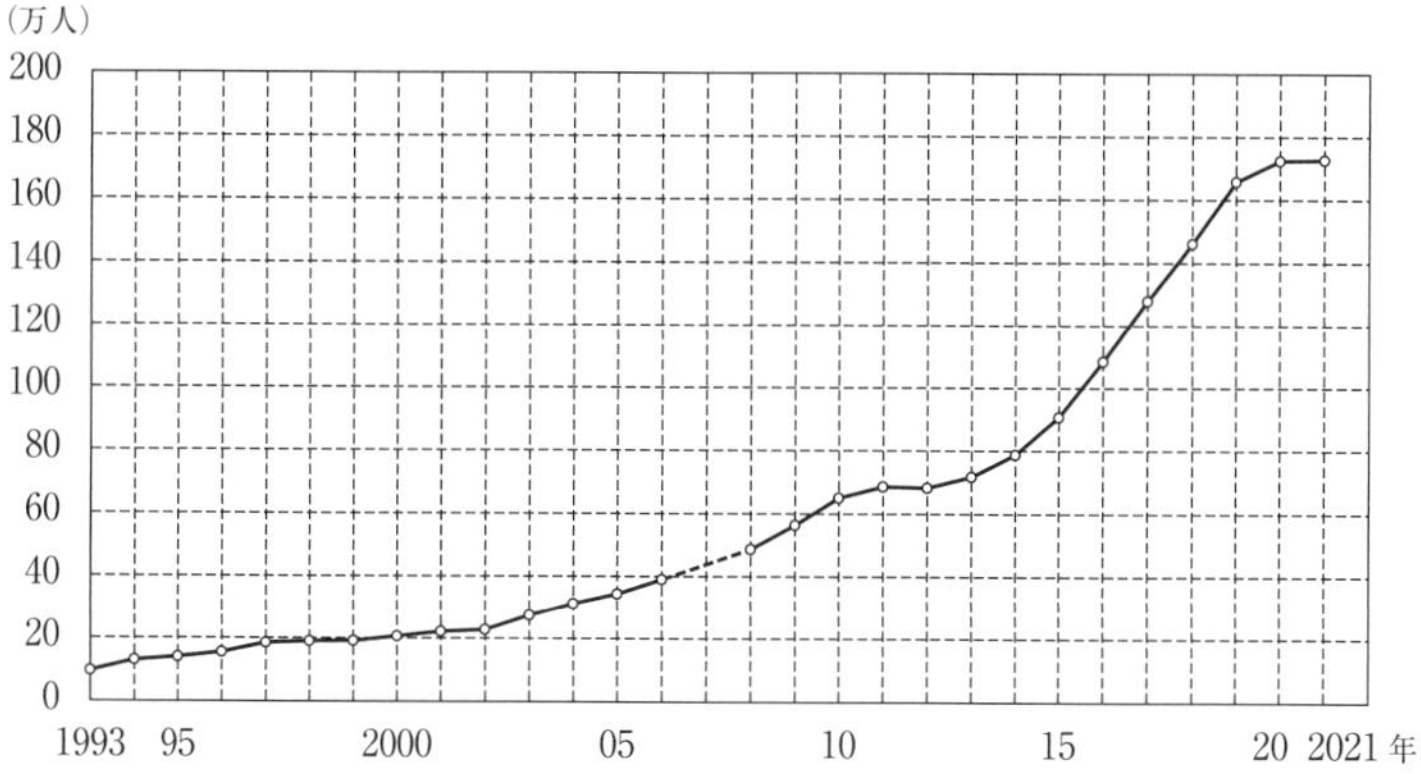

（出所）　厚生労働省資料より、BNP パリバ証券作成

ンフレ率を引き上げることが理由だったはずである。しかし、国内の労働供給の余力が小さくなった後も、景気刺激的なマクロ安定化政策を続け、人手不足が生じると、今度はその解消を低スキルの外国人労働の増加に頼るようになった。外国人労働者は２０１２～21年の間に１０４万人増加し、２０２１年時点では１７３万人と、今や労働人口の２・５％まで達し、近年、重要な労働力の供給元となってきた（図４－６）。２０１９年には出入国管理法を改正し、「特定技能」という新たな在留資格を設け、移民政策容認へと舵を切った。

一般に低スキルの外国人労働を容認することは、国際協調や人道支援といった観点からは評価される。しかし、経済政策の視点からは、問題含みである。日本の技能実習生については、人身取引と米国の国務省から批判されるなど、人道支援という点からも大きな欠陥を抱えていた。

たしかに生産性の低い企業にとっては、低賃金労働力の存在は経営上、大いに助かる。しかしマクロ経済全体で見ると、低スキルの外国人労働の増加は、むしろ賃金の押下げ要因になった可能性がある。日本人労働者へのスピルオーバー効果の大きい高スキル労働者を増やさなければ、わたしたちの生産性上昇率はいっこうに改善せず、実質賃金上昇率も上向くことはない。

外国人労働の経済効果については、米国でも意見が大きく割れている。丁寧な分析手法で定評がある経済学者のジョージ・ボージャスによれば、移民の経済効果の本質は、所得分配の問題であるという(2)。移民自身の所得が増え、米国のGDPはたしかに増加するが、GDPが増えることと、米国人の経済厚生が向上することとは別の話である。移民の所得増加を除くと、GDPの増分は実はゼロに近い。移民を活用する企業のメリットはたしかに大きいが、それは、移民と競合する国内の低スキル労働者の所得減少によって相殺される。つまり、国内の低スキル労働者から企業へ所得移転が生じているのである。

日銀の高圧経済論の落とし穴

完全雇用になっても金融緩和を続けることの理論的な根拠として、日本銀行は2016年頃に、「高圧経済(High Pressure Economy)」論を打ち出していた。完全雇用になっても、景気刺激を続ければ、労働需給の逼迫を起点に賃金上昇が始まり、ひいてはインフレ率の上昇につながるというのである。ただ、労働需要が増しても、一方で安価な労働力が海外から流入を続けていたのでは、いつまで経っても「高圧経済」にならないのも当然であろう。マクロ安定化を担う部署と労働行政を担う部署の間で、大きな認識ギャップが生じていたのではないか。

さらに、資本装備率を引き上げるべき企業が、海外からの安価な労働力を増やすことで投資を抑えていた可能性もある。収益性が低く、本来、完全雇用の下では存続できないはずの企業を海外からの安価な労働供給によって存続させていたのなら、本末転倒といわざるを得ない。

「きつく、汚く、危険な（３Ｋ）」仕事だから、日本人は誰も就きたがらず、雇用を奪っていないという反論もある。しかし、外国人労働が労働需給の緩和に寄与したのなら、賃金上昇圧力の抑制につながらなかったとは言い難い。そもそも、３Ｋで日本人が就きたがらないのなら、極力、自動化で対応するのが筋であろう。

移民労働については、先進各国において、国内を二分する社会政策上の争点になっているだけでなく、近年、経済安全保障上でも大きな問題となっている。(3) 移民労働に頼ることの是非を論じる際、日本では経済安全保障上の問題などが議論の俎上から完全に抜け落ちていた。本節のテーマと離れるため、本章の補論で改めて取り上げる。

(4)　低い賃金の雇用ばかりを生み出す政策

景気回復の長期化のために誤用された構造政策

本来、短期的には痛みを伴うとしても、長期的に効果の大きい構造政策は、マクロ安定化政策の果実である完全雇用を梃《てこ》にして、推進すべきものである。政治経済学的にいえば、完全雇用によって得られたポリティカル・キャピタルを原資に、痛みを伴う構造政策を推進すべきということになる。その中にはＴＰＰやＥＰＡ、ＲＣＥＰなど安倍政権の大きな成果がある。自由貿易の推進は、「規制緩和の塊」の実行といっても差し支えない。特に米国がトランプ政権でＴＰＰからの離脱を決定した後も、安倍政権のリーダーシップによってＴＰＰをまとめ上げたのは、特筆すべき実績であろう。

しかし一方で、三本目の矢であったはずの「成長戦略」の名の下に行われてきた一部の政策は、景気回復の長期化に利用され、むしろ生産性の改善を阻害した可能性がある。成長戦略の効果が現れないのは、それが不十分なためというより、自己目的化した景気回復の長期化のために利用されたことが影響したからではないだろうか。

たとえば、その典型は、女性活躍のための政策である。男女共同参画社会の構築は、そのこと自体に大きな意義があるが、雇用の多様性を広げ、能力の高い女性の活躍を可能とすることは、一国全体の生産性の向上にもつながる。しかし、指導的立場の女性の増加を促すためとして現実に取られたのは、役職者数比率などの情報公表義務の対象拡大といった類のものにとどまる。

男女差別のみならず、多くの差別問題は、統計的差別によって、人々の意識を通じてますます強化される。一度固定化されると、人々の意識が多少改められても、慣性、あるいは制度的補完性が働くことで簡単には変わらない。今後、わたしたちが判断の上でAIを利用するようになれば、さらに統計的差別が助長される恐れがある。それゆえ、差別問題の解消には、アファーマティブ・アクション（積極的格差是正措置）的な踏み込んだ政策が必要である。

しかし、産業界からの反発も強く、ドラスティックな変革からは距離が置かれ、菅政権でもこの差別問題の解消については手つかずのままだった。コロナ禍は、飲食業や宿泊業、小売業などの対面サービスに大きな影響が現れ、その結果、女性の非正規雇用で就業が困難になる人が多かった。マクロ的なショックが襲うと、ダメージは社会の最も弱いところに現れるのが常だが、コロナ禍では、ダメージが女性にしわ寄せされ、わが国の男女共同参画の遅れが露呈することになった。

男女共同参画社会の視点からは、主婦であることの選択を促す優遇措置を取りやめる目的で、配偶

図4－7　実質実効円レート（2010年＝100）

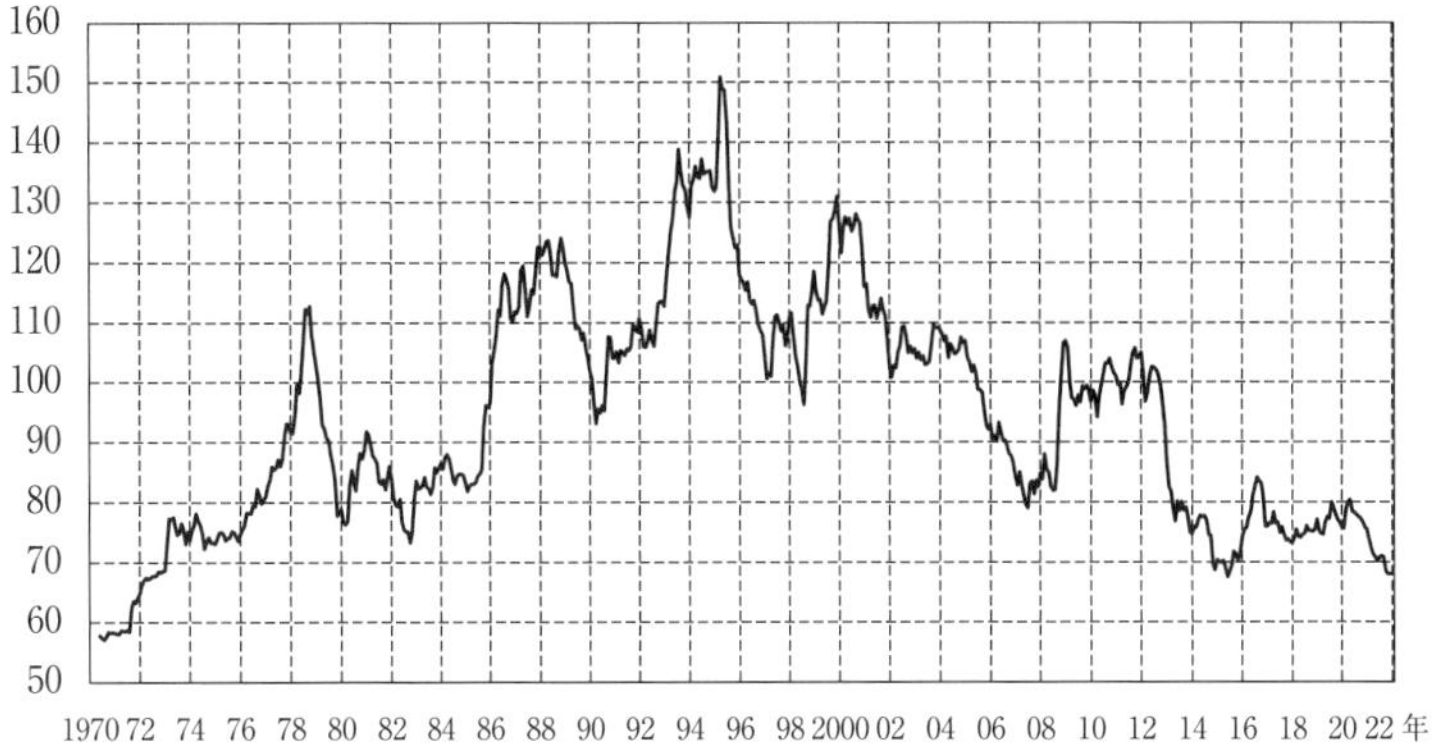

（出所）　日本銀行資料より、BNP パリバ証券作成

者控除・配偶者特別控除の廃止が長年提案されてきた。しかし、安倍政権で実際に進められたのは、配偶者特別控除の適用幅拡大（103万円➡150万円）である。目の前の人手不足への対応策として、主婦の労働供給を促す目的があったのだろうが、働き方に中立な税制とは逆行する。意図してはいないとしても、低い賃金、低い生産性の労働供給を促すことになっている。これは、厚生年金や共済組合に加入する第2号被保険者に扶養される主婦（主夫）が対象となる第3号被保険者問題とも通底する問題である。

円安政策と生産性

生産性を高めるという意識をよほど強く持たなければ、低い賃金の労働ばかりが増え、景気回復が続いても、一向に豊かになれないという「低生産性・低賃金の罠」から抜け出せない。実は円高を回避し、景気回復を長期化させるという政策も、低生産性・低賃金の罠に陥りやすい政策である。為替政策については、第5章で詳しく取り上げるが、不況期には円安が望ましいとしても、完全雇用期においても円安を助長する政策を取ることは、経済厚生をむしろ悪化させる可能性がある。

現在、実質実効円レートは、1970年代初頭以来の低水準にあるが、それほどまでに低い水準でなければ、採算の取れない輸出産業を国内に温存しているともいえる。同時に、輸入財の購入に対して、わたしたちは1980年代、1990年代、2000年代、2010年代よりも多くの支払いをしなければならなくなっている。低い水準で実質実効円レートが推移していることは、実は日本人が貧しくなったことの象徴なのである（図4－7）。

一方で、世界的に不況になれば日本も不況に陥るが、他国が利下げを行うことで円高が訪れる。好況期に円安のメリットを享受することの代償として、不況期に円高のデメリットを甘受せざるを得ないのは、果たして適切なマクロ安定化政策といえるのだろうか。この問題は、政策当局者の中でも気がついている人が少なくないため、金融政策とともに改めて詳しく論じる。

景気回復の長期化だけでは解決できないこと

たしかに景気回復の長期化で、問題解決が容易になることは少なくない。しかし、安倍・菅政権の下での経済政策が明らかにしたことは、景気回復の長期化がすべての問題を自動的に解消するわけではない、ということであった。長期的に大きなメリットがあっても、短期的には痛みを伴う政策を、景気拡大局面であれば、比較的容易に進められるということであり、それ以上のことでも、それ以下のことでもない。

これは、潜在成長率の引上げについても当てはまる。景気回復が続けば、自然と潜在成長率が高まると考える人がいるが、景気回復が長期化しても、それだけでは潜在成長率は高まらない。

幸福度を高めるという選択

安倍・菅政権における働き方改革では、ワーク・ライフ・バランスを改善すべく、時間外労働の上限規制や勤務時間インターバル制度の普及促進、在宅勤務のガイドラインの刷新などが行われた。労働環境が改善すれば生産性が上がる、という発想からこれらの政策が推進されたのだが、ワーク・ライフ・バランスの本質は、実は企業と労働者の分配の問題であり、必ずしも生産性を向上させるという話ではない(4)。

労働環境が悪い職場の生産性が改善するとも思われないが、ワーク・ライフ・バランスが改善しても、生産性が上がらないことも十分にあり得る。ただ、分配の問題であって、一国全体の所得が増えないから、意義が乏しいというわけでもない。むしろワーク・ライフ・バランスの改善そのものは、実質GDPが増えなくても、わたしたちの経済厚生を引き上げるという点から望ましい。所得だけでなく、余暇が増えることも経済厚生を改善させる大きな要因となる。

コロナ禍をきっかけに在宅勤務が定着すれば、長い通勤時間を節約することになる。また、在宅勤務が増えれば、出勤を続ける人にとっても、朝夕の通勤時の混雑が解消されることが大きなメリットとなる。わたしたちは実質GDPの引上げばかりを考えがちだが、経済厚生を引き上げる方法はそれだけではないのである。

ワーク・ライフ・バランスとも大きく関係するのだが、そろそろ日本も「国民の幸福度を高める」という視点から政策を立案すべきだろう。伝統的に経済学では、効用そのものは主観的なもので直接測定できないし、すべきでもないと考え、代理変数として完全ではないものの所得に注目してきた。所得が継続的に増加すれば消費水準が向上し、効用も高まると考えるためである。

しかし、「幸福のパラドックス」として知られるように、一人あたり所得が1～2万ドルを超えると、所得と幸福度の相関関係は大幅に低下する。所得増加がもたらす豊かな生活に人間はすぐに順応し、効用が長続きしないのである。また、自らの幸福度を評価する際、周りの人と比較することも大きく影響している。先進国の幸福度ランキングは一般に高いが、残念ながら日本は56位と、あまり芳しくない成績である。

重要なポイントは、所得向上の有用性を否定すべきではないが、それだけでは幸福を追求できないということであろう。また、経済学者のブルーノ・S・フライが論じるように、結果だけでなく、プロセスも幸福度を左右する(5)。たとえば同じ所得を稼ぐにしても、自営業のほうが高い幸福につながるが、その理由は雇われるケースに比べて、自らが主体的に意思決定できるからである。起業を促す政策は、単に経済成長を高める以上の意味があるのだ。

ちなみに民主主義そのものも幸福度に大きく影響される。仮に本人にとって不利な決定が行われるとしても、意思決定に自らが参加し、納得すれば幸福度は必ずしも低下しない。地方分権の推進が必要なのは、受益と負担を明確化し、公的部門を効率化させるという視点だけでなく、自らが決定に参加することそのものが幸福度を高めるからでもある。日本人の幸福度が高くないのは、それを引き上げるという視点が政策形成に欠如しているからだろう。所得増加だけでなく、幸福度の追求も政府は目標に掲げる必要がある。

なお、コロナ禍で露呈したのは、危機対応への仕組みの欠如であり、それを是正するにはいっそうの中央集権化が必要であるようにも見える。政治学者の竹中治堅や経済学者の鈴木亘が論じる通り、保健所や医療機関への指揮権など、政府のガバナンスが欠如していることが、他国に比べて桁違いに少ない重症者数や死亡者数にもかかわらず、経済活動を大きく抑制あるいは自粛しなければならなかった理由である。(6)しかし、それは災害や安全保障と同様で、あくまで危機時における集権的システムの欠如の問題である。平時において必要なのは、よりいっそうの地方分権の推進である点を強調しておきたい。

2　日本企業のイノベーションが乏しいのはなぜか

(1)　イノベーションを生み出そうとする意欲の欠如

大企業経営者にイノベーションを生み出す意欲が乏しい理由

「トップ企業も、組織的、心理的要因でイノベーションに失敗し、新興企業にとって代わられる」と論じたのは、著名経営学者のクレイトン・クリステンセンだった。多くの経営者が座右の書とする『イノベーションのジレンマ』（原題は「イノベーターのジレンマ」）の著者である。(7)

さらに、このジレンマの原因を経済学的に解明したのが経済学者の伊神満で、大企業のジレンマは、イノベーション能力の欠如ではなく意欲の問題であることを明らかにした。(8)いかに研究開発能力が高く、経営者が合理的かつ戦略的であっても、新旧の製品が共食いを起こす限り、失うものが多いため、当時の米国の大企業経営者はイノベーションに積極的にはなれなかったのである。

だとすると、日本でイノベーションが乏しい理由は明らかであろう。イノベーションに成功しても、雇用システムが非流動的である日本では、以前ほどではないとしても、既存事業の売却や雇用リストラはステークホルダーの反対もあって容易ではない。日本の経営者は、米国の経営者よりも、深刻なイノベーターのジレンマに直面しているのである。そうであるならば、雇用の流動化を推進すれば、日本でもイノベーションが活発化するのだろうか。

プロダクト・イノベーションとプロセス・イノベーション

今やすっかり昔話になってしまったが、1970年代後半~80年代は、「日本のモノづくり」全盛時代であった。90年前後も、米国では日本脅威論だけでなく、日本企業のモノづくりを学ぶべきという主張も多く、実際に、米国の産学が日本のモノづくりの強みを真剣に研究し、長所を取り入れようとした。もちろん、90年代後半以降の日米再逆転は、謙虚に学んだ米国企業が再生し、慢心した日本企業が衰退したという単純なストーリーでもない。

そもそも日本が得意とした輸送機械にせよ、電気機器にせよ、一般機械にせよ、それらをまず先に商品化したのは、主に米国企業である。

イノベーションには新たな財、サービスを創出するプロダクト・イノベーションと、生産工程を改善し生産効率を向上させるプロセス・イノベーションの二つがある[9]。米国企業はプロダクト・イノベーションによって画期的な技術を用い、新商品・サービスのドミナント・デザイン（支配的な技術・規格）を確立した。非流動的な雇用システムの日本では、共食いのリスクがあるため、プロダクト・イノベーションの意欲に乏しい。しかし、ひとたびドミナント・デザインが確立されると、非流動的な雇用の下で、日本企業は得意とするプロセス・イノベーションを発揮し、高い品質や性能、優

図4－8　国・地域別のマークアップ率

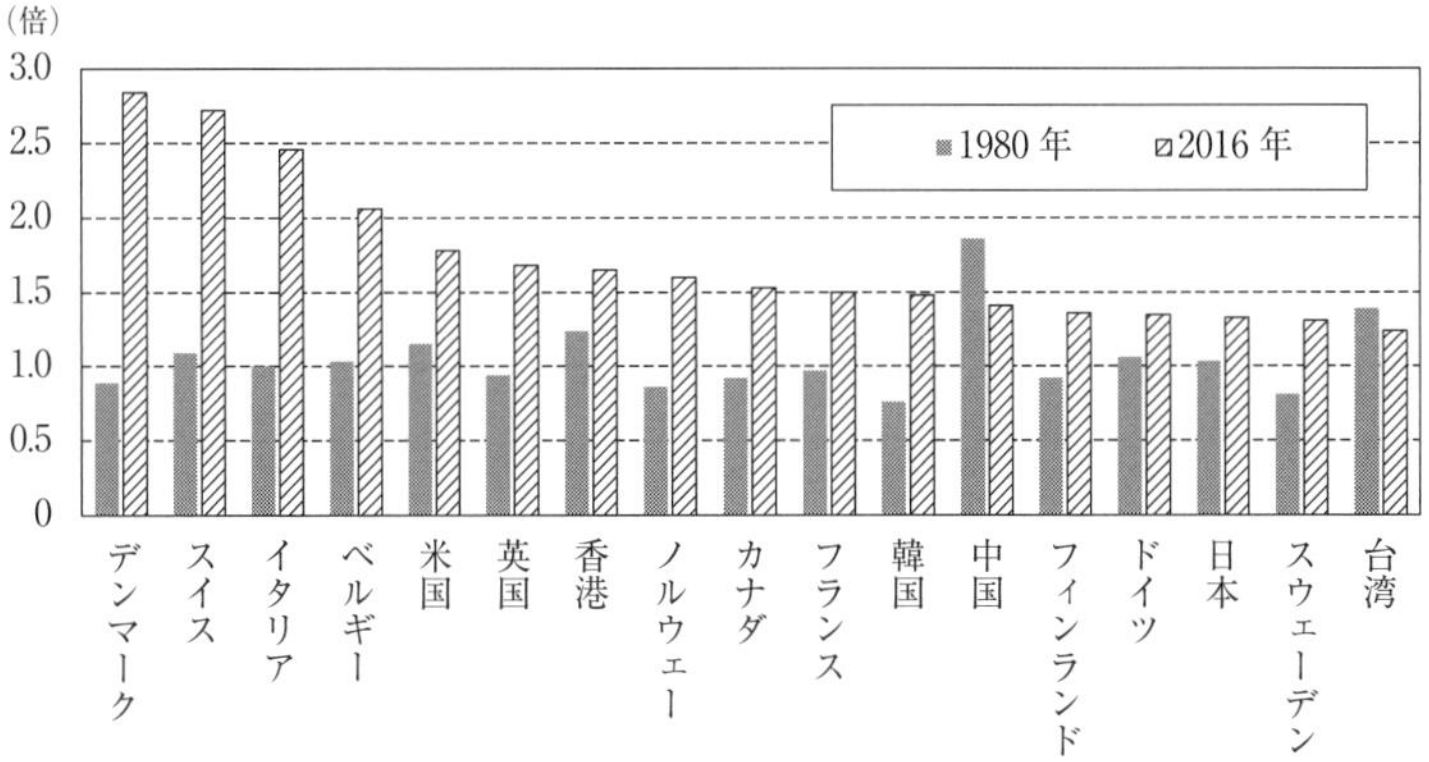

（出所）Jan De Loecker and Jan Eeckhout（2018）“Global Market Power” よりBNPパリバ証券作成

れたアフター・サービスを持つ製品を供給することで米国製品を駆逐していった。

米国企業はマークアップ比率が高く、収益性は高いが、それは、プロダクト・イノベーションに長けているからにほかならない（図4－8）。また、競争が激しくなり、コモディティ化によって収益性が低下すると、たとえマーケットの創始者であっても、簡単に撤退することになる[10]。

一方、日本企業の収益性が低く、マークアップ比率が低いのは、プロダクト・イノベーションが乏しいからというだけではない。非流動的な雇用システムの下で、プロセス・イノベーションを進めるが、より性能・品質が高い財・サービスをより安く提供することで勝負するからである。それゆえ、収益性やマークアップ比率が低くても、顧客満足度は相当に高い。経済学的にいうなら、生産者余剰は小さいが、消費者余剰が大きいということだが、この点は次節で改めて論じる。

(2) イノベーションの創出と雇用との関係

雇用流動化が答えとなるのか

それでは、プロダクト・イノベーションを活発化させるために、日本も雇用の流動化を促すべきなのだろうか。もし、それが不可避だとすれば、第3章でも論じた通り、わが国は企業に福祉の一部をいまだに頼っているため、雇用の流動化に備えて、社会保障制度などのシステムづくりが必要となるが、その前に、筆者が一つ心配している問題がある。それは、今、雇用の流動化を推し進めると、日本企業はどっちつかずとなり、プロダクト・イノベーションだけでなく、プロセス・イノベーションも不活発になるのではないか、という点である。

第1章で論じた通り、現在のプロダクト・イノベーションは、1990年代後半のICT革命が起点となっている。あらゆる産業がその大きな影響から無縁ではいられない。イノベーションの歴史からすると、インパクトのある汎用性の高いイノベーションが創出される場合、新しい財・サービスは、既存の産業からはまず出てこない。

たとえば、新しい自動車は、既存の自動車産業からは生まれてこない可能性すらある。残念ながら、これまで日本産業の牽引役だった自動車セクターの企業の多くは30年後には存続していない可能性もある。新しい金融も既存の金融業からは生まれてこない可能性があるだろう。既存の専門家とは、遠く離れたところから、まったく異なる新技術をもとに新しい財・サービスが生まれてくると考えるのが自然である。だからこそ、オープン・イノベーションが重要であり、またイノベーターのジレンマを克服すべく、わが国も雇用の流動化を進めるべきという意見が少なくないのだろう。

ただ、企業が既存の組織形態を変えるには、相当の時間とコストを要する。むしろ解体というところまで進む可能性がある。だからこそ望ましいのだ、と考える人もいるだろう。

問題は、日本企業が流動的な雇用システムを新たに確立するまでに、多くの産業で新たなドミナント・デザインが確立されるのではないか、という点である。ドミナント・デザインが確立されれば、わたしたちが得意としたプロセス・イノベーションが優位性を発揮する時代が訪れるはずだが、そのとき、流動的な雇用システムへのシフトで、その能力が失われている可能性はないだろうか。

自動運転やＩｏＴを駆使したスマート・エネルギーなどのドミナント・デザインを握ることは重要だが、それらをスマート・シティにおける自動運転システムや自律分散型のエネルギーシステムとして、社会実装を進める際には、プロセス・イノベーションがモノを言う。事故のない、あるいは利便性の高い利用者本位のシステムの構築には、日本の非流動的な雇用システムが優位性を発揮する可能性がある。

30年、40年といった比較的長めの時間軸で見ると、社会システムへの評価は大きく振幅するのであり、10年、20年足らずで最終的な評価を下すべきではないのかもしれない。ちなみに１９８０年代にＭＥ（マイクロエレクトロニクス）技術が導入され始めた頃、米欧のジョブ型雇用システムでは柔軟に対応できないとして、わたしたちは日本型雇用システムの有効性を称賛していた[11]。

こののち、再びプロセス・イノベーション優位の時代が訪れる可能性がある。評価が変わるといえば、第６章で取り上げる財政政策の役割について、過去30年間の主流派経済学の主張は、ここにきて大きく変貌しつつある。

図4－9　5G関連特許の企業別保有数

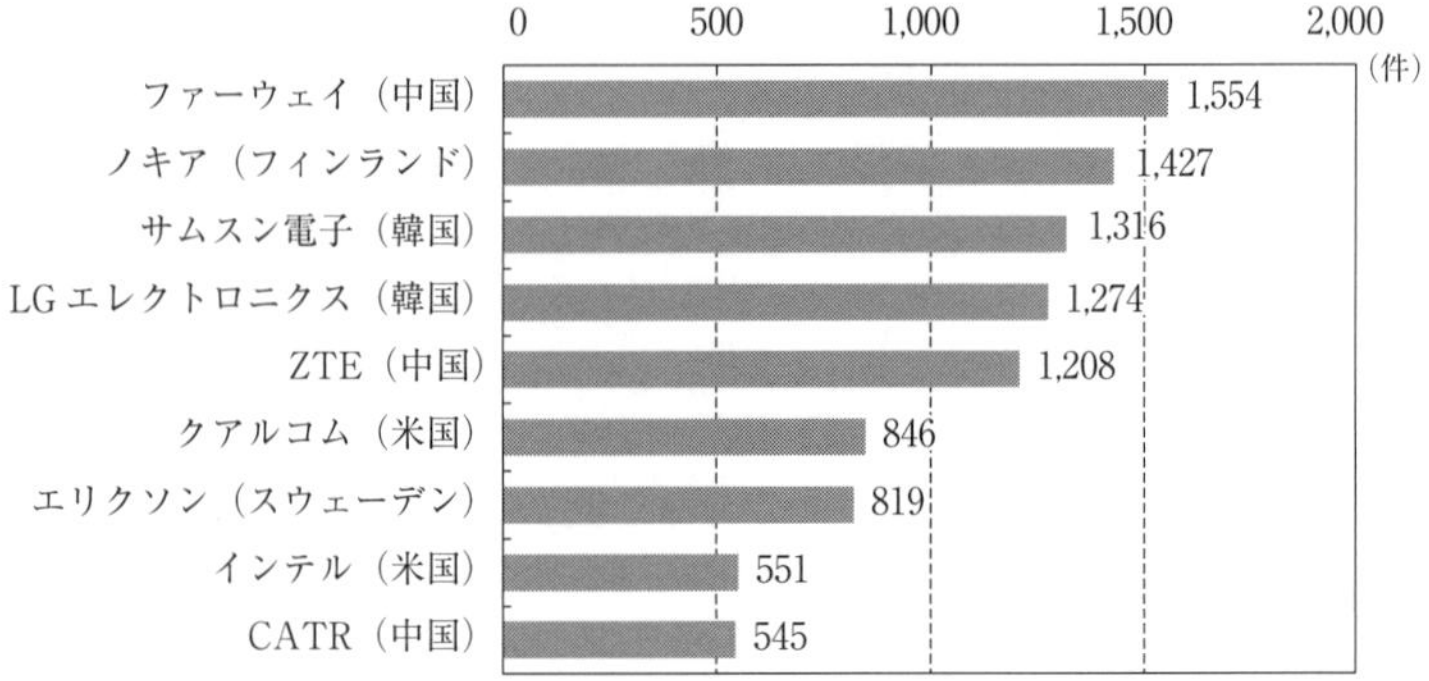

（出所）IPLytics資料より、BNPパリバ証券作成

プロセス・イノベーションの能力も失われたのか

もちろん、ここまでの議論に対して、もはや一部の企業を除いて、日本の産業界はプロセス・イノベーションの能力さえも失っている、という別の意見もある。これがもう一つの論点であり、たしかにその意見も無視し得ない。通信システムにおいて、新技術の社会実装が得意であったはずの日本企業が、米中企業の5G競争の蚊帳の外に置かれているのは、中国では社会実験が容易である半面、日本は規制等の壁が厚いといった話だけではないだろう（図4－9）。

より本質的には、第3章で論じた通り、過去四半世紀の間に、日本の労働市場がすっかり二極化したことが影響している可能性がある。本来、顧客ニーズが多様化していることを考慮すれば、より高い技能の労働者が必要であり、従来以上に社内（内部労働市場）での育成による人的資本の蓄積が要請される。

しかし、わたしたちは、同時に資本市場との関係も大きく変えた。つまり、株主の利益をより重視するようになり、企業経営者は短期的な利益をより重視するようになった[12]。これまで以上にコストカットが求められ、その対応として、非正規雇用が増え、正規雇用の間でもＯＪＴが疎かになった。かつて新入社員は、現場での簡単な仕事から難易度の高い仕事を順に学んでいったが、簡単な仕事を非正規雇用に任せるようになったことで、業務の全体像を掴むことができなくなっている。業務の全体を把握できる人が多いことが日本企業の強みだったのではないのか。

近年、製造業の現場で、品質管理における不祥事や産業事故が多発しているのは、ＯＪＴの不足によって「知の継承」が滞り、それが一気に顕在化しているためではなかろうか。短期的な収益性の追求が、長期的な収益性を損なっているということである。もはやドミナント・デザインが確立されても、プロセス・イノベーションを進める能力が残っていない可能性がある。

ここでの議論は、超人手不足社会に入っても、内部労働市場では、これまで以上に賃金が上がりにくいという、第3章で述べた筆者の仮説とも関係する。コストカットによるＯＪＴ、ＯＦＦＪＴ不足で正規社員ですら人的資本の蓄積がままならず、それゆえプロダクト・イノベーションどころかプロセス・イノベーションも進まず、消費者が欲する新たな財・サービスが供給されない。企業経営者も業績改善が、単にコストカットによるもので生産性が上昇したことが理由ではないとわかっているから、賃金の引上げに応じない。ますますコストカットが追求され、人的資源の蓄積がさらに滞るという悪循環が続く。

プロセス・イノベーションの能力がすでに低下し始めているのなら、思い切って雇用の流動化を推進すべきか。いや、雇用の流動化を優先するのではなく、短期的な利益追求を求める資本市場からのプレッシャーを和らげる方策を考えるべきなのだろう。第2章で論じた通り、投資家資本主義の最先端にあった米国からも、2019年には、主要企業の経営者団体（ビジネス・ラウンドテーブル）

が、金融グローバリゼーションの過度な進展を反省し、株主第一主義を見直して、従業員や地域コミュニティなどすべてのステークホルダーの利益を尊重した事業運営に取り組むことの重要性を説き始めている。それはかつて日本企業が得意としていたことであり、それを可能としていたのが金融機関の政策投資株の保有だったはずである。第2章では無形資産の時代に適合するのはエクイティ・ファイナンスであると述べた。再び政策投資株が企業の人的投資を高めるエンゲージメントのツールとなる可能性はないのだろうか。

遅まきながらのスタートアップ投資

さて、近年、政府は、企業が異業種のスタートアップに出資する際の法人税の軽減を開始した。米国や欧州、中国に比べると、日本の大企業によるベンチャー企業の買収件数は相当に少ない。身も蓋もない話なのだが、イノベーションには、「数打てば当たる」という試行錯誤の側面がある。運や偶然の要素も相当に強いため（それゆえ、イノベーションは理論化が難しい！）、まずは数多く試してみるというのも重要である。丁寧に一つの案件に投資するというこれまでの日本のスタイルでは、必ずしもうまくいかない可能性がある。

多数のスタートアップに投資することで、多くは討ち死にしても、秀でた一つ二つの投資案件が大きく実を結び、全体として大きな成果がもたらされる可能性に賭けるのである。減税策が多数のスタートアップへの投資を促すことを念頭に置いているのなら、試してみる価値は十分にあるだろう。逆に相変わらず少数の案件に丁寧に投資するというスタイルが変わらないのなら政策効果は乏しい。

ひとつ心配なのは、コロナ禍対応で、日米欧の中央銀行の超金融緩和によって、めぼしいスタートアップには、すでに大量の資金が流れ込んだことである。海外のスタートアップへの投資も対象になると思われるが、できれば高値掴みは避けたいものである。あるいは、米国の利上げ開始でチャンス到来だろうか。

3　消費者余剰と生産性の相剋

(1)　イノベーション創出が可能な環境づくりとその副作用

経団連は、2020年の春季労使交渉から、年功賃金など横並びを特徴とする日本型雇用システムの再検討を呼びかけ始めた。年功賃金の下では、若くて優秀なＩＴデジタル人材の獲得が難しいことが背景だという。実際にはそれだけにとどまらず、日本型の非流動的な雇用システムの下では、企業の成長に不可欠なイノベーションが容易ではないということもあるのだろう。イノベーションに成功しても、既存事業との共食いのリスクがあるため、事業売却や雇用リストラが難しい日本では経営者がイノベーションに積極的になれないことを前節では述べた。日本型の非流動的な雇用システムのままでは、プロダクト・イノベーションの活発化が覚束ないと経団連首脳も認識し始めたのだろう。

筆者は、イノベーションを可能とするための環境をつくることには反対しないが、さまざまな副作用が存在することを認識しておくことは重要だろう。前節でも論じたように、流動的な雇用システムに移行することで、新たな財・サービスを生み出すプロダクト・イノベーションの能力を高めると、その代償として、非流動的な雇用システムの下で発揮されていたプロセス・イノベーションの能力が必要な時に失われるリスクもある。

もう一つ考えておくべき点は、流動的な雇用システムに移行することで、マークアップ比率や収益性に日本企業がより敏感になる一方、場合によっては、消費者余剰を含めた経済厚生が改善しないケースもあり得ることである。端的にいえば、生産性と消費者余剰が相反するケースが存在するのではないだろうか。

生産性が低いことと経済厚生が低いことは異なる

日本企業の特徴として挙げられるのは、マークアップ比率や収益率の低さであった。米国では、高いマークアップ比率や高い収益率を維持するために、プロダクト・イノベーションが追求される。ドミナント・デザインが確立した後、参入が増えてコモディティ化すると、リーディング・カンパニーであっても、場合によっては、米企業が市場からあっさりと退出することは前にも触れた。

一方、日本企業は、プロダクト・イノベーションは得意ではないが、ドミナント・デザインが確立された後に参入し、得意とするプロセス・イノベーション能力によって高品質の財・サービスを供給する。事業売却や雇用リストラのハードルが高いため、一度参入すると容易には退出できず、財・サービスをさらに高品質化することで存続を図ってきた。競争が激しいため、高い品質の財・サービスが供給されても値上げは容易ではなく、低いマークアップ比率や低い収益率に陥りがちである。

ここで、生産性と経済厚生の関係を整理しておく必要があるだろう。日本は、特にサービスセクターの生産性の水準が低いといわれてきた。労働一単位あたりの付加価値が低いのである。ただ、そのことは、必ずしも経済厚生が低いことを意味するわけではない。消費者余剰が大きく、生産者余剰が小さいケースもある。

図4-10　時間あたり労働生産性の対米国比水準（2017年）

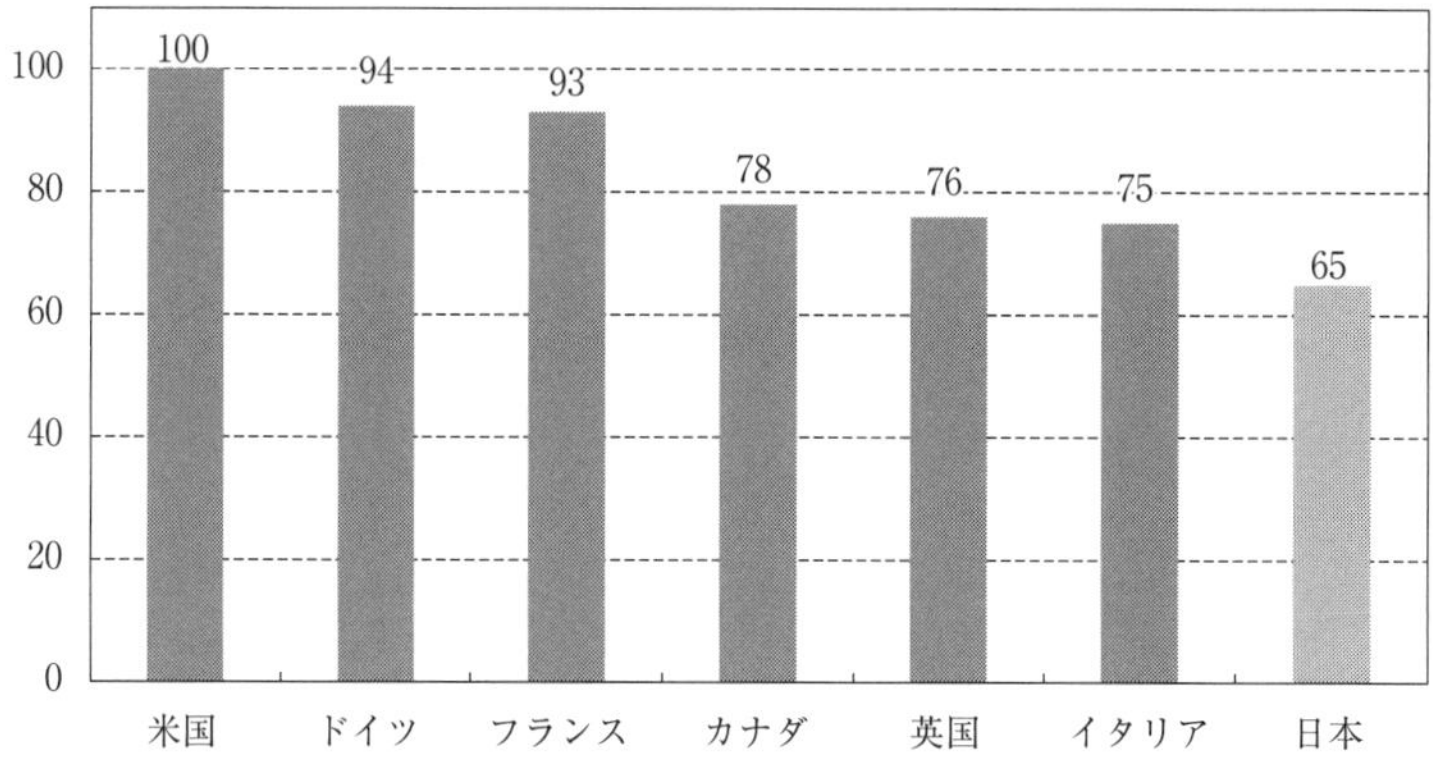

（出所）OECD資料より、BNPパリバ証券作成

消費者余剰とは、ミクロ経済学の基礎的な概念で、消費者がある財・サービスに対して、支払ってもよいと考える価格から、実際に支払う市場価格を差し引いたものである。たとえば3万円払っても購入したいと思う財・サービスを1万円で購入できた場合、消費者余剰は2万円となる。一方、生産者余剰は、市場価格から生産コストを差し引いたもので、企業利潤に相当する。また、消費者余剰と生産者余剰を合計したものが、経済厚生（総余剰）となる。

日本の生産性が低いもう一つの理由

問題は、生産性の分子にあたる付加価値（GDP）に企業利潤（≒生産者余剰）は含まれるが、消費者余剰は含まれない点である。筆者は、2000年頃に日本の低生産性問題を考えていたとき、特にサービス部門の生産性の水準が低いといわれているのは、必ずしもすべてが実態を反映したものではなく、統計の捕捉が不十分で、生み出された付加価値が適切に測定されていないことも影響しているのではないか、と推測していた。

日本の丁寧な財・サービスの供給は他の国と比べて遜色がないどころか、最も優れているとさえいえるものが少なくない。しかし、その後、統計の整備が進んでも、あまり測定されたパフォーマンスは変わらない。米国との比較だけでなく、イタリアなど、一般に労働者の働きぶりが必ずしも芳しくないと思われている国も、生産性の水準やマークアップ比率は日本よりも高い（図4－10）。

それゆえ、最近は、消費者余剰が思っていた以上に大きく、マネタイズ（収益化）できていないから、日本では提供されている財・サービスの付加価値が低く、その結果、生産性も低いのではないかと考えるようになった。念のために確認しておくと、「真の付加価値は高く、真の生産性も高い」と言っているのではない。マネタイズされていない以上、付加価値は低く、生産性も低いというべきである。

だとすると、GDPや生産性を高め、企業の収益率やマークアップ比率の引上げを目指す際、総余剰（経済厚生）が必ずしも高まらず、消費者余剰が減るから生産者余剰が高まる、というケースもあり得るかもしれない。

インバウンド活性化に円安は不要

海外企業の日本市場への参入が難しいのは、非関税障壁が存在するからではない。今や多くの外国企業が認識する通り、日本の消費者が財・サービスの品質に対し、非常に厳しいからである。日本の消費者の要求水準に応えようとすると、企業の利潤が少なくなり、それではグローバル資本市場が要求する収益率に届かないため、日本からビジネス撤退を余儀なくされるケースも少なくない。ラグ

図4-11　製造業と非製造業の労働生産性上昇率（年率）

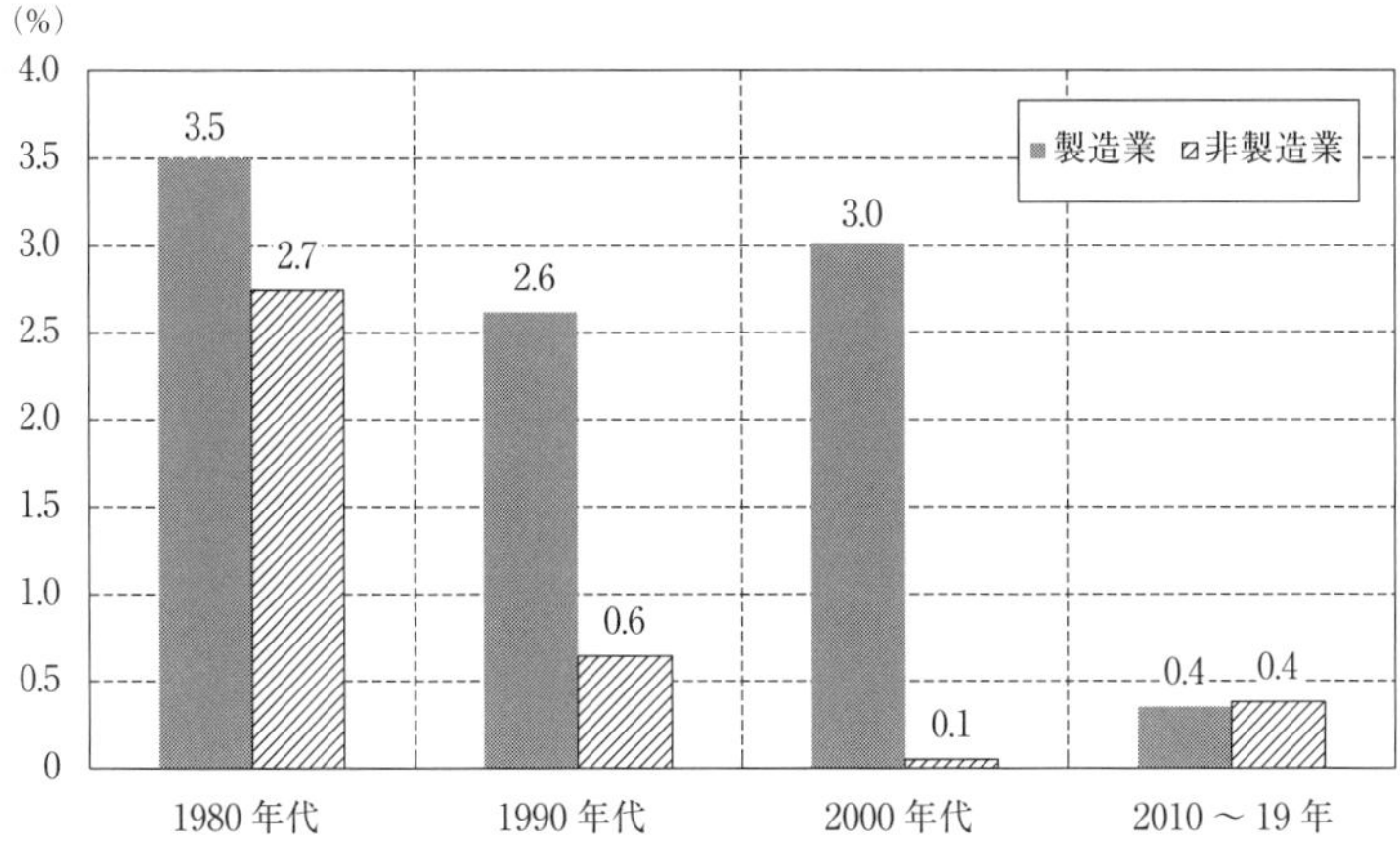

（出所）　内閣府資料より、BNPパリバ証券作成

ジュアリー・サービスについては、顕示的消費で値段が高いことに裕福な消費者が価値を見出すケースもあるので、海外企業も採算が十分に取れるが、中間層向けのサービスはかなり苦戦しているのだろう。

一方で、多数の外国人が日本を訪れるようになったのは、超円安のおかげだけでなく、日本の魅力が再発見されたからである。その一つには、日本の観光業などが提供するサービスが相当にお買い得なことがある。つまり、消費者余剰が大きいのである。ひとたび味を占めればリピーターとして訪れる人が多い。だから、インバウンドを再活性化させるために、もはや円安政策を続ける必要はないのではないか。むしろ、割高な輸入財の購入を余儀なくされ、日本の消費者の実質購買力を損なうだけである。

(2)　生産性重視の表と裏

生産性が上がっても経済厚生が高まらないケース

ここまでの議論を踏まえると、日本の労働生産性が低いのは、わたしたちの働きぶりが必ずしも悪いからではないことが見えてくるだろう。他国との比較でいえば、財・サービスに見合った十分なプライシング（価格づけ）を経営陣ができていないということだが、それは、日本の財・サービスが割安で、住みやすいということでもある。所得が以前のように増えない状況が続いても、これまでのところは政治的安定性が保たれていたのは、多くの財・サービスが割安で、住みやすいことが影響していたのかもしれない（図４－11）。

消費者余剰が大きく、生産者余剰が小さいのは、日本人のメンタリティが影響していると考える人もいるだろうが、経済学的にいえば、非流動的な雇用システムが歴史的経緯で選択され、低いマークアップ比率や低い収益性を甘受してでも、顧客満足度（消費者余剰）が重視される状況が、制度的補完性もあって、これまでのところは続いてきたということである。

ただ、グローバリゼーションの進展などで、ITデジタル関連の高度人材獲得のために高い賃金が必要となっていることを含め、要素価格が徐々に世界レベルへと均等化していけば、状況は変わってくるのだろう。あるいは、ICT革命の進展で、ダイナミック・プライシング（需要に応じて価格を変動させる仕組み）が導入されていけば、比較的大きな消費者余剰は修正されていくのかもしれない。そのとき、企業の収益性は高まり、GDPや生産性は高まっても、場合によっては、消費者余剰は改善していない、むしろ悪化する、ということもあるかもしれない。GDPや生産性が高まっても、豊かさが実感できない、といった議論が繰り返される可能性がある。

忘れられた真の目的

本来、経済学は、GDPではなく、より広い概念である経済厚生（総余剰）を最も重視してきたはずである。とはいえ、国家運営においては、時としてマクロ経済学の視点が重視され、そこではGDPが重んじられる場合が少なくない。単にGDPを経済厚生の代理変数と考えるケースもあるのだが、理由はそれだけではないだろう。消費者余剰がいかに高くても、マネタイズできずGDPや生産性を高めることができなければ、税収も増えないため、社会保障などの必要な公共サービスを提供することもできなくなるからである。

だが、それでも生産性やGDPの増加が、単に消費者余剰を犠牲にしたものなら、それは一国経済にとり不幸であろう。もちろん、プロダクト・イノベーションが活発化するのなら、多くの場合、それは生産者余剰だけでなく、消費者余剰を含め、総余剰（経済厚生）を高めると考えられる。しかし、企業収益やGDP、生産性を増やすことにばかりこだわって、消費者余剰を軽視すれば、経済の真の目的である経済厚生の改善は覚束ない。生産性が上がらなければ、たしかに雇用者所得も改善しないが、一方で消費者余剰が減っているのなら、それも褒められたものではないだろう。

4　グリーンイノベーションの桎梏(13)

(1)　イノベーションと脱炭素化を制約する正規雇用の維持

新規事業が育つと、既存事業との共食いとなるため、大企業経営者はイノベーションに積極的になれない。現在の米国では、大企業であっても、企業経営者が事業売却や雇用リストラを躊躇することはない。しかし、大企業経営者に雇用維持の重い責任を課す日本では、イノベーターのジレンマは今も深刻である。

図4-12　日本のGDPと二酸化炭素排出量（1990年＝100）

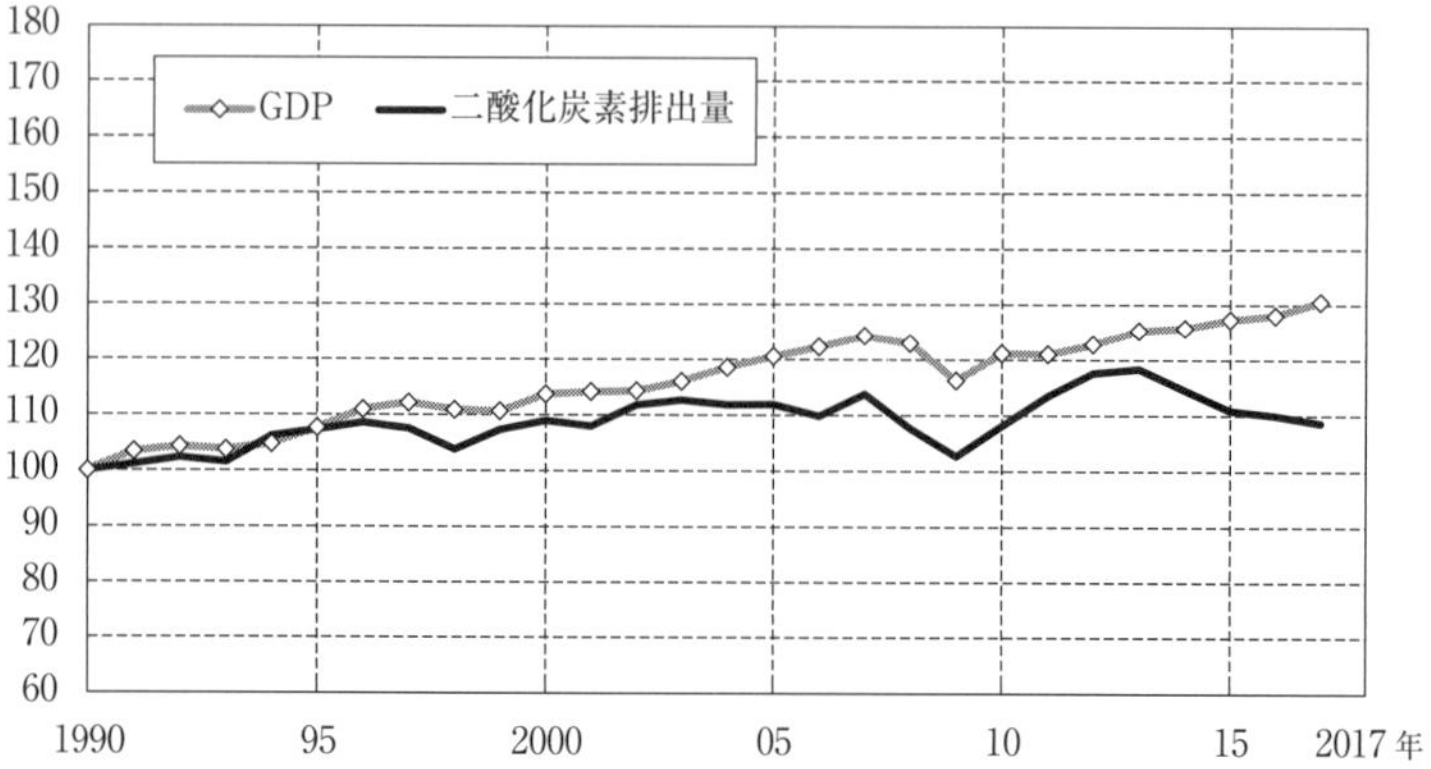

（出所）国際エネルギー機関資料より、BNPパリバ証券作成

第3章までの議論は、正規雇用の維持のために、日本企業が非正規雇用に頼るようになり、雇用の二重構造が固定化されたことが日本経済の成長の大きな足枷になっているということだった。それだけではなく、正規雇用の温存が足枷となって、イノベーションが生まれないから、日本経済は低成長から抜け出せない。

菅政権が2020年10月に打ち出したカーボンニュートラル2050は、日本経済が長期停滞を脱するための起爆剤になると期待する人が少なくなかった。しかし、脱炭素化に向けた産業社会の構築には、衰退分野から成長分野への労働移動が不可欠であると同様に、炭素生産性が低い分野から高い分野への労働移動が不可欠である。多くの人は、新たな技術の導入にばかり注目するのだが、グリーン成長戦略に成功するか否かは、今後の労働政策こそが鍵を握るのではないか。

グリーンイノベーションのメカニズム

第1章で論じた通り、1990年代後半以降、米国

図４－13　スウェーデンのGDPと二酸化炭素排出量（1990年＝100）

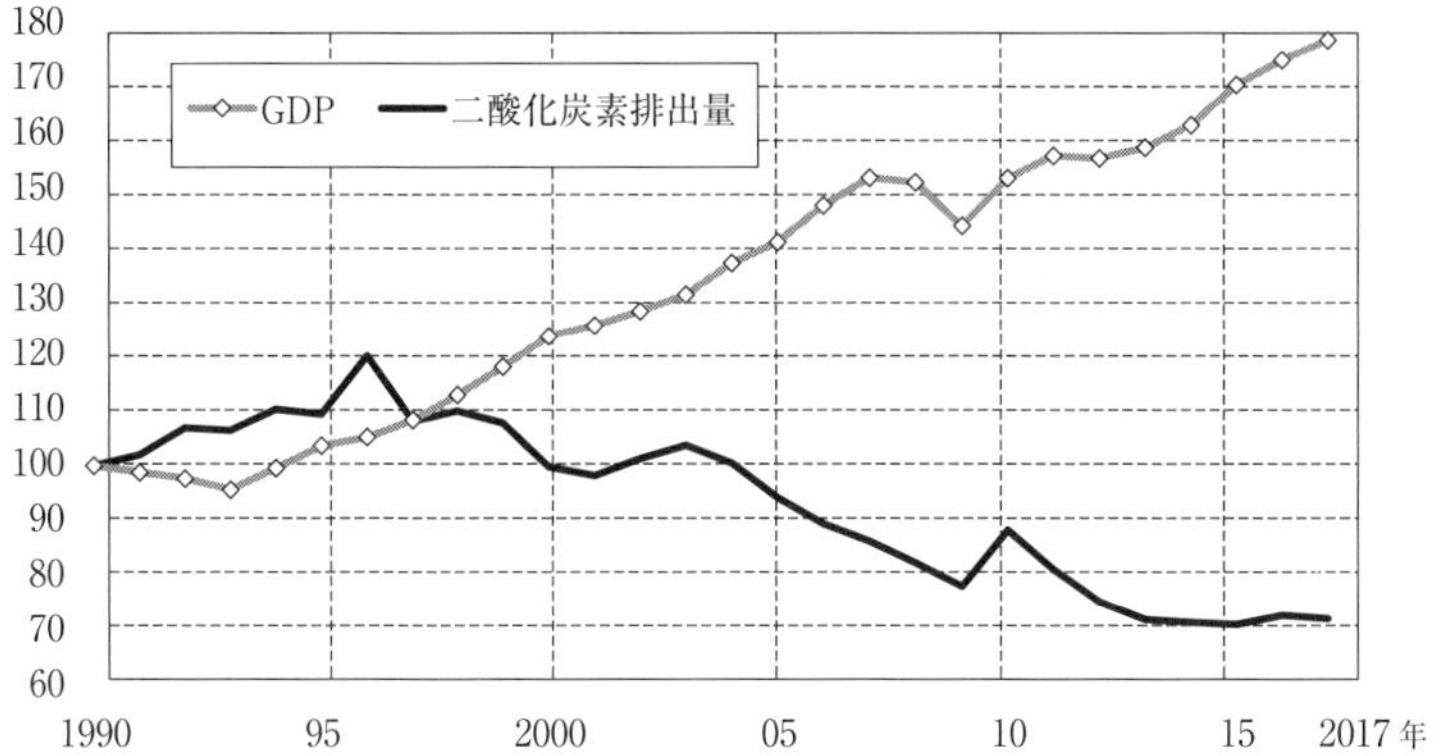

（出所）　国際エネルギー機関資料より、BNPパリバ証券作成

はＩＣＴ革命で脱物質化に大きく舵を切った。欧州はＩＣＴ革命で後れを取ったが、冷戦終結後、脱炭素化に政策資源を大きく割いてきた。今や欧州では脱炭素化とデジタル化の流れが融合し、「脱物質化」が加速しつつある。ウクライナ危機でもこの流れは変わらない。一方、日本の製造業は伝統的な「モノづくりの世界」で立ち竦《すく》んでいるように見える。

温暖化ガスの排出を減らし、経済成長を実現するには、炭素生産性の改善が不可欠である。炭素生産性とは、温室効果ガス排出量あたりの国内総生産（ＧＤＰ）である。日本の排出量は減少が始まったといってもまだ限界的で、成長も滞ったままだ（図４－12）。長期停滞の中で、排出量の抑制のためにコストが嵩めば、日本の産業は立ち行かなくなる、と懸念する経済人も少なくない。排出権取引や炭素税などのカーボンプライシングをむやみに導入すれば、その重い負担から、経済成長どころではなくなる、というのが産業界の大勢の意見だろう。

実は、スウェーデンなど北欧では、カーボンプライシングの積極活用が、排出量の削減だけでなく、GDPを高め、炭素生産性の向上につながっている（図4−13）。そこでは、どのようなメカニズムが働いているのか。炭素税や排出量取引制度などエネルギー課税を合計したものを実効炭素価格と呼ぶが、それが高い国は、炭素生産性が高い傾向にある。

なぜか。理由はシンプルで、炭素削減の努力がなされるからである。炭素生産性が低い企業には、重い炭素税が課され、炭素生産性の向上に失敗すれば、企業経営者は、生産を抑制し、労働時間の短縮や、雇用リストラを余儀なくされる。炭素生産性の向上に成功すれば、炭素税の負担が和らぐだけでなく、炭素生産性の低い産業から徴収された税収をもとにした補助金が得られるため、収益率が高まる。実効炭素価格と有形資産投資や無形資産投資の間には、正の相関が観察されるが、カーボンプライシングがイノベーションを誘発し、企業の投資を促すのである。

北欧の積極的労働市場政策の高い有効性

この過程で労働力をはじめとする経済資源が、炭素生産性の低い企業から高い企業にシフトするが、その調整をスムーズにするのが北欧流の積極的労働市場政策である。スウェーデンでは、失業者に対し、手厚い失業給付や住宅手当、家族手当を供与するが、その支給条件は、職業教育訓練の受講である。経済政策の根底には、企業は厳しい競争に晒すが、労働者は徹底的に守るという発想がある。

脱炭素化を通じ、厳しい競争に晒される企業は、炭素生産性を上げることができなければ、退場を求められるが、労働者は失職しても、炭素生産性の高い分野での就業が可能となるよう、政府が責任を持って就業のための教育訓練を施す。脱炭素化による産業構造の変化に伴って発生する失業は、高い炭素生産性分野で確実に吸収される。

そもそも、スウェーデンでは同一労働・同一賃金の連帯賃金制が取られ、それが積極的労働市場政策と相まって、衰退企業から成長企業への労働移動を促してきた。正規雇用、非正規雇用にかかわらず、また性別にかかわらず、あるいは地域、産業、企業を超えて同一労働に対して同一賃金が支払われるべき、という理念の賃金体系が構築されている。

経済学者の諸富徹が論じる通り、所得政策として、連帯賃金がいっせいに引き上げられると、それが実効炭素価格の引上げによって生じたメカニズムと同様、企業の生産性を高めると同時に、産業構造の変化を促す[14]。収益性の低い低生産性企業は、連帯賃金を支払うために、生産性を上げるべく変革を続けなければならず、それができなければ退出を余儀なくされる。一方で労働者は、失業中、生活保障を得た上で、教育訓練を施され、新たな就業への準備を整える。

こうした労働政策が存在するからこそ、スウェーデンでは、継続的な実質賃金の上昇が可能になるとともに、脱炭素化を進めつつ、新たな生産性の高い企業が輩出されてきた。図3－18を見ると、スウェーデンの実質賃金の伸びは群を抜いて高い。社会にとり、負担になるはずのカーボンプライシングの積極活用を社会が広く受け入れるのも、それが産業構造転換の梃として機能すると理解されているからである[15]。

(2)　日本産業に求められる変革

求められるモノづくり企業から問題解決型企業への変貌

日本企業が新事業への参入を躊躇するのは、利益拡大だけでなく、正規雇用の維持も企業経営者の責務と見なされているからだ。変化の激しい時代だからこそ、本来なら新規事業への参入を積極化させなければならないが、不確実性が高いため、雇用維持を考えると、経営者はリスクを取れないでいるというのが実情だろう。

既存事業から新規事業に雇用がうまくシフトできれば問題ないが、必要とされるスキルは、これまでとは異なる新たなもので、古いスキルでは太刀打ちできない。それゆえ、従業員が持つ既存のスキルで対応できる範囲での経営改革にとどめ、大きな飛躍をもたらす変革に、経営者は尻込みしてきた。その結果、注力するのはコストカットばかり、となるのは、これまで見てきた通りだ。

一般にＩＴデジタル投資は収益性が高いと考えられているが、そのためには、フラットな組織への移行など、組織変革が必要であり、それは時として、雇用リストラを伴う。図３－15で見た通り、日本のＩＴデジタル投資が低迷を続けているのは、企業経営者が組織変革や雇用リストラに踏み込む意思がないことの現れとも解釈できる。単に投資をするだけでは収益性が高まらないことを企業経営者が理解しているから、投資が増えないということである。一方で、実質賃金の伸びが高かったスウェーデンでは、ＩＴデジタル投資でも上位に位置する。

日本の低い労働生産性上昇率、低い賃金上昇率、無形資産投資の低い増加率、デジタル投資の低い増加率、そして低い炭素生産性のいずれもが、同根であることは、これまでの議論からも明らかだろう。

終章で論じる通り、脱炭素化社会においては、これまでの大規模な垂直型の生産システム、エネルギーシステム、輸送システムが、水平分散型のまったく異なるものに変貌する。そこでは、脱炭素化とデジタル化によって、脱物質化の流れが加速し、製造業もかつてのような「モノづくり」企業から、問題解決型企業に変貌する。

自動車メーカーは、移動に関する問題解決企業に変わり、もはや自動車を生産、販売するだけの企業ではなくなる。空調設備メーカーは空気に関する問題解決企業に変わり、きれいな空気環境を提供するサービス企業となる。キッチン周りの家電メーカーは、人々の食をサポートする企業に変貌し、トイレメーカーは、排出を通じた健康増進企業に変貌するのだろう。

現在は大量に温暖化ガスを排出する鉄鋼メーカーも、単に鉄鋼を生産する工程を高炉から電炉に変えるだけでは済まないだろう。製造過程で炭素を一切排出せず、それでいて鉄鋼と同じ機能を持つ、まったく別の軽量素材を生み出すようになる。筆者は、将来、「鉄」なる言葉が意味するのは、単に素材のことだけではなく、鉄が持っていた機能に変わる可能性があると考えている。

企業経営者に雇用維持の責任を課したままでは、既存事業の温存にこだわり、イノベーションだけでなく、脱炭素化にもうまく対応できない。しかし、国が雇用シフトに責任を持つのなら、既存事業からの撤退や売却で生じる雇用リストラをもはや経営上の大きな制約と考える必要はなくなり、新たな技術の導入やビジネスモデルの変革に経営者はチャレンジできる。収益性が低く、炭素生産性も低い既存の事業を継続し、社員皆で低い賃金に甘んじることからも決別できるだろう。

まず非正規雇用への適用を

コロナ禍の現在、雇用調整助成金などで、産業構造の温存策がとられているのは、これまで見た通りだ。さらに、グリーン成長戦略に関連して、研究開発や設備投資に対する政府補助金への期待が産業界に高まっている。しかし、既存の産業構造を温存するだけのグリーン成長戦略では、イノベーターのジレンマを克服できず、過去30年間の産業政策上の失敗を繰り返すだけに終わる恐れがある。企業間、産業間の労働移動を積極的に促しながら産業構造の転換を促すことで、炭素生産性を高める産業政策こそが、真のグリーン成長戦略となる。

もちろん、日本がスウェーデン流の積極的労働市場政策を一気に採用するのは、容易ではない。とはいえ、すでに雇用全体の4割は非正規雇用なのであって、もはや正規雇用を前提とした労働政策が十分ではないのも明らかである。まず、非正規雇用の教育訓練に対し、政府が責任を持ち、労働者の人的資本を向上させる。それを正規雇用にも徐々に広げ、産業構造の変化がもたらす労働移動の摩擦を吸収する。

実は、グローバル金融危機の直後に、日本版の積極的労働市場政策として、非正規雇用の失業時のスキルアップを狙った「求職者支援制度」が導入された。雇用保険の枠外にいる非正規雇用に対し、国が職業教育訓練を施すと同時に、受講期間中、生活支援のための給付を行うという画期的な政策である。ただ、現段階では厳格な資産保有の制限などもあり、誰もが利用できるものとはなっていない。まず、その対象拡充がスタートとなるだろう。

グリーン成長戦略も、イノベーションも労働シフトの発想がなければ、成功は覚束ない。

(3) GDP考

注目すべきは中長期の一人あたり成長率

次章以降、金融政策、財政政策などのマクロ安定化政策の持続性に焦点を当てる。悪い経済指標が発表されると、日本ではすぐに経済対策を求める大合唱が始まる。ただ、景気刺激的なマクロ安定化政策の発動が常態化していることが、資源配分や所得分配を歪め、むしろ潜在成長率の回復を損なっていることは、本章で論じた通りだ。

追加財政が打たれると、それがＧＤＰをどれだけ押し上げるか、とメディアが書き立てる。しかし、真水５兆円でＧＤＰ１％押し上げなどという議論になると、政策は大きければ大きいほどよいということになりかねない。

仮に追加財政でＧＤＰを押し上げても、それは国債発行によって将来の所得を先食いしているだけの話だから、持続的な効果にはならない。むしろ、公的債務の返済や資源配分の歪みを考慮すると、乗数効果はマイナスになる可能性がある。マクロ経済の平準化の重要性は筆者も強く認識するが、過大な景気刺激策の固定化がむしろ経済を悪化させるという非ケインズ効果が今では強く現れているのではないかと心配になる。政策効果を議論する際は、それが一人あたりの中長期の成長率、すなわち潜在成長率をどの程度押し上げるのかにも注目すべきだろう。

ＧＤＰに代わるものは存在するか

その視点で精査すれば、多くの経済対策は再考を迫られるはずである。議会制民主主義の下で、ＧＤＰそのものは、悪しきケインズ主義と結びつきやすいため、短期的な景気の動きに過度にこだわるべきではないと考える。とはいえ、ＧＤＰに代わるものはあるだろうか。

そもそも、３カ月、あるいは1年という一定期間に生み出された一国の付加価値の合計を示すＧＤＰは新しい概念であり、大恐慌と第二次世界大戦の時代に生まれた。実は今でも何をＧＤＰに含めるべきか議論になるが、スタート時点でも大論争があった。生みの親である経済学者のサイモン・クズネッツは、できあがった統計に対して、福祉や豊かさが十分に考慮されていないと批判していた[16]。クズネッツは、軍事費や大部分の広告費、金融や投機に関わる出費はGDPから除去すべきだと主張していたのである。しかし、そもそも戦費調達能力を探るためにGDP統計を必要とした米政府は、軍事費が増加することで、GDPが計算上減るのを受け入れなかったのである。

戦後の高成長が終わる1970年代以降、先進各国でアンチGDP的発想が広がり、それが本章でも取り上げた幸福度を測定する「幸福の経済学」の誕生などにもつながった。しかし、経済学者のダイアン・コイルが論じる通り、問題が多いとはいえ、経済全体の成長ペースを把握するにはGDPが適切であり、やはり他の指標での代替は困難だと思われる。

社会全体が供給可能な福祉のレベルもGDPの規模や成長ペースに密接に関連する。消費者余剰が重要でもマネタイズできなければ、付加価値にも税収にもつながらず、社会保障の財源にもつながらないことは、本章で見た通りである。

自然資本の減耗も考慮すべき

しかし、デジタル化、脱物質化する現代経済において、GDPが時代遅れになりがちなのも事実であり、たゆまざる見直しが不可欠である。たとえば本節で論じたグリーン問題。固定資本ストックには減耗という概念が存在し、資本減耗を取り除いたネットの概念が存在する。GDPのGはグロスであり、生み出した付加価値から、資本減耗を取り除く前の数字だからグロスなのである。わたしたちは、経済活動を行う際に、自然資本も利用しているのだから、そこにも減耗の概念を適用し、自然資本の減耗を費用として差し引いたものを真の付加価値とすべきだろう。資本減耗が生じても、更新投資を行うことで純資本ストックは水準が維持されてきたが、損なわれた自然資本は多くの場合、そのまま放置されてきた。そもそも、自然資本の減耗を統計上、把握してこなかった。

日本政府は、自然資本の減耗の概念を導入し、２０２２年にもグリーンＧＤＰの試算を行う予定という。自然資本を犠牲にして経済活動を行ってきたのだから、その費用を明示的に織り込んだネットの付加価値を公表するのは適切だろう。わたしたちが生み出すネットの付加価値は、実はもっと低かったということである。一方で、自然資本の減耗を修復するためのグリーン関連投資については、たとえば将来の風水害を抑え経済厚生を高めるのだから、積極的にグリーンＧＤＰにカウントすべきであろう。

ＧＤＰに馴染まないボランタリー・エコノミーの扱い

金融機関の生み出す付加価値の計算方法も見直す必要があるだろう。現行の計算方法では、金融機関がリスクを取ると付加価値が生まれることになる。日本では過大なリスクテイクは観察されなかったが、英国では金融機関の付加価値が２００８年のグローバル金融危機の際、最も大きかったという、笑えない珍奇な事態が観測された。ＧＤＰ開発当時にクズネッツが懸念した通りの事態が起こっていたわけである。グローバル経済を揺るがす金融機関の過大なリスクテイクについては、第７章で詳しく論じる。

このほか、第1章で論じたように、デジタル社会の到来で、限界費用がゼロとなり（ビットの世界ではコピーそのものはタダである）、資本主義の前提であった「稀少性」が成り立たないエリアも増えている。ここで論点になるのが、ネット等を通じた無償サービス（ボランタリー・エコノミー）の広がりである。

無償だから、そのままのかたちではGDPに計上できないが、消費者余剰は相当に大きいはずである。また、まったくGDPに無関係かといわれると、無償サービスの提供によって代替されるオールドエコノミーが供給していた付加価値が、GDP統計上では減少とカウントされる可能性がある。台頭するニューエコノミーが統計に捕捉されず、オールドエコノミーの衰退ばかりが統計で捕捉されるという問題はこれまでも観測されてきたが、ボランタリー・エコノミーの場合、そもそもGDPには記述されない可能性もある。もちろんテレビ放送のような無償サービスはもともと存在し、それらと同様、SNSサービスの付加価値は広告料などで代替的に計測可能だが、デジタルエコノミーの下で出現する無償サービスの一部はボランタリー・エコノミーの領域にあり、やはりGDPには馴染まない。ボランタリー・エコノミーの増加や仕事と遊びの境界が曖昧な職業が増えていることなどにも、今後、対応する必要が出てくるだろう。

補論　外国人労働と経済安全保障

来たのは生身の人間だった

2019年に出入国管理法を改正したばかりであり、急激な方向転換は政治的に困難だと思われるが、本論で論じたように、低スキル外国人労働は、経済政策上も課題が多く、コロナ禍で増加がいったん中断しているため、筆者自身は移民戦略を再検討すべきと考える。

第1章、第2章では、第二次グローバリゼーションやICT革命が所得分配構造を変え、欧米の政治的不安定性につながったと論じた。グローバリゼーションがもたらした問題の中には移民問題も含まれる。米国国境の壁建設問題や英国のＥＵ離脱、欧州のポピュリズム問題などは、いずれも移民が大きく関係している。もし、このまま政策を継続する場合、移民社会に向け、わたしたちはどのような覚悟が必要なのか。以下、国際政治学者の田所昌幸の論考をもとに、今後の政治的課題を論じておく[17]。

まず、日本政府は、今回の政策を移民政策の変更ではないと言う。しかし、それはあくまで定義上の問題であって、国連の人口局は、通常の居住地から少なくとも1年間、他国に移動して居住している人を長期移民（短期移民は３カ月）としている。この定義に従うなら、いずれ帰国が予定されていても、1年を超えて在外勤務をする人や留学している人も、すべて長期移民となる。

技能実習生や留学生、新たに創設された「特定技能」の在留資格で滞在する人も、すべて長期移民となる。すでに人口の２％に相当する外国人が在留し、全就業者数の２・５％が外国人労働者という事実を考えるなら、日本も事実上の移民国家と捉える必要があるだろう。

モノやカネの国際移動では、国際貿易制度や国際金融制度など普遍的なレジームが構築されているが、人の移動は、難民を除くと、国際的取決めは存在しないため、そもそも対応が難しい。また、モノやカネと異なって、人の流れは一度できあがると、継続する。先発者のネットワークを頼って後から続き、川の流れのように一定の経路が形成されるためである。

移民コミュニティが生まれると、出身国との国境を越えたネットワークが形成され、受入国と送出国の思惑を超えダイナミックな移動が生じる。一度、流れができあがると、わが国の都合が悪くなったからといって、流入を思い通りに止めることはできないのである。

欧州では、生活拠点を築いたトルコなどからのゲストワーカーが定住を選択し、家族を呼び寄せたため、移民流入が継続した。その後、社会分断を避けるため、移民を福祉制度で包摂するリベラルな政策が徐々に取られた。本論に登場したジョージ・ボージャスは、移民の本質を最も言い当てた言葉として、スイスの戯曲家で小説家でもあるマックス・フリッシュの有名な言葉を紹介している。「我々が欲しかったのは労働者だが、来たのは生身の人間だった」(18)。

今回、特定技能に対し日本は適用を避けたが、いずれ拡大すれば、社会保障制度の適用を余儀なくされるのだろう。欧州では、福祉サービスの受給対象を広げたことに不満を持つ有権者が増え、2010年代以降の政治混乱につながったのは記憶に新しい。

考慮されなかったディアスポラ問題

日本は島国だから大丈夫と考える人も多いが、国境は想像されるより透過性が高く、密入国を防ぐのは物理的に容易ではない。非正規移民は合法的に入国した人が不法滞在するかたちで発生する場合が多く、国境措置では排除できない点が十分認識されていない。コロナ禍が終息し、訪日外国人の拡大が再開すれば、それに伴い不法滞在が増えるのは避けられないと思われる。

各国では、こうして増えていった不法滞在者の事態正常化を図るため、滞在が長期化した非正規移民の地位を結局、合法化した。違法だからといっても、すでに入ってきた人を送り返すことは相当に難しいというのが現実である。

近年、在外同胞に対して出身国の政府が関与を強めている点も気になる。いわゆるディアスポラ問題である。ディアスポラとは、元の国家や民族の居住地を離れて暮らす国民や民族の集団ないしコミュニティ、またはそのように離散すること自体を指す。多数の在外同胞を抱えるロシアや中国、インドは、外交政策の一部として、戦略的な関与を探っている。２０２２年2月に勃発したウクライナ危機でも、ロシアはロシア系住民の保護を口実に、ウクライナ侵攻を開始した。戦後の米国の中東外交がユダヤ系のロビイングに大きく影響されてきたのはよく知られているが、ディアスポラ問題は、今後も各国の外交政策にさまざまな影響を持つと見られる。

現段階で、日本で最も多い外国人は中国人だが、同国は経済的なパートナーではあるものの、今や安全保障上の最も深刻な脅威でもある。ただし、彼らは中国政府と必ずしも同じ意見を持つわけではない。

いずれ帰国するという前提で、単なる労働力として対応していると、思わぬしっぺ返しを受ける可能性がある。もし、受入れを続ける場合であっても、新たな日本のメンバーとして受け入れ、仲間とするのか。それとも包摂的ではない対応を取って、その結果として、敵対的な外部勢力の側に追いやるのかは、わたしたちの選択次第である。受け入れるのだとすれば、医療や子弟の教育をテコに、日本人の仲間として取り込んでいくということが重要なのだろうが、現在、それらは自治体への丸投げとなっており、十分な対応ができているとは言い難い。

論点は明らかであろう。移民労働に対して、経済や財政、人権の観点だけでなく、経済安全保障上の戦略的な視点も必要である。２０１０年代後半に外国人労働の受入れに舵を切った際、多くの人は、人手不足解消という目の前の問題しか念頭に置いていなかった。２０１８年以降は、米中対立の激化、そしてウクライナ危機で、リベラルな国際秩序の瓦解も明らかになっている。コロナ禍での外国人労働流入の中断を奇貨として、再検討すべきではないか。

第4章　注

(1) 渡辺努『物価とは何か』講談社選書メチエ、2022年。
(2) 移民の影響で賃金が低下するというボージャスの主張に反対するのが経済学者のデビッド・カードである。カードは最低賃金に関する自然実験などの分析で2021年にノーベル経済学賞を受賞したが、移民論議についてはいまだに決着がついていない。ジョージ・ボージャス『移民の政治経済学』岩本正明訳、白水社、2017年。
(3) 田所昌幸『越境の国際政治――国境を越える人々と国家間関係』有斐閣、2018年。
(4) 森川正之『生産性　誤解と真実』日本経済新聞出版社、2018年。
(5) ブルーノ・S・フライ『幸福度をはかる経済学』白石小百合訳、NTT出版、2012年。
(6) 竹中治堅『コロナ危機の政治――安倍政権vs.知事』中公新書、2020年。
鈴木亘『医療崩壊　真犯人は誰だ』講談社現代新書、2021年。
(7) クレイトン・クリステンセン『イノベーションのジレンマ　増補改訂版（Harvard Business School Press）』玉田俊平太監修、伊豆原弓訳、翔泳社、2001年。
(8) 伊神満『「イノベーターのジレンマ」の経済学的解明』日経BP社、2018年。
(9) 今井賢一『資本主義のシステム間競争』筑摩書房、1992年。
(10) 清水洋『野生化するイノベーション――日本経済「失われた20年」を超える』新潮社、2019年。
(11) 神林龍『正規の世界・非正規の世界――現代日本労働経済学の基本問題』慶應義塾大学出版会、2017年。
(12) 梅崎修「人材育成力の低下による『分厚い中間層』の崩壊」玄田有史編『人手不足なのになぜ賃金が上がらないのか』第6章、慶應義塾大学出版会、2017年。
(13) 本節は京都大学の諸富徹教授との共同論文を加筆修正したものである。掲載を許可下さった諸富教授に深く御礼を申し上げる。河野龍太郎・諸富徹「緊急提言　長引く『日本化』の罠　『緑の財政出動』で探る脱出」『週刊エコノミスト』2020年9月15日号。
(14) 諸富徹著『資本主義の新しい形』岩波書店、2020年。
(15) 本章の執筆後、2022年2月1日に排出権取引市場の基本構想を経済産業省が打ち出したが、目標未達に罰則を設けない方針という。本来、排出権取引の基本構造は、キャップ・アンド・トレードにあり、キャップを設け、それ以上の排出に罰則を課さなければトレードする意味が失われる。温暖化ガスの排出量の多い鉄鋼業界などに配慮したのだろうが、制度が骨抜きにされる可能性がある。脱炭素化が進まなければ、将来、日本企業がグローバル・サプライチェーンから外されるリスクがあり、大きな禍根を残す決定になる可能性がある。

(16) 以下、ダイアン・コイルの論考を参考にした。ダイアン・コイル『GDP〈小さくて大きな数字〉の歴史』高橋璃子訳、みすず書房、2015年。

(17) 田所（2018）前掲書。

(18) ボージャス（2017）前掲書9ページより引用。

第5章　超低金利政策・再考

1　「デフレ均衡」崩壊までの距離

公的債務残高が大きく膨張しているにもかかわらず、2021年10月の衆議院選挙では、十分な財源の担保なき大盤振舞いの経済政策を、与野党が競う展開となった。選挙を前に、日本を氷山に突進するタイタニック号に喩《たと》えたのは、財務事務次官の矢野康治だった(1)。財務省の事務方トップの職を賭して、公的債務に対する政治の「大忘却」に警鐘を鳴らしたのである。

しかし、そもそもなぜ、これほどの大きな公的債務残高が可能となっているのか。日銀の金融政策との関係を抜きにして、この問題を語ることはできないだろう。

一言でいえば、長期金利、短期金利ともにゼロ金利であるため、国債バブルが生じ、大量に長期国債が発行されても、吸収されているのである。一方で、もし利上げが始まれば国債バブルが崩壊し、後述するように、物価水準の大幅な調整によって公的債務価値の調整が始まる。つまり、国民にインフレタックスが課されることになる。

ただ、国債バブルが崩壊すると、金融市場が大混乱し、物価安定が損なわれるだけでなく、マクロ経済へのダメージも相当に大きい。それゆえ、長短金利をゼロ近傍に保つ金融政策が当面は継続され

図５－１　オーバーナイト金利とマネタリーベース（1983年～2020年）

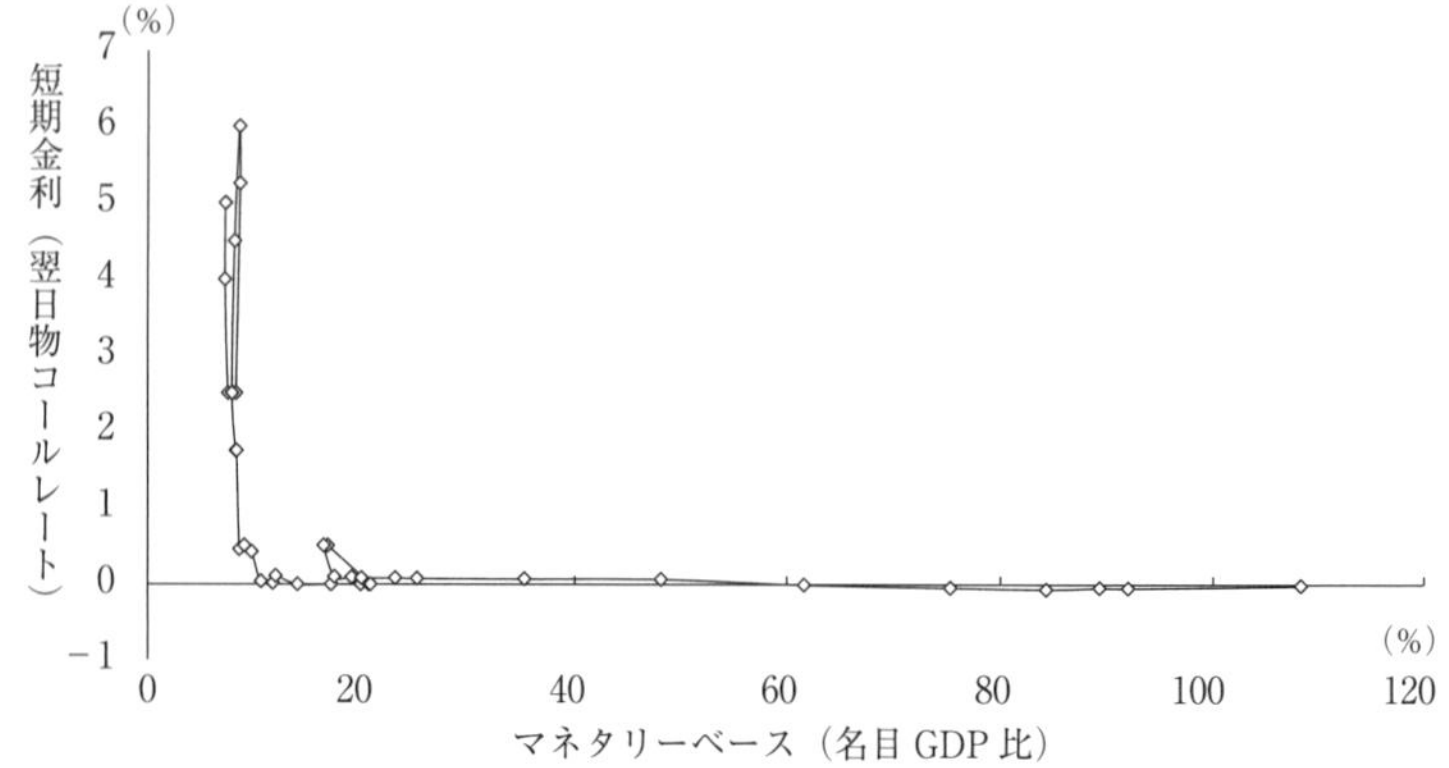

（出所）　日本銀行、内閣府、財務省、INDB より、BNP パリバ証券作成

るのだろうが、財政規律を担保する枠組みをつくらなければ、大盤振舞いの財政政策が繰り返され、ますます危機のマグマを溜め込む、ということになりかねない。どのような帰結が考えられるのか。以下、詳しく論じる。

(1)　デフレ均衡

長期国債の貨幣化で需要無限大に

最初に、日本経済が「デフレ均衡」に陥っている点から説明する。後述する通り「デフレ均衡」は、低成長、ゼロインフレ、ゼロ金利、膨張する公的債務の組合わせによって特徴づけられる。

まず、政策金利（短期金利）がゼロになると貨幣（マネタリーベース＝日本銀行券＋日銀当座預金）に対する需要が無限大に膨らむ。いわゆる「流動性の罠」である。このとき、短期国債の金利もゼロとなるため、貨幣と短期国債は等価となり、金融機関の短期国債に対する需要も無限大となる。貨幣と経済の関係が失われるため、マネタリーベースがいくら増えて

図5－2　オーバーナイト金利と統合政府のバランスシート（1983年～2020年）

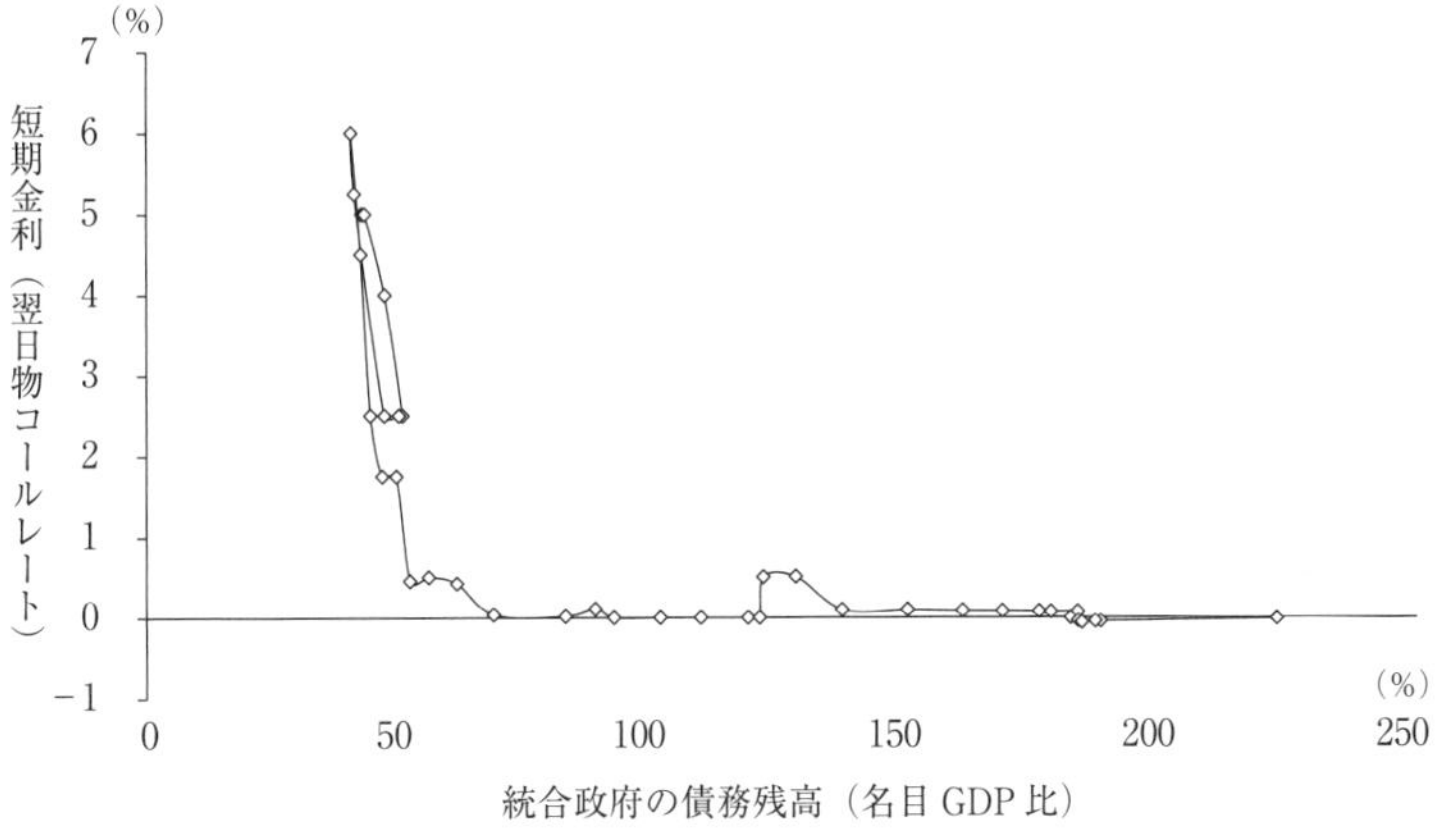

（出所）日本銀行、内閣府、財務省、INDBより、BNPパリバ証券作成

も、物価上昇にはつながらない（図5－1）。

さらに、中央銀行が長期国債の大量購入を行い、長期金利もゼロ近傍まで低下すると、今度は長期国債が貨幣と等価となり、長期国債に対する金融機関の需要も無限大に膨らむ。大量に長期国債が発行されても、日銀が買い支えるから、ゼロ金利でも金融機関の旺盛な需要が続くのである。まさに現在は、ゼロ金利で国債発行がいくらでも可能だから、財政政策がゼロコストと誤認され、冒頭で述べたように、ばらまき合戦が可能となっているのである。

国債発行で生み出された資金は、預金を通じて国債購入に向かうだけだから、やはり物価上昇にはつながらない。経済全体で見ると、長短金利がゼロとなって、図5－2にあるように、統合政府が発行する多くの負債が貨幣化し、金融機関からの需要は無限大に膨らむ。長短金利がゼロ近傍にある限り、統合政府の負債はすべて吸収されるのである。

この「統合政府」というのは、政府と中央銀行のバランスシートを統合したものである。日銀が市場で国債を購入すれば、政府の対民間債務残高は減少するが、一方で国債購入の対価として、日銀が民間金融機関にマネタリーベースを供給するため、政府と日銀を合わせた統合政府の対民間向けの負債残高が減少するわけではない。

国債発行が増えても、日銀が国債を購入すれば、政府の利払費は問題にならないという人がいるが、代わりに日銀の民間向けの負債残高が増えるため、統合政府の負債残高が増えることに変わりはない。日銀が政策金利を引き上げれば、日銀当座預金（超過準備）の付利も上昇し、日銀の利払費が膨らむため、政府の利払費が抑えられても、統合政府全体の利払費が抑えられるわけではないのだ。

国債の価値に裏づけなし

本来、国債の価値は、将来の財政余剰によって担保されている。しかし、歳出拡大ばかりが行われ、一方で増税や歳出削減が棚上げされたままでは、国債の価値を裏づけるはずの財政余剰は見込めない。政府が打ち出す財政見通しで、将来的にＰＢの均衡が見込まれているといっても、第６章で論じる通り、それは高成長を前提にしたものであり、絵に描いた餅である。

国債に価値があると信じられているのは、単にマネタリーベースをもとに中央銀行が買い支えているからにすぎない。価値の源泉として、日銀のシニョレッジ（通貨発行益）が存在するという人がいる。しかし、シニョレッジは、中央銀行が銀行券や日銀当座預金など無利子の負債（マネタリーベース）の発行と引換えに購入する有利子資産から発生する利息収入である。もし、長短金利ともにゼロのままなら、理論的に、シニョレッジも期待できないはずである。価値の裏づけが十分ではないという意味で、国債バブルなのである(2)。

図５－３　オーバーナイト金利と CPI

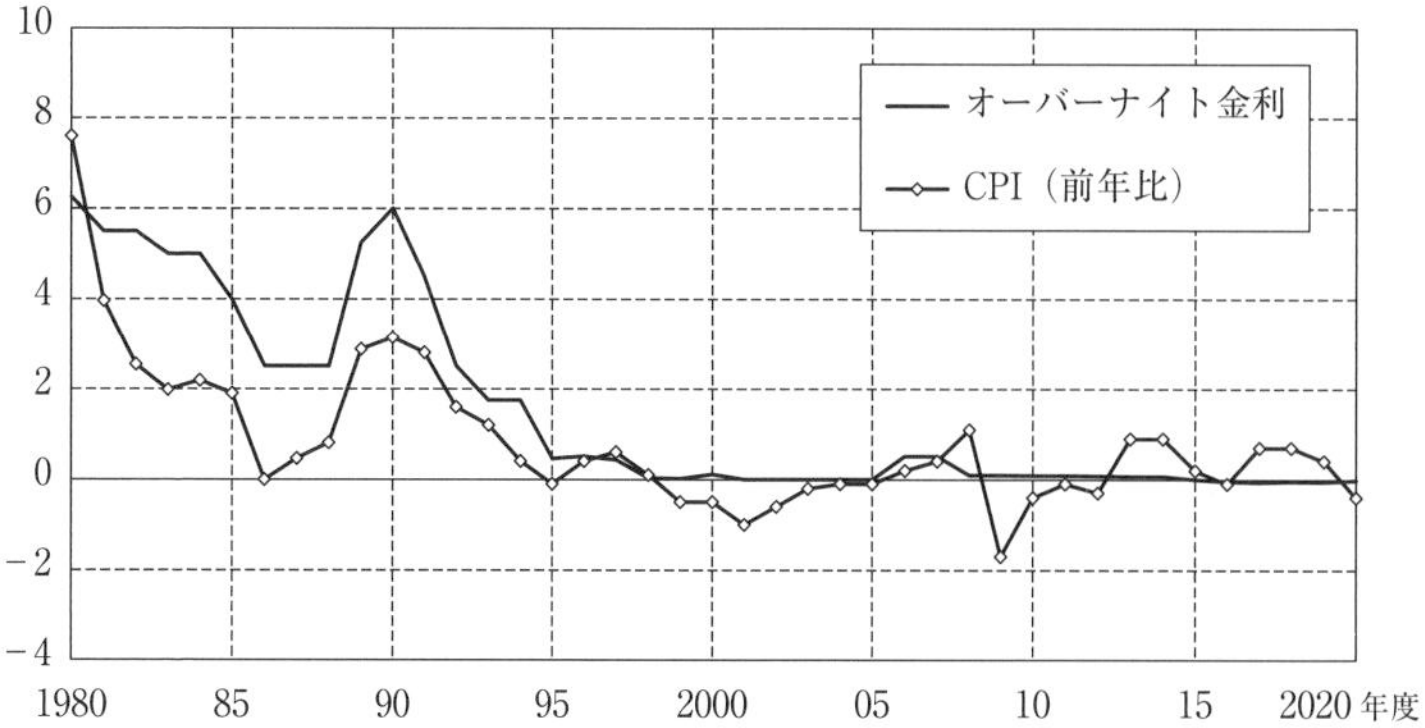

（出所）　総務省、日本銀行資料より、BNP パリバ証券作成

徐々に定着したデフレ均衡

一般に、オーバーナイト金利が０・５％以下まで低下すると、政策金利の引下げ余地がほとんどなくなるため、中央銀行は事実上のゼロ金利と見なす。そうした意味でのゼロ金利政策が日本で始まったのは、四半世紀以上前の１９９５年である。低成長とゼロインフレが続き、短期金利がゼロ近傍（０・５％）まで引き下げられた。

しかし、経済を均衡させる自然利子率も大きく低下していたため、ゼロ金利になっても景気刺激効果は乏しく、インフレも醸成できなかった。つまり金融政策の有効性が失われたのである（図５－３）。その結果、不況期には、追加財政が繰り返され、公的債務が積み上がっていった。そして「低成長、ゼロインフレ、ゼロ金利、膨張する公的債務」のデフレ均衡が徐々に定着したのである。

さらに、２０１３年以降は、安倍晋三政権の下、日銀総裁の黒田東彦が「異次元緩和」を開始し、長期国債の大量購入によって長期金利もゼロ近傍まで低下した。その結果、前述した通り、財政政策はゼロコストと誤認され、景気拡大局面であっても、わずかなショックが訪れるたびに大規模な追加財政が発動されるようになった。

今ではゼロインフレと低成長が続くからというだけでなく、公的債務残高も大きく膨らんでいるから、ゼロ金利を続けざるを得なくなっている。さらに後述するように、公的債務残高の膨張が自然利子率を抑制するから、超低金利政策を手仕舞いできない。つまり、「低成長、ゼロインフレ、ゼロ金利、膨張する公的債務」のデフレ均衡から抜け出せなくなっているのである。

(2) ネオ・フィッシャリアン効果

フィッシャー方程式の解釈

2010年頃から、筆者は、ゼロ金利政策を固定化するから、ゼロインフレから抜け出せない、というネオ・フィッシャリアン的主張を始めた[3]。ネオ・フィッシャリアンを説明する前に、通常のフィッシャー方程式の解釈から説明しよう。

フィッシャー方程式とは、20世紀初頭の米国の著名な経済学者であるアーヴィング・フィッシャーが、名目金利とインフレ予想の関係を示したもので、「名目金利＝自然利子率＋インフレ予想」で示される。通常は、右辺が原因、左辺を結果と捉え、たとえば景気が悪化するから自然利子率やインフレ予想が短期的に低下し、名目金利が低下する、と解釈する。名目金利が低下すれば、景気が刺激されて、短期的には自然利子率やインフレ率が上昇すると考えられるため、左辺が原因で右辺が結果という読み方はしない。

ただ、長期においては、名目金利とインフレ率の因果関係は双方向に働くと考えるべきであろう。

なぜなら、まず、長期的には自然利子率は比較的安定しており、フィッシャー方程式とは別のところで決定される独立変数だからである。だとすると、ゼロ金利政策を長期間にわたって固定化した場合、インフレ予想は、自然利子率の絶対値に逆符号をつけた値となる（「インフレ予想＝ゼロ金利－自然利子率」）。つまり、日本で、人々のゼロインフレ予想、あるいはマイルドなデフレ予想が根強いのは、ゼロ金利政策を固定化しているからではないのか。

ネオ・フィッシャリアン的解釈

数学的にはそうなるとしても、現実の経済を対象に、ゼロ金利政策を固定化しているから、ゼロインフレやマイルドなデフレが続く、と言われると、混乱する人が多いだろう。どのように解釈すればよいのか。

日本銀行はこれまで金融緩和の効果を確実なものにするとして、ゼロ金利政策の長期化を約束してきた。しかし、それが問題なのである。ゼロ金利政策を長期間にわたって継続するという日銀の宣言は、「今後も価格を引き上げることができないような、低調な経済・物価状況が相当期間にわたって続く」という企業や家計の予想を強固にしてきた可能性がある。これがネオ・フィッシャリアン的な解釈である。

日銀は、金融緩和に積極的ではない、と長年批判され続けてきた。このため、近年は金融緩和を粘り強く続けることを強調している。２０１０年に日銀総裁だった白川方明の下で、長期国債の大量購入やリスク資産の購入など、異次元緩和の源流とも呼ぶべき「包括緩和」が開始された際も、政策効果を高めるために、政策の長期化を表明している。

図5－4　非線形型テイラー・ルールとフィッシャー方程式（2000年1月～2009年12月）

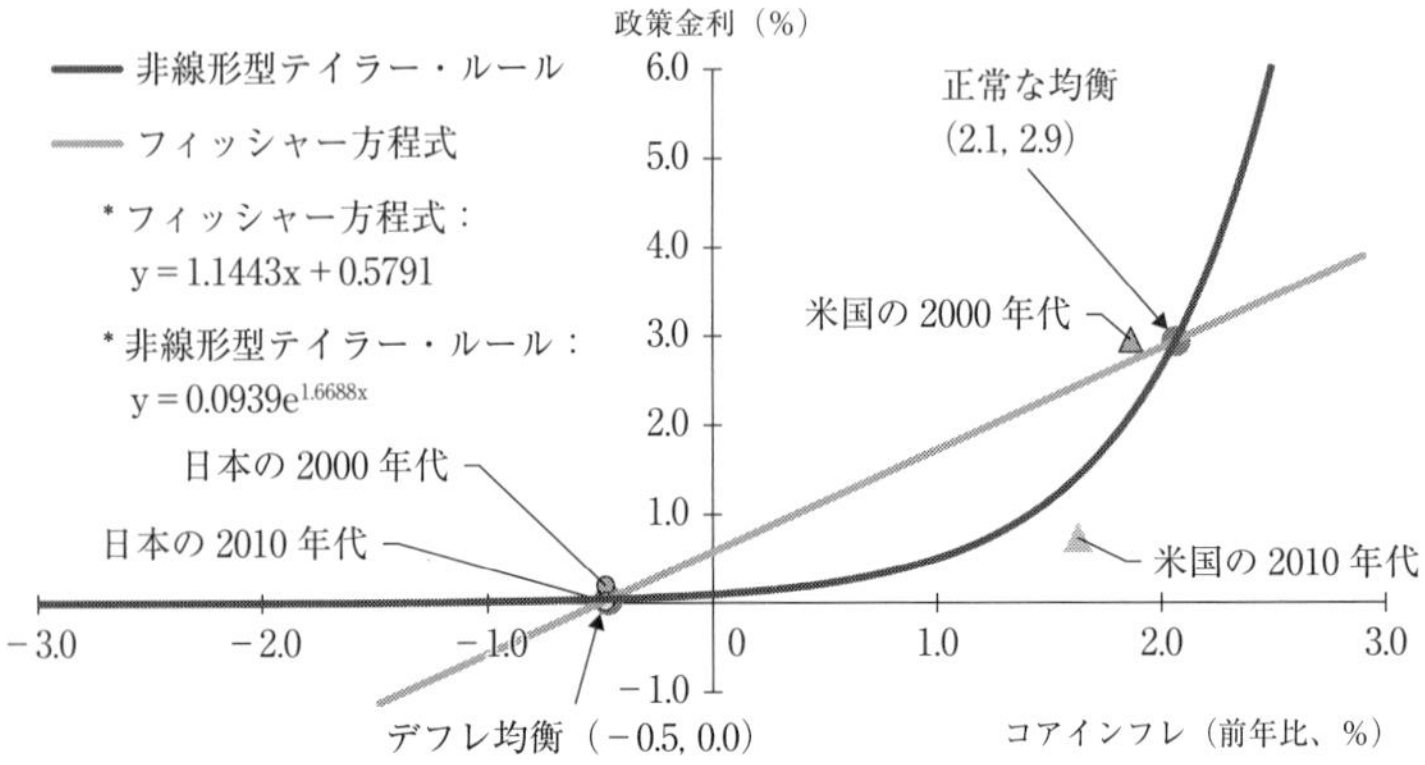

（注）　コアインフレは、米国はPCE、日本は生鮮食品とエネルギー及び消費税・教育無償化を除くCPI。
（出所）　Bloomberg, Bullard（2010）より、BNPパリバ証券作成

しかし、すでにその段階で、事実上のゼロ金利政策は15年も続いていた。超低金利の長期化を中央銀行が表明することは、経済低迷によって価格を引き上げることができないような環境がまだまだ続くという企業や家計の将来見通しをより強固にしたのではないだろうか。

特に問題であるのは、2016年9月に導入された、10年金利をゼロ％に誘導するイールドカーブ・コントロール（YCC）である。この政策の採用は、少なくとも金融市場においては、今後もゼロ金利政策を少なくとも10年は続けるという中央銀行からのメッセージとして受け止められてきたように思われる。景気刺激のために、よかれと思って導入された超金融緩和の長期化のコミットメントが、「デフレ均衡」をより強固にしている可能性がある。

図5－4は、日米の2000年代のデータをもとに、非線形型のテイラー・ルールとフィッシャー方程式の連立方程式を解いたものである。

テイラー・ルールとは、望ましい金融政策ルールをもとに、望ましい政策金利の水準を示したものである。

前述した通り、フィッシャー方程式は、名目金利とインフレ予想、自然利子率の関係を示したものである。ただ、経済構造によって規定される自然利子は、前述したようにフィッシャー方程式とも、テイラー・ルールとも別のところで決定されるため、この図では示されていない。

インフレ予想と名目金利について、二つの均衡が得られるが、図にある通り、プラスのインフレ均衡（正常な均衡）として、２・１％のインフレ率と２・９％の政策金利の組合わせが得られ、デフレ均衡としてマイナス０・５％のインフレ率と０％の政策金利の組合わせが得られている。また、日本の実績は、２０００年代の平均、２０１０年代の平均ともに、デフレ均衡の近傍に位置している。デフレ均衡は後述する通り、公的債務の膨張を伴うため、本来は、不安定な均衡（鞍点均衡）である。ただ、20～30年のタイムスパンで考えるのなら、一種の均衡と捉えることができる。現に、ゼロ金利の下で、大盤振舞いの財政政策が続けられている。

ちなみに米国はどうか。２０００年代にはプラスのインフレ均衡の近くに位置していたが、２０１０年代はインフレ率がやや低下するとともに、政策金利の水準が大きく切り下がり、テイラー・ルールに沿って、デフレ均衡にやや近づいている。２０２０年代は、コロナ危機によってインフレ予想が切り上がり、政策金利も引上げが可能なら、再びプラスのインフレの均衡の近くに位置するようになるのかもしれない。

ただ、別のところで決定される潜在成長率や自然利子率が低下トレンドを続けるとすれば、低い金利が常態化し、長い目で見ると、デフレ均衡に向かうという可能性も排除できないと思われる。それは、第2章で論じたアティフ・ミアンらの「借金頼みの需要（indebted demand）」がもたらす自然利子率の低下、あるいは、同じことだが、次に触れる非ケインズ効果とも関係している。

(3)　非ケインズ効果で自然利子率も低下

国債バブルがインフレ醸成を阻害する

本来、追加財政で国債発行が膨らむと、長期金利は上昇する。しかし、日銀の大量国債購入によって、金利上昇圧力は抑え込まれてきた。日銀は、シンプルで静学的な経済モデルを用いて、長期国債購入をクラウディング・アウト回避のために必要な政策と位置づける。

たしかに、景気刺激のために追加財政や金融緩和を行っているのだから、追加財政がもたらす金利上昇によって総需要を抑制したのでは元も子もなくなる、と考えるのは理解できる。ただ、国債購入が長期化することで、動学的には別のクラウディング・アウト効果を引き起こしてきた、というのが筆者の長年の主張だ。

民間金融機関からすれば、リスクを取って実物投資を支える貸出を増やすよりも、日銀が買い支えてくれる国債購入を続ければ、わずかでも確実な収益を得られると考え、長年にわたって国債購入を増やしてきた。銀行業の本来の役割は、成長を生み出す実物投資のための金融仲介機能にある。日銀の超金融緩和の固定化が誤ったインセンティブを銀行業に与えてきたのである。

もちろん国債購入だけでなく、低金利によって増えた貸出がないわけではない。しかし、それらは金融商品や不動産の購入のための融資ばかりであって、実物投資のファイナンスではない。国債バブルがむしろインフレ醸成を阻害した可能性があるのだ。

非ケインズ効果

さらに、非ケインズ効果で、自然利子率が低下した可能性も排除できない。非ケインズ効果とは、本来、総需要を刺激するための追加財政や金融緩和など、ケインズ的なマクロ安定化政策が、過度になることや長期化することによって、資源配分や所得分配を大きく歪め、潜在成長率や自然利子率を引き下げるなど、思わぬ逆効果をもたらすことである。

まず、完全雇用であっても、超金融緩和や追加財政が長期化・固定化されたため、それなしでは採算の取れない企業や投資プロジェクトが増えてきた。第4章で論じた通り、完全雇用の下でマクロ安定化政策を続けたため、生産性上昇率や潜在成長率の回復の足枷になってきた。本来、収益性のあまりに低い企業は、従業員に賃金をまともに払うことができず、退出を余儀なくされるが、過度なマクロ安定化政策がその存続をサポートしている（〝ゾンビ化〟を許容している）可能性がある。実質賃金の低迷が続いているのは、超金融緩和や追加財政の長期化の下で生き永らえた低生産性企業が増えているからではないか[4]。

また、経済の大半を占める個人消費が回復しない理由の一つは、多くの国民が医療や年金など社会保障制度の存続に懸念を持っていることである。これも4章で論じた通り、社会保障の制度設計が大きな問題を抱えていることもあるが、公的債務が未曽有の水準まで膨張しているために、将来、必要な医療給付や年金給付を受けられないと懸念する人が少なくないことも影響している。それゆえ予備的動機で貯蓄が行われ、消費が抑えられる。

家計貯蓄率は高齢化の要因から、低下傾向が続いているが、図5－5にあるように、高齢化要因を取り除くと、2000年代初頭から家計貯蓄率が上昇傾向にあることがわかる。公的債務が増え続

図５－５　高齢化要因を調整した家計貯蓄率の推移

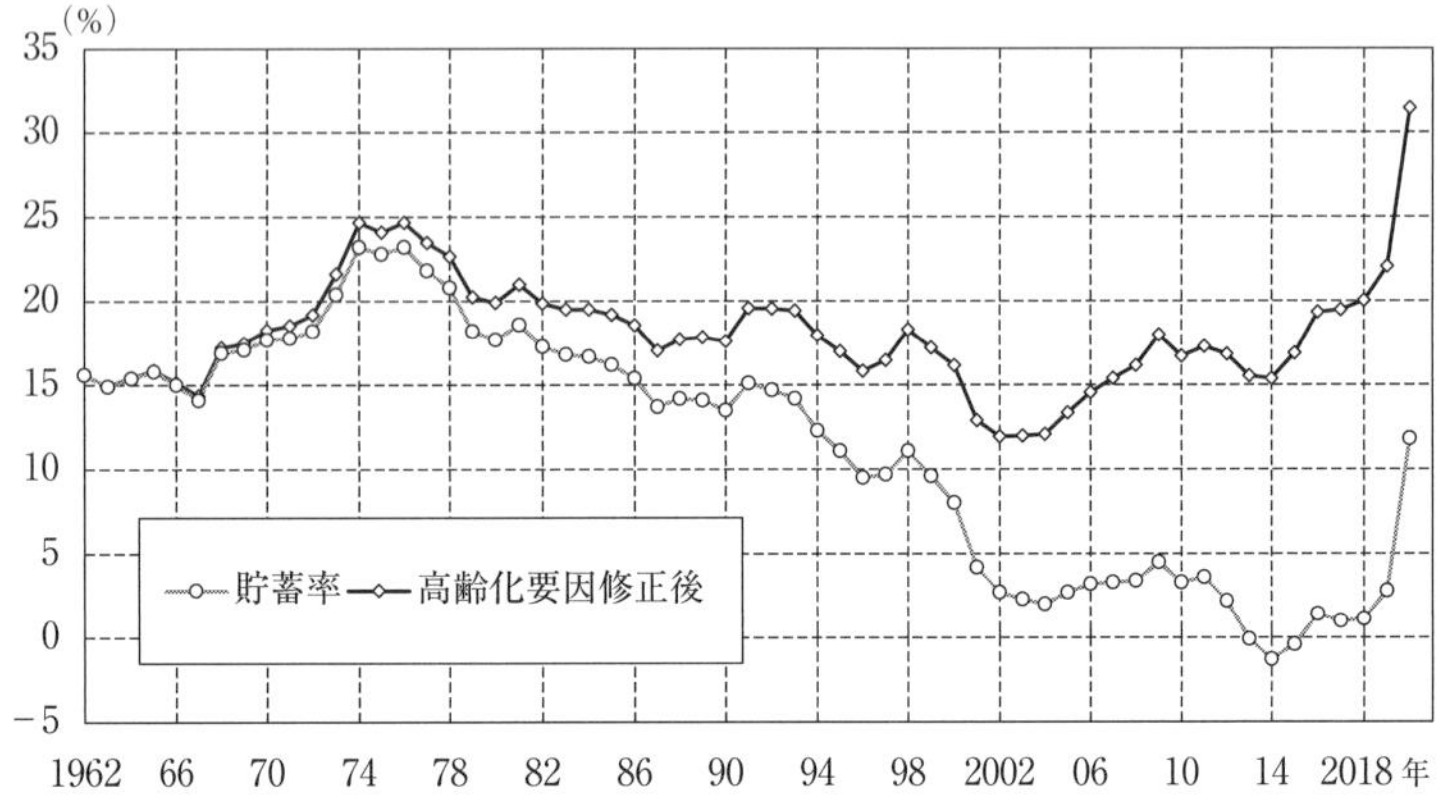

（出所）　内閣府、総務省資料より、BNP パリバ証券作成

け、社会保障制度の持続性に対する不安から、２０００年代以降、人々が予備的動機で貯蓄を増やしているのである。なお、２０２０年に貯蓄率が急上昇しているのは、コロナ禍の巣籠りで個人消費が抑えられ、一種の強制貯蓄が行われたこと、そして政府が国民一律の現金給付を行ったことが大きく影響している。

もちろん、今日では、人は思った以上に長生きすることが明らかになり、これまで以上に高齢者が働き続け、貯蓄を増やしているということもあるだろう。しかし、将来の社会保障給付に対する懸念が小さいのなら、増えた所得は消費に回されていたはずであろう。

消費回復が脆弱だから、企業も国内投資を活発化できない。公的債務の膨張を背景に、社会保障制度への懸念から家計は予備的動機で貯蓄を増やし、消費が増えないから企業も投資を抑える。マクロ経済全体では、貯蓄と投資のバランスが失われるから自然利子率が低迷するのである。

大規模な財政支出を繰り返すことで、一時的には景気は嵩上げされるが、一方で、ますます膨張する公的債務が人々の社会保障制度の持続可能性に対する懸念を強めるばかりである。その結果、デフレ均衡がさらに強化される。

(4)　デフレ均衡の崩壊後の二つの経路

イールドカーブ・コントロールが自己目的化する

このまま、デフレ均衡が継続するのだろうか。デフレ均衡は、そもそも国債バブルに支えられた鞍点均衡であった。もし、利上げが継続的に行われると、国債バブルは崩壊し、金融市場の動揺が始まる。そうなるとマクロ経済と物価の安定が大きく損なわれるため、日銀は必要があっても利上げを躊躇せざるを得ない。むしろ、長期金利の安定そのものが、日銀のもう一つの政策目標となる。

景気刺激の観点から、長期金利を低く抑え込むために、日銀は前述のように、イールドカーブ・コントロール（ＹＣＣ）を導入している。しかし、金融政策の「手段」だったはずのＹＣＣが、今度は「目的」そのものとなる。

日銀が長期金利の安定に成功すると、追加財政はゼロコストだという誤った確信がコンセンサスとなり、大規模財政が、安易に発動されるようになる。２０２１年の衆議院選挙で与野党がばらまきの主張を繰り広げたのは、すでにその領域に日本社会が突入していることの証ということなのかもしれない。いずれにせよ、財政の日銀頼みが嵩じているのは間違いない。

日銀が公的債務管理にすでに組み込まれていることを、わたしたちは認識する必要があり、本来なら、財政と金融政策の一体運営がもたらす弊害を抑え込む枠組みづくりが必要であろう。それを怠ったままでは、公的債務残高、そして統合政府の債務残高は制御不能な水準まで膨らんでしまう。弊害を抑えるための枠組みについては、本章第3節で改めて詳しく取り上げる。

バブル崩壊で長期国債は非貨幣化する

危機のマグマが臨界点に達し、長期金利の急騰が生じるまでには、まだ多少の時間的なゆとりがあるのかもしれない。数年内に高い確率で危機が訪れる、というのは、たしかにやや極端な主張であろう。ただ、20年後、30年後ということになると、相当に高い確率となってくる。

臨界点に達し長短金利が上昇を始める場合、一体、何が起きるのか。旺盛だった貨幣需要は急低下し、同時に国債バブルも崩壊し、物価水準の急騰が始まる。すなわち貨幣と短期国債、長期国債の等価関係は失われ、日銀券と法定準備を除くと、それらはすべて、金利ゼロの貨幣ではなくなる。短期国債のみならず長期国債も貨幣化していたから、供給に応じて無限の需要が維持されていたが、経済学者の齊藤誠が論じる通り、金利がゼロ近傍から離れることで、国債バブルが崩壊し、同時に失われていた貨幣と経済の関係が復活する。以下、齊藤の論考を参考に、詳しく論じよう[5]。

まず、短期金利がゼロ近傍から乖離すれば、膨らんだ日銀券に対する需要は急低下し、物価急騰が始まる。短期金利の上昇で、貨幣化していたはずの超過準備が、今度は短期国債と化し、民間金融機関への利払いで、日銀の支払利息が急膨張する。短期金利が上昇しても、日銀券には金利が付かないが、預金には金利が付くため、日銀券の当座預金への大規模な還流が始まり、それが日銀の支払利息の重石となる。図5－6が示す通り、1990年代半ば以前の金利が付く世界においては、日銀券の水準は極めて安定していた。名目GDPとの安定的な関係から判断すると、日銀券の流通残高は半分以下に減少すると見られる。また、政府もこれまでのように短期国債をゼロ金利で発行することはで

図５−６　オーバーナイト金利と日銀券（1990年～2022年２月）

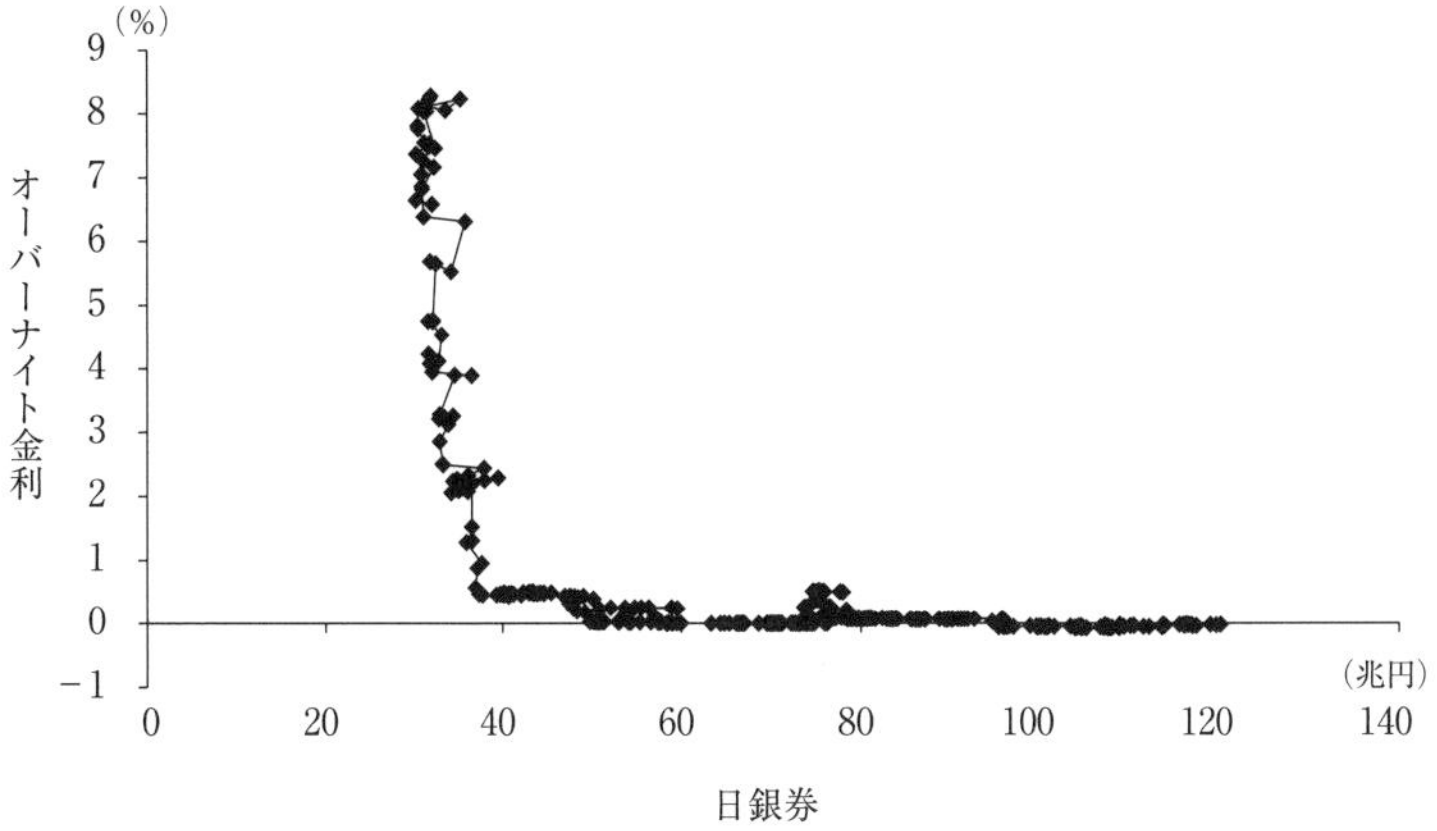

（出所）　日本銀行資料より、BNP パリバ証券作成

図５−７　日米欧の中央銀行のバランスシート（GDP 比）

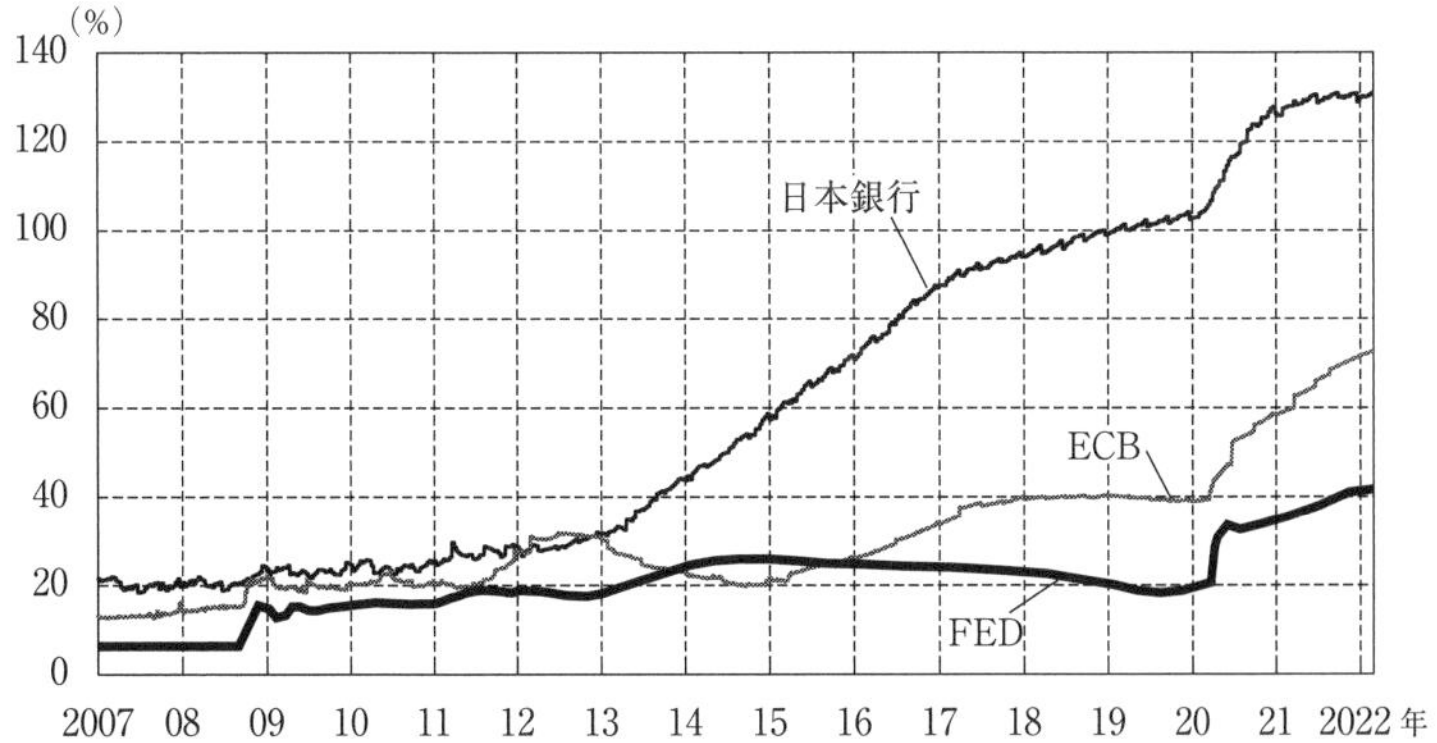

（出所）　Macrobond より、BNP パリバ証券作成

きなくなる。

短期金利が復活すると、日銀は超過準備に対して、付利を支払わなければならない。2006年の量的緩和終了後、日銀のバランスシートは対GDP比で20％にとどまっていたが、今や130％にも達する（図5－7）。支払利息が急膨張すると、日銀が早期に超過準備を回収するという思惑が金融市場で広がり、長期国債の日銀による売却の観測を高め、イールドカーブの急激なスティープ化がもたらされるであろう。その結果、長期国債への需要はさらに低下し、金融機関は投売りを余儀なくされる。これが、長期国債が非貨幣化することの意味である。

異次元緩和の下、長期国債の貨幣化に伴って、イールドカーブのフラット化が進んできたが、将来、非貨幣化によってその巻戻しが生じる。政府が支払うにせよ日銀が支払うにせよ、統合政府の利払いが急増するとともに、その支払いがマネタリーベースによって賄われることで、物価急騰が助長されるのである。

物価は数倍のジャンプにとどまるのか

現在の中央銀行のバランスシートの膨張、あるいは統合政府の負債の膨張から推計すれば、物価水準が4～6倍にジャンプする可能性がある。たとえば物価水準が4倍になることで、現在、250％の公的債務の対GDP比が60％程度まで低下し、持続可能性が回復されるということである。

もちろん、国債バブルの崩壊後、それが逆バブルの過程に入れば、数倍の物価調整では済まされない可能性もある。その分水嶺となるのは、危機が始まった際、政府が財政健全化にコミットできるか否かであろう。もし政府が信頼に足る財政健全化策にコミットするのなら、国債価値の一部は将来の財政余剰によって担保されるため、ハイパーインフレーションの経路に突入することを回避するのは可能だろう。逆に将来の財政余剰を生み出す財政構造改革が打ち出されないのなら、逆バブルの過程が始まり、止めどない物価上昇によって、国債価値の減価は続く。財政構造改革案については、第６章で論じる。

公的債務の調整経路を理論的に分析した前述の齊藤の論考によれば、先の大戦の直後、日本が大幅な物価上昇に見舞われながらも、ハイパーインフレーションを回避できたのは、敗戦後に日銀券の回収や財政規律を維持する政策が取り入れられたからだという。物価水準の調整が避けられないとしても、ハイパーインフレーションを回避し、財政危機のマグニチュードを小さくする余地は、歴史的に見ても、残されているということである。

為替市場から危機が始まる

日銀の長期国債の全額購入で、最後まで長期金利の上昇を抑え込むことができれば、財政危機は避けられると考える人もいるかもしれない。ただ、日銀が長期国債の全額購入といった事態に追い込まれているとすれば、そのとき、為替市場では、超円安が始まっていると思われる。

円安がもたらすインフレで実質金利は低下を始めるが、金融政策を公的債務の持続性、すなわち長期金利の安定に割り当てているため、実質金利の急低下を止めることができず、超円安とインフレ高騰のスパイラルが続く。長短金利の上昇を抑え込むことができても、超円安が物価水準の調整の引き金を引く可能性がある。いや、グローバルエコノミーの時代においては、為替レートが引き金を引く可能性が高いというべきではないか。

為替市場の特性ゆえに、円の減価の過程では大幅なオーバーシュートが生じる可能性があるが、物価が仮に4~6倍の調整で済むのなら、最終的には物価と同様、為替レートも4分の1~6分の1の減価にとどまると見られる。実質実効円レートは第4章で見たように、すでに1970年代初頭の水準まで低下しており、調整はかなり進行しているともいえる。残された調整は、公的債務や日銀のバランスシート、物価水準、名目為替レートなど、いずれも名目ベースの調整である。

筆者自身は、財政破綻確率を地震発生確率に喩えて説明することがある。それは、いずれも時間をかけて歪みが蓄積され、不均衡が閾値を超えると、蓄積されたエネルギーを開放(調整)する動きとして、地震(財政危機)が生じるというメカニズムだからだ。また、現実に財政危機の引き金となるのも、首都直下型地震や南海トラフ地震のような天変地異であろう。あるいは、台湾海峡などを巡る東アジアでの地政学リスクの顕在化だろうか。

天変地異や戦災などのショックをきっかけに、大幅な財政支出を余儀なくされ、公的債務残高の水準が何度か切り上がり、それが制御不可能な水準まで膨らんだと確信された段階で、長期金利の急騰が始まる。仮に長短金利をゼロや小幅マイナスに固定化することに成功しても、為替レートの大幅な減価をきっかけに、物価水準の大幅な調整が始まるのだと思われる。

より具体的には、それらのショックに端を発して公的債務の水準が切り上がると、日本国債の格下げが行われるが、同時に、国際展開する大手金融機関の格下げも行われる。彼らはグローバル資本市場で調達した外貨をもとに各国の企業に融資している。格付が大きく下がると、大手金融機関は、大幅な上乗せ金利を支払わなければ外貨の調達が困難になってくる。そうなると、ドルやユーロなどの外貨を調達するために、今度は為替市場で円を売らざるを得なくなり、それが引き金となって円安が加速し始めるのである。

円安を止められなくなる日

１９９８年の金融危機の際も円安が進んだ。当時、巨額の不良債権の保有を疑われた大手邦銀は、上乗せ金利（ジャパン・プレミアム）が課され、外貨調達が困難になった。その結果、為替市場では、邦銀が円を売って外貨を調達するという思惑が広がり、円安加速につながったのである。ただ、当時は円安が進んだといっても、わずか1ドル１４７円であり、円レートが数分の1に減価する、というものからはほど遠い。

かつては、経済ショックが訪れると、流動性選好が高まり、国内への資金回帰によって円高傾向が観測されていた。それは、デフレ均衡の特徴でもある。だが近年、経済ショックが生じても、必ずしも円高現象は観測されなくなっている。むしろ最近は、円安傾向が見られることもある。

日銀は、近年、経済ショックが訪れた際、円高が回避されたことを超金融政策の成功と自画自賛していたが、果たしていつまで喜んでいられるのだろうか。過去50年間、円高回避に日銀は注力してきた。遠くない将来、超円安を止められなくなる日が訪れるのではないか、心配である。この点については、第4節で改めて取り上げる。

(5)　一か八かの賭けを回避するためのレトリック

コスト度外視の政策が選択される

意思決定の際、不確実性があまりに大きいと、人間は、超楽観のバイアスと超悲観のバイアスの間で大きく揺れ動く[6]。東日本大震災で大地震や大津波に遭遇する前は、そのリスクを軽視していたが、一度経験すると過剰に反応する。その結果、危機回避を大義名分としたコスト度外視の大盤振舞いの大規模財政が、政治的な支持を得て繰り返される。コロナ危機で大規模財政が繰り返されるのも、同じ文脈で捉えることができるだろう。あるいは単に、財政の箍《たが》が外れてしまったということか。

不確実性の下での意思決定の際、さらに問題となるのは、十分に起こり得るリスクシナリオを、確率の低い最悪ケースと十把一絡げにすることで、思考停止に陥ることである。過去20年間、財政危機については、最悪ケースであるハイパーインフレが訪れるか否かという極論に議論が終始し、政治の場では、財政構造改革の先送りが続いてきた。財政危機を避けるには、10年ほど前から、たとえば50％もの消費増税が必要と平然と論じる財政学者も少なくない。しかし、そうした極論が示されるから、政治の場では、大規模財政や大規模金融緩和によって長期停滞から脱するという、勝率の決して高いとはいえない一か八かの賭けが繰り返されているのではないか。

なぜ勝ち目のない対米戦を開始したのか

筆者がこの問題に気がついたのは、経済史家の牧野邦昭の対米開戦の研究からである[7]。

なぜ日本は勝ち目のない戦争をしたのか。通説は、経済学者が無謀と主張したが、それを軍が握り潰し開戦に踏み切ったというものである。牧野は、焼却されたと考えられてきた重要報告書を発見するが、そこには「対米戦に踏み切れば、経済力の大きな格差で、日本は高い確率で敗北する」ことが示されていた。同時に、その内容は、当時の多くの専門家にとり常識的なものであり、軍関係者も公の場で語っていたことだった。

それではなぜ対米戦を決定したのか。その説明に用意されたのは二つの理論であり、一つは、人間は損失回避のためには大きなリスクを冒すという行動経済学のプロスペクト理論、もう一つは、集団になると極端な意思決定に陥りやすいという社会心理学の集団極化論（group polarization）である。

報告書は、対米戦の勝算が低いことを強調したはずだったが、米国による石油の禁輸措置で、2〜3年後には日本は確実にジリ貧となり、戦わずして屈服を余儀なくされる。一方、確率は低いが、対ソ戦や対英戦でドイツが勝利すれば、日米戦で有利な講和となる可能性はゼロではない。報告書の意図とは異なるメッセージが指導者に伝わり、プロスペクト理論が説明する通り、確実な前者のジリ貧を避けるために、ドカ貧となる大きな危険を冒し、後者のわずかな勝算に賭けたのである。

集団極化論については、よく知られた議論であろう。簡単に論じておくと、一人で意思決定を行う時より、集団で行う時のほうが極端な決定がなされる。理論上は、リスクの高いものとなるリスキー・シフト、反対により安全性の高い無難な意思決定になるコーシャス・シフトの二つがある。どちらに転ぶかは、集団の規範や場の空気に左右されるが、いずれにせよ、より強い意見を表明することで、グループ・メンバーからの印象を好くし、集団内での存在感が高まるため、極端な方向の意見に向かう。もともと、プロスペクト理論が示すように個人レベルで高いリスクが取られやすい中で、集団の意思決定によって、リスキー・シフトが起こったのである。

わずかな勝算への賭けを避けるためのレトリック

どのようなレトリックなら、戦争は回避できたか。3年後に米国と勝負可能な国力を保持できるプランを示せば、回避できた、と牧野は論じている。ドイツの戦力を的確に分析していたのだから、その敗戦を待てば、別の展開もあり得ただろう。実際、第二次世界大戦直後の世界は、米ソ対立に向かった。また、独伊の再三の要請にもかかわらず、スペインはフランコという冷静な独裁者が存在したためか、中立を貫き、負ける戦争には参戦しなかった。ただ、日本が戦争を回避しても、軍国体制が継続すれば、戦後の民主制と高成長がすぐには訪れなかった可能性があるため、複雑ではある。

日本の主流派財政学者は、大幅な増税抜きには公的債務の持続性を確保できず、ハイパーインフレが訪れると主張する。財政危機の可能性については筆者も同意するが、本当にハイパーインフレが避けられないのか。ハイパーインフレを前提に、政治的には困難な大幅増税のみを提示するから、逆に大規模な財政金融政策で成長を高め、一気呵成の問題解決を狙った政策が2012年末に選択されたのではないだろうか。

コロナ後の財政健全化においても、同様の提案が専門家から繰り返されれば、反対に大規模なマクロ政策が繰り返される恐れがある。経済学の世界とは異なり、日本の政治の世界に一歩足を踏み入れると、そこではMMT（Modern Monetary Theory）論が花盛りであり、プロスペクト理論や集団極化論が描く世界に向かっているようにも見える。専門家は、エビデンスで警鐘を鳴らすだけでなく、社会が一か八かの賭けを選択しないためのレトリックも整える必要がある。MMTについては、第6章で詳しく取り上げる。

2　漂流する日銀の金融政策

日本では、過去四半世紀にわたって「低成長、低インフレ、ゼロ金利、膨張する公的債務」が常態化している。第1節で論じた「デフレ均衡」と呼ばれる状態である。2010年代には、先進各国でもインフレの低下傾向や低金利の長期化が観測されたことから、近年、こうした状況は「ジャパニフィケーション（日本化）」と呼ばれていた。

現在は、コロナ危機がもたらした供給制約によって、1980年代初頭以来の高率のインフレが観測されているため、ジャパニフィケーションは避けられた、という見方が大勢である。ただ、第2章で論じたように、低い成長率の継続もあり、先進各国とも低金利から抜け出すのは容易ではないだろう。

日本では、コロナ危機が続く2021年3月19日に、日本銀行が金融政策の点検を行い、2%インフレ目標の到達が簡単に見通せないことを確認し、今後も長い期間にわたって、イールドカーブ・コントロール（YCC）を継続せざるを得ないことを明確にした。イールドカーブ・コントロールなどの金利政策はインフレ目標に紐づけられており、コロナ危機が終息しても、デフレ均衡からの脱却には、さらに長い期間を要するということである。本節では、長期停滞の下で漂流する日本銀行の金融政策を振り返る。

(1)　四半世紀以上が経過したゼロ金利

はるか昔の出来事になったが、日本が事実上のゼロ金利政策を開始したのは、四半世紀前の1995年7月である。日本銀行が文字通りのゼロ金利政策を導入したのは1999年2月だが、第1節で論じたように、中央銀行は0・5%を下回るオーバーナイト金利を事実上のゼロ金利政策と見なす。

超円高と不良債権問題

日本銀行が1995年7月にオーバーナイト金利を0・5%以下とすることを決めた直接のきっかけは、1ドル＝80円を割り込む超円高である。図4－7の実質実効円レートで見ると、当時の円高が激烈であったことは一目瞭然であろう。さらに、訪れたタイミングは、バブル崩壊ですでに内需の低迷が続く最中であったため、大きなダメージをもたらした。日米の貿易摩擦を背景とした米国の通貨政策に対する市場の思惑も影響したが、不良債権問題を背景に、日系機関投資家の国内への資金回帰が続いていたことも大きな円高要因となっていた。

不良債権問題を抱え、経済が疲弊する国の通貨がなぜ買われるのかを不思議に思う人も少なくないだろう。一般に、海外勢の投機資金を中心にバブルが生じる場合、バブルの膨張過程では国内への資金流入で通貨高が起こり、バブル崩壊とともに資金逃避が起きるため、通貨安がもたらされる。外貨建ての負債が多い場合、バブル崩壊後の通貨安は対外債務の膨張をもたらすという副作用もある。しかし、通貨安は、外需の増加を促し、バブル崩壊で強い調整圧力に晒される内需の側面支援となる。つまり、多くのバブル崩壊のケースでは、通貨安がバブル崩壊後のダメージを緩和してくれるのだが、日本ではそうはならなかった。

それは、日本のバブルが主に国内勢の投機資金によって醸成されたものだったからである。その場合、バブルの膨張過程では、含み益を抱えた国内の機関投資家が海外でもリスクテイクを行うため、資金流出圧力が高まり、通貨安が生じる。逆にバブルが崩壊すると、リスク許容度が低下し、また、国内投資の損失の穴埋めなどもあり、国内に資金が還流し、それが通貨高をもたらす。バブル崩壊による調整圧力で内需が低迷する中で、超円高によって輸出部門も大きなダメージを被ったために、ゼロインフレの定着が確実になったのである。

さて、不良債権問題が日本経済に悪影響をもたらしたメカニズムについては、現在ではおおむねコンセンサスができあがっている。たとえば、経済学者の細野薫が指摘するように、不良債権問題がもたらす金融市場の動揺によって、企業の資本コストは大きく上昇したが、とりわけ生産性が高く外部資金を調達しようとする新規参入企業が大きな損失を被った(8)。一方、外部資金を必要としない生産性の低い産業は、不況による実質賃金の低下などによって、むしろメリットを受け、存続が容易となった。不良債権問題は、新規参入の阻害や投資の歪みを通じて実体経済に悪影響をもたらしたのである。

そもそも不良債権問題が長期化したのは、銀行が会計操作を行い、返済不可能な企業に「追い貸し」を続けたことが原因だった。資本市場は動揺が続き、かなり早い段階から問題を見抜いていたともいえる。しかし、裁量行政の下で銀行の会計操作が容認され、そうした猶予政策（forbearance policy）が問題解決を遅らせた。猶予政策には、１９９０年代に繰り返された政府の大規模な公共投資も含まれるだろう。公共投資を繰り返すことは、過剰債務を抱えた不動産業や建設業などをサポートすることになり、政府が「追い貸し」にお墨付きを与える強いメッセージと銀行に受け止められた可能性がある。

最終解決には、銀行が会計処理を厳格化し、問題債権に対する十分な引当を行い、自己資本が不足する場合には公的資金を注入することが必要だった。

図５－８　総実労働時間の推移（2015年＝100、季節調整値、一人あたり）

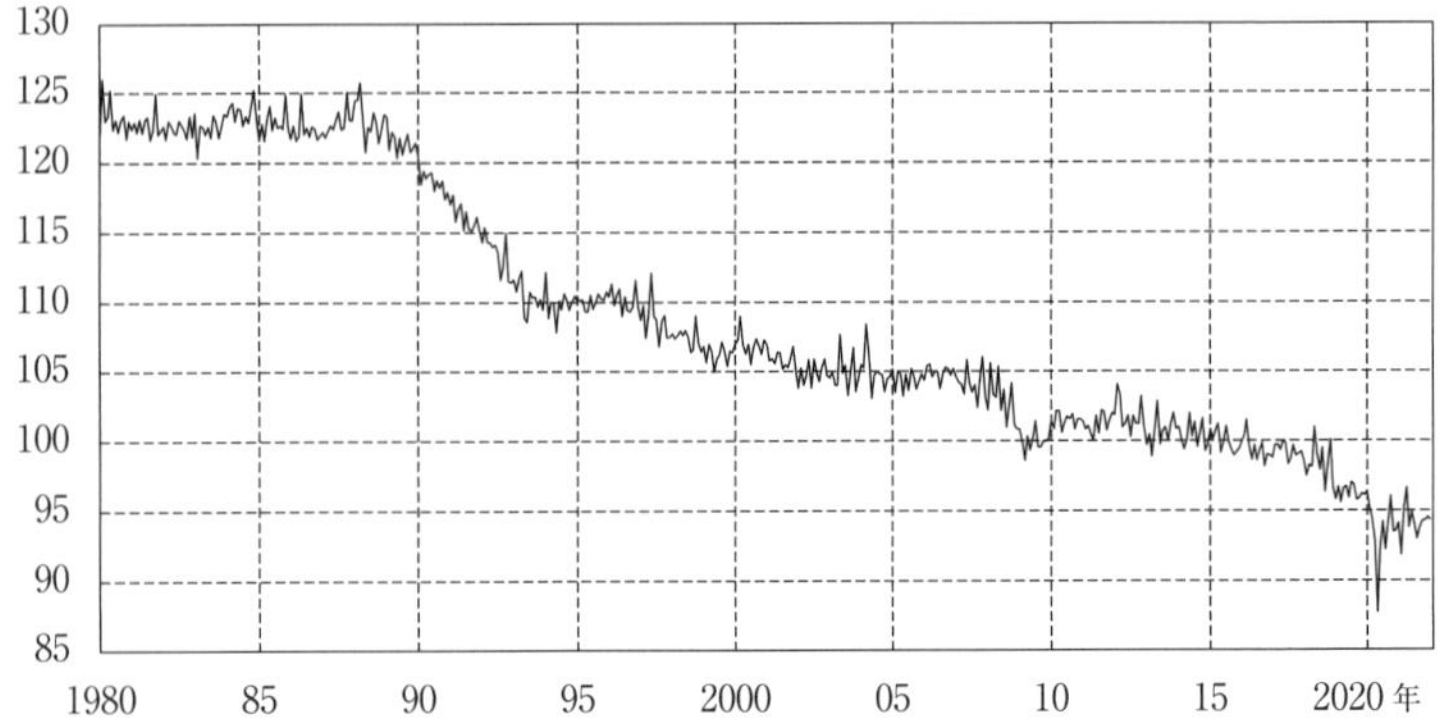

（出所）　厚生労働省資料より、BNP パリバ証券作成

労働投入量の急低下

不良債権問題の発生時期とほぼ重なるが、１９９０年前後に、週48時間労働制から40時間労働制に移行したことも、成長の鈍化に大きく影響している（図５－８）。労働投入量の急低下で、潜在成長率が下方屈折したのである。[9] 当時、労働時間が大きく短縮されたが、それに合わせて生産性が引き上げられることもなく、一方で賃金を切り下げることも行われなかった。このため、企業の資本収益率が大きく低下し、その結果、資本投入の低迷も加わって、潜在成長率が大きく低下したのである。

労働時間の短縮による収益率低下が見過ごされたことに、多くの人は違和感を持つだろう。当時は、１９８０年代末の不動産バブルによって総需要が嵩上げされていたため、生産性の上昇で吸収されたのだと、多くの人が誤認したのである。バブルが崩壊すると、バブルが覆い隠していた労働時間短縮による収益率の悪化が露わになるだけでなく、そこにバブル崩壊による構造調整圧力も加わったが、リアルタイムでは、すべてがバブル崩壊の影響と受け止められた。

当時、一定程度のインフレが存在していれば、これらの調整圧力は、多少は和らげられたかもしれない。しかし、80年代半ばからインフレ率はすでに極めて低い水準での推移が続いていた。労働投入量の急低下、不良債権問題、超円高が加わり、「低成長、ゼロインフレ、ゼロ金利」が徐々に定着したのである。

1990年代半ばには失われていた金融政策の有効性

ゼロインフレが続き、名目金利が実効下限制約（ゼロ下限制約）に直面すると、実質金利を自然利子率の水準より低くすることが困難になる。そうなると、ゼロ金利であっても、景気を刺激することもインフレ率を高めることもできない。1990年代半ばには、もはや金融政策の有効性はほとんど失われていた。

その後、日本銀行はさまざまな非伝統的な金融政策を繰り返し打ち出すが、資本市場が一時的に反応することがあっても、実体経済の刺激やインフレ期待の醸成という点では、有効性は限られ、結局、いずれも一時凌ぎに終わった、というのは周知の通りである。

金融政策の効果の本質

ここで確認しておきたいのは、あまり一般には認識されていないことなのだが、金融政策の効果の本質は、もし効果がある場合であっても、それは「将来の需要の前倒し」にすぎない、ということである。言い換えるなら、金融政策によって、新たな付加価値が生み出されているわけではない。もし、金利低下によって企業や家計の支出が増えているのだとすれば、それは、将来行われるはずの支出が前倒しされているからにほかならない。

それゆえ、金融緩和を長期化すると、前倒し可能な支出は枯渇してくる。いくら資本コストが低下したからといって、家計や企業が将来の支出をすべて前倒しするということはあり得ない。金融政策の規模がスケールアップしているにもかかわらず、政策効果がむしろ小さくなっていることには、こうした背景がある。現実には、政策効果がますます小さくなっているから、政策をさらにスケールアップせざるを得なかった、というところだろうか。

もちろん、金融政策の効果の本質が需要の前倒しであり、新たな付加価値を生み出すものではないとしても、金融政策には大きな意味がある。それは、景気平準化のメリットである。経済に大きなショックが訪れた際、金融緩和を通じて、将来の需要を前倒しし、景気の振幅を小さくすることは、経済厚生を改善させる。この点は、第3章でも詳しく論じた通りである。

しかし、2017－19年に超人手不足社会が訪れ、完全雇用に達しても、日本銀行はアグレッシブな金融緩和を続けていた。それは2％インフレ目標を達成することが目的だが、そのメリットは、もしインフレ醸成に成功しても、多少の政策余地をつくることにすぎない。一方で、後述する通り、政策コストは逓増している。

自然利子率を高めるという忘れられた処方箋

もう一点、金融政策の効果を規定する潜在成長率や自然利子率との関係も確認しておこう。仮に潜在成長率や自然利子率が高い水準にあれば、将来の所得の継続的な増加が見込まれるため、前倒し可能な需要は当然にして大きくなる。金融緩和の効果が得られやすいということである。

反対に、潜在成長率や自然利子率が低い水準にあれば、大規模な金融緩和を行っても、経済主体は将来の所得の増加を見込むことができないため、前倒し可能な需要は乏しく、大きな政策効果は得られない。

このように、潜在成長率や自然利子率が低迷していることが、金融政策の大きな制約となっているのである。今後も2％インフレの達成を目指すのなら、近道となるのは潜在成長率や自然利子率の引上げであって、金融緩和のスケールアップや長期化ではないと思われる。

「期待に働きかける金融政策」論の先駆けとなったのは、第4節でも取り上げる経済学者のポール・クルーグマンの１９９８年の論文だが、結論を先取りしておくと、ゼロ金利制約下でもインフレ予想に働きかける政策の効果があると考えられたのは、潜在成長率や自然利子率の低下があくまで一時的であり、いずれは回復することが前提とされていたためである[10]。クルーグマンが経済モデルで示したのは、バブル崩壊による潜在成長率や自然利子率の一時的な低下への処方箋だった。将来において、過剰ストックや過剰債務が解消された暁には、潜在成長率や自然利子率が回復するからこそ、その段階における金融緩和の効果を前借りすることができる。

しかし、日本のように潜在成長率や自然利子率の低下が恒常的な場合、理論的にも期待に働きかける金融政策には効果がないことが長期停滞論争の中で明らかになった。クルーグマン自身も２０１５年にそれを認めたが、それはすでに日本銀行が異次元緩和を２０１３年に開始した後であった[11]。

これまで見たように、２０２２年に10年目に入った黒田緩和が、インフレ率を継続的に引き上げることができなかったのは、そもそも、四半世紀以上も前に、金融政策の主砲が弾尽きていたからにほかならない。スタート段階では、長期金利はゼロまで低下していなかったため、政策の有効性は多少は残っていたといえるが、第3章で強調した通り、マクロ安定化政策は構造政策の代替にはならず、時間稼ぎにすぎないのだから、多大な期待を寄せること自体が誤りだったのである。

こうして機能しなくなった金融政策に代わって、追加財政が繰り返され、公的債務の膨張が止まらなくなっている。過去30年、景気回復が始まっても、成長率もインフレ率も精彩を欠いたままだから、景気回復の最終局面においても、0・5%を超えるような利上げは難しく、事実上のゼロ金利政策から抜け出すことができない。

2010年代後半には超人手不足社会が訪れたが、米国の利上げ局面においても、日銀の利上げが政策論議の俎上に乗ることは公式的には一度もなかった。日本で最後に利上げが行われたのは2007年2月であり、15年も前のことである。低いインフレ率と低い成長率が続くからというだけでなく、今では公的債務が未曽有の水準まで膨張していることも、ゼロ金利政策を続けざるを得ない理由の一つとなっている。

2022年3月から米国の利上げが開始された。2020年代も日銀は一度も金融引締めに動けないままに終わるのだろうか。できてもせいぜい一、二回だろうか。そうなると、次の不況局面でも事実上のゼロ金利制約に直面したままで、日銀の出番はほとんどないのだろうか。

(2) 金融政策に残された役割

もちろん、ゼロ金利制約(あるいは、多少のマイナス金利は技術的に可能だから、実効下限制約)に直面しても、金融政策の役割が完全に失われたわけではない。インフレ率を高めることができなくても、マクロ安定化政策上、複数の重要な役割は残されている。

財政政策のサポート

まず、金融政策に代わってマクロ安定化政策の主力となる財政政策をサポートすることである。実効下限制約に達すると、銀行部門の貸出を促し、広義のマネーを増やすことが、金融政策単独ではできなくなる。ただ、政府が借入によって歳出を増やす際、中央銀行が国債を購入することで、金利上昇を抑えるとともに、広義のマネーの増加をサポートできる。

ただし、このとき、マネーが増えるといっても、「主」となるのは財政政策であって、金融政策の役割はあくまで「従」である。財政政策がもたらす金利上昇を抑え込むことで、クラウディング・アウトを回避し、財政政策の効果を増幅できるというメリットが強調される。

たしかに、マクロ安定化政策が必要な時は、金融緩和にサポートされた財政出動は大きなメリットではある。ただ、そのことは、同時に多くの問題を孕む。第１節で論じた通り、財政ファイナンスがゼロコストであるという錯覚をもたらし、財政規律の弛緩から、追加財政が繰り返されるためである。

「最後の貸し手」機能

二つ目の重要な役割は、経済危機が訪れた際、中央銀行が大量の流動性を供給し、経済収縮を回避することである。同時に、そのことは、さらなる物価下落圧力を未然に防ぐことにもつながる。危機が訪れた際、企業や家計は、予備的動機で手元資金を確保するために、支出を抑えようとするが、それがマクロ経済の収縮を招く。これは１９９７～98年の金融危機においても観測された現象だが、２０００年代末のグローバル金融危機では、海外売上が急減した輸出企業が、手元資金を確保しようとして、支出を急激に絞り込んだ。この結果、金融システムに問題を抱えていなかったはずの日本経済が大きなダメージを被った。

現在も、儲かった企業が手元資金を溜め込み、無形資産投資や有形資産投資、人的資本投資を抑える傾向にあるのは、とりわけグローバル金融危機時の後遺症が大きいと思われる。2004年に金融危機が終結した後、日本経済は比較的順調に回復していたように見えたが、グローバル金融危機を挟んで、2010年代以降の景気回復は一段と緩慢になっている。

コロナ危機が訪れた際、日本では、イールドカーブ・コントロール（YCC）の下で日銀が大量の資金供給を行っていたため、流動性不足問題はほとんど生じなかった。政府が企業の資金繰り支援を徹底したこととも関係しているが、日本以外の先進国では、コロナ危機の初期局面において、金融市場が凍りつき、それがマクロ経済に強いストレスをもたらした。YCCの下で長短金利ともゼロ%の世界にあった日本では、常に必要以上の資金供給がなされているため、金融逼迫はまったく観測されず、それに伴う倒産や失業もほとんど観測されなかったのである。資金繰りが困難になったのは、コロナ禍が直撃した宿泊や飲食、運輸など限られたセクターにとどまった。

危機が訪れた局面で、中央銀行が無制限に流動性を供給することの重要性が改めて確認されたわけだが、これは今後の経済危機対応においても大きな教訓となるだろう。危機が訪れた際には、ゼロ金利となることを恐れず、流動性を無制限に供給するのは一案かもしれない。とはいえ、恒常的にゼロ金利が維持され、無制限の流動性が供給されるのは、資源配分や所得分配の点で無視し得ない副作用をもたらす。

バジョット・ルール

ちなみに、「金融危機の際、十分な担保さえあれば、高い金利で、相手が望むだけの資金を貸し出せ」と論じたのは、19世紀の英国のジャーナリスト、ウォルター・バジョットである[12]。１８７０年代の英国シティ（金融市場）の姿を描写した『ロンバード街』において、バンク・オブ・イングランドに対して、「最後の貸し手機能」を発揮すべきと論じた。

今ではこの「最後の貸し手機能」は「バジョット・ルール」として知られるが、驚かされるのは、中央銀行制度が確立される前にこれを論じていたというバジョットの先見性である。バンク・オブ・イングランドも当初は、一金融機関として振る舞い、危機時には貸出の不良債権化を恐れ、貸出を回収していたのだが、徐々にその行動が変わり、最終的に「最後の貸し手」を任ずるようになる。

バジョットは、経済や社会制度は外生的に決まるものではなく、社会構成員の相互依存の中で、内生的に決まるという視点を持っていた。ゲーム理論の均衡として経済制度や社会システムが決定されるという、現代経済学と同じ認識であることにも驚かされる。

グローバル金融危機で発展した質的緩和

中央銀行に残された三つ目の役割は、二つ目の大量の流動性供給とも関係するのだが、危機が訪れた際、機能しなくなった金融市場を補完することである。いわゆる信用緩和（credit easing）と呼ばれるものである。金融市場において、リスク回避的行動から金融負債の買い手が不在になると、資金調達が困難になる経済主体が現れ、実体経済に著しい悪影響が及ぶ。このため中央銀行が自らのバランスシートを使って金融債務を相対《あいたい》で購入し、機能麻痺に陥った金融市場を補完する。

1990年代末の金融危機時の日銀の対応にその源流が見られるが、日銀はこれをプルーデンス政策（信用秩序維持策）と位置づけていた。2000年代末のグローバル金融危機では、FRBがマクロ安定化政策と位置づけ、信用緩和として大規模に実施した。

米国で大規模な信用緩和が必要だったのは、金融システムが銀行中心ではなく、資本市場が中心であることが大きく影響している。米国ではシャドーバンク（非銀行システム）が高度に発達し、企業や家計に対するローンも、資本市場を経由して提供されている。金融危機で資本市場が凍りつくと、企業も家計も資金を調達できなくなるため、2000年代末のグローバル金融危機では、連邦準備法13条第3項に基づき、「異例かつ緊急を要する場合」として、銀行以外に対し、資金供給を行うかたちで金融負債の購入を始めたのである。

「最後のディーラー」機能

主眼は資金供給というより、中央銀行が自らのバランスシートを使って、資本市場で、金融負債を相対で購入するというものである。それゆえ、経済学者のペリー・メーリングが論じるように、「最後の貸し手機能」というより「最後のディーラー機能」と呼ぶべきかもしれない[13]。コロナ危機が始まった際も、ゼロ金利政策やQE（量的緩和）を行っても株価暴落が止まらなかったが、FRBが自らのバランスシートを使って社債の引受や流通市場での購入を決定すると、資本市場は安定を取り戻した。グローバル金融危機の際は、社債市場への介入にまでは踏み込んでいなかった[14]。

銀行中心の金融システムなら、金融危機の際、大量の資金供給の対応で事足りる。しかし、資本市場中心の金融システムであれば、「最後のディーラー機能」の提供は不可欠なのだろう。かつては、中央銀行が民間の金融負債を購入することは考えられなかったが、危機の際の中央銀行の重要な役割の一つと位置づけられるようになっており、いずれ「非伝統的」金融政策とは呼ばれなくなるだろう。

いや、そもそも、信用秩序維持のための中央銀行制度が確立したのは早くみてもバジョットが『ロンバード街』を出版した１８７０年代以降であり、制度そのものが１５０年足らずであるため、伝統、非伝統と区分けするほどの意味はないのかもしれない（ただし、銀行券の独占的発行は、１８４４年のピール銀行条例で認められていた）。

危機の政策が平時の政策に

これら三つの役割によって、経済危機が訪れた際、金融市場の混乱がもたらすマクロ経済の不安定化や物価下落圧力をある程度は抑え込むことができる。問題は、危機対応の政策が危機終息後も、止められないことである。

この問題に関連し、バジョットは流動性不足に直面していない人からの借入の申込みが殺到するのを防ぐため、高金利で貸し付けよ、と論じていた。しかし、現代の中央銀行はゼロ金利で流動性を供給している。金融危機の際、高めの金利で対応すれば、資金の借り手には、危機が終結した際、平時の政策を受け入れるインセンティブを組み込むことができる。危機対応策が、あまりに居心地のよいゼロ金利での資金供給であるため、借り手がそこから抜け出せず、それが新たな不均衡を引き起こすのではないか。もう一度、バジョットの教えを再検討すべきだろう。

特に日本では、危機対応の政策を止められない。危機対応として始まったはずだったものが、政策

図5−9　日本のフィリップスカーブ

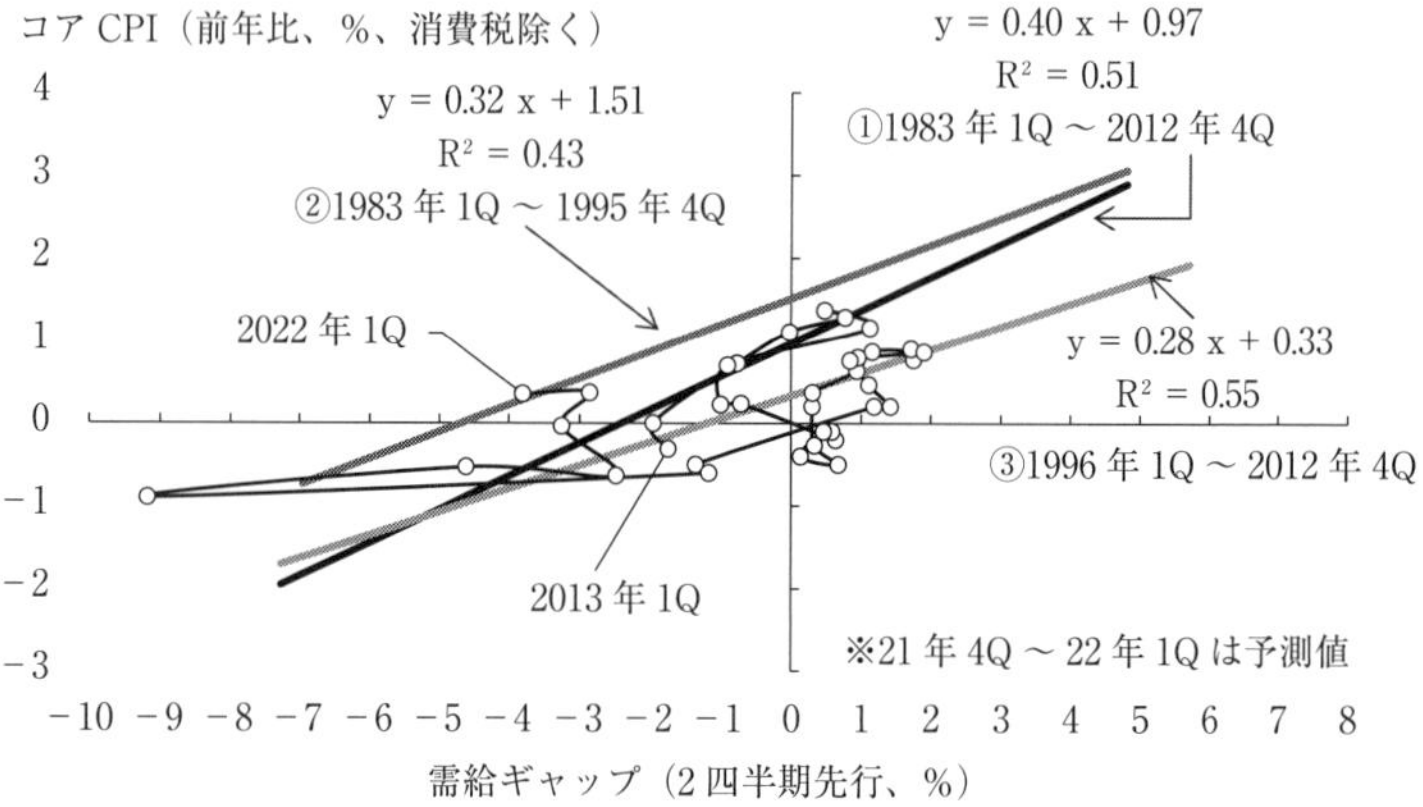

（出所）　内閣府、経済産業省、総務省等資料より、BNPパリバ証券作成

の手仕舞いの条件として、インフレ目標の達成が紐づけられる。マイナス金利政策しかり、イールドカーブ・コントロールしかりである。これまで見てきたように、完全雇用になってもインフレ率が継続的に上がらないから、危機対応の政策が常態化し、副作用が溜め込まれる。

日本の場合、長期停滞が始まる前から、インフレ率は低かった。ゼロ金利とゼロインフレが定着していたところに、2%インフレ目標を新たに掲げた。インフレ予想を2ポイントも一気に引き上げようというのだから、そもそも無理があった（図5−9）。元から2%に近いインフレが維持されていた米国において、アグレッシブな金融緩和を継続することで2%インフレを再度定着させるという試みとは、大きく異なる。

(3)　揺らぐ1990年代以降の金融政策の常識

グローバル・スタンダード論に乏しい理論的根拠

「いや、グローバル・スタンダードなのだから、

２％インフレ目標を掲げるのが妥当」という見方も少なくない。しかし、現実の世界においては、各国固有の構造的な要因によって、マクロ経済の実勢が決まり、その結果、長期のインフレ予想が形成されている。それゆえ、それぞれの国のマクロ経済構造や自然利子率に応じた最適なインフレ率が、本来は存在するはずである。

米国で２％インフレが最適であるとしても、日本でもそれと同率のインフレ目標が望ましいというのは、実は理論的根拠の乏しい主張といわざるを得ない。経済構造や自然利子率の水準などの条件が大きく異なるにもかかわらず、どの国にも一律のインフレ目標を導入し、それを達成しようとすると、資源配分や所得分配を歪め、潜在成長率や自然利子率をさらに低下させるリスクもある。

ただ、日本では、少なくとも２０１０年代までは、円高に対して社会が敏感だった。では、円高回避を目的に、欧米と同じ２％インフレ目標が妥当という見方についてはどう考えるか。購買力平価が為替レートの長期均衡を規定しているとするなら、他国よりも低いインフレ目標は円高傾向を中央銀行が志向しているようなものであり、輸出企業にとってはダメージが大きい、という擁護論が少なくない。

ただ、このロジックはかなりトリッキーである。たしかに為替の安定は重要であるが、そもそも輸出企業が円高を嫌がるのは、輸出競争力が低下するからである。しかし長い目で見れば、購買力平価が成り立つからこそ為替レートは物価上昇率格差を調整するように動く。インフレが下がると円高になるというが、インフレが下がることはむしろ輸出競争力を上昇させることになり、それを相殺するように為替レートが変動する。為替レートの均衡レートからのオーバーシュートやアンダーシュートは輸出競争力に影響するが、インフレ目標それ自体が輸出企業の競争力を規定するわけではない。

ドルペッグやドル経済化の選択肢

もし、為替変動を避けることが、何にも増して重要だとわたしたちが本当に考えるのなら、たとえばドルペッグ制やダラライゼーション（ドル経済化）を真剣に検討すべきだろう。そうすれば、為替安定だけでなく米国と同じインフレ率とすることも可能となる。さらに、副産物として財政健全化も否応なく進むはずである。日本の金融機関も金融取引の担保としてドル建てとなった日本国債に代わって、より安全な米国国債を保有するようなケースが増えるからである。放漫財政を続けていれば、相当に大きなクレジットスプレッドがドル建ての日本国債金利に上乗せされるため、相当に強い財政規律が働くはずである。

もちろん、日本はドルの最適通貨圏ではないから、ドルペッグ制やダラライゼーションの適用は適切ではない。また、それとまったく同じ理由から、為替レートの安定を最優先した金融政策の運営も誤りである。そもそも変動為替レート制が敷かれているのは、各国が自国の経済状況に応じた自律的な金融政策を運営するためである。為替レートの安定のためだけに金融政策を割り当てるのは、本末転倒である。本章第4節では、改めて為替レートと金融政策の関係について取り上げる。

糊代《のりしろ》論の妥当性が問われる

米国では、歴史的経緯で、たまたま2％インフレ目標が設定されたのであって、自然利子率とインフレ期待が低い日本に同じインフレ目標を課すのは適切ではないだろう。いや、自然利子率が低いからこそ、金融政策のより大きな糊代の確保のために、より高めのインフレ率が望ましいという意見もある。これをどう考えるか。

自然利子率の低下で、超低金利が常態化すれば、マクロ安定化政策として、財政政策を多用せざるを得なくなる。現に日本はそうなっている。一定程度の糊代が必要というのは、あくまで金融政策運営の観点からである。元日銀理事の門間一夫が言うように、財政政策が主たるマクロ安定化政策の手段になるのであれば、糊代の重要性は低下するだろう。(15) また、経済成長率が低下しているにもかかわらず、高めのインフレを達成することを、果たして社会が選好するのだろうか。

低下するインフレ目標の有効性

筆者がここでもう一つ問題にしたいのは、「独立した中央銀行がインフレ目標の達成に注力するのが望ましい」という１９９０年代以降の金融政策の常識が根拠を失いつつあるのではないか、ということである。マクロ経済環境が大きく変わったにもかかわらず、かつての常識に囚われすぎているから、過剰な金融緩和を継続せざるを得なくなり、むしろマクロ経済を不安定化させているのではないだろうか。

もちろん、「成長の時代」においては、独立した中央銀行がインフレ目標の達成に注力することが理想の金融政策運営であると、筆者も考える。成長の時代であることは、潜在成長率や自然利子率の水準が高いことを意味する。だから金融緩和を始めると、途端に景気刺激効果が現れ、高い成長の副産物としてインフレも加速しやすいため、それを抑えることが社会の大きな関心だった。特に民主制の下での政策過程では、選挙が強く意識され、インフレという副産物に目を瞑《つむ》ってでも、短期的に高い成長が追求される。こうした政治的なインフレバイアスを遮断するために、中央銀行に政治的な独立性を付与し、インフレ目標を達成することが最適であると理論的にも考えられていた。(16)

中央銀行の歴史

ここで簡単に、中央銀行の歴史を確認しておこう。中央銀行の前身が設立されたのは、絶対王政の時代であり、国王が戦費を調達するためだった。18世紀後半以降の産業革命を経て、19世紀半ばに成長の時代が定着すると、景気循環がもたらす金融危機に対して、金融システムの安定（信用秩序維持）のための行動が求められるようになった。前述した通り、1870年代にバジョットはバンク・オブ・イングランドに対して、「最後の貸し手」として行動することを求めた。

マクロ経済の平準化のための金融政策運営が行われるようになるのは、第2章で論じた通り、大恐慌に対応すべく、ケインズの手によってマクロ経済学が創始されるのを待つ必要があり、その積極活用は戦後の話である。そして、戦後に金融政策が有効性を発揮したのは、自然利子率が高い成長の時代だったからである。

戦後経済は、潜在成長率や自然利子率が高く、いわば恒常的な高圧経済であった。総需要の拡大ペースは速く、それを放置すると、すぐに総供給を上回って過熱し、インフレが加速する。金融引締めを行うと総需要は抑制されるが、金利を再び低くした途端に、総需要は喚起される。1980年代までの日本においては、金利を引き上げただけでは資金需要を抑え込むことが容易ではなかったため、窓口指導による信用割当も行われていた。

高圧経済の終焉と金融政策

高圧経済の下で緩和的な金融環境を続けると、総需要が総供給を上回って、インフレばかりが昂進し、経済厚生はむしろ悪化する。それを避けるためには、金融緩和を求める政治的圧力から中央銀行を遮断することが不可欠だった。インフレ目標による中央銀行のコミットメントは、高いインフレ率を抑えることに関しては、利上げは際限なく行うことができるから、有効な政策手段の裏づけもあって、うまく機能する。

しかし、いつの間にか、高圧経済の時代は終焉し、自然利子率の低下から金融政策の有効性が低下した。インフレを抑えることは利上げによって可能であっても、インフレを高めることは容易ではない。それにもかかわらず、中央銀行が強いコミットメントを示せば、高いインフレを抑えることだけでなく、低いインフレを引き上げることも対称的に機能すると錯覚されるようになったのである。

もし、それでもうまく機能するとすれば、それはインフレ期待がインフレ目標の近傍にあるからであろう。ただ、インフレ期待が目標からさほど離れていなかったはずの米国においても、緩和的な金融環境を続けたにもかかわらず、目標を下回るインフレが２０１０年代は長らく続いていた。２０１０年代のインフレ率の平均はコアＰＣＥ（個人消費支出）デフレーターで見ると１・６％にとどまっていた。現在、米国のインフレ率が２％を大きく超えて上昇しているのは、コロナ危機で深刻な供給制約が生じる中で需要回復が先行したからである。利上げ開始の遅れが高インフレを招いたのは事実だが、少なくともインフレ上昇のきっかけとしては、金融緩和が大きな効果を発揮したわけではない。

(4)　インフレ目標の弊害

金融不均衡の蓄積

これまで論じた通り、成長の時代が終わった日本では、実効下限制約に直面し、金融政策だけでは、景気を刺激することも、インフレ予想を醸成することも難しくなっていた。長らく低成長が続く今日、成長の時代におけるインフレを抑えるための手段であるインフレ目標を導入し、いくら強いコミットメントだといっても、インフレ期待を引き上げることができないのは当然であろう。

いや、「インフレ目標は、目標達成そのものより、金融政策運営の透明性や説明責任を高める、という点でより重要な役割を担っている」という反論もあるだろう。たしかに透明性や説明責任は重要なのだが、目標達成のための十分な手段を持たず、達成不可能な目標を掲げているのでは、透明性を高めるのも説明責任を果たすのも難しいといわざるを得ない。さらに、デフレ均衡の下で、独立した中央銀行がインフレ目標の達成のためとして、アグレッシブな金融緩和を続けることが、さまざまな弊害を生んでいるのではないか。

まず、一つは金融不均衡の問題である。2018年8月のジャクソンホール講演で、FRB議長のジェローム・パウエルが認めた通り、それ以前の20年で、米国において観測された二度の経済の過熱は、いずれも物価の過熱ではなく、金融の過熱であった。2000年代初頭のドットコムバブル、2000年代後半のサブプライムバブルは、低いインフレの下で、金融不均衡が惹起されたものであり、バブルの崩壊とともにマクロ経済は不況に陥った。

インフレ率がインフレ目標を下回っている間は、景気過熱ではないとして、やみくもに金融緩和を長期化するから、金融バブルが醸成されるのである。バブル崩壊がもたらす金融システムの不安定化で、資源配分は大きく歪められ、そのことも自然利子率や潜在成長率を少なからず低下させる。FRBが正式に2%インフレ目標を導入したのは2012年2月だが、遅くとも2000年代には、事実上2%インフレ目標に沿った政策運営が行われていた。しかしこの時すでに、無視し得ない弊害が現れていたのである。

「大いなる安定」の正体とは

２０００年代半ばの物価安定の下での、緩やかな経済拡大の長期化は「大いなる安定（グレート・モデレーション）」と呼ばれ、アラン・グリーンスパンがＦＲＢ議長を務めた時代の金融政策運営の成功の証《あかし》として、大いに褒め讃えられていた。だが、冷静に考えれば、１９９０年代以降、米国でも成長の時代の終焉が始まり、経済拡大が続いてもそれは緩やかなもので、インフレは簡単には高まらなくなっていたのではないか。そのことは、金融政策の勝利でも何でもなく、単に自然利子率の低下が反映されていただけなのであろう。インフレが高まらないから、よかれと思って、低い金利を続けた結果、バブルが繰り返されたということである。

ドットコムバブルの崩壊後、それが日本のようなデフレをもたらすことを避けるためだといって、グリーンスパンは「保険」として追加的な金融緩和を意図して行った。当時は、そうした金融緩和がドットコムバブルの後遺症を軽減し、その後の安定的な景気拡大をもたらしたのだと高く評価されていた。グレート・モデレーションが金融政策運営の成功によるものと考えられたのは、こうした政策も関係している。筆者も不明を恥じるばかりだが、リアルタイムでは、保険的な追加緩和に対して、高い評価を与えていた。

結局、ドットコムバブルの後遺症を軽くするための追加的な金融緩和が、サブプライムバブルの醸成につながった。バブルのダメージを新たなバブルの醸成によって凌ぐことは、マクロ経済の振幅を大きくするだけだから、当然にして褒められたものではない。

より致命的な失敗は、比較的ダメージが浅い株式バブルの後始末のために、意図してはいなかったとしても、クレジットバブルを醸成したことであろう。それはまったく割に合わない。株式バブルは株式保有者が損失を被るだけだが、クレジットバブルは大規模な借入を伴ったものであり、金融システムを揺るがし、マクロ経済に致命的なダメージをもたらす。いや、米国経済のみならず、グローバル経済に強烈なダメージを与えた。

インフレ目標が望ましい金融政策のスタイルと広く考えられ始めた2000年代には、すでに最適な金融政策のスタイルではなくなっていたのである。前述した通り、グローバル金融危機後には、米国でもあれほど長い間、アグレッシブな金融緩和を続けていたにもかかわらず、2010年代のインフレ率の平均は1・6%で、ほとんどの期間において2%インフレを維持することができなかった。

それでも2%インフレの達成にこだわり、コロナ危機が始まった後の2020年8月に導入されたのが、第2章で触れた2%平均インフレーション・ターゲット（Average Inflation Targeting：AIT）だ。インフレ期待の上昇を確実なものとするため、インフレが上昇しても、平均で2%に達するまでゼロ金利政策を継続すると表明したが、今度はマクロ経済環境の激変に対し、機動的な政策運営が困難になった。AITの導入がなければ、2021年半ばにも政策修正が行われ、ここまでインフレが加速することはなかったはずだ。米国経済とグローバル経済を混乱に陥れることなく、物価安定を回復できるのか、不確実な状況になっている。2%インフレにこだわりすぎたことが、マクロ経済を不安定化させ、逆に持続的な物価安定を損なうことになってしまったのである。

先行きは極めて不透明だ。ソフトランディングに失敗することで、結局、低いインフレに回帰するのか。あるいは、ハードランディングを恐れ高いインフレの持続を甘受するのか。いずれにせよ、自

図５-10　1980、90年代のCPI（前年比）

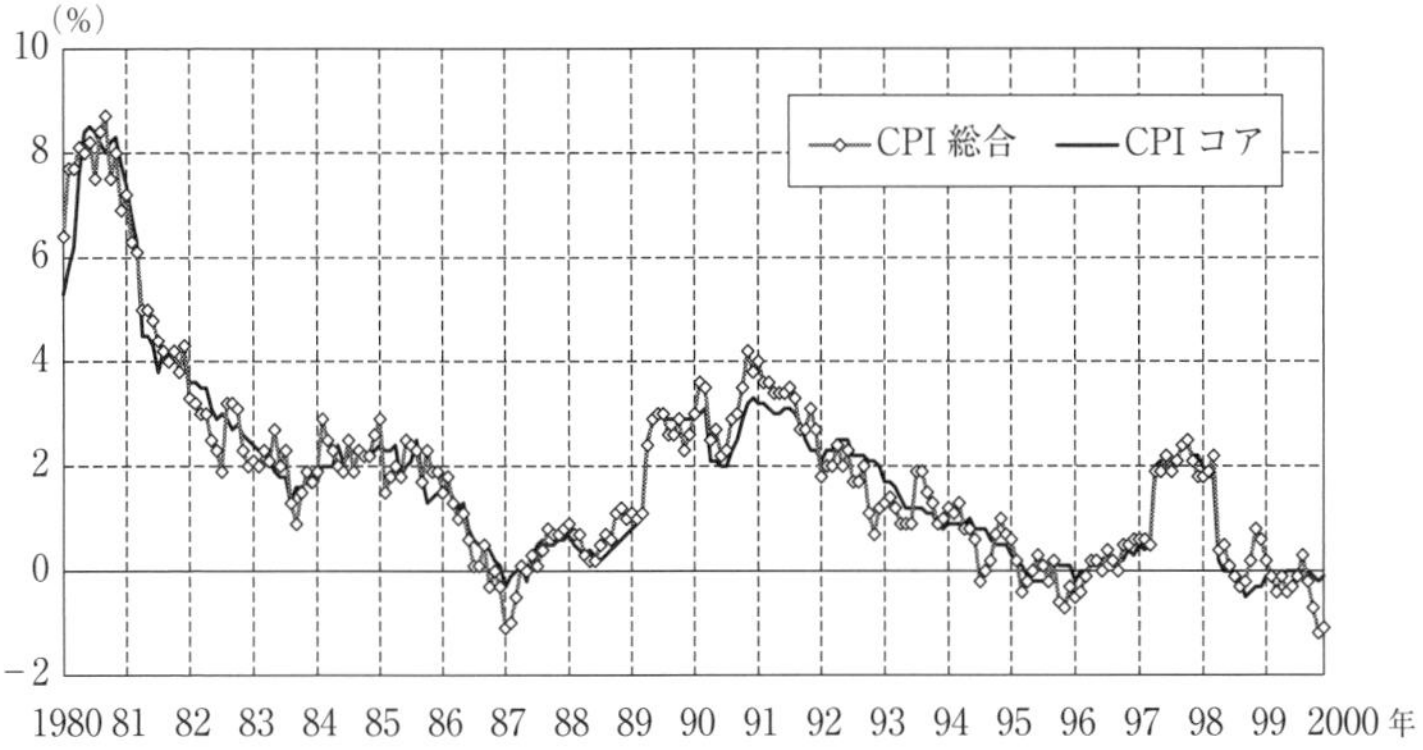

（出所）　総務省等資料より、BNPパリバ証券作成

然利子率の低迷が続いているため、高い金利が継続する可能性は低いと見られる。

日本の「大いなる安定」

日本の長期停滞の原因の一つは、前述した通り、不良債権問題だが、それをもたらした１９８０年代後半のバブルが生じたのも、米国の「大いなる安定」と同様の理由だったと思われる。一般に、１９８７年にブラックマンデーが生じ、政治的プレッシャーから、金融引締めが遅れたためにバブルが醸成されたと論じられている。

実際問題として、１９８７年、88年は、インフレがまったく高まらず、ゼロ近傍で推移していた（図５-10）。それまでも物価を重視してきた日銀は、インフレ率があまりに低いため、大蔵省などのステークホルダーを説得することができなかったから、超低金利政策を続けざるを得ず、バブルの醸成に至ったというのが実態であろう。強い政治プレッシャーが利上げを邪魔したのが主因ではない。当時の日本銀行も、金融緩和がもたらす経済の過熱といえば、インフレしか思い浮かべることができなかったのであろう。FRBはグローバル金融危機につながるサブプライムバブルの生成過程で、日銀と同じ失敗を繰り返したのである。

「新バジョット主義」宣言

日本では、この時の強い反省から、インフレが生じなくても金融不均衡が発生すれば金融政策で対応する、という「第二の柱」の考え方が2006年3月の量的緩和解除の際に導入された。しかしこの考え方は、2013年4月に黒田緩和が開始された後、9年間にわたって、事実上棚上げされている。この間、幸いにして金融不均衡は起こっていないように見える。

しかし、問題が発生していないわけではない。超金融緩和の下で、財政政策がゼロコストと政治的に誤認され、財政規律の著しい弛緩が起こっているのではないか。コロナ危機を理由に、2021年度補正予算でも大盤振舞いの追加財政のオンパレードとなった。公的債務残高の膨張が制御不能なものに向かっている恐れがあり、それも金融不均衡の蓄積と呼ぶべきではないか。改めて次節で取り上げる。

物価安定は中央銀行にとり、最も重要な責務である。ただ、持続的な物価安定はインフレ目標の達成を満たせば必然的に得られるというものでもない。これまで見た通り、むしろインフレ目標の達成にこだわりすぎることは、時として金融システムの安定を損ない、長期の物価安定そのものも危うくする。中央銀行は、その創設時の目的であった金融システムの安定により軸足を置くべきではないだろうか。

ここで筆者は、それを「新バジョット主義」と命名したい。バジョットに回帰することが長期の持続的な物価安定とも整合的なように思われる。

3　公的債務管理に組み込まれる中央銀行(17)

前節では、デフレ均衡の下で、政治的に独立した中央銀行が、容易には達成できないインフレ目標を無理に掲げることの弊害として、金融不均衡が醸成されるリスクを論じた。本節で取り上げるもう一つの弊害は、財政ファイナンスがゼロコストと受け止められ、財政規律の弛緩によって公的債務残高が膨張することである。

(1)　財政膨張を引き起こすインフレ目標

財政ファイナンスなのか

日本では、政府が大量の国債を発行する中で、日銀は国債の購入を続けている。財政ファイナンスという批判に対し、日銀は、政治的に独立した機関として、あくまで低いインフレ率と低い成長率に対して、2%のインフレ目標を達成すべく行動しているだけであって、批判は当たらないと反論する（図5－11）。

日銀の言い分もわからぬわけではない。コロナ危機でも、制度の建付け上、日銀は、財政ファイナンスとは最も距離を置いている中央銀行であったともいえる。なぜなら、2%インフレ目標の達成のために、2016年9月にイールドカーブ・コントロール（YCC）を導入していたからである。10

図5-11　日銀の保有国債残高

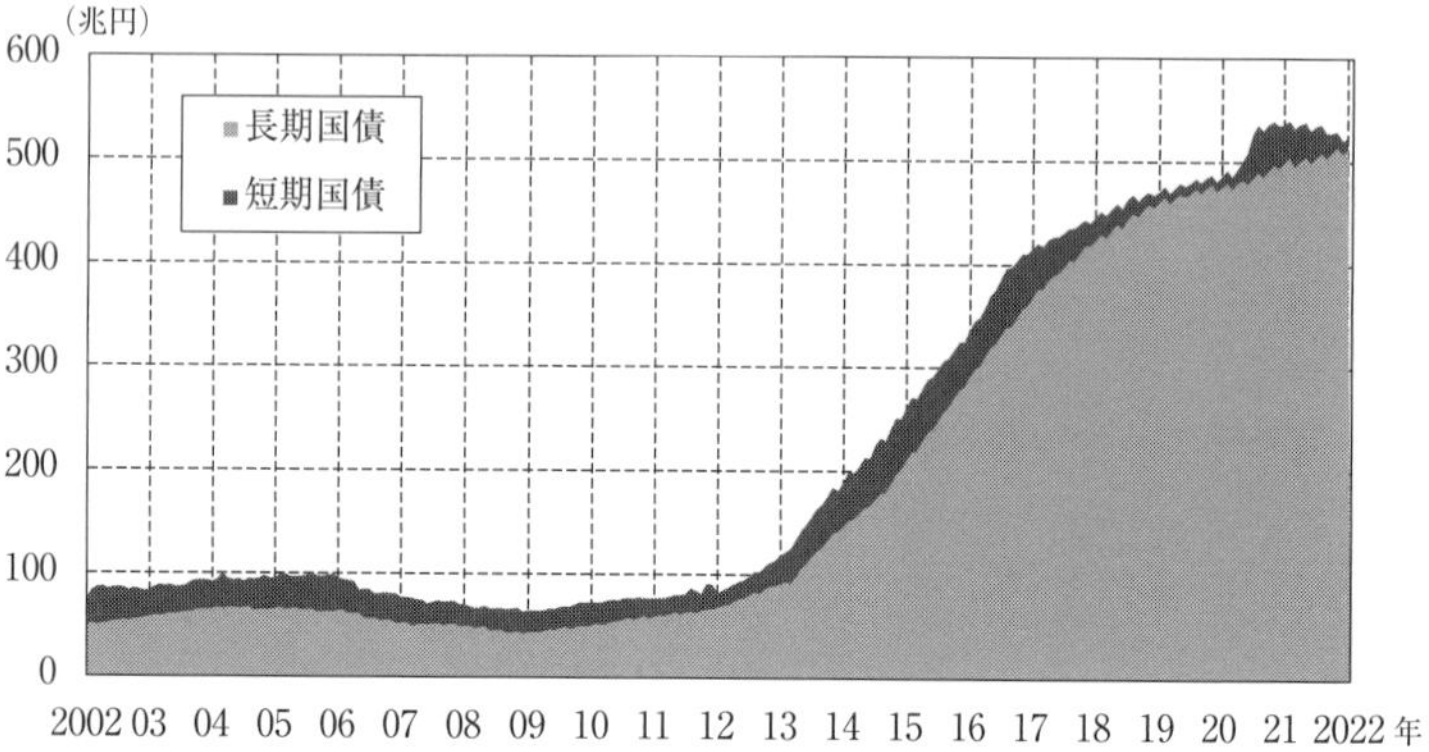

（出所）　日本銀行資料より、BNP パリバ証券作成

年金利をゼロ％程度に誘導すべく長期国債を購入しているのは、財政ファイナンスが目的ではなく、インフレ目標を達成するためであり、両者の関係は明確である。

日銀は実効下限制約に直面しているが、グローバル経済が持ち直し、米国を中心に海外の長期金利が上昇した際、国内の長期金利をゼロ％程度に抑え込むことで、内外金利差の拡大による円安進展などを通じ、景気刺激効果やインフレ醸成効果を得られる。政府の財政政策の有無にかかわらず、長期金利に上昇圧力が加われば、国債購入を積極化させ、逆に低下圧力が強まれば、国債購入を減額して10年金利をゼロ％程度に誘導する。財政とかかわりなく、政治的に独立した中央銀行として、長期金利ターゲットを運営しているというわけである。

独立した中銀が財政膨張圧力を助長するという逆説

しかし、「逆説的」だが、このYCCこそが、暗黙裡ではあるにせよ、日銀を公的債務管理に組み込む。

筆者は、2016年9月にYCCが導入された際、金融政策運営上、フォワード・ガイダンスの効果を発揮させるという点ではわかりやすいとはいえ、二つの点で問題があると考えていた。一つ目の懸念は、第1節で説明した、ネオ・フィッシャリアン効果によるゼロインフレ予想の強化である。二つ目の懸念は、これから説明する通り、政府が大規模な追加財政を繰り返すようになれば、マネー・プリンティングの装置になりかねないという点である。

もともと、2年で2%インフレの達成を掲げた異次元緩和は、マネー・プリンティングの罠に陥るリスクを孕んでいた。日銀総裁だった白川方明がその著書で明らかにしている通り、2013年1月に安倍政権の要求で共同声明を結び、2%物価目標の設置を受け入れた際、白川が最も懸念したのもこの点だった(18)。

あらゆるショックが訪れても長期金利をゼロ%程度に抑え込むという、究極の金利政策であるYCCは、そのまま公的債務管理のための装置に転化し得る。インフレ醸成や景気刺激の手段であるはずの10年金利ゼロ%誘導が、そのまま金利安定目標に変質するのである。

振り返れば、コロナ危機が起きる前の数年間においても、経済が完全雇用に到達していたにもかかわらず、先行きが不安だからといって、2015年に当初予定されていた消費増税は2017年に先送りされ、その後再び2019年に先送りされている。また、同じく経済が完全雇用にあっても、景気が足踏みすれば、赤字国債の増発で追加財政が発動されている。景気がよい時には、増えた税収を追加財政に振り向けてきた。政府は、赤字国債の発行で賄うのではないと説明してきたが、結局、本来は赤字国債発行の抑制に使うべき税収増を原資に、追加財政を繰り返してきたわけである。

本来、こうした政治的な財政膨張圧力を牽制するのが、長期金利の上昇である。しかし、政治的に

図 5-12a　10年金利とオーバーナイト金利

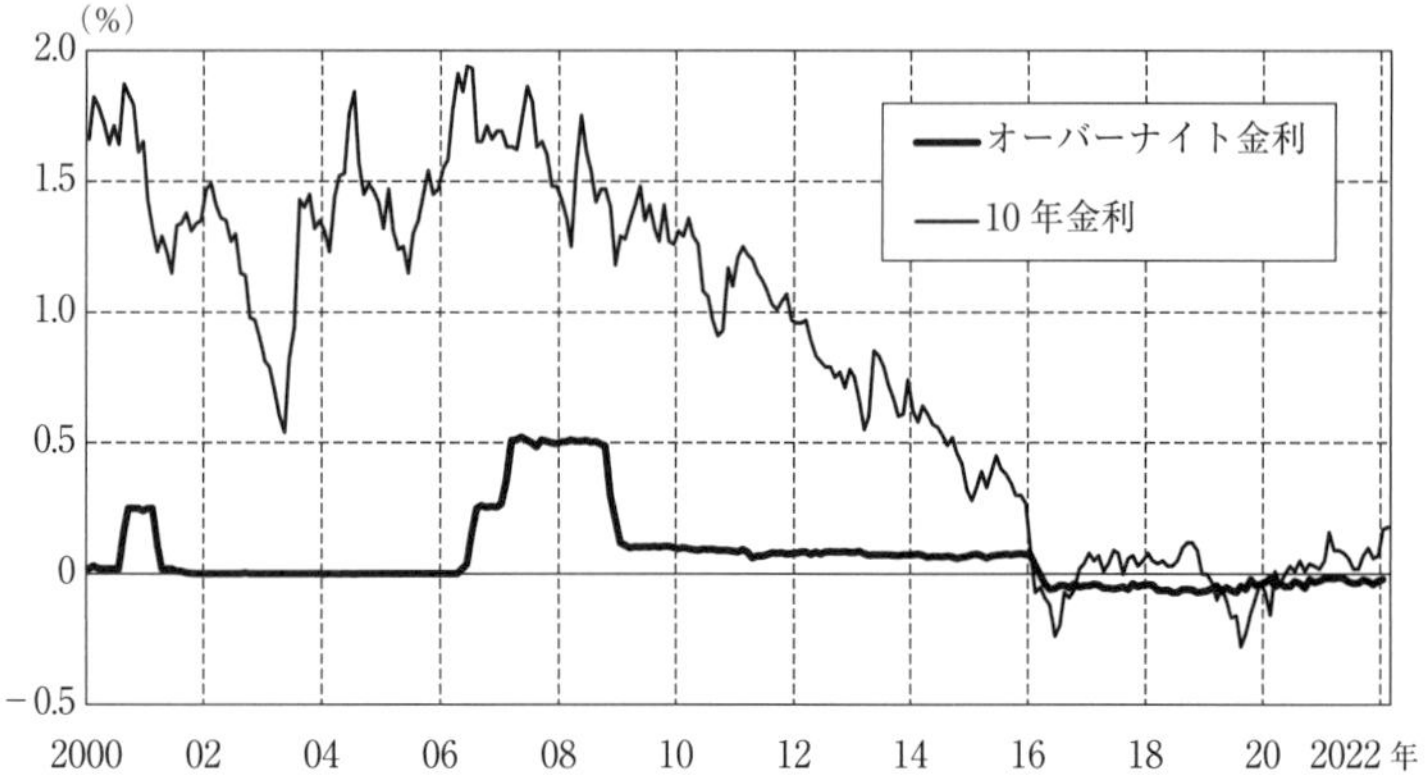

（出所）　日本銀行、Macrobond より、BNP パリバ証券作成

図 5-12b　国と地方の支払利子

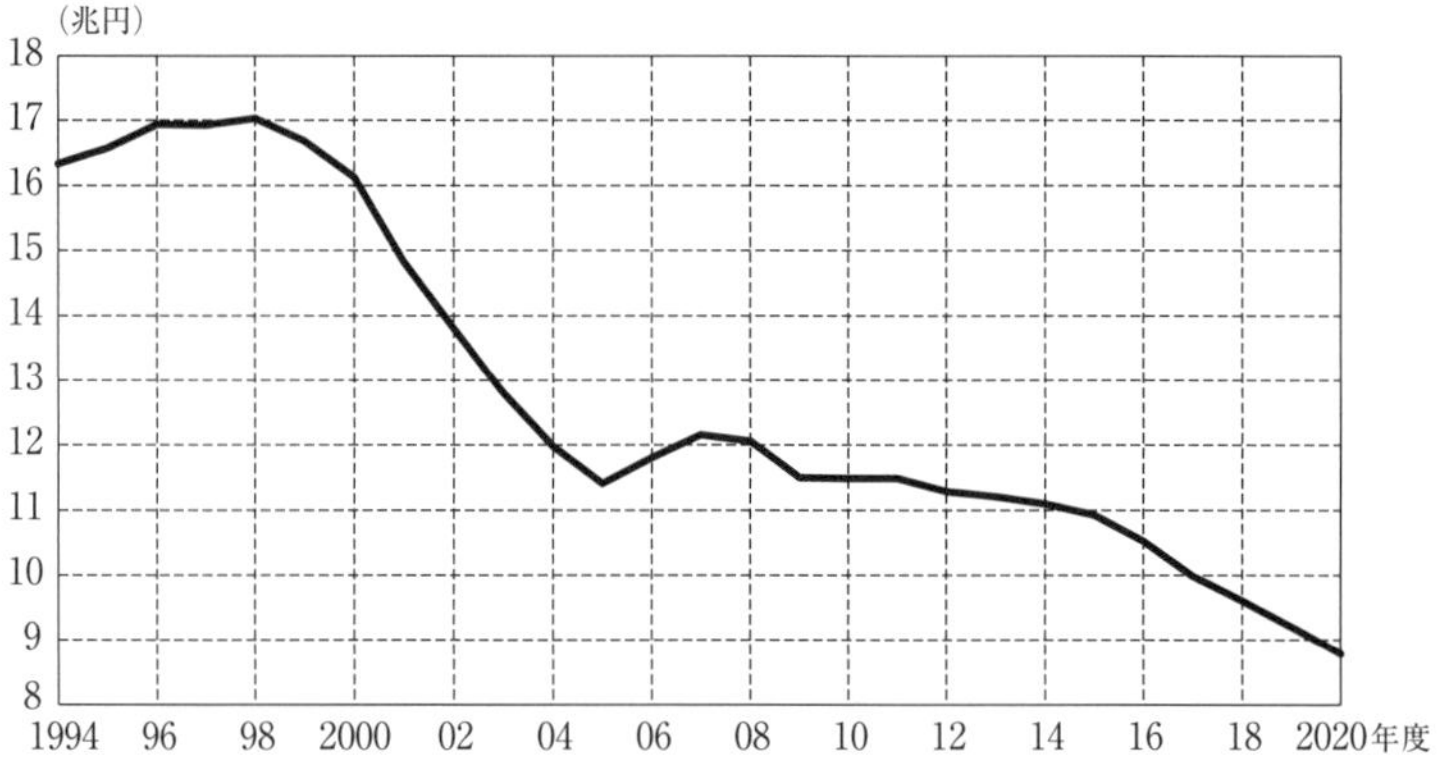

（出所）　内閣府資料より、BNP パリバ証券作成

独立した中央銀行がインフレ目標達成のために、ＹＣＣを通じて長期国債を大量に購入するから、政治的な財政膨張圧力への歯止めはまったく効かない。これが筆者の「逆説的」の意味するところであり、財政とは関係のない正当な理由が存在するがゆえに、中央銀行が長期国債を躊躇なく大量に購入し、それが政治的な財政膨張を助長しているのである。

インフレ目標がもたらす公的債務膨張の罠

日本では、以前から、資本コストを引き下げても、民間の経済主体の支出刺激効果が限定的であることは、日銀自身が表明していた。一方、財政支出の場合、利払費を抑え込むことさえできれば、現世世代が直接負担するコストは相当に抑えられるため、資本コストの引下げによる公的支出の拡大を促す効果は相当に大きいように思われる。財政規律は、政府、議会の問題ではあるが、政治家が選挙に直面する民主制の下で、歳出決定が資本コストに影響されないということは、まずあり得ないだろう。低い資本コストゆえに、将来世代へのつけ回しが助長されているのである（図５－12ａ、ｂ）。

もちろん、今回のコロナ危機のように、少なくとも国内的には、誰か特定の主体に責任があるわけではない場合、社会基盤を守るべく、家計の生活保障や企業の債務保証のために拡張財政を選択することに対し、反対する人はいない。いや、経済危機においては、経済的弱者がより大きなダメージを被るため、近年は、危機の性質にかかわらず、政策の規模が大きすぎる失敗より、規模が小さすぎる失敗を避けるべき、と多くの政策当局者は考えるようになっている。

その際、追加財政がもたらす金利上昇圧力を中央銀行が放置すれば、総需要に不必要なダメージを引き起こすのも事実である。同時に、インフレ目標の到達は遠のく。それゆえ、独立した中央銀行が自らの目標を達成すべく、物価安定のために長期国債の大量購入を続けているのだ、という中央銀行の説明には一理あるだろう。日本では、コロナ危機において、政府と中央銀行の一体的な政策運営が強調された。

しかし、過去四半世紀もそうであったように、潜在成長率や自然利子率が低迷を続けているのだから、日銀が国債の大量購入を続けたとしても、インフレ率をそもそも引き上げることができないということは、これまでも見てきた通りである。デフレ均衡が続く中で、物価安定を理由に国債の大量購入を続けることは、財政の中銀依存をますます強め、公的債務の制御不能な膨張をもたらすリスクを高める。デフレ均衡の下で、独立した中央銀行がインフレ目標の達成を強調して国債の大量購入を続けると、一国経済は際限のない公的債務の膨張の罠に陥ることとなる。

(2) 公的債務膨張の弊害

公的債務の膨張がもたらす帰結として筆者が懸念しているのは、第1節で論じた高率のインフレの到来だけではない。最終的には、物価調整が始まることは不可避だと考えるが、相当期間、高率のインフレが訪れる可能性は低いだろう。拡張財政を繰り返しても、当面は、高率のインフレが訪れないのなら、MMT（現代貨幣理論）が正しかったのか、と考える人が多いかもしれない。しかし、ここが重要な点だが、公的債務膨張の弊害は高率のインフレだけではない。

脆弱化する中央銀行の財務内容

まず、中央銀行が長期金利の上昇を抑えるために、長期国債の大量購入を続けることは、中央銀行

図５-13　統合政府の負債（市中保有の国債＋マネタリーベース）

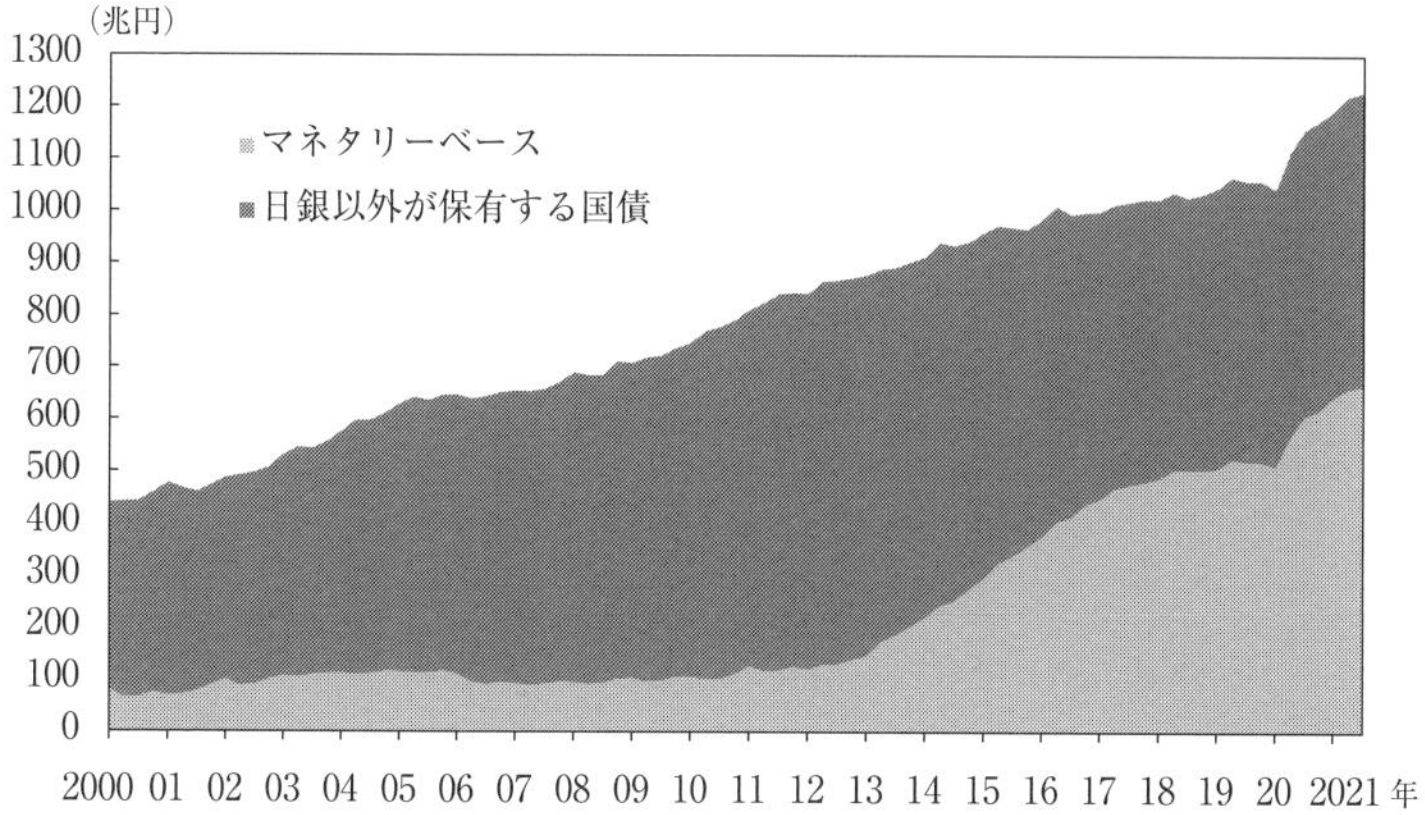

（出所）　日本銀行資料より、BNP パリバ証券作成

の財務内容を脆弱にする。もちろん、中央銀行はマネタリーベースを無制限に供給できる。ただ、中央銀行の長期国債の購入は、長期国債と超短期の負債である当座預金の交換にほかならない。将来、中央銀行が利上げを開始すると、負債である当座預金への支払利子がただちに膨らむが、資産として抱える長期国債から得られる受取利子はすぐには増えない。受取利子を支払利子が大幅に上回り、中央銀行には大きな逆鞘が発生する。

日銀は、短期金利の上昇に対して極めて脆弱な財務構造の下で、金融政策運営を行わなければならなくなる。理屈上、日銀の被る損失を政府が穴埋めすれば問題ないように見えるが、その補填の原資が国債発行によって調達され、その国債を日銀が購入するということになりかねない。

公的債務が現状のように膨らみ、中央銀行の国債購入が膨らんでいるため、第１節で論じたように、政府と中央銀行を合わせた統合政府で考えるのが適切だろう（図５－13）。通常、債務が膨らんだ経済主体は、短期債務を長期債務に切り替えることで、財務構造の安定化を図る。短期金利が上昇しても、債務を長期化しておけば、市場金利の上昇による利払いの急増を避けられるからである。それゆえ、政府も膨らんだ債務を長期国債でファイナンスしている。

しかし、日銀が民間金融機関から長期国債を購入し、対価としてマネタリーベースを供給していることは、統合政府で見ると、せっかく長期化した債務を短期化、それも超短期化していることになる。日銀は、インフレ醸成のために長期金利を抑え込むことで、政治的な財政膨張圧力を助長しているだけでなく、統合政府の財務構造を極めて脆弱にしているのだ。

このように、中央銀行がマネタリーベースを使って国債の多くを買い上げるとしても、公的債務が際限なく膨らむことは、やはり金融システムを不安定化させるのである。

公的債務の増大が自然利子率を低下させる

金融システムの不安定化と重なる部分もあるが、公的債務膨張のもう一つの弊害は、公的債務の規模が大きくなること自体が、一国全体の資源配分や所得分配を大きく歪めて、潜在成長率や自然利子率の低下を引き起こすことである。公的債務の膨張と低成長で苦しんでいる日本で、このことに無自覚な政策当局者が多いのは驚くべきことである。

第1節で論じたように、多くの人々がわが国の社会保障制度の先行きを懸念し、消費が抑えられている。これはまさに、公的債務が日々膨張しているからにほかならない。公的債務の膨張によって、将来の社会保障給付が大きく削減される恐れが強いから、予備的動機によって貯蓄が行われ、現在の消費が抑制されているわけである。

さらにいえば、第3章で論じた通り、消費が停滞するがゆえに、企業の成長期待は低下を続け、設備投資が抑制される。その結果、貯蓄投資バランスが崩れ、追加財政（＝財政赤字）に頼らざるを得ないという悪循環をもたらす。潜在成長率や自然利子率が一段と低下するため、かなり長い間、インフレ率は低迷するかもしれない。インフレが訪れなければ、大規模財政を繰り返しても、財政赤字そのものは問題がない、とＭＭＴは謳うが、このようにインフレ率が上がっていなくても、潜在成長率や自然利子率の低下という大きな弊害（非ケインズ効果）がすでに生じているのである。

(3) 金融政策運営の枠組みを考え直す

成長の時代においては、インフレが最大の問題だったからこそ、政治的に独立した中央銀行がインフレ目標の達成に注力する金融政策運営が最適だった。しかし、多くの国がインフレーション・ターゲットを導入し始めた段階では、すでにその前提は崩れていた。前節で論じた通り、かつては主にバブルという金融不均衡の蓄積が最大の問題だった。さらに、ここまで論じたように、日本では公的債務残高の膨張というもう一つの弊害が大きくなっている。

コロナ危機を理由に、２０２０年度に続いて、２０２１年度も大規模な追加財政が発動されたが、そこでは政策の質ではなく、政策規模が追求され、財政規律が大きく弛緩しているように見える。独立性や公的債務管理に関する政府との協調のあり方を含め、金融政策運営の枠組みを改めて考え直す時期が訪れている。

金融市場の安定を優先せざるを得ない

まず、公的債務が未曽有の水準まで膨張している以上、中央銀行は、それが金融市場にもたらすリスクの制御に、これまで以上に注力しなければならない。天変地異や地政学的リスクの顕在化を含め、新たなショックが金融市場を襲った際、それが財政の持続可能性やマクロ経済の安定に及ぼすリスクを最小限に食い止めなければならないだろう。そのことは、つまり中央銀行が政府債務管理に組み込まれたということを前提にせよということだ。

もちろん、引き続き「通貨価値の安定」が中央銀行の最優先課題ではある。成長の時代において、わたしたちは、それを「物価安定」と解釈してきたが、長期停滞の時代においては、徐々に「金融市場の安定」あるいは「長期金利の安定」を含んだものと解釈されるようになるのだろう。その際、金利安定を目的とする現在のYCCが引き続き主力の政策手段となるが、その意味するところは大きく変容し、手段であると同時に目的にならざるを得ない。

前述した通り、2021年の3月点検で、日銀は当面の金融政策のフレームワークとして、YCCを継続することを決めた。それを決定した日銀のボードメンバーたちが考えるよりも、はるかに長きにわたってYCCを継続せざるを得ないのではないか。

財政政策と金融政策の境界は消えつつある

中央銀行が、政府債務管理政策の一翼を担わざるを得ないとするなら、そのことは、財政政策と金融政策の境界を消し去ることにもなる。前節で論じた通り、政治的なインフレ・バイアスを取り除くための信認確保の装置が「中央銀行の独立性」だったが、成長の時代が終われば、政府と中央銀行の間の望ましい関係も変わらざるを得ない。

振り返れば、１９９７年に日銀に「自律性」が法的に与えられた際、すでに成長の時代は終わっていた。経済的には「独立性」と呼ぶが、日銀の権能は行政権に付随するため、法的には「自律性」とされている。新日銀法が施行された１９９８年から２０１３年年初において、政府と日銀の間で不況期に緊張関係がしばしば見られたのは、成長の時代が終焉したことも大きく関係していたのだろう。長期停滞は１９９５年にはすでに始まっていた。わたしたちは何とも間の悪いタイミングで、日銀に独立性を付与したわけである。長期停滞の下では、むしろ政府と一体化した関係が望ましかったともいえる。後述するように、一体化した上で、弊害を抑える制度設計が必要だったのである。

ちなみに、今回のコロナ危機において、ソルベンシーリスク（財務健全性リスク）を負うのはあくまで政府であって、日銀自らの役割は流動性供給、あるいはバックファイナンスであると日銀は整理している。たしかにソルベンシーリスクは財政政策の領域であり、日本銀行はそこには踏み込んでいない。わかりやすい仕分けではある。

ただ、財源にこれほど深く関与しているという点において、中央銀行が財政政策の領域に深く踏み込んでいることに変わりはない。中央銀行によるファイナンスがなければ、政府といえども、これほど大規模な財政政策は可能とならなかった。直接、資源配分や損失リスクに関わっていないというだけで、中央銀行が財政政策の領域に深く踏み込んでいないとは、もはやいい難いのである。

財政ファイナンスそのものは問題ではない

日本では、中央銀行が財政ファイナンスを行うことが強く問題視される。それゆえ、本節の冒頭で述べたように、現在行われている国債の大量購入は財政ファイナンスではない、と日銀関係者は一様に否定してきた。しかし、これを財政ファイナンスと呼ばずして、何を財政ファイナンスと呼ぶのだろうか。

突発的に訪れる経済危機に対して、政府がただちに増税や歳出削減で財源を確保するのは、まず不可能である。最終的に財源をどこに求めるかは別にして、当面の間は国債発行で対応せざるを得ない。その際、スムーズな国債発行を可能とすべく中央銀行が国債を購入するのは、何ら問題がないし、先進各国で行われている。第1節で述べたゼロ金利制約に直面した後にも残る金融政策の重要な役割のリストの一番目に「財政政策のサポート」と書いたが、明確に「財政ファイナンス」としてもよいかもしれない。

問題は、それが制御不能なレベルまで膨らんでしまうことである。

財政の中銀依存は、コロナ危機という異常事態への対応だから一時的という反論がなされるのであろうが、コロナ危機が終息した暁においても、拡張財政を手仕舞いできないことが早晩明らかになるだろう。事実、先進各国がコロナ対応の政策の手仕舞いを始める中、2021年度補正予算では、再び大規模な追加財政が決定された。

筆者が懸念しているのは、中銀依存を断ち切る努力が開始される前に、新たな経済危機が訪れ、さらなる財政ファイナンスが始まることである。そのとき、中央銀行のバランスシートは一段と膨らみ、日銀が公的債務管理の一翼を担うことなしに、もはや財政運営が可能ではないことが明白になるのだろう。規範的な判断としては、財政政策と金融政策の一体運営は避けるべきだが、現実問題としてそれは避けられそうにない、ということである。そこで最重要課題となるのは、一体運営が引き起こす財政規律の弛緩という深刻な副作用をいかに和らげるか、ということになる。

アコード（協定）の見直しが必要

金融政策にもし効果があるとすれば、その本質は、需要の前倒しであることは前節で論じた。実効下限制約に達すると、その前倒し効果はほとんどなくなってしまう。そもそも実効下限制約への到達を招いた自然利子率の低下によって、前倒し可能な有効需要そのものも枯渇している。

一方、財政政策の効果の本質は、将来所得の先食いであるため、金融政策よりははるかに強力ではあるが、自然利子率を回復させるものでなければ、やはり効果は一時的である。第2章でアティフ・ミアンらの研究を紹介した通り、将来の公的債務の返済の際、自然利子率はむしろ一段と低下する。問題は、中銀ファイナンスがゼロコストであるかのように政治的に受け止められているため、財政の崖への懸念から、追加財政が繰り返されることである。それが近年の財政膨張の背景でもある。

財政と金融政策の一体運営は、もはややむを得ないものであるとしても、その弊害である財政規律の弛緩を抑えなければならない。まず、財政ファイナンスがゼロコストではないことを政府・中央銀行が公の場で確認する必要があるだろう。前述した通り、公的債務の膨張そのものの弊害は、潜在成長率の低下というかたちで、すでに顕在化している。同時に、財政ファイナンスそのもののコストは、中央銀行のバランスシートに損失リスク（逆鞘リスク）というかたちで積み上がっており、政府はそのコスト負担に対してコミットする必要があるだろう。

それではいかなるかたちで表明すべきか。一体運営に関して、政府・日銀の統治機構の改編に踏み込むことは、将来、元の制度に復帰する際、再び大きなスイッチングコストを要する。このため、法改正ではなく、政府・日銀がアコードを再締結することで対応するのが一案であろう。

２０１３年1月のアコードには、白川方明が腐心し、日銀がマネー・プリンティングに陥ることを回避するため、財政健全化や潜在成長率を引き上げるための政府の努力の必要性などが謳われていた。まず、２０１３年1月のアコードの見直しから作業を開始すべきだろう。日銀や財務省の中には、当局者間で、非公開の協定を結べばよいと考える人も少なくない。現実にコロナ危機が訪れた際、そうした非公式の協定が結ばれた可能性もある。

しかし、財政ファイナンスがゼロコストではなく、単に顕現化していないだけで、すでに大きな損失リスクが存在していることを白日の下に晒さなければ、財政規律を復活させることはまず無理であろう。将来の危機をもたらすリスクの存在を公に認めてこなかったことも、問題をここまで拗《こじ》らせた原因ではないのか。

イールドカーブ・コントロールの制度設計の見直し

アコードの見直しとともに、イールドカーブ・コントロールの制度設計も多少見直す必要があるだろう。まず、すでに効果よりも弊害が大きいと見られるマイナス金利政策（現在はマイナス0・1%）を撤廃して政策金利をゼロ、あるいはわずかなプラスにすると同時に、10年金利の誘導目標をゼロから0・25%に引き上げ、ゼロから0・5%の範囲で変動させることである（現在、10年金利の誘導レンジはプラスマイナス25ベーシス・ポイントである）。

国債が大量に発行された際、多少でも10年金利が上昇すれば、それが政治的な財政膨張圧力の歯止めになることは、すでに論じた通りだ。より長い20年金利、30年金利も動きやすくなり、財政規律が多少なりとも復活すると思われる。

政策金利の水準は維持したままの場合でも、たとえばイールドカーブ・コントロールの誘導対象を10年金利から５年金利にシフトすることで、10年金利の変動を大きくすることはできる。ただ、５年金利ターゲットは、実は実務的観点からの問題を抱える。５年国債を購入する投資家の層が薄いため、市場が一方向に傾きやすく、レンジ内で日銀が誘導するには、結局、５年国債の発行額のほとんどを購入しなければならなくなる。つまり、市場機能が大きく損われる。誘導年限を10年としたままで、レンジをプラスマイナス50ベーシス・ポイントに広げることが代案として考えられるだろう。

これらの見直しは、２％インフレ目標に達していなくても、状況を見ながら早い段階で実行すべきだと思われる。また、可能であれば、２％インフレ目標の到達にかかわらず、経済の稼働状況に応じて、限られた範囲内ではあるものの、政策金利や10年金利の誘導水準を多少柔軟に変更できるフレームワークに移行することが望ましいだろう。

日銀の損失リスクへの対応

仮に物価安定の観点から、金利の引上げが必要になっても、このままでは日銀の政策運営の能力が損なわれる可能性がある。それは前述した通り、利上げを行うと巨額の逆鞘が発生するからである。統合政府全体で見ればコストは同じだが、金融政策運営能力を中央銀行に残すべきであり、発生する逆鞘を政府が補填する仕組みをつくることが必要だろう。

政府が損失を補填するというと、中央銀行の独立性、自律性がますます失われると懸念する人も多いかもしれない。実際、日銀に政策運営の自律性を与えた１９９７年の日銀法改正では、旧法で定め

図5－14　日銀当預残高：補完当座預金制度適用先合計

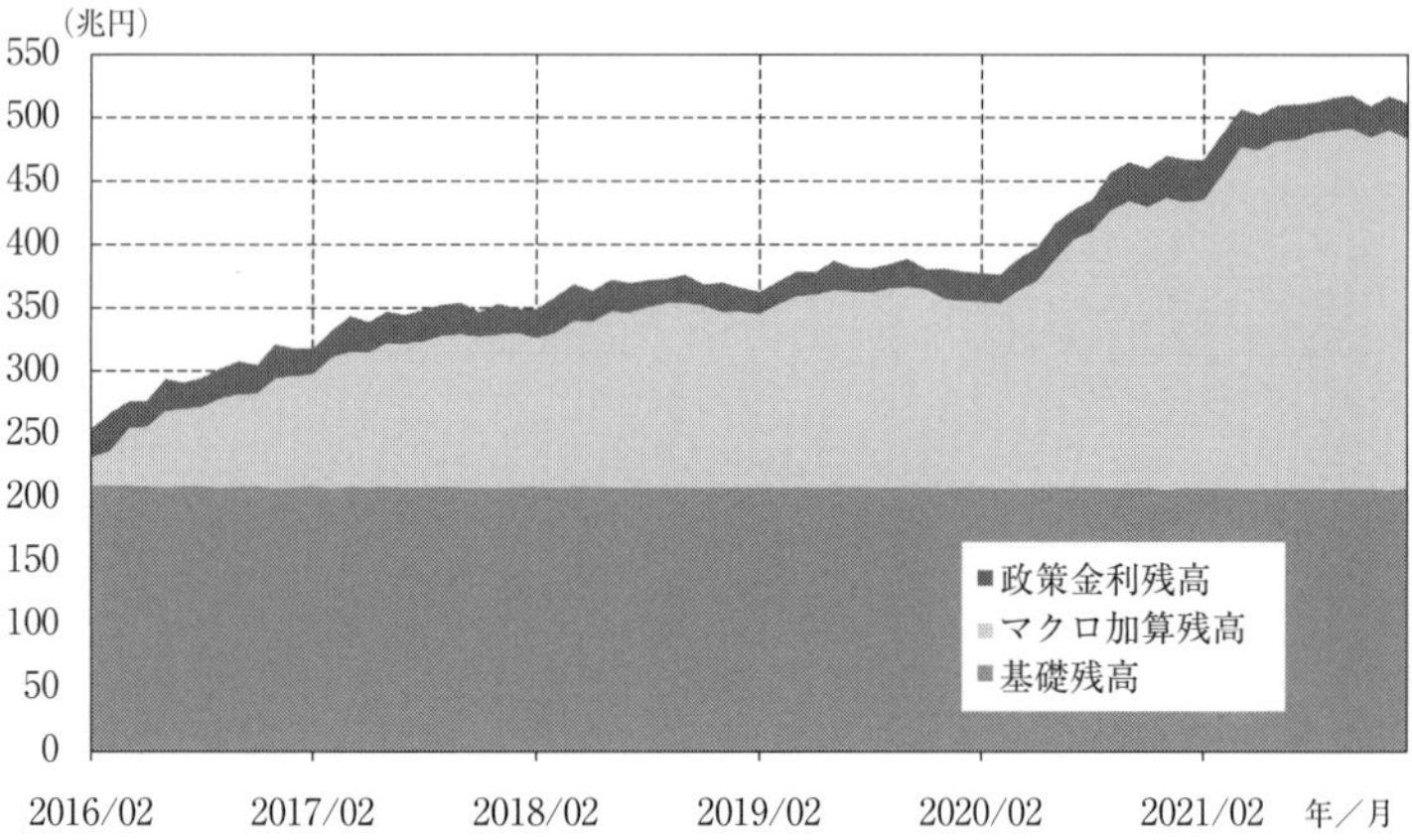

（出所）　日本銀行資料より、BNPパリバ証券作成

られていた政府による損失補填の条項が取り除かれた。

方策として一つ考えられるのは、経済学者の岩村充が提案するように、政府が短期の政策金利に利回りが連動する変動利付国債を新たに発行し、日銀が保有する既存の長期国債とスワップすることである[19]。

将来、政策金利の引上げが始まった際、日銀当座預金のうち基礎残高やマクロ加算残高の付利も政策金利に合わせて引き上げられていく。マネタリーベースの裏側にある資産が利回りゼロの長期国債のままであれば、日銀の受取利息は低いまま変わらず、支払利息だけが膨らんでいく。日銀が保有する長期国債が変動利付国債と交換されれば、変動利付債の金利が政策金利に合わせて同時に上昇するため、逆鞘発生が回避できる。日銀が基礎残高やマクロ加算残高に対して支払う利息が、日銀の保有する変動利付国債からの利息収入で賄われるということである（図5－14）。

もちろん、繰り返すが、そうしたオペレーションを行っても、統合政府全体での民間への支払金利はまったく変わらない。日銀が支払うのか、政府が支払うのかの問題だけである。ただ、日銀が金融市場の安定のために政府債務管理に組み込まれるのはやむを得ないとしても、金融政策の機能をすべて諦めるのは大きな問題である。それでは中央銀行を設立した意味が失われる。

あるいは、新たな中央銀行を創設し、既存の中央銀行は公的債務管理に専念させるのか。それもあり得る選択肢だが、金融政策運営を担う人的資本が限られていることを考えると、まったく生産的な議論ではないように思われる。また、政策金利引上げの際、法的準備率を引き上げることによって、民間金融機関への付利の支払いを抑え、統合政府の損失を抑制することも考えられる。事実上の銀行課税である。

ただし、それは銀行を通じた預金者への課税でもある。そうしたアナウンスが、預金流出による長期金利の上昇や海外への資本流出による円安進展など、第１節で論じた公的債務の調整過程の開始の引き金となるリスクもあるため、慎重に進める必要があるだろう。

なお、本節でたびたび言及したＭＭＴの問題点については、第6章で詳しく論じるが、政策運営上の最大の問題点は、これまでの議論で明らかになった通り、政府の利払費を抑えるために、金融政策が財政従属（フィスカル・ドミナンス）に陥ることである。金融政策運営上、必要があっても、日銀は利上げできない。国債の最終的な60年の償還が訪れても、再び借換債を発行して日銀に購入を要請すれば、半永久的に国は債務を返済する必要がない、という見方がある。債務残高が膨らめば利払い費は増えるが、現在のように利払い費も抑え込むということなら、それは60年先も長短金利をゼロに抑えるということだろうか。果たして日本の預金者はゼロ金利の円預金を保有し続けるのだろうか。

4　円高回避の光と影

1995年、オーバーナイト金利は0・5%以下となり、事実上のゼロ金利政策が始まったが、それは1ドル80円を超える急激な円高に対応するためだったことは、繰り返し論じた。政策金利がゼロ下限制約に達すると、金融政策は有効性をほとんど失う。しかし、その後も金融緩和が繰り返されたのは、主に二つの理由があった。まず、米国を中心とするアカデミズムの世界では、ゼロ下限制約に到達した後も、期待に働きかける金融政策を追求すれば、インフレ予想の醸成が可能ではないかと理論的に考えられていた。

もう一つは、円高を回避しなければならないという、切実な問題があった。国際政治上、財務省の為替介入が難しいとすると、日銀は円高を回避するため、市井の人々のインフレ予想への効果はともあれ、金融市場参加者の「期待」に働きかけるべく、場合によっては金融市場参加者の「誤解」に働きかけるべく、金融緩和を追求せざるを得なかった。

円高回避が日本銀行の隠された、より重要な目標だったのである。簡単には到達が望めない2%インフレ目標を日銀が掲げるのは、第2節で触れたように、それが円高回避に必要だと信じられてきたこともある。円高回避のための金融政策は、日本社会が望んだものではある。とはいえ、果たして日本経済に恩恵をもたらしてきたのか。むしろ長い目で見ると、弊害のほうが大きいのではないか。それが本節のテーマである。

(1)　揺れる主流派経済学

復活した「流動性の罠」

まず、期待に働きかける金融政策の理論的な妥当性の顚末について論じておこう。金融政策が有効性を失う「流動性の罠」は、経済理論の世界では、長らく忘れ去られた現象だった。その間、財政政策は、マクロ安定化政策としては機動性や効率性に劣るため、マクロ経済ショックに対しては、金融政策で対応すべき、という考えが経済学の中でも主流となっていた。

「流動性の罠」に陥った日本は再び、財政政策で対応するしかないのか。その理論的審判が下される前から、日本では１９９０年代に深刻な不況が始まると、追加財政が繰り返されるようになっていた。

「いや、流動性の罠に陥っても、期待に働きかける金融政策でインフレ醸成は可能である」。そう言って、１９９８年にリフレ理論を打ち出したのが前出のポール・クルーグマンである[20]。本章２節１項でも簡単に触れたが、クルーグマンは、自然利子率がマイナスの領域まで低下しても、高いインフレ目標を長期間にわたって掲げ、ゼロ金利政策を継続すれば、ゼロ下限制約に直面してもインフレ期待を醸成することで実質金利を引き下げ、景気刺激が可能であると論じた。

将来、自然利子率が回復すれば、その段階で景気刺激効果が復活し、インフレ率は上昇を始める。インフレ率が上昇してもゼロ金利政策を続けるという強い約束があるから、インフレ率は大きく上昇するだろうと人々が確信し、現実にインフレ予想も回復を始めるというロジックである。日銀は４％のインフレ目標に15年間にわたってコミットせよ、というのがクルーグマンの提言であり、この主張

図5－15　日本の人口

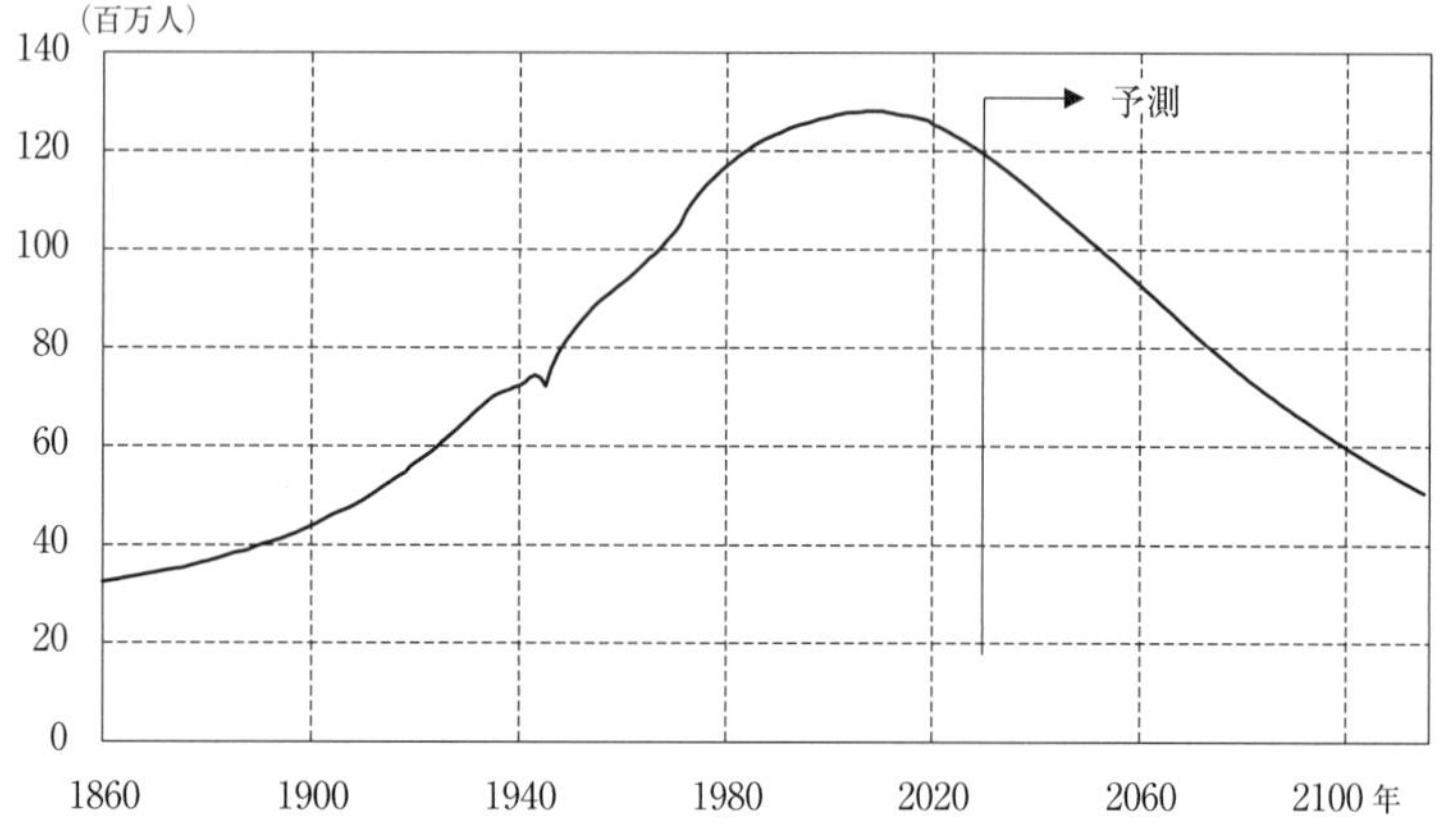

（出所）　国立社会保障・人口問題研究所資料より、BNPパリバ証券作成

は日本で次第に大きな影響力を持つようになった。

しかし、第3章で論じた通り、不良債権問題が終結した後も日本経済の停滞は続き、自然利子率の低迷は人口動態など構造的要因に起因する恒久的なものであると理解されるようになった（図5－15）。実は、クルーグマンの処方箋も、自然利子率の低迷が一時的であり、将来、回復するという前提が存在するからこそ有効性を持っていた。もし恒久的に自然利子率が低迷したままなら、ゼロ金利政策を永続しても景気刺激効果は表れないため、中央銀行が強くコミットしようがしまいが、インフレ予想が上昇することはない。

長期停滞論争とクルーグマン理論の瓦解

２０１３年に、元米国財務長官で経済学者のローレンス・サマーズによって長期停滞論争が始まった[21]。そこでは、自然利子率の低迷が恒久的なものであれば、ゼロ金利制約に直面すると、期待に働きかける金融政策は有効性を持たないことが広く認識されるようになった。リフレ政策の創始者だったクルーグマンも2015年にはそれを認めたが、時すでに遅く、日銀の異次元緩和による大実験は2013年に開始され、後戻りできない領域に入っていたというのは、第2節で論じた通りである。(22)

近年、日本の政策当局者はデフレではない状況になったと繰り返し述べるが、それは単にグローバル経済が回復局面にあったからで、大規模な金融政策の政策効果はわずかである。1990年代後半から続く根強い人々のゼロインフレ予想にまったく変化はないように思われる。途方もない政策コストを投じた割に、あまりに乏しい成果といわざるを得ない。コロナ危機の下で、供給制約から先進各国でインフレ上昇が大きな問題になっているが、日本のインフレ上昇がエネルギー関連や食料品関連、家電など主に輸入財の上昇にとどまっているのも、根強いゼロインフレ予想がほとんど変わっていないことの証左であろう。

長期停滞論争の後、欧州や日本のマイナス金利政策の発動もあり、超金融緩和の長期化による金融システムへの悪影響も広く政策当局者に認識されるようになった。同時に、マクロ安定政策として財政政策の有効性が再び強調されるようになっている。コロナ危機で先進各国が大規模な財政政策を躊躇なく打ち出したのも、そうした理論的な背景があるからだろう。

米国の経済学界で、財政政策に関する考え方に大きな変化が生まれていることについては第6章で紹介するが、もちろん学界がお墨付きを与えなくても、コロナ危機に対し、大規模な追加財政が発動されたのは間違いないと思われる。

(2) 隠された金融緩和の目的

円高回避のための金融緩和

日本では、バブル崩壊後の不況局面において、大規模な財政政策が繰り返されていたが、金融危機が始まる前の1990年代後半には、すでに事実上のゼロ金利政策が始まっていた。それでもその後、非正統的な金融緩和が繰り返し要請されたのは、「期待に働きかける金融政策」の有効性を信ずる人が多かったというよりは、何とかして急激な円高を回避したいという社会の切実な要請があったためである。

もちろん、インフレ率は低く、成長率も低いため、利上げという選択は検討されず、事実上のゼロ金利政策を続けざるを得ない。ただ、それだけでは、迫りくる円高を抑えることができないため、量的緩和や長期国債の大量購入など非正統的な金融政策が追求されたのである。円高回避という目的がなければ、ゼロ金利政策の継続をベースに、危機時に大量の流動性を供給し、また、国債購入による財政ファイナンスを行い、さらに機能しなくなった金融市場を補完するための質的緩和を行えば十分なはずだった。

こうした構図は、現在も大きくは変わっていない。イールドカーブ・コントロールの下で、短期の政策金利がマイナス0・1%とされているだけでなく、10年金利もゼロ%程度に誘導されている。文字通り、長短金利ともに限界近くまで引き下げられている。ここから多少の引下げが技術的に可能であるとしても、金融システムへの負荷も大きいため、積極的に政策金利の引下げが模索されているわけではない。

ただ、経済ショックが起きると、円高回避が引き続き要請される。そのため、日銀としては、大幅な円高が進んだ際は、マイナス金利政策の深掘りをちらつかせることで為替市場を牽制し、円高圧力を吸収したいところである。しかし、金融市場は、金融機関経営への悪影響を懸念する日本銀行が、マイナス金利政策の深掘りを躊躇すると受け止めている。それゆえ、日本銀行は、2021年3月には、金融機関の収益をサポートするため、貸出促進付利制度を導入し、マイナス金利政策の悪影響を相殺すべく一種の補助金を金融機関に提供し始めた。

もはや金融緩和に景気刺激は期待されていない

ただし、ここで重要な論点がある。もし、マイナス金利の深掘りがインフレ醸成に有効性を持つと考えるのなら、せっかく貸出促進付利制度を導入し、追加金融緩和がもたらす金融機関への悪影響を吸収する制度を整えたのだから、2%インフレ目標達成のために、マイナス金利政策を追求すればよいはずである。しかし、そうした選択は取られていない。それは、もはや金融緩和で景気刺激やインフレ醸成が可能であると、日銀自身が考えていないからである。

もちろん、マイナス金利を深掘りすれば、超長期金利は低下し、長期の借入で賄われる住宅投資や不動産投資を促すことはできるだろう。ただ、20年、30年の長期資金を借り入れて住宅投資や不動産投資を行う人が享受する恩恵は、年金や保険などの受益者の犠牲によるものである。

伝統的な金融政策に比べ、非伝統的な金融政策は、所得分配への影響がより大きい。誰かがメリットを得れば、誰かがデメリットを被るが、ネットの効果はさほど大きくはない。非伝統的金融政策に効果があるように見えても、それは、所得分配の影響でメリットを受けた経済主体にフォーカスして

図5－16　日米の政策金利

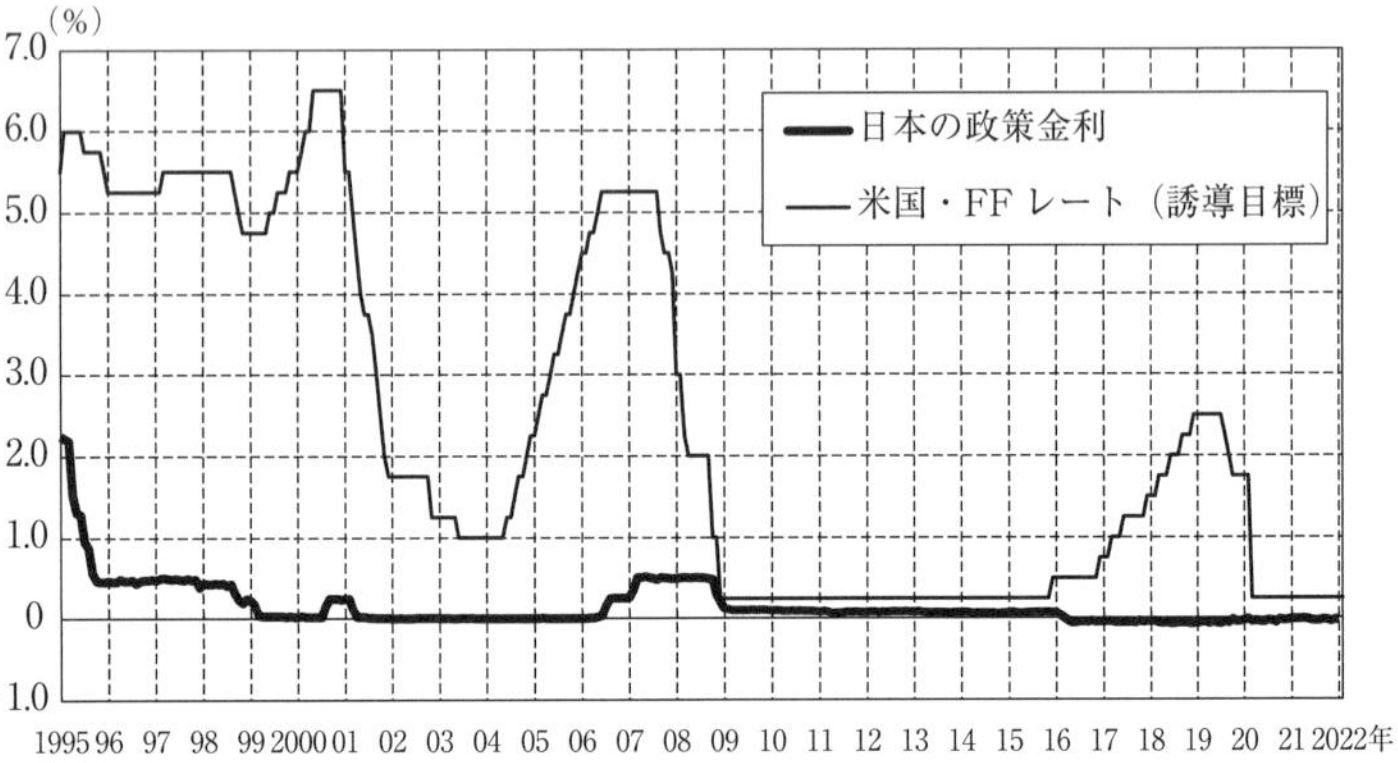

（出所）　日本銀行、Macrobond より、BNP パリバ証券作成

いるからなのだろう。大幅な円高が訪れた際、危機対応としてマイナス金利政策を発動せざるを得ないのだとしても、もはや景気刺激やインフレ醸成のための積極的な政策発動は難しくなっている。

(3) 円安政策の弊害

円安効果も需要の前倒し

海外景気が回復し、海外金利が上昇局面にあるとき、イールドカーブ・コントロールを通じて国内の長期金利の上昇を抑え込むことで、内外の金利差を拡大させる。それによって、円安効果を得ることで、景気刺激効果やインフレ醸成効果を得ることはできる。それがイールドカーブ・コントロールの景気刺激効果、インフレ醸成効果の本質であることは、これまでも述べた。ただ、グローバル景気の回復局面における円安政策には、実は大きな弊害が存在する（図5－16）。

第2節で論じたように、もともと金融緩和効果の本質は、将来の需要の前倒しであった。そこで、新たに付加価値が生み出されるわけではない。資本コストを引き下げることで、家計や企業が将来予定していた支出を前倒しさせるだけである。閾値となるのが自然利子率であり、それより実質金利が低ければ、支出を前倒しできる。金融緩和を長期化すると、その効果が小さくなるのは、前倒し可能な需要が枯渇するためである。資本コストが低いからといって、当然のことながら、将来所得のすべてを現在、支出することはできない。

明示的なゼロ金利政策が導入された1999年直後から、日本銀行が強く意識していたのは、グローバル景気の回復を背景に、他国が金利を引き上げた際、ゼロ金利政策を据え置くことで円安を促す、ということであった。もともと日本では、実質金利の低下による景気刺激効果は小さいと分析されていた。このため、フォワード・ガイダンス効果（当初、日銀はこれを時間軸効果と呼んでいた）が発揮されるとすれば、それは長期金利の低下によるダイレクトな内需刺激効果より、むしろ円安促進を通じた効果であると認識されていたのである。

しかし、あまり気がつかれていないが、この円安効果もまた需要の前借りなのである。いずれ海外経済の拡大が止まり、景気減速が始まれば、海外金利は低下を始め、円安効果は消失し、逆に円高が訪れる。円安も将来の円高と引換えに前倒ししていただけで、金融政策による将来需要の前倒しと、その本質は何ら変わらない。海外需要の前倒しと呼んでも差し支えないだろう。

自国の金融緩和は、中央銀行が自らの意思でコントロール可能だが、為替レートは海外の金融政策や市場金利の変化によっても変動するため、前借りした海外需要は突如、返済を迫られる。それでは、景気循環を通じてみれば、ネットの効果はゼロとなるのだろうか。日銀のような対応を取っていると、マイナスの影響のほうが大きい可能性があると筆者は考えている。三つ理由がある。

マクロ経済の振幅を増幅

まず、マクロ経済の振幅を大きくするという問題である。政策意図は、グローバル経済の回復局面で、海外金利が上がり始めても、自国金利の上昇を抑え込み、円安を促すことであった。輸出が拡大する中で円安進展も加われば、たしかに大きな効果が得られる。景気が回復し始めたばかりのタイミングで、円高が進展しては、せっかくの輸出主導の回復に水を差すため、円高回避のためのゼロ金利政策の継続は高く評価されてきた。

しかし、である。これまでの景気拡大局面では、十分インフレが上昇しなかったこともあり、日本の景気回復局面がピーク圏に達しても、ゼロ金利政策は継続されてきた。いや、景気回復局面のピーク圏においても、円高を回避しようと、積極的にゼロ金利政策が継続された。だが、米国では景気拡大局面において利上げが行われ、景気減速が訪れるとただちに利下げに転じ、それがドルの減価をもたらす。一方で、日本はゼロ金利のままで利下げ余地はなく、円高圧力を吸収できない。グローバル経済の減速局面で円高が進展し、日本経済へのダメージは増幅される。それゆえ非正統的な金融政策の発動が求められる。

本来、マクロ安定化政策は、マクロ経済や物価の変動を平準化するために行うものである。しかし、日本が行っているのは、景気回復局面に円安促進で景気拡大をさらに増幅し、不況期に円高を招いて景気の落込みを増幅することである。日本銀行は、グローバル不況期に円高が訪れることを強く警戒する。しかし、グローバル好況期に、金融緩和継続で円安傾向を助長するから、グローバル不況期に円高傾向を招くのである。安全資産だから円が買われているというだけではない。危機時に金融政策の新機軸を打ち出すだけでなく、社会科学の基本である「平均への回帰」という視点を金融政策運営にも取り込むべきではないのか。

円安政策の固定化が資源配分を歪める

景気循環の振幅を大きくすることで、資源配分を歪め、潜在成長に悪影響をもたらしている可能性もある。これが二つ目の問題である。グローバル金融危機の際、金融システムに問題を抱えていなかった日本経済が大きく落ち込んだのは、輸出が激減したためだった。

グローバル経済に大きなブームが訪れ、輸送用機械や資本財、電気機械の輸出・生産が大きく膨らんだが、ブーム崩壊で急激な逆回転が生じた。クレジットバブル崩壊で世界的に成長期待が減退すると、輸送用機械や資本財への需要が低迷し、日本は途轍もないダメージを被った。日本と同様、輸送用機械や資本財に優位性を持つドイツ経済も輸出低迷で大きく落ち込んだ。ただ、グローバル経済の好況期に超金融緩和を続けていた日本では、その段階で1980年代前半以来の大幅な実質円安になっていたためブーム・アンド・バーストの振幅をさらに大きなものとした。

大きな問題を抱えたのが加工組立であり、その中でも、電気機械セクターである。当時、ライバルの韓国、台湾企業は、人件費上昇による競争力の低下を避けるため、中国や東南アジアに生産拠点をシフトしていた。しかし日本企業は、超円安が進んだことで国内での生産が半恒久的に有利になったと誤認して、人件費の高い国内で生産能力を拡充し、過剰ストックや過剰雇用を抱えてしまった。海外のライバルがファブレス企業やファウンドリーとして優位性を固める中、古いビジネスモデルを抱えたまま、超円安を梃に、国内の生産能力増強に走ってしまったのである。

クレジットバブル崩壊後、急速な円高も訪れ、日本の電気機械セクターは塗炭の苦しみを味わい、長い調整局面を迎えるとともに、一部の電気機械の大手が経営問題に直面したことは周知の通りである。

円高ではなく超円安が問題だった

グローバル金融危機後の円高によって日本経済が苦しんだことが、その後の安倍政権の下での円安政策につながったのは、第4章でも論じた通りである。ただ、急激に円高が進展したのは事実だが、実質ベースで見ると、実は1990年代半ばや2000年代初頭と比べて、限定的な円高にとどまっていた。それでも大きなダメージを受けたのは、グローバル好況期において、実質ベースで1980年代前半以来の超円安となっていたために、資源配分が大きく歪んでいたからであろう。前述した通り、超円安の下で、電気機械セクターなど加工組立セクターは、国内に過剰設備や過剰雇用を抱え込み、それが潜在成長率の一段の低下をもたらしたのだ。円高が問題だったというより、その前の超円安が問題だったのである。

もちろん、当時の超円安は、クレジットバブルに沸いた米欧に資本が吸い寄せられるかたちで生じたのであり、日本の超金融緩和の影響は小さかったと考えることもできる。ただ、景気回復が長期化しても、日銀が量的緩和やゼロ金利政策を長期化したから、グローバル金融市場で、ゼロ金利の円を借りて相対的に高い金利のドル資産などで運用する円キャリー・トレードが進み、それが円安を加速させると同時に、米欧のクレジットバブルの膨張を助長させた可能性もある。

実際、日銀内部では、そうした反省があったのだろう。日銀副総裁となる山口廣秀（当時、理事）は、2008年10月の参院議院運営委員会における所信聴取後の質疑応答で、グローバル金融危機の背景として、日銀の緩和政策の長期化が円キャリー・トレードを生み出し、グローバルな過剰流動性に影響を与えた可能性がある、という認識を語っていた。

それも潜在成長率を低下させた可能性がある点も指摘しておく必要があるだろう。これが三つ目の弊害である。

所得・支出アプローチの弊害

円安政策が景気循環の振幅を大きくし、資源配分を歪めたという問題とともに、所得分配を歪め、それも潜在成長率を低下させた可能性がある点も指摘しておく必要があるだろう。

日本では内需主導の景気回復が期待できないとして、グローバル経済の回復を梃に、輸出主導で景気回復を図るというのが政策当局者の長年の考えだった。そこでは、「グローバル経済の回復→輸出と生産の回復→雇用回復・企業の業績回復→設備投資の回復→賃金回復→個人消費の回復」という波及経路が念頭に置かれていた。日本銀行関係者がよく口にする「所得・支出の好循環」と呼ぶものであり、ケインズ的な所得・支出アプローチに沿った政策思想である。

この好循環をサポートするために、日銀は海外経済が回復し、海外金利が上昇しても、国内金利の上昇を抑え込むことで円安を促し、輸出主導の景気回復を後押ししてきた、ともいえる。実際、企業業績の回復が続くと、設備投資も緩慢ではあるが循環的な回復が始まる。

しかし、生産の回復とともに雇用が回復しても、賃金回復が限られているため、個人消費の本格回復は一向に始まらない。儲かっても、結局、企業は溜め込むだけで、景気拡大の成熟局面に達しても、個人消費の本格回復が始まらなかったのは第3章で確認した通りである。問題は、景気循環を超えて、所得・支出アプローチの発想で政策を継続していることだが、それが所得分配に大きな歪みを

図５－17　家計の受取利子と企業の支払利子（SNA、2005年基準、FISIM 調整前）

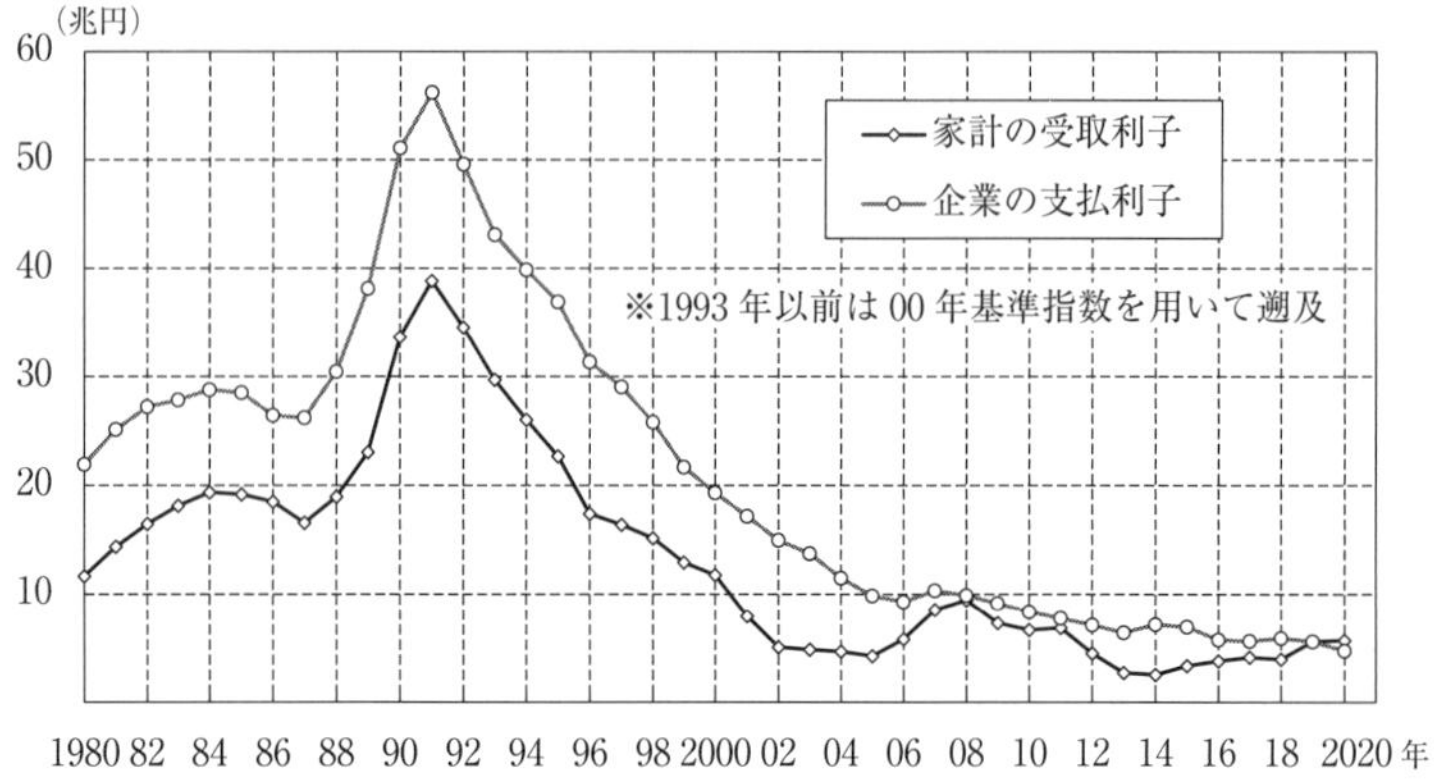

（出所）　内閣府資料より、BNP パリバ証券作成

もたらしていることが認識されていない。

企業部門の回復の家計への波及は、雇用の経路だけではない。家計は企業の経済活動のために労働力だけでなく、資金も提供している。本来、景気回復が続き、企業業績が改善すれば、金融市場を通じても家計に恩恵が波及するはずである。すなわち、市場金利が上昇することで家計の利子所得が増える。あるいは金利上昇を通じた円高進展によって、輸入財を安価に購入することが可能となり、家計の実質購買力が増す。その結果、企業部門の改善が個人消費に波及するのである。

しかし、景気拡大局面が成熟局面に入っても、円高を恐れ、ゼロ金利を維持していたのでは、いつまでも家計に恩恵は及ばない（図５－17）。特に高齢化社会では、ストック経済化が進み、金利収入の減少が個人消費を強く抑制する可能性がある。高齢者が使い切れない貯蓄を維持しようとするのは、超金融緩和の固定化と無縁だとはいえないだろう。輸出企業にばかり配慮した政策を行い、家計を犠牲にしてきたのだから、

図５−18　輸出物価（契約通貨ベース）とドル円レート（2012年１月＝100）

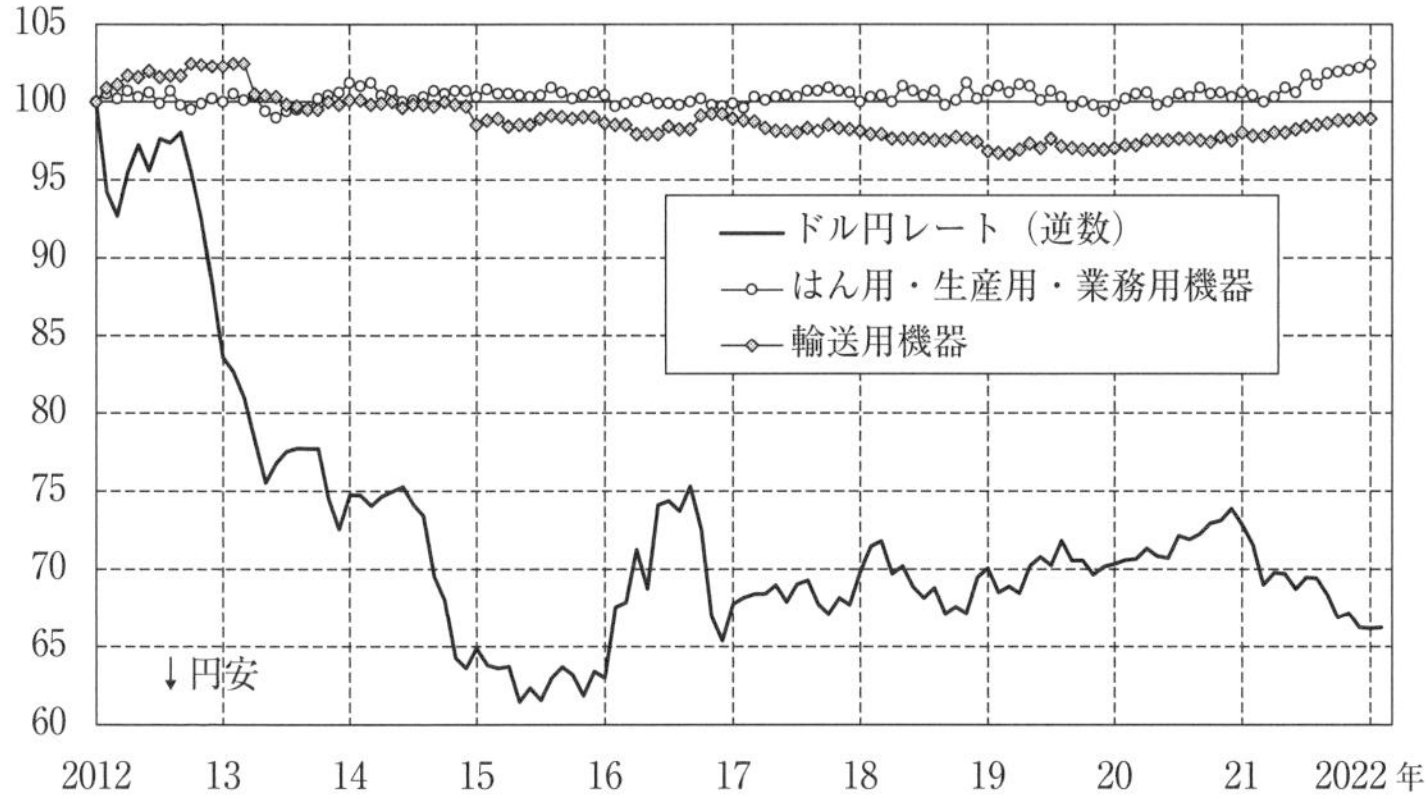

（出所）　Macrobond、日本銀行資料より、BNP パリバ証券作成

個人消費が回復しないのも当然といえる。(23)

円安でも増えなくなった輸出

グローバル金融危機後、２０１１年の東日本大震災やタイの大洪水の発生によって、日本企業の間では、生産工程を海外に分散させる動きが広がった。第１章で論じたように、ＩＴデジタル技術によって海外での生産管理が容易になり、サプライチェーンを細分化し、生産工程を海外に移転させる動きが加速したことも影響している。

それ以前は、円安が進むと外貨建ての輸出価格が引き下げられ、輸出数量と国内生産が増加、雇用増などを通じて、内需への波及も観測されていた。円安によって増加した利益を原資に、現地で値下げをすることで、輸出数量を増やす戦略が取られていたのである。

しかし、２０１０年代以降、日本企業は、円安が進んでも外貨建ての輸出価格を引き下げなくなった。円安は輸出企業の利益を押し上げはするが、もはや輸出や国内生産の数量拡大にはつながらず、国内への波及は限定的となっている（図5－18）。そもそも海外での生産比率が高まっているため、以前のように輸出数量は増えない。ただ、値下げによる販売増の戦略と決別し、高い利益率を維持する戦略に企業が転じたのは、望ましいことではある。

もちろん、円安は海外での利益の円換算額を膨らませるため、業績改善を通じて、株高をもたらしはする。しかし、海外で増えた利益がそのまま海外で再投資され、国内での支出増にあまりつながっていないのは、第3章でも見た通りである。海外で稼いだ所得は第一次所得収支として経常収支に計上されるのだが、国内経済との関係はかなり薄れいている。日本の内需への波及効果は乏しく、むしろ円安による輸入価格上昇によって、内需セクターの負担は重くなっている。

第二次安倍政権の経済政策下では、２０１４～15年に円安が加速した。14年4月の消費増税で家計の実質購買力が失われたが、消費が大きく落ち込んだのは、実はそれだけが原因ではなかった。円安によって食料品価格などの上昇が追い打ちをかけたからだった。14年秋には原油価格が急落し、家計の実質購買力を支えたが、一方で同年10月末の追加金融緩和がもたらした円安進展が、原油安のプラス効果の一部を減殺した。円安によって輸出数量が拡大していればプラス効果は広がっていたのだろうが、前述した通り、輸出数量はほとんど増えなかった。近年、輸出数量が増えるのは、円安時ではなく、グローバル経済が回復する局面である。

また、内需セクターからは、1ドル１２０円を超えて円安が進むと、輸入物価上昇によるコスト高に対するクレームが出始めている。戦後一貫して、為替問題といえば円高問題のはずだった。円安で内需セクターから悲鳴が上がるようになったのは、２０１４～15年が初めてである。

その後、インバウンド消費ブームが加速したこともあって、再び円安のメリットが大きく現れるようになっていた。ただ、完全雇用において、円安によってインバウンド消費を刺激するのが果たして望ましいのか、大いに疑問である。

特に当時、超人手不足が問題となっていた。そうした状況の下で、日本のサービスを外国人に安価な価格で販売し、わたしたちが海外の財・サービスに対して割高な対価を支払うのは、経済厚生の上で、果たして望ましいといえるのだろうか。需給ギャップはプラスの領域にまで改善していたのだから、超金融緩和の維持による円安誘導で総需要を刺激するのではなく、円の実質購買力の上昇の恩恵を享受する道を探るべきではないのか。今では、コロナ危機によって、いくら円安になろうと、インバウンド消費の拡大はまったく期待できなくなっている。

何のための経済か

円安がよいのか、円高がよいのか？　複雑すぎて混乱する読者も多いと思われる。ここでもう一度簡単に確認しておこう。円安になれば、日本が生み出す財・サービスが海外の人々にとって割安になり、外需が増えるため、景気刺激という観点からは、常にプラスである。少なくとも高インフレが問題にならない限りにおいては、円安による景気刺激効果はプラスである。これは経常収支が黒字であっても赤字であっても変わらない。

景気刺激の観点から判断する日本銀行が、これまでのところ、円安は望ましいと説明するのはこのためであろう。ただし、これまで見てきた通り、円安による景気刺激効果は、プラスであるとしても、生産拠点の海外移転や企業の価格づけ行動の変化などから、以前に比べると、かなり低減しているのも事実である。コロナ禍の下ではインバウンド消費の押上げ効果もない。

しかし、筆者が問題視したいのは、景気循環にかかわらず、ゼロ金利政策や超円安政策を追求していると、それが資源配分や所得分配を歪めて、長期的にわたしたちを貧しくすることである。もう一度、図4－7に掲載した実質実効円レートを見ると、本書の執筆時点では、すでに1970年代初頭の水準まで再び低下している。わたしたちは、海外からの財・サービスを購入する際、今や70年代初頭と同水準の対価を支払わなければならない。これはわたしたちが貧しくなっていることの、何よりの証拠である。

もちろん、実質実効円レートが低下傾向をたどっている主たる原因は、日本人の生産性上昇率が低迷していることである。金融緩和や円安政策が直接影響しているわけではない。ただ、ゼロ金利政策や超円安政策を長期化、固定化していることで、その下でしか存続できない生産性の低い輸出企業を増やしているのではないか。生産性が低い企業が増えれば、実質賃金が上がらないのは当然であろう。それらが、日本人が貧しくなっていることの原因の一つではないか。

超人手不足社会が訪れても、円高の恩恵を日本社会が享受できないのは、円安追求や円高回避にばかり血眼になり、消費者ではなく輸出セクターにばかり配慮する重商主義的政策を続けてきたためである。何のために経済があるのか、政策当局者は、今一度、原点に立ち返るべきだろう。

(4) 円建て輸出を選択しない輸出企業

決済通貨の大きな謎

本章の最後に、輸出企業の為替管理について、触れておきたい。円高が到来すると、輸出企業は悲

図5－19　貿易決済通貨に占めるドルの割合（2019年）

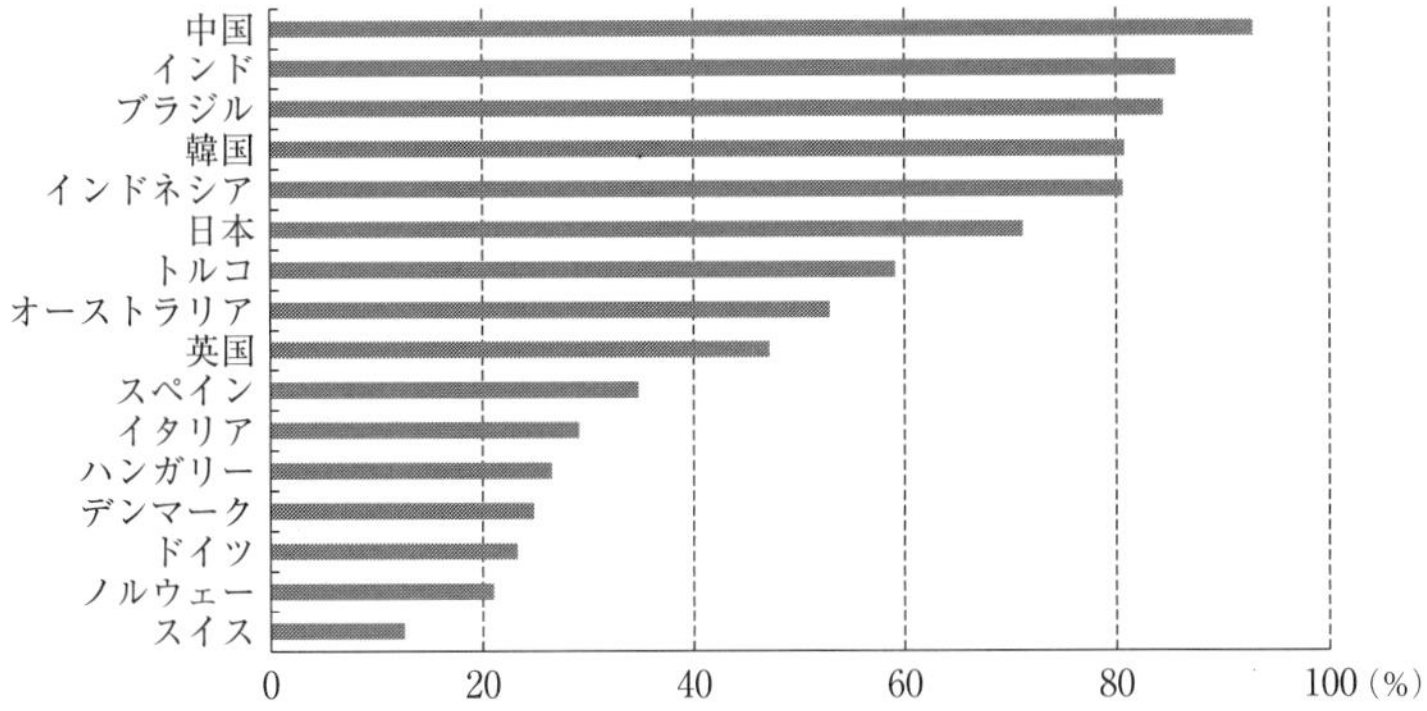

（出所） IMF、経済産業省資料より、BNPパリバ証券作成

鳴を上げる。しかし、もし輸出契約が円建てなら、損失を被るのは輸入国である。1985年のプラザ合意の頃から、円高に苦しむことのないよう円建ての輸出比率を増やすべき、といった提言が日本では繰り返されてきた。40年近くが経過した今も、円建て比率は低いままで、米ドル建ての輸出比率が高い状況はまったく変わっていない。それゆえ、これまでも論じてきた通り、日本銀行が円高回避のため、超金融緩和の継続を余儀なくされてきた。なぜ、輸出企業は円建て輸出比率を高めないのだろうか。大きな謎だが、経済学者の清水順子らは、あえて輸出企業がそう選択していると論じる[24]。

一般に先進国間の工業製品の貿易は、輸出国の通貨建てで行われる。しかし、図5－19にあるように、日本の輸出入は米ドル建てが多く、円建て比率が低い。先進国と新興国の間の貿易は、通常、当該先進国の通貨建てで行われるが、日本の輸出の多数を占めるアジア向けも円建てと米ドル建てが40％程度で拮抗し、近年はアジア通貨建てが増えている。

まず、米国や欧州などの先進国の市場は競争が熾烈で、大手の日系自動車メーカーであっても、円高による損失を価格に転嫁するとシェアを失う。それゆえに為替リスクは自らが負い、米ドル建てやユーロ建てで輸出している。一方、独占力を持つ半導体製造装置メーカーなどの機械メーカーは、円建てで輸出契約を結び、為替リスクを避けている。

子会社の為替リスク回避を優先する日本の輸出企業

興味深いのは、アジア向け輸出の建値通貨である。多くは企業内貿易であり、最優先するのは現地子会社の為替リスク回避である。米中対立前から生産拠点の東南アジアへのシフトが続いているが、最終製品は米国向けが多い。それゆえ、現地子会社が米国へ輸出する際に損失を被ることのないよう、日本から部品を輸出する段階でも米ドル建てとしているのである。

中でもアジア向け電子部品輸出は、以前は現地の日系の加工組立企業が購入したため、円建てが少なくなかったが、今では米アップルや韓国サムスンのスマホ向けが主流となったために、米ドル建てが増えている。また、新たな動きもある。たとえばタイが自動車生産の一大集積地となったことで、アジア域内での自動車販売が増え、現地子会社の為替リスクを回避すべく、日本からの自動車部品輸出もアジア通貨建てが増加している。今後、東南アジア経済の発展が続けば、アジア通貨建て輸出がさらに拡大する可能性が高いということである。

第7章で論じる通り、アジアの大国である中国は人民元の国際化を着実に進めようとしている。そうなると、アジア向け輸出は、米ドル建ての割合が低下しても、アジア通貨建てや人民元建てが増え、円建て輸出比率はいっこうに高まらない可能性がある。アジア域内唯一の国際通貨である円のプレゼンスを高めるのは、難しいのだろうか。日本の輸出企業が、為替リスク管理において、今後も現地子会社の為替リスク回避を最優先すれば、いずれ日銀は、米ドルのみならず、人民元や東南アジアの通貨に対しても円レートの安定確保に翻弄されるのだろうか。ただ、決済通貨の数が増えれば、互いの変動で相殺され、製造業からの円高への悲鳴は徐々に小さくなる可能性もあり得るだろう。

第５章　注

（１）矢野康治「財務次官、モノ申す『このままでは国家は破綻する』」『月刊文藝春秋』２０２１年11月号所収。
（２）第６章で論じる通り、経済学者のマーカス・ブルネルマイヤーらは、国債バブル項を組み込んだＦＴＰＬ（物価水準の財政理論：The Fiscal Theory of the Price Level）のモデルを使って、継続的なＰＢ赤字の下でも、通貨価値が維持され、低いインフレが続くことがあり得ること、そうした状況は、名目成長率よりも国債金利を低く抑えるようなショックが生じた場合に起こり得ることを示している。Markus Brunnermeier, Sebastian Merkel, and Yuliy Sannikov（2020）*The Fiscal Theory of the Price Level with a Bubble.*
（３）河野龍太郎「デフレ均衡仮説と日本経済（未定稿）」２０１１年春季金融学会、２０１１年５月。Bullard, J.（2010）"Seven Faces of 'The Peril'," Federal Reserve Bank of St. Louis Review September/October 2010, P339～352.
（４）経済学者の神林龍によれば、平均賃金の低下とともに企業間の賃金格差が拡大しており、企業間格差の拡大は、賃金の低い企業で働く人の賃金が上がっていないことが原因という。本来、あまりに生産性が低い企業は生き残れないはずだが、何らかの理由で低い生産性でも操業が続けられていることを示唆する。筆者は中小企業保護などのミクロ政策だけでなく、過度なマクロ安定化政策も影響していると考えている。神林龍「賃金長期停滞の背景　下　低生産性企業の存続一因か」『日本経済新聞』２０２１年12月７日付「経済教室」。
（５）齊藤誠「国債が貨幣と袂を分かつ時（未定稿）」秋季金融学会、２０２１年10月。
（６）齊藤誠『〈危機〉の領域――非ゼロリスク社会における責任と納得』勁草書房、２０１８年。
（７）陸軍軍人で満州の経済建設に携わった秋丸次朗中佐は、帰国後、経済謀略機関の創設を任される。いわゆる秋丸機関で、有沢広巳や武村忠雄、中山伊知郎ら当時の一流経済学者を集め、日米英独ソなどの戦争遂行能力を検討する。牧野邦昭『経済学者たちの日米開戦――秋丸機関「幻の報告書」の謎を解く』新潮社、２０１８年。

(8) 細野薫『金融危機のミクロ経済分析』東京大学出版会、2013年。

(9) Hayashi, Fumio and Edward C. Prescott (2000) "The 1990s in Japan: A Lost Decade," *Working Paper 607*, Federal Reserve Bank of Minneapolis.

(10) Krugman, Paul R. (1998) "It's Baaack: Japan's Slump and the Return of the Liquidity Trap," *Brookings Papers on Economic Activity* No. 2.

(11) Krugman, Paul R. (2015) "Rethinking Japan," *NEW YORK TIMES BLOG*, 20 October 2015. http://krugman.blogs.nytimes.com/2015/10/20/rethinking-japan/?_r=0

(12) ウォルター・バジョット『ロンバード街――金融市場の解説』久保恵美子訳、日経BP社、2011年。

(13) ペリー・メーリング『21世紀のロンバード街――最後のディーラーとしての中央銀行』山形浩生訳、東洋経済新報社、2021年。

(14) 正確にいうと、FRBが社債を直接購入したわけではない。購入するためのファンド（SPV）を創設し、出資は財務省が為替安定基金を原資に行った。財務省の出資の10倍の金額をFRBが融資することで、SPVが社債を大量購入する仕組みである。社債の購入原資はFRBから供給されたが、損失発生の場合には財務省が負担する。また、FRBは社債購入のノウハウを持たないため、SPVの運営は運用会社に任せられた。

(15) 門間一夫「物価目標に財政政策を使うべきか」『日本経済新聞』2020年10月30日付。

(16) アラン・ブラインダー『金融政策の理論と実践』河野龍太郎・前田栄治訳、東洋経済新報社、2000年。

(17) 本節は、慶應義塾大学教授の白塚重典氏との共同論考をもとにしたものである。四半世紀にわたり、筆者の議論の相手をして下さった白塚重典氏には、深く感謝を申し上げる。白塚重典・河野龍太郎「危機後の金融政策の枠組み――財政との一体運営に規律を」『日本経済新聞』2020年6月30日付「経済教室」。

(18) 白川が懸念したのは、2%インフレの早期達成を約束すると、大規模な金融緩和を余儀なくされ、効果は乏しいが、大量の国債購入を続けるとフィスカル・ドミナンス（財政支配）に陥り、日銀がマネー・プリンティングの装置となることであった。さらに、目標が達成できず、政策が長期化すれば、利鞘の縮小する金融機関を苦しめ、金融システムの安定も損なわれる。共同声明の記載をめぐって、政府との間でぎりぎりの攻防が続いたが、金融政策の有効性を回復させるには政府の成長戦略で潜在成長率を回復させる必要性があることや、財政健全化の推進が不可欠であることを、何とか白川は声明に盛り込む。しかし、第4章で詳しく見た通り、成長戦略は遅々として進まず、中銀ファイナンスの財政政策が繰り返され、白川が恐れていた通りの展開となっている。白川方明『日本銀行――セントラルバンカーの経験した39年』東洋経済新報社、2018年。

(19) 岩村充『金融政策に未来はあるか』岩波新書、2018年。
(20) Krugman (1998) 前掲書。
(21) Summers, Lawrence H. (2014) "U.S. Economic Prospects : Secular Stagnation, Hysteresis, and the Zero Lower Bound," *Business Economics* Vol. 49, No. 2.
(22) Krugman (2015) 前掲書。
(23) 2000年前後に、筆者は不良債権問題がもたらすデフレ圧力を吸収するため、スヴェンソン流の円安政策を強く主張していた。2003年には『円安再生』なるタイトルの書籍も上梓したほどである。現実に、円安政策は、小泉純一郎政権の下で、財務省による継続的な大規模円売り介入というかたちで結実し、戦後最長の景気回復の一翼を担ったと考えられる。しかし、グローバル金融危機の後、円安政策の長期化がマクロ経済の振幅を大きくしたこと、また、資源配分と所得分配を大きく歪めたことが、潜在成長率の低下につながった可能性があることを強く認識するようになった。2012年末に第二次安倍晋三政権の誕生で円安政策が開始された際、政策を続けても、最終的に個人消費の回復にはつながらないと筆者が反対したのは、このためである。河野龍太郎『円安再生　成長回復への道筋』東洋経済新報社、2003年。
(24) 清水順子、伊藤隆敏、鯉渕賢、佐藤清隆『日本企業の為替リスク管理――通貨選択の合理性・戦略・パズル』日本経済新聞出版、2021年。

第6章　公的債務の政治経済学

1　財政政策の復活と進行するMMTの二つの実験

2019年末に端を発した新型コロナウィルスの蔓延による世界的なパンデミック危機は、純粋な需要ショックとは異なるタイプのショックであり、それゆえ総需要の刺激を目的とするマクロ安定化政策の発動は、少なくとも当初は不適切であると考えられた。経済活動を活発化させることで感染が拡大し、一国の医療能力の上限を超えれば、元も子もないからである。いくつかの例外は見られたが、コロナ危機に直面した先進各国で主に採用されたのは、企業倒産や失業の回避策、あるいは家計の所得補償などの財政政策だった(1)。

一方、これまでマクロ安定化政策の中心に位置づけられていたはずの金融政策は、コロナ禍では補完的な役割にとどまり、ゼロ金利政策の下で、①人々の不安心理を抑えるための大量の流動性供給、②大量の国債発行がもたらす長期金利上昇に対するQE（量的緩和）による抑え込み、③機能しなくなった金融市場の質的緩和による補完、などが行われた。

ただ、ゼロ金利政策が長く続けられてきた日本だけでなく、米欧でもコロナ危機の前から長期金利の水準が大幅に低下していたため、次なる不況が訪れた場合、もはや金融政策はマクロ安定化政策の主力にはなり得ない、という見方が広がり始めていた。今回のコロナ危機では総需要刺激を必要としなかったため、幸いにしてこの深刻な問題が覆い隠されたのである。

現在、40年ぶりの高いインフレに対して米国では利上げが開始されたが、自然利子率は依然として低いままであり、かつてのような高い金利は予想されない。将来、大きな需要ショックが訪れると、利上げ余地が限られるため金融政策の限界が改めて認識され、マクロ安定化政策の主役は財政政策であることが、日本以外でも明らかになるのだろう。本節では、財政政策の積極活用を正当化する新たな経済理論の出現と、巨額の公的債務残高を抱えた日本へのインプリケーションを論じる。

(1) 高くなる金融緩和のハードル

弱体化する金融システム

事実上、財政政策にマクロ安定化政策の主役の座を譲り渡した日本でも、日本銀行は金融政策の発動余地がなくなったとは認めていない。必要であれば、追加緩和を行うと再三繰り返している。それは当然だろう。マクロ経済ショックへの機動的な対応を担うはずの中央銀行が、弾が尽きたとは表明できないためである。ショックが訪れた際、そうした表明自体が機関投資家の狼狽売りや投機筋からの空売りを招き、資本市場の動揺がショックを増幅させる恐れがある。

もちろん、マイナス金利政策の深掘りは技術的には不可能ではない。また、10年金利の誘導目標をゼロからマイナスに引き下げることも技術的には不可能ではないだろう。そうした意味で政策の発動余地が完全になくなったわけではない。しかし、第5章で詳しく論じたように、景気刺激効果は小さく、中長期的なコストは大きいため、政策発動が割に合わなくなっているのである。

２０１６年1月に発動したマイナス金利政策（マイナス金利付き量的・質的金融緩和政策）は、超長期金利を低下させることで、たしかに20年、30年の長期借入を伴う不動産投資や建設投資などを刺激した。しかし、一方で年金や保険など長期の資産運用の担い手の財務内容を悪化させ、長期の金融システムを脆弱にしてもいる。

10年金利をゼロ%に誘導するイールドカーブ・コントロール（ＹＣＣ）が２０１６年9月に導入されたのは、実は超長期金利の過度の低下を避けるためでもあった。長期金利の上昇を抑える役割ばかりが注目されるが、過度な金利低下を抑える役割も担わされているのである。金利を引き上げることも、引き下げることも容易ではないとすれば、やはりそれは、金融政策が限界近くに達したと考えるべきだろう。

リバーサル・レートに近づいている

２０２０年4月にコロナ危機が広がると、日銀は新型コロナオペを導入し、民間金融機関に一種の補助金として０・１～０・２%の付利の提供を開始した。その目的は、コロナ危機で苦しむ企業の資金繰りを支援する政府の制度融資の利用を促すためである。資金の借り手の事業者だけでなく、貸し手の銀行も優遇したのは、長期化するマイナス金利の銀行への悪影響がコロナ危機で増幅されることを回避するという狙いも込められていた。

図６－１にある通り、銀行の貸出金利は低下傾向が続いているが、一方で、おおむねゼロ%までですでに低下している預金金利をマイナスに引き下げることは難しく、図６－２にある通り、利鞘の縮小傾向が続いている。仮にコロナ危機によって企業倒産が広がり、金融機関の与信コストが膨んで、現

図６－１　貸出金利：国内銀行・総合

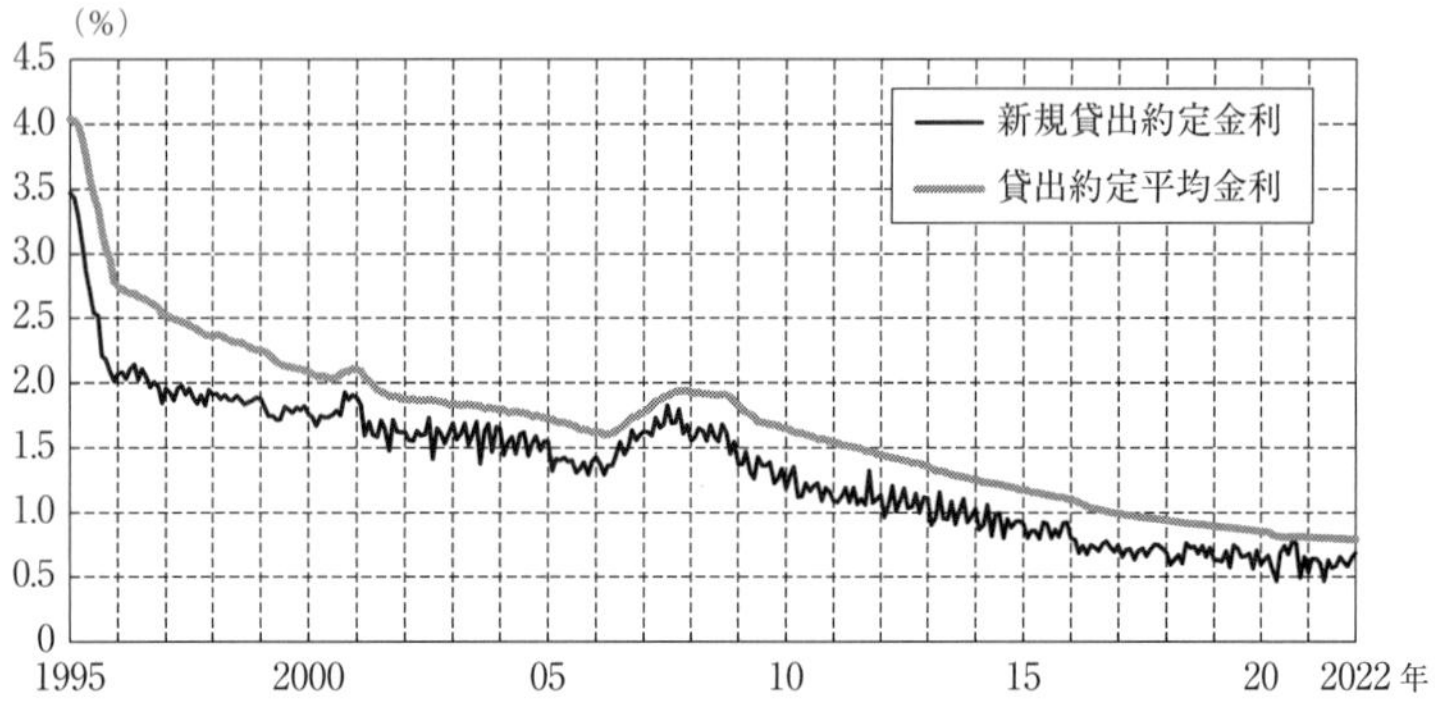

（出所）　日本銀行資料より、BNP パリバ証券作成

図６－２　総資金利鞘（年度末）

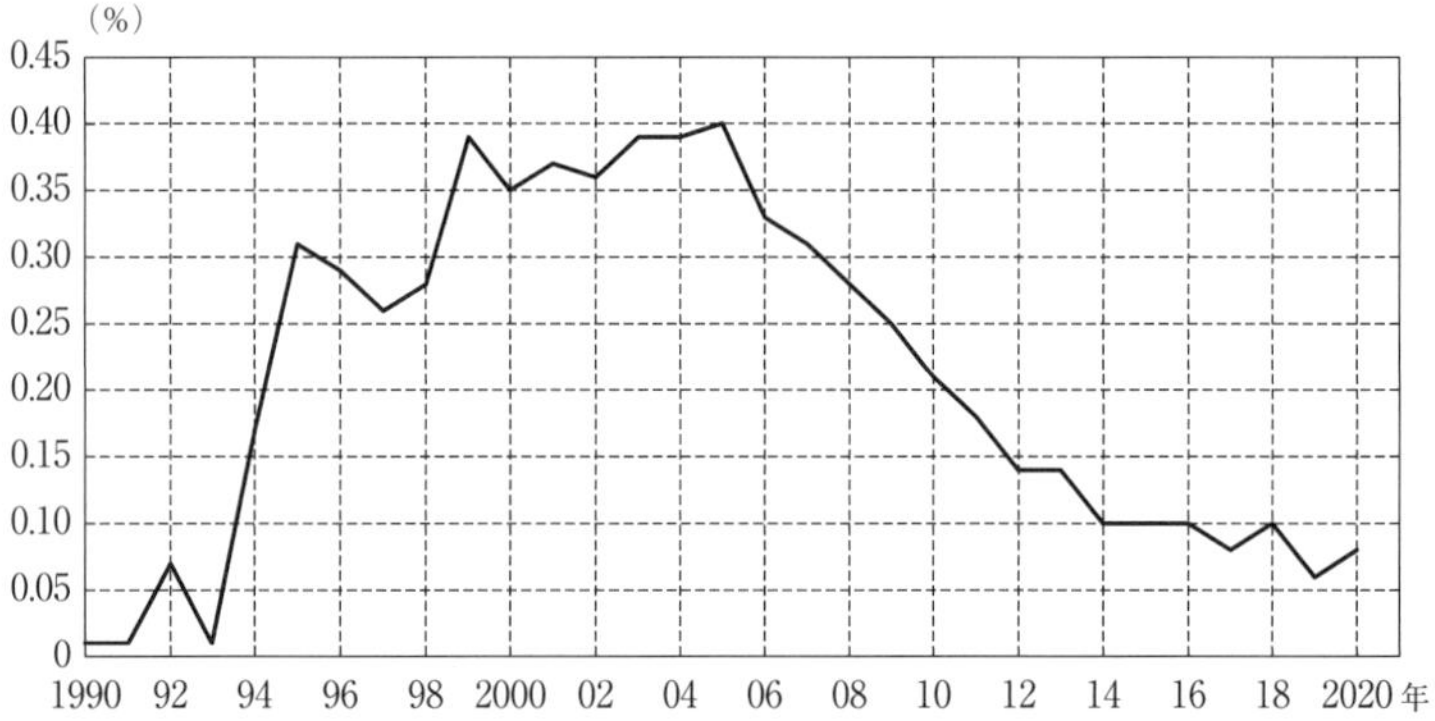

（出所）　一般社団法人全国銀行協会資料より、BNP パリバ証券作成

在の薄い利鞘ではカバーできなくなれば、自己資本の棄損を恐れ、企業への貸出を渋る金融機関が出現する恐れがあった。その場合、金融機関の貸渋りに直面するのは、コロナ危機で売上が大幅に減少した企業となるだろう。

もともと、政策金利がこれ以上低下すると、銀行システムを通じてマクロ経済に悪影響をもたらす「リバーサル・レート」に近づいているという認識があったから、こうした政策が導入されたのだと考えられる[2]。理論的に、政策金利引下げのプラス効果とマイナス効果が拮抗する臨界点の金利水準が存在すると考えられ、その水準が「リバーサル・レート」と呼ばれている。経済学者のマーカス・ブルネルマイヤーらが論じ始めた概念だが、この「リバーサル・レート」を超えて政策金利を引き下げると、マイナス効果が上回り、金融緩和はむしろ逆効果となる。コロナ危機が銀行収益を悪化させ、「リバーサル・レート」の水準が切り上がるリスクがあったために、それを回避すべく、日銀は金融機関への補助金の提供を始めたのだろう。

２０２１年12月には、コロナ危機がもたらす企業金融への悪影響が大きく和らいだと判断し、日銀は新型コロナオペにおいて、その一部の付利を０・１％からゼロに引き下げ、銀行への補助金を縮小することを決定した。「リバーサル・レート」への到達はひとまず避けられたという判断だろう。

ただ、日本経済が「リバーサル・レート」からさほど遠くない距離にあることは変わっていない。金融機関はいまだに貸出などで吸収できないほどの預金を集め、収益構造が改善しているわけではない[3]。将来、新たなマクロ経済ショックが訪れれば、金融機関の貸出をサポートするために、政策金利の引下げではなく、再び補助金として付利を提供する可能性もあるだろう。

超金融緩和を固定化することの長期のデメリットは深刻化している

前章で論じたように、金融緩和効果の本質は、資本コストの低下による需要の前倒しであった。ゼロ金利政策の長期化によって、前倒し可能な将来の需要はすでに乏しくなっている。将来の所得（恒常所得）が改善するのなら、さらなる需要の前倒しも期待できるが、日本の潜在成長率は逆に低下傾向が続いている。

「金利低下が有形資産投資や無形資産投資を促す」と経済理論は教えてきた。しかし、物事には限度がある。極めて低い金利を固定化して促されるのは、収益性の極めて低い、質の悪い投資プロジェクトであろう。それらが増えると、潜在成長率は改善するのではなく、むしろ悪化する恐れすらある。いや、すでにゼロ金利政策の継続なしには存続できない生産性の低い企業が増えているから潜在成長率の低迷が続いているのだろう。日本の実質賃金がいっこうに高まらないのも、本来なら退出すべき衰退企業がゼロ金利によって生き永らえているからではないのか。

金融緩和のメリットが小さくなる一方で、長期的なデメリットが大きくなっているのなら、マクロ安定化政策の主役が財政政策にシフトするのは自然のように思われる。永久にゼロ金利政策が続けられることがないとしても、低金利の下で需要ショックが訪れれば、簡単にゼロ金利制約に舞い戻る。そうなると、中央銀行にできることは、需要ショックではなかったコロナ危機時と同じことになるのだろう。すなわち、本章冒頭でも述べた、ゼロ金利政策の下での①人々の不安心理を抑えるための大量の流動性供給、そして、②大規模財政がもたらす長期金利の上昇を避けるためのＱＥ（量的緩和）、あるいは長い目で見れば、それを一歩進めた日本流のイールドカーブ・コントロールの採用も広がってくるかもしれない。また、③機能が低下した金融市場の補完を行うための質的緩和が中央銀行の役割として加えられるほか、④超低金利の継続による金融機関の負担を避けるための付利の提供が行われるかもしれない。

(2) 変貌した財政政策への評価

財政政策に関する古いコンセンサス

財政政策が機動的に発動できないことを考えると、わずかな発動余地を残した金融政策は財政政策が発動されるまでの「つなぎ」という位置づけになるのかもしれない。アベ政策は「大胆な金融緩和」が看板だったが、現実には「機動的な財政政策」として大規模な財政政策が繰り返されていた。2016年9月にイールドカーブ・コントロールが導入された後は、追加の金融緩和は事実上ストップされ、財政政策がマクロ安定化政策の主力となっている。

ただ、日本の主流派経済学において、財政政策がマクロ安定化政策の主力になったことについて、積極的な評価は今のところ見られていない。それは、日本の財政の専門家が財政規律を最優先する財務省の考えに大きく影響されているから、といった矮小化された話ではないだろう。日本が未曽有の公的債務残高を抱え、長年、財政健全化が喫緊の課題と受け止められてきたこと、また安倍政権の下で実施された財政政策はばらまき色が強かったことなどが影響しているのだろう。

また、影響力の大きな米国の主流派経済学が、少なくとも2010年代以前は、マクロ安定化政策として財政政策を適切ではないと位置づけていたことも関係していると思われる。戦争や不況の際に財政赤字が拡大するのはやむを得ないが、中長期的には、公的債務が経済成長の脅威となるため、国債発行を原資とする追加財政はマクロ安定化政策として積極活用すべきではない、というコンセンサスが長く存在した。

そこでは、拡張的な財政政策が取られなくても、不況期に累進税率の下で税負担が減り、また失業給付などが増え、その結果、需要ショックを和らげるというビルト・イン・スタビライザーとしての役割がもっぱら期待されていた。

それではなぜ米国の主流派経済学は、公的債務を問題と考えていたのか。もし積極財政で政府の借入が膨らんで長期金利が上昇すれば、それが民間投資をクラウドアウトし、成長が滞る。また、海外からの借入が膨らめば、対外的な利払費が増え、それも長期的に米国を貧しくする――そう考えられていたのである。1980年代が典型だが、かつて米国経済は双子の赤字（財政赤字、経常収支赤字＝対外借入）に苦しんでいた。それゆえ、景気拡大局面において、主流派の経済学者は、米国政府に対して、公的債務の削減に積極的に取り組むべきであると繰り返し主張していた。[4] その甲斐もあってか、1990年代末にはクリントン政権の下で財政収支は黒字化していた。

長期金利と名目成長率の逆転

だが2000年代以降、事態は再び大きく変わる。まず、ITバブルが崩壊し、大規模減税が繰り返され、財政赤字が大きく膨らんだ。アフガニスタンやイラクとの戦争が開始され、歳出も膨張した。2000年代末にはグローバル金融危機が訪れて、大規模な景気刺激策を余儀なくされ、公的債務残高は膨張の一途を辿った。しかし、その間、主流派経済学が恐れていた長期金利の上昇はまったく起こらず、むしろ一貫して低下傾向が続いたことは、第2章で詳しく見た通りである。金利低下の効果で、利払費の増大は抑えられ、所得収支も黒字が続いたままだった。

2010年代前半は、グローバル金融危機の後遺症もあって、ゼロ金利政策を続けても、景気回復は緩慢で、第5章で論じたように、経済学者のローレンス・サマーズの論考を嚆矢に、「新・長期停滞論」が台頭した。自然利子率が低下しているから、ゼロ金利政策を続けても総需要が喚起できず、完全雇用の到達が遅れている。金融政策が有効性を失っているのなら、財政政策で総需要を押し上げ、完全雇用を達成するしかない。金融緩和による自国通貨の減価で輸出を拡大し、経常収支を改善させる方法も考えられるが、国際政治上、さすがの米国であってもそれは持続可能ではない。

米国の主流派経済学の間で、マクロ安定化政策として財政政策が再評価され始めたのは、単にゼロ金利制約にたびたび直面し始めたということだけではなく、財政赤字の最大の弊害とされていた長期金利の上昇が、公的債務の膨張にもかかわらず、過去30年間、避けられていたという事実も大きく影響していた。

さらに2010年代は、第2章で論じた通り、公的債務管理において圧倒的な重要性を持つ長期金利と名目成長率の関係が逆転した。つまり、「名目成長率∨長期金利」が常態化したことで、米国の主流派経済学の考え方の変化が確たるものになったのである。

ブランシャールらの積極財政論

マクロ経済学の主流派中の主流派であるオリビエ・ブランシャールが2019年4月のアメリカ経済学会の会長講演で、財政政策の活用について論じたのがその象徴であろう(5)。彼は以下のように述べている。

「このレクチャーでは、安全資産の金利が低い場合の公的債務のコストに焦点を当てる。まず、安全資産の金利が長期にわたって成長率を下回ると予想される現在の米国の状況は、例外というより、歴史的には標準的であることを示す。将来が過去と同じだとすると、公的債務の借換え、つまり増税なしに債務の返済が可能となることを意味する。やや乱暴に言うと、公的債務に財政コストはかからないかもしれない。第二に、財政コストが存在しない場合でも、公的債務は資本蓄積を抑制し、経済厚生を引き下げる可能性があるが、そのコストは通常想定されるよりも小さいかもしれないことを示す。……（中略）……本レクチャーの目的は、特に現在の政治環境において、より多額の公的債務について議論することではない。公的債務のコストと財政政策について、これまでよりも実りある議論をすることである」

このブランシャール講演によって、マクロ安定化政策としての財政政策に改めて理論的なお墨付きが与えられたのである。その後、公的債務残高が膨らんでも、必ずしも物価が上昇しないという経済モデルが主流派経済学の中から出現し始めた。たとえばリバーサル・レートの理論でも紹介した経済学者のマーカス・ブルネルマイヤーらは、ＦＴＰＬ（物価水準の財政理論：The Fiscal Theory of the Price Level）のモデルに国債バブルを組み込んだモデルで、それを説明する。[6] そこでは①継続的なプライマリーバランス（基礎的財政収支＝以下ＰＢと表記）赤字の下でも、通貨価値が維持され、低いインフレが続くことがあり得ること、②そうした状況は、名目成長率よりも国債金利を低くするようなショックが生じた場合に起こり得ること、を示している。

もう少し説明しよう。まず、議論の出発段階として、第5章でも論じたように、ゼロ金利制約に直面すると、貨幣供給量が増えても物価水準を押し上げることができなくなる。ゼロ金利になると、貨幣に対する需要が無限大となり、貨幣数量関係が失われるのである。それゆえ、インフレはもはや貨幣的な現象とはいえず、財政的な現象となってくる。

FTPLのモデルに国債バブルを組み込む

最もシンプルなFTPLのモデルは、「現在の物価水準＝（市中保有国債の市場価値＋中央銀行のマネタリーベース残高）÷（将来のPB収支黒字の現在価値の総和）」で示される。政府と中央銀行の統合した負債の大きさと、将来のPB黒字の現在価値の総和の相対的なバランスで物価水準が規定されるのである。

2013年4月に日本で導入された異次元緩和がインフレ期待の醸成に効かなかったのは、日銀が市場で国債をいくら購入しマネタリーベースを増やしても、それは単に右辺の第一項と第二項の交換にすぎなかったため、物価には影響をもたらさなかったからである。FTPLは異次元緩和の効果が乏しいことを初めから正しく予測していたともいえる。

それでは、国債増発、あるいは中央銀行ファイナンスで追加財政が行われ、分子が増加するとどうなるか。その場合でも、将来は増税や歳出削減が行われ、将来のPB収支黒字の現在価値の総和が拡大する、つまり財政調整で国債が返済されると人々がなお考えるのなら、分母も同じように上昇し、現在の物価水準には影響しない。

とはいえ、中央銀行の財政ファイナンスで追加財政が繰り返され、もはや将来の増税や歳出削減では国債は返済されないと人々が考え始めるのなら分子だけが膨らみ、分母は変わらないため、物価水準の上昇が始まるはずである。にもかかわらず、継続的なPB赤字が続く中で、通貨価値が維持され、先進各国で低いインフレが続いていたのはなぜか。

ここで、ブルネルマイヤーらはFTPLの均衡式に国債バブルを持ち込んだ。実は、第5章で「デフレ均衡の崩壊」を説明した際に、筆者が念頭に置いていたのも、同様のモデルである。長期国債が貨幣化し、供給が増えても需要が無限に増えて吸収されるのは、国債バブルが発生するためである。

企業や家計が直面するリスクは必ずしも金融市場でヘッジ可能なものばかりではない。不確実性が大きく、リスクをヘッジできなければどうするか。代わりに人々は安全資産である国債を保有しようとする。現実には銀行預金など、国債に裏づけられた安全資産を保有しようとする。つまり、金融市場に不完備性が存在する場合、安全資産である国債に対して過大な需要が生まれ、国債バブルが生じるのである。

その結果、第2章で論じたように、国債利回りが名目成長率よりも低くなる。FTPLの均衡式に国債バブルを組み込むと、「現在の物価水準＝（市中保有国債の市場価値＋中央銀行のマネタリーベース残高）÷（将来のPB収支黒字の現在価値の和＋国債バブル）」となる。PB収支の改善がまったく期待されず、大規模財政が繰り返され、国債や日銀のマネタリーベースなど統合政府の負債がいくら膨らんでも、それが人々の需要（国債バブル）によって吸収される限り、物価水準は上昇しないのである。

もちろん、バブルが弾けた際には分母が急低下するため、物価水準の大幅なジャンプが生じる。そのことは、大規模財政を活用するとしても、当然にして限界があることを暗に示すものであり、第5章で論じたように、長期国債の非貨幣化によって「デフレ均衡の崩壊」が起こり得ることを意味する。筆者自身は、国債バブルの崩壊を避けるため、次節で論じる通り、制御不能な水準まで公的債務が膨張することを回避することと、将来のPB収支の現在価値の和が十分高い水準にあることを人々に確信させるべく、超長期の財政健全化プランを準備することが不可欠であると考えている。

バブルを積極利用するのか

もともと、経済理論においては、バブルは必ずしも悪いものとは見なされていない。経済規模と同程度の緩やかなペースで拡大するのなら、破裂もしない。たとえば、貨幣は典型的なバブルといえる。ただ、現段階では経済理論上の話であるとはいえ、マクロ安定化政策として、ついに国債バブルの積極利用を検討する時代に突入してきたというのは、とても複雑な気持ちである。

実は筆者は、そうした「狂乱の時代」がいずれは訪れるのではないかと、以前から薄々感じていた。

人類はこれまで、さまざまな共同幻想をつくり上げ、社会を回し、高度な文明を築き上げてきた。ユヴァル・ノア・ハラリが『サピエンス全史』で明らかにしたのは、7万年前に人類を人類たらしめた「認知革命」が起こり、他の動物と異なって、想像力で社会を構築し、ルールや道徳、宗教など虚構の物語を共有することで仲間と緊密に協力し、地球最強の生物となったことだった(7)。その後、価値の保蔵手段として、コミュニティで通用する貨幣をつくり上げた。ニクソン・ショックでは、貨幣はついに金の軛《くびき》から外れ、単なる「紙の約束」となって、膨張を続けている。「紙の約束」の頂点に立つドルは世界中で通用する。そして、ついにわたしたちは、国債バブルを利用したマクロ安定化政策の時代に突入しようとしている。

もちろん、筆者はそれを人類の偉大な進歩と讃えているわけではない。人類社会がつくり上げた共同幻想の中には、うまく機能しなかったものもあり、高度な文明も多くが滅びの道を辿った。実体経済に比べてバブルが大きくなりすぎれば、バブルが弾け、第5章で論じた急激な物価調整とマクロ経済の大混乱が始まるはずである。

臨界点までは、まだ距離があるのだとしても、積極的に一国経済をそのようなリスクに晒すべきではないだろう。いくらジリ貧が続いているとはいえ、失敗した時にドカ貧をもたらす恐れがある一か八かの賭けは、何としても避けなければならない。人々の認識が変われば、外的ショックが訪れなくても、危機の臨界点の水準が思った以上に低くなる可能性もある。

さて、米国で財政政策の積極利用を訴えていたブランシャールが、2021年に日本銀行が開催した国際カンファレンス「前川レクチャー」で極めて興味深い講演を行っている(8)。まず、ゼロ金利制約に直面すると、ネガティブショックが訪れなくても、中央銀行は完全雇用の達成が困難になるため、その達成には財政政策が必要であることを明言している。ただ、ファンダメンタルズに変化がなくても、金融市場参加者が不安になり、デフォルトを予測し始めると、高いスプレッド（上乗せ金利）を要求し、突如として長期金利の急騰が生じる可能性があるとも論じた。

さらに、これまでのところ日本銀行をはじめ各国中央銀行はスプレッドの抑制に成功しているが、市場参加者がファンダメンタルなリスクの増大を懸念し始めると、中央銀行の介入がうまくいかなくなる可能性があるとしている。ブランシャールも失敗した時にダメージがあまりに大きいリスクには慎重になるべきと考えているのだろうか。国債バブルの積極利用を日本の当局者に全面的に薦めているのではないことに、少し安心した。

(3)　ＭＭＴの死角——ＭＭＴ理論とは

財政政策の役割を強調するのは、新しいモデルを導入し始めた米国の主流派経済学だけではない。近年、日本でも知られるようになったＭＭＴ（Modern Monetary Theory）派も、完全雇用を達成するためにこそ、財政政策を積極的に活用すべきであると主張してきた。日本の政策論議においては、ブランシャールらの主張よりも、ＭＭＴ派がより強い影響力を持つ。以下では、ＭＭＴを批判的に分析してみよう。

ＭＭＴ派はポスト・ケインジアンの流れを汲み、現在の主流派経済学とは一線を画する。ただ、ポスト・ケインジアンは、外生的貨幣供給論であるマネタリズムに対抗するかたちで、当初から内生的貨幣供給論を論じるなど、金融政策を考える上で、見るべき主張も少なくない。マネタリズムの想定とは異なり、現実の中央銀行は貨幣数量ではなく、金利を操作して金融政策を運営している。したがって、「トンデモ経済理論」と言って切り捨ててしまうわけにもいかない。

ＭＭＴの指導的立場の一人である経済学者のランダル・レイは、主権通貨を持つ国であれば、事前に税収がなくても、完全雇用の達成のために制限なく財政政策が発動できる、と論じる[9]。１９９０年代以降、米国で成長率の低下が続いていたのは、公的債務の膨張が大きいからではなく、それが小さすぎたためであると考える。仮に公的債務が持続不可能だったのなら、不況ではなくインフレにつながったはずだが、現実にはインフレ率は低下傾向を続けていたとも主張する。

ＭＭＴの理論は、ケインズ派の経済学者であったアバ・ラーナーの機能的財政論に、ワイン・グッドリーの金融会計論を融合したものである。政府が国債発行で借金を増やしても、金融システム全体のバランスシートでは、同時に預金が増えるため、資産と負債が両建てで増えるのだから、国債発行は際限なく可能だと論じる。

ケインズこそが元祖MMT派？

どこが問題なのか。たしかに金融システム全体としては、国債発行と同額の預金が生み出されるとしても、国債をどれだけ購入するかは、個々の金融機関の今後の国債市場の見通しで決まるはずである。今後も国債の発行が大幅に増えると予想するのなら、長期金利が上昇し、国債価格が割安にならなければ、金融機関は国債購入を躊躇するはずである。それゆえ、国債発行が増えると、一般に長期金利は上昇すると考えられる。均衡に至るまでの価格調整の過程が抜けている、というのが主流派経済学のMMT批判の代表的なものである。

とはいえ、近年、経済危機のたびに大規模財政が繰り返されているが、長期金利はさほど上昇していない。コロナ危機下でも、国債発行を原資に先進各国で大規模な現金給付が行われたが、それが銀行預金に滞留し、金融機関が預金を原資に国債を購入するため、長期金利の上昇が抑えられているのである。また、MMT派が前提とした通り、中央銀行も国債を買い支えている。さらに安全資産を自らが供給できない新興国は、第2章で論じたように、不確実性が強い中でドル国債への需要を強めている。コロナ危機がもたらした供給制約で、世界的にインフレ率が急激に上昇しているが、少なくともこれまでのところは米国を中心に先進国の長期金利の急騰は避けられている。MMT派からすれば、予想した通りの現象が起こっている、ということなのだろうか。

ただ、主流派経済学においても、ゼロ金利にもかかわらず、経済が完全雇用に到達できない長期停滞の世界においては、前述した通り、積極的な財政政策で対応すべきという主張であり、MMT派と主張はほとんど変わらない。長期停滞の世界においては、財政規模を膨らませても、クラウドアウトを引き起こすことなく、経済を拡大できるというのがブランシャールらの考えだった。

ただ、MMT派は、長期停滞でなくても、財政拡張が可能と考える点で現代の主流派経済学とは異なる。まさにオールド・ケインジアンの「終点のない45度線分析（ケインジアン・クロス）」のような世界が想定されているわけである。そこでは、政府が歳出を増やせば、人々の所得が増え、貯蓄が生み出される。

ちなみに、ケインズの『一般理論』を読む限り、ケインズその人も財政政策に関しては、MMTの解釈とほとんど変わらない[10]。「一般理論」そのものが、金利が上がらない長期停滞の時代の処方箋として書かれたことが影響している。そして、MMTが取り入れたアバ・ラーナーの機能的財政論も1940年代前半にケインズの論考をもとにつくられたものである。MMTは元祖ケインズ経済学なのである。

米国にはMMTが適用できるのか

MMT派によれば、主権通貨を持つ国であれば、新興国であっても、（物価が上昇するまでは）いくらでも財政政策を発動できるという。しかし、ハードカレンシー（国際通貨）を持たない新興国が国債を大量発行すれば、中央銀行が購入しても、金利、あるいはインフレが上昇するため、この主張は当てはまりそうにない。

2020年にコロナ危機が始まると、少なからぬ新興国で、中央銀行が財政ファイナンスに踏み込んだが、2021年には通貨の大幅な減価とともにインフレ上昇が始まり、継続的な利上げを余儀なくされ、景気が大きく減速している。やはり新興国でMMTの適用はうまくいきそうにない。ならば、ハードカレンシーを保有する先進国には適用できるのだろうか。公的債務の膨張が続く日本では、金利もインフレも低く落ち着いたままで、MMTの成功例のようにも見える。

ここで頭の体操だが、まず、世界中の人々が喜んで持とうとするドル国債を発行する基軸通貨国の米国であれば、MMT理論の適用は、確実にうまくいくのだろうか。大規模財政を続けても、FRBによる財政ファイナンスのサポートがあれば、長期金利が大きく上がらない状況を維持できるかもしれない。大規模財政に踏み込めば、米国の輸入は大きく増えるが、それがグローバル経済に幅広く恩恵をもたらすというのが、MMT派の見立てでもある。

MMTの落とし穴

落とし穴はないのか。大規模な国債発行をFRBがマネタイズし続ければ、米国のみならず、ドル経済化の進む新興国を含めグローバル経済で、高レバレッジによる金融バブルが蔓延し、グローバル金融システムを不安定化させるリスクがある。バイデン政権の大規模財政による高圧経済戦略は、決してMMT派の理論に基づいたものではなかったが、大規模財政に伴う大量の国債発行をFRBがQEを通じてファイナンスするという点では、いわば本格的なMMTの大実験を米国で行ったようなものである。

世界的なリスク資産高だけでなく、最近のコモディティ高も、FRBのマネタイゼーションが引き起こしたグローバルな投機の一つだった可能性もある。筆者は、FRBの大規模なマネタイゼーショ

図６−３　原油価格（WTI、月次）

（出所） Macrobond より、BNP パリバ証券作成

ンがもたらす過剰流動性がコモディティ価格を押し上げ、グローバル経済に大きなインフレ圧力をもたらしているのはないかと懸念している。

もう一つ、カーボンゼロの観点から、化石燃料関連の生産設備が座礁資産化することを懸念し、更新投資が滞っていることが、化石燃料価格の高騰をもたらしているという見方も有力ではある。いわゆるグリーンフレーション（グリーン化がもたらしたインフレ、第２章参照）である。ただ、化石燃料の価格が高くなれば、ますます再生可能エネルギーが有利となり、その投資が増えていくはずだから、化石燃料高はいつまでも続かないはずである。

むしろ、グリーンフレーションの思惑を背景に、ＦＲＢの財政ファイナンスが生み出す過剰流動性がコモディティ高をさらに加速させているのではないか。この議論は、ロシアのウクライナ侵攻を巡る地政学リスクがもたらすコモディティ高にも当てはまるだろう。

２０００年代にコモディティ市場はグローバル資本市場に組み込まれ、２００７～08年、２０１３～14年にも、FRBなど主要中央銀行の超金融緩和が生み出した過剰流動性がコモディティ高をもたらした。2008年はECBの利上げ、2014年はFRBのQE終了をきっかけに、原油価格は急落した。今回も緩和マネーがコモディティ高を招いている可能性がある（図6－3）。このように、すでに米国におけるMMTの事実上の実験が、グローバル経済を不安定化させ始めていると考えるべきではないか。

ミンスキーへの誤解

第2章でも論じた通り、ケインズその人は、不況の原因は労働市場の硬直性ではなく、金融市場の不安定性にあると考えていた。このため、マクロ安定化政策を提唱する際、資本規制や金融規制の重要性も十分認識していた。

ここで興味深いのは、MMT派が、金融不安定性の理論を唱えたポスト・ケインジアンの経済学者であるハイマン・ミンスキーの流れを汲んでいることである。MMT派のランダル・レイはミンスキーの直系の弟子である(11)。

そのミンスキーは、第2章で論じたように、バブルをもたらすポンジー・ファイナンスを定式化した経済学者であった。そこでは、将来のキャッシュフローで負債の元利払いを行う借入をヘッジ・ファイナンスと名づけ、元本は借換えで対応する借入を投機ファイナンス、元本に加えて利払いも借換えで対応する借入をポンジー・ファイナンスと呼んでいた。

投機ファイナンスの元本とポンジー・ファイナンスの元利金は、資産価格の上昇によって返済を当て込まれ、いずれもリスキーなものである。ヘッジ・ファイナンスは安全だが、人々が楽観に浸り、投機ファイナンスやポンジー・ファイナンスが蔓延すれば、ブーム・アンド・バーストをもたらし、金融システムは不安定化する。それがミンスキーの主張でもあった。

ＭＭＴ理論の実践のために、中央銀行が財政ファイナンスを繰り返せば、金融市場では、投機ファイナンスやポンジー・ファイナンスが横行し、大幅な調整を不可避とする金融不均衡が蓄積されるのではないか。米国で実施されると、これまで見たように、米国の問題にとどまらず、グローバル資本市場、そしてドル経済化の進むグローバル経済を大きく動揺させることになるのではないか。

ポスト・ケインズ派ではあるが、ＭＭＴ派から距離を置く経済学者のジェラルド・エプシュタインは、ＭＭＴ派の政策が金融不安定化のリスクを孕むことを「ミンスキーへの誤解」と呼んでいる[12]。ＭＭＴ派は、中央銀行が国債をファイナンスしても最終的には政府支出は将来の租税で賄われるため、正常なヘッジ・ファイナンスと位置づける。しかし、政府の支出を可能とするために、中央銀行がマネタイゼーションを繰り返せば、民間部門において、投機ファイナンスやポンジー・ファイナンスが横行するリスクが認識されていない、とＭＭＴ派を批判している。

勘のよい読者は、エプシュタインの主張がブランシャールやブルネルマイヤーらの主張と相通ずるところがあることに気づかれたであろう。ブランシャールやブルネルマイヤーらの国債バブル付きＦＴＰＬモデルが示していたのは、ＰＢ赤字が続き、公的債務が膨らんでも物価上昇が生じないのは、増発される国債がバブルによって吸収されているからであった。基軸通貨国の米国で国債バブルが発生すると、先進国のみならず新興国などのリスク資産においてもバブルがもたらされる可能性がある。その調整が始まると、今度はエプシュタインが論じる通り、グローバル資本市場が大きな危機に晒されるリスクがある。

ブランシャールが論じた通り、経済ファンダメンタルズに変化がなくても、金融市場参加者が不安を感じ、米国債に高いスプレッドを要求し始めるリスクもある。それが米国にとっては制御可能なものであるとしても、新興国で横行する投機ファイナンスやポンジー・ファイナンスの返済が不能であることが広く認識され、投売りが広がるミンスキー・モーメントの引き金を引くリスクもある。

前述した通り、緩和マネーが世界的な資源高を助長している可能性もあるが、すでに米国ではインフレ期待の上昇も始まっているため、グローバル金融市場が動揺しても、かつてのようにＦＲＢが金融緩和で対応することは難しくなっている。

以上が、基軸通貨国である米国で「事実上」進行中のＭＭＴの実験で予想される帰結である。

先進国で大規模財政が実行可能なのは新興国の犠牲があるからか

ここでの議論に関する筆者のもう一つの仮説は、先進国で国債バブルが持続しているのは、新興国が安全資産を供給できず、米国などの安全資産への需要が強いから、というものである。ブルネルマイヤーらによれば、国債に対する過大な需要が膨らむのは、金融市場が不完備で、人々が直面するリスクをカバーする保険が提供されていないからであった。たとえば先進国では、人々が長生きするようになり、公的年金では十分老後資金を賄えないと考え、引退時期を先送りして働くが、その所得を預金に回すため、それが金融機関を通じて国債購入に回っているということである。そうした国債に対する強い選好（バブル）が存在しているから、ＰＢ赤字の解消の目途が立たず、大規模な国債発行が行われているにもかかわらず、それが吸収され、大幅な金利上昇が避けられている。

グローバル経済に新たに参入し、豊かになる新興国の経済主体が増えていることも、同様の効果をもたらしているのではないだろうか。第2章で論じたように、新興国はいくら豊かになっても、いまだに安全資産を供給できないため、米国など先進国が発行する低利の公的負債を喜んで安全資産として保有する。豊かな先進国が成長期待の高い新興国に資本を輸出するのではなく、新興国がグローバル経済で活動するために、あるいは経済活動の成果として得られた富を保蔵するために、米国債を購入すべく資本を輸出するのである。つまり、先進国が長期金利の大幅上昇や継続的なインフレを懸念することなく、マネタイゼーションで大規模財政を繰り返すことができるのは、新興国が国債を買ってくれるからである。もとより限界があるとはいえ、ブランシャールやブルネルマイヤーらが主張する国債バブルを利用した大規模財政を行うことができるのは、あくまで先進国だけである。ランダル・レイらのMMT派の主張が成り立つように見えるのも、先進国限りということではないだろうか。

新興国の犠牲で成り立つ国際金融システムの抱える問題については、次の第7章で詳しく論じるが、わが国が国債の大量発行を続けても、長期金利の大幅上昇や物価調整が避けられているのも、日本がまだ先進国であり、円という国際通貨を有しているからなのだろう。

日本にMMTは適用できるか

それでは、日本にMMTを適用できるのか。いや、すでにこの実験も始まっているようにも見える。未曽有の公的債務残高を抱えているにもかかわらず、大規模財政を繰り返しても低い金利が維持され、物価が落ち着いているのは、日銀が長期国債を大量に買っていること、あるいはゼロインフレ予想が強いこと、そして同じことだが、国債バブルが醸成されていることなどが大きく影響している。だが、究極的なアンカーは、日本が先進国であり、国際通貨（ハードカレンシー）を有している

図6-4　日本のGDPシェアの推移（世界のGDPに占める割合、ドルベース）

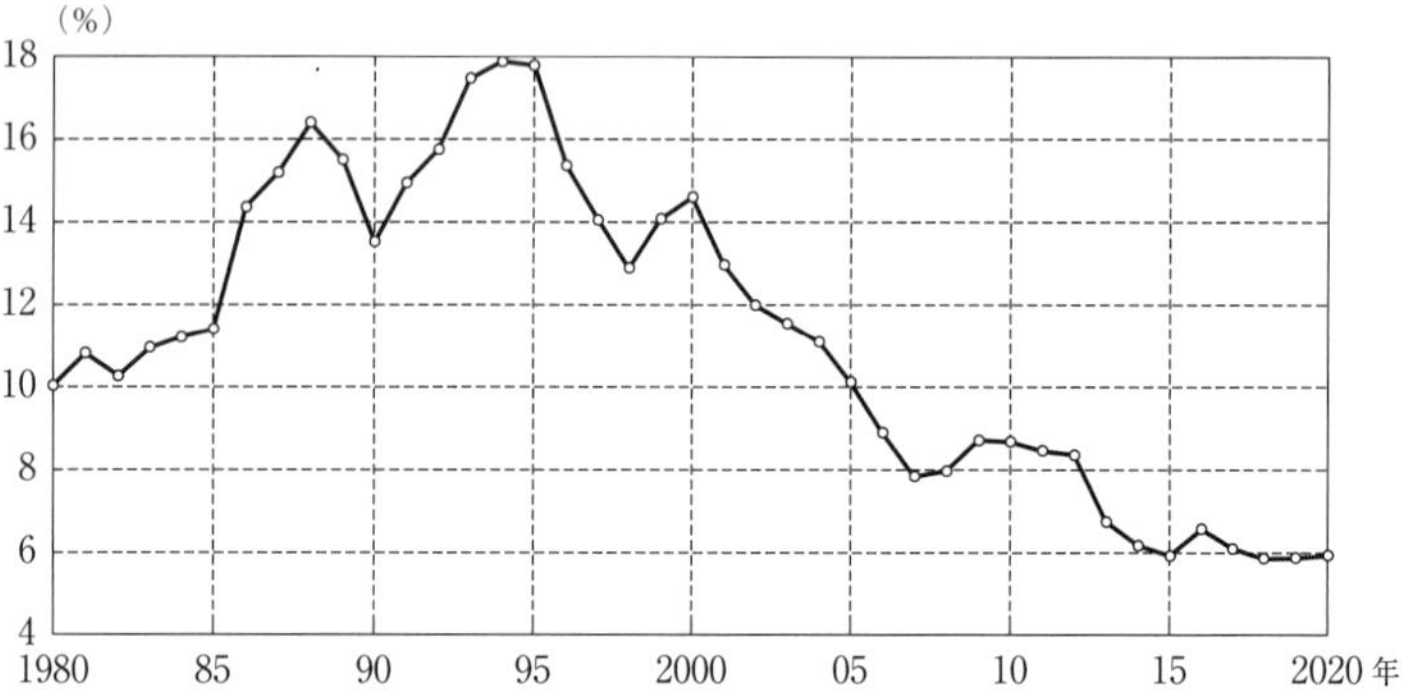

（出所）　IMFより、BNPパリバ証券作成

ことだろう。

発行された日本国債のほとんどが国内でファイナンスされているから、という主張もある。そのことの影響も大きいだろうが、それは、ポートフォリオ選択において、わたしたちが持つホームバイアスが極度に強いことが背景にある。わたしたちがゼロ金利の預金を甘受しているから、それを原資に国内の民間金融機関は国債を購入できるのだ。

しかし、もし円がソフトカレンシーに転落するのなら、もはやゼロ金利の円預金にしがみついてはいられないはずである。問題は、いつまで日本が先進国グループに居続け、円がハードカレンシー（国際通貨）の地位を保っていられるか、その持続性であろう。

国際金融の世界では、制度的補完性や慣性が強く働くため、円がただちに国際通貨の地位を失うわけではない。欧米の機関投資家からすると、非西洋諸国において、安全資産としてヘッジの対象になるのは、今のところ円しか見当たらない[13]。とはいえ、国際通貨であり続けるかどうかは、今後の相対的な国力に大きく影響される。過去四半世紀、経済停滞が続いた結果、日本の一人あたり実質所得はすでに先進国の最下位グループに位置するだけでなく、近隣のシンガポールや韓国、台湾などにも凌駕され始めている。20年後、30年後も状況が変わらなければ、日本の埋没が続く（図６－４）。

その埋没の原因の一つは、大規模財政や超低金利、円安政策の長期化、固定化によって、それなしでは存続できない生産性の低い企業を増やしているからではないか。日本における事実上のＭＭＴの実践は、短期的には景気刺激になっているとはいえ、中長期的な成長力をさらに悪化させる恐れがある。ここでまた、ＭＭＴ理論に沿って、成長のためという大義名分を掲げて大規模な支出を行うというのは、ジリ貧を避けるためにドカ貧のリスクを負う一か八かの賭けの類ではないだろうか。

ＭＭＴの理論は、百歩譲っても、ハードカレンシーを持たない新興国には当てはまらない。日本が現状のマクロ安定化政策を続けることは、「主権通貨を持つ国であれば、新興国であっても、完全雇用の達成のために制約なく財政政策を追求できる」というＭＭＴの大実験を行うことになりかねない。いや、埋没の続く日本にとっては、まさにＭＭＴの実験の最中にあるということだろうか。

2　超長期財政健全化プランの構想

２００８年のリーマン・ショック（グローバル金融危機）は「１００年に一度の危機」と呼ばれた。２０１１年の東日本大震災は１０００年級の天変地異だった。そして、２０２０年から始まったコロナ危機は１００年ぶりのパンデミック危機である。これらの危機もあって、わが国の政府債務残高は対ＧＤＰ比で２４０％程度まで急増した（図６－５）。今や１９４１～44年の第二次世界大戦時

図６－５　公的債務の対 GDP 比

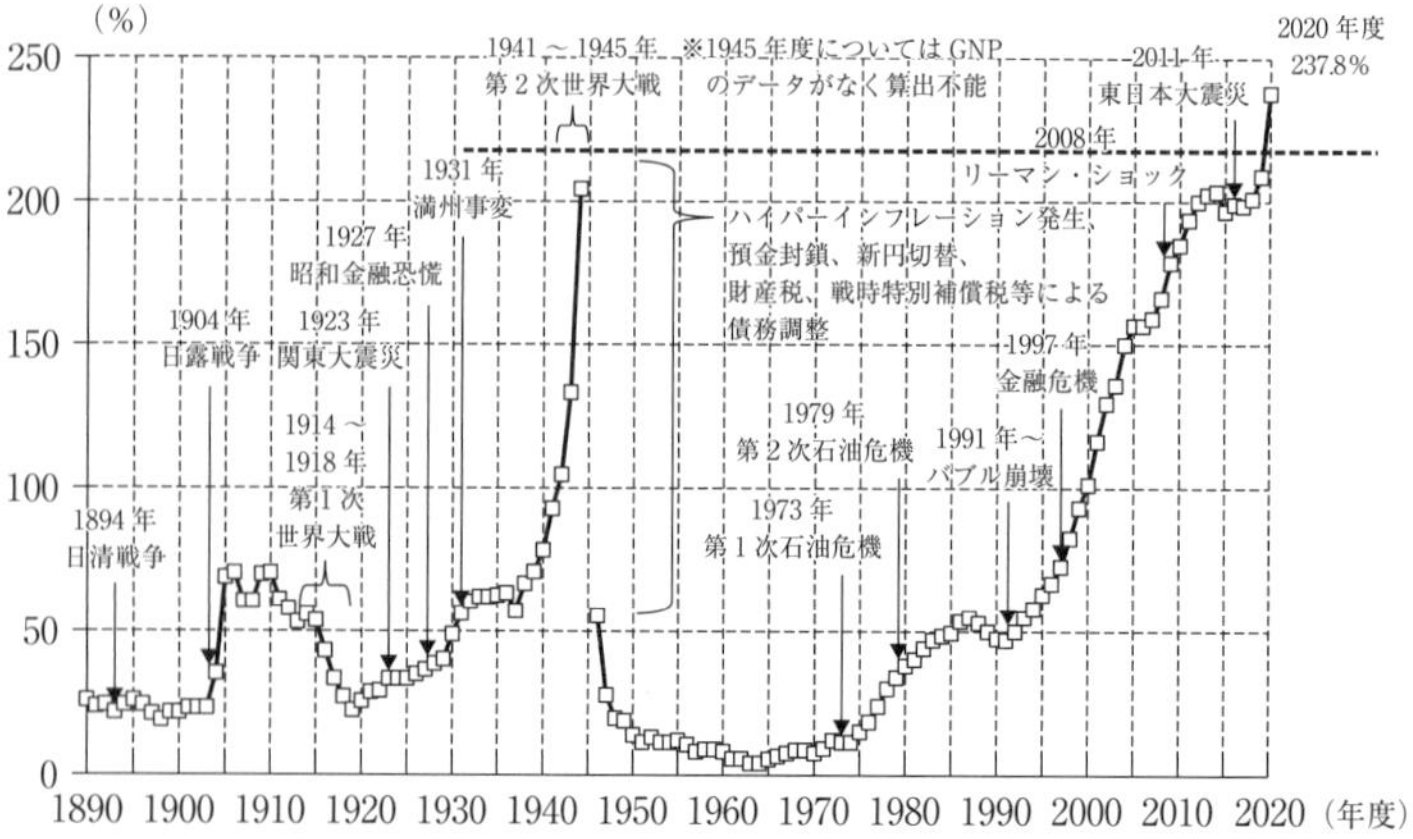

（出所）　財務省資料より、BNP パリバ証券作成

の２００％強を大幅に上回る。

国内ではインフレや長期金利の急騰が訪れる兆候がまったく見当たらないのだから、慌てる必要はないという意見は少なくない。財政健全化は、日本経済がデフレから脱却し、成長が回復してから、という見方が政界の多数意見だろう。筆者もインフレはそう簡単にはやってこないと考える。さらに日本経済が長期停滞に陥っているとするのなら、もはやＰＢ赤字なしでは、完全雇用には到達できないという問題もある。

ただ、わずか12年の間に１００年級、１０００年級の危機が三度も訪れた。今後、10～30年の間に、同様の危機が訪れないとはいい切れない。多くの科学者は今後30年ほどの間に南海トラフ大地震や首都直下型地震、富士山噴火などが高い確率で起こり得ると警告する。また、千島海溝や日本海溝でも巨大地震が起きる可能性があるという。

一方、国際政治学者は、米中対立で東アジアにおける地政学的リスクが大きく高まっていると警告する[14]。筆者も中国経済が膨張を続け、国際秩序を塗り替えるパワーを持つ以上、今後、米中で緊張緩和が訪れてもそれは一時的で、対立が終息することはないと考える。2022年2月のロシアのウクライナ侵攻によって、リベラルな国際秩序が完全に崩壊したことを認識した人も多いはずだ。

仮にGDP比で50%を超えるような歳出を要する天変地異や地政学リスクが繰り返し襲った場合、日本の財政は果たして持ち堪えることができるのか。本節では、そうしたショックに対応し得る超長期の財政健全化プランを検討する。

(1)　日本のディフィシット・ギャンブルの勝率

強まる中央銀行依存

まず、日本銀行の国債購入で市場金利の上昇は抑え込まれるから、公的債務が膨らんでも問題はない、という見方が少なくない。筆者も、多くのケースにおいて、日本銀行の国債購入で、長期金利の急騰は避けられると考える。もし長期金利が急騰すれば、財政の持続可能性は失われ、資産市場が動揺し、マクロ経済は大混乱を来す。それゆえ、日本銀行は物価安定目標を一時的に棚上げにしてでもそれを避けようとするだろう。危機が訪れた際は、長期金利の安定が最優先されるのは、第5章で論じた通りである。

未曽有の水準まで公的債務が積み上がり、よい悪い、の問題を別にして、日本銀行は公的債務管理に組み込まれているというのが財政・金融の実態であろう。問題は、財政政策と金融政策の事実上の一体運営によって、目を覆うほどの財政規律の弛緩がすでに生じていることである。

2022年夏の参議院選挙が意識され、2021年度の補正予算はコロナ対応と称して、大規模な歳出プランが組み込まれた。参議院選挙が終われば、国政選挙の予定がない「黄金の三年」が訪れ、財政健全化に舵が切られるのだろうか。2023年春には統一地方選挙が予定され、「財政の崖」を避けるため、再び大規模な補正予算が組まれる可能性はないか。統一地方選挙が終われば、2024年には国政選挙も予想されないため、財政健全化についに舵を切ると期待したいところである。

ただ、2021年10月から時間が経過すると、再び次の衆議院選挙のタイミングが意識され始める。また、2025年には確実に3年周期の参議院選挙が訪れる。この先、長期政権が現れても、結局、拡張財政頼みから抜け出すことができなかった安倍晋三政権と同じ末路を辿る恐れはないか。日本銀行が長期金利の抑え込みに成功すればするほど、財政の中央銀行依存はますます強まり、危機のマグマがさらに溜め込まれる。

PB赤字を巡る大いなる誤解

もろろん、「名目長期金利＜名目成長率」が維持されているのなら、マイナスの領域でも、一定程度以上のPB収支を確保しているという条件の下で、公的債務のコントロールは可能である。その場合、経済学者のグレゴリー・マンキューが言うところのディフィシット・ギャンブル（The Deficit Gamble）に勝利できるかもしれない(15)。ただ、それは、めったに火事が起こらないからといって火災保険に入らないようなものであり、個人の選択はともあれ、リスクマネジメントの観点から、一国財政をダメージの大きいリスクに晒すべきではないだろう。可能性が低くても、起こった場合に致命的な事態となるリスクを確実に避けることを基本方針としなければならない。いや、諸外国に比べて公的債務が大きく膨らんでいるため、確率論の問題としても、日本のディフィシット・ギャンブルの勝率はもはや高いとはいえない。

また、誤解が多いのだが、「名目長期金利＜名目成長率」が維持されていれば、常に公的債務のコントロールが可能というのは誤りである。あくまで、一定程度以上のPB収支が必要となる。たとえば政府の資本コスト（名目長期金利）と名目成長率の差がマイナス0・5％、公的債務の対GDP比が200％であれば、マイナス1％以上（マイナス0・5％×200％）のPB収支を維持すれば、公的債務の対GDP比の膨張は避けられる。しかし、PB収支の赤字幅がそれより大きくなれば、1％を超えるPB赤字相当額だけ、公的債務の対GDP比が上昇する。（前掲図3－3）。

一回限りの経済政策に伴ってPB赤字が発生するというのなら、その政策を打ち切りさえすれば、「財政の崖」の問題を無視すると、比較的容易に、PB収支を元の水準まで改善させることはできる。しかし、日本のPB収支は恒常的に赤字であり、さらにそれは、決して小さな数字ではない。2017～18年の超人手不足期、すなわち完全雇用期においても、PB収支はマイナス2％を超える赤字であった。そのことは、「名目長期金利＜名目成長率」が続いていても、公的債務の対GDP比は発散が続くことを意味する。繰り返すが、「名目長期金利＜名目成長率」が維持されていれば、継続的なPB赤字の下でも、公的債務の対GDP比の上昇が避けられるというのは誤解である。

いうまでもなく、大きなPB赤字が恒常的に発生しているのは、社会保障関係費という経常的な費用を経常的収入で賄うことができないからである。日本の社会保障制度は、建前上、社会保険制度で運営されているが、保険料を支払う現役世代が減少し、給付を受け取る高齢者が増加して、保険料だけでは到底賄えない。このため、国庫から大規模な資金が投入されているが、税収が恒常的に不足しているため、公的債務の増大を前提に運営されているといっても過言ではない。そのような状況が持続可能といえないのは、明らかだろう。

不況期には追加財政が必要

前節でみたように、米国の経済学会では、ブランシャールらを中心に、マクロ安定化政策としての積極的な追加財政を容認する考え方に支持が集まっている。筆者もそうした見方をすべて否定するわけではない。ただ、恒常的に大きなPB赤字を抱え、公的債務がすでに大きく膨らんでいる日本では、ディフィシット・ギャンブルの勝率は低く、お勧めできる政策とはいい難い。長期停滞ゆえに、金利急騰の可能性は高くはないとしても、世界的にインフレが上昇しており、万が一「名目長期金利＞名目成長率」ではなくなる場合に備え、長期の財政健全化プランを準備し、時間をかけてでも社会保障関係費などの経常的支出を、経常的収入で過不足なく賄う財政構造をつくらなければならない。

ただし、そのことは財政健全化が進捗するまで追加財政を一切行うべきではない、ということではない。実効下限制約に達し、金融政策が有効性を失っているのだから、不況期には追加財政によるマクロ安定化がやはり必要である。また、自然利子率や潜在成長率を高めるために、時代の要請に応じた歳出の拡大も必要であろう。

現実には、公的債務が大きく膨らんでいるため、財政が硬直的となり、多くの場合、必要な歳出が抑えられてきた。過去30年間、社会保障関係費が突出して拡大していることと、国債費が膨張していることを除くと、その他の歳出の増加は相当に抑制されてきた。ただし、増加している社会保障関係費は主に高齢者向けであって、困窮する若年層への支出は抑えられたままである。一方で、不況期になると経済対策の規模ばかりが追求され、必ずしも必要性が高くない歳出が積み上げられる。時代の要請に沿った新たな歳出が抑えられ、他方でばらまきが繰り返されてきたことが、潜在成長率の回復を損なってきたと思われる。

こうした歪《いびつ》な制約を取り払うためにこそ、時間をかけて景気への悪影響を最小化する超長期の財政健全化プランで対応する必要がある。信頼に足る超長期の財政健全化プランが存在すれば、不況期に、機動的な追加財政を発動することは問題とならないはずだ。また、事実上の公的債務管理を担う日本銀行にとっても、将来の財政余剰の担保があれば、財政ファイナンスであっても、そのこと自体は大きな問題とはならないはずである。

(2)　景気循環に左右されない増税プラン

消費増税へのトラウマ

最大の焦点は、景気循環に左右されない増税案を構築することができるかどうか、である。まず、日本ではなぜこれほど消費増税のハードルが高いのか。

２０１２年６月に民主党政権の最後の首相・野田佳彦の下、自民・公明との三党合意によって、５％から10％への消費増税案が決定された。消費増税は、政権を奪還した自民党・安倍晋三の下で行われたが、２０１４年４月の３ポイントの増税後、個人消費を中心に景気が大きく落ち込んだため、同年11月に安倍は、二度目の増税を２０１５年10月から17年４月へ先送りすることを決定した。しかし、15年８月には突然の人民元切下げでグローバル資本市場が動揺し、また翌16年１月には再び人民元切下げ観測の広がりで、グローバル資本市場が動揺した。グローバル経済そのものは回復を続けていたが、増税の悪影響を恐れた安倍は16年４月に二度目の増税の先送りを決定した。そして19年10月に、ようやく2ポイントの増税が行われ、10％の消費税が実現した。

２０１２年に三党合意が成立した際、政治に左右されない、正確にいえば選挙に左右されない消費増税を可能とする枠組みが編み出されたのだと、筆者は考えていた。政権が交代しても、主要三党の合意が順守されるのなら、憲法規範に準ずる枠組みになると受け止める人も少なくなかった[16]。しかし、12年9月に自民党総裁に返り咲いた安倍晋三が三党合意の成立に関わらなかったこともあり、その後の法改正によって、二度も反故にされた。さらに当事者の一つであった民主党は、維新の党との合流に伴い、16年3月に消滅していた。

第一回目の先送りが決定された14年11月は、バックストップ条項が十分ではなかったことなど、一捻りの工夫が足りなかったのだと筆者は考えていた。ただ、民主主義の世界においては、景気を悪化させ、政権運営を困難にするような政策を継続するのは、やはり難しい。また、ゼロ金利政策の継続によって、政治家が財政規律を意識するのも容易ではなくなっている。仮に国民の財政規律の意識が強くても、政治家が景気後退リスクを取ることは難しく、増税がいったん決定されても、景気が減速すれば、後に反故にされるリスクを常に孕む。

すでに多くの政治家には、消費増税の失敗が大きなトラウマとなっていた。振り返ると、１９９７年に消費増税を実施した橋本龍太郎政権が崩壊すると、増税論議そのものが長く封印された。２０００年代の長期の景気拡大局面で政権を運営した小泉純一郎政権下でも封印されたままだった。

前述した通り、安倍晋三が二度消費増税を先送りしたのは、一度目の消費増税で、景気後退リスクに直面したためである。その後、２０１９年10月の消費増税の前には、相当に手厚い景気対策を準備したはずだったが、19年10〜12月の実質ＧＤＰは前期比年率マイナス10・5％と大きく落ち込んだ。

図６－６　社会保障給付費

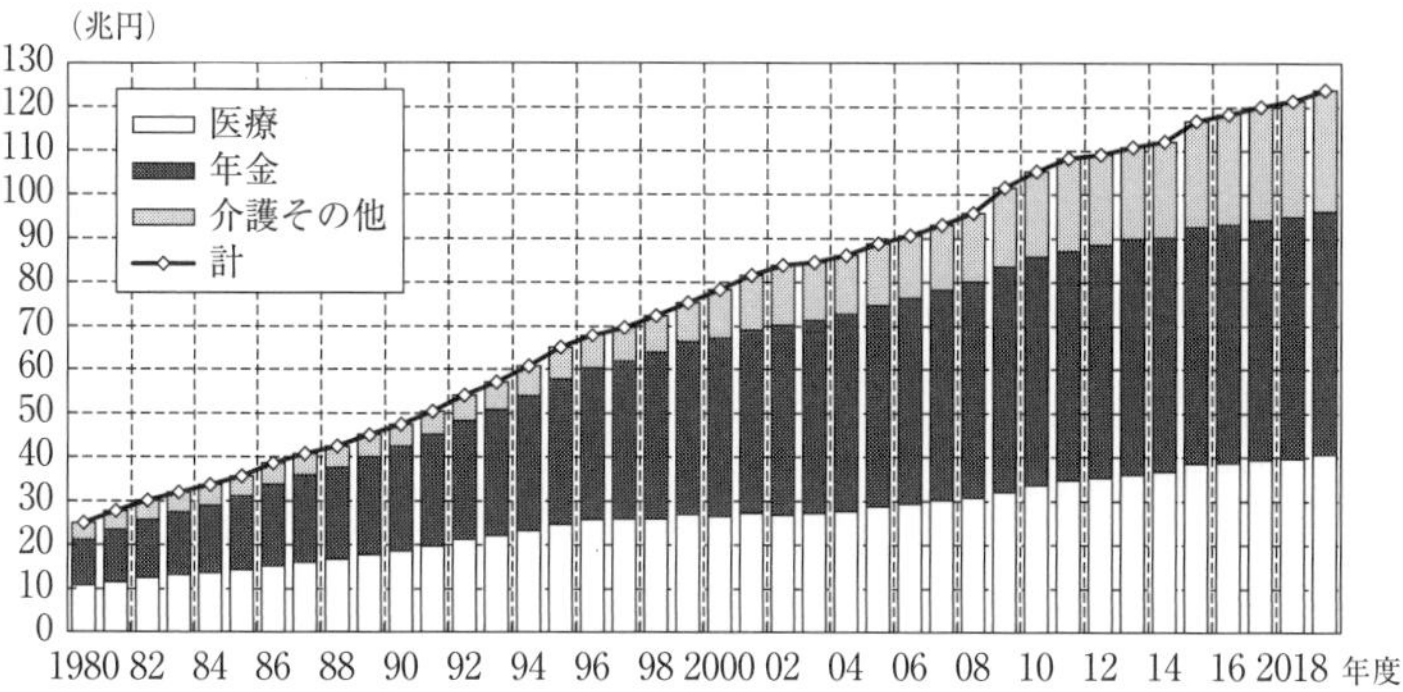

（出所）財務省、国立社会保障・人口問題研究所資料より、BNP パリバ証券作成

コロナ危機が訪れなければ、２０２０年１～３月には、ある程度のリバウンドも観測されたのであろうが、消費増税はもう懲り懲りというのが多くの政治家の認識であろう[17]。

消費増税のハードルの高い日本

付加価値税が欧州で初めて導入されたのは、戦後の高度成長期であり、それは第２章で見たように、経済格差が最も抑えられた時代だった。増税による財源で社会保障も充実し、付加価値税への社会の信頼も高く、それゆえ比較的スムーズに高い水準まで引き上げることができた。しかし、日本で消費税が導入されたのは、竹下登内閣の下、バブル期の１９８９年である。高度成長が終了した後、１９７９年の大平正芳内閣による一般消費税と１９８６年の中曽根康弘内閣による売上税の二度の挫折を経ていた。その後も引上げに苦戦したのは、成長の時代がすでに終わっていたことと、増税目的が財政赤字の穴埋めだったからである。

政治学者の加藤淳子は、消費増税の難易度は国によって大きく異なり、日本は難易度の高い国であるという分析を早い段階で行っている。[18]経済学界では、働くことにも貯蓄をすることにも悪影響を与えず、課税対象が広い消費税は、膨張する社会保障の財源に適切であるというコンセンサスが早くからできあがっていたため、加藤の分析は、批判的に受け止められていた。しかし、その後の経緯を振り返るなら、加藤が分析した通りの展開を辿っているようにも見える。ハードルが極めて高いことを受け止めた上で、増税幅など緻密な戦略を考えるべきだったのだろう（図6－6）。

今後の財政健全化を考える上でも重要と思われるため、以下、やや長くなるが、そのポイントを紹介する。

① スウェーデン、デンマーク、フィンランドといった、いわゆる「福祉国家」として有名な国では、累進的所得課税からの税収も大きいが、高水準の社会保障支出を賄うために、消費課税への依存度も大きい。これらの国では消費課税の導入時期が早かった。

② OECD各国の状況を調べてみると、消費課税導入のタイミングが、消費課税への依存度合いと国民負担率の水準を規定している。分岐点は高度経済成長の終焉時（1970年代前半）で、それ以前に消費税を導入したか否かである。それ以前に消費税を導入した国では、税収の確保が容易となり、福祉国家となった。反対に、高度成長終焉後、赤字財政下で増税しようとした国は「赤字解消に使われるだけ」と反発を招き、導入が困難となった。この結果、OECD各国の中で、高福祉・高負担国、低福祉・低負担国の二極化が発生した。

③ 早い時期に消費税を導入した国では、国民は、消費税率引上げで負担が増大しても政府がそれに見合う役割を果たしてくれるだろうと期待する。これに対し、消費税の導入が遅れた国では、政府の役割に対する期待が低い。日本とカナダは高度経済成長期に消費課税を強化するタイミング

を逸した典型例である。公共サービスが増えない中で、負担だけが増加するという懸念から、導入時の国民の反発が大きく、そのために税率も低く抑制されたままである。

④　高度成長期が終わり、赤字財政となった後で消費税を導入し、高い税率を導入した唯一の例外はニュージーランドである。導入への反発もなく、当初から10％という高い税率で制度化された。これは、経済危機によってそれ以外に選択肢がないという認識が広がり、有権者が比較的高率の付加価値税を受け入れたためである。また、さまざまな改革がパッケージで行われたため、継続的な税率の引上げ（将来負担の増大）を懸念する必要がなかったことも、当初から高率の付加価値税を受け入れることにつながった。

⑤　今後の日本については、負担増に伴う公共サービスの拡大が期待できないため、深刻な財政状況を訴えることで消費税率引上げの支持を得ようとするのは、政治的に困難である。

間隔を開けた小刻み増税の構想

消費増税は難事業であることが改めて明らかになった。一方で、安倍晋三政権の8年間の実験によって、景気回復の継続だけでは財政問題が解決できないことも明らかとなっている。高度成長が終わった後に高い税率での付加価値税導入が可能だった唯一の例外はニュージーランドだが、それが可能になったのは経済危機に直面したからである。危機が訪れるまで放置すれば、日本はニュージーランド型に陥ってしまう。

増税判断を経済環境に関連させないような方策が取られなければならない。政治決定を縛るということだけではなく、何より増税の影響で不況を誘発しない制度設計が必要である。いくら政治決定を縛っても、後に法改正が可能であるため、それだけでは不況や選挙に抗することはできない。

では、具体的にはどうすればよいのか。筆者の考える解は、「間隔をおいた小刻み増税」である。日本の低い潜在成長率を前提とするなら、そもそも消費税率を一度に2〜3ポイント引き上げるのは大きすぎた。現在の日本の潜在成長率を推計すると0・5％弱であり、単純計算を行うと、2014年の3ポイントの増税は6年分、2019年の2ポイントは4年分の実質所得の増加が一気に吹き飛ぶ計算となる。1ポイントの消費増税であっても、2年分の実質所得増加が失われる。

財務当局は、非課税品目や逆進性対策、経済対策があるから影響は緩和されると主張する。たしかにそうなのだが、労働分配率が低下傾向にあり、実質賃金があまり増えていないことを考えれば、やはり家計部門にとって、ダメージは大きい。それゆえ、経済政策を行っても、消費増税後、実質消費が大きく落ち込み、元の水準に戻るのに長い時間を要するのである。

仮に、0・5％の消費増税であっても、その年の実質所得増加を相殺するため、毎年継続すると、その間、国民の多くは成長の果実をまったく手にすることができなくなる。それでは社会がもたない。しかし、もし2〜3年に1度0・5％ずつ消費税率を引き上げるのならどうだろう。増税が続けられても、家計は実質所得を着実に増やすことが可能となる。たとえば、3年に一度なら、その間、1・5％程度（0.5％×3）の実質所得の増加があり、消費増税で0・5％の実質所得が失われても、3年間で1％程度の実質所得の増加が可能となる。(19)

小刻み増税のメリットは大きい

小刻み増税のメリットは景気への悪影響が小さいというだけではない。引き上げ幅が小さければ、一回あたりの税収増も小さいため、大規模な経済対策や新たな恒久的歳出を決定するといった話にもならないはずである。２０１９年の消費増税では、軽減税率の導入だけでなく、幼児教育無償化などの使途変更も加わって、増税の半分以上が新たな歳出に振り向けられた。さらに、短期的な景気対策を加えると、歳入増と歳出増は同額となり、単年度でみるとネット増税はまさにゼロだった[20]。

０・５％弱の潜在成長率の下で、２％ポイントも増税するため、やむを得ないということなのだろうが、増税のたびに大規模な景気対策を打ち、恒久的な歳出を増やしていたのでは、増税をいくら行っても追いつかない。一体、何のためにわたしたちは増税を行っているのか、わけがわからなくなってしまう。間隔を開けた小刻み増税なら、景気へのダメージが小さく、増税に備えた事前の景気対策も不要となり、税収増はすべて財政健全化に充てることができるはずだ。

金融市場は待ってくれるのか

給付と負担のバランスは著しく崩れており、社会保障に必要な財源を考えると、今後、20～25％の消費税率が必要となる。社会保障給付や歳出の効率化を最大限進めることで、何とか20％程度に抑え込むことができるかどうか、というところだろう。この場合、２～３年に一度、０・５ポイントずつ消費税率を引き上げると、10ポイントの引上げには40～60年を要する。同様に、15ポイントの引上げには60～90年を要する。未曽有の公的債務を抱え、少子高齢化の続く日本において、50年、いや１００年近い長い時間をかけることができるゆとりがあるのだろうか。疑問を持つ人も少なくないだろう。

ここでむしろ、わたしたちは、視点を変えなければならない。本来、財政健全化は50年、あるいは

100年かけて行うべき性格の国家事業である。事前に打ち出された超長期の財政健全化プランが信頼に足るものであるなら、税率引上げに長い時間を要すること自体は、大きな問題とはならないはずである。

財政再建を急いて、大幅な税率引上げで景気を悪化させ、財政健全化が封印されるというのが、この四半世紀の教訓ではないのか。60～90年かけて、景気に左右されることなく、確実に消費税率が20～25％まで引き上げられ、給付と負担のバランスが確保されるのなら、国債市場は時間を要することを財政規律の喪失とは受け止めないだろう。むしろ、不況が訪れても瓦解しない増税の枠組みこそが、経済的にも、政治的にも、真に持続可能な財政健全化策となるはずである。

小刻み増税の事業者負担への対応

小刻みな引上げは、中小企業にとって、事務コストが大きいという意見が根強い。しかし、ITデジタル時代の現在、コストはかなり小さくなっている。2019年の消費増税の際、相当の費用をかけてキャッシュレス化を進め、レジのITデジタル化も進んだ。さらに、菅義偉内閣の大きなレガシーの一つであるデジタル庁が、小刻み消費増税の導入をスムーズにするはずである。

事業者が消費者に対してあらかじめ価格を表示する場合には、原則、総額表示が義務づけられるようになったが、日々在庫は入れ替わることに加え、数年に一度、商品をリニューアルしたり、パッケージを変えていたりするため、2～3年に一度の増税であれば、さほど大きな負担とはならないであろう。

問題になるのは、書籍のように、長い期間、在庫を抱えるケースである。現在、多くの場合、書籍そのものには税抜き価格が示され、売上スリップに総額表示と定価が表示されている。対応としては、小刻み増税が法律で決定されれば、売上スリップに、たとえば本体価格が1000円の場合、①消費税率が10％の時は、総額は1100円（税額は100円）、②消費税率が10・5％の場合、総額は1105円（税額は105円）、③消費税率が11・0％の場合、総額は1110円（税額110円）と、あらかじめ税率引上げに対応した価格を書き込むことなどが考えられるだろう。

(3)　社会保険料の引下げと増税のパッケージ

第1章で論じた通り、グローバル経済化やデジタル経済化のダークサイドが経済格差の拡大であることを考えると、財源を消費増税だけに頼るのも、たしかに不適切である。日本社会で社会保障の財源を消費税に求めるというコンセンサスができあがった際、それらの問題はまだ顕在化していなかった(21)。第1章に登場した経済学者のエマニュエル・サエズらによれば、欧州でも付加価値税の逆進性が意識され始めている(22)。資本への課税の強化も検討する必要があると筆者も考えるが、一方で企業の競争力にも十分に配慮する必要がある。消費増税の逆進性を緩和する方法はないのだろうか。

現役世代の社会保険料で賄われた高齢者への社会保障給付

財政の専門家は、将来世代への負担の先送り解消を最優先し、景気や経済格差の問題を二の次とすることが少なくない。しかし、そうした考えへの反発が、大規模財政で景気を噴かすアベ政策を生み出したのではないか。第3章で論じた通り、低所得の現役世代、特に十分なセーフティネットを持たない非正規雇用に過大な負担を強いていることが、近年の低成長の原因となっている。それゆえ、完

図6－7　企業・家計の社会保障負担（3階部分除く）

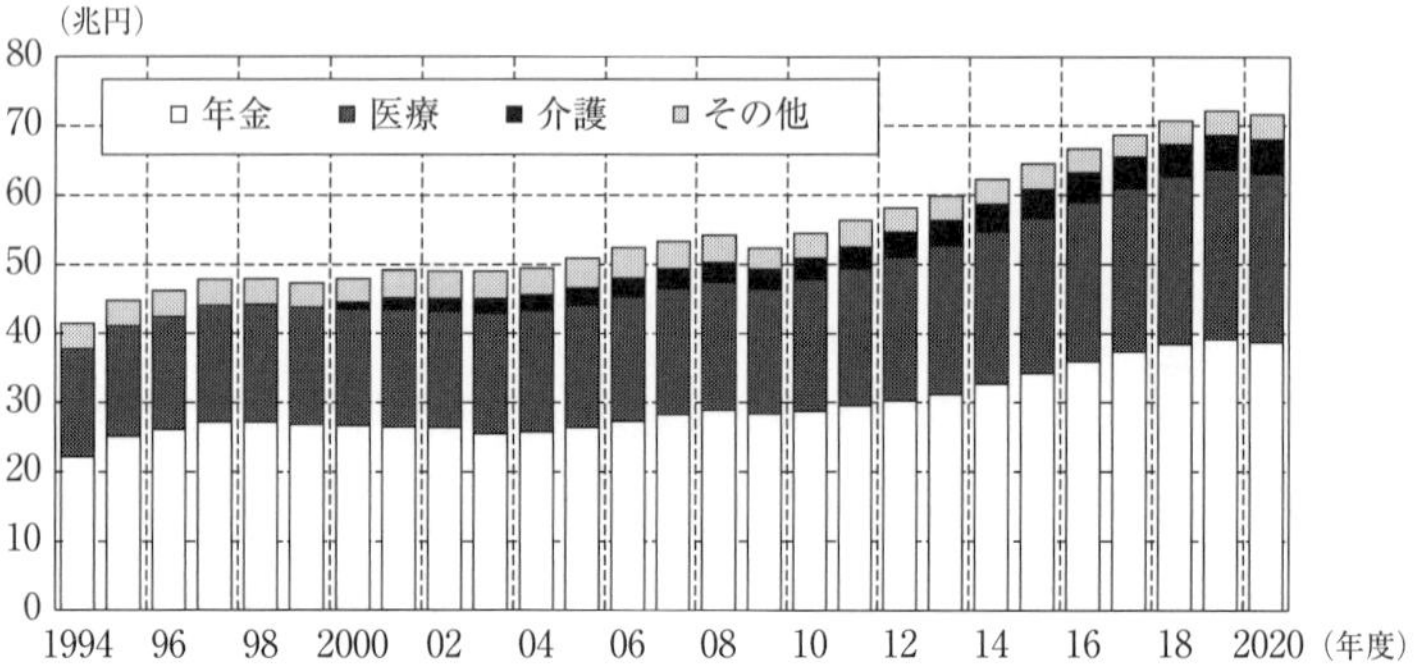

（出所）　内閣府資料より、BNPパリバ証券作成

全雇用期でも消費は一向に回復せず、一方で消費増税を行うと経済が深く落ち込むのである。2〜3年に一度の間隔を空けた小刻み増税で、不況リスクはある程度回避されるが、所得分配に配慮することはできないのか。これを無視したままでは、いつまでも経済の好循環は訪れない。

まず、これまで、わたしたちは少子高齢化で膨張する社会保障給付の財源をどのようにして賄ってきたのかを振り返る必要がある。四半世紀も前に、消費増税による財源確保のコンセンサスができあがったとは述べたが、現実には、消費税率は極めて緩慢なペースでしか引き上げられてこなかった。それでもPB赤字の大幅な悪化が避けられているのは、社会保障制度の効率化が進んだから、ではない。高齢者や医療関係者からの強い反発を恐れ、社会保障制度の効率化はほとんど手つかずのままである。

社会保障制度改革と称して進められたのは、公費の投入を抑えるべく、被用者の社会保険料を引き上げることだった。2004年の厚生年金制度改革では、14年かけて厚生年金の社会保険料が5ポイント引き上げられた。2006年には、「高齢者の医療の確保に関する法律（高確法）」が成立し、高齢者の医療費を被用者の健康保険組合に負担させる仕組みが整備された。高齢化で膨張する社会保障給付を現役世代の社会保険料の引上げで賄う仕組みを整えたのは、小泉純一郎政権である（図6－7）。

非正規雇用を増やした社会保障制度改革

小泉首相といえば、在任中、消費増税は行わないと明言したことが思い出される。膨張する社会保障給付の財源を無責任に放置しなかったともいえるのだが、結局のところ、政治的な反発が最も小さい現役世代の被用者に負担を押しつけたとも解釈できる。政治的にはコストが小さかったのだが、それが意図せざるかたちで日本経済に大きな負の遺産をもたらしたのである。

その一つは、非正規雇用の増大である。企業が非正規雇用に頼るようになったのは、第3章で論じたように、第二次グローバリゼーションの時代が訪れ、競争激化で、これまで以上に雇用コストの削減を余儀なくされるようになったからであった。そこに、社会保障給付の負担問題が加わった。もし、消費増税で対応していたのなら、仕向け地課税であるため、輸出の際に還付され、企業の競争力には影響しない。しかし、社会保険料には還付制度が存在しないため、企業にとって大きな負担増となり、競争力を損ないかねない。消費増税ではなく、現役世代の社会保険料の引上げで対応したことは、企業にとって、正規雇用を抑制し、非正規雇用で代替する大きなインセンティブとなった可能性がある。政策当局者は、このことを十分認識していないのではないか。

第4章で論じた通り、今では雇用の4割近くを非正規雇用が占める。かつて、日本型雇用システムが全盛を誇っていた頃、非正規雇用とは主に主婦のパートタイム労働や学生のアルバイトを意味し、彼らは世帯主の被用者保険でカバーされていた。主婦や学生以外の非正規雇用の増大は、セーフティネットで守られていない雇用者の増大を意味する。完全雇用が訪れ、非正規雇用の賃金が増えても、日本の消費回復が限定的である理由は明らかだろう。不況期にその調整弁となる非正規雇用にショックが集中するため、好況期に所得が増えても、将来不安から消費を増やせず、貯蓄が優先される。

高齢者向けの社会保障給付の財源を現役世代の社会保険料の引上げに求めたことが、非正規雇用の増大を助長し、マクロ経済を脆弱にしたのである。

社会保障制度の脆弱化

消費増税を避け、現役世代の社会保険料に依存してきたことのもう一つの大きな弊害は、逆説的だが、社会保障制度そのものを脆弱にしたことである。それは、多くの非正規雇用の保険料が全額自己負担であるため未納者が増え、国民年金保険や国民健康保険の財政基盤が脆弱になった、ということだけではない。

前述した「高齢者の医療の確保に関する法律（高確法）」によって、後期高齢者医療は、1割が後期高齢者からの保険料、5割が公費、4割が被用者保険と国保からの支援金で賄われる。後期高齢者医療が膨らむと、自動的に健康保険組合など現役世代の被用者の負担が増える仕組みとなっている。今では、健康保険組合の支出のうち、保険給付は半分程度にとどまり、残りの半分近くが後期高齢者支援金や前期高齢者納付金などに振り向けられている。支援金の負担増で、健康保険料の引上げを余儀なくされるだけでなく、財政難から解散を選択する健康保険組合も少なくない（図6－8）。

2020年末に政府は年収200万円以上の後期高齢者医療の窓口負担割合を2割に引き上げるこ

図６－８　組合健保の主要な支出の推移

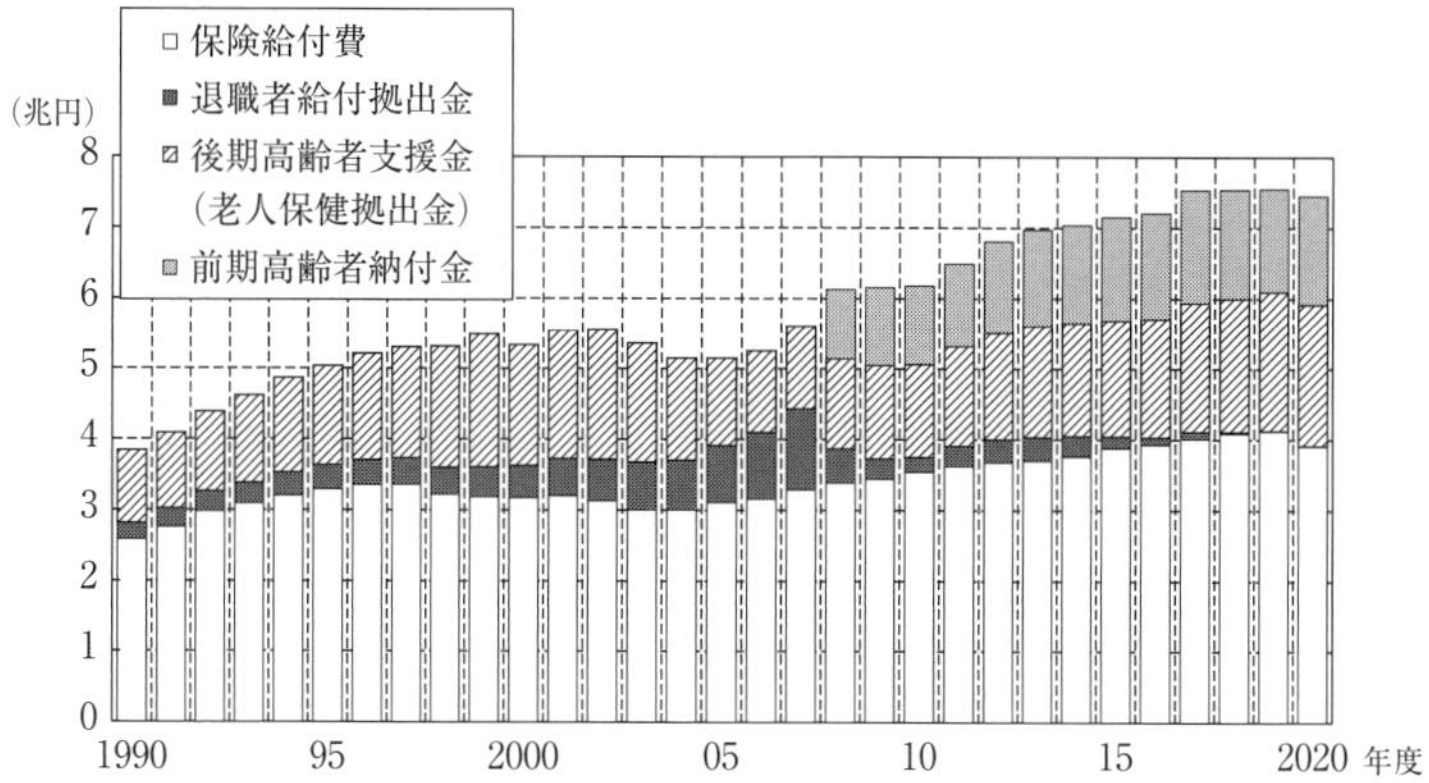

（出所）　国立社会保障・人口問題研究所、健康保険組合連合会資料より、BNP パリバ証券作成

とを決定し、２０２２年10月から実施される。現役世代の負担が軽減されるとはいえ、抑制効果は現役世代の負担分7兆円の内の１０００億円にも満たず、焼け石に水である。社会保障制度研究が専門のエコノミストである西沢和彦が論じるように、そもそも現役世代の保険料で賄う制度そのものが限界に近づいている[23]。

社会保障給付の膨張を現役世代の社会保険料で賄う結果、セーフティネットでカバーされない非正規雇用を増やし、マクロ経済の回復を損なっているだけでなく、社会保障制度の持続性そのものも大きく損なわれている。社会保障制度の持続性の低下が、再び人々の先行きに対する不安を強め、さらなる消費低迷という悪循環をもたらす。それゆえ、第５章で見た通り、２０００年代以降、高齢化の要因を取り除くと、家計の貯蓄率が上昇を続けているのである（図５－５）。

時代に逆行する税制改革

話はここで終わらない。政府は近年、内外からの投資を増やすことを目的として、法人税減税を繰り返してきた。消費税と異なり、社会保険料は輸出の際に還付されないため、企業の社会保険料の負担増に配慮して法人税減税が行われてきたのかもしれない。ただ、いずれにせよ、儲かっても企業は溜め込むだけであるから、法人税減税を繰り返しても、人的資本投資や無形資産投資、有形資産投資にはつながらなかった。

後知恵で考えれば、1990年代後半以降の経済格差の時代にわたしたちが行ってきたのは、資本に有利な法人税減税と、労働に不利な事実上の労働課税である社会保険料の引上げだったということである。時代の要請に逆行していたのだ。

さらに、安倍政権の経済政策の下では、消費増税と法人税減税のタックスミックスを行ったが、その意味するところは、第3章でも触れた通り、ネットでの労働課税の強化である。付加価値税としての消費税には、労働が生み出す付加価値への課税の要素も含まれるが、法人税では、人件費は経費として控除され、課税対象にはならない。

経済全体で考えると、付加価値は資本所得と労働所得に分けられるが、法人課税は資本所得への課税となり、消費税は資本所得と労働所得の両方への課税となる。だとすると、消費増税と法人税減税の組み合わせは、経済学者の岩村充が断じるように、労働所得への課税強化を意味する(24)。経済格差の時代であることが明らかになった2010年代においても、わたしたちは労働に不利な税制改正を続けてきたのである。

もちろん、そうしたタックスミックスで、企業が有形資産投資や無形資産投資を増やし、マクロ経済成長の好循環をもたらしたというのなら、弊害は小さかっただろう。しかし、繰り返す通り、利益は溜め込まれただけである。経済格差の時代にわたしたちが行うべき税制改革は、むしろ資本への課税を強化し、労働所得への課税を軽減することであろう。この議論はコロナ危機の財源についても当てはまるはずである。しかし、一方で経済成長の観点から、企業の競争力を損なわないことも重要な課題となる。よい方法はないのか。

解は消費増税と社会保険料引下げの組み合わせ

意外だと思われるだろうが、消費増税と被用者の社会保険料の引下げを組み合わせることで、資本課税の性質を持たせることができる[25]。

まず、被用者の社会保険料は、労働所得への事実上の課税であった。また、経済全体で考えると、付加価値は資本所得と労働所得に分けられた。それゆえ資本所得と労働所得の両方への課税の性格を持つ消費増税と、事実上の労働所得減税である社会保険料の引下げのタックスミックスは、ネットでは資本課税の性質を持つ。

メリットは大きいだろう。まず、これまで被用者の社会保険料の引上げ（労働所得への課税）が行われた結果、企業は正規雇用を非正規雇用に置き替えてきた。こうした動きを多少なりとも抑えることができるはずである。前述した通り、代わる消費税は社会保険料と異なり輸出の際に還付されるため、企業の競争力への悪影響は小さい。また、消費増税が持つ逆進性に対して、社会保険料の引下げがその緩和策となる。

社会保険料は上限が定められているため、筆者自身は、低中所得者の被用者の社会保険料の引下げに的を絞るべきだと考えている。社会保険制度は応益負担原則に立つため、社会保険制が逆進性の問題を孕むのはやむを得ないのだが、それを緩和できる。また、これらの政策を行う際、被用者保険の適用範囲を可能な限り広げ、非正規雇用に対するセーフティネットを拡充することも不可欠である。第3章でも論じた通り、最終的には、パートやアルバイトなど、労働時間にかかわらず、すべての雇用に対して社会保険料の支払いを企業に課すとともに、請負など非雇用の形態への移行による抜け道を塞がなければならない。

一方、高齢者に対しては、増大する社会保障給付の負担を、消費増税を通じてお願いすることが可能となる。近年、大きな問題となっていたのは、困窮する現役世代に、ゆとりのある高齢者が享受する社会保障給付の負担を強いてきたことであった。コロナ危機において経済的に最も大きなダメージを被ったのは、現役世代の低所得者層である。もちろん、困窮する高齢者に対しては、消費増税の際、現金給付などを通じて逆進性の緩和を図る必要はあるだろう。

コロナ危機の財源確保の優先度は高いのか

ここでコロナ危機の財源確保の優先度についても、論じておく必要があるだろう。コロナ禍に要した費用は東日本大震災の際と同様、区分会計を行った上で、比較的ゆとりのある企業や家計に対して時限的な法人税増税や所得税増税で対応すべき、という意見がある。それも一案ではある。また、コロナ対策に要した費用はおおむね補正予算で対応されたため、事実上の区分会計も行われている。ただ、より優先度の高い課題は、高齢化に伴い膨張を続ける社会保障関係費に対応する財源確保である。

コロナ禍の費用は巨額とはいえ、一回限りの費用であり、その財源確保のために限られた政治資本を費消すべきではない。前述した通り、経常的費用である社会保障の費用が、毎年の社会保険料や税収などの経常収入で賄われていないのを放置することのほうがより深刻な問題である。お金に色がついていないことを考えれば、喫緊の課題である経常的な歳入の確保に、限られた政治資本を割り当てるべきだろう。

消費税の課題

政治的に、消費税率の引上げは、相当期間、難しいと考える人も少なくないだろう。２０１０年代も消費増税は大きな駆け込み需要とその反動減をもたらし、さらにその後も消費の低迷が続いたが、実は、これには日本独自の消費税に関わる制度や慣行が大きく影響していた。その中で特に影響を与えたと思われるのは、税率の引上げのタイミングで「一斉に」、文字通り、「一律に」個々の商品、サービスの価格に税が転嫁される傾向があることだ。

欧州では、税率引上げにあたって、どのようなタイミングでどのように価格設定するかは事業者がそれぞれ自由に判断しているのであって、個々の商品、サービスの小売価格に一律一斉に税が転嫁されているわけではない。たとえば事業者の価格戦略として、転嫁しても売上があまり落ちないものについては、税率引上げ分以上に価格を引き上げ、売上の減少が見込まれるものについては、税率引上げ分に対応する価格転嫁をしないことがある。さらに、価格引上げのタイミングはばらばらであり、それゆえ、駆け込み需要も限定的で、その反動も小さく、増税後に消費水準が低迷するという現象もあまり起こっていない。

日本では、１９８９年に消費税が導入された際、それに反対する中小の事業者からの理解を得るため、消費者に満遍なく転嫁すべき税として導入された。事業者に負担のしわ寄せがこないよう、個々の商品、サービスに転嫁されているか、政府もモニターしてきた。一方で、欧州の事業者は、付加価値税の引上げを、たとえば原油価格の変動と同じようなコストの一つと捉え、事業者が必要な利益をトータルで確保できるよう付加価値税も含めた価格を自由に設定していくというスタンスで臨んできた。

２０１９年10月の消費増税では、日本政府もそうした問題の重要性に気づき、柔軟な価格設定を多少容認したが、実態をみると、事業者がこれまでと同様、商品、サービスごとに一律一斉に価格に転嫁するスタンスは大きく変わっていない。今後の消費増税の際には、欧州のようなより柔軟な価格設定手法の導入を促すべきであろう。

場合によっては、今後の増税の際には、これまでの消費税とはまったく別物として導入することも考えられる。事業者への付加価値税とし、名称もたとえば社会保障連帯税として導入することも一案であろう。新税なら、社会保障だけでなく、コロナに要した費用やウクライナ支援、安全保障などにも適応できるのではないか。

(4) 格差時代の社会保障制度改革

年金の支給開始年齢引上げの効果は小さいのか

安倍晋三政権の下では、社会保障制度改革として、厚生年金の加入対象が広げられ、年金の支給開始タイミングの選択肢も広げられた。これらは評価すべき点だが、社会保障給付の増加ペースがあまりに速く、十分な改革とはいい難い。男性の平均寿命が81・6歳、女性の平均寿命が87・7歳まで延びていることを考えると、年金の支給開始年齢を引き上げることで、制度の頑健性を高めるべきであろう。公的年金は、長生きしすぎることへの保険なのだから、平均寿命の長寿化に合わせて、制度の見直しが必要である。

ただ、意外なことだが、年金制度の専門家は、マクロ経済スライドを導入しているため、支給開始年齢の引上げは制度維持に影響しないとして、この改革に積極的ではない人が多い。一人あたりの支給額で見ればたしかに同じなのだが、それは、制度の持続性に対し効果がないことを意味するわけではない。健康寿命の延伸にもかかわらず65歳で引退する人がなお多いのは、定年を迎えるため、あるいは年金支給が開始されるためである。

経済学者の小塩隆士によれば、健康寿命の延伸を考慮すると、60歳代後半の男性で3割程度、女性で2割程度の就業率の引上げ余地があるという[26]。社会保障制度の持続可能性が揺らいでいるのは、支える側の人の数が減り、支えられる側の人の数が増えているためである。働く人の数が増えれば、制度の持続性が高まるのは明白であろう。

公的年金（基礎年金）に税金がすでに半分投入されていることを考えれば、ハードルは高いものの、現役世代並みの高い所得がある人に対しては支給を抑えることも選択肢になると思われる。安倍政権の経済政策では全世代型の社会保障の先鞭をつけたが、世代にかかわらず困窮する人をサポートするための制度を構築するには、ゆとりのある高齢者にはサポートの役割をお願いしなければならないはずである。全世代型の社会保障制度を可能とするには、年齢による区分けではなく、困窮しているかどうかを判断基準に社会保障サービスを供給しなければならない。それが社会保障制度のあるべき本来の姿である。

診療報酬の加算は適切さを欠いていないか

コロナ禍に襲われた２０２０年度の概算医療費は42兆２０００億円と、前年度から1兆４０００億円減、３・２％減となった。閏年で平日も多かったため、暦要因を補正すると、実に３・９％もの減少になる。医療費がこれほど減少するのは国民皆保険がスタートした１９６０年度まで遡っても初めてだが、原因はいうまでもなく、コロナ禍の影響である。不要不急の対面サービスへの支出を人々は大きく減らしたが、医療サービスにも不要不急の部分が少なからず存在していたということである。

減少幅が大きいのは、医療費の助成による過剰受診がかねて問題視されていた小児科の診療所の医療費だった（22・2％減）。より多くの人が健康に気をつけるようになり、衛生面の向上で感染症などが抑え込まれたことや、休校によって学童や生徒たちへの感染が減少したことも影響している。

問題は、菅義偉政権下で、医療機関の減収を補うために、２０２１年9月末までの特例措置として、21年度に診療報酬の加算が行われたことである。民間の医療機関は、中小病院、診療所が多く、対応の難しさもあって、コロナ患者を受け入れていない[27]。もちろん、今後も繰り返されるであろうパンデミック危機に対して、医療体制を整備・強化するために財源を充てるのは不可欠である。社会システムには効率一辺倒でなく、ある程度の冗長性が必要であることをわたしたちは今回のコロナ禍で学んだ。

ただ、そうした議論と、既得権益を擁護するというのはまったく別の話であろう。医療制度強化の名を借りた既得権擁護とは決別しなければならない。２０２２年度の診療報酬改定では、例年通り本体部分の引上げが行われたが、減少した売上の補填の色彩が強く、適切さを欠いていたのではないか、疑われる。

財政破綻に備えた医療制度改革を

コロナ禍では、図らずも不要不急の医療サービスの存在が明白になった。疾病の性質にかかわらず、現在、一律となっている医療費の窓口負担割合の複数化を検討するよい機会ではないだろうか。緊急性にかかわらず、窓口負担があまりにも軽く、真のコストが利用者に認識されていないため、医療サービスへの過大な需要が発生し、医療費が膨張を続けている。

海外の人が驚くのが、日本の公的医療保険の給付範囲の広さである。歯科医療が公的医療保険の対象になっていない国もあるが、日本では漢方薬や針灸の施術、あん摩マッサージ指圧、柔道整復師の施術なども対象になっていると説明すると、皆が驚愕する。逆に日本人の常識からすると、インプラントやセラミックは別にして、歯科医療が対象になっていない国があるのは驚きである。こうした寛大な給付もあって、日本の国民医療費は、コロナ禍までは毎年１兆円程度の増加が続いていた。

緊急性の高いものについては、コストの多寡にかかわらず需要されるため、むしろ自己負担割合は引き下げてもよいと思われる。一方、緊急性の低いものについては、負担を増やすことで人々が受診を抑制すれば、過大な需要を抑えることができる。いい換えれば、重篤な疾病については、自己負担率をむしろ引き下げ、生活の質（Quality of Life）を引き上げることを目的とするようなタイプの医療サービスについては、自己負担率を高めるべきだと思われる。

それでは、どのような理念で選別を行うべきか(28)。経済学者の印南一路が論じるように、日本国憲法が保障する生命権に基づく救命医療は、その特質上、他者の負担感とは関係なく保障すべき領域である。しかし、生活の質の向上を目指す医療など自立医療の保障については、同じく日本国憲法の幸福追求権に基づくものであり、それは財政規律の担保や他者の負担感とのバランスを取る必要がある。

マッサージなど通常の財・サービスの購入と変わらないものまで一律に高率の公的医療保険でカバーするのは、持続可能ではない。

仮に財政危機が生じると、現行制度のままでは、国費が投入される国保や協会けんぽ、後期高齢者医療制度などで、最悪の場合、予算が尽きた段階で医療給付を停止せざるを得なくなり、社会で最も弱い人たちにダメージが及ぶ。それを避けるため、危機が起きる前に優先順位をつけて疾病を分類し、高い給付率を維持するもの、自己負担を増やすものをあらかじめ決めておく必要がある。財政健全化のためでなく、医療保障上、守るべきものは守るという視点からの効率化は必要であろう。

医療給付の停止とならない場合でも、財政危機が訪れると、緊急性の高い救命医療も、緊急性が低い自立医療も一律に保険カバー率が引き下げられる可能性があるため、印南が提唱するように、事前に分類しておくことは重要だろう。また、将来の適用への予行演習として、まず膨張する薬剤費に対して、複数の給付率を適用するのが一案だと思われる。

(5) 独立機関による中長期の財政見通しの作成

本節の2項では、不況下でも持続可能な増税案について論じた。足下ではコロナとの戦いが終息しておらず、ただちに増税に着手する環境ではない。とはいえ、それでも今すぐにでも着手すべきことがある。それは、中立的な機関によって中長期の財政見通しの作成を開始し、繰り返されるＰＢ黒字化目標の先送りにストップをかけることである。

繰り返す財政健全化プランの破綻

わが国の財政の歴史において、財政健全化目標の破綻は決して珍しいことではない。１９７０年代以降、日本では幾度となく、財政再建が試みられてきた。しかし、97年の橋本財政構造改革や２００６年の小泉歳出歳入一体改革などを含め、戦後はそのすべてが頓挫している。

唯一の成功例とされるのは、１９８４年に導入された「特例公債脱却目標」である。しかし、詳しく見てみると、90年度の目標達成は、80年代末のバブルによる想定外の税収増と、特別会計を絡めた隠れ借金への付け替えによってもたらされたものであった。当時、財政健全化というと、国の一般会計の健全化しかまず意識されていなかった。バブルが崩壊するとともに、成功が一時的なものであることが明らかになった。戦後のわが国は、継続的な財政健全化に成功したことが一度もないのである。

橋本龍太郎政権の財政構造改革が破綻したのは１９９７年の金融危機が原因で、小泉純一郎の歳出歳入一体改革が破綻したのは２００７年以降のグローバル金融危機が原因である。いずれもマグニチュードの大きな不況で、財政健全化の破綻はやむを得なかったとリアルタイムでは考えられている。おそらく２０１８年に掲げられた２０２５年ＰＢ黒字化目標も、コロナ危機の襲来で、あるいは、それにウクライナ危機が加わったことで、先送りはやむを得なかったと説明されるようになるのだろう。

しかし、不況が到来すれば、税収が落ち込むのは当然である。不況は常に訪れるのであって、より本質的な理由は、高い成長の継続が前提とされていることである。

この問題を考えるにあたっては、２０１８年6月にＰＢ黒字化目標を２０２０年度から２０２５年度に先送りした理由を確認するのがよいだろう。この黒字化目標の先送りは、景気拡大局面の中で行われたという点で、稀なケースである。2012年11月を底に始まった第16循環の景気拡大局面がピークを打ったのは2018年10月であり、景気が最もよい時期に行き詰まった。景気回復は順調に続いていたが、その景気実勢よりさらに高い名目成長の実現を前提にしていたから、不況が訪れる前に、破綻が明らかになったのである。(29)

高い成長を前提とした財政再建プランは必ず失敗する

先進各国の財政再建の成功例、失敗例を分析した、元財務官僚で経済学者の田中秀明が論じる通り、典型的な失敗は、高い名目成長率を前提とすることである。(30) 高い名目成長率を前提にすると、計算上は、税収の高い伸びが期待できるため、それだけで財政健全化が進捗する計算となり、歳出削減努力は疎かになる。しかし、景気拡大局面の後には、当然にして景気後退局面が訪れるのであり、景気拡大局面に増えた税収は、景気後退局面には大きく落ち込む。

それゆえ、財政健全化プランを策定する際の前提には、実勢からかけ離れた高い名目成長率を用いることは御法度である。実質成長率には、景気拡大局面と景気後退局面の平均であるトレンド成長率(潜在成長率)を用いるべきであり、インフレ予想も簡単には変化しないのだから、インフレ目標が2%であるとしても、これまでのトレンドを用いるべきであろう。

往々にして景気拡大のピークが近づく頃に財政健全化プランが策定されがちであることを考えるなら、より慎重な名目成長率見通しを用いるべきである。慎重な名目成長率見通しを用いることが、不況期においても失敗しない財政健全化プランの第一条件となる。

図６－９　内閣府の名目 GDP 成長率見通し（前年比）

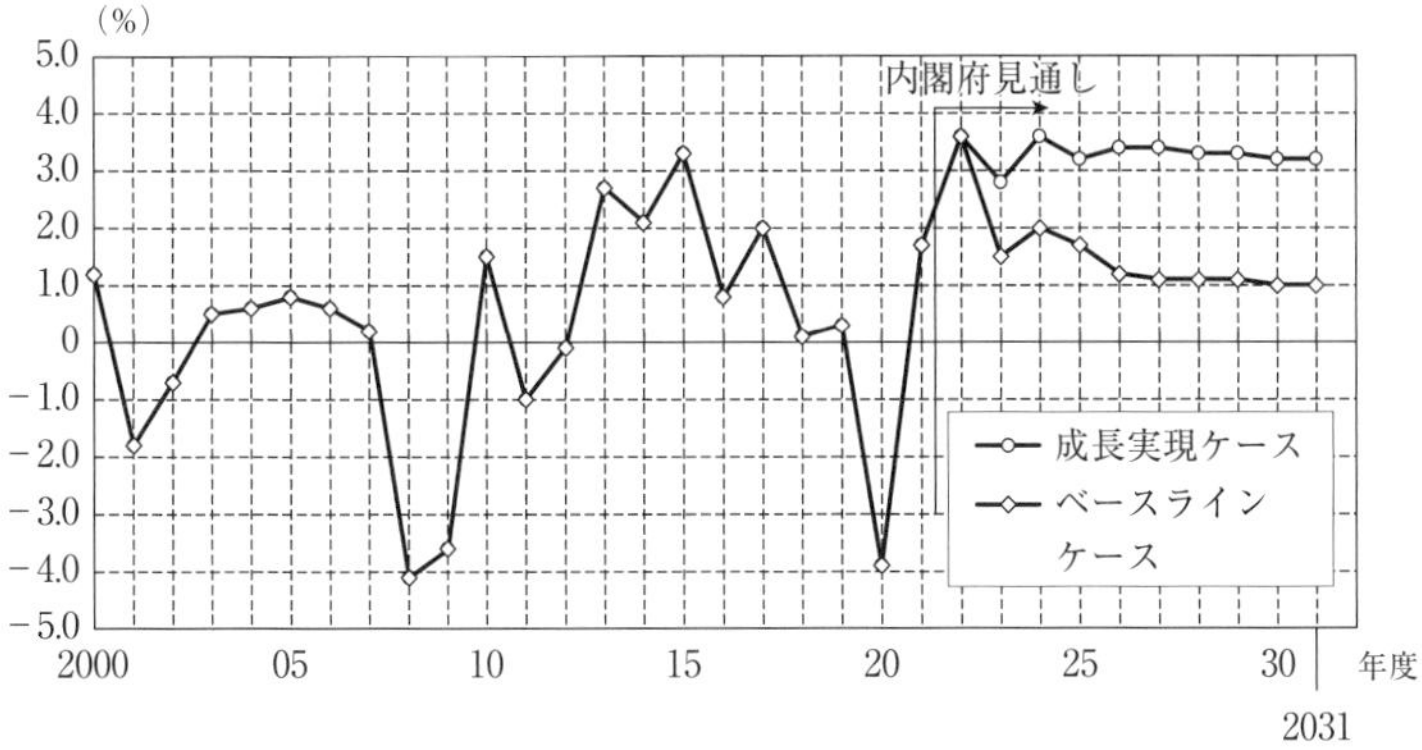

（出所）　内閣府資料より、BNP パリバ証券作成

現実には、どのような前提が置かれているか。筆者の推計では、第４章で見た通り、２０１０年代の日本の潜在成長率は０・６％であった。また、２０１０年代のＧＤＰデフレーター上昇率の実績は平均で０・３％であり、合計しても１％に満たない。しかし、２０２２年１月に発表された内閣府の「中長期の経済財政に関する試算」では、名目成長率の前提は、成長実現ケースにおいて、２０２２年度３・６％、２０２３年度２・８％、２０２４年度３・６％、２０２５年度３・２％と、今も薔薇色の見通しが据えられている。慎重であるべきベースラインケースにおいても、２０２２年度３・６％、２０２３年度１・５％、２０２４年度２・０％、２０２５年度１・７％と、２０１０年代の実勢に比べて好調な姿が想定されている（図６－９）。

これでは、ＰＢ黒字化目標が再び先送りされるのも当然であろう。これまでに実現していない高成長の継続を前提にしておいて、ＰＢ黒字化目標の先送りの原因をコロナ危機やウクライナ危機などの外生的ショックに帰していたのでは、これからも財政健全化プランの破綻を繰り返すだけである。

ウエストミンスター型議院内閣制の副作用

ここまでの議論から、読者にも、慎重な成長率見通しを前提とした、財政見通しの必要性を認識して頂けたと思われる。筆者はさらに一歩進めて、政治学的観点から、そのために必要な制度設計を論じたい。統治構造の変化がもたらした問題への対応という点から判断すると、慎重な成長率見通しを前提とした財政見通しは、独立的な機関によって作成される必要がある。

周知の通り、1994年の政治改革を皮切りに、96年の橋本行政改革等を経て、日本はかつてのコンセンサス型の意思決定システムから首相権限の強いウエストミンスター型の議院内閣制に移行した。96年の改革以降も、首相権限を強化すべく、行政改革が続けられ、近年は内閣人事局の設置で、省庁への統制が強化されている。これらの新たな制度を政権運営でうまく利用し、長期政権につなげたのが小泉純一郎や安倍晋三だった。

政治学者の待鳥聡史は、その制度改革は、選挙制度や中央省庁制度にとどまらず、地方分権、中央銀行制度、司法制度など広範かつ長期に及び、憲法の条文こそ変わらなかったが、明治憲法形成期や終戦後の占領改革期に匹敵する統治制度の大改革であったと論じている[31]。

もっとも、政治学者の砂原庸介が論じるように、中央省庁レベルでは権力中枢に対し求心力が強化されたが、逆に地方分権改革は権力中枢に対し遠心力の作用を促すなど、大きな齟齬も見られた[32]。第4章で触れた通り、筆者はそのことがコロナ危機への政府対応の足枷になったと考えている。

とはいえ、国政レベルの改革についていえば、企図された通り、各省庁の首相あるいは官邸に対する応答性が著しく強化され、首相主導、官邸主導の政治が可能となった。問題は、その副作用の一つとして、各省庁が十分な専門性や自立性を発揮することができなくなっている点だと思われる。

忖度問題の真因

本来、統治機構改革を推進した人たちは、首相のリーダーシップの強化によって、財政構造改革が進展することを切に望んでいたはずである。ジャーナリストの清水真人によれば、行政改革会議の最終報告書で首相官邸機能強化のパートを執筆した憲法学者の佐藤幸治は、改革が財政健全化につながることを意図していたという(33)。しかし現実には、財政見通しが政権運営に強く配慮したお手盛りとなっている。2010年代はさまざまな場面で、官僚による「忖度」が露わになったが、甘い成長率見通しを前提にした財政見通しが策定されている問題も同根であろう。

すなわち、専門家集団であったはずの内閣府も経済財政諮問会議も、政権運営に都合のよい経済成長の前提やシナリオの採用を繰り返している。これは統治機構の変化に伴う構造的な問題なのであって、担当者が交替しても、解決することは容易ではない。

厚生労働省や国土交通省の統計不正問題も同様であろう。かつては、各省庁は政策課題を発見し、対応策を立案するという目的から、統計を自らが作成していた。官邸が取り上げる政策に対応するだけとなれば、多大な資源を統計作成に投じるインセンティブを各省庁が失うのは当然であろう(34)。同時に、データが必要性を示す政策課題の解決ではなく、官邸の意向に沿った政策に人的資源が投下される。

政策を決定する官邸にとっても、政策は選挙や金融市場で評価されれば十分であって、データは自らにとって有利になる場合においてのみ揃えればよいといったことになりかねない。官僚システムの政治的応答性が高まったのはよいことだが、代償として専門性や自立性が抑えられ、国民の利益が損なわれるという本末転倒のケースが増えていないだろうか。

権力集中による弊害を除去する

わたしたちが政治的リーダーシップの発揮に範を求めたはずの英国では、一体どのように対応しているのだろうか。英国の政治制度を研究する政治学者の高安健将によると、英国では、近年、議院内閣制がうまく機能するための条件が崩れ、権力集中による弊害除去が課題となっていた[35]。財政運営に関しては、強い首相権限による悪影響が及ぶのを避けるために、財政責任庁が設立されている。英国に倣い、ウエストミンスター型の議院内閣制を採用する国々でも、独立財政推計機関を導入している。政治的に独立した組織が、財政健全化の前提や公的債務の長期見通しを作成しているのである。

有権者が時として、近視眼的なばらまき政策を容認しているのは、必ずしもそれを望んでいるからではないと思われる。財政の透明性が極めて低く、その惨状が明らかにされていないことも大きく影響しているのではないか。中立的な財政機関をつくって財政情報を徹底開示し、公的債務の長期的な見通しを示せば、強い警告となり、事態は多少なりとも変わるはずであろう。

それでは、日本は、独立財政推計機関をどこに設置すべきなのか。英国は、官僚のトップまで政治的に中立的である。前出の田中秀明が論じるように、日本の公務員制度は建前では英国型だが、実態は政治と一体化したフランスやドイツに近い[36]。いずれは政治制度に合わせ、公務員制度も英国型に移行する必要があるが、当面は、独立財政推計機関が骨抜きにならないために、国会の下に置くのが望ましいと考える。より具体的には、たとえば参議院調査会にその機能を持たせるのが望ましいのではないか。参議院の調査会は、参議院に解散がなく、議員の任期が6年であることに着目し、長期的かつ総合的な調査を行う目的で設けられた参議院独自の機関である。

ウエストミンスター型の議院内閣制採用国だけでなく、先進国で独立財政機関が存在しないのは、今や日本だけである。わたしたちは首相の強いリーダーシップで山積する問題の解決に当たるべく、コンセンサス型民主主義から、多数決型民主主義に移行したのであるから、その弊害を抑えるための独立組織の導入も見習うべきであろう。これを財政健全化の第一歩とすべきである。このままでは、ウエストミンスター型の議院内閣制への移行によって、ますます日本の財政健全化が遠のいたという帰結になりかねない。

トップダウンでのシーリングの設定

このほか、各国の財政健全化の成功例を見ると、トップダウンでのシーリングとボトムアップでの効率化の組み合わせが肝要である[37]。首相権限の強いウエストミンスター型の議院内閣制に移行した日本にこそ、本来望まれていた対応策である。

具体的には、まず、各省庁の歳出に対して、トップダウンで、数年間にわたるキャップをはめ込む。一般に、要求官庁や担当大臣、族議員など予算編成に関わる人々は、歳出へのキャップなど財政ルールの除去に強いインセンティブが働く。このため、不況など外的ショックが訪れると、財政健全化策を放棄する政治的圧力が高まる。財政規律を維持するインセンティブ構造を予算制度に事前に組み込んでいなければ、財政再建はまず成功しない。

北欧などの成功例を見ると、首相や財務大臣などごく少数のメンバーが、担当大臣抜きで各省庁の歳出額をトップダウンで決定し、数年間は動かさないことを明言する。予算分捕り合戦のために労力を使っても成果が得られないと要求官庁や担当大臣が認識すると、行動様式が変わってくる。与えられた予算内で歳出を効率的に利用することが、自らの評判の向上につながることが共通認識となれば成功である。つまり、トップダウンで強力なキャップがかかるから、ボトムアップによる効率的な予算配分へのインセンティブが各省庁で高まる。

反対に、強力なルールがなければ、要求官庁や担当大臣、族議員は予算分捕り合戦に全精力を注ぎ、ボトムアップによる効率化は二の次となる。近年の日本で繰り返されているのは、正にこの光景である。ウエストミンスター型議院内閣制の下での強い首相権限にもかかわらず、トップダウンでの財政の縛りが極めて緩いため、各省庁は予算規模の拡大に精力を投入し、個々の政策の有効性を高めることが軽視されている。

付け加えておくと、財務省に配慮してか、当初予算では、健全財政の建前に合致する範囲内での膨張にとどまるが、補正予算での膨張圧力を抑えるメカニズムはほとんど働いていない。首相権限の強いウエストミンスター型の議院内閣制を採用した理由をもう一度、問い直すべきであろう。

3　人類の進化と共感

他人がコストを負担するなら創意工夫は起きない

17世紀末の名誉革命後の英国。英国の王権は脆弱で、戦費を借り入れる際、議会からの承認を必要とした。島国の英国では、海外からの侵略の可能性が小さく、王位継承を主張する有力者も常に複数存在したため、もともと王権は脆弱だった。国王は議会を説得しなければ国債を発行できなかった。逆説的だが、議会による厳しい監視のおかげで、踏み倒されるリスクが低いと考えた金融業から資金調達が可能となり、その後、長く続いたフランスとの戦いに英国は勝利した。

一方、王権が強く議会の弱かったフランスでは、商人たちは徳政令を恐れて資金を出し渋り、戦費調達はままならなかった。フランスだけでなく、スペインもポルトガルも、大陸の大国は互いに侵略されるリスクが高かったから、強い王権による保護を必要としたが、国民は専制の弊害である財産没収や重税にも常に晒されていた。

皮肉なことに、王権の弱さがもたらした英国の優位性は、戦費調達にとどまらなかった。経済学者のダグラス・C・ノースによれば、国民の所有権制度がいち早く認められ、それが私的便益を社会的便益に近づけたため、創意工夫や発明などのイノベーションが促され、18世紀後半に継続的な経済成長につながる産業革命が英国で最も早く始まった(38)。

他人がコストを負担するのなら、人は経済資源を効率的には利用しない。所有権制などで取引コストを抑える制度が経済成長に圧倒的な影響力を持つことは、その後の北米と中南米の経済の二極化でも証明されている。努力次第で自らの経済的利益が高まる英国の諸制度が持ち込まれた北米植民地は、この新天地で大いに繁栄し、今やそれが超大国・米国である。所有権制などの制度を持たなかったスペインやポルトガル、フランスなどの中南米の植民地は発展が滞った。北米と中南米の植民地経営は、分業の広がりに伴い発生するさまざまな取引コストを抑制する制度を整えた国が優位であることを示す壮大な経済実験だったのである(39)。

図6－10　OECD各国の政府債務と生産性上昇率（2008～19年の平均）

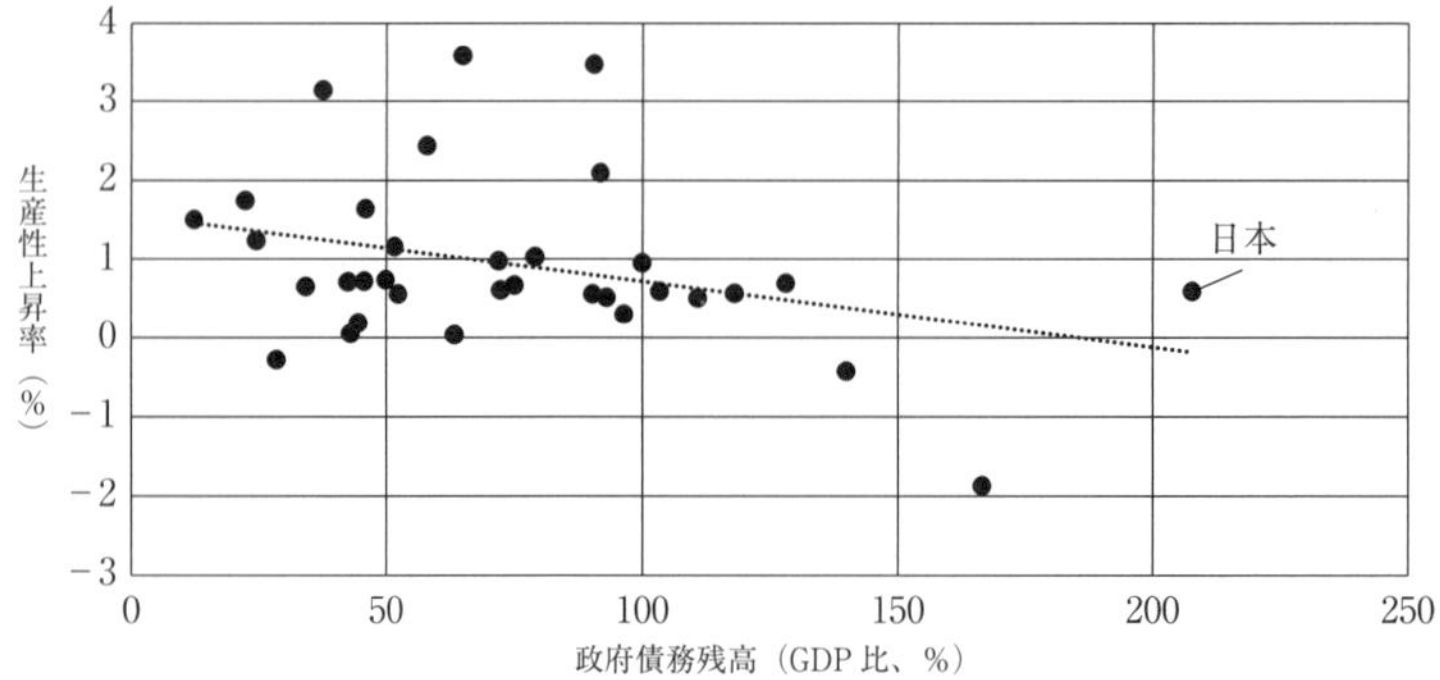

（出所）　OECD資料より、BNPパリバ証券作成

筆者が懸念しているのは、財政規律が弛緩した社会では、他人がコストを負担してくれるから、人は資源を効率的に利用しないし、創意工夫のインセンティブも働かないのではないか、ということである。既得権者はレントシーキングに精を出して、改革の必要性を認識する人も、そんな状況ではフリーライダーとなることを決め込んで、改革が先送りされる。

公的債務残高の多い国の生産性上昇率が低いのは、偶然ではないだろう（図6－10）。

経済学が苦手な世代を跨《また》ぐ問題

近代社会への移行過程の英国では、前述した通り、議会は、納税者の代表が構成し、財政の膨張を監視する役割を担っていた。しかるに現在の日本では、国会が財政膨張を煽る船頭に堕してはいないだろうか。当時は、将来世代の所得の先食いである公的債務問題を、まさか議会が煽るとは誰も想定していなかったはずである。そもそも当時は、現代のような高度かつグローバルに発達した金融市場が存在しなかったから、未曽有の水準まで公的債務を膨らませることは不可能だった。

現代社会においては、一般に民主主義と金融市場は、ポジティブな価値判断とともに語られる。しかし、たとえば民主主義が肯定的に評価されるようになったのは、19世紀以降の話であって、古代ギリシャの後、民主制は長く否定的に扱われ、18世紀後半の米国でも建国の父たちは、民主制は短期思考で社会を不安定化させると考え、公共の利益を重んじる共和制を強く志向していた(40)。

民主主義にせよ、金融市場にせよ、いずれも視野狭窄に陥りやすく、時として政治的熱狂や金融バブルといった大きな災厄をもたらしてきたのは事実である、本章第1節で論じたように、公的債務残高の膨張を可能にしているのが国債バブルだとすれば、それは民主主義と金融市場の組合わせによるものであり、いずれも容易には制約を課すことができないから、かなり厄介である。

さらに、経済学はもともと、公的債務問題など、世代を超えた問題の解決が苦手である。それは、経済学が合理的個人を前提にしているからでもある。財政健全化によって将来世代がメリットを得られるとしても、現世世代が痛みを被るだけなら、現世世代は財政健全化のインセンティブを持たない。子孫に対する利他性をモデルに組み込めば、解決策を得られないわけではないが、主流派経済学は、その妥当性に大きな疑問を投げかけてきた(41)。世代を超えた長期の問題に対するわたしたちの対応能力に限界があるのなら、どう解決すればよいのか。前置きが長くなったが、これが公的債務問題を論じた本章の最後の論点である。

(1) 社会は世代間の共同事業で築かれる

リベラル民主主義の隘路

経済学者の小林慶一郎は、自発的に誰かが犠牲になれば残り全員が助かるが、誰一人自己犠牲を選択しなければ全員死ぬ、というタイプの問題をライフボートジレンマと定義し、世代間問題を分析している。[42] 現代民主制より以前の時代に遡ると、ライフボートジレンマを解決することは、実際問題としては、さほど難しいことではなかった。それは、伝統社会や宗教、道徳の規律が全体のための個の犠牲を可能にしていたからである。しかし、リベラリズム（自由主義）を前提とする現代民主制において、個に犠牲を求めるのはもはや容易ではない。

経済理論だけでなく、民主主義もまた世代を跨ぐ問題を解決するのが苦手である。正確にいえば、経済理論と現代民主主義が前提とするリベラリズム（自由主義）は、世代を跨いだ長期の問題を解決するのが、とても苦手なのである。将来世代のために、現世世代を犠牲にするという政治選択はまず困難である。現実に、社会保障問題や公的債務問題、原発問題、地球温暖化問題などいずれの長期的課題に対しても、目先の問題ばかりを取り繕い、コスト負担を先送りする近視眼的政策が繰り返されている。

消費増税問題で取り上げたように、仮に社会がいったん合意に至っても、後に議会で反故にされる可能性は常に存在する。それゆえ筆者は、本章第2節で論じた通り、景気への悪影響を最小限に抑えるべく、40~90年の長期の増税プランを提示したのである。

ただ、リベラル民主主義が孕む問題の根は、さらに深いところにあるのかもしれない。戦後のリベラル民主主義を可能としたのは、成長の時代が続き、資本主義に内在する経済格差問題を社会保障制度が和らげてきたからであった。しかし、今や社会保障制度が公的債務残高の膨張を招いている。リベラル民主主義には世代を跨ぐ問題の解決が苦手だから、公的債務残高の膨張が止まらず、将来の所得の先食いで資源配分や所得分配が大きく歪んで、潜在成長率がさらに鈍化する。そうなると、最後は社会保障制度の存続が困難になり、リベラル民主主義が切り崩される。経済格差の拡大が中間層の瓦解によって、リベラル民主主義の隘路となっていることは、第1章、第2章で論じた通りである。

リベラル民主主義の隘路に、わたしたちはどう対応すべきなのか。正直なところ、明確な回答はない。ただ、伝統的社会の崩壊を目にしていた近代民主主義の勃興期の思想家たちは、わたしたちにいくつかの大きなヒントを遺してくれている。以下、エドモンド・バークの世代間のパートナーシップ論、アレクシス・ド・トクヴィルの中間的組織論、アダム・スミスの共感に焦点を当てる。

現代社会の病理はスコットランド啓蒙の時代と変わらず

第1章、第2章で論じた第二次グローバリゼーションや第二次機械時代のダークサイドである経済所得格差の拡大やコミュニティ崩壊、金融バブル、大企業支配など現代社会の病理と捉えられている諸問題は、18世紀終わりのスコットランド啓蒙の思想家たちが直面していた問題でもあった。彼らは目の前の大きな変化に惑わされ、近視眼的になりがちな当時の人々に、長期的視点を維持させようとした。社会の内部に、自らを制御し自省する機能を組み込むことはできないのか、その一つが、バークの「世代間のパートナーシップ論」である。バークはアダム・スミスやデイヴィッド・ヒュームらと同様、スコットランド啓蒙に属するが、彼自身はアイルランド人である。

まず、スミスやヒュームらスコットランド啓蒙の思想家は、商工業を発展させることが、社会の発展につながると考えた。そのような考えは、今では当然のことのように思われるが、それ以前の思想家たちは必ずしもそうは考えていない。古典的な徳に関する考えでは、商工業は奢侈や腐敗等をもたらし、善く生きることとは矛盾する、徳を見失うと考えられていた。後述するように、スミスやヒュームらは、富の追求が徳の喪失につながるリスクに気づきながらも、経済活動の活性化で人と人との交流、つまり「社交」が活発化することによって、徳を高めることが可能と論じ、商工業の発展を擁護したのである(43)。

ただ、彼らは、公共の利益と企業者の利益が必ずしも一致しないこと、むしろ企業者が規制や政治力を使って、消費者の利益を奪うことを常に批判していた(44)。近年、日本では成長戦略と称して、既存の企業を利する政策が少なくないが、そうした政策は政府と既存企業の癒着をもたらすだけであって、スミスらの教えとも、その流れを汲む現代の経済学の教えとも大きく異なる。既存企業を優遇することは、新規参入を阻害し、消費者の利益を損なうだけであることが、現代では見過ごされているのである。

また、スミスやヒュームらは、商工業社会における「虚栄」や「熱狂」の行き過ぎを常に警戒していた。スコットランド啓蒙思想の時代は、まさに資本主義経済の勃興期にあたり、すでにフランスではミシシッピー・バブル、英国ではサウスシー・バブル（南海泡沫事件）などの金融バブルが発生していた。そして、もう一つのバブルである「政治的熱狂」を抑えることに注力したのが、エドマンド・バークである。

バークの「世代間のパートナーシップ論」

バークといえば、保守主義を思い出す人が多いだろう。保守（conserve）なる言葉は、バークがフランス革命を批判した際、英国の立憲君主制やフランスの旧体制を擁護するために生み出したものである。ただ、その目的は守旧派の擁護、あるいは共和制そのものの批判ではない[45]。彼がフランス革命を非難したのは、人間の理性は限られるため、抽象的な理念を振りかざして、歴史の試練に耐えてきた諸制度を簡単に破壊することを問題視したためである。

バークの時代より前の17世紀の英国では、ピューリタン革命とその後のクロムウエル独裁など、政治的熱狂が英国社会に大混乱をもたらした。政治的熱狂がもたらす急進的かつ進歩主義的な革命が、フランス社会に大混乱をもたらすことを、バークは懸念したのである。

その懸念通り、フランスはその後、暴力革命による長い大混乱の時期を迎える。そうした大混乱において、最も大きなダメージを被るのは、社会において最も弱い立場の民衆である。バークその人は、後の自由党につながるホイッグ党の政治家であり、政治的立場はむしろ自由主義である[46]。

バークのフランス革命批判の際、「世代間のパートナーシップ（協同事業）」というキーワードが出てくるが、筆者は、公的債務を考える際の重要な概念だと考えている。以下、抜粋である。

「祖先から受け取り、子孫に渡すべきことを気に留めず、あたかも自分たちが所有するかのように振舞ってはいけない。社会構造を意のままに破壊し、受け継ぐべき相続権を破棄したり、受け継いだものを浪費する権利があると考えてはならない。これから生まれて来るものたちに住居ではなく廃墟を遺し、自分たちが祖先の諸制度をほとんど尊重しなかったのと同じように、後継者に対して自分たちが生み出した諸制度を尊重する必要がないと教えることになるだけである。社会とはまさしく契約であり、国家は、いま生きている者たちの間の協同事業であるというだけでなく、生きている者たちと亡くなった者たち、これから生まれて来る者たちの間の協同事業でもある」（筆者抄訳）

現代のわたしたちは、社会が世代間の協同事業であることをすっかり忘れ、現世世代の利益ばかりを追求している。協同事業を維持する役割を忘れ、協同事業への投資を怠り、事業を食い潰すどころか、金融市場を通じて将来世代の所得の先食いまで始めている。将来を考えない社会が成長できないのは当然であろう。

近年、日本では、保守主義を自認する人が増えている。しかし、それは単に左派（リベラル）ではないというだけであって、反動的、復古調的な主張も少なくない。表面上、優勢ではあるが、それは対抗理念であったはずの進歩主義が衰退したため、逆にライバルを見失って迷走しているのであろう(47)。

保守思想は、あくまで自由を前提としたものであり、歴史の中で培われた具体的な制度や慣習を守るために、秩序あるグラジュアルな改革を志向する。既得権の維持と保守を混同し、将来世代の所得の先食いが横行しているから、成長が滞っているのではないか。

「世代間のパートナーシップ」の擁護という改革の方向性が見えてきたのではないだろうか。

(2) コミュニティ復活の政治学

「国家か市場か」の誤り

1980年代以降、巨大な国家こそが問題として、わたしたちは規制緩和を進め、市場の領域を広げてきた。第1章、第2章で見た通り、近年の米欧の政治的混乱は、グローバリゼーションやITデジタル革命、移民の影響で中間層が瓦解し、コミュニティが縮小したことが原因だった。ならば、国家を再び拡大すれば問題は解決するのか。

しかし、これまで見た通り、市場では徐々に独占が進行している。ここで再び国家を強化すれば、大企業との癒着で縁故主義が跋扈するだけであろう。米国でも中国でも、それがわかっているから、新規産業を参入させるために、独占力を発揮する巨大テック企業の抑えにかかっているのである。

さらに、日本では、規制緩和が行き過ぎていたわけでもない。むしろ、規制緩和は不十分であったとさえいえる。ここで既存の大企業を優遇すれば、新規産業の出現が抑えられるだけではなく、アダム・スミスが懸念した通り、消費者の利益が大きく損なわれるはずである。新自由主義的政策を問題視する岸田文雄政権も、そんな帰結を望んでいるわけではないだろう。

問題の所在は、国家か、市場か、ではない。市場の領域の拡大によって浸食されてきたのは、コミュニティである。もともと市場経済化とは、コミュニティが提供していた半ば公的な財・サービスを市場が代替するようになったことだった。ただ、そうしてコミュニティが弱体化すると、社会保障など、元来コミュニティが供給していたものを国が代替せざるを得なくなったのである。

問題は、政府介入によってコミュニティがクラウドアウトされると、市民社会そのものがさらに弱体化して、政府介入が一段と求められようになり、ソーシャル・キャピタル劣化の悪循環が止まらなくなることである。経済学者のラグラム・ラジャンが主張する通り、国家と市場の双方によって浸食されてきたコミュニティの復活が必要なのである[48]。

トクヴィルと中間的組織[49]

それでは、どのようにして、国家、コミュニティ、市場のバランスを取ればよいのか。実は、「世代を跨ぐ問題」と同様、コミュニティも主流派経済学が苦手とする分野である。主流派経済学は、国家と市場にばかり注目し、コミュニティにほとんど注意を払ってこなかった。むしろ偏狭さと因習の象徴として、市場に代替される運命と考えてきたふしがある。手掛かりはないのか。ヒントになるのが、アレクシス・ド・トクヴィルの中間的組織の理論である。

トクヴィルはバークの次の時代の思想家である。バークが警告した通り、フランス社会は、革命によって長期の大混乱に見舞われた。目の前の混乱に惑わされ、短期的な思考に陥りがちな人々に長期的視点を維持させようとフランス人であるトクヴィルも腐心した。不安定さを持つ民主主義に、自らを制御し自省する能力を組み込むという点で、スコットランド啓蒙と同様の問題意識を持っていた。

トクヴィルは貴族制が残るフランスで、伝統的社会の枠組みが崩壊し、社会の個人化や政治的平等化の流れが不可避であることをいち早く見抜き、社会の安定や合意形成が可能かを問うた。しかし、時は産業革命の真っ只中で、人々は同時代のカール・マルクスが訴える経済の不平等化に目を奪われ、政治的平等化の大きな流れを論じるトクヴィルは、時代を読み誤った思想家として長く忘れ去られていた。トクヴィルが復権したのは、東西冷戦が終結した後で、民主主義の両義性を問う思想家として注目された。

まず、トクヴィルは、1830年代のジャクソニアン・デモクラシー時代の米国を訪ね、民主主義の下でアトム化しバラバラとなる個人を束ねるために、協会や財団、政党などの結社、つまり中間的組織が有用であることを発見する。そこでは市民が集会で直接会って話をすることで、権威に頼ることなく、多くの問題が解決されていた。民主主義がうまく機能するには、国家と個人の間で中間集団がクッションとなることが重要だと強調したのである。

ちなみに、日本のトクヴィル研究の第一人者である政治学者の宇野重規は、大西洋を挟み、トクヴィルに対してまったく異なる解釈が行われていることを指摘している(50)。自由主義的志向の強い米国では、徳とコミュニティを説く共和主義の哲学者として位置づけられている。日本で人気の高い政治学者マイケル・サンデルのコミュニタリアンの理論も、トクヴィルから大きな影響を受けたものだ。一方、共和主義の伝統の強いフランスでは、リベラリズム（自由主義）の哲学者として評価されている。

権力が分散し、中央政府が弱い米国では、求心力として作用する中間的組織が求められる。一方、中央政府が強力で分権が進んでいないフランスでは、遠心力として作用する中間的組織が求められ、米国とは異なる方向の解釈が与えられた。ただ、いずれにせよ、中間的組織がクッションとなって、国家と個人との間の求心力、あるいは遠心力を調整する。

日本については、国家以外に「公」が存在しないから、中間的組織による求心力も遠心力もうまく働いてこなかった。いや、たしかに現代の日本社会においては、国家以外に「公」は存在しないのだが、コミュニティとしての「職場」の占める地位があまりに大きい。望んでいようといまいと、「職場」がすべて、と言う人も少なくないから、それが厄介な問題を引き起こす。長時間労働などワーク・ライフ・バランスの欠如、パワハラ、セクハラ、いじめ等々。職場に代わる「公」のコミュニティをつくらなければ、仮に所得が増えても、わたしたちは豊かさを手にすることができない。

社会保障は財源だけの問題ではない

20世紀は福祉国家の時代だったが、それが各国で行き詰まったのは、単に少子高齢化で財源が乏しくなったから、という話でもない。かつては、工業化社会の下で、多くの国民が同質的なリスクを抱えていたから、大雑把なシステムの下でも、保険原理がうまく機能していたのである。しかし、脱工業化時代の到来によって、トクヴィルが見抜いていた通り、個人がますますアトム化した。国民が同質性を失い、リスクのカテゴライズが極めて困難になっているから、保険原理がうまく働かず、社会保障がうまく機能しなくなっているのである[51]。だとすると、財源確保の視点だけでは、問題解決には至らない。

日本が典型だが、これまで小さな社会保障でも何とか回っていたのは、家族による扶養や地域社会での相互扶助、企業による福祉が代替していたからでもある。今や家族形態が多様化するだけでなく、地域社会の結びつきも稀薄化し、企業は雇用の非正規化を進め、いずれも脆弱化している。同じかたちのままなら、仮に消費増税によって、高齢化で膨らむ社会保障費の財源確保に成功できても、国民の負担感とともに社会保障への不足感は強まるばかりだろう。それでは最悪である。家族にも企業にも期待できないとすれば、社会保障の持続可能性を高めるには、地域社会、つまりコミュニティ再生が必要な理由が見もセットで再生するしか、他に方法はないのだろう[52]。どうやら、コミュニティ再生が必要な理由が見えてきたのではないだろうか。

このほか、終章で取り上げるが、水平分散型のエネルギーシステムの構築やスマートシティの構築が、人々のニーズを取り込み、新たな仕事を生み出すことで、コミュニティの再生に役立つと思われる。

(3)　アダム・スミスの共感と人類の進化

『道徳感情論』の世界

本章の最後に、もう一度、経済学の父、アダム・スミスに焦点を当てよう。ここで取り上げたいのは「利己心」の話ではなく、「利他性」の話である。市場主義の始祖というアダム・スミスへのレッテルが必ずしも妥当ではないことは、経済学者の堂目卓生が一般向けに著した『アダム・スミス』によって、日本ではすでに広く知られている[53]。

スミスは、たしかに『国富論』では、市場の価格調整メカニズムを「見えざる手」と呼び、その下で、利己心に基づく個人の利益追求行動を通じて、分業と資本蓄積が社会の繁栄をもたらすと論じた。グローバル金融危機後の欧米では、強欲を世界に解き放った犯人として、批判を浴びることもある。

しかし、前著の『道徳感情論』では、富や地位を追求することのむなしさを語っていた[54]。人間が過度の物欲にとらわれがちであること、自己欺瞞に陥りやすいこと、名声や権力に幻惑されやすいことをスミスは十分承知していた。その上で、善き人生とは何か、どうすれば善き人生を送ることが可能になるかを論じていたのである。

そして、「共感」が「道徳感情論」の中心概念である。人間には、他者の感情を写し取り、それと同じ感情を自分の心の中に引き起こす能力が備わっている。この「共感」を用いて、他人の感情や行為を是認し、あるいは否認し、これを繰り返すうちに、胸中に「中立な観察者」が形成され、自らの行為や感情が適切かどうかを評価するようになる。胸中の「中立な観察者」の判断に従おうとする感覚が「正義の感覚」であり、それが社会秩序の維持にもつながる。[55]

実は、「共感」は自然科学の領域でも証明されている。近年は脳神経科学によって、「共感」を認識する脳部位（ミラー・ニューロン）も明らかになってきた。アダム・スミスの研究は行動経済学や認知心理学などにとどまらず、脳神経科学など自然科学の領域にも広く影響を与えているのである。

筆者の仮説は、進化の過程で、人類には利他性が組み込まれているのではないか、というものである。主流派経済学は、ヒトが利己的であるがゆえに、将来世代のために、現世世代が犠牲となる財政健全化は難しい、と論じてきた。しかし、人類の進化の過程を見ると、むしろ利他的傾向を持つ集団が生き残ってきたのではないか。そもそも、鋭い爪も牙も持たない脆弱なヒトが、いかにして地球を支配し、高度な文化を築くようになったのか。最新の進化生物学の知見を用い、アダム・スミスの「共感」を補助線とすることで、人類の利他性を前提とした財政健全化の可能性を構想できないだろうか。

逆説の進化論「文化がヒトを進化させた」

従来の進化論の標準学説は、遺伝的進化を遂げた後に、ヒトは文化を獲得したのだと考えてきた。しかし、人類進化生物学者のジョセフ・ヘンリックが達した結論はむしろ逆である。[56] ヒトの祖先は

180万年前もの昔から文化を持ち、累積した文化に適応すべく遺伝的に変化し、両者の相互作用、つまり共進化によって進化が加速したのである。進化したから文化を持っただけでなく、文化そのものがヒトを進化させる駆動力にもなった。

たとえば石器で食料を切り刻み、火を用いて食物を軟らかくして、消化の一部がいわばアウトソースされた。だから、鋭い牙が不要となり、顎は小さくなり、消化管も短くなっていった。

動物は消化に多大なエネルギーを割く。その節約分を巨大化する脳の活動に充てたのである。また、ヒトは他の動物に比べて長距離走に優れる。そのきっかけは、狩猟で得た動物の内臓などを用いて、水を溜める容器としたことだった。つまり、水筒の代わりになるものを得たから、長距離走が可能となり、持久狩猟に適した骨格などの解剖学的構造や、体温コントロールのための大量発汗などの生理機能を獲得していったのである。道具ができたことで、生物学的な進化が加速した。

脳が巨大化したといっても、現在もわたしたちが個体として持つ知識量は相当に限られるというのは第1章でも論じた通りである。道具の作り方、食料の保存の仕方を他者から学び、改良して次世代に伝えるが、それらは秀でた個体の単独の発見ではなく、何世代もかけて集団脳、つまりコミュニティに知識が蓄積されていった。

さらに驚くべき点は、生存のための知識が膨大になると、取得するのに長い時間が必要となるため、他動物に比べて、幼年期が相当に長期化したことである。同時に、改良した技術を次世代に伝える必要があるため、生殖能力を失った後も役割が生まれ、生存期間が長くなっていった。生殖能力が低下した後も、これほど長生きするのは、わたしたち人類だけだが、長寿化の傾向は周知の通り、ますます強くなっている。(57)

共感の起源は他者を真似る能力か

ヒトが知識を得る際、自らが試行錯誤を重ねて工夫することも大事だが、技術や習慣をすでに身につけた他者を模倣するほうが、より確実である。その際、空気を読んで、見倣うべき優れた個体を見極めるのが重要となる。わたしたちが噂話を好み、多数派意見に同調し、権威者に従うのは、高い社会的学習能力のおかげで生き延びてきた個体の子孫だからである。他の動物と異なり、単に腕力が強い個体に従うのではなく、早い段階からプレスティージを重んじるようになっていた。多くの人々の〝セレブ好き〟は、その名残りなのだろう。

乳幼児の行動実験などから、ヒトは他の動物に比べて、他者を真似る能力が極めて高いことが知られている。いや、真似せずにはいられない。それが、アダム・スミスが『道徳感情論』で論じた、他者の感情を自分の心に写し取り、同じ感情を自分の中に引き起こそうとする「共感」の能力の起源なのではないか。これが筆者の仮説である。

ただ、それは必ずしもよいことだけではない。アダム・スミスの時代にすでに観測されていた「政治的熱狂」や「金融バブル」といった近視眼的な同調行動がヒトの本性に埋め込まれているのは、「共感」のダークサイドの表れなのだろう。アダム・スミスに言わせれば、「見えざる手」がうまく機能するためには、「中立な観察者」が利己心を制御することが必要条件であることを、わたしたちの社会が忘れているからだけなのであろうが。

人類進化生物学と財政健全化

遺伝的進化を促した文化は、道具や技術の発明にとどまらない。宗教などの社会規範を持つ種族は、高い協調性を持ち他集団との競争に打ち勝ってきた。従順で規範を遵守する「自己家畜化プロセス」によって、個体自らの利益ではなく、無意識かつ直観的に帰属集団に従うように進化したのである。場合によっては、自らを犠牲にすることも厭わない。宗教などの社会規範がヒトの進化を促したというのは、ユヴァル・ノア・ハラリの『サピエンス全史』や『ホモデウス』の主張と重なる点でもある。やはり、人類の進化の過程で、わたしたちには利他性が組み込まれているのではないか。

ヒトの生物学的進化はすでに止まったとばかり思っていたのだが、ジョセフ・ヘンリックによると、そうではないという。ヒトは言語面で著しく進化したが、文明が急発展したのは、この２００年あまりであり、一般の人が読み書き可能になったのも１００年足らずの話である。さらに過去四半世紀はインターネットの急発展によって、わたしたちの集団脳は新たな段階に到達しつつある。ヒトは現在も、文化とともに、生物学的進化を遂げているのである。

筆者がヘンリックの話を持ち出したのは、経済学が前提とする利己的個人がヒトの生物学的特性かを探るためであった。人類進化生物学の最新の研究成果を見ると、むしろ利他的傾向を持つ集団が生き残り、進化を遂げてきたように見える。さらに現在も人類が進化を続けているのだとすると、利他的傾向が強く、長期思考を持ち合わせ、たとえば財政健全化などに適切に対応する種族が生き残り、短期思考に支配され、将来世代の所得を食い潰す種族の存続が危ぶまれる、と解釈すべきかもしれない。どうだろうか。

第6章　注

（1）大幅に落ち込んだ宿泊業などをサポートするわが国のGo Toトラベルのような政策は、他の先進国でも試みられたが、いずれも感染の再拡大によって中断されている。
（2）Markus K. Brunnermeier and Yann Koby (2018) "The reversal interest rate," *NBER Working Paper*, Dec.
（3）貸出で吸収できず、目ぼしい運用先が見当たらないのなら、本来、預金の増加を抑えるべきである。地域金融機関は過剰であり、再編は不可避と見られているが、再編の際の主導権を握るためには預金残高などの規模の大きさがモノを言うと、地域金融機関の経営者には広く信じられている。その結果、地域金融機関は運用できないほどの預金を抱え込み、収益が圧迫されるという構造的問題を解消することができない。第4章でふれたように、ブレークスルーは、政策保有株を無形資産時代に適合するエクイティ・ファイナンスのツールに転換することではないか。
（4）ベンジャミン・M・フリードマン『アメリカ最後の選択――1990年代の経済戦略』三木谷良一訳、東洋経済新報社、1989年。
（5）Olivier Blanchard (2019) "Public Debt and Low Interest Rates," *American Economic Review* 109 (4).
（6）Markus K. Brunnermeier, Sebastian A. Merkel, and Yuliy Sannikov (2020) "The fiscal theory of price level with a bubble," *NBER Working Paper* 27116.
（7）ユヴァル・ノア・ハラリ『サピエンス全史（上・下）』柴田裕之訳、河出書房新社、2016年。
（8）Blanchard, Olivier J. (2021) "Fiscal Policy under Low Rates: Taking Stock," at The Maekawa Lecture.
（9）L・ランダル・レイ『MMT――現代貨幣理論入門』島倉原監訳、鈴木正徳訳、東洋経済新報社、2019年。
（10）ジョン・メイナード・ケインズ『雇用、金利、通貨の一般理論』大野一訳、日経BP社、2021年。
（11）ランダル・レイはミンスキーの金融不安定性理論についての研究書を出版している。L・ランダル・レイ『ミンスキーと〈不安定性〉の経済学――MMTの源流へ』横川太郎・鈴木正徳訳、白水社、2021年。
（12）ジェラルド・A・エプシュタイン『MMTは何が間違いなのか？　進歩主義的なマクロ経済政策の可能性』徳永潤二・内藤敦之・小倉将志郎訳、東洋経済新報社、2020年。
（13）たとえば、スイスフランは逃避通貨として位置づけられるが、その経済規模は小さく、欧州の景気変動に強く晒されるため、分散投資のメリットがさほど大きいわけではない。また永世中立国であるといっても、欧州諸国との距離があまりに近いため、地政学的にも十分なリスクヘッジの対象とはならない。もちろん、地政学的リスクという点では、日本は台湾海峡や朝鮮半島という東アジアのホットスポットの近隣に位置し、真に逃避通貨・安全通貨たり得るのか、疑問を持たれないわけではない。

(14) 金融の世界では、米中経済の相互依存関係はあまりに強く、両国の対立が激化すると、互いに大きな返り血を浴びるため、軍事技術、情報通信などのハイテク技術、人権関連の三つの分野を除くと、米中のデカップリングや冷戦はあり得ない、という見方が多数を占める。しかし、第7章で詳しく取り上げるが、国際政治学者の佐橋亮は、すでに新冷戦に突入したと分析している。佐橋亮『米中対立――アメリカの戦略転換と分断される世界』中公新書、２０２１年。

(15) Ball, L., Elmendorf, D. N. and Mankiw, G. (1995) "The Deficit Gamble," *NBER Working Paper* No. 5015.

(16) 清水真人『平成デモクラシー史』ちくま新書、２０１８年。

(17) ２０１９年10月の消費増税で評価されるのは、そのタイミングを年度途中の10月1日としたことである。以前は、年度替わりの4月1日に引き上げられていたので、前年度に大きな駆け込み需要が生じて景気が嵩上げされ、翌年度にその大きな反動が訪れていたため、年度をまたいで成長率の大きな落差が生じていた。この前年度からの成長率の大幅低下が、消費増税恐怖症の原因の一つにもなっていた。10月1日の増税なら、7～9月に駆け込み需要が生じ、10～12月にその反動が訪れても、同じ年度内で相殺される。このため、駆け込み需要による景気の振幅への配慮は本来、必要ない。ただ、２０２０年1～3月にコロナ危機が訪れ、このメリットが確認されないままとなっている。

(18) 加藤淳子（２００５）「第1章 福祉国家は逆進的課税に依存するか――ＯＥＣＤ18カ国の比較研究から得られる含意」北岡伸一・田中愛治 編『年金改革の政治経済学』所収、東洋経済新報社、２００５年。

(19) 実は、わたしたちは、厚生年金の保険料の引上げで、小刻みな負担増による不況回避の成功体験を持っている。２００４年の年金改革では、保険料率を13・58%から18・3%まで約5ポイント引き上げた。14年間かけ毎年０・３５４ポイントずつの小刻みな引上げだったため、グローバル金融危機時ですら、誰も景気刺激のために中止しようとは言わなかったのである。ちなみに２００４年の年金改革は、「１００年安心プラン」のことである。マクロ経済スライドの導入によって経済成長率や現役世代の賃金上昇率が低下すると、年金給付が自動的に抑制されるため、制度破綻はしないという意味で「安心」なのであって、当時も「老後の生活」がこれだけで安心という意味で使われたわけではない。改革そのものは、不十分であった。さらに、膨張する高齢者への年金給付の財源確保に現役世代の厚生年金の保険料の引上げで対応したことは、第3章でも触れたが、非正規雇用増大の助長という、思わぬ大きな弊害を生み出した。この点については、その弊害除去策を含め、本章で後ほど詳しく論じる。

(20) 軽減税率などを考慮した消費増税による負担増は５・２兆円程度だが、これに対して、幼児教育の無償化や社会保障の充実など恒久的な受益増が３・２兆円用意された。さらに、ポイント還元など短期的な消費増税対策が２・３兆円行われた

(21) ため、短期的には負担と受益が完全に相殺されることになった。消費税に逆進性は存在しないという経済学者もいる。一生涯で見れば、稼いだ所得はすべて消費されるから、というのが理論的な論拠である。ただ、現実には、所得の多い人は生涯で使い切れないため、多額の遺産を残し、一方で金融市場の不完備性もあって、現在の所得の少ない人はその制約の下で消費を行わなければならない。消費税が逆進性を持たないとはいえないだろう。

(22) エマニュエル・サエズ、ガブリエル・ズックマン『つくられた格差――不公平税制が生んだ所得の不平等』山田美明訳、光文社、2020年。

(23) 西沢和彦『医療保険制度の再構築――失われつつある「社会保険としての機能」を取り戻す』慶應義塾大学出版会、2020年。

(24) 岩村充『国家・企業・通貨――グローバリズムの不都合な未来』新潮社、2020年。

(25) 被用者の社会保険料の引下げを加えることで消費課税の性質を資本課税に近づけるアイデアについては、上田淳二氏からご教授いただいた。感謝申し上げる。ただし、あり得べき誤りは筆者に属する。なお、社会保険料の引下げは、実務的には、給付つきの税額控除で対応するのが望ましいと思われる。

(26) 小塩隆士『日本人の健康を社会科学で考える』日本経済新聞出版、2021年。

(27) コロナ対応には専門医や訓練された看護師や医療機器、医療用装備が必要であり、中小病院の一般病床でコロナ患者を引き受けることは、ハードルが高い。日本の病院の約7割は200病床未満の中小病院であり(400床以上の大規模病院は9・4%)、小規模病院の比率が高いことは、日本の医療崩壊の原因の一つと考えられる。もともと日本に小規模病院が多いのは、開業医が規模を拡大して中小病院になり、それが家業化していまだに小規模のままというケースが多いためである。以前から医療資源の集中が政策的に唱えられてきたが、医師会の反発もあり、政府がそれを放置してきた。診療所の開業医が訓練された「かかりつけ医」としてプライマリーケアを担う体制に変われるのなら望ましいが、中小病院が乱立し、医療資源が分散化された現状の放置は問題が大きい。鈴木亘『医療崩壊――真犯人は誰だ』講談社現代新書、2021年。

(28) 以下は印南一路の論考を参考にしている。印南一路『再考・医療費適正化――実証分析と理念に基づく政策案』有斐閣、2016年。

(29) 内閣府は2018年3月に要因分析を行っている。そこでは当初5・6兆円(GDP比1・0%)と見込んでいた2018年度のPB赤字が16・4兆円(GDP比2・9%)まで悪化する理由として、①歳出は当初予算に沿って効率化努力が行われた(3・9兆円、GDP比0・7%)が、②補正予算を編成したほか(マイナス2・5兆円、GDP比マイナス０・４％）、③世界経済の成長鈍化もあって税収の伸びが緩やかだったこと（マイナス４・３兆円、ＧＤＰ比マイナス０・８％）、④さらに消費増税を延期したこと（マイナス４・１兆円、ＧＤＰ比０・７％）などを掲げている。しかし、２０１５年度以降、景気は大きく悪化したわけではないし、政府が歳出削減に踏み込んだという事実もない。景気拡大局面にあるにもかかわらず、例年通り補正予算で追加財政が打たれ、さらに消費増税の二度目の先送りが行われたのは事実だが、それ以外については果たして妥当な説明だろうか。政府が想定するような高い名目成長率とはならなかったため、見込んでいたほど税収も増加しなかった代わりに、賃金上昇やインフレ上昇で膨らむと考えていた歳出もあまり拡大せずに済んだ、と説明するのが妥当であろう。

(30) 田中秀明『財政規律と予算制度改革――なぜ日本は財政再建に失敗しているか』日本評論社、２０１１年。
(31) 待鳥聡史『政治改革再考――変貌を遂げた国家の軌跡』新潮社、２０２０年。
(32) 砂原庸介『分裂と統合の日本政治――統治機構改革と政党システムの変容』千倉書房、２０１７年。
(33) 宍戸常寿、石川健治、清水真人、毛利透「【特集１】憲法の75年〔座談会〕憲法学の75年」『論究ジュリスト』２０２１年春号（No.36）16ページ、有斐閣。佐藤幸治『日本国憲法と「法の支配」』有斐閣、２００２年。
(34) 神林龍「毎勤統計　不適切調査の背景　政策立案と遂行の分化映す　現業官庁から分離も一案」『日本経済新聞』２０１９年１月28日付「経済教室」。
(35) 高安健将『議院内閣制――変貌する英国モデル』中公新書、２０１８年。
(36) 田中秀明『官僚たちの冬――霞が関復活の処方箋』小学館新書、２０１９年。
(37) 成功する財政健全化の条件については、田中秀明の論考を参考にした。田中前掲書、２０１１年。
(38) ダグラス・C・ノース『経済史の構造と変化』大野一訳、日経ＢＰクラシックス、２０１３年。
(39) 歴史家のニーアル・ファーガソンもノースらと同様の論考を行っている。ニーアル・ファーガソン『文明――西洋が覇権をとれた６つの真因』仙名紀訳、勁草書房、２０１２年。
(40) 宇野重規『民主主義とは何か』講談社現代新書、２０２０年。
(41) 加藤創太・小林慶一郎『財政と民主主義――ポピュリズムは債務危機への道か』日本経済新聞出版社、２０１７年。
(42) 小林慶一郎『時間の経済学――自由・正義・歴史の復讐』ミネルヴァ書房、２０１９年。
(43) ニコラス・フィリップソン『アダム・スミスとその時代』永井大輔訳、白水社、２０１４年。
(44) アダム・スミス『国富論――国の豊かさの本質と原因についての研究（上・下）』山岡洋一訳、日本経済新聞出版社、２００７年。
(45) エドマンド・バーク『フランス革命についての省察ほか』水田洋・水田珠枝訳、中公クラシックス、２００２年。

(46)政治学者の佐藤一進は、バークが一国の統治において、共和主義の精神を重視していたという解釈を与えている。佐藤一進『保守のアポリアを超えて――共和主義の精神とその変奏』NTT出版、2014年。
(47)宇野重規『保守主義とは何か――反フランス革命から現代日本まで』中公新書、2016年。
(48)ラグラム・ラジャン『第三の支柱――コミュニティ再生の経済学』月谷真紀訳、みすず書房、2021年。
(49)トクヴィルの論考については、以下を参照した。宇野重規『〈私〉時代のデモクラシー』岩波新書、2010年、同『トクヴィル　平等と不平等の理論家』講談社選書メチエ、2007年、同『政治哲学的考察――リベラルとソーシャルの間』岩波書店、2016年、富永茂樹『トクヴィル　現代へのまなざし』岩波新書、2010年、猪木武徳『自由の思想史――市場とデモクラシーは擁護できるか』新潮社、2016年。
(50)宇野重規『政治哲学的考察――リベラルとソーシャルの間』岩波書店、2016年。
(51)デイヴィッド・ガーランド『福祉国家――救貧法の時代からポスト工業社会へ』小田透訳、白水社、2021年。宇野重規『政治哲学的考察――リベラルとソーシャルの間』岩波書店、2016年。
(52)菊池馨実『社会保障再考〈地域〉で支える』岩波新書、2021年。
(53)堂目卓生『アダム・スミス――「道徳感情論」と「国富論」の世界』中公新書、2008年。
(54)アダム・スミス『道徳感情論』村井章子・北川知子訳、日経BPクラシックス、2014年。
(55)道徳感情論の優れた解説書としては、前掲の堂目卓生の著作のほかに、経済学者のラス・ロバーツの著作も好感が持てる。ただ、一点気になるのは、『道徳感情論』で論じた「共感」の世界は主に家族や親しい人との間の理論で、『国富論』で描いた利己心の世界は見知らぬ人同士の理論と、適用範囲を分離した点である。これは、フリードリヒ・ハイエクの解釈に沿うものだが、果たしてそうか。そもそも『国富論』は、特権商人が政治と癒着し、規制や不正で独占利益を得る重商主義を批判するために書かれた。当時、強欲が市場経済を歪め、その結果、バブルの語源ともなった南海泡沫事件（サウスシー・バブル）をも引き起こしている。「見えざる手」が機能するには、「中立な観察者」が利己心を制御することが必要条件で、適用範囲の分離はスミスの真意に背くのではないか。ラス・ロバーツ『スミス先生の道徳の授業――アダム・スミスが経済学よりも伝えたかったこと』村井章子訳、日本経済新聞出版社、2016年。
(56)ジョセフ・ヘンリック『文化がヒトを進化させた――人類の繁栄と〈文化‐遺伝子革命〉』今西康子訳、白揚社、2019年。
(57)シャチも閉経後、生き延び、子供、特にオスの子どもが、成熟して間もない時期に生き延びることを助け、その後は孫の養育を助けることが知られている。「おばあちゃん効果」は人間社会において、重要な概念であると思われる。

第7章　「一強基軸通貨」ドル体制のゆらぎ——国際通貨覇権の攻防

ニクソン・ショック

1971年8月15日、米国大統領のリチャード・ニクソンは、外国政府に対して、米ドルの金兌換の一時停止と、輸入品への10%の課徴金を発表した。いわゆるニクソン・ショックである。

第二次世界大戦後の国際金融システムは、後述する通り、その新体制を協議した米国ニューハンプシャー州の町の名を取って、ブレトンウッズ体制と呼ばれた。この新たな体制では、金と米ドルの兌換を米国政府が各国政府に保証すると同時に、各国通貨がドルに対し固定される金ドル本位の固定為替相場制が採用されていた。

その後、戦後復興で欧州や日本の競争力が回復する中、米国は1960年代以降のベトナム戦争による軍事費膨張で財政支出が膨らみ、輸入が急増した。同時に財政膨張がもたらしたインフレ上昇が米国の競争力を一段と弱体化させ、対外収支の悪化で、金《きん》が流出した。金不足に直面し始めた米国政府は、金本位制を基軸とする固定相場を支えられなくなり、ブレトンウッズ体制の終わりが始まったのである。

本来、固定相場制における対外収支不均衡の調整は、貿易赤字国が担う。つまり、貿易赤字国は、財政緊縮や金融引締めなどで景気を抑制し、輸入を抑えることで貿易収支を改善させ、金の流入を図ることが期待されている。しかし、翌72年に大統領選を控えたニクソンには、自国の景気を悪化させるという選択肢は存在しなかった。インフレが加速傾向にあったにもかかわらず、子飼いの経済学者アーサー・バーンズをＦＲＢ議長に送り込み、逆に利下げさせている。これが73年の石油ショックを契機とするグレート・インフレーション（インフレ時代）の一因となる。

当時の高インフレは供給ショックによるもの、といわれることが少なくないが、多分に総需要政策の影響が見られる。日本でも原油高が始まる前に、列島改造ブームが訪れ、インフレ加速には供給制約だけでなく、需要要因も少なくなかった。２０２１年に始まった米国を中心とする高インフレも供給制約が主因とされるが、先進各国による大規模な財政政策や金融緩和の影響は無視できない。ただ、各国とも当時と異なるのは、自然利子率が大きく低下していることである。

スミソニアン合意後のふらつく足取り

ニクソン・ショックから4カ月後の１９７１年12月、米国ワシントンＤＣで開かれた会合で、主要10カ国によるスミソニアン協定が結ばれた。この合意で、ドルを切り下げ、金ドル本位制の修復を図ろうとしたが、結局、73年に固定相場制を支えきれなくなり、現在の、ドルを中心とする変動相場制に移行した。

その後、50年あまりの間に、国際金融市場は波乱が続いた。73年と79年の二度の石油ショック、80年代初頭の中南米債務危機、85年のプラザ合意、89年の冷戦終結、97年のアジア通貨危機、２０００年のユーロ発足とドットコムバブル崩壊、２００７年からのグローバル金融危機、続く２０１０年代初頭の欧州債務危機。さらに過去20年間の中国経済の大躍進等々、国際金融市場は一度として安定的に歩んだことがないのも同然だった。

図７－１　世界の GDP と通貨のシェア

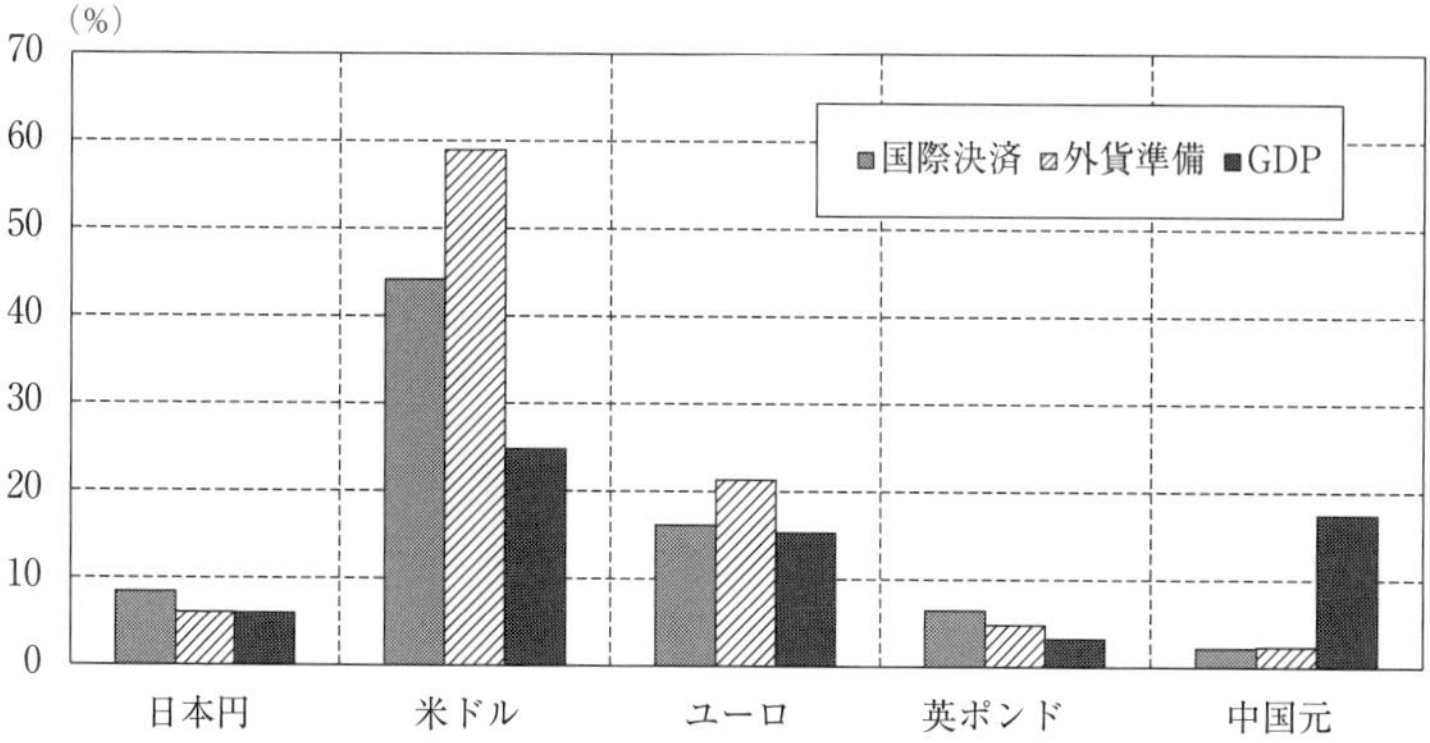

（注）　国際決済は2019年時点、外貨準備と GDP は2020年時点。
（出所）　IMF、BIS 資料より、BNP パリバ証券作成

ここで注目すべき点は、「今もドルが基軸通貨として生き延びていること」ではない。国際金融市場の現場では、むしろ「ドルの基軸通貨性が増して見える」ことである。たしかに米国のＧＤＰの世界経済に占めるシェアは低下傾向が続いている。しかし、図７－１が示すように、ＧＤＰの世界シェアに比べると、国際決済や外貨準備に占める米ドルのウエートは依然として相当に高い。

米ドルのコロナ危機対応で米ドル国債が大量に発行されたにもかかわらず、低い利回りで、喜んで購入しようとする経済主体が新興国を中心に世界中に存在する。米国のインフレ率が上昇しているにもかかわらず、米ドルの長期金利の上昇が限定的であるのは、先行きが不透明になると流動性選好が強まり、ドル国債の需要が高まるからである。

本章では、より強固になったように見えるドル基軸通貨体制の行方について考える。

1　金融イノベーションの帰結

(1)　ケインズとブレトンウッズ体制

ブレトンウッズでのホワイトとケインズの攻防

今やG7やG20で主要各国の財務大臣や中央銀行総裁が集まっても、長期的に実効性のある取決めに至ることは稀である。先進7カ国が圧倒的優位性を誇った時代のG7会合ならまだしも、中国やインドが加わり参加国が20カ国まで増えると、大国間の利害調整は事実上、不可能である。後に残るのは、参加者全員で撮影する記念写真くらいだろう。いや、ウクライナ危機で写真撮影どころか、G20の存続自体が危ぶまれる。

しかし、1944年7月のブレトンウッズ会議はそうではなかった。米国北東部の避暑地として名高いブレトンウッズに、第二次世界大戦の連合国44カ国代表が集結し、戦間期の惨憺たるマクロ経済や乱高下する金融市場の反省に立ち、戦後の国際通貨制度を構築したのである。もちろん急ごしらえではなかった。会議開催までの2年間、戦争のさなかにもかかわらず、米国と英国の代表が草案作成で火花を散らしていたのだ。

世界最大の債権国であった米国の代表は財務省のハリー・デクスター・ホワイトで、米国の通貨覇権を可能な限り発揮するための新たな制度の構築を目指した。巨額の対外債務を抱える落日の大英帝国の代表は、ジョン・メイナード・ケインズで、新たに国際準備通貨（バンコール）を創設し、ドル支配を回避しようと奮闘した。結局、ケインズ案は退けられ、ホワイト案をもとにした金ドル本位制による「アジャスタブル・ペッグ制（調整可能な固定相場制）」がスタートしたのである。ただし、

「アジャスタブル・ペッグ制」そのものは、ケインズのアイデアでもあった。

米外交評議会のベン・スティールの著作『ブレトンウッズの闘い』には、新たな国際通貨制度の構築をめぐってホワイトとケインズの攻防、そして時として、自国の議会対応での協力がスリリングに描かれている。(1)

ブレトンウッズ会議の当日、銀行委員会の議長にまつり上げられたケインズは、為替制度を決める基金委員会での議論には参加できず、そこでドルのみを金兌換通貨とする「金ドル本位制」が決定された。ケインズに代わって英国代表として基金委員会に参加した経済学者のデニス・ロバートソンは、ホワイトが提案した協定条文案の意味するところが「金ドル本位制」の導入であることに気がつかなかった。金兌換通貨というのを、帳簿上だけの概念と勘違いしていたのである。ケインズも協定条文に署名し、ブレトンウッズを去った後になって初めて、金ドル本位制の導入であることを知った。

ブレトンウッズ体制がうまく機能したのは10年あまり

それでは、ホワイト案はうまくいったのか。冒頭で述べたように、一般にブレトンウッズ体制は、ニクソン・ショックまでの四半世紀にわたって続いたとされる。ただ、制度開始後、最初の10年間は、欧州各国ともドル不足傾向が続き、うまく機能しなかった。米国の競争力が圧倒的で、日本や欧州各国は対外支払いのための国際通貨ドルを十分に保有することができなかったからだ。その間、ドル不足の一部が補われたのは、東西冷戦の激化によって、米国が方針を転換し、マーシャルプランを通じてドルを欧州各国に供給したからである。

やがて、欧州や日本の戦後復興が進み、ドル不足が次第に解消されるようになると、今度は米国の競争力低下でドルの垂れ流しが始まる。ドルを安定供給するために、米国が国際収支赤字を続けると、ドルの信認が失われ、金ドル本位制が揺らぐ。一方で、ドルの信認を維持するために米国が国際収支の健全性を保つと、グローバル経済がドル不足に陥る。このように、ブレトンウッズ体制は、もともと、経済学者のロバート・トリフィンが予測したジレンマ（トリフィンのジレンマ）を孕んでいたのである。[(2)]

前述した通り、ベトナム戦争によって米国の財政支出が膨らみ、インフレが上昇すると、競争力をさらに低下させた米国から金流出が加速し、1971年にはドルと金の交換を一時停止したニクソン・ショック、そして73年には固定相場制の崩壊に至る。結局、ブレトンウッズ制度がうまく機能したのは、わずか10年間あまりであり、ホワイト案は有効性を維持することができなかった。

では、ケインズ案ならうまくいっていただろうか。それも疑問である。ケインズ案はもともと、英国とその通貨ポンドの延命策の色彩が強かった。戦間期以降のブロック経済化で見えづらくなっていたが、後述する通り、そもそも1920年代にすでにポンドは国際金融市場における最強通貨の地位をドルに奪われていた。また、ケインズが元来唱えていたアジャスタブル・ペッグ制がブレトンウッズ体制の下で何とか維持可能だったのも、強い資本規制が継続されていたからである。資本規制が緩められると、結局、変動相場制への移行は避けられなかった可能性がある。

（2）金融自由化で成長は高まったか

ニクソン・ショックで外れた金《きん》の軛《くびき》

ブレトンウッズ体制崩壊の契機となったニクソン・ショックがエポックメーキングだったのは、金と通貨との関係を完全に断ち切ったことにある。すでにブレトンウッズ体制の下で、金との兌換が約束されていたのは、米ドルだけだった。それでも各国通貨は、米ドルとの固定相場制を通じて、金による間接的な裏づけを持っていたが、遂にそうしたアンカー（錨）が失われた。[3]その結果、強い資本規制も不要となり、１９７０年代末からの世界的な金融自由化の開始とも相まって、実体経済を上回る速いスピードで、通貨、そして金融負債の拡大が始まったのである。

ただ、金の軛が外れ、金融自由化が進んだからといって、継続的に高い成長がグローバル経済にもたらされたわけではない点に注意が必要だろう。まず、先進各国の成長ペースは、固定相場制の時代に比べると、むしろ大きく低下した。第2章で論じた通り、70年代初頭までの20年間の先進各国の高成長は、第二次世界大戦で破壊された資本の再蓄積が進んだことや、大戦で利用されたさまざまな軍事技術が民生に転用されたこと、また戦後のベビーブーマーが人口ボーナスをもたらしたことなどが理由だった。

１９７０年代に成長が下方屈折したのは、それらの効果が一巡したためであり、固定相場制の終焉とは直接関係はない。成長の下方屈折に対する処方箋が、80年代初頭のレーガン＝サッチャー改革における一連の規制緩和であり、その中の一つが金融自由化である。

ここで筆者が強調したい点は、金融自由化の帰結として、マクロ経済の振幅が大きくなったことである。金の軛が外れ、金融自由化が進み、金融膨張が続いたことがグローバル経済を不安定化させたのではないだろうか。まず、70年代にはグレート・インフレーションの時代が訪れ、文字通り、物価の安定と経済の安定が損なわれた。インフレの時代が終息すると、今度は、第5章で論じたように、80年代末の日本を皮切りに、金融バブルの生成と崩壊が世界的に繰り返された。金融不均衡がもたらすマクロ経済の落込みを、さらなる金融膨張で凌ごうとするから、マクロ経済の振幅が一段と大きくなった、というべきだろう。

ワシントン・コンセンサスとその瓦解

「マクロ経済の振幅が大きくなったといっても、平均成長率が変わっていないのなら中立」と考える人もいるかもしれないが、それでは済まされない。なぜなら、同じ平均成長率であれば、マクロ経済の振幅が小さいほうが経済厚生は高いからである。まさに、そのためにマクロ安定化政策が存在する。また、金融ブームの終焉後、実体経済の下降局面で露わになる過剰債務や過剰設備の調整が継続的に実体経済にもたらす傷跡効果など、ヒステリシス（履歴効果）が各国の潜在成長率にも少なからぬ悪影響を及ぼしてきた可能性も否定できない。

特にこうした影響は新興国で顕著であり、1994～95年のメキシコのテキーラ危機、97年のアジア通貨危機、99年のブラジル危機などが繰り返されてきたことは前にも述べた。興味深いことに、そうした危機が起きると、その処方箋として提示されたのが、さらなる金融自由化だった。国境を越える資本移動を促すことで、資源配分が改善され、新興国を中心に高い成長がもたらされると考えられたのである。危機が生じるのは当該国で自由化が足りないからといった考えが、米国財務省やFR

B、IMFでは共有されていた。こうしたワシントン・コンセンサスに転機が訪れるのは、2008年以降、米国など先進国を中心にグローバル金融危機が訪れてからである。

危機はそれぞれ各国特有の要因を抱えるが、多くの共通した展開を辿る。金融自由化の下、資金調達が容易になると、総需要が喚起される。高めの成長が観測され、金融イノベーションによって経済が新時代を迎えたという解釈が優勢となる。しかし、結局のところ、高成長が観測されていたのは、金融自由化によって資本流入が促されるなど、強い金融緩和効果がもたらされ、将来の需要の先食いが起こっていたからにすぎない。インフレ率が上がらないのは、生産性上昇率が高まり潜在成長率が高まっているから、と解釈されるが、それは単に潤沢になったマネーが株式など金融市場に流れ込むためである。その過程では、実物投資も増えるが、好況が終わりを告げると、結局、過剰設備や過剰債務が積み上がっていただけであることが明らかになる。

金融イノベーションと呼ばれるものの中に、果たして新たな付加価値の創造を促す革新的なものがどれほど存在しただろうか。グローバル金融危機の直後に、元FRB議長だったポール・ボルカーはオバマ政権で銀行規制改革の重責を担ったが、「ATMは、過去20年間の銀行業務で唯一有用なイノベーション」と発言した。ネット・バンキングも加えたいところだが、筆者もそれに近い認識を持っている。

たしかにリスクのアンバンドル（分解）など、画期的な金融技術が生み出されたのは事実である。しかし、それらは、あくまでリスクを負担するにふさわしい経済主体にリスクを移転するための手段だったはずだが、目先の利益に惑わされ、過大なリスクテイクによる信用膨張がもたらされた。後述する通り、それがグローバル金融危機の真因である。

経済自由化と金融自由化は異なる

一般に、経済問題の解決には、経済の自由化が回答となる場合が少なくない。第2章で論じた通り、1980年代初頭のレーガン＝サッチャー改革時代において、生産性上昇率を高めるために広範囲に規制緩和が行われ、自由貿易が推進されたことは、適切であったと筆者も考える。経済活動を自由にし、人々が創意工夫を発揮しやすい環境を整えることが、生産性上昇率を高めるための近道である。競争の活発化で、勝者と敗者が生まれるが、そこで所得分配の弱体化ではなく、所得分配に配慮した政策を行えば、なおよかったと考えられる。

しかし、規制緩和や自由貿易を推進することと、金融自由化を進めることは、まったく別の話である。金融自由化によって、わたしたちは一国経済を投機の場に晒すことになったのではないか。自由貿易論者で知られる経済学者のジャグディッシュ・バグワティは、アジア通貨危機の後、規制緩和や自由貿易と金融自由化はまったく別ものであるとして、1980年代以降の金融自由化に強く反対している。(4) 金融市場参加者のセンチメントは移ろいやすく、不確かな情報をもとに、一部の人々が行動することがきっかけで、群集行動が発生し、グローバル資本市場はいともたやすく不安定化する。筆者も基本的にバグワティと同じ認識に立つ。

問題は、大国が国際金融市場の荒波を容易に乗り切れるとしても、新興国は荒波に翻弄され、時として転覆することである。日本を含め、先進国が戦後の高い成長を経験した際、ブレトンウッズ体制の下で、国際的な資本移動は強く規制されていた。その後、資本自由化の中で、多くの新興国はグローバル資本市場が主導するブームとその崩壊に晒され、大きなマクロ経済の振幅を経験した。そうした中で、過去30年間、安定的に高い成長を続けていたのは、第1章でも登場したダニ・ロドリックが指摘する通り、ブレトンウッズ時代並みの資本規制を続けていた中国だけである。[5]

生産要素の移動は必要か

そもそも経済学は、労働力や資本などの生産要素が国境を越えて移動しなくても、自由貿易によって、生み出された財やサービスが自由に国境を越えて移動することにより、効率的な資源配分が図られ、あたかもヒトや資本の自由な移動と同等の恩恵をもたらす、と教えてきたはずだ。いつの間に国境を越えた資本や労働力の自由な移動がなければ、経済厚生を高めることができない、という教義にすり替わってしまったのか。

また、あくまで金融は実体経済の活動をサポートするための黒衣《くろこ》だったはずだ。にもかかわらず、1990年代末に始まった金融グローバリゼーションによって、金融が成長を生み出す主役という幻想が振り撒かれてしまった。現実には、実体経済を大きく不安定化させただけである。

もう一つ気になるのが、経済社会の多様性との関係である。経済学者の寺西重郎が論じる通り、労働力や資本などの生産要素の国境を越えた移動が活発化することは、各国経済を同質化させる作用がある。[6]一方で、労働力や資本の移動は限られたものにとどめ、自由貿易によって産出された財・サービスの移動を活発化させるのなら、世界の多様性は維持される。

生産要素の自由な移動を志向するアングロサクソン型の資本主義に追随することは、経済社会の同質化を受け入れることになりかねないのではないか。端的に言えば、アングロサクソン型への収斂である。第4章では、低スキル外国人労働の解禁に関し、本論で経済的な便益と費用の比較衡量を、補論で経済安全保障上の問題などを取り上げた。寺西が提起する経済社会の多様性の維持も無視し得ない論点だが、保守を自認する政権の下で、低スキル外国人労働の解禁が拙速に進められたことに、筆者は驚きを禁じ得ない。

(3) クレジット・バブルの真因

以上、資本自由化がもたらしたグローバル経済への影響について論じた。ここでグローバル金融危機をもたらした米国のクレジット・バブルの構造的な要因についても少し触れておこう。グローバル経済を大きく揺るがす大事件であったにもかかわらず、複雑な問題が絡んでいるため、その発生原因に関して、今でも誤解が少なくないからである。

経済格差もクレジット・バブル発生に影響

第5章で論じた通り、バブルが連鎖する理由の一つには、中央銀行の積極的な金融緩和がある。「日本のようなデフレを避けるため」という思惑が背景にあったのはたしかだが、米国では1990年代以降、景気回復局面が訪れても、失業問題がなかなか解消されないことが、中央銀行への大きな政治的緩和プレッシャーとなっていた。

その失業問題は、単なる需要不足問題とは異なる。第1章で詳しく論じた通り、低中スキル労働力への需要の低迷の裏側には、ITデジタル社会の到来で、高い教育を受けた高スキル労働者への需要が高まったことがある。技術が進歩してもそれに対応できる高スキル労働力の供給は簡単には増えない。こうしたミスマッチによる失業問題は、金融政策では解消できないはずだが、無理に対応しようとして極端な金融緩和が行われ、それがバブルの温床となっていたのである。

この雇用のミスマッチは、経済学者のラグラム・ラジャンが指摘するように、別の経路でも住宅バブルに影響した(7)。1990年代以降、所得格差はすでに大きな社会・経済問題となっていたが、その原因の一つは、まさに今述べた通り、不足する高学歴労働者の所得上昇である。国民に高い所得をもたらすべく、歴代政権はさまざまな教育改革を試みるが、いずれも効果が乏しい。成果の乏しい教育改革を諦めて、富裕層が「よい学校」を目指しコミュニティを離れていったのは、第1章で論じた通りだ。一方で、米国では伝統的に所得再分配に対して抵抗が強い。

結局、1990年代のビル・クリントン政権や2000年代のジョージ・ブッシュ（子）政権が取ったのは、持ち家推進政策だった。所得が増えなくても、「アメリカン・ドリーム」の象徴であった住宅取得を可能とするため、低所得者でも組むことができる住宅ローンが政治的要請で開発された。それが低所得者向けローン、つまりサブプライム・ローンだったのである。第二次グローバリゼーションや第二次機械時代の到来がもたらした雇用のミスマッチが生み出す所得格差への処方箋が、住宅バブルの原因の一つとなったわけである。

政府が積極的に推進したため、多くの民間金融機関がサブプライム・ローンになだれ込んだ。低所得者が住宅購入に走るため、住宅価格が高騰し、住宅価格上昇による返済を前提としたローンが大量に組まれ、金融規律が大きく損なわれた。さらに、ドットコムバブル崩壊後に取られたFRBの超低金利政策も住宅価格高騰を助長した。本来なら所得が低く、住宅ローンを組むことができない人たちが、返済不能な多大な借金を抱えたのは、政府の持ち家政策の推進が背景にあった。

住宅バブルがクレジット・バブルを生んだのではなく、その逆？

２０００年代のクレジット・バブルの生成と崩壊の物語は、さらに複雑な側面を持つ。一般には、住宅バブルによって、低所得者向けの住宅ローンが増え、その住宅ローンを組み込んだ証券化商品が乱造されて、住宅バブル崩壊とともに、その証券化商品を購入した金融機関が大きな損失を被ったために、危機が世界中に広がった——と解説される。

しかし、実は逆の因果関係も強く働いていた。むしろ、大手金融機関の証券化商品への購入ニーズが嵩じてバブル化し、そのニーズに応えるために、低所得者向けのサブプライム・ローンが粗製乱造され、住宅バブルが生じたというメカニズムも無視できない。一言でいえば、金融商品に対するバブルが生まれ、その後、住宅バブルが発生したのである。こうしたメカニズムは、専門家を除くと、日本ではあまり知られていない。以下、日本銀行で長くプルーデンス政策に関わっていた宮内惇至の論考をもとに説明する。[8]

金融イノベーションの実態

サブプライム・ローンをもとにした証券化商品の中でも、大手米銀の購入ニーズが強かったのは、スーパー・シニアと呼ばれたトリプルAの格付が最も高かった部分である。質の高くない資産は、そのままでは高い投資格付を得られないため、銀行は購入しない。そこで工夫されたのが優先、劣後の階層構造を用いたトランシェ分けのスキームである。大量のサブプライム・ローンをひとまとめにして、上から順にスーパー・シニア、シニア、メザニン、エクイティの四つの部分（トランシェ）に分ける。

このうちたとえば8割のトランシェをトリプルA格のスーパー・シニア・トランシェとする。サブプライム・ローンで貸倒れが発生しても、損失は、格付の低いエクイティ・トランシェが引き受けるからスーパー・シニアは安全なはずだが、話はここで終わらない。シニア・トランシェなどダブルA格やそれ以下の格付のトランシェを集めて、再び証券化して、上澄み部分だけを取り出すと、割合は大きく減るが、再びトリプルA格の資産をつくり出すことができる。さらに残った資産を集めて、再び証券化して、上澄みだけを取り出すと、割合はさらに減るが、再びトリプルA資産を生み出すことができる。これが金融イノベーションの実態であったが、物語はさらに続く。

2004年の銀行規制では、銀行に対しトリプルA部分のスーパー・シニアはリスクが低く、その保有に対して、国債と同様、規制上の自己資本を割り当てる必要がないとされたのである。表面上トリプルAであっても、本当はリスクがあるから利回りが高いのだが、リスクを考慮する必要がないと監督官庁からお墨付きを得たのだから、利に敏い大手米銀は一斉にその商品の購入に向かった。しかし、証券化商品を組成するためのサブプライム・ローンの絶対量が足りない。ローンを増やしても足りないから、結局、十分な審査なしで、劣悪なサブプライム・ローンが粗製乱造された。本来なら融資を受けることができないような人も、資金を得て住宅を購入するから、住宅バブルが始まったのである。こうした事情があったから、むしろ低所得者の住む地域の住宅価格がより大きく上昇したのである。

いくら上澄み部分を集めても、質の悪いサブプライム・ローンばかりからつくられた証券化商品のスーパー・シニア部分は、表面上はトリプルA資産でも、劣悪資産であろう。実際、規制上はリスクが小さいはずのスーパー・シニアで大損失が発生し、その保有に対して大手米銀は引当てを積んでいなかったから、それが金融破綻の原因の一つとなったのである。

レギュラトリー・アービトラージで過大なリスクが追求された

一方、メザニンやエクイティなどのハイリスク部分への投資を行っていたヘッジファンドや年金基金は、ある程度の損失を想定したリスク管理を行っていたため、損失に伴う破綻は実は起こっていない。問題の本質は、大手銀行や投資銀行が保有するスーパー・シニアに対して、規制資本と経済的資本の間に大きな乖離が発生し、その隙を突いたレギュラトリー・アービトラージ（規制裁定）が行われたことである。わずかな規制資本に対して、相当に大きなリスクが取られていた。

規制産業である銀行は、常に規制をかいくぐって儲けようとする。規制対象外でリターンの高いところに資金が一斉に向かう。リターンが高くとも規制上リスクがないと監督当局から認定されているから、十分な資本も準備されていない。さらに皆が一斉に同じところに資金を投入するから、バブルが生じる。米銀のインセンティブを十分に考慮しない規制も危機の原因の一つだった、というのが真相である。

これが、高度な金融イノベーションを駆使したはずの収益性の高い資産のカラクリだった。単に将来の所得を先食いしていただけだったから、その後、２０１０年代の米国経済は低成長が長引いたのである。

(4) 勝ちはわが儲け、負けは納税者の負担

なぜ銀行の資本コストは高いのか

グローバル金融危機後に、大手米銀に対して大規模な公的資本が注入された。仮に、他産業並みに、銀行が厚い自己資本を持っていれば、不良債権を抱えても政府に頼らず自力で解決できたはずである。しかし、他産業に比べて、銀行の自己資本比率は相当に低い。過ちを繰り返さないため、オバマ政権はポール・ボルカーらを使って、自己資本の充実を迫ったが、大手米銀は強く抵抗した。融資が商売だから、銀行の自己資本比率が低いのは当然なのだろうか。銀行の自己資本について、経済学者のアナト・アドマティとマルティン・ヘルビッヒの論考にも触れておく必要があるだろう(9)。

まず、大手米銀の言い分は、自己資本のコストは相当高く、自己資本比率を高めるにはバランスシートを圧縮しなければならない、というものである。たしかに銀行が自己資本比率を高めるために融資を圧縮すれば、マクロ経済に大きな悪影響が及ぶ。しかし他産業では、自己資本比率を高めるためにバランスシートを縮小する、といった話はまず聞かない。銀行だけが自己資本のコストが高いとなぜ考えるのか。

経済学的に考えれば、理由ははっきりしている。本来、負債が多い企業には、倒産確率の高まりを恐れて貸し手は資金を提供しない。銀行は融資を避けようとするはずである。しかし、銀行の負債である預金については、政府が保証する預金保険制度の存在のおかげで、銀行の負債比率が高くても、預金者は預入れに躊躇しないのである。

預金保険は、銀行取付による金融危機を回避するための不可欠な制度である。中央銀行制度と並ん

で、金融システムの不安定性を取り除く人類の知恵ともいえるが、その副作用として、債権者である預金者からの銀行への規律が働かなくなるのだ。銀行にとって負債のコストが極端に低くなるため、自己資本のコストを相当高く感じるというのが実態だろう。

この結果、勝ったときは自分の儲け、負けたときは政府の損（納税者の負担）という構図ができあがる。他人のおカネでギャンブルができるため、大手米銀がより大きな勝負に出たというのが、グローバル金融危機のもう一つの構図であろう。さらに資本利益率に大手米銀の経営者のボーナスが連動する報酬体系となっていたこともリスクテイクを助長した。

ポール・ボルカー再び

実は、20世紀初頭、自己資本比率が25％前後という米銀は少なくなかった。アドマティとヘルビッヒも、総資産の2～3割までの自己資本の引上げを義務づければ、納税者負担の少ない安定した金融システムが構築できると主張する。

「ＡＴＭは、過去20年間の銀行業務で唯一有用なイノベーション」と発言したポール・ボルカーは、ＦＲＢ議長時代から金融膨張を強く懸念していた。グローバル金融危機後もオバマ政権の下で、銀行の資本規制の厳格化など、短期の利益を追求する金融文化の抑込みに精力を注いだ[10]。

実は、ボルカーはニクソン政権下で、財務省の国際担当次官として、金とドルの兌換停止の原案をつくった張本人でもある。歴史に「Ｉｆ」はないのだろうが、金とドルの兌換が今も維持されていれば、マネー膨張時代の到来は避けられたのだろうか。それはあり得ないとしても、１９８７年にボルカーがＦＲＢ議長に再任されていれば、その後の金融膨張はここまで広がらなかっただろうか。

レーガン大統領がボルカーの代わりに選んだのは、諸手を挙げて金融イノベーションを歓迎したアラン・グリーンスパンである。大恐慌の反省で、銀行のリスクテイクを抑制するためにつくられたグラス＝スティーガル法の骨抜きは、グリーンスパン時代に加速した。クリントン政権の下、１９９９年のグラム＝リーチ＝ブライリー法の誕生で、銀行持株会社による他の金融機関の所有を禁止する条項が撤廃され、グラス＝スティーガル法は完全に葬られたのである。

2　ドル一強とその臨界

(1)　トリレンマではなく、ジレンマ

新興国のしっぺ返し

米国は基軸通貨を持つことで、多大なメリットを享受してきた。

世界経済に占める米国のシェアが低下傾向を続けているにもかかわらず、世界中の人々、特に新興国の人々が、今も「紙の約束」にすぎない米ドルや米ドル国債を喜んで保有しようとする。前節で論じた通り、１９９０年代後半以降、アジア通貨危機など新興国の経済危機が繰り返されたが、その結果、新興国はますます、安全資産としてドル国債を保有するようになっている。

もっとも、アジア通貨危機などの後、新興国が米国債をさらに欲するようになったことが、グローバル金融危機の遠因であったことにも触れておく必要があるだろう。東アジア新興国も通貨危機以前は、資本輸入国だった国が少なくないが、危機の際、極度の資金逼迫に遭遇したため、そのトラウマから企業部門も貯蓄主体となり、その一部をドル国債で保有するようになったのである。それが米国

国債の利回り低下につながったことは、これまでも論じた通りである。

米国債というトリプルA資産の利回りが大きく低下したため、２０００年代半ばに、大手米銀はそれに代わる収益性の高いトリプルA資産を欲した。原理的に、高い利回りの安全資産はもはや存在し得ないはずだったが、前述したように、銀行規制の隙間で彼らが見出したのが、サブプライム・ローンを原資産とした証券化商品のスーパーシニア・トランシェである。先進国の投機マネーに翻弄され通貨危機を経験したアジア新興国の強いドル国債需要が米金利を押し下げ、巡り巡ってクレジット・バブルの膨張を助長し、米国経済に大きなダメージをもたらしたわけである。

中央銀行の為替市場への影響は非対称である

とはいえ、クレジット・バブル崩壊直後に、基軸通貨を持つ米国は、金融政策運営において、自国通貨を大幅に減価させることで、大きな政策効果を享受した。一般論からすれば、不況に直面する国が金融緩和を行い、自国通貨を減価させることで輸出を刺激すること自体は、おかしなことではないだろう。

しかし、それは、第5章で論じた通り、他国から需要を奪うことにほかならない。とりわけ、グローバル経済全体が縮小傾向にある中では、反対に自国通貨高に直面した国がより大きなダメージを被る。基軸通貨国の米国が非伝統的な金融緩和を行い、米国債利回りを大きく低下させると、先進各国は金融緩和で対抗しようにも、自国通貨高を回避することが難しい。中央銀行の為替市場への影響は、極めて非対称なのである。

米国は、基軸通貨国であるため、対外負債の95％程度がドル建てである。一方、対外資産の65％程度が外貨建てであるため、ドルの減価は、対外負債の負担を大きくすることなく、主に米国企業が保有する対外資産のドル建て価値を大きく膨らませ、株高等を通じ、大きな景気刺激効果を米国経済にもたらす。実際、FRBは、アグレッシブな金融緩和がもたらした米ドルの減価によって、バブル崩壊による内需の調整圧力を大きく和らげることが可能となった。また、ドル経済化しつつあった新興国では、米国の金融緩和の効果波及で、より強い景気刺激効果を享受した。

犠牲を強いられたのは日欧の中央銀行

米国発のグローバル金融危機後、こうしたドルの大幅減価の大きな犠牲となったのは、いうまでもなく日本と欧州である。米ドルとともに、新興国通貨も大きく減価したため、欧州と日本は実効為替レートが上昇し、苦しめられた。とりわけ、利下げ余地がほとんどなくなっていた日本では、ドル安が進むたびに、金融緩和が足りないと日本銀行は強く批判された。第5章で論じた通り、これが、円高回避が日銀の隠された責務になった背景であり、2013年の黒田東彦による異次元緩和の開始につながった。

欧州中央銀行（ECB）についても事情は同様である。すでにグローバル金融危機が訪れる前の段階において、経済学者のジョン・テイラーが、大国であるはずのユーロ圏の金融政策がFRBに大きな影響を受けていたことを見出していた[11]。実際にECBが決定した政策金利と、望ましい政策ルール（テイラー・ルール）から計算された政策金利の理論値に大きな乖離があり、それが米国の金融政策によって説明可能というのである。つまり、ユーロ圏の経済・物価動向から判断して適切な金融政策の運営が行われていないのは、為替レートを通じて、FRBの金融政策が大きく影響しているから、ということである。

これまで国際金融論は、①自由な資本移動、②為替レートの安定、③自律的な金融政策の三つを同時に達成することはできないと教えてきた。経済学者のロバート・マンデルが唱えた「国際金融のトリレンマ」である。それは、いい換えるなら、自由な資本移動が前提の現代においては、為替レートの変動を甘受すれば、自国の経済・物価に対応した適切な金融緩和を運営できるというものである。

しかし、現実には、各国の金融政策の影響は非対称であり、そうなってはいない。FRBの金融政策の影響があまりにも大きすぎるため、小国経済とは異なるユーロ圏ですら、その影響を遮断ができないのである。経済学者のエレーヌ・レイが指摘した通り「トリレンマではなく、ジレンマ」なのである[12]。

大国の金融政策には自制が必要

もちろん、クレジット・バブル崩壊後の流動性危機に対して、FRBがゼロ金利政策の実施とともに、無制限の資金供給を行ったことは、米国にメリットをもたらしただけでなく、多くの国にとってもプラスの効果をもたらしたと思われる。また、機能しなくなった資本市場を補完するために、FRBが信用緩和を行ったことも、他国にとって影響はゼロではなく、プラスだったと思われる。グローバル金融危機の直後にFRBが採用したのは、主にこの二つの政策であり、各国からは歓迎された。

しかしその後、米国経済の回復がままならず、2010年以降、FRBが採用したのは、大量の長期国債の購入によって長期金利を押し下げることだった。ただ、長期金利を押し下げても、本来、バブル崩壊後の内需刺激には、あまり大きな効果はない。それでもメリットがあるとすれば、前述した通り、自国通貨安を促すことで企業部門が保有する対外資産の価値を押し上げ、調整圧力を和らげることである。そのことは、たしかに米国には大きなメリットをもたらしたが、日欧には大きな負担を強いた。

これらの結果、近年、グローバル経済を揺るがす大きなショックが訪れると、米国の金融緩和がもたらすドル安・自国通貨高を回避することが日本や欧州の中央銀行の「責務」となっていた。表向きは物価安定だが、自国通貨高・ドル安を避けるために、より規模の大きな金融政策が追求されるようになった。その長期化、固定化によって金融システムへの悪影響や潜在成長率の低下など、副作用が大きくなっていることは、第5章で詳しく論じた通りである。さらに、FRBの金融政策が、特に新興国のクレジット・サイクルに強い影響を与えていることで、グローバル経済の振幅は大きくなっている。2022年3月に始まったFRBの利上げサイクルでも、そのことが改めて確認されるだろう。

日欧の中央銀行の苦境を見るにつけ、あるいは新興国のクレジット・サイクルの振幅が拡大していることを見るにつけ、筆者は、他国に影響の大きい非正統的な金融政策については、主要国の中央銀行の間で、自制のための協定が必要なのではないかと2010年代初頭から考えてきた。各国の中央銀行が無理をしてFRBに追随し、副作用の大きなアグレッシブな金融政策に踏み切るのではなく、基軸通貨国の金融政策を運営するFRBを説得して国際ルールをつくり、大規模な非正統的金融政策から各国が距離を置くとともに、国内では、金融政策ばかりにではなく、財政政策にマクロ安定化政策の一部を担わせる、というのが政治の大きな役割ではないのか。

インド中央銀行総裁だった経済学者のラグラム・ラジャンは近著で、主要国が他国に悪影響をもたらす金融政策を抑制するという国際ルールをつくるべきだと論じているが、わが意を得たり、の思いである。[13]

(2) 現代版「アリとキリギリス」

米国債バブルの正体

ドル基軸通貨体制が特殊であるのは、為替問題だけではない。成長率が高いはずの新興国が自分たちより成長率の低い米国に資本を輸出している点でも特殊である。経済学の常識は、成熟した先進国が成長率の高い新興国に資本輸出を行うというものであったはずだ。しかし、新興国がグローバル経済に参入するには、米国政府の負債である米国債を世界通貨として購入しなければならない。さらに、豊かになった新興国は、富の保蔵手段としてドル国債を選好する。

米国側から見れば、自らが生産するよりも多い財・サービスの消費を可能とすべく、輸入を増やす。発生する経常赤字のファイナンスのために、新興国から借入を増やす、ということである。米国は新興国が生み出す財・サービスを欲し、新興国は米国が発行する借用証書である米国債を安全資産として欲し、互いが交換する。基軸通貨を持つ米国が大規模な財政政策を行い、公的債務残高を膨らませても、持続可能性は問題にならない。それどころか、ドルの長期金利が比較的落ち着いているのは、このように米国債に対する強い需要が存在するからである。

第6章で論じたブルネルマイヤーらの国債バブルを組み入れた財政理論(FTPL)では、将来のPB収支の改善が見込まれなくても、国債バブルの発生によって、統合政府の負債が吸収され、物価の急騰が避けられていた。グローバル経済の文脈で考えると、国債バブルの正体は、安全資産を生み出すことができない新興国のドル国債への渇望ということなのだろう。新興国の安全資産に対する需要が強いから、国債発行が膨らんでも、米国は金利上昇を懸念することなく、財政政策を発動できる。米国と同様に、国際通貨を保有する先進国も、同様の恩恵を享受できる。

新興国が犠牲にならないシステムは存在しないのか

逆にいえば、新興国では、自ら国債を発行して財政政策を発動することが必要でも、その余地は限られているということだ。実際、コロナ危機の初期局面においては、新興国は財政政策を発動したものの、早い段階でインフレ加速が始まり、拡張的なマクロ安定化政策を断念せざるを得なくなった。米国をはじめ多くの先進国が、金利急騰を懸念することなく、大規模財政を実行できたのは、新興国の犠牲だったということである。

もちろん、米国や他の先進諸国に資本輸出を行う新興国は、財・サービスの輸出を通じて、自国の経済成長を高めるというメリットを享受している。コロナ危機においても、医療体制など社会システムが脆弱で、内需が冴えない新興国において、景気回復がなんとか可能だったのも、巣籠りが続いた先進国において、サービス消費の代わりに、財消費が著しく増えていたからでもあった。

また、かつて開発経済学では、金融システムが発展しなければ、新興国のテイクオフは難しいと考えられていた(14)。新興国は安全資産を供給できないままであり、自国の金融システムは整備が遅れたままだが、自国通貨ベースの金融システムの育成ではなく、ドル経済化を推し進め、グローバルなドル金融システムに直接アクセスすることで、経済発展を遂げたともいえる。新興国も少なからぬ恩恵を受けてきたということだが、グローバル経済への新規参入者がまず外貨を獲得するために支出を抑えるのではなく、まず支出を増やすために対外借入から始めるというシステムは、やはり存在し得ないのだろうか。

キリギリスに冬は来ない？

新興国の資本輸出のおかげで、米国は借入を増やし、実力以上の消費水準を維持できるとすると、その結末として「アリとキリギリス」を思い浮かべる人も多いだろう。いつしか、未曽有の対外債務を抱えた米国は返済が困難になる。しかし、ますます多くの新興国がグローバル経済に参入し、安全資産としてより多くのドル国債を欲するのなら、キリギリスに冬は訪れない。

ブルネルマイヤーらのモデルをグローバル経済に当てはめて考えれば、米国の公的債務の持続性を規定するのは、米国経済の拡大ペースではない。国債バブルと呼ぶか、グローバルな信認と呼ぶかは悩ましいところだが、いずれであっても結論は変わらず、理論上、バブルは、経済規模と同じペースで拡大するのなら弾けない。つまり、米国の国債発行がグローバル経済の拡大ペースを大きく超えて膨らむといった事態にならなければ、国際的なドル国債バブルは、弾けない可能性がある。ドル国債を欲するアリはその購入のために働き続け、キリギリスは常夏の生活を享受できる、ということだろうか。

さらに進むドル経済化

基軸通貨という「法外な特権（Exorbitant Privilege）」を米国が有しているから、他国を犠牲にすることで、米国は多大な恩恵を享受できる。かつて1960年代にフランスのドゴール政権の財務大臣だったジスカール・デスタン（後の大統領）が、「法外な特権」と口にした時よりも、さらに大きな特権となっていないか。ブレトンウッズ会議において、ケインズが唱えたバンコールのような国際決済のための世界通貨を生み出すことができなければ、基軸通貨国が「とてつもない特権」をいつまでも振りかざす。

いや、新興国のドル依存は、グローバル危機が訪れるたびに強まっていく。危機が起きると、ドルに対する流動性選好が極度に強まる。それに対し、第5章でも論じたように、今回のパンデミック危機では、ＦＲＢは世界の中央銀行として、先進国のみならず、新興国の中央銀行に対してもドル資金の大量供給を行った。ＦＲＢが手厚いグローバルな「最後の貸し手機能」を発揮したため、米国経済の世界経済に占めるウエートが低下傾向を続けているにもかかわらず、ますますグローバル経済のドル化が進むのである。

(3) ドルシステムの未来

米国が強いからドルが基軸通貨になった

これまで見たように、米国経済にとり、基軸通貨を保有するメリットは相当に大きい。ただ、忘れてはならないのは、基軸通貨を持つから米国経済が強いのではなく、米国が経済的にも軍事的にも最も強いから、ドルが基軸通貨になったのである。だとすると、将来、中国が米国の経済規模を凌駕し、地政学的にも優位性を強めていけば、人民元が基軸通貨となる可能性は否定できないだろう。とはいえ、制度補完性が働くだけでなく、慣性（イナーシャ）も強く働くため、人民元がドルに取って代わることは容易ではない。

それでは近い将来、人民元が国際通貨の一角を占めることは可能だろうか。まず、円の国際化に失敗した日本の経験を振り返る。

円の国際化の失敗

かつては世界第二の経済大国であり、世界最大の外貨準備残高を保有していた日本は、円の国際化に踏み出すと長く期待されていた。また、日本は、外貨建て輸出比率が高く、自国通貨高に長く苦しめられてきた。もし、円の国際化を進め、円決済比率を高めることができれば、そうした苦しみを和らげることができたはずである。それが可能となれば、第5章で論じたように、日本社会は輸出セクターへの影響ばかりを気にせず、家計の実質購買力を高める円高のメリットを享受することも可能だった。本来、経済は、家計の豊かさを高めるためにあるはずだ。

さらに、あまり気づかれてはいないが、円の国際化に成功していれば、金融政策の有効性を高めることも可能であったと思われる。もし、海外の経済主体が日本国債を大量に保有していれば、実質金利をさらに引き下げることが可能となるため、景気刺激にも寄与したはずであろう。

ニクソン・ショック後、日本は幾度か円の国際化を進めようとしたものの、それは常に表面的であって、実際には消極的だったというのが筆者の評価である。円の国際化を進めると、円金利や為替レートを自らが制御できなくなると恐れたのだろうか。また、円の国際化が進み、円が増価すれば、短期的に輸出セクターにダメージが及ぶことを心配したのかもしれない。一方で、第5章で見た通り、輸出企業は、現地子会社の為替リスクを回避するため、円建て輸出比率をあえて抑えてきたが、そのことは放置されてきた。このほか、通貨高が進めば、大量に保有する外貨準備で損失が発生することを恐れた可能性もある。

結局、目先の損失を恐れ、長期を見据えた通貨政策を検討しなかったのが実態であろう。今では、未曽有の公的債務を抱え、利払費を抑えるべく、低金利を維持せざるを得ないため、海外投資家が満足するような高い利回りは提供できず、円の国際化はもはや手遅れのようにも見える。

人民元の国際化

一方、中国が人民元の国際化を進めようとしているのは明白であろう。漸進的に金融市場の自由化を進め、2016年9月には、人民元をIMFのSDRの構成通貨の一つとした。SDR入りが決まる前には、欧州やアフリカと陸路、海路を結ぶシルクロード構想（一帯一路）を打ち上げ、2015年にはそのインフラ整備資金を賄うAIIB（アジア・インフラ投資銀行）を設立した。SDR入り直前の15年夏と16年年初に、チャイナ・ショックがグローバル資本市場を襲い、中国からの資本逃避が懸念されるようになると、人民元の対外開放はペースダウンした。しかし、17年以降、資本逃避リスクが和らぐと、金融開放を再加速させている。

中国にとっての課題の一つは、潜在成長率の低下を極力和らげることである。権威主義体制の下で、自由の抑制を代償に経済的な恩恵を人民に約束しているため、成長を維持できなくなれば、体制は不安定化する。少子高齢化で労働力の減少が続く以上、TFP上昇率を高めて補わなければならない。それには、成長分野を見出し、リスクマネーの供給を含め、成長分野に経済資源を投入しなければならない。その過程で、政府は優位性を持たないのは明らかであるため、権威主義体制であっても、資本市場の力を借りる必要がある。

近年の巨大テック企業への相次ぐ介入や教育分野への介入などは、第1章で論じた通り、反成長政策が取られたというより、独占などの市場集中や経済格差が長期の成長を損なうと考えるからであろう。人の支配による危うさは常に孕むのだが、政策の目的そのものは、必ずしも誤ったものではないと思われる。

コロナ危機では、欧米経済の「サービスから財への需要シフト」もあって、一時的に中国の経常黒字は膨らんだが、トレンドとしては徐々に縮小傾向にある。このため、今後も海外からの資本流入を促す必要があるだろう。資本逃避リスクを孕むため、漸進的に進めるしかないが、金融の自由化、対外開放は進めざるを得ないのが実情である。

ただ、米中対立の激化で、事態は大きく変わっている。まず、米国は自国の資本市場への中国企業のアクセスに制限をかけ、現在も徐々に制限を厳しくしている。中国政府も自国企業が米国の資本市場でファイナンスするのを規制している。ただ、中国の金融市場で米国の金融機関が行動することについては、米国側も中国側も規制を強めてはいない。むしろ、上海市場の対外開放は継続され、米国の金融機関もビジネスを拡大している。

金融制裁がドル一強体制を切り崩す

今後も米中の政治対立が続くことを考えると、最終的に米ドルから独立した国際金融システムを構築することの必要性を、中国は痛切に感じているだろう。特に、2022年2月にウクライナに侵攻したロシアに対し、強烈な金融制裁が課されたため、なおさらである。

米国の経済制裁が強い実効性を持つのは、まず米国財務省がドル決済システムを握っているからである(15)。国際緊急経済権限法(IEEPA)を根拠法に、米国政府は、米国外にいようと、自らの意向に従わず、米ドルと米国の金融システムを利用する人物・組織は誰であれ、処罰できる。米同時多発テロ（９・11）以降は、国際銀行決済のほとんどを手掛けるＳＷＩＦＴ（国際銀行間通信協会、本部はブリュッセル）を取り込み、米国の金融制裁は威力を増した。ウクライナ侵攻への制裁として、ロシアの金融機関が国際決済システムから排除されたため、このＳＷＩＦＴ規制は世界中で知られるようになった。

トランプ前大統領のイラン制裁で改めて明らかになった通り、米国外であっても、米ドルで取引する限り、金融取引は米国財務省の管理下に置かれる。このため、大国であっても米国の外交政策に追随せざるを得なかった。ただ、金融制裁の発動を米国政府が繰り返せば、各国では、米ドルを回避した国際金融システムを構築するインセンティブが強まり、そのこと自体が、米ドル一強体制を切り崩す要因となりかねない。使い勝手のよさが米ドルの基軸通貨性を高め、それゆえに米国の金融制裁を強力なものにしているのだが、それを多用することは基軸通貨の魅力を損ない、競争相手の登場を促すことになる。

実際、２０１５年に中国人民銀行は、一帯一路構想に伴い、人民元での貿易決済や対外投資のために、国際銀行間決済システム（ＣＩＰＳ）を創設した。ウクライナ侵攻後、中露がこのシステムを利用して資金決済を行うのか、注目される。当面、中国としては、ドルシステムの恩恵を享受しつつ、万が一の保険として、ＣＩＰＳを利用するのだろう。また、米国からの制裁を回避するためドルを迂回してイランと交易をすべく、フランス、ドイツ、英国は、２０１９年に貿易取引支援機関（ＩＮＳＴＥＸ）を創設し、ユーロ決済やバーター貿易決済を目指している。ただし、ウクライナに侵攻したロシアと各国が距離を置くことで、逆に敵対を続けてきた米国とイランが歩み寄る可能性もある。

複数基軸通貨制に向かうのか

それでは、将来、人民元は米ドルにとって代わるのか。経済学者のバリー・アイケングリーンによると、歴史的には、戦後のドル一極集中体制が特殊なのであって、それ以前は複数の基軸通貨が並列していた。戦間期はドルだけでなく、ポンド、仏フラン、独マルクなども利用されていた。当時と同じように、いずれドル一強体制が崩れ、ユーロや人民元を含む複数の基軸通貨体制になると、同氏は長年、主張している[16]。

もし、米中の政治対立が激化しなければ、中国はこのまま、ドルシステムの中で世界経済におけるプレゼンスを高めるという選択をした可能性がある。国際通貨の一角を占めるようになるには、人民元の使い勝手がよくなる必要がある。それは内外に対し、自由な資本移動を認めるということであり、ときとして権威主義体制との矛盾が生じる恐れがあるためである。

中国が現在の権威主義体制を変えなければ、グローバル・インベスターは、恣意的な介入があるのではないかと、人民元を信じ切れないだろう。しかし、米中対立の恒常化だけでなく、米国主導のロシアへの強烈な金融制裁の発動を目の当たりにして、中国は米ドルから独立した国際金融システムを以前にも増して欲するようになり、台湾併合を意識すれば、是が非でも、それを達成しようとするだろう。世界が複数基軸通貨体制となる可能性は、より高まっているように思われる。

ユーロは、欧州債務危機で一時、崩壊の危機に瀕したが蘇り、今回のパンデミック危機をきっかけに域内の求心力をむしろ強めることに成功し、グリーン・デジタル・リカバリーに活路を見出しているように見える。欧州はこれまでも危機のたびに強靭さを増している。ロシアによるウクライナ侵攻が欧州により大きなダメージをもたらすとしても、結果的に欧州の求心力を高める要因になると見ら

図７－２　世界の外貨準備の割合（2021年９月末）

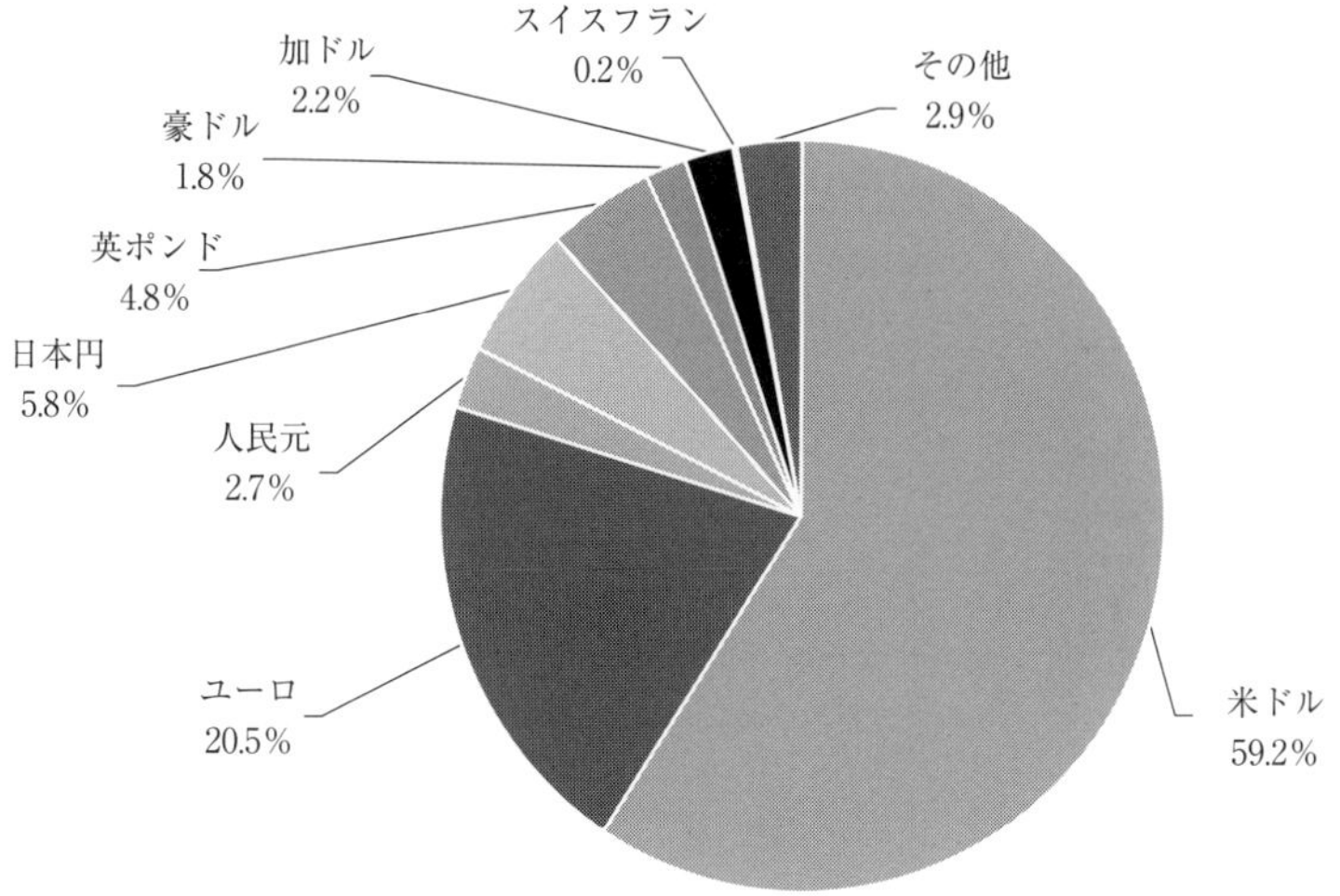

（出所）IMF 資料より、BNP パリバ証券作成

れる。ただ、ブレグジット（英国のＥＵ離脱）によって、金融取引の中心がロンドンから大陸にシフトすることが、ユーロの利便性を高めるか、低下させるのかは、今のところ不確実である。

将来は、ドルと人民元、ユーロの三極基軸通貨体制となる可能性がある。その中で、日本円は埋没していくのだろうか。

円復活のシナリオは描けないのか

経済学者の櫻川昌哉によると、円の国際化は、まだ手遅れではないという(17)。たとえば、日本と中国の両政府が互いの国債を外貨準備として持ち合えばどうなるか。日中が互いに50兆円の国債を持ち合うと、世界全体の外貨準備の約１０００兆円のうち、日本円が占める通貨シェアは６％弱から10％強へと一気に上昇する。同時に日本政府と中国政府から合計で１００兆円相当の米国債が売り出されると、ドルの外貨準備におけるシェアは10％程度低下する。両政府は追加的な資金を一切要せず、米国債に偏った外貨準備のポートフォリオを是正できる（図7－2）。

そうした動きは、ドルの実質金利の上昇につながる一方で、日本と中国はグローバル経済に対し、安全資産の新たな選択肢を提供するとともに、自国の実質金利を引き下げることができる。それらが、自国通貨建ての輸出比率を増やすことにつながれば、自国通貨高のデメリットを最小化させる一方で、家計部門の実質購買力の向上など、自国通貨高のメリットを広く享受できるようになる。長い間、重商主義的な政策を続けてきた日本と中国には、画期的な方針転換となるはずである。

しかし、そのようなことをすれば、米ドルを中心とする国際金融市場を大混乱させ、同時に権威主義体制を利するだけとして、日本政府が異なる選択を行う可能性が高いだろう。だとすると、これまで通り、同盟国として、日本はドルシステムに囚われたままの状況が続くのだろうか。いや、対等な同盟国であれば基軸通貨の「法外な特権」に制限を課すことを、米国に認めさせるべきである。

これほど大量の国債を発行する日本が、いまさら海外投資家の保有を促すのはリスキーと反対する人も少なくないと思われる。ただ、そうすることで、多少なりとも財政規律を効かせることができるという点も忘れてはならないだろう。

3 「トゥキディデスの罠」を避けられるのか

第二次グローバリゼーションと保護主義

第一次グローバリゼーションの時代には、サプライチェーンが一国で完結していた。第二次グローバリゼーションにおいては、新興国への生産工程のオフショアリングによって、先進各国のグローバル企業が国境を跨いだバリューチェーンやサプライチェーンを構築するため、貿易赤字が膨張しても保護貿易の広がりは考えづらい、というのが主流派経済学の主張だった。

しかし、オフショアリングによって、先進国では中間的な賃金の仕事が失われ、賃金の高い仕事と賃金の低い仕事が増え、二極化が発生した。その結果、自由貿易に肯定的で中間層に支持されていた中道右派や中道左派など先進各国の主要政党が徐々に支持を失うことになり、反グローバリゼーションの台頭を許した。

さらに保護主義が台頭したのは、大きな経済の落込みをもたらしたグローバル金融危機の直後ではなく、2010年代後半だった。第1章で詳しく論じた通り、これは、近年のデジタル革命によって、グローバリゼーションが新たなフェーズに突入しつつあるから、というのが筆者の仮説であった。AIやロボティクス、そしてリモート・インテリジェンスの導入など新たなイノベーションは始まったばかりだが、新たな技術によって中間的な賃金の仕事が消失し、高い賃金と低い賃金の仕事への二極化がさらに助長される。コロナ危機がもたらした労働力不足が低スキル労働の賃金押上げに寄与するとはいえ、二極化そのものの流れは変わらないだろう。

後述する通り、トランプ大統領が、反グローバリゼーションや反イノベーションといった反コスモポリタン的政策を掲げたのは、決して偶然ではなかったと思われる。また、2020年の大統領選挙でトランプ大統領を下したバイデン大統領が掲げた「中間層のための外交」も、レトリックこそ品はよいものだが、率直にいえば、アメリカ・ファースト的な保護主義にほかならない。トランプ大統領が始めた保護主義政策は、これほどの低失業率でも、今も多くが継続されたままである。コロナ危機がもたらした供給制約によって高いインフレが継続しているため、今後、それが多少は保護主義的政策の後退につながるのだろうか。

第一次グローバリゼーションの中断

第一次グローバリゼーションは、19世紀初頭に始まり、1990年代半ばまで180年あまりにわたって続いたが、一時的な中断がある。それは、二度に及ぶ世界大戦と戦間期の保護貿易の時代である。これまで、筆者が「熱い戦争」のリスクに触れてこなかったのは、正直なところ経済学で手に負える問題ではないからである。ゲームの理論で扱えないわけではないが、そもそも合理的な計算をもとに経済的に是認し得る戦争は、まず存在しない。

経済成長の時代が始まったのは、まさに1815年からであり、ナポレオン戦争の終結を待つ必要があったが、それは戦争が通商コストを相当に高め、第一次グローバリゼーションのスタートを遅らせていたからでもある。戦争は経済的にペイしない。とはいえ、経済的にペイしない戦争が第一次グローバリゼーションの最中に生じたのもまた事実である。今後、その可能性がゼロとはいえないのなら、それを論じないわけにはいかないだろう。現実に、本書執筆の最終段階で、ロシアのウクライナ侵攻も始まった。本節では、歴史的視点から米中戦争の可能性を検証する。

(1) 新冷戦なのか

もう一つのニクソン・ショック

米国は、オバマ政権後期から中国の対外膨張を牽制し始めた。だが、それまで中国の成長を支援したのは、ほかならぬ米国である。ようやく、自らが怪物を生み出したことに気づいたのである。まず、現代史の視点から米中対立を整理する。

振り返ると、1971年7月に米国は、対ソ戦略を優位に進めるために共産圏の中国に門戸を開き、その近代化を支援し始めた。いわゆる関与政策である。ニクソン・ショックといえば、今では、本章前半で論じた金とドルの兌換を一時停止した同年8月のドル・ショックを指すことが多い。しかし、かつては別の意味で使われていた。71年7月にヘンリー・キッシンジャー米大統領補佐官が北京を極秘訪問し、ニクソン自身も訪中する予定であることを同月に対外的に公表、日本の頭越しに米国が対中外交戦略を転換した。この衝撃をニクソン・ショックと呼んでいたのである。

米国には30年先、40年先の中国の姿が読めなかった。わずか百数十年前まで、中国が揺るぎのない世界の超大国であったという史実があったにもかかわらず、である。国際政治学者の佐橋亮によれば、市場化や政治改革が進めば、リベラルな国際秩序の下で、中国も世界に貢献するという期待が米国内で広く共有されていた[18]。戦後のドイツや日本と同じ経路を辿ると考えたのである。簡単には、中国経済が米国経済を追い越せないという慢心もあったという。1980年代に入ると、米国は膨張する日本経済を通商面でバッシングし始めたが、大きくなれば、中国を叩けばよいと考えていたのだろうか。

もちろん、警戒論は米国内からも常に発せられていた。また、1989年には天安門事件が勃発し、「改革・開放」のスローガンを掲げても、必ずしも民主化に向かっているわけではないことが見え隠れしていた。しかし、その時どきの、中国共産党指導者の改革ポーズを受け入れ、歴代米大統領は中国への関与政策を継続したのである。90年代のクリントン時代のワシントンでは、前半に貿易摩擦を巡ってジャパン・バッシングが続き、後半には成長の見込めなくなった日本を素通りするジャパン・パッシングの動きも見られた。一方で、ワシントンから成長の著しい中国へのラブコールは一貫して続いていたことは記憶に新しい。

米国の対中関与政策は瓦解した

米国の金融界や産業界からの強い後押しもあり、２０００年にはＷＴＯ加盟が許され、中国の経済成長の加速が始まる。米国は２００１年にテロとの戦いを始め、また、第二次機械時代の到来やオフショアリングで、この20年間、米国の経済社会は分断され、疲弊し続けたが、それを尻目に、中国経済は一貫して高い成長を続けてきた。それが第二次グローバリゼーションの姿であったことは、第１章で論じた通りである。

大きくなるまでは爪を隠すという「韜光養晦《とうこうようかい》」の戦略が鄧小平以降の中国の対外政策の方針だったが、グローバル金融危機の直後から、領海問題で周辺国との軋轢が増え始める。２０１２年の習近平政権の誕生後は、内外で強権化を進め、そこでようやく米国は40年間続けた関与政策が誤りであったことを認識したのである。前述した通り、オバマ政権の後半から、米国は、中国の領土的な膨張を抑える政策に転じ、トランプ政権になって、中国の経済的膨張を抑える政策に転じた。

中国に対し２０１８年に貿易戦争を仕掛けたトランプ大統領にとっては、米中対立は、あくまで大統領選再選のための手段だったのかもしれない。しかし、外交や安全保障を担う政策当局者が中国を叩いたのは、トランプとは同床異夢であり、彼らのコンセンサスは大きく転換していた。米中対立がトランプ大統領の選挙キャンペーンのためだけに始まったわけではないことは、政権交代後もバイデン政権が対中強硬姿勢を続けていることからも明らかだろう。分断の続く米国政治において、唯一、超党派で合意可能だったのが対中強硬策であり、２０２２年からは対ロ強硬策が加わった。

２０３０年代の米中逆転と２０５０年代の再逆転

ただし、国際金融市場では、相互依存関係の深い米中両国政府が経済損失を恐れて、デカップリング（分断）や新冷戦を回避するという見立てが少なくない。これは、単に金融市場にありがちな、根拠なき楽観というわけでもないだろう。敵対国から核先制攻撃を受けても、相手方の人口と経済に甚大な損害を確実に与えるだけの核報復能力を温存する状況を相互確証破壊（ＭＡＤＥ：Mutual Assured Destruction）と呼ぶ。軍事面では相互抑止のレベルだが、経済関係においては、こうした状況が米中間ですでに成立し、互いが理性を保つ限りにおいては抑止力が働き、激突は避けられるという観測が少なくないのである。

前述した米国政府の金融制裁は、財務省の外国資産管理室（ＯＦＡＣ：the Office of Foreign Assets Control）が司り、罰金や資産凍結、米国での活動禁止などの処分を科す。中国に制裁が科せられると、国際金融システムの中で、一切の米ドルでの決済が不可能となり、甚大なダメージを被る。一方で、中国が報復として、保有する多額の米国債を投売りすれば、中国自らも損失を被るとはいえ、ドルシステムに甚大かつ不可逆な損失を与えることができるというわけである。

ロシアへの金融制裁、経済制裁が可能だったのは、同国のグローバル経済におけるプレゼンスが極めて小さかったからである。ロシアの世界経済に占める割合はわずか１・７％にすぎないが、中国はその10倍に達する。

図７－３　米国と中国の名目 GDP

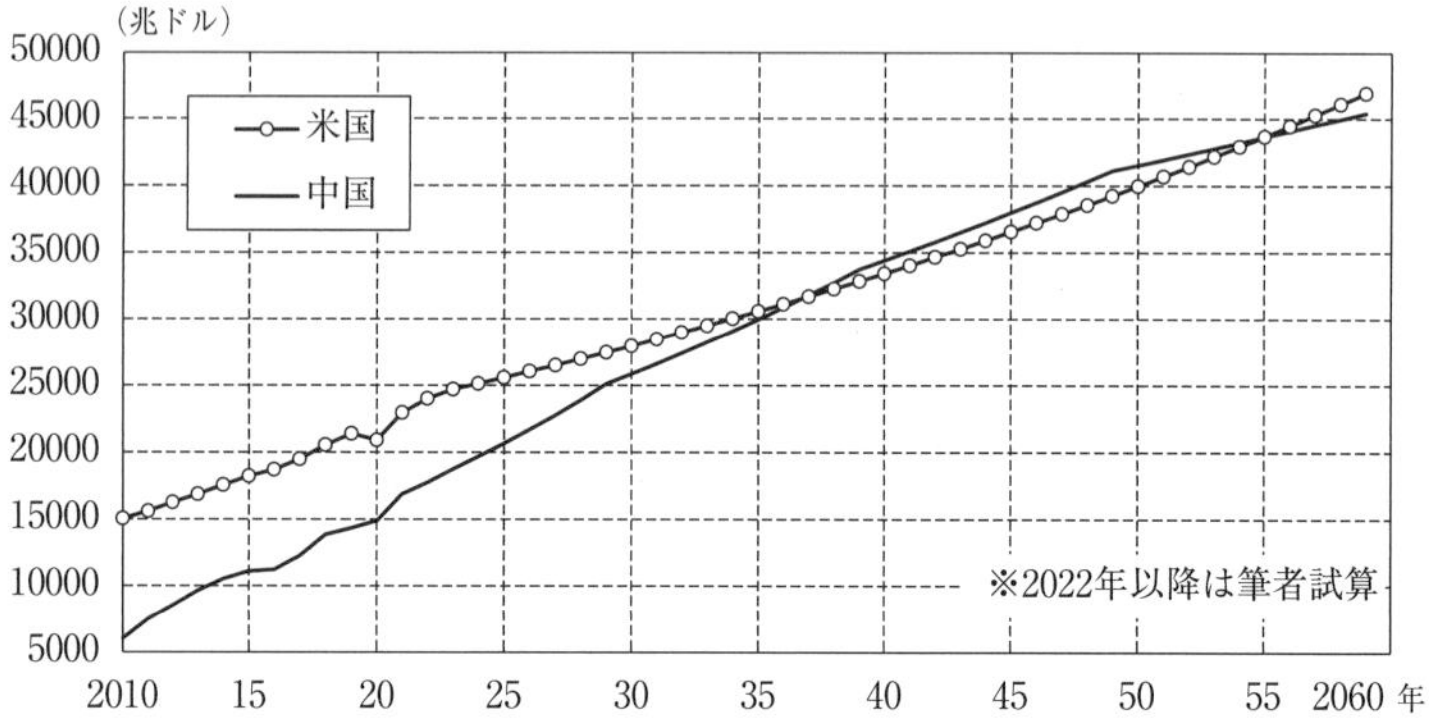

（出所）IMF 資料より、BNP パリバ証券作成

たしかに、今のところは、経済的な取引についても、軍事技術や情報通信などのＩＴデジタル技術、あるいは人権に関わる領域を除くと、米国は民間企業の中国との経済取引に制限を課してはいない。前述した通り、米国の資本市場から中国企業は退出したが、一方で、米国の金融機関の上海での行動を見ると、むしろ米中が対立していることを忘れてしまうほどである。しかし、佐橋は、すでに両国は「新冷戦」に突入したと分析し、将来、緊張緩和があってもそれは一時的であり、今後、台湾海峡が最も危険な発火点になると論じている。

筆者の推計では、２０３０年代半ばには米中の経済規模が逆転する可能性がある（図７－３）。ただ、労働力の減少もあって、中国の成長ペースの鈍化が続くため、中国が一方的に水を開けるわけではない。むしろ拮抗した状況が続くだろう。仮に米国経済が成長ペースを維持できるのなら、再び２０５０年代以降には再逆転の可能性もあり得る。このため、筆者も米中の緊張関係は、相当に長引くと考えている。

(2)　トゥキディデスの罠

近代の日独のケース

歴史的な視点から、経済的、軍事的に膨張する中国と、覇権国である米国との対立を考える上でまず参考になるのが、近代の日本とドイツであろう。二国いずれも、第一次グローバリゼーションの中で、やや遅れて工業化をスタートした後、19世紀末には急激に擡頭し、近隣の大国を軍事力で抑え込むことで、地域の覇権を確立しようとした。

周知の通り、１８６８年の明治維新後、急膨張を続けた日本は、朝鮮半島の支配権を巡って、１８９４年に東アジアの大国であった清国と対戦、その後、１９０４年には日本の膨張を阻むロシアと対戦し、いずれも勝利する。日本はさらなる膨張を続けようとしたが、第二次世界大戦において米英との戦いに敗れた。ほぼ同時期、欧州で擡頭したドイツ・プロシアは、大陸における大国フランスとの戦い（１８７０～71年）に勝利し、その後も膨張を続けたが、１９１４年からの第一次世界大戦では、海洋覇権国の英国に敗れる。１９３０年代にヒトラーの下で再軍備・再膨張を始めるが、第二次世界大戦で連合国軍に敗れた。

16類例中、12ケースで戦争

ここでの問題意識は、経済的、軍事的に急膨張する擡頭国と、追われる覇権国との戦争は歴史的に繰り返されるのか、というものだが、前例は近代の日本やドイツにとどまらない。米国で歴代国防長官の顧問を40年近く務め、クリントン政権では国防次官補を務めた国際政治学者のグレアム・アリソ

ンが、過去500年の歴史から、米中戦争の危険性を警告している。(19)

アリソンは、まず、古代ギリシャにおいて、擡頭するアテナイと覇権国スパルタとの戦争（紀元前431〜同404年）を同時代に分析した歴史家トゥキディデスの「ペロポネソス戦史」に着目した。そこでは、覇権国を脅かす擡頭国との危険な関係が浮き彫りにされる。すなわち、擡頭国は他国からの承認や敬意を求める「擡頭国シンドローム」に陥り、覇権国は衰退の懸念から擡頭国に対し恐怖や不安を抱く「覇権国シンドローム」に陥る。

スパルタとアテナイの指導者は親しい友人であり、大国同士の戦争の大きなコストを互いが認識し、いずれも戦争回避に動こうとするが、同盟国の救済を巡って、開戦に傾く国内の世論を説得することができなかった。民主国家アテナイだけでなく、権威主義体制のスパルタも、指導者が国論を抑え切れなかったことは注目すべき点だろう。

アリソンは、覇権国と擡頭国が自らを疲弊させる戦争を余儀なくされることを「トゥキディデスの罠」と命名し、過去500年における類例を探った。前述した近代の日本やドイツを含む16の類例を見出し、うち12のケースでこの罠に陥り、覇権国と擡頭国が最終的に戦争に至ったと論じている。つまり75％の確率で戦争に至った、というのだ。米中衝突は不可避とは結論しないが、歴史に学ぶと、両国の関係は極めて危険だと論じる。

同盟国が大国の衝突をもたらす

アリソンの分析では、当事国が自らの意思で戦争による決着を選択するのは稀であり、同盟国の不測の行動などをきっかけに、両国が戦争を余儀なくされている。第一次世界大戦についても、グローバル・サプライチェーンで経済が深く結びつく現在の米中と同様、20世紀初頭の英国とドイツも経済の相互依存関係は深く、当時、政治家の誰もが英独戦争はあり得ないと考えていた。さらに当時の英独の王家は極めて近い姻戚関係にあった。

オーストリア・ハンガリー帝国の皇太子がセルビアの愛国者に暗殺されたサラエボ事件直後も、各国の政治家は皆、英独間の戦争はあり得ないと考えていたが、同盟国をめぐる連鎖的な紛争が引き金となり、戦争が勃発する。同盟国が大国の軍事力を利用して、紛争を乗り切ろうとし、それが引き金になるというのが、そこでの教訓だった。サラエボ事件後、ロシアはセルビアに、ドイツはオーストリア・ハンガリー帝国にそれぞれつくが、ドイツの後ろ盾を得たオーストリア・ハンガリー帝国はセルビアに最後通牒を突きつけ、それがドイツのロシアへの宣戦布告につながる。二正面作戦を計画していたドイツは、フランスの動きを制するため、ルクセンブルクとベルギーに侵攻するが、それが英国のレッドラインを踏むことになった。

現在も東シナ海や南シナ海において、米国の同盟国や準同盟国と中国の同盟国との紛争がきっかけとなるリスクは排除できない。アリソンの分析では、最大の懸念は、北朝鮮の核保有を巡る米朝間の突発的紛争が米中衝突の引き金となるというものであった。本書執筆段階では、台湾海峡を巡って、米中対立はより先鋭化しているが、北朝鮮もミサイル発射実験を繰り返し、米国のレッドラインを試す動きを続けている。

米中を仲裁する権威の不在

ここでフォーカスすべきは、16の類例のうち、むしろ戦争が回避された四つの類例であろう。どのような条件が整えば、戦争が回避できるのか。

まず、一つ目は、15世紀末の覇権国ポルトガルと擡頭国スペインの対立である。スペイン国王の支援を受けたコロンブスの1492年の新大陸到達によって、両国のパワーバランスが一気に崩れ、戦争リスクが高まった。戦争を回避できたのは、両国の国王よりも高い権威を持つローマ教皇の仲裁があったからである。カトリックである両国王ともローマ教皇に破門されれば、王権は決定的なダメージを被る。残念ながら、米中の対立を仲裁できる高い権威はどこにも存在しない。

ちなみに最終的な仲裁案では、西経46度を分割線とし、東側をポルトガル領、西側をスペイン領とすることが決定され、スペインに有利な結果が残された。その後、欧州にスペインの時代が訪れる。

東西ドイツ統合の代償はマルクの放棄

二つ目のケースは、1989年のベルリンの壁崩壊後、東西統一によって再び巨大化したドイツと、フランス・イギリスの潜在的な対立である。近代の二度の教訓から、膨張するドイツが新たな秩序を欧州に課すことを恐れ、当初、フランスのフランソワ・ミッテラン大統領とイギリスのマーガレット・サッチャー首相は東西ドイツの統合反対で一致する。独仏の指導者に直接取材をしたジャーナリストのデイヴィッド・マーシュによれば、東西統合を強く求めるヘルムート・コール首相に対して、フランスのミッテラン大統領が出した条件は、西ドイツが経済・金融支配の象徴である独マルクを捨て、欧州の通貨統合を受け入れることだった[20]。

当初、西ドイツ側は、欧州の経済統合が順調に進んだ後に、通貨統合を進める戦略を描いていたが、フランスの条件を受け入れ、その結果、統一通貨ユーロが誕生する。2010年代前半の欧州債務危機では、ドイツがユーロ圏に強い規律を持ち込むかに見えた局面もあった。しかし、欧州中央銀行は、ブンデスバンクの伝統を継承する保守的な中央銀行の姿から大きく変貌し、危機を終息させた。さらにコロナ危機では、ドイツ政府は、フランス政府とともに、ＥＵ域内の国々をサポートするために財源を割き、共通財政に踏み出すなど、これまでみたように、ＥＵの求心力は高まっている。ミッテランの意図した通り、ドイツのための欧州ではなく、欧州のために貢献するドイツとなり、ドイツによる支配は避けられているように見える。

ＩＭＦ本部の北京への移転

前述した通り、当初、米国は、中国が経済規模を拡大すれば、民主化が進むと同時に、リベラルな国際秩序の下で大国の責任を果たすことを期待していた。巨大になったドイツがフランスとともに、欧州統合の推進役として活躍する姿を重ねていたのだろう。しかし、このシナリオはすでに失敗に終わったともいえる。

むしろ、米国がトランプ時代に、アメリカ第一主義を掲げ、自らが主導してきたリベラルな国際秩序に対し、ダメージを与える行動を取ったことは記憶に新しい。バイデン大統領になって方向転換が行われたとはいえ、前述した通り、「中間層のための外交」という名の保護主義政策を掲げ、ＴＰＰにもいまだに復帰できないでいる。遠くない将来、米国が再びアメリカ第一主義を掲げるリーダーを選ぶ可能性もある。

一方で、その間隙を縫って、巨大になった中国は、「一帯一路」によるインフラ整備や財政的支援を通じて支持国を増やし、米国が構築した国際秩序を換骨奪胎《かんこつだったい》し、自国に有利な運営を目指しているように見える。侵略国であるロシアに賛同する国は少ないが、中国に賛同する国は少なくないというのが現実である。

名目ベースで米国経済の規模を中国が凌駕するようになり、経済規模に応じて出資が行われると、最大出資国が交代し、IMF本部はワシントンから北京に移転される可能性もある。少なくとも中国はそれを要求するだろう。

IMFのチーフエコノミストを務めたこともあるラグラム・ラジャンは、米国財務省が牛耳るIMFで苦労したのか、中国経済が米国を凌駕するのは時間の問題であって、先進国がまだ力を持つ間に、国際機関の意思決定過程を先制して民主化すべきと論じるが、筆者は傾聴に値する意見だと考える[21]。

中国は張り子の虎か

第三のケースは、米国とソ連の冷戦であり、核の抑止力によって、熱い戦争が回避された。キューバ危機など深刻な事態に何度か直面しつつも、最終的に米ソ間の熱い戦争は回避され、冷戦終結後、共産主義が瓦解し、ソ連そのものが崩壊した。

1950~60年代は、ソ連が急激な技術発展で軍事覇権を握るという懸念も広がっていた。1957年に人類初の人工衛星「スプートニク1号」の打上げにソ連が成功し、当時の西側諸国の危機感は、スプートニク・ショックという言葉に凝縮されていた。しかし、結局、ソ連は張り子の虎であった。

非自由主義体制では、大量の資源投入で一時的に高い成長が可能であったとしても、人々の創意工夫が発揮されずTFPが改善しないため、高成長は続かない、とも考えられる。これまで好調に見えていた中国も、結局のところ、過剰ストックや過剰債務の積上げで高い成長を続けているにすぎず、いずれは瓦解するというシナリオもあり得る。歴史に見れば、権威主義国家の永続はあり得ない、という主張も可能だ。2010年代初頭までは、筆者もそうした可能性が高いと考えていた。

ただ、当初は模倣であっても、中国から多くの新たなビジネスモデルが誕生しているのは紛れもない事実である。政治体制はともあれ、中国型の資本主義は、利益の追求に関していえば、日本型に比べ、はるかにアングロサクソン型に近いようにも見える。いわば、両者とも貪欲である。さらに、近年は、近視眼的に高い成長を求める政策から中国は距離を置いている。一方で、米国をはじめとする先進各国では、グローバリゼーションやイノベーションの下で、国内政治は分断され、不安定化している。

第2章で論じた通り、本来の対応策は、グローバリゼーションとイノベーションを着実に進めることで、経済全体のパイを拡大した上で、所得再分配を強化し、社会的包摂を広げることである。しかし、コロナ危機ではむしろ先進国の経済格差はさらに広がった。長期思考は棚上げされ、短期思考が幅を利かせているように見える。それゆえ、熱い戦争が避けられるとしても、最終的な勝者がリベラル資本主義体制になると、まだ自信をもって言えるわけではないだろう。

米大陸から撤退した英国

熱い戦争が避けられた第四のケースは、20世紀初頭の米英の対立である。19世紀後半以降、米国の経済力、軍事力が急拡大し、米国大陸に既得権を持つ覇権国の英国との衝突が懸念されたが、熱い戦争は回避された。米中関係を考える際、多くの人は、核の抑止力が働いた米ソ対立のケースを念頭に置いていると思われる。筆者の考えも同様だが、長期の東アジア情勢を考える際、リスクシナリオとして、米英のケースも念頭に置くべきだと考えている。

1775～83年の独立戦争や1812年の米英戦争の後も、北米に既得権を持つ英国と米国の関係は悪化を続け、英国は幾度となく、戦争を検討する。しかし、欧州大陸では、勃興するプロシア・ドイツやロシアの脅威に直面し、米国と対峙する上で、欧州には頼れる国が存在しないことを悟り、英国は西半球から手を引くことで、米国との衝突を回避した。今日の米中対立にこのアナロジーを当てはめれば、米国が東アジアから撤退することで、米中の激突が避けられるというシナリオである。

米国が東アジアから撤退する条件

もちろん、過去100年近くにわたって覇権国だった米国が中国との逆転を受け入れることができるか、という大きな問題がある。もし、それができるとしても、米国は、戦後、民主化を進めた日本やドイツに中国も倣うことが条件だと考えるのだろう。米国が英国と同じ価値観を掲げていたからこそ、英国の西半球からの撤退後、米国との特別の関係が構築されたのだ。

しかし、中国からすれば、米国に戦争で負けたわけではないのだから、従う必要性はまったくないと考えるだろう。もともと、中国は歴史的に権威主義的傾向が強いが、それだけでなく、中国は現在の西側の民主主義を普遍的価値として認めているわけではない。

19世紀初頭以降の第一次グローバリゼーションは「大いなる分岐」をもたらし、その後、中国は「大いなる劣後」を余儀なくされてきた。しかし、図7－4にあるように、1990年代後半以降の

図７－４　GDP の推移

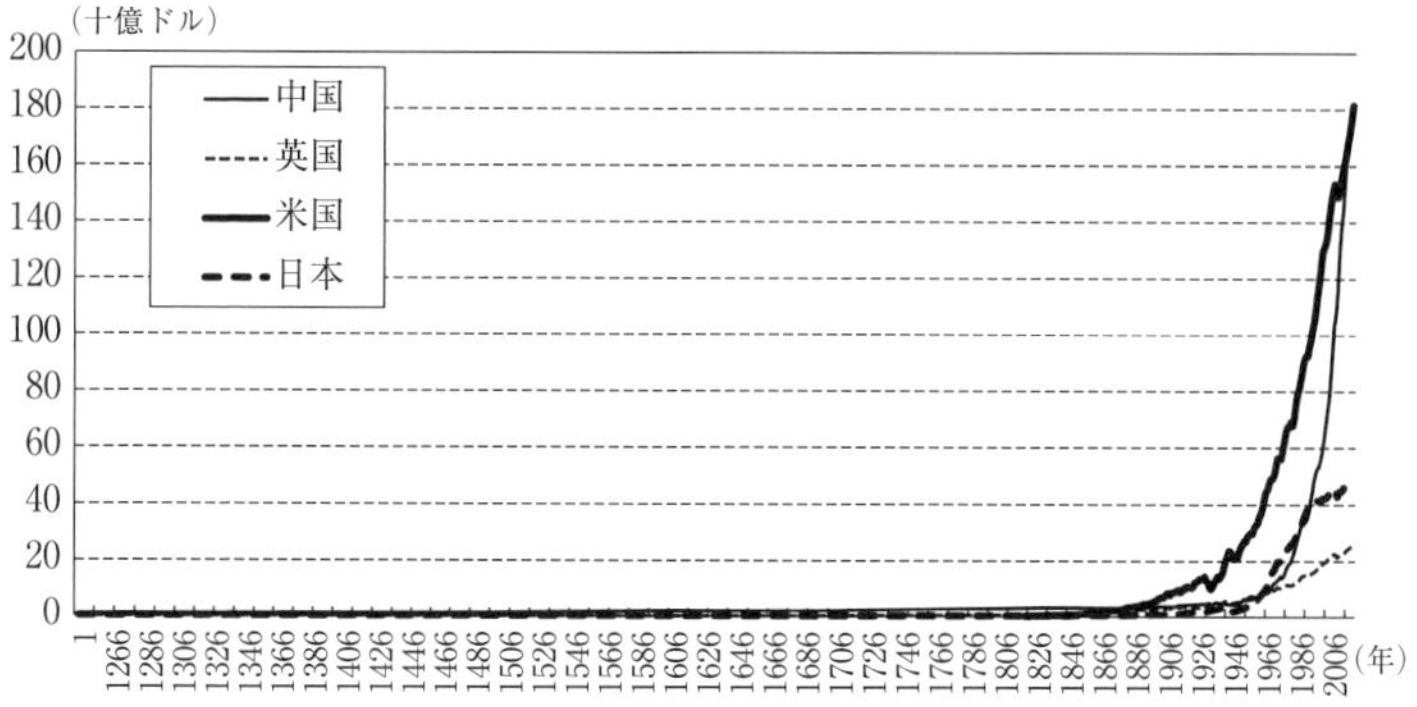

（出所）　Maddison Project Database より、BNP パリバ証券作成

第二次グローバリゼーションがもたらした「大いなる収斂」によって、その劣後は解消されつつある。習近平が掲げる「偉大な中華民族の復興」は、第一次グローバリゼーション以前の国際的な地位に回復するということだ。残念ながら同じ価値観の共有につながり、ハンチントン流の「文明の衝突」のリスク解消につながる可能性はそれほど高くないように思われる[22]。

米英対立において、仮に１８６１～65年の米国の南北戦争の際、もし英国が南軍を全面的に支援し、米国が南北に分裂していたのならどうなっていただろうか。20世紀の覇権国である米国は存在せず、その後の世界史はまったく異なる展開を辿っていた可能性がある。１８７０年代に米国は英国の経済規模を抜いたから、それが覇権国の交代を避ける最後のチャンスだった。

現在、米国は、情報通信技術や軍事技術関連で中国を封じ込めようとしているが、果たして間に合うのか。新たな覇権国の出現の可能性を潰すには、もっと早い時期に抑えにかかる必要があったが、１９９０年代末～２０００年代末にかけて、中国経済の急膨張を支えたのは米国自身であったのは、これまでも見た通りである。

中国支配の東アジア

仮に英国が西半球から手を引いたのと同じ選択を今度は米国が行うとすると、それは米国がアジアの安全保障へのコミットメントを修正することにほかならない。中国の論理からすれば、現在、米中関係が緊迫しているのは、米国の近隣ではなく、常に自国の近隣であって、他地域に足を踏み入れる米国が撤退すれば問題は丸く収まるということであろう。

ただ、この場合、米中の熱い戦争が避けられるとしても、東アジアの中国支配を意味するため、米中衝突のケースと同様、大きな地政学的リスクを日本にもたらす。米国の軍事力に頼ることができないのなら、核共有論を一気に飛び越え、日本も核武装を選択肢に加えざるを得ない、といった主張も将来、現れてくるかもしれない。また、米国でも政治家の世代交代が進めば、いずれは、リベラル民主主義の盟主といった米国流の覇権主義も大きく変容する可能性がある[23]。

当面は、東アジアにおける中国の膨張を考えると、日本にとって米国との軍事同盟強化はこれまで以上に重要となる。ただ、米国との緊密な協調が不可欠だとしても、これまでの歴史で永久に続く同盟関係が存在しない以上、日米軍事同盟を妄信する対米追随とは異なる、価値観とパワーに基づいた外交戦略が日本にも求められることになるのであろう[24]。

(3)　キンドルバーガーの罠

リスクオフでも超円安となる日

従来は、地政学的リスクが高まり、国際金融市場がリスクオフ環境になると、円高傾向が観測されていた。その理由の一つは、日本が北米や欧州大陸から地理的に離れ、同時に国際通貨の円を保有しているから、日本への投資はリスクヘッジになると少なからぬ国際投資家が考えてきたことである。ただ、東アジアで地政学的リスクが高まれば、日本は当事国となる。また、リスクオフ環境での円高は、日本が米国の軍事力によって守られていることも大きく影響していると思われる。つまり、米国の軍事力で守られているから本邦投資家が地政学的リスクを意識する際、キャピタルフライトによる円安が生じるのではなく、国内への回帰（リパトリエーション）によって、円高が生じていたのである。

しかし、もし米国が東アジアや日本の安全保障へのコミットメントを修正する場合、逃避先はもはや日本国内ではなくなる。たとえばそれは米国ということになるため、リスクオフ環境となっても円安がもたらされる可能性がある。また、安全保障のために、大規模な財政支出が必要となり、公的債務残高の水準が大きく切り上がる可能性もある。

その際、輸入物価上昇による実質購買力の大幅低下をもたらす超円安を回避するため、日銀の利上げが必要となるケースが起こるかもしれない。しかし、一方で巨額の公的債務残高を抱える日本にとり、金利上昇による利払費の増加が命取りとなる恐れがある。それゆえ、日銀は円安回避のための利上げに踏み切ることができず、円安とインフレ加速のスパイラルが生じ、経済が混乱に陥るリスクが高まる。

巨額の公的債務残高を抱える日本にとって、実は、リスクオフ環境が円高をもたらすことは幸いなのである。リスクオフが円高を意味する間に、第6章で論じた長期の財政健全化プランの策定に着手する必要があるだろう。安全保障の観点からも、公的債務管理について再検討しなければならない。

覇権国という国際公共財の不在

中国と米国との関係について、「トゥキディデスの罠」のほかに、もう一つ考えておくべき「罠」が存在する。それは、「キンドルバーガーの罠」である。経済学者のチャールズ・キンドルバーガーは、大恐慌が世界的経済危機に発展したのは、覇権国であった英国が国際経済システムを安定させることができなくなり、擡頭する米国にはその能力がありながら、その意思を持たなかったためだと論じた。覇権国という国際公共財の不在が、世界大恐慌をもたらしたというのである。

キンドルバーガーは、国際経済システムを安定させるための覇権国の経済的機能として、以下の五つを挙げている[25]。（1）投げ売りされる商品のために比較的に開かれた市場を維持すること、（2）景気対策的な、あるいは少なくとも安定的な長期融資を提供すること、（3）比較的安定した為替相場システムを維持するように規制すること、（4）マクロ経済政策の協調を確保すること、（5）金融危機の際には中央銀行が割引し、あるいは流動性を供給することによって最後の貸し手として行動すること。かつて英国の貢献によって機能してきた国際経済システムという国際公共財に、米国はただ乗りを続け、大恐慌の際には、英国の衰退とともに、その供給者が不在となったのである。

グローバル・ガバナンスの行方

国際政治学者のジョセフ・ナイは、キンドルバーガーの国際公共財の概念を援用し、中国が米国と並ぶ超大国となっても、国際経済システムへのただ乗りを続けるだけで国際協調に参加する意思を持たず、国際問題の解決のための国際公共財の供給が不足するリスクを懸念し、それを「キンドルバーガーの罠」と呼んだ(26)。

一般に国際公共財は、世界で最も強力な国が率いる同盟関係によって提供されるのが常だが、経済金融危機や地球温暖化問題、貧困問題、地域紛争といった問題に対して、米中の超大国が協力しなければグローバル・ガバナンスが機能不全に陥るリスクがある。再び１９３０年代のような壊滅的な現象が繰り返されるのだろうか。２０２２年のロシアのウクライナ侵攻はその表れのようにも見える。

ナイが論じる通り、これまでのところ、中国の行動は微妙である。国連体制から多大な利益を享受し、安保理では拒否権を有する。世界貿易機関（ＷＴＯ）や世界銀行、そしてＩＭＦのようなマルチラテラルな経済制度からも大きな恩恵を得てきた。２０１５年にはＡＩＩＢを創設したが、当初懸念されたように投資対象の重複する世界銀行やＡＤＢに対抗するのではなく、実際には協力しながら国際的なルールを遵守しているようにも見える。台湾への牽制もあるのだろうが、２０２１年末にはＴＰＰへの加盟申請を表明した。

これまでの中国の行動から判断する限り、自らが恩恵を享受する現行の世界秩序を破壊、あるいは、全面的につくり替えようとするのではなく、むしろその中での影響力を確固たるものにしているように見える。新たなルールづくりやその維持には多大なコストを要するため、「ただ乗り」戦略なのだろう。

図7－5　米国と中国の購買力平価ベースのGDP

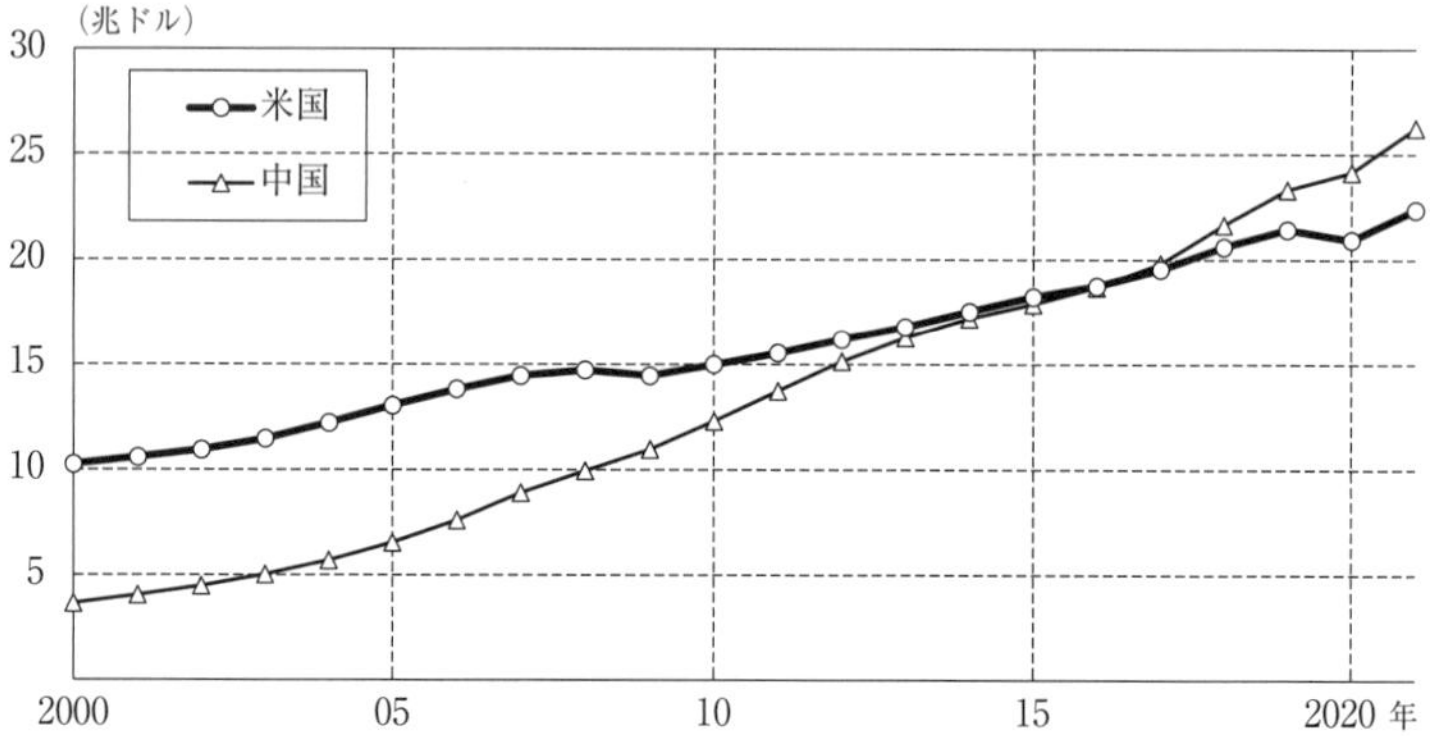

（出所）　IMF 資料より、BNP パリバ証券作成

（4）　覇権通貨の交代の歴史

50年を要した米ドルの基軸通貨への仲間入り

現在、中国のドルベースの経済規模は、米国の約7割を占める。米国と中国が現状に近いペースで経済成長を続けると、２０３０年代半ばには両国の経済規模が逆転するのは、すでに見た通りである。もちろん、中国の潜在成長率は低下傾向にあり、もう少し時間を要する可能性はある。ただ、米国の潜在成長率が低下傾向にあることも事実である。また、図７－５をみると、ＰＰＰ（購買力平価）ベースでは、すでに２０１６年に中国は米国の経済規模を凌駕している。

２０３０年代半ばに米中の経済規模が逆転しても、それだけでは人民元が覇権通貨になることは難しい。基軸通貨の歴史を見ると、英ポンドが米ドルに最強通貨の座を明け渡すまでには、長い期間を要した。米国が英国の経済規模を凌駕したのは１８７０年代だが、そもそも米ドルが基軸通貨（国際通貨）の仲間入りをしたのも１９２０年代であり、実に半世紀を要した。

第一次世界大戦前夜には米国は貿易量でも最大規模に達していたが、国際金融における序列では、仏フラン、独マルク、スイスフランだけでなく、蘭ギルダーや伊リラなど欧州通貨よりも格下で、米ドルはほとんど使われていなかった。

このように国際金融システムには、さまざまな制度補完性が存在するため、経済規模が逆転しても、米ドル体制がただちに人民元体制に取って代わられることはないのである。本章で論じたように、既存のシステムを維持しようとする多様な慣性の法則が働く。

ただし、米ドルが基軸通貨に仲間入りするまでに半世紀もの長い時間を要したのは、米国自身が基軸通貨を持つという意思をかなり長い間、持たなかったことも大きく影響している。建国の理念の一つが金融寡頭支配からの脱却であった米国は、長い間、国際銀行業務を自国の銀行に認めなかった。それゆえ、米国では国際金融市場が育たず、米ドルが基軸通貨になる可能性は当初はまったくなかった。1980年代以降の日本も、その意志を持たなかったから、円の国際化が全然進まなかったのと同じである。逆に中国に基軸通貨を持つという強い意志があるのなら、米国が基軸通貨を獲得したケースと比べ、それほど長い時間を要さないのかもしれない。

以下、アイケングリーンとキンドルバーガーの論考をもとに、米ドルの基軸通貨への移行過程を振り返る[27]。

米英の経済規模の逆転は1870年代

米ドルが基軸通貨となったのは、第二次世界大戦後と認識する人も少なくない。しかし、1920年代後半には、ドル建て外国引受手形残高はポンド建ての2倍に膨らみ、各国が持つ外貨準備も

1924年には米ドルが英ポンドをすでに凌駕していた。前述した通り、戦後のドル一強体制が特殊なのだが、米国が基軸通貨の仲間入りをした1920年代は、仏フランや独マルクも含め、複数基軸通貨制の時代だった。ポンドも引き続き有力な基軸通貨の一つではあったが、第一次世界大戦の勃発によって、最強の時代は終焉を迎えていたのである。

ただその後、大恐慌によって、米経済、米国の金融システムが瓦解寸前となったこと、また戦間期にブロック経済化が進み、大英連邦を中心に英ポンドが使用されたことなどから、一時的に英ポンドが復権した。それゆえ、第二次世界大戦が終わるまでポンドが最強の基軸通貨の座を維持していたと誤認する人が多いのだと思われる。

それでは、経済規模の逆転が起こったのはいつか。米国は1860年代の南北戦争後の復興が進み、財・サービスの生産で1870年に、製品輸出では1912年に英国を凌駕していた。しかし、貿易金融は依然としてロンドン市場（シティ）に完全に依存し、輸出の建値はほとんどがポンドのままだった。第5章で論じたように、現在もアジア向け輸出の少なからぬ部分を、円建てではなくドル建てで行う日本企業と重なって見える。

最大の原因は、米銀が国外に支店を持つことを禁じられていたことである。外国の貿易業者への信用拡大には、外国支店網が必要だが、米銀は州際業務すら禁じられ、外国での支店開設はもってのほかだった。例外としてＩＢＣ（International Banking Corporation）が国際銀行業務を認められたが、一方で国内業務が禁じられていたため、これではお話にならない。

中央銀行の不在で金融市場が不安定だった米国

これらの規制を受けないタイプの金融機関も存在はしたが、競争力の劣る米銀は貿易金融に参入できなかった。ロンドンのシティには、銀行が引受手形を転売できる厚い投資家層が存在し、低利で資金調達可能であったため、貿易業者はシティに依存していた。英国の経済シェアが低下しても、流動性が高いがゆえにシティが魅力的になり、さらに流動性が高まって、国際金融市場としてのシティ、そして基軸通貨としてのポンドの優位性が増した。本章で論じた通り、米国の世界ＧＤＰに占めるシェアが低下しても、安全資産を持たない新興国からの米ドル需要が拡大を続け、基軸通貨性が増す現在の米ドルを思い出す読者も少なくないだろう。

当時の米ドルのもう一つの問題は、金融市場が不安定だったことである。第一次世界大戦までの１００年間で金融危機が14回も生じ、金本位制に移行した１８７９年以降も米ドルは不安定さを拭うことができなかった。その理由の一つは、最後の貸し手となるはずの中央銀行、つまりＦＲＢが１９１３年まで存在しなかったことである。国際金融市場への流動性供給どころか、国内の金融市場に対する流動性の供給もままならなかった。

最後発で先進国入りした日本ですら、日本銀行を設立したのは１８８２年であるから、ＦＲＢの誕生はかなり遅い。米国における中央銀行の前身となる合衆国銀行は、１７９１年にフィラデルフィアに設立されたが、１８１０年に更新が否決され、その後、州法銀行の銀行券が世に溢れ、インフレと恐慌が繰り返し訪れた。

その反省から１８１６年には第二合衆国銀行が認可されたが、20年間の期限付き（サンセット条項付き）であり、１８３２年に東部のエスタブリッシュメントと対立したアンドリュー・ジャクソン大統領は再認可の法案に拒否権を行使し、1836年に期限切れとなる。

ちなみに第6章で登場したトクヴィルが訪ね、その著書『アメリカン・デモクラシー』で描いたのが、まさにジャクソン時代の米国であった。コミュニティを重視するトクヴィルの民主主義論は、近年の米国大統領のお気に入りで、スピーチにも登場することが少なくない。そのトクヴィルの民主主義論と最も距離があるように見えるトランプ前大統領は、自らジャクソニアンを任じ、コスモポリタン的なエスタブリッシュメントを攻撃するスタイルもジャクソン大統領を倣ったものである(28)。

FRBの創設と第一次世界大戦

その後、米国が中央銀行制度を持つまで、さらに四分の三世紀以上を要したが、この間、恐慌が繰り返し起き、国際金融システム上で米ドルは何の役割も果たしていない。1907年の深刻な銀行危機は、民間の金融家であるJ・P・モルガンが「最後の貸し手機能」を発揮したことで有名だが、銀行危機の再発防止のため、ネルソン・アルドリッチを議長とする国家金融委員会が設立され、1911年に中央銀行を創設するアルドリッチ・プランが発表された。

しかし依然として大きな行政組織に対する米国人の懸念は根強く、分権的な地区連銀制度を盛り込んだ連邦準備制度が1913年に何とか設立される。ただ、通貨供給のためには、市場から商業引受手形を購入する必要があるが、それには、まず民間でドル建ての引受手形が十分供給されなければならない。それを促すため、ようやく米銀は外国支店の設立が許可されるようになる。

当時、米国は「世界の工場」になると同時に「世界の穀倉」でもあり、1914年に勃発した第一次世界大戦で輸出は急激に拡大し、債務国から一気に債権国に転じる。一方欧州では、貿易金融のための資本の出し手が不在となり、英国を含め欧州の銀行がニューヨーク市場（ウォール街）に頼るようになり、その際、発行された貿易信用状がようやく米ドル建て表示となる。

大戦勃発後、金本位制停止で英ポンドの金に対する価値は乱高下するが、米国はドルの金へのペッグを続けたため、各国の貿易商は米ドルを魅力的な通貨単位と判断するようになった。1916年に米政府の支援で英政府はポンドを米ドルに固定するが、戦時の巨額の財政赤字と急激な物価上昇のため安定は続かず、大戦が終結し米国が支援をやめると、英ポンドは急落する。一方、金に固定された米ドルはより魅力的な通貨と認識され、これに後押しされて米銀は海外支店網を拡大した。

国際経済システムを安定させるには至らず

ただ、その段階でも、米国の外国引受手形市場は厚みに欠け、米銀の資金調達コストは高いままだった。ロンドンのシティに対抗すべく外国引受手形市場の厚みを増すことが不可欠と考えたニューヨーク連銀総裁のベンジャミン・ストロングの強いリーダーシップの下、連邦準備制度理事会は、自らの勘定で引受手形を購入するよう地区連銀に指示する。連邦準備銀行の引受手形購入で、米ドル金利は安定し、それが市場の成長を促すという好循環につながった。

貿易引受手形市場の拡大で、各国の貿易金融がウォール街に持ち込まれ、米ドルは国際的な役割を担うようになった。1920年代後半までに、米国の全輸出入の半分以上がドル表示の銀行引受手形によって調達され、輸出入業者が支払う金利もロンドンより1％以上低かった。米ドルは1920年代に基軸通貨の仲間入りを果たしただけでなく、一気に最も強力な基軸通貨の地位にまで駆け上がったのである。

欧州の第一次世界大戦後の復興には巨額の資金が必要とされ、米銀は欧州の政府と企業に、ドル表示の債券発行をアレンジし、ウォール街を通じて米国から欧州に資本が輸出された。ただ、米銀は経験が浅いまま参入したため、次第にリスキーな貸付が増え、1920年代末には債務償還のための資金が滞ると、スキーム全体がネズミ講であることが明らかになり、米銀が裏書きした外債の多くが債務不履行となった。これが大恐慌の原因の一つになり、その後、米国の金融システムは大きく動揺するが、それまでに米ドルは国際的に広く使われるようになっていた。

ただし、国際経済システムを安定させるための「最後の貸し手」機能をFRBが発揮するまでには至らなかったことも、改めて強調しておく必要があるだろう。キンドルバーガーによれば、ニューヨーク連銀総裁だったストロングは1920年代の欧州の金融問題を認識していた数少ない米国の政策当局者の一人であり、大恐慌の1年前の1928年に死去しなければ、彼のリーダーシップの下で、大恐慌下でも国際金融システムの安定性を維持することは可能だったかもしれない、と論じている。しかし現実には、米国が国際公共財を供給する覇権国となるのは、第二次世界大戦後である。新たな国際金融システムの誕生も、本章第1節で論じた、ホワイトとケインズのブレトンウッズでの攻防を待たなければならない。

日銀が中国人民銀行と同じタイミングで金融政策決定会合を開く日

このように、米国が英国の経済規模を抜いた後、ドルが基軸通貨の仲間入りをするまでに50年という長い年月を要したが、単に制度的補完性によってポンド体制の強い慣性が働いただけではなかった。米国の政策当局者がすぐには基軸通貨を持つ意思を持たなかったことが大きく影響している。金融システムを守る中央銀行の設立が遅かっただけではなく、そもそも建国当初から、金融寡頭支配を恐れ、銀行に強い規制をかけて、国際金融市場が育つ芽を意図的に摘んでいた。ドルが基軸通貨となるには、第一次世界大戦という大きなショックが欧州を襲い、同時に、米国の政策当局が国際金融市場を育成する意思を持つ必要があった。

さらに、ドルが基軸通貨の仲間入りをした後も、米国は、国際公共財である覇権国として、国際経済システムの安定にコミットしなかった。前述した通り、覇権国の不在が原因で、大不況が世界大恐慌に発展した。国際公共財としての覇権国の役割を米国が担うのは、第二次世界大戦の終結を待つ必要があった。同様に、中国が国際公共財の供給にコミットするようになるには、超大国になるだけでは十分ではなく、それまでグローバル経済はナイが提起した「キンドルバーガーの罠」に陥るリスクが燻り続けるのだろう。

現在、多くの中央銀行は、ＦＲＢが金融政策を決定するＦＯＭＣの開催前後に、金融政策決定会合を開催している。国際的な経済イベントのスケジュールを考慮すれば、おおむね同じタイミングでの開催になるのだろうか。

ただ、金融政策の効果は、金融市場を通じて現れる。国際金融市場に圧倒的な影響力を持つＦＲＢの金融政策を横目で睨みながら、自国にとって最適な金融政策を決定しているのは間違いないだろう。だとすると、ほぼ同じタイミングで開催するのが望ましい。

将来、中国が超大国となり、金融市場にも最も大きな影響力を発揮するようになれば、日本銀行は、中国人民銀行の金融政策委員会の日程に合わせるのだろうか。だが、もしそうなるとしても、それはまだ相当に先のことであるように思われる。今のところ、中国人民銀行の金融政策委員会の開催は四半期に一度だが、スケジュールすら事前に公表されていない。

7章　注

(1) ベン・スティール『ブレトンウッズの闘い――ケインズ、ホワイトと新世界秩序の創造』小坂恵理訳、日本経済新聞出版社　2014年。
(2) 国際金融システムにおいて、特定の一国の通貨を基軸通貨に据えて固定相場制を採用する場合、その国の経済状況の変化に影響され、安定的な流動性供給と為替レートの安定を同時に達成できなくなる。これを「トリフィンのジレンマ」という。
(3) 金本位制度や固定相場制が失われた後、物価を安定させるための（ノミナル）アンカーは、マネーサプライ・ターゲット導入の試行錯誤を経た後、1990年代以降、第5章で論じたインフレ・ターゲットの時代に向かった。
(4) ジャグディッシュ・バグワティ『グローバリゼーションを擁護する』鈴木主税・桃井緑美子訳、日本経済新聞社、2005年。
(5) ダニ・ロドリック『グローバリゼーション・パラドックス――世界経済の未来を決める三つの道』柴山圭太・大川良文訳、白水社、2013年。
(6) 寺西重郎『日本型資本主義――その精神の源』中公新書、2018年。
(7) ラグラム・ラジャン『フォールト・ラインズ――「大断層」が金融危機を再び招く』伏見威蕃・月沢李歌子訳、新潮社、2011年。
(8) 宮内惇至『金融危機とバーゼル規制の経済学――リスク管理から見る金融システム』勁草書房、2015年。
(9) アナト・アドマティ、マルティン・ヘルビッヒ『銀行は裸の王様である』土方奈美訳、東洋経済新報社、2014年。
(10) ポール・A・ボルカー、クリスティン・ハーパー『ボルカー回顧録――健全な金融、良き政府を求めて』村井浩紀訳、日本経済新聞出版社、2019年。
(11) Taylor, John B. (2008) "The Impacts of Globalization on Monetary Policy," Banque France Symposium, "Globalization, Inflation and Monetary Policy," March 7.
(12) Rey, H. (2013) "Dilemma not Trilemma: The Global Financial Cycle and Monetary Policy Independence," 2013 Economic

Policy Symposium, Jackson Hole.
(13) ラグラム・ラジャン『第三の支柱――コミュニティ再生の経済学』月谷真紀訳、みすず書房、２０２１年。
(14) McKinnon, R.I. (1973) *Money and capital in economic development*, The Brookings Institution.
(15) 以下の論考は、ジャーナリストの杉田弘毅を参考にしている。杉田弘毅『アメリカの制裁外交』岩波新書、２０２０年。
(16) バリー・アイケングリーン『とてつもない特権――君臨する基軸通貨ドルの不安』小浜裕久監訳、勁草書房、２０１２年。
(17) 櫻川昌哉『バブルの経済理論――低金利、長期停滞、金融劣化』日本経済新聞出版、２０２１年。
(18) 佐橋亮『米中対立――アメリカの戦略転換と分断される世界』中公新書、２０２１年。
(19) グレアム・アリソン『米中戦争前夜――新旧大国を衝突させる歴史の法則と回避のシナリオ』藤原朝子訳、ダイヤモンド社、２０１８年。
(20) デイヴィッド・マーシュ『ユーロ――統一通貨誕生への道のり、その歴史的・政治的背景と展望』田村勝省訳、一灯舎、２０１１年。
(21) ラジャン　２０２１年前掲書。
(22) サミュエル・ハンチントン『文明の衝突』鈴木主税訳、集英社、１９９８年。
(23) 今回のウクライナ危機をきっかけに、米国内では、中露への二正面作戦を進めるべきという声が出てくるであろうが、唯一の強大な競争相手である中国を抑えるために、大きな資源を欧州には割けないのが現実であろう。だからこそ、ロシアには厳しい経済制裁で臨んでいるのだと思われる。対中戦略についても、20年にわたるテロとの戦いがようやく終わったのだから、内政に政策資源を投入すべき、という声がむしろ大きいのではないか。
(24) 佐橋亮　２０２１年前掲書。
(25) チャールズ P. キンドルバーガー『大不況下の世界　１９２９－１９３９（改訂増補版）』石崎昭彦、木村一朗訳、岩波書店、２００９年、３１４ページより。
(26) Nye, Joseph S. (2017) "The Kindleberger Trap," Project Syndicate.
(27) アイケングリーン　２０１２年前掲書および２００９年前掲書。
(28) ウォルター・ラッセル・ミード『トランプが寄り添うジャクソニアンの思想――反コスモポリタニズムの反乱』*FOREIGN AFFAIRS REPORT* No.3, 2017.

終章　よりよき社会をめざして

1　豊かだが貧しい社会

ケインズの予言

ジョン・メイナード・ケインズは1928年に「孫の世代の経済的可能性」と題する講演を母校のケンブリッジ大学で行った[1]。100年後の世界では、資本蓄積と技術進歩によって、一人あたりの平均所得は4〜8倍に拡大し、人々の基本的なニーズが遍く満たされる豊かな社会が訪れる。そして、当時の一日10時間の労働時間は3時間程度まで短縮され、余った時間をいかに過ごすかが、人類の重要な課題になる。これが、ケインズが描いた未来図だった。

「天地創造以来はじめて、人類はまともな問題、永遠の問題に直面することになる。切迫した経済的な必要から自由になった状態をいかに使い、科学と複利の力で今後に獲得できるはずの余暇をいかに使って、懸命に、快適に、裕福に暮らしていくべきなのかという問題である」（ジョン・メイナード・ケインズ『説得論集』214ページ）

90年以上が経過した現在、一人あたり平均所得はケインズの見立て通りに増加した。図S－1にあ

図 S-1　英国の一人あたり GDP の推移（実質、1930年＝100）

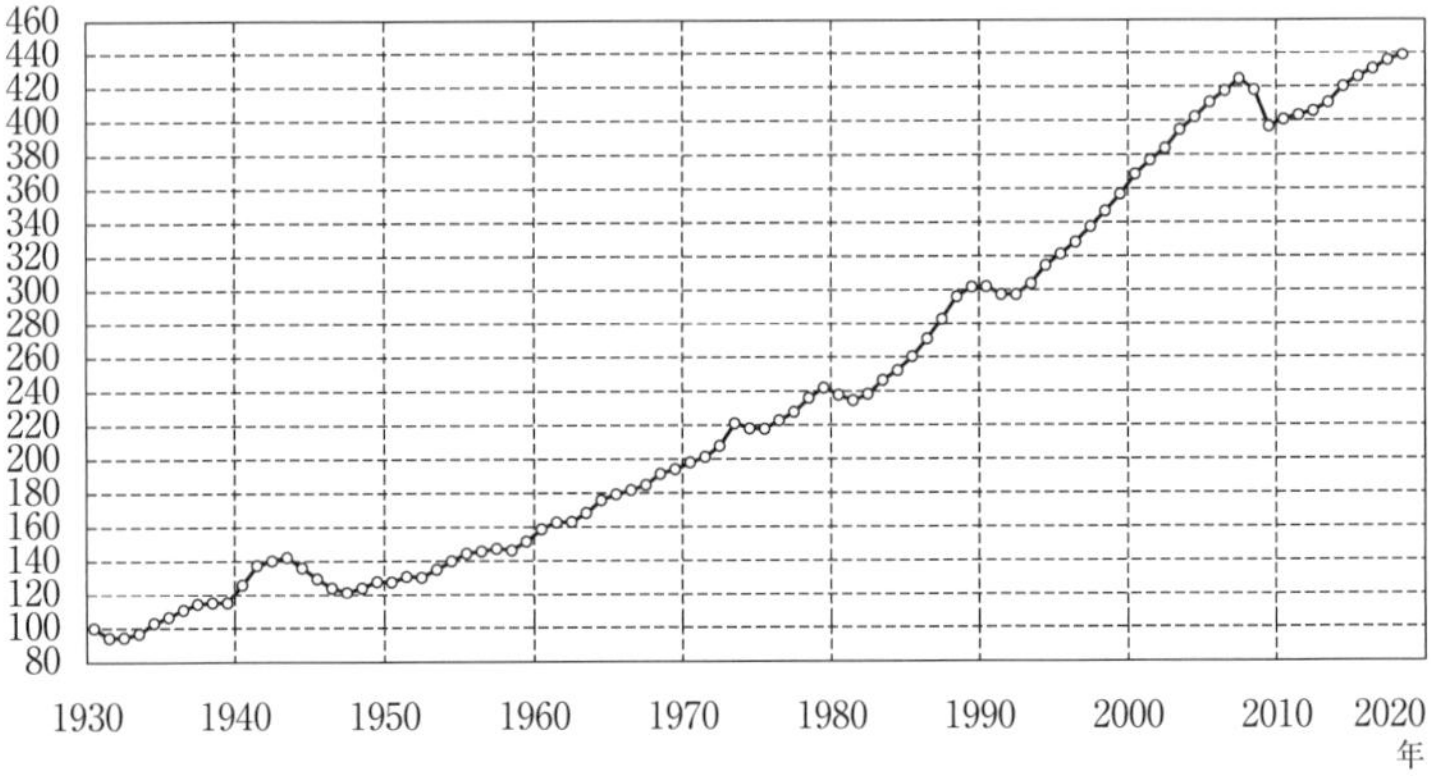

（出所） Maddison Project Database（MPD）2020より、BNP パリバ証券作成

るように、1930年から2018年の間で、4・4倍となり、予測の下限を上回っている。一方で、労働時間は当時からさほど短くはなっていない。もちろん週休二日制の定着で労働時間は短くはなっているが、ケインズの想定した週15~18時間からは程遠く、わたしたちは、いまだに、あくせくと働いている。

際限のない人間の欲望

ケインズの評伝で知られるロバート・スキデルスキーは、経済学者のハリー・ジョンソンのことばをもとに、現代社会を「じゅうぶん豊かで、貧しい社会」と呼び、政治哲学者である息子のエドワード・スキデルスキーとともに、現代資本主義の金銭的貪欲さに警鐘を鳴らし、善き暮らしを送るための条件を探っている。[2] 一体、ケインズは何を見誤ったのだろうか。

ケインズは、一人あたりの実質所得が4倍にもなれば、「必要」が満たされ、人はさらに所得を増やすことはないという前提を置いていた。たしかに、「必要」にはそれを満たせば十分という限度はある。しかし、人間の欲望は際限がない。ケインズの時代には、富を持つ人が長い時間働くことはなかったが、現代では高所得者であっても長時間働く。いや、高所得者であるほど、長時間働いている。自らが有能であることや、その結果としての富や権力を誇示するために、長く働く人が少なくないのである。

消費もいわゆるブランド品などの地位財のような、顕示的なものに向かっている。需要構造から考えれば、一人あたりの平均所得が増えても、富裕層のための地位財の生産に経済資源が投入されているから、いまだにすべての人の必要を満たすことすらできないということなのだろうか。

豊かさを目指して働いていたはずが、低所得者だけでなく、高所得者であっても家族を顧みずに働き続け、スキデルスキーの言う通り、わたしたちの社会は決して豊かになったとはいえないのだろう。ケインズはケンブリッジ講演の際、人間の貪欲さに警戒を示していたが、まさかここまで現代社会の病理である貪欲さが深刻化するとは考えていなかったのだ。

多くの古代文明では、ギリシャ文明にしても中国文明にしても、人々の欲望には際限がなく、善き生活を送るには、「足るを知ること」こそが重要なのだと説いてきた。ギリシャ神話で、触れるものすべてを黄金にしたいと望んだミダス王の不幸は、わたしたちを諌める典型的な寓話である。キリスト教文明もその伝統を引き継いだ。

そして、第1章で論じたように、さほど遠くない昔、つまり近世までは、商工業の発展を追求することは、場合によっては奢侈や腐敗をもたらし、善く生きることと矛盾することもあり得ると、先達は警戒を怠っていなかった。それが第一次産業革命を迎える18世紀後半から変わり始めたのである。

忘れられた『道徳感情論』

第一次産業革命の前夜、富を追求することが徳の喪失につながるリスクに気づきながらも、経済活動の活発化で人と人との交流、つまり「社交」を促すことが徳の研鑽につながることを説いたのが、アダム・スミスらスコットランド啓蒙の思想家たちだった。

第6章で紹介したスミスの『道徳感情論』には、人間は高い地位や富など、目に見えやすい快適な結果に高評価を与えがちであり、「世間」から高評価を獲得しようと、富や地位を求めて奔走する、という人間の本性が描かれている(3)。スミス自身は、評価を得ようとする努力は、社会の繁栄をもたらしはするものの、富や地位を得ることでは人間は決して幸福にはなれないと強調していた。しかし、人間は、世間の評価に大きく左右される。

スミスは、幸福になるには、自分をだまさずに生き、そして愛されるに値する人間になる必要があり、「世間」ではなく、胸中の「中立な観察者」の評価に従うべきで、それには知と徳の追求が肝要だと説いた。また、より多くを求める人間の欲望は、いずれ自然の限界や制度上の限界に達し、「定常状態」に達すると考えていた。ケインズはスミスの伝統にならったのである。

このようにスミスは物質主義に手厳しいが、その2冊の主著のうち、欲望の歯止めとなるはずの『道徳感情論』は忘れ去られ、『国富論』の経済的繁栄の条件ばかりが語られるようになってしまった。貪欲の思想が世に解き放たれたのである。

ただ、その後も、ケインズの師であった経済学者のアルフレッド・マーシャルまでは、経済学は、幸福の物質的要件を研究する学問と捉えられていた。富は目的のための手段であるというギリシャ文明やキリスト教の教えを踏襲していたのである。この前提が暗転したのはマーシャル後であり、ライオネル・ロビンズは経済学の中心に「稀少性」を据えると同時に、価値判断を問わなくなった。[4] かくして経済学は、目的のための効率的な手段の研究となり、目的自体については一切語らなくなったのである。それゆえ「消費の質」、そして「共通善」を問うこともなくなった。

歪んだ市場を正す

ただ、わたしたちは再び、「消費の質」を問わねばならない時代に直面している。すでに、欧米、特に欧州では、ＥＳＧ（環境・社会・企業統治）投資に人々の関心が向かっている。そこでは、環境や社会にとって好ましい企業や産業を定義した上で、好ましくない企業や産業に経済資源が向かうのを回避しようとしている。企業が本来の役割である利益最大化を怠り、環境や社会性などに強く配慮すれば、効率的な資源配分が歪められる、として反対する人も少なくないのかもしれない。

「消費の質」を問うことの是非については、ここではあえて踏み込まないが、経済学的な観点からは、少なくとも次のことはいえるだろう。実際に販売される価格には、私的コストしか反映されておらず、社会的コストのすべては反映されていない。経済学者のウイリアム・ノードハウスが論じるように、たとえば化石燃料を利用した商品には、少なくとも現段階においては、気候変動など外部不経済のコストが価格に適切には織り込まれていない。[5] つまり、それを放置し、現状のまま私的利益を最大化することは、社会全体では、利益を大きく上回る損失をもたらし、経済厚生を悪化させる。歪んでいるのは社会的費用を織り込んでいない市場であり、介入によって、「市場の失敗」を是正する必要がある。

カーボンフリー電源を極力使うこと、児童労働や強制労働によって生み出された商品を選択対象から外すこと、独占力を駆使して競争相手を不当に排除する企業を放置しないことなど、外部不経済に対し、わたしたちはより敏感になり、情報公開とともに、可能な限り、外部不経済性や外部経済性を内部化する手立てを追求しなければならない。

アントロポセンの時代と成長の臨界

人類の経済活動が、地球規模の気候条件に多大な悪影響をもたらす人新世《ひとしんせい》（アントロポセン）の時代に入っただけではない。今や地球規模の気候の大変動は、人類の活動にも大きな悪影響をもたらし始めている。CO_2排出量の増大に伴う気温上昇によって、大気中の水蒸気量が大きく増え、それが異常気象とともに、激烈な風水害を引き起こしている。たとえば日本では例年のように、異常気象による風水害が生産活動に悪影響を及ぼし始めている。

現在の地球は、もはやこれ以上ないくらい、張りつめた状態にあるといえる。臨界への到達は遠い未来への懸念ではなく、現在進行形の危機となっている。こうしたコストや不確実性を考慮した上で、経済活動を行わなければならない。ＥＳＧ（環境・社会・企業統治）を考えることは、単に地球温暖化対応の費用が経済活動の制約になるという話ではない。放置すれば経済活動の激甚な阻害要因として出現するさまざまな問題を回避するという大きな便益をもたらすことができる。地球温暖化対応によるメリットも外部経済として現れるため、それを市場に内部化して、ただ乗りを回避するという視点が必要である。

日本では、風水害によるダメージを被っても、国土強靭化の公共投資を進めれば十分に対応できる、と考える人も少なくない。しかし、既存の経済社会システムを維持したまま、社会インフラを拡充し、総需要を嵩上げすると、地球温暖化を深刻化させるだけである。さらに激烈な自然災害を招き、再びそれに対応するための社会インフラの積上げを余儀なくされる「いたちごっこ」を続けることになりかねない。わたしたちは、「成長の臨界」に達しつつあることを認識しなければならない。

21世紀に入る頃から、ＳＡＲＳやＭＥＲＳ、新型インフルエンザなどパンデミック危機が繰り返されるようになっている。2019年末から始まった新型コロナウイルス危機もその延長線上で考える必要がある。ウイルス学者の山内一也が論じるように、新興ウイルスの登場は、人類が地球の生態系に大きく手を入れた結果、野生動物を宿主とする新興ウイルスを目覚めさせたことが原因なのである[6]。今後もグローバリゼーションによるヒトや物資の移動の加速で、遠く離れた地域に生息する生物を宿主とするウイルスの感染症が世界中に拡散する。今回の新型コロナ危機が終息しても、既存の経済社会システムを維持したままでは、再び新興ウイルスによるパンデミックが繰り返され、人類の活動を制約する可能性が高いだろう。

2　成長の臨界

もう一つの未来

第1章で論じた通り、リモート・インテリジェンスやＡＩなど新技術がもたらす第三次グローバリゼーションは、19世紀と同様、新たな産業の担い手への所得集中をもたらす。イノベーションが続いても経済格差はさらに拡大し、豊かな社会の到来をますます遠ざける。コロナ危機がもたらした人手不足で賃金が多少上昇しても、長い目で見れば、リモートワーク技術が駆使されることで、先進国の中間的な賃金の仕事が、新興国のホワイトカラーに代替され、中間層から転げ落ちる人がさらに増えるのだろう。

本書では、グローバリゼーションやデジタル・エコノミーのダークサイドに注目したが、一方で、それらを活用することで、別の未来に至る経路が存在することも、ここで強調しておきたい。たとえば、ボランタリー・エコノミーを深化させるという選択も不可能ではないはずである。つまり、協働のコモンズ型（共有地）社会を構築し、民主的で経済格差の小さい経済に移行すると同時に、生態系に優しい持続可能な社会を目指す経路も残されている。

もちろん、それを可能にするには、大きな発想の転換が必要である。文明史家のジェレミー・リフキンによれば、歴史的にみるとコミュニケーション、エネルギー、輸送の三つの社会システムに大転換が訪れた際、社会のあり方そのものが大きく変わっている(7)。

それは農業社会から工業社会への移行をもたらした産業革命にほかならないが、第1章で詳しく論じた第一次機械時代は、石炭を基盤とした18世紀後半の第一次産業革命と、石油を基盤とした20世紀初頭以降の第二次産業革命の二つに分けられる。いずれも化石燃料を前提とした社会システムであり、そこで溜め込んだツケの支払いを、わたしたちは、これ以上先送りするのが難しくなっている。

わたしたちが向き合わなければならない現実は、第4章で論じたように日本型雇用システムが臨界に近づいていることや、第5章や第6章で論じたように日本の公的債務も臨界を意識せざるを得ないこと、第7章で論じたようにドルシステムも揺らぎ始めていること、だけではないだろう。現在の経済・社会システムを前提にすると、そもそも成長の臨界が近づいているというのが、筆者の認識だ。

化石燃料文明の行き詰まり

筆者自身はアントロポセンへの突入は、農業社会から工業社会への移行をもたらした18世紀後半以降の第一次産業革命からだったと考えている。それは、単に化石燃料時代に突入したからではない。第1章で論じた通り、18世紀後半には、欧州で森林伐採が限界に近づき、化石燃料革命がなければ、成長の時代の到来どころか、エネルギー危機に直面するところだった。

化石燃料を燃焼させることによって、蒸気機関をベースとしたエネルギー・システムが生まれ、大規模な工業生産が可能となった。同時に輸送システムとして蒸気機関車、蒸気船などの輸送インフラが整えられた。大量生産、大量輸送による工業社会の到来で、19世紀初頭に第一次グローバリゼーションと成長の時代が始まった。

コミュニケーション・システムについては、電信システムが整備されることで、遠く離れた地域とのやり取りが可能になり、商品の売買が国境を越えて広がった。これが、第一次グローバリゼーションを加速させた理由でもあった。さらに蒸気機関を使った大量印刷技術の開始で、普通の人々が新聞を通じて情報を入手するようになった。また、各国は、鉄道網の敷設など、社会インフラ整備のための資金調達を主に英国ロンドンのシティで行った。第7章で見た通り、世界の工場となる米国と第三国との貿易決済も、ロンドンのシティで行われた。

20世紀初頭に訪れた第二次産業革命は、第一次産業革命の延長線上にあり、そこで工業化が加速する。石炭に代わって石油を燃やす内燃機関の普及によって、電気エネルギーの利用が可能となり、生産量が飛躍的に拡大する。輸送システムについても、従来の蒸気機関に加えて、内燃機関による自動車での輸送が可能となった。20世紀は米国を中心としたフォーディズム（フォード・システム）の時代であり、とりわけ戦後は高度なモータリゼーションの時代を迎えるとともに、アントロポセンを確実なものとした。

また、電気の普及のおかげで電話とテレビが広く行き渡り、コミュニケーション・システムも著しい発展を見せた。第二次産業革命において、大規模かつ垂直型の生産システムが発展し、大企業はこれらの生産設備を整えるために莫大な資金を必要としたことから、米国ニューヨークのウォール街やロンドンのシティだけでなく、先進各国でも金融システムが高度に発達した。

大規模かつ垂直型の社会システムの終焉

第二次産業革命がもたらした大規模かつ垂直型のエネルギー・システムや輸送システム、コミュニケーション・システムは、現在もまだ完全に終焉したわけではないが、１９９０年代半ばには、すでにピークを打ったと考えられる。工業化社会の絶頂は、90年代初頭の日本であり、トヨティズム（トヨタ・システム）だったのだろう。そして、次なるフェーズ、つまり脱物質化社会への移行をもたらすのは、90年代後半以降のＩＴデジタル革命による第二次機械時代の到来である。

まず、90年代後半に、コミュニケーション・システムが分散型のインターネットに取って代わられた。それは、情報通信分野にとどまらない。いまやデータそのものが付加価値の源泉となっていることは、第2章で詳しく論じた通りである。

また、データを含め無形資産が付加価値の源泉となっているため、資本蓄積のために、かつてのような大量の資金は要せず、資金需要の低迷で自然利子率が世界的に低下している。これはコロナ危機後も、そしてロシアのウクライナ侵攻後の世界においても変わらないのだろう。先進各国で伝統的な銀行業が苦戦を続けているのは、銀行貸出が無形資産投資のファイナンスにうまく対応できないためである。情報通信分野と金融分野は親和性が極めて高いため、規制に胡坐《あぐら》をかいていたままでは、既存の金融業は、いずれデジタル企業が生み出す金融サービスに呑み込まれてしまう。その予兆はすでにみられる。あるいは、古い時代の残滓と考えられていた日本の金融機関の政策保有株が無形資産時代に適合するエクイティ・ファイナンスのための新たなツールに変貌するだろうか。

輸送システムにおいても、インターネットとそれに付随するＩｏＴ技術などの急速な発展によって、自動運転化が実現しつつある。パンデミック危機によって、シェアリング・エコノミーが躓いたという見方も一時はあったが、自動車産業がＣＡＳＥ（Connected, Autonomous, Shared/Service, Electric）革命の津波に襲われているのは、多くの人が認識する通りである。

新しい自動車、いや移動サービスも、金融と同様、インターネット革命の延長線上にあり、脱物質化によって、その付加価値の源泉もハードウェアではなく、やはりソフトウェアに移行するのだろう。新旧の産業が熾烈な戦いを繰り広げているが、イノベーターのジレンマを考えると、新しい移動サービスを提供する勝者は、既存の自動車産業とは異なる別の産業から生まれると考えるのが自然だろう。

ＩＥＡ（国際エネルギー機関）は２０５０年までのCO_2排出ネットゼロの貢献度を分析しているが、トップに太陽光発電と風力発電の再生可能エネルギーが並立し、三つ目には電気自動車（ＥＶ）を挙げている(8)。ドル箱のハイブリッド車にこだわったままでは、日本の自動車産業の行方が危ぶまれる。

水平分散型のエネルギー・システムへの移行

カーボンニュートラルとも大きく関係するが、三つの社会システムの中で、ようやく新たな姿を見せ始めたのがエネルギー・システムである。欧州が先行し、日本と米国が後発である。いや、米国は、トランプ大統領が２０１７年にパリ協定からの離脱を決定した後も、州政府レベルでは革新が続けられていたから、日本が最後発というべきかもしれない。すでに欧州諸国では再生可能エネルギーの主力化が見えてきたが、日本では太陽光発電とともに主力を担うべき風力発電の取組みが著しく遅れていることが懸念される。さらに再生可能エネルギーを主力電源とするための、電力市場改革の取組みも滞ったままである。

ここで筆者が取り上げたいのは、単に電源構成の主力が再生可能エネルギーに移行し、CO_2の排出が大きく抑えられるようになる、という話ではない。火力発電や原子力発電など、これまでの大規模かつ垂直型のエネルギー・システムから、小規模で水平分散型のエネルギー・システムに移行することの意義である。この変革も運輸システムと同様、インターネット革命の延長線上にあり、５Ｇが社会実装されるにつれ、モノのインターネット（ＩｏＴ）の広がりとともに、加速すると見られる。もともと、インターネット・システムは、戦争やテロに備えた自立分散型の情報通信システムとして構築されたが、そのコンセプトはエネルギー・システムにも当てはまる。最大震度7を記録した２０１８年9月の北海道胆振東部地震では、大規模停電（ブラックアウト）が発生し、火力発電などの大規模発電に依存する垂直型電力供給体制の脆弱性が露呈した。

２０１１年の東日本大震災でも同様に広範囲なブラックアウトに直面したが、地震大国の日本では、地震リスクを遮断するために、水平分散型の電力システムへの移行の必要性が認識されてきた。

前述した通り、異常気象に伴う風水害の頻発で同様の危機を招くリスクが急激に高まっており、水平分散型の電力システムへの移行が喫緊の課題となっている。

水平分散型のエネルギー・システムへの移行は、大規模地震や地球温暖化への対応策になるだけではない。日本では、今後も人口減少を余儀なくされる地域コミュニティにおいて、自立分散型のスマート・シティを運営するための動力源となる。そこでは、居住用、商業用、公共用など用途を問わず、すべての建物に太陽光の再生可能エネルギーの発電設備が備え付けられ、それぞれの建物がスマート・グリッドのノード（結節点）となる。自家消費を上回る余剰電力はブロックチェーン・システムを使って、自動的に市場で売買される。人々はスマートフォンを通じて容易にスマート・グリッドにアクセス可能となる。

スマート・シティにおいては、コミュニケーション、輸送、エネルギーのいずれのシステムもインターネットの下で、分散型システムとして機能する。それは、工業社会の時代につくられた垂直型・集中型の現在のシステムとはまったく異なり、職住近接型のコンパクト・シティとして運営される。これがグリーン・デジタル社会の構想であり、来るべき脱物質化社会の姿である。筆者は、これらのシステムが、同時に地域コミュニティの再生の切り札になり得るとも考えている。

まず、システム移行期においては、既存のインフラを廃棄し、新規のインフラを構築するために、地域コミュニティにおいて多大な労働力が必要とされる。パンデミック危機終息後、経済成長の後押しのために、追加財政の出動が必要となる可能性があるが、それらは「ワイズ・スペンディング」の候補となり得るだろう。繰り返す風水害に対して、伝統的な公共事業の増加で対応しても、既存の経済社会システムが同じままなら、結局は地球温暖化を深刻化させるだけに終わるであろうことは、すでに述べた通りだ。[9]

地域コミュニティに根ざした仕事が生き残る

さて、リモートワーク技術によってホワイトカラー業務が新興国にオフショアリングされる第三次グローバリゼーションの時代においては、国内で存続し得る仕事は、地域コミュニティに根差したものになるだろう。国内のホワイトカラーを代替する新興国からのリモートワーカーは、顔と顔を突き合わせた仕事が苦手だからである。また、AIやロボティクスには、社会的認知を伴う作業が困難だ。経済学者のリチャード・ボールドウィンが論じるように、先進国に残るのは、顔と顔を突き合わせた意思疎通の必要な人間ならではの強みが生かされた仕事となるはずである。[10]

スマート・シティは職住近接型社会をもたらすと述べた。かつて、農業社会から工業社会に移行する過程では、人々が工場やオフィスで勤務するようになり、滞在する時間が短くなった地域コミュニティは大きなダメージを受け、先細りが続いてきた。しかし、水平分散型社会への移行によって、再び職住接近が選択されると、人々が地域で暮らす時間が再び長くなり、地域コミュニティが復活する可能性が高い。コロナ危機をきっかけに、リモートワークが増え、都市近郊に移住する人が増えるなど、すでにその予兆が見られるのではないか。

筆者自身は、地域コミュニティの復活は、社会保障の再生という観点からも、不可欠だと考えている。第6章でも論じた通り、かつて日本が小さな社会保障でも何とか回っていたのは、家族による扶養や地域社会での相互扶助、企業による福祉が代替していたからであった。家族形態は多様化し、地域コミュニティの結びつきも稀薄化、企業は雇用の非正規化を進め、いずれも脆弱化した。もはや家族と企業が元の姿に戻ることはなく、社会保障の主たる担い手になれないことを考えると、法学者の菊池馨実が論じるように、社会保障の持続可能性を高めるには、制度の基盤となる理念とともに、制度を支える市民意識に踏み込み、地域コミュニティの再生とセットで考える以外に解決策はないと思われる[(11)]。もう少し説明しよう。

まず、第6章で論じた公的医療給付のカバー範囲とも関係するのだが、社会保障は、憲法25条の生存権を根拠に、その目的を貧困や困窮の軽減など国民の生活保障と位置づけてきた。しかし、ナショナルミニマムに限定すると、豊かになった日本の給付レベルはすでにその範囲を超えている可能性が高い。それゆえ、菊池は憲法13条の幸福追求権を根拠に、自律した個人が主体的に自らの生き方を追求する条件整備のための制度として社会保障を捉え、個人の自律のための支援と位置づけるべきだとしている。

現在の社会保障制度においては、国民を「保護される客体」として捉えているが、国民を「主体性を持った生き方を追求する存在」として捉え直すと、たとえば軽度の障碍者なら、支援によって就労が可能となり、生活の糧を自らが得るだけでなく、場合によっては税や社会保険料を納め、社会保障の担い手ともなり得る。そのとき重要なのは給付以上に、ソーシャルワーク的な伴走型の相談支援である。生活困窮者の就労支援についても同様であり、地域での社会福祉士をはじめとする専門職の相談支援や、住民も関わる支え合いの充実が決め手となる。伴走型の支援が地域コミュニティでの支え合いの基盤となり、同時に地域コミュニティの再生の鍵となる。こうした顔と顔を突き合わせた意思疎通が新興国からのリモートワーカーやＡＩ、ロボティクスで代替できないのは明らかであろう。

3　コミュニティ再生のためのヒント

コミュニティを重視する政治学、文化人類学、社会学のアプローチ

これまで主流派経済学がコミュニティを重視してこなかったのは、いずれ市場に代替される運命にあると考えていたためである。あるいは、地域コミュニティが供給していたものが、必要な公共財であるのなら、政府が代わって供給すべき、と考えてきたのだろう。

コミュニティについては、トクヴィルの思想などとともに第6章で論じたが、ここでもう少し掘り下げたい。前書きで論じたように、人間やその集団である社会を扱う学問として、経済学は、19世紀末までは、文化人類学や法学、歴史学、哲学、心理学、政治学、社会学などの学問とともに一つにまとまっていた[12]。20世紀に入り、そうした近接分野と袂を分かち高度に発展してきたが、近年、脳科学や神経科学、認知心理学などの研究によって、人間は、経済理論が想定してきたような意味での合理性に必ずしも従っているわけではないことも明らかになっている。それゆえ、経済学も人間行動の真相に迫るべく、近隣分野に再接近するようになっている。それらが再統合されることを願う筆者としては、経済学以外の社会科学が、コミュニティを現在どのように捉えているのか、とても気になるところである。

すでに法学の立場から、コミュニティと社会保障の復活をセットで構想する菊池の論考を前節の最後で紹介したが、以下、これまで本書で取り上げた問題意識に沿って、政治学や文化人類学、社会学の三つの分野におけるコミュニティに関する論考をフォーカスする。政治学者も文化人類学者も社会

学者も、わたしたちが抱える問題の解決策として、コミュニティ復活を重視している。

まず、政治学における論考を取り上げるが、その前に、本書で取り上げた所得分配と政治の行き詰まりを巡る問題をもう一度、確認しておきたい。持続的な経済成長の時代は、19世紀後半に定着したが、それはちょうど議会制民主主義が発達した時代とも重なっていた。第1章や第5章で論じた通り、20世紀の戦間期におおむね整えられた、わたしたちの政治システムは、成長の果実である税収の分配を主たる対象として発達してきたため、低成長の時代にはうまく機能しなくなる、というのが筆者のそもそもの問題意識であった。高い成長の時代につくられた制度なら、低成長になって分配可能な果実が少なくなり、一方で社会保障費の費用負担など、さまざまなコストの分担を皆で割り振らなければならないとすれば、うまく回らなくなるのも当然だろう。

かつては、日本の政治だけが何も決められないと非難されていたが、今では多くの先進国も同様の隘路に直面していることは、これまで論じてきた通りだ。

それでは、低成長時代において、政治学は民主主義の機能をいかにして復活させようと考えているのか。わたしたちは、より強い権限を首相や官邸に与えることで問題解決を図ろうとしてきたが、果たしてうまく行っているだろうか。むしろウエストミンスター型の多数決民主主義に移行したことで、政権運営に不都合な問題が棚上げされていることは第6章で見た通りである。

人間の可謬性を前提に個人の実験を許容するプラグマティズム

わたしたちは、民主主義というと、国政レベルの議会政治や選挙ばかりを想像しがちなのだが、制度や理念である前に、民主主義は一つの実践であり、経験でもある。政治学者の宇野重規は、移民時代の新大陸アメリカで始まった地域コミュニティにおける自治の実践に、民主主義の萌芽を見出すとともに、南北戦争で分断された社会の再生を企図したジョン・デューイらのプラグマティズムにヒントを求めている[13]。移民時代の民主主義の萌芽については、次の文化人類学の視点とも重なるため、ここでは、プラグマティズムにフォーカスしよう。

筆者の問題意識とも重なるが、宇野はまず、社会を基礎づける確実なものが消滅した時代にあると現代を捉える。だからこそ熟議が必要なはずなのだが、デジタルツールの発展もあって、わたしたちは、かつてないほど短期思考となり、周囲の動きに左右されやすくなっている。一方で、政治に対しては、不信と無力感を拭えない。あまりに狭くなった政治の回路をどう回復していくのか。ここでプラグマティズムに着目するのは、十分な判断材料が存在しないにもかかわらず、常に人間が何らかの選択をしなければならないという状況の下で、実験による社会の漸進的な改革を説いたのがデューイらの思想だからである。

デューイの生きた時代は、国を二分した南北戦争によって多くの人の命が奪われ、真理というものがすっかり見えなくなっていた。民主主義の多数決でも結論は得られず、ましてや戦争によって、真理に到達できるはずもない。日々の直面する問題に対し、人々は行動せざるを得ない以上、その寄辺として、何らかの理念を選択せざるを得ない。その理念をもとに実行し、もし期待された通りの結果が得られたのなら、それを暫定的に真理と呼んでもかまわないのかもしれない。もし、うまく行かなければ、うまく行くまで、別の理念と方法を模索する。人間の可謬性を前提に、個人のさまざまな実験を許容するがプラグマティズムの考えであり、その自由を担保するのが民主主義であるとデューイらは考えたのである。

プラグマティズムには深い思慮がなく、結果さえよければよいという軽薄な思想と受け止められることも少なくない。しかし、不確実性がますます増し、これまで真理だと思われたものがそうではなくなった時代だからこそ、一人ひとりの個人がいろいろな実験を通じて経験を深めることが許容されなければならない。その経験の中でうまく行ったことを習慣として皆が大事にする。プラグマティズムが重視したのは、投票での結果ではなく、個人と個人との関係であり、時間をかけて形成された習慣や人々の結びつきこそが民主主義そのものに他ならない。

宇野は、日本各地で生まれつつある新たな民主主義の習慣を具体的に紹介している。そこでは、眼前の問題を解決するために、投票によらない社会改革の動きが実際に始まっていた。活性化する地域間のネットワークは広がりを見せ、むしろ東京など都市の住民は蚊帳の外で、大きな変化を見逃しているという。

国家管理が不在の領域で日々の暮らしをどう守るか

文化人類学も同様の認識を示す。もともと文化人類学という学問は、西欧が未開社会とみなしてきた領域において、国家が不在であっても、民主的で平等な社会が築かれていたことを見出してきた。未開と思われていた社会を覗き込むと、経済格差を抑えるための、先人の知恵が至るところに組み込まれている。また、際限のない人間の欲望を抑え込むためにとられた手段は、必ずしも古い因習に人々を閉じ込めるものでもない。

前述した通り、近年、日本でも甚大な風水害や大震災が発生しており、都市部ではあまり気がつかれていないが、行政サービスが長期間、滞るといった事態が頻発している。あたり前に存在すると思っていた既存の国家システムが機能しない場面が増えているが、そのときわたしたちは、どうやって日々の暮らしを守るのか。エチオピアなど国家に頼らずに生きてきた人々を長く分析してきた文化人類学者の松村圭一郎は、自らの問題を自らの手で解決する知恵としてのアナキズムを論じている[14]。

アナキズムというと物騒に聞こえるのだが、革命を起こして無政府主義を目指す、といった話とはまったく異なる。現代のアナキズム論は、革命によって、ひどい政府が倒れると、さらにひどい政府が取って代わるだけ、というのを先刻承知のようである。国家による管理が困難になったとき、どのように人々が自分たちの問題を解決するのかを、松村はアナキズムという視点で捉えたのである。

同じ文化人類学者のデヴィッド・グレーバーらの先行研究でも、むしろ国家管理が不在の領域において、コミュニティが合意を生み出す際に、民主主義の萌芽が見られていた[15]。たとえば多民族が混在する地域や米国のフロンティアで、既存のルールがないからこそ、即興的に民主主義的空間が生み出された。平等思考の意思決定は、特定の文明や伝統に固有のものではない。驚くことに、米国の建国の父らが創り出した統治システムが、実は、ネイティブ・アメリカンから大きな影響を受けていた可能性が示される。古代ギリシャだけが民主主義の起源とはいえないのである。

コミュニティにおける合意形成では、白黒つける採決は選択されない。それは、投票で少数派の意見を否定すると、コミュニティそのものの存続が危うくなるからである。民主主義の起源とされてきた古代ギリシャのアテナイにおいて、白黒つける投票が可能だったのは、第2章で論じた通り、アテナイが民主主義国家であるとともに、軍事国家でもあったためである。つまり、平等な市民が、同時に武装していたからであり、それは極めて稀なケースだった。

日本でも、村の寄り合いなどで、つい最近まで、納得がいくまで自分たちの問題をとことん話し合う営みが存在していた。このような文化人類学者の松村の論考は、政治学者の宇野の論考とも符合する。多数決で決めるのが民主主義であり、それがものごとの解決策という常識を私たちは考え直すべきなのだろう[16]。

筆者は、将来、公的債務が臨界を迎えて、地域の行政サービスが瓦解したときの準備のために、松村の研究を手にしたのだが、思いがけずコミュニティ再生のための論考に出会うことができた、という次第である。自分たちの問題を自分たちが解決できるのなら、財政破綻といった事態も避けられるはずである。政治学と同様に、文化人類学も、暮らしの中の身近な人間関係（＝コミュニティ）を日頃から耕しておくことが肝要と説いている。

東京23区のコミュニティ復活

社会学も社会分断の深刻化を避けるために、コミュニティ復活の重要性を説いている。過去40年間、世界的に教育格差の固定化が、経済格差を助長しているというのは、第1章で見た通りである。ITデジタル革命やグローバリゼーションを背景に、高い教育を受けた高スキル保有者が高所得を享受し、わが子にも高い教育を授けようと、孟母三遷がいずこの国でも実践されていた。その結果、豊かな人と豊かでない人の混住が崩れ、先進各国でコミュニティの崩壊とともに、社会の分断が先鋭化している。中国でも同様で、不動産価格高騰と並んで、教育費高騰が少子化を招き、社会の再生産を困難にしていた。それが、習近平が共同富裕策として、不動産市場だけでなく、教育産業に介入した理由の一つだった。

社会学者の橋本健二は、東京23区に住まう人々の所得、学歴、職業、家族形態を「丁目レベル」まで深く掘り下げ、メトロポリタン東京の社会分断の実相を浮き彫りにしている[17]。まず、東京の社会空間は、「中心と周辺」「東と西」という二つの大きな原理から成り立つ。高所得者、専門職・管理職、大卒者は中心部に多く、周辺に少ない。また、西に多く、東に少ない。その結果、東京23区は、都心部、西の山の手、東の下町の三エリアに大別される。高所得者、専門職・管理職、大卒者は都心部と山の手に多く、下町に少ないのである。

また、平均世帯年収が高い地域と低い地域、あるいは年収200万円未満世帯比率の高い地域と低い地域を分かつ境界となるのは、いずれも標高20メートルの等高線とかなりの程度一致する。標高の高いエリアがいわゆる山の手（台地）である。

ただ、近年は、都市再開発とともに、人の移動が進んでおり、東京23区の姿も大きく変容している。新たな潮流は、都心部で工場や商業を営んでいた零細資本家や旧中間階級が消滅し、高所得の資本家と新中間層の純化が進んでいることである。純化は混住の反対であり、教育などを通じて、分断を先鋭化する。

一方、下町は、湾岸の埋立地や工場跡に高層マンションが立ち並んだおかげで、新中間層が流入するようになり、以前から住む労働者階級との間で混住が進行している。混住はコミュニティ復活のキーワードである。山の手は資本家や新中間層が都心部へ移住し、一方で住民の高齢化で下町的要素が加わりハイブリッド化が進んでいる。ただ、山の手でも管理職や専門職の比率が高かったエリアでは、急激な高齢化によって、今後、コミュニティの再生産が困難になることも懸念される。

富裕層が集中する都心部では、子供たちは将来、高い教育を受けることを当然視して、義務教育から私学に通うなど、早い段階から高い教育への準備を始める。それ以外の階層の人々と日々、交わることもなく、自分たちの価値判断が通用する人とだけ交流する。その中から、政治や経済、社会のリーダーが選ばれ、わたしたちの社会が抱える問題は把握されず、ますます分断が進む。

筆者は、コミュニティ復活の必要性を論じつつも、東京23区におけるコミュニティの崩壊を止めるのは、もはや手遅れだと、内心諦めていた。

しかし、23区を隈なくフィールドワークした橋本は、豊かな人とそうでない人の混住を促すことで、社会分断の進行を止めることができると論じている。たとえば、都営住宅が残存し、低中所得者向けの商店街が残る地域では、高級店ばかりが集まる富裕層向けの街づくりとなることが避けられている。この20年間、都営住宅の建設は止まっているが、その再開が解決の糸口になると提案している。家賃を応能負担とすれば、利用者のスティグマが避けられるとともに、混住も促されるだろう。

効率性の観点から経済学では、政府による公営住宅の供給は極力避け、困窮者への現金給付による支援が望ましいと考えてきた。ただ、欧州では、公営住宅の供給を社会政策の観点から継続している。街づくりなどの外部性の観点から、コミュニティ復活の一案として再検討すべきであろう。

国家と市場、コミュニティのバランス

第6章で論じたように、1980年代以降、わたしたちは、巨大な国家こそが問題だとして、規制緩和を進め、市場の領域を広げてきた。その過程において、領域を大きく狭めたのは、実は、国家ではなく、コミュニティだった。コミュニティが供給していたものを市場が代替するようになっていたのである。

これまでのやり方を見直すのは必要だとしても、新自由主義への反省として、市場の領域を抑制

し、国家の領域を広げるという選択は、巨大になった既存の企業と国家の癒着による縁故主義を蔓延させるだけであろう。経済学は長らくコミュニティを軽視してきた。しかし、法学や政治学、文化人類学、社会学がこぞって訴える通り、現在、目指すべきはコミュニティの復活であり、国家と市場、そして地域コミュニティの間のバランスを見直すことが必要である。

4　多面的にアプローチする視点を持つ

六人の目の不自由な人と象

これまで日本の長期停滞に関わる問題を、グローバルな視点、歴史的な視点、政治的な視点なども交え、広範囲に論じてきたが、筆を擱《お》くタイミングが近づいてきた。

まず、次の寓話に目を通していただきたい。

ある日、六人の目の不自由な人が象を触って、その正体を探ろうとしたという(18)。一人目は、象の鼻に触って「象とはヘビのようなもの」と分析した。二人目は、象の耳に触って「象とはうちわのようなもの」と分析した。三人目は、象の足に触って「象とは木の幹のようなもの」と分析した。四人目は、象の胴体に触って「象とは壁のようなもの」と分析した。五人目は、象のしっぽに触って「象とはロープのようなもの」と分析した。六人目は、牙の先端に触って「象とは槍のようなもの」と分析した。その後、六人は長い間、言い争い、皆、自分の意見を譲らなかった。

この話を聞いて、筆者は、六人を「経済学の専門分野の研究者」に、象を「日本経済の長期停滞の原因」に置き換えたいという誘惑にかられた。たとえば、以下はどうだろう。

貿易論の専門家は、日本経済の長期停滞の原因を生産工程のオフショアリングとそれに代わる新産業の不在に求めた。労働経済論の専門家は、企業が正規雇用を守るために非正規雇用を増やした結果、雇用の二極化構造が定着したことに原因を求めた。社会保障論の専門家は、社会保障制度があまりに硬直的で、そこで包摂できない被用者の割合が高まっていることに、原因を求めた。金融論の専門家は、超低金利政策の固定化が資源配分や所得分配を歪めていることに原因を求めた。財政論の専門家は、膨張する公的債務が社会保障制度の持続性に対する人々の疑念を強めていることに原因を求めた。企業論の専門家は、正規雇用の維持の責任を課された企業経営者が内心ではイノベーションに積極的ではないことに原因を求めた。

この六つの見方は、いずれも本書において、筆者が展開した主張である。他の論者の意見を批判しようと意図して、この寓話を持ち出したわけではない。もちろん、筆者の意見とは異なり、拡張財政や金融緩和が十分ではないことが日本経済の長期停滞の原因と考える専門家も存在する。

本書でも取り上げた社会学や法学、政治学、文化人類学など経済学と近接する社会科学を含めると、日本経済の長期停滞の原因の候補はすぐにも二桁に達するのだろう。

わたしたちは往々にして、物事を論じるとき、ひとつの側面から見た議論しかしていないことが少なくない。もちろん、同じ現象を別の角度から見ている、ということもあるだろう。いずれの問題も深く絡み合っており、いずれも真理の一部ではあるが、すべてではない。それゆえ、どれか一つの課題だけを解決すれば、一気呵成に日本経済の長期停滞が解決される、という話ではないのだろう。

新たな知のイノベーションを探る

上記の寓話を語る戸田智弘によると、「部分の総和はかならずしも全体にはならない」という点も寓意のひとつに加えられるという。実は、そのことは、筆者が本書の執筆にあたって、歴史学や認知心理学、政治学、文化人類学など多分野の貢献を援用したことと大きく関係している。

多くの学問において、わたしたちは長い間、還元主義的な立場に立って、ミクロの法則を解明することが「知の極限」であると考えてきた。世界にはその基礎をなす素粒子があり、その振舞いや法則を解明することによって、わたしたちは世界について、理解することができるということである。(19)

その影響を受けてか、過去50年近く、筆者が金融経済を分析する際のツールとして用いるマクロ経済学も、合理的な代表的個人を前提に、マクロ経済現象をミクロの経済主体の最適化行動の集合体と捉えてきた。個と個の行動が相互に作用する結果、複雑性が生まれ、ミクロの行動からは必ずしも説明できないマクロ経済的な特性が現れると考える筆者としては、多分に居心地の悪さを感じてきた。

近年、自然科学では、量子力学やＡＩのディィープラーニングの発展によって、ミクロの振舞いから、マクロの特性を説明することは難しい、ということが明らかになっている。(20) ミクロの一見ランダムな動きの上に、それとはまったく異なるマクロの振舞いや秩序が出現する。

これまで、多くの自然科学分野では、比較的シンプルなモデルで世界を説明してきた。元経済産業省の西山圭太によると、ディープラーニングの活用で、複雑性を保持したまま、多数のパラメーターによって深い階層性を持つモデルの構築が可能となり、より高い予測精度が得られるようになるという。

わたしたちの世界は、ミクロからマクロへの非連続な跳躍を常に孕み、同時にマクロの特性がミクロの振舞いに大きく影響を与える。そう理解すべきなのではないか。人間にとってAIはブラックボックスであるが、そこに隠れた階層性を新たに発見することが、人類の知のイノベーションとなるのだろう。手探りだが、隠れた階層性の発見に、近接の社会科学がヒントを与えてくれるのではないかと考え、本書では、歴史学や認知心理学、政治学、社会学、文化人類学などの貢献も援用したという次第である。

再び繰り返すが、人間やその集団である社会を扱う学問として、経済学は19世紀末までは、文化人類学や法学、歴史学、哲学、心理学、政治学、社会学などの学問と一つにまとまっていた。ティロールの言うその復活を、筆者も是非とも目にしたいものである。(21)

わたしたちは、本書の冒頭で示した、あと一歩で破裂しそうなギリギリの状況、すなわち「飽和資本主義」の次に来る社会を探って、旅を始めた。長い航海もこれで終わりだが、本書が読者にとって、よき水先案内役を果たすことができたとすれば、望外のよろこびである。

終章　注

(1) ジョン・メイナード・ケインズ『説得論集』山岡洋一訳、日本経済新聞出版社、2010年。

(2) スキデルスキーらは、本書で取り上げた「幸福の経済学」とも一線を画し、目指すべきは、幸福の感覚である「心地のよい精神状態の積み重ね」ではなく、根本的に「善きもの」であり、それは決して主観的なものではなく、「客観的なもの」だと論じている。必要を基準に、善き暮らしを送るための基本価値として健康、安定、自己の確立、尊厳、自然との調和、友情、余暇の七つを挙げている。多くの人が納得する条件であろう。ロバート&エドワード・スキデルスキー『じゅうぶん豊かで、貧しい社会――理念なき資本主義の末路』村井章子訳、筑摩書房、2014年。

(3)アダム・スミス『道徳感情論』村井章子、北川知子訳、日経BP社、2014年。
(4)その契機は、1870年代のウィリアム・ジェヴォンズやカール・メンガー、レオン・ワルラスらの同時発見による「限界革命」にある。
(5)ウイリアム・ノードハウス『気候カジノ——経済学から見た地球温暖化問題の最適解』藤崎香里訳、日経BP社、2015年。
(6)山内一也『ウイルスの世紀——なぜ繰り返し出現するのか』みすず書房、2020年。
(7)ジェレミー・リフキン『限界費用ゼロ社会——〈モノのインターネット〉と共有型経済の台頭』柴田裕之訳、NHK出版、2015年。同『グローバル・グリーン・ニューディール——2028年までに化石燃料文明は崩壊、大胆な経済プランが地球上の生命を救う』幾島幸子訳、NHK出版、2020年。
(8)IEA "Net Zero by 2050 A roadmap for the Global Energy Sector," 2021.
(9)最近、ミッション・エコノミーなる言葉が聞かれる。経済学者のマリアナ・マッツカートは、政府は単に「市場の失敗」を正すだけでなく、公共性のあるミッションを掲げて、財源を準備し、多様な企業や市民を巻き込んで経済を成長させるとともに、公共の利益の増進の役割を担うべきだと論じている。これはとりもなおさず「新自由主義」に対するアンチテーゼとなっており、筆者もこの提言の「共通善を探ること」や「消費の質を問う」ことなどにはシンパシーを感じている。ただ、ミッション・エコノミーの財源論がMMTであるのは、いただけない。マリアナ・マッツカート『ミッション・エコノミー——国×企業で「新しい資本主義」をつくる時代がやってきた』関美和、鈴木絵里子訳、ニューズ・ピックス社、2021年。
(10)リチャード・ボールドウィン『グロボティクス——グローバル化＋ロボット化がもたらす大激変』高遠裕子訳、日本経済新聞出版社、2019年。
(11)菊池馨実『社会保障再考——〈地域〉で支える』岩波新書、2019年。
(12)ジャン・ティロール『良き社会のための経済学』村井章子訳、日本経済新聞出版社、2018年。
(13)宇野重規『民主主義の作り方』筑摩選書、2013年。
(14)松村圭一郎『くらしのアナキズム』ミシマ社、2021年。
(15)デヴィッド・グレーバー『民主主義の非西洋起源について——「あいだ」の空間の民主主義』片岡大右訳、以文社、2020年。
(16)長く政権を担う自民党は、党内で意見が割れる案件でも、侃侃諤諤、長時間話し合った上で、採決などせず、貸し借りも交えて、総務会で全会一致として決定する。しこりを残さずに、皆が長くやっていくための知恵だが、党派を超えた熟議の場をつくることはできないのだろうか。
(17) 橋本健二『東京23区×格差と階級』中公新書ラクレ、2021年。
(18) 以下は、戸田智弘をもとにした。戸田智弘『ものの見方が変わる座右の寓話』ディスカバー・トゥエンティワン、2017年。
(19) 素粒子物理学のみが真の知的挑戦に値する専門分野であるという風潮に異を唱え、「多は異なり(More Is Different)」と論じたのが、物理学者のフィリップ・アンダーセンである。P. W. Anderson "More Is Different," *Science* 177 (1972) pp.393-396.
(20) 以下、西山圭太の論考を参考にしている。西山圭太、松尾豊、小林慶一郎『相対化する知性——人工知能が世界の見方をどう変えるのか』日本評論社、2020年。
(21) ティロール前掲書、2018年。

おわりに

筆者は、1989年12月に経済分析の業務を始めた。日本の株価が最高値を付けたのは、その月末だった。その後、人生のほとんどの期間において、経済分析業務に携わり、2000年からは、BNPパリバ証券の東京オフィスでチーフエコノミストとして、日本経済分析の責任者を務めている。

この間、激動の世界情勢と向き合いながら、日々、経済と金融を中心としたトレンドを分析してきたが、いったん立ち止まって、これまでの論考を整理したい、と年来思っていた。当初は、2010年代のグローバル経済と日本経済の姿をまとめようと考えていたのだが、繰り返す危機に翻弄されている間に、時間が過ぎてしまった。コロナ危機で、ほぼ毎月行っていた海外出張がストップし、週末の作業が可能となったため、今回、ようやく思いを果たすことができたという次第である。呆れるくらいの長い時間を要してしまった。

本書の完成までには、本当に多くの方々から多大なお教えを頂いた。

本書の第4章4節のカーボンニュートラルと労働政策に関する論考は、諸富徹氏との共同論考がベースとなっている。また、第5章3節の公的債務管理と金融政策に関する論考は、白塚重典氏との共同論考がベースとなっている。快く掲載をお許し頂いたことに、感謝を申し上げる。あり得べき誤りはすべて筆者に帰する。いずれも本書の重要な骨格をなすものであり、お二人との共同作業なしには、本書は存在しなかった。

筆者は、月に一度、執筆者を招いて、経済学書や政治学書の読書会を開催している。この20年の間に、延べ250名近い経済学者や政治学者などの研究者にご報告をお願いし、読書会のメンバーとともに、侃侃諤諤の議論の機会を頂いた。本書で取り上げた先行研究は、読書会で直接お教え頂いたものも多数含まれている。このほか、研究会などを通じ、さまざまな教えを頂戴した。すべての方のお名前を掲げることはできないが、本書で紹介させて頂いた方を中心にお名前を挙げ、心より感謝を申し上げたい。皆様と議論できたことは、筆者のかけがえのない財産である。

飯尾潤、故・池尾和人、猪俣哲史、岩村充、印南一路、上田淳二、植松利夫、宇野重規、小川一夫、翁邦雄、小黒一正、小塩隆士、上川龍之進、神田眞人、神林龍、小林慶一郎、齊藤誠、櫻川昌哉、佐橋亮、清水順子、清水真人、白川方明、鈴木亘、砂原庸介、関根敏隆、瀬口清之、高安健将、竹中治堅、田所昌幸、田中秀明、鶴光太郎、土居丈朗、中北浩爾、西沢和彦、西山圭太、橋本健二、濱口桂一郎、早川英男、林伴子、肥後雅博、平山賢一、深尾京司、藤井彰夫、藤城眞、細野薫、前田栄治、牧原出、待鳥聡史、松岡亮二、宮内惇至、森川正之、森信茂樹、八代尚宏、矢野康治、山崎史郎、吉川洋、吉田徹、渡辺努の各氏には、心より感謝を申し上げる。

本書の論考の大半は、ウィークリー・レポートとして作成しているレポートがもととなっている。作成の際、同僚の加藤あずささん、白石洋さん、井川雄亮さんには、いつも厳しい内容のチェックを頂いている。また、加藤あずささんには、本書の草稿に何度も目を通してくださり、大変感謝している。リサーチアシスタントの沢田香さんには、図表の作成や参考文献の整理でお手伝い頂いた。秘書の岡本佳代さんには、本書の執筆の段取りを整えて戴いた。チームメンバーの協力なしには、本書を完成することはできなかった。

日々の激務を支えてくれる妻には、言葉では言い尽くせないほどの、感謝の気持ちでいっぱいである。本書の作成においても支えてもらった。

慶應義塾大学出版会の増山修氏は、日々の仕事に追われ、一向に筆の進まぬ筆者を常に励まし、折に触れて、適切なアドバイスをくださった。本書が日の目を見るに到り、ただただ感謝に堪えない。

最後に、本書は、限りない愛とともに、わたしたち兄弟、家族をいつも温かく見守ってくれた母に捧げる。

２０２２年、春のみぞれが降る東京にて

河野　龍太郎

参考文献

【邦文文献】

アイケングリーン、バリー『とてつもない特権――君臨する基軸通貨ドルの不安』小浜裕久監訳、勁草書房、2012年

アセモグル、ダロン、ジェームズ・A・ロビンソン『自由の命運――国家、社会、そして狭い回廊　上・下』櫻井祐子訳、早川書房、2020年

アドマティ、アナト、マルティン・ヘルビッヒ『銀行は裸の王様である』土方奈美訳、東洋経済新報社、2014年

アリソン、グレアム『米中戦争前夜――新旧大国を衝突させる歴史の法則と回避のシナリオ』藤原朝子訳、ダイヤモンド社、2018年

アルベール、ミシェル『資本主義対資本主義――フランスから世界に広がる21世紀への大論争』小池はるひ訳、竹内書店新社、1996年

伊神満『「イノベーターのジレンマ」の経済学的解明』日経BP社、2018年

猪木武徳『自由の思想史――市場とデモクラシーは擁護できるか』新潮選書、2016年

猪俣哲史『グローバル・バリューチェーン――新・南北問題へのまなざし』日本経済新聞出版社、2019年

今井賢一『資本主義のシステム間競争』筑摩書房、1992年

岩村充『国家・企業・通貨――グローバリズムの不都合な未来』新潮選書、2020年

――『金融政策に未来はあるか』岩波新書、2018年

印南一路『再考・医療費適正化――実証分析と理念に基づく政策案』有斐閣、2016年

ウォルシュ、デヴィッド『ポール・ローマーと経済成長の謎』小坂恵理訳、日経ＢＰ社、２０２０年
宇野重規『民主主義とは何か』講談社現代新書、２０２０年
――『保守主義とは何か――反フランス革命から現代日本まで』中公新書、２０１６年
――『政治哲学的考察――リベラルとソーシャルの間』岩波書店、２０１６年
――『民主主義のつくり方』筑摩選書、２０１３年
――『〈私〉時代のデモクラシー』岩波新書、２０１０年
――『トクヴィル――平等と不平等の理論家』講談社選書メチエ、２００７年
梅崎修「人材育成力の低下による『分厚い中間層』の崩壊」玄田有史編『人手不足なのになぜ賃金が上がらないのか』所収、第6章、慶應義塾大学出版会、２０１７年
エプシュタイン、ジェラルド・Ａ『ＭＭＴは何が間違いなのか？――進歩主義的なマクロ経済政策の可能性』徳永潤二、内藤敦之、小倉将志郎訳、東洋経済新報社、２０２０年
小川一夫『日本経済の長期停滞――実証分析が明らかにするメカニズム』日本経済新聞出版、２０２０年
小佐野広『コーポレート・ガバナンスの経済学――金融契約理論からみた企業論』日本経済新聞社、２００１年
――『コーポレート・ガバナンスと人的資本――雇用関係からみた企業戦略』日本経済新聞社、２００５年
小塩隆士『日本人の健康を社会科学で考える』日本経済新聞出版、２０２１年
小野塚知二『経済史――いまを知り、未来を生きるために』有斐閣、２０１８年
加藤淳子「福祉国家は逆進的課税に依存するか――ＯＥＣＤ18カ国の比較研究から得られる含意」北岡伸一編、田中愛治編『年金改革の政治経済学』所収、第1章、東洋経済新報社、２００５年
加藤創太、小林慶一郎『財政と民主主義――ポピュリズムは債務危機への道か』日本経済新聞出版社、２０１７年
ガーランド、デイヴィッド『福祉国家――救貧法の時代からポスト工業社会へ』小田透訳、白水社、２０２１年
ガンズ、ジョシュア、アンドリュー・リー『格差のない未来は創れるか？――今よりもイノベーティブで今よりも公平な未来』

神月謙一訳、ビジネス教育出版社、２０２０年
神林龍「賃金長期停滞の背景　下　低生産性企業の存続一因か」『日本経済新聞』２０２１年12月7日付「経済教室」
――「毎勤統計　不適切調査の背景　政策立案と遂行の分化映す　現業官庁から分離も一案」『日本経済新聞』２０１９年1月28日付「経済教室」
――『正規の世界・非正規の世界――現代日本労働経済学の基本問題』慶應義塾大学出版会、２０１７年
菊池馨実『社会保障再考〈地域〉で支える』岩波新書、２０１９年
吉川徹『日本の分断――切り離される非大卒若者（レッグス）たち』光文社新書、２０１８年
キンドルバーガー、チャールズ・P『大不況下の世界　１９２９－１９３９（改訂増補版）』石崎昭彦、木村一朗訳、岩波書店、２００９年
――『金融恐慌は再来するか』吉野俊彦、八木甫訳、日本経済新聞社、１９８０年（のちに『熱狂・恐慌・崩壊――金融恐慌の歴史』と解題して２００4年に同社より再刊）
久保克行『コーポレート・ガバナンス――経営者の交代と報酬はどうあるべきか』日本経済新聞出版社、２０１０年
クリステンセン、クレイトン『イノベーションのジレンマ　増補改訂版（Harvard Business School Press）』玉田俊平太監修、伊豆原弓訳、翔泳社、２００１年
クルツ、コンスタンツェ、フランク・リーガー『無人化と労働の未来――インダストリー4.0の現場を行く』元木栄訳、岩波新書、２０１８年
グレーバー、デヴィッド『民主主義の非西洋起源について――「あいだ」の空間の民主主義』片岡大右訳、以文社、２０２０年
ケイ、ジョン『金融に未来はあるか――ウォール街、シティが認めたくなかった意外な真実』薮井真澄訳、ダイヤモンド社、２０１７年
ケインズ、ジョン・メイナード『雇用、金利、通貨の一般理論』大野一訳、日経BP社、２０２１年
――『説得論集』山岡洋一訳、日本経済新聞出版社、２０１０年

玄田有史編『人手不足なのになぜ賃金が上がらないのか』慶應義塾大学出版会、2017年
コイル、ダイアン『GDP〈小さくて大きな数字〉の歴史』高橋璃子訳、みすず書房、2015年
河野龍太郎「デフレ均衡仮説と日本経済（未定稿）」2011年春季金融学会、2011年5月
――『円安再生　成長回復への道筋』東洋経済新報社、2003年
――、諸富徹「緊急提言　長引く『日本化』の罠『緑の財政出動』で探る脱出」『週刊エコノミスト』2020年9月15日号
コーエン、ダニエル『経済と人類の1万年史から、21世紀世界を考える』林昌宏訳、作品社、2013年
小林慶一郎『時間の経済学――自由・正義・歴史の復讐』ミネルヴァ書房、2019年
コルネオ、ジャコモ『よりよき世界へ――資本主義に代わりうる経済システムをめぐる旅』水野忠尚、隠岐-須賀麻衣、隠岐理貴、須賀晃一訳、岩波書店、2018年
齊藤誠『国債が貨幣と袂を分かつ時（未定稿）』秋季金融学会、2021年10月
――『〈危機〉の領域――非ゼロリスク社会における責任と納得』勁草書房、2018年
――『父が息子に語るマクロ経済学』勁草書房、2014年
サエズ、エマニュエル、ガブリエル・ズックマン『つくられた格差――不公平税制が生んだ所得の不平等』山田美明訳、光文社、2020年
酒井正『日本のセーフティーネット格差――労働市場の変容と社会保険』慶應義塾大学出版会、2020年
櫻川昌哉『バブルの経済理論――低金利、長期停滞、金融劣化』日本経済新聞出版、2021年
佐藤一進『保守のアポリアを超えて――共和主義の精神とその変奏』NTT出版、2014年
佐藤幸治『日本国憲法と「法の支配」』有斐閣、2002年
佐藤千登勢『フランクリン・ローズヴェルト――大恐慌と大戦に挑んだ指導者』中央公論新社、2021年
佐橋亮『米中対立――アメリカの戦略転換と分断される世界』中公新書、2021年
サンデル、マイケル『それをお金で買いますか――市場主義の限界』鬼澤忍訳、早川書房、2012年

シーヴ、ケネス、デイヴィッド・スタサヴェージ『金持ち課税――税の公正をめぐる経済史』立木勝訳、みすず書房、2018年
宍戸常寿、石川健治、清水真人、毛利透「【特集1】憲法の75年〔座談会〕憲法学の75年」『論究ジュリスト』2021年春号（№36）、有斐閣、2021年
清水順子、伊藤隆敏、鯉渕賢、佐藤清隆『日本企業の為替リスク管理――通貨選択の合理性・戦略・パズル』日本経済新聞出版、2021年
清水洋『野生化するイノベーション――日本経済「失われた20年」を超える』新潮選書、2019年
清水真人『平成デモクラシー史』ちくま新書、2018年
シャピロ、カール、ハル・ヴァリアン『情報経済の鉄則――ネットワーク型経済を生き抜くための戦略ガイド』日経BP社、2018年
シュムペーター、ジョセフ『経済発展の理論　上・下』塩野谷祐一、中山伊知郎、東畑精一訳、岩波文庫、1977年
シラー、ロバート・J『ナラティブ経済学――経済予測の全く新しい考え方』山形浩生訳、東洋経済新報社、2021年
白川方明『中央銀行――セントラルバンカーの経験した39年』東洋経済新報社、2018年
白塚重典、河野龍太郎「危機後の金融政策の枠組み――財政との一体運営に規律を」『日本経済新聞』2020年6月30日付「経済教室」
杉田弘毅『アメリカの制裁外交』岩波新書、2020年
スキデルスキー、ロバート、エドワード・スキデルスキー『じゅうぶん豊かで、貧しい社会――理念なき資本主義の末路』村井章子訳、筑摩書房、2014年
鈴木亘『医療崩壊　真犯人は誰だ』講談社現代新書、2021年
スティール、ベン『ブレトンウッズの闘い――ケインズ、ホワイトと新世界秩序の創造』小坂恵理訳、日本経済新聞出版社、2014年

砂原庸介『分裂と統合の日本政治――統治機構改革と政党システムの変容』千倉書房、2017年
スミス、アダム『国富論――国の豊かさの本質と原因についての研究（上・下）』山岡洋一訳、日本経済新聞出版社、2007年
――『道徳感情論』村井章子、北川知子訳、日経BPクラシックス、2014年
スローマン、スティーブン、フィリップ・ファーンバック『知ってるつもり――無知の科学』土方奈美訳、早川書房、2018年
セガール、カビール『貨幣の「新」世界史――ハンムラビ法典からビットコインまで』小坂恵理訳、早川書房、2016年
高安健将『議院内閣制――変貌する英国モデル』中公新書、2018年
竹中治堅『コロナ危機の政治――安倍政権vs知事』中央公論新社、2020年
田所昌幸『越境の国際政治――国境を越える人々と国家間関係』有斐閣、2018年
田中秀明『官僚たちの冬――霞が関復活の処方箋』小学館新書、2019年
――『日本の財政』中公新書、2013年
――『財政規律と予算制度改革――なぜ日本は財政再建に失敗しているか』日本評論社、2011年
ティロール、ジャン『良き社会のための経済学』村井章子訳、日本経済新聞出版社、2018年
デッター、ダグ、ステファン・フォルスター『政府の隠れ資産』小坂恵理訳、東洋経済新報社、2017年
寺西重郎『日本型資本主義――その精神の源』中公新書、2018年
堂目卓生『アダム・スミス――「道徳感情論」と「国富論」の世界』中公新書、2008年
戸田智弘『ものの見方が変わる座右の寓話』ディスカバー・トゥエンティワン、2017年
富永茂樹『トクヴィル――現代へのまなざし』岩波新書、2010年
中澤渉『日本の公教育――学力・コスト・民主主義』中公新書、2018年
西沢和彦『医療保険制度の再構築――失われつつある「社会保険としての機能」を取り戻す』慶應義塾大学出版会、2020年

西山圭太、松尾豊、小林慶一郎『相対化する知性――人工知能が世界の見方をどう変えるのか』日本評論社、2020年
ノース、ダグラス・C『経済史の構造と変化』大野一訳、日経BPクラシックス、2013年
ノードハウス、ウイリアム『気候カジノ――経済学から見た地球温暖化問題の最適解』藤崎香里訳、日経BP社、2015年
バーク、エドマンド『フランス革命についての省察ほか』水田洋、水田珠枝訳、中公クラシックス、2002年
バグワティ、ジャグディッシュ『グローバリゼーションを擁護する』鈴木主税、桃井緑美子訳、日本経済新聞社、2005年
橋本健二『東京23区×格差と階級』中公新書ラクレ、2021年
バジョット、ウォルター『ロンバード街――金融市場の解説』久保恵美子訳、日経BP社、2011年
ハスケル、ジョナサン、スティアン・ウェストレイク『無形資産が経済を支配する――資本のない資本主義の正体』山形浩生訳、東洋経済新報社、2020年
濱口桂一郎『ジョブ型雇用社会とは何か――正社員体制の矛盾と転機』岩波新書、2021年
――『日本の雇用と中高年』ちくま新書、2014年
――『若者と労働――「入社」の仕組みから解きほぐす』中公新書ラクレ、2013年
――『新しい労働社会――雇用システムの再構築へ』岩波新書、2009年
ハラリ、ユヴァル・ノア『ホモ・デウス（上）（下）テクノロジーとサピエンスの未来』柴田裕之訳、河出書房新社、2018年
――『サピエンス全史（上）（下）文明の構造と人類の幸福』柴田裕之訳、河出書房新社、2016年
ハンチントン、サミュエル・P『文明の衝突』鈴木主税訳、集英社、1998年
ピケティ、トマ『21世紀の資本』山形浩生、守岡桜、森本正史訳、みすず書房、2014年
平山賢一『日銀ETF問題――《最大株主化》の実態とその出口戦略』中央経済社、2021年
広田真一『株主主権を超えて――ステークホルダー型企業の理論と実証』東洋経済新報社、2012年
ファーガソン、ニーアル『文明――西洋が覇権をとれた6つの真因』仙名紀訳、勁草書房、2012年

フィリップソン、ニコラス『アダム・スミスとその時代』永井大輔訳、白水社、2014年
深尾京司、中村尚史、中林真幸編『岩波講座　日本経済の歴史6　現代2　安定成長期から構造改革期（1973－2010）』岩波書店、2018年
――『世界経済史から見た日本の成長と停滞　1868－2018（一橋大学経済研究叢書67）』岩波書店、2020年
フライ、ブルーノ・S『幸福度をはかる経済学』白石小百合訳、NTT出版、2012年
ブラインダー、アラン『金融政策の理論と実践』河野龍太郎、前田栄治訳、東洋経済新報社、1999年
フリードマン、ベンジャミン・M『アメリカ最後の選択――1990年代の経済戦略』三木谷良一訳、東洋経済新報社、1989年
ブリニョルフソン、エリック、アンドリュー・マカフィー『ザ・セカンド・マシン・エイジ』村井章子訳、日経BP社、2015年
――、――『プラットフォームの経済学――機械は人と企業の未来をどう変える？』村井章子訳、日経BP社、2018年
ヘンリック、ジョセフ『文化がヒトを進化させた――人類の繁栄と〈文化－遺伝子革命〉』今西康子訳、白揚社、2019年
ボージャス、ジョージ『移民の政治経済学』岩本正明訳、白水社、2017年
ポズナー、エリック・A、E・グレン・ワイル『ラディカル・マーケット――脱・私有財産の世紀：公正な社会への資本主義と民主主義改革』安田洋祐、遠藤真美訳、東洋経済新報社、2019年
細野薫『金融危機のミクロ経済分析』東京大学出版会、2013年
ポメランツ、ケネス『大分岐――中国、ヨーロッパ、そして近代世界経済の形成』川北稔訳、名古屋大学出版会、2015年
ボルカー、ポール・A、クリスティン・ハーパー『ボルカー回顧録――健全な金融、良き政府を求めて』村井浩紀訳、日本経済新聞出版社、2019年
ボールドウィン、リチャード「先進国、賃金上昇抑制も　越境リモート労働拡大　ジュネーブ国際高等問題研究所　ボールドウィン教授に聞く」『日本経済新聞』2021年7月26日付朝刊

――『GLOBOTICS――グローバル化+ロボット化がもたらす大激変』高遠裕子訳、日本経済新聞出版社、２０１９年
――『世界経済　大いなる収斂――ＩＴがもたらす新次元のグローバリゼーション』遠藤真美訳、日本経済新聞出版社、２０１８年
本田由紀『教育は何を評価してきたのか』岩波新書、２０２０年
――『教育の職業的意義――若者、学校、社会をつなぐ』筑摩新書、２００９年
牧野邦昭『経済学者たちの日米開戦――秋丸機関「幻の報告書」の謎を解く』新潮選書、２０１８年
牧原出「強い官邸には強い独立機関が必要だ」『中央公論』２０１８年5月号
マーシュ、デイヴィッド『ユーロ――統一通貨誕生への道のり、その歴史的・政治的背景と展望』田村勝省訳、一灯舎、２０１１年
待鳥聡史『政治改革再考――変貌を遂げた国家の軌跡』新潮選書、２０２０年
松岡亮二『教育格差』ちくま新書、２０１９年
松村圭一郎『くらしのアナキズム』ミシマ社、２０２１年
マッツカート、マリアナ『ミッション・エコノミー――国×企業で「新しい資本主義」をつくる時代がやってきた』関美和、鈴木絵里子訳、ニューズ・ピックス社、２０２１年
ミアン、アティフ、アミール・サフィ『ハウス・オブ・デット』岩本千晴訳、東洋経済新報社、２０１５年
――「コロナ禍で拡大する格差（上）富裕層の過剰貯蓄 是正急げ」『日本経済新聞』２０２０年10月14日付「経済教室」
ミード、ウォルター・ラッセル『トランプが寄り添うジャクソニアンの思想――反コスモポリタニズムの反乱』*FOREIGN AFFAIRS REPORT* No. 3, 2017.
宮内惇至『金融危機とバーゼル規制の経済学――リスク管理から見る金融システム』勁草書房、２０１５年
ミラノヴィッチ、ブランコ『大不平等――エレファントカーブが予測する未来』立木勝訳、みすず書房、２０１７年
――『資本主義だけ残った――世界を制するシステムの未来』西川美樹訳、みすず書房、２０２１年

メーリング、ペリー『21世紀のロンバード街――最後のディーラーとしての中央銀行』山形浩生訳、東洋経済新報社、2021年
森川正之『生産性　誤解と真実』日本経済新聞出版社、2018年
諸富徹『資本主義の新しい形』岩波書店、2020年
門間一夫「物価目標に財政政策を使うべきか」『日本経済新聞』2020年10月30日付
柳川範之『法と企業行動の経済分析』日本経済新聞社、2006年
矢野康治「財務次官、モノ申す『このままでは国家は破綻する』」『文藝春秋』2021年11月号
山崎史郎『人口戦略法案――人口減少を止める方策はあるのか』日本経済新聞出版、2021年
――『人口減少と社会保障――孤立と縮小を乗り越える』中公新書、2017年
山内一也『ウイルスの世紀――なぜ繰り返し出現するのか』みすず書房、2020年
吉川洋『人口と日本経済――長寿、イノベーション、経済成長』中公新書、2016年
吉田徹『アフター・リベラル――怒りと憎悪の政治』講談社現代新書、2020年
ラジャン、ラグラム『第三の支柱――コミュニティ再生の経済学』月谷真紀訳、みすず書房、2021年
――『フォールト・ラインズ――「大断層」が金融危機を再び招く』伏見威蕃、月沢李歌子訳、新潮社、2011年
リフキン、ジェレミー『グローバル・グリーン・ニューディール――2028年までに化石燃料文明は崩壊、大胆な経済プランが地球上の生命を救う』幾島幸子訳、NHK出版、2020年
――『限界費用ゼロ社会――〈モノのインターネット〉と共有型経済の台頭』柴田裕之訳、NHK出版、2015年
リンド、ジェニファー「中国が支配するアジアを受け入れるのか――中国の覇権と日本の安全保障政策」*FOREIGN AFFAIRS REPORT* No. 3. 2018.
ルシュヴァリエ、セバスチャン『日本資本主義の大転換』新川敏光訳、岩波書店、2015年
レイ、L・ランダル『ミンスキーと〈不安定性〉の経済学――MMTの源流へ』横川太郎、鈴木正徳訳、白水社、2021年

――『MMT――現代貨幣理論入門』島倉原監訳、鈴木正徳訳、東洋経済新報社、２０１９年
レヴィンソン、マルク『例外時代――高度成長はいかに特殊であったのか』松本裕訳、みすず書房、２０１８年
ロドリック、ダニ『貿易戦争の政治経済学――資本主義を再構築する』岩本正明訳、白水社、２０１９年
――『グローバリゼーション・パラドックス――世界経済の未来を決める三つの道』柴山桂太、大川良文訳、白水社、２０１３年
ロバーツ、ラス『スミス先生の道徳の授業――アダム・スミスが経済学よりも伝えたかったこと』村井章子訳、日本経済新聞出版社、２０１６年

【欧文文献】

Autor, David H., David Dorn, and Gordon H. Hanson "The Geography of Trade and Technology Shocks in the United States," *IZA Discussion Paper* No. 7326, April 2013.

Ball, Laurence, Douglas W. Elmendorf, and N. Gregory Mankiw "The Deficit Gamble," *NBER Working Paper* No.5015 (February 1995).

Bernanke, Ben S. "The Global Saving Glut and the U.S. Current Account Deficit," Lecture presented at the Sandridge Lecture, Virginia Association of Economists, Richmond, Virginia, March 10, 2005.

BIS *BIS Quarterly Review*, March 2021 https://www.bis.org/publ/qtrpdf/r_qt2103.pdf

Blanchard, Olivier "Public Debt and Low Interest Rates," *American Economic Review* 109 (4), pp.1197–1229, 2019.

―― "Fiscal Policy under Low Rates: Taking Stock," at The Mayekawa Lecture：March 2021.

Brunnermeier, Markus K., Sebastian Merkel, and Yuliy Sannikov "The Fiscal Theory of Price Level with a Bubble," *NBER Working Paper* 27116, 2020 http://www.nber.org/papers/w27116

―― and Yann Koby "The Reversal Interest Rate," *NBER Working Paper* 25406, Dec. 2018. https://www.nber.org/papers/

w25406

Bullard, J. "Seven Faces of 'The Peril'," Federal Reserve Bank of St. Louis Review September/October 2010, pp.339–352.

Caballero, Richardo J. "On the Macroeconomics of Asset Shortages," In Andreas Bayer and Lucrezia Reichlin, eds. *The Role of Money——Money and Monetary Policy in the Twenty-First Century*, pp.272–283. Frankfurt: European Central Bank, 2006.

Hayashi, Fumio and Edward C. Prescott "The 1990s in Japan: A Lost Decade," *Working Paper* 607, Federal Reserve Bank of Minneapolis, 2000.

IEA "Net Zero by 2050 A roadmap for the Global Energy Sector," International Energy Agency, 2021.

Krugman, Paul R. "It's Baaack: Japan's Slump and the Return of the Liquidity Trap," *Brookings Papers on Economic Activity* No. 2, 1998,

——— "Rethinking Japan," *NEW YORK TIMES BLOG*, 20 October 2015, http://krugman.blogs.nytimes.com/2015/10/20/rethinking-japan/?_r=0

Loecker, Jan De, and Jan Eeckhout "Global Market Power," *NBER Working Paper* 24768, 2018.

McKibbin, Warwick J. and Andrew Stoeckel "Some global effects of President Trump's economic program," *CAMA Working Paper* 53, Australian National University, 2017.

McKinnon, R.I. *Money and capital in economic development,* The Brookings Institution, 1973.

Mian, Atif R., Ludwig Straub, and Amir Sufi "INDEBTED DEMAND," *NBER Working Paper* 26940, April 2020. http://www.nber.org/papers/w26940 : Revised December 2021.

Nye, Joseph S. *The Kindleberger Trap*, Project Syndicate, 2017.

Rey, H. "Dilemma not Trilemma: The Global Financial Cycle and Monetary Policy Independence," 2013 Economic Policy Symposium, Jackson Hole, 2013.

Saito, Makoto *Strong Money Demand in Financing War and Peace: The Cases of Wartime and Contemporary Japan*, Springer, 2021.

Shiratsuka, Shigenori "A New Framework for Monetary Policy in the Post Covid-19 Era,"（未定稿）2020.

Taylor, John B. "The Impacts of Globalization on Monetary Policy," Banque France Symposium, *Globalization, Inflation and Monetary* Policy, March 7, 2008.

Tirole, J. "Asset Bubbles and Overlapping Generations," *Econometrica* Vol.53, No.6, pp.1499–1528, 1985.

【た・な行】

【は行】

人名索引

【著者略歴】

河野龍太郎（こうの・りゅうたろう）

1964年愛媛県生まれ。87年、横浜国立大学経済学部卒業、住友銀行(現・三井住友銀行)入行。89年、大和投資顧問（現・三井住友DSアセットマネジメント）へ移籍。97年、第一生命経済研究所へ移籍、上席主任研究員。2000年、BNPパリバ証券に移籍。現在、経済調査本部長、チーフエコノミスト。

財務省財政制度等審議会、東日本大震災復興構想会議検討部会、資源エネルギー庁総合資源エネルギー調査会基本問題委員会、経済産業省産業構造審議会新産業構造部会、内閣府行政刷新会議ワーキンググループなど多くの審議会で委員を務める。日経ヴェリタスのエコノミスト人気調査で2022年までに9回、首位に選ばれる。

主著

『円安再生』東洋経済新報社、2003年

クルーグマン『通貨政策の経済学』共訳、東洋経済新報社、1998年

ブラインダー『金融政策の理論と実践』共訳、東洋経済新報社、1999年

『金融緩和の罠』共著、集英社、2013年

成長の臨界

——「飽和資本主義」はどこへ向かうのか

2022年7月15日　初版第1刷発行

著　者————河野龍太郎

発行者————依田俊之

発行所————慶應義塾大学出版会株式会社

〒108-8346　東京都港区三田2-19-30

TEL〔編集部〕03-3451-0931

〔営業部〕03-3451-3584〈ご注文〉

〔　〃　〕03-3451-6926

FAX〔営業部〕03-3451-3122

振替00190-8-155497

https://www.keio-up.co.jp/

装　丁————坂田政則

カバー画———岩橋香月（デザインフォリオ）

印刷・製本——藤原印刷株式会社

カバー印刷——株式会社太平印刷社

Printed in Japan　ISBN978-4-7664-2834-6